Bibliografische Information der Deutschen Nationalbibliothek

Die Deutsche Nationalbibliothek verzeichnet diese Publikation in der Deutschen Nationalbibliografie; detaillierte bibliografische Daten sind im Internet über *http://dnb.d-nb.de* abrufbar.

Druck und Verlag: Create Space, North Charleston (USA)

ISBN-10: 1727123484

ISBN-13: 978-1727123487

Vorwort

Dieses Buch richtet sich sowohl an Neueinsteiger in Adobe Captivate als auch an alle, die Captivate aus einer früheren Version kennen. Voraussetzung ist nur, dass Sie bereits Erfahrung in der Bedienung von Microsoft Windows oder Mac OS mitbringen.

Ziel dieses Werks ist es, Ihnen, je nach Wunsch, einen schnellen oder umfassenden Einstieg in Adobe Captivate zu ermöglichen. Um optimal von diesem Buch zu profitieren, empfehle ich Ihnen unbedingt, vorab das Kapitel 0 („Wichtige Bearbeitungshinweise“) zu lesen.

Ich wünsche Ihnen dabei viel Spaß und Erfolg.

Ihr Autor

Martin Uhrig

Inhaltsverzeichnis

Wichtige Bearbeitungshinweise

Um möglichst effizient zu arbeiten und das Maximale aus diesem Buch herauszuziehen, empfehle ich Ihnen, vorab die folgenden Bearbeitungshinweise und -empfehlungen zu beachten.

Übungsdateien herunterladen

Zur Bearbeitung dieses Buchs habe ich ein Paket mit Übungsdateien, den passenden Lösungen und einigen darüber hinausgehenden Beispielen für Sie zusammengestellt.

Captivate-Testversion

Eine Demo-Version von Captivate können Sie kostenfrei von der Adobe-Webseite herunterladen (▶ *Weblink 00.1, Seite 12*). Die Testversion kann 30 Tage genutzt werden und ist voll funktionsfähig. Einzige Einschränkung: Mit der Demo-Version veröffentlichte Publikationen laufen nach 30 Tagen ab und können anschließend nicht mehr geöffnet werden.

So laden Sie die Übungsdateien herunter

1. Öffnen Sie Ihren Webbrowser und rufen Sie die Adresse *www.tecwriter.de/cp2019uebung.zip* auf.
2. Speichern Sie die Datei (ZIP) auf Ihren Desktop.
3. Entpacken Sie die ZIP-Datei an einen Ort auf Ihrem System, auf dem Sie volle Schreib- und Leserechte besitzen.

Dies sollte kein Speicherort auf einem anderen Rechner/Server im Netzwerk sein.

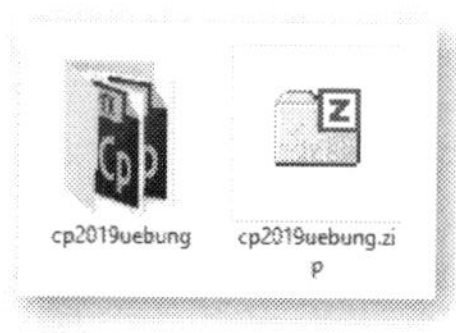

Die Übungsdateien sowie alle weiteren Kursmaterialien (jeglicher Form) sind nur für die persönliche Verwendung im Rahmen des Erlernens von Captivate bestimmt. Der Einsatz in Projekten, jedes auszugsweise oder vollständige Kopieren sowie die Verwendung und Vorführung in Seminaren etc. ist ausdrücklich untersagt. Alle Ausnahmen bedürfen einer schriftlichen Genehmigung.

Newsletter

Wenn Sie stets top informiert sein möchten, empfehle ich Ihnen, unseren Newsletter zu abonnieren (▶ *Weblink 00.2, Seite 12*). Sie werden dann automatisch informiert, sobald neue Zusatzmaterialien zur Verfügung stehen.

Weblinks, Buch- und Programmaktualisierungen (Patches)

Alle folgend im Buch genannten Weblinks finden Sie hier:

▶ *www.tecwriter.de/adobe-captivate-buecher/buch-captivate-2019* (alternativ über *www.tecwriter.de* > Hauptnavigation *Bücher & Videos* > *Buch zu Captivate 2019*).

Programmaktualisierungen zu Adobe Captivate

Adobe stellt auch zwischen den Hauptversionen kleinere Programmaktualisierungen zur Verfügung. U. a. beheben diese auch bestehende Programmfehler. Daher sollten Sie Captivate regelmäßig auf Updates überprüfen - am besten jetzt sofort. Prüfen Sie vorab, welche Captivate-Version auf Ihrem System installiert ist: Wählen Sie dazu in der Menüleiste **Hilfe > Info über Adobe Captivate**.

Version 11.0.1.266 ist der erste Patch von Captivate 2019 und die aktuellste Version, welche bei Redaktionsschluss vorlag. Zum jetzigen Zeitpunkt, an dem Sie dieses Buch in Händen halten, wird es evtl. schon das zweite oder dritte kostenfreie Update von Captivate geben. Bevor Sie ein Update installieren, achten Sie darauf, Ihre benutzerdefinierten Einstellungen zu speichern. Mehr dazu erfahren Sie hier: ▶ *Weblink 00.3, Seite 12*. Zum Installieren eines Updates wählen Sie in der Menüleiste **Hilfe > Aktualisierungen**. Der *Adobe Application Manager* zeigt Ihnen dann automatisch an, ob aktuelle Updates für Captivate zur Verfügung stehen. Stellen Sie sicher, dass Adobe Captivate 2019 und das darunterliegende Update ausgewählt sind und klicken Sie auf **Aktualisieren**. Überprüfen Sie anschließend erneut die Versionsnummer. Wenn die Versionsnummer eine andere ist als im oberen Bild gezeigt (11.0.1.266), wurde das Update erfolgreich installiert.

HTML5 ersetzt Flash

Nicht nur, dass Sie Flash-Inhalte auf mobilen Geräten i. d. R. nicht abspielen können, Adobe hat offiziell angekündigt, ab Ende 2020 Flash nicht mehr zu aktualisieren, was sicherheitstechnisch problematisch ist und quasi ein „Verfallsdatum" für alle auf Flash basierenden Inhalte bedeutet. Flash wird bereits jetzt schon von den meisten Browsern automatisch deaktiviert und muss umständlich manuell vom Anwender aktiviert oder nachinstalliert werden. Aus diesem Grund sollten Sie grundsätzlich keine Inhalte mehr im Format Flash (SWF) veröffentlichen.

Um Ihnen die Arbeit mit Captivate zu vereinfachen, habe ich daher in dieser Ausgabe alle Funktionen ausgeklammert, die auf Flash basieren, sowie auch die Publikation in Flash (SWF) nicht mehr beschrieben.

Sollten Sie wider Erwarten trotzdem weiterführende Informationen zu diesem Thema benötigen, stellen wir Ihnen (falls nicht bereits im Buch verlinkt) gerne Inhalte aus alten Buchausgaben zur Verfügung.

Rollover-Objekte

Aufgrund der fehlenden Unterstützung von Rollover-Objekten bei der Veröffentlichung im primären Veröffentlichungsformat HTML5 wird dieses Thema aktuell in diesem Buch nicht mehr behandelt. Ich stelle Ihnen jedoch alternative Möglichkeiten vor (▶ *Seite 197*). Wenn Sie trotzdem mehr zu Rollover-Objekten erfahren möchten, finden Sie hier das entsprechende Kapitel aus dem Buch zu Captivate 9: ▶ *Weblink 07.3, Seite 12*.

Modi Videodemo, Projekt mit automatischer Anpassung und VR

Im Rahmen dieses Buchs gehen wir grundsätzlich vom klassischen folienbasierten Projekttyp mit fixiertem Layout aus (bspw. wenn Sie ein leeres Projekt erstellen). Bitte beachten Sie, dass nicht alle Funktionen in allen Projekttypen verfügbar sind. Besonderheiten und Vertiefungen zu den speziellen Modi *Videodemo*, *Projekt mit automatischer Anpassung* sowie *VR* erhalten Sie in den jeweiligen Kapiteln. Das Kapitel Videodemo finden Sie als Zusatzdownload hier: ▶ *Weblink 00.4, Seite 12.*

Adobe Captivate Draft

Die App Captivate Draft wurde von Adobe mit Captivate 9 eingeführt. Es hat sich jedoch gezeigt, dass die App für die Praxis wenig tauglich ist (nicht nur aufgrund des eingeschränkten Funktionsumfangs sowie fehlender Standardisierungsmöglichkeiten, auch der Ansatz, „Drafts" direkt in Captivate zu importieren und damit ein Projekt „zuzumüllen" ist nicht zu empfehlen), weswegen wir dieses Thema im vorliegenden Buch ausklammern. Das Kapitel zur App aus unserem Buch zu Captivate 9 finden Sie als Zusatzdownload hier: ▶ *Weblink 00.5, Seite 12.*

Wie ist dieses Buch aufgebaut?

Zu Beginn erfahren Sie Grundlegendes zur Konzeption von Captivate-Projekten und wie die Oberfläche des Autorenwerkzeugs aufgebaut ist. Anschließend lernen Sie eine der Hauptkomponenten kennen: die Bildschirmaufnahme. Ich zeige Ihnen die grundlegenden Unterschiede zwischen video- und folienbasierten Bildschirmaufnahmen sowie die jeweiligen Vorzüge beider Modi.

Im Anschluss an die Bildschirmaufnahme erfahren Sie, wie Sie ansprechende (interaktive) Captivate-Projekte schnell „out of the box" erstellen können. Außerdem lernen Sie die Standardisierungsmöglichkeiten kennen, um effektiv mit Captivate zu arbeiten und hochwertige Ergebnisse zu erzielen.

Danach führe ich Sie in die Bereiche Multimedia & Interaktivität ein, die ebenfalls eine zentrale Rolle in Ihren E-Learning-Einheiten spielen können. Anschließend betrachten wir die Themen Quizanwendungen, Vertonung, Finalisierung sowie Veröffentlichung.

Dies macht den Weg frei für weitere Vertiefungen. Hier geht es nicht nur darum, wie Sie Ihre Projekte verzweigen, sondern auch, wie Sie Menüs und Inhaltsverzeichnisse erstellen. Die verschiedenen Schnittstellen von Captivate sowie Möglichkeiten zur Übersetzung möchte ich Ihnen hier natürlich nicht vorenthalten.

Auf der Zielgeraden wird es dann richtig interessant: Hier lüften wir die Geheimnisse zu den Themen Variablen, erweiterte Aktionen, Mobile-Learning, Projekte mit automatischer Anpassung, Learning-Management-Systeme und vielen mehr.

Wie sind die einzelnen Kapitel aufgebaut?

Jedes Kapitel beginnt mit einer kurzen Einführung. Anschließend folgen wichtige Informationen und Fensterbeschreibungen zum jeweiligen Thema, welche Ihnen vor allem das spätere Nachschlagen und Vertiefen erleichtern sollen.

Abschließend können Sie anhand einer oder mehrerer Übungen die wichtigsten Inhalte eines Kapitels praktisch anwenden. Im Rahmen dieser Übungen werden die einzelnen Schritte zuerst textuell beschrieben und anschließend mit Bildschirmfotos verdeutlicht.

Welche Konventionen werden verwendet?

Dieses Buch verwendet die folgenden Konventionen:

- Die Hervorhebung *Kursiv* für Dialogtexte (z. B. *Kategorie*), Dateinamen und -pfade (z. B. *Übung.cptx*), Internetadressen (z. B. *www.tecwriter.de*), Querverweise (▶ *Seite XY*), Fensternamen (z. B. Das Fenster *Öffnen* öffnet sich), Tabs (z. B. *Optionen*) und Bedienfelder (z. B. *Folienmaster*).
- Die Hervorhebung **Fett** für Schaltflächen (z. B. **Abbrechen**), Menüpunkte (z. B. **Datei > Öffnen**), Optionen (z. B. **Softwaresimulation**) und Einträge der Werkzeugleiste (z. B. **Vorschau**).
- Anführungszeichen („") für Textbeispiele.

Was bedeuten die einzelnen Symbole?

Im Verlauf des Buchs werden Ihnen die folgenden Symbole begegnen:

Mac Zusätzliche Information für Mac-Anwender

Win Zusätzliche Information für Windows-Anwender

! Wichtiger Hinweis

? Hilfe im Problemfall

✓ Voraussetzung

Resultat einer Übung

Zusätzliche Information, Tipp und alternativer Weg

Schrittanleitung

Transferübung

1

Konzeption

Das Werkzeug zu beherrschen, ist zwar sehr hilfreich bei der Erstellung von Captivate-Projekten, jedoch führt dies nicht automatisch zu einem optimalen Ergebnis. Am Anfang aller Überlegungen steht die Konzeption des Projekts. In diesem Kapitel erfahren Sie, wie sich ein Projektteam für die Erstellung von E-Learning-Einheiten optimal zusammensetzt und erhalten die wichtigsten Grundlagen zur Auflösungsermittlung.

Themenübersicht

Einordnung

Im Rahmen dieses Buchs möchte ich mich rein auf die technische Umsetzung von E-Learning-Konzepten mit dem Rapid-E-Learning-Werkzeug Adobe Captivate konzentrieren. Themen wie z. B. die Planung einer E-Learning-Einheit oder die Erstellung eines Drehbuchs werden deshalb an dieser Stelle nicht behandelt, da deren thematische Erarbeitung mindestens den Umfang eines weiteren Buchs bedarf. In diesem Bereich empfehle ich Ihnen, auf weitere Literatur zurückzugreifen oder eine Schulung zu besuchen. Mein Unternehmen tecwriter bietet zu Didaktik, Drehbucherstellung und Konzeption von Bildschirmvideos & E-Learning ebenfalls umfassende praxisorientierte Schulungen an.

Projektteam & Werkzeuge

Die Erstellung von E-Learning-Einheiten ist wahrlich die Königsdisziplin in der Welt multimedialer Projekte. Keine andere Projektform verlangt diese Vielzahl an interdisziplinären Qualifikationen, möchte man professionelle Ergebnisse erzielen. Je nach Projektart und -ziel kann es daher sinnvoll sein, Zusatzqualifikationen zu erwerben oder ein Projektteam aus Spezialisten zusammenzustellen. Im Folgenden ein Überblick, der rein als Anregung gelten soll. Vereinfachend gehen wir hierbei von einem einsprachigen Projekt aus.

E-Learning-Konzeption / Drehbucherstellung

Teammitglied / Qualifikation	Spezialgebiet
Wissensträger (SME = Subject matter expert)	Das zu vermittelnde Wissen
Pädagoge / „Storyteller"	Didaktik & Motivation
Grafiker	Design
(Technischer) Redakteur	Texterstellung / Informationsaufbereitung

E-Learning-Produktion

Teammitglied	Spezialgebiet	Bsp. für Werkzeuge
E-Learning-Autor	Autorenwerkzeug	Captivate
Fotograf / Grafiker / (Motion-)Designer	Visuelle Gestaltung	Photoshop, Illustrator, Animate, Kamera, Fotostudio
Sprecher / Toningenieur / Cutter	Auditive Gestaltung	Audition, Mikrofon, Tonstudio
Programmierer	Entwicklung über das Autorenwerkzeug hinausgehender Funktionen	JavaScript
Administrator für Veröffentlichungsplattform	Bereitstellung der E-Learning-Module	LMS: Moodle, ILIAS
Usability-Experte	Bedienbarkeit	Eye-Tracker

Videograf / Schauspieler	Produktion von Realvideos	Videokamera, Greenscreen, Premiere

Wir beschäftigen uns in diesem Buch ausschließlich mit den Aufgaben des E-Learning-Autors im Rahmen des Autorenwerkzeugs Adobe Captivate. Unerlässlich ist hierbei die Definition der Projektauflösung im Rahmen der Konzeption.

Die Projektauflösung im Überblick

Die Konzeption der Projektauflösung ist eine der wichtigsten technischen Aufgaben vor Projektstart und sollte gut überlegt sein, denn sowohl eine zu hohe als auch eine zu niedrige Auflösung wirken sich negativ auf die Qualität Ihrer Ergebnisse aus. Die Auswirkungen reichen soweit, dass Sie im schlimmsten Fall Großteile des Projekts aufwendig umgestalten oder gar neu erstellen müssen.

Grundsätzlich richten sich Ihre Auflösungsentscheidungen danach, ob Sie ein klassisches (nicht-responsives) oder ein responsives Captivate-Projekt (Projekt mit automatischer Anpassung) erstellen möchten. Ein klassisches Projekt arbeitet mit einer fest definierten Auflösungsgröße und einem fixen (optional jedoch skalierbaren) Layout, ein responsives Projekt (wie eine responsive Webseite) mit einem variablen Layout.

Klassische Projekte für Desktops & Tablets

Wenn Sie erreichen möchten, dass Ihr E-Learning auf einem Tablet bedient werden kann, müssen Sie kein responsives Projekt erstellen. Sie können dies auch wunderbar mit einem klassischen Projekt und dem Ausgabeformat HTML5 realisieren. Responsive Projekte sind v. a. dann interessant, wenn Sie größtmögliche Flexibilität im Layout benötigen und z. B. auch Phablets oder Smartphones berücksichtigen möchten. In allen anderen Fällen empfehle ich Ihnen ein klassisches Projekt, auch aufgrund des wesentlich geringeren Erstellungsaufwands.

Auflösung in VR-Projekten

Im mit Captivate 2019 eingeführten Projekttyp *VR* sind die folgenden Überlegungen nicht relevant, da eine Folie eine wesentlich größere, 360 Grad abdeckende Auflösung hat. Mehr dazu erfahren Sie im Kapitel *Virtual-Reality-Projekte (& Folien)* (▶ *Seite 541*).

Da Sie mit hoher Wahrscheinlichkeit ein klassisches Projekt erstellen möchten (siehe nebenstehende Infobox), beschränken wir uns in diesem Kapitel rein auf die Grundlagen mit Fokus auf klassische Projekte. Die weiteren Besonderheiten responsiver Projekte betrachten wir in Kapitel *Projekte mit automatischer Anpassung – Responsives Design* (▶ *Seite 491*).

Bei einem klassischen Projekt sollte das Ziel sein, die Auflösung des Projekts (in möglichst vielen Fällen) 1:1 und ohne Skalierung weitergeben zu können. Andernfalls kann es bei einer Skalierung, gerade bei Software-Aufnahmen, zu Problemen mit der Darstellung und Lesbarkeit von Oberflächentexten kommen; oder es werden Scrollbalken im Browser angezeigt, da der zur Verfügung stehende Platz nicht ausreicht - sehr ungünstig für die Bedienbarkeit, wenn dadurch Wiedergabeleiste oder Inhaltsverzeichnis nicht mehr direkt sichtbar sind und dies ein Lerner nicht erwarten könnte.

Mobile-Learning für Smartphones

Wenn Sie M-Learning für Smartphones erstellen, sollten Sie entweder separate klassische Projekte konzipieren oder Projekte mit automatischer Anpassung (▶ *Seite 491*).

Projektauflösung ermitteln

Die Auflösung eines Tablets oder Notebooks entspricht nur in seltenen Fällen der Projektauflösung. Im Folgenden möchten wir die wichtigsten Begriffe zum Thema Auflösung klären und betrachten, wie Sie Ihre Projektauflösung ermitteln können.

Die Geräteauflösung (auch: Displayauflösung, Bildschirmauflösung)

Die Geräteauflösung bezeichnet die physikalische und unveränderbare Auflösung des Endgeräts. *Beispiel*: Wenn wir hier die aktuell am Markt erhältlichen Laptops, LCD-Bildschirme und Tablets betrachten, können wir folgende Geräteauflösungen ausmachen:

Notebook	Unter den seit 2012 sowie auch 5 Jahre später (ab 2017) gelisteten Notebooks haben rund 90 % ein Seitenverhältnis von 16:9. Die wichtigste Auflösung ist hier 1920 x 1080 px und 1366 x 768 px die kleinste geläufige Auflösung.
LCD	Unter allen ab 2012 sowie auch 5 Jahre später (ab 2017) gelisteten Geräten ist mit Abstand die häufigste Auflösung 1920 x 1080 px, ebenfalls 16:9. Mindestens 95 % aller LCDs hat diese oder eine höhere Auflösung.
Tablet	Bei Tablets gestaltet sich der Vergleich schon etwas schwieriger aufgrund der vielen verschiedenen Modelle, Größen und Formfaktoren - ständig kommen neue hinzu und werden auch immer hochauflösender (weshalb wir an dieser Stelle vereinfachend das Smartphone nicht weiter betrachten werden). Hier konzentrieren wir uns auf die größeren Geräte ab 9 Zoll (mit bekannten Vertretern wie den iPads sowie Samsung Galaxy Tabs), wo wir in über 90 % der Fälle eine Auflösung von 1024 x 768 px oder höher haben - häufig auch in Form eines hochauflösenden Displays mit einem mehrfachen dieser Auflösung. Die häufigsten Seitenverhältnisse sind hier 16:10 oder 4:3.

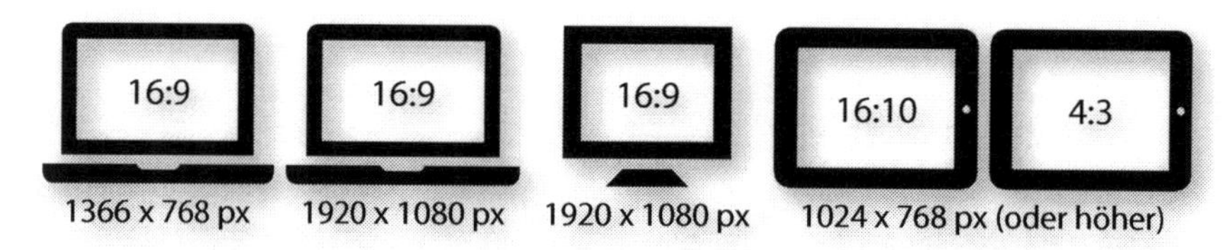

Die virtuelle Auflösung (auch: CSS-Auflösung)

Lange Zeit galt, dass ein „virtueller" Pixel auch einem „physikalischen" Pixel entspricht - bzw. eine physikalische Auflösung von 1024 x 768 px auch einer virtuellen Auflösung von 1024 x 768 px. Mit Einzug der hochauflösenden Displays gilt diese Rechnung nicht mehr. Die physikalische Auflösung kann jetzt je nach Gerät wesentlich höher sein als die virtuelle Auflösung.

Beispiel: Ein iPad Retina hat eine Auflösung von 2048 x 1536 px. Die virtuelle Auflösung beträgt jedoch nur die Hälfte, 1024 x 768 px. Damit ist die Geräteauflösung doppelt so hoch und auf jeden virtuellen Pixel kommen 2 physikalische Pixel. Das Ergebnis sehen Sie schnell, wenn Sie ein hoch- mit einem normalauflösenden Display gleicher Größe vergleichen: Inhalte werden nicht einfach halb so groß, sondern in gleicher Größe, aber doppelt so scharf dargestellt (insofern sie auf hochauflösende Displays optimiert sind).

Einen guten Überblick über die aktuellen virtuellen Auflösungen von Tablets, Phablets und Smartphones finden Sie unter *http://mydevice.io/devices/*. Hier können Sie die virtuelle Auflösung den Spalten *CSS width* und *CSS height* entnehmen.

Mobile devices, in Responsive Web Design, relate to a core value which is the value of CSS width or ("device-width"), in CSS Device Independant Pixels, which depends both of the browser and user zoom settings.

Choose your weapon :

SMARTPHONES | TABLETS | OTHER DEVICES

name	phys. width	phys. height	CSS width	CSS height	pixel ratio	phys. ppi	CSS ppi
Apple iPhone X	1125	2436	375	812	3	458	288
Apple iPhone 6+, 6s+, 7+, 8+	1080	1920	414	736	3	401	288
Apple iPhone 7, iPhone 8	750	1334	375	667	2	326	192
Apple iPhone 6, 6s	750	1334	375	667	2	326	192
Apple iPhone 5	640	1136	320	568	2	326	192
Apple iPhone 4	640	960	320	480	2	326	192
Apple iPhone 3	320	480	320	480	1	163	96
Apple iPod Touch	640	1136	320	568	2	326	192
LG G5	1440	2560	360	640	4	538	384
LG G4	1440	2560	360	640	4	538	384
LG G3	1440	2560	360	640	4	538	384

Wenn Sie das Verhältnis zwischen virtueller Auflösung und Geräteauflösung Ihres aktuellen Endgeräts ermitteln möchten, rufen Sie die Seite *http://mydevice.io/* auf. Der Wert *CSS pixel-ratio* zeigt Ihnen den Faktor an (z. B. bedeutet der Wert 2, dass die Geräteauflösung doppelt so hoch ist wie die virtuelle Auflösung).

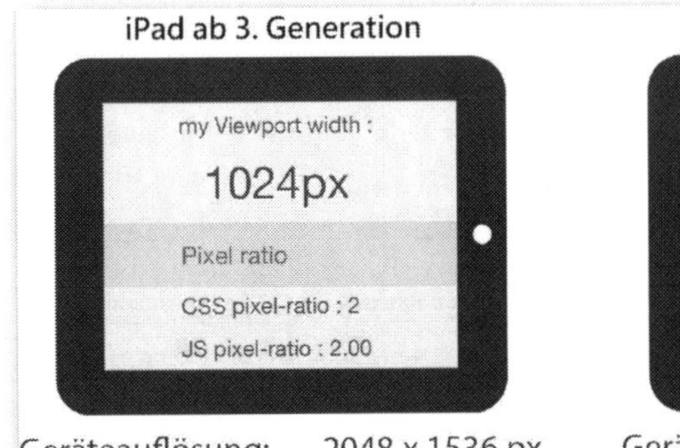

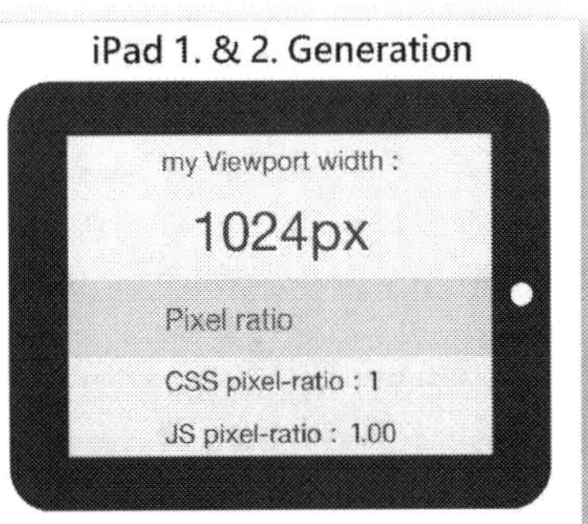

Geräteauflösung: 2048 x 1536 px
Virtuelle Auflösung: 1024 x 768 px

Geräteauflösung: 1024 x 768 px
Virtuelle Auflösung: 1024 x 768 px

Der Viewport & die Projektauflösung bei Videos

Wenn Sie ein Video (MP4) aus Captivate produzieren, können Sie entweder die virtuelle Auflösung wählen (z. B. bei Bildschirmvideos) oder die Geräteauflösung (wenn Sie z. B. hochauflösende Inhalte produzieren möchten) als Projektauflösung heranziehen. Grund ist, dass Video-Formate i. d. R. in einem separaten Player abgespielt und im Vollbild betrachtet werden können. Für welche Auflösung Sie sich hier entscheiden, hängt auch vom darzustellenden Inhalt ab: Bei Bildschirmvideos hat sich die Auflösung 1280 x 720 px (HD) bewährt. Bei allen anderen Inhalten ist aktuell eine Auflösung von 1920 x 1080 px (Full-HD) empfehlenswert.

Der Viewport

Der Viewport ist der tatsächlich zur Darstellung verfügbare Bereich für das Projekt (**A**). Entscheidend für diese Größe sind nicht nur das Zielgerät, sondern auch Zielplattform sowie Publikationsformat. In den meisten Fällen werden Sie mit Captivate Inhalte im Format HTML5 produzieren, die später in einem Browserfenster dargestellt werden.

Hier gilt als Referenz die virtuelle Auflösung, die jedoch beeinträchtigt wird durch die Größen etwaiger Leisten des Betriebssystems (**B**) und darstellenden Browsers (**C**).

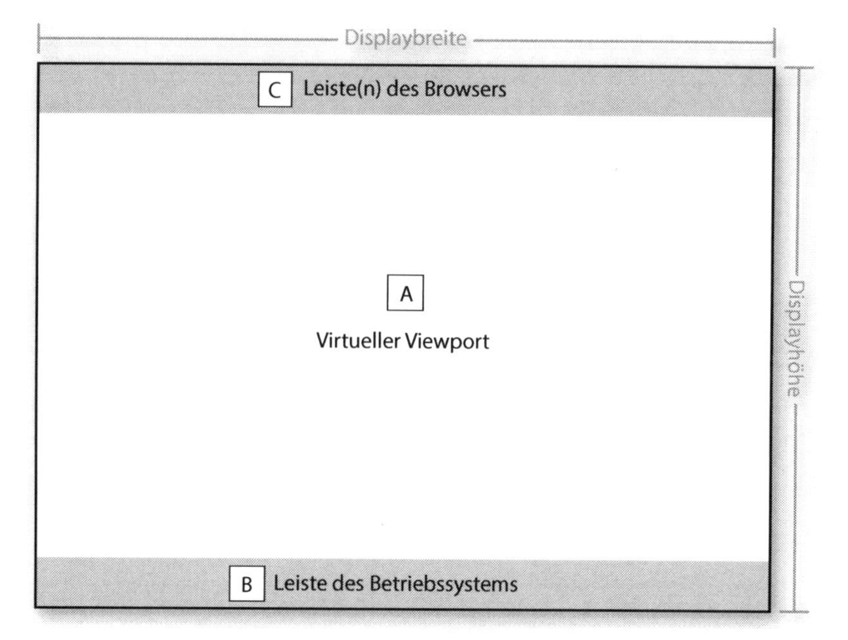

Unter Windows nimmt die Startleiste beispielsweise eine Höhe von rund 40 px ein. Unter Mac kann das Dock frei skaliert werden und dementsprechend eine sehr variable Höhe haben – hier sollten Sie großzügig mit einem Wert bis zu rund 70 px rechnen.

Bei den Browsern kommt es stark darauf an, welchen Browser wir auf welcher Zielplattform betrachten und ob der Lerner zusätzliche Leisten (z. B. die Lesezeichenleiste) eingeblendet hat. Hier kann die Höhe bis zu rund 150 px betragen.

Beispiel: Im Webbrowser Safari beträgt der virtuelle Viewport auf einem iPad 1024 x 672 px (ausgenommen das größere iPad Pro).

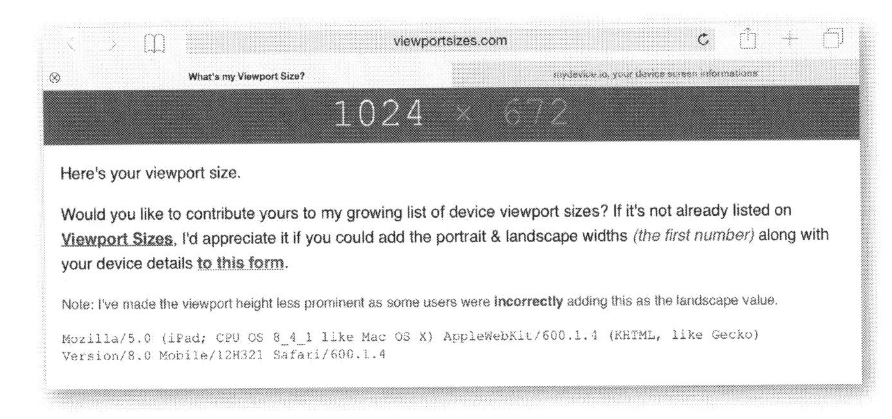

Viewport schnell ermitteln

Über die Seite *http://viewportsizes.com/mine/* können Sie schnell und einfach den Viewport ermitteln. *Anmerkung*: Wenn Sie ein Tablet testen, öffnen Sie diese Seite in einem neuen Tab, damit die Tableisten-Höhe mit beachtet wird. Denn: Im Regelfall öffnen Lerner E-Learnings auf Tablets in einem neuen Tab.

Die Projektauflösung

In Captivate verwendete Synonyme:

- Im Willkommensbildschirm: *Leinwand*
- Im Einstellungsfenster zur Bildschirmaufnahme: *Aufzeichnungsbereich*
- Im Fenster *Projekt neu skalieren: Projektgröße*
- Im Veröffentlichungsfenster: *Auflösung*

Die Projektauflösung definieren Sie bei der Anlage eines neuen Captivate-Projekts (oder einer neuen Projektvorlage).

Mindestauflösungen bei Software-Programmen

Oft gibt eine aufzuzeichnende Software bereits die spätere Projektauflösung vor, da viele Programme eine definierte Mindestauflösung haben, unterhalb derer möglicherweise wichtige Inhalte nicht mehr (korrekt) angezeigt werden oder die aufzunehmenden Schritte nicht sinnvoll und verständlich dargestellt werden können. Hier sollten Sie möglichst in Einklang mit dem Viewport der Zielgeräte einen Kompromiss finden – insofern erforderlich.

Grundsätzlich unterscheidet sich die Wahl der Projektauflösung danach, ob Sie eine bestimmte Mindestgröße wählen müssen und/oder welchen Viewport Ihre Zielgeräte haben. Im Idealfall sollten wir versuchen zu erreichen, dass die Projektauflösung kleiner oder gleich dem Viewport ist, sodass die Inhalte (möglichst häufig) 1:1 und ohne Skalierung dargestellt werden können.

Bei der Ermittlung der Projektauflösung (**D**) gilt zu berücksichtigen, ob Sie zusätzlich eine fest unterhalb des Projekts platzierte Wiedergabeleiste (**E**) und/oder ein neben dem Projekt feststehendes Inhaltsverzeichnis (**F**) verwenden. Die Breite des Inhaltsverzeichnisses kann hier wahlweise zwischen 250 und 500 px liegen.

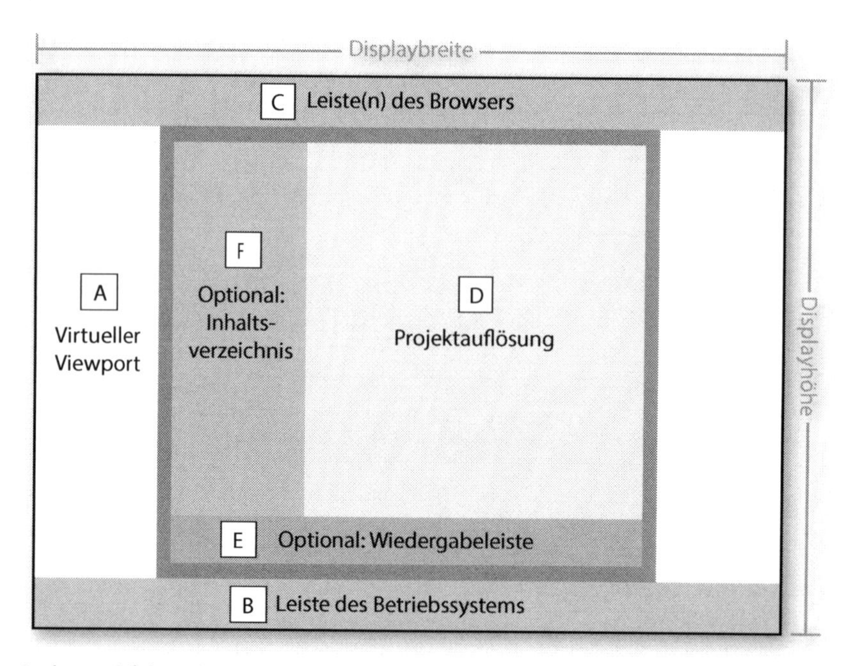

In der nachfolgenden Tabelle sehen Sie, wie viel Pixel die von Captivate mitgelieferten Wiedergabeleisten in Anspruch nehmen.

Wiedergabeleiste	**Höhe in Pixel**
Captivate-Standard	30
Aluminium	30
Chalkboard	30
Club	30
CoolBlue	40
cpPlaybar	38
cpPlaybarMobile	45
DarkChocolate	38
default	31
Glass	37
Mojave	30
Pea Soup	30
Print	31
Sage	30
SpaceBlue	41
Steel	37
SuperSlim	15

Beispiel: Wenn Sie ein für iPads optimiertes Projekt anlegen: Der Viewport beträgt 1024 x 672 px. Wenn Sie die Standard-Wiedergabeleiste *cpPlaybarMobile* mit einer Höhe von 45 px nutzen, beträgt die maximal verfügbare Projektauflösung 1024 x 627 px (dies ist übrigens die als „Apple iPad Querformat" bezeichnete Standardauflösung in Captivate). Wenn Sie keine Wiedergabeleiste, sondern eine eigene Navigation innerhalb des Projekts nutzen, können Sie den vollen Viewport als Projektauflösung verwenden.

Hochauflösende klassische Captivate-Projekte
Sie können mit Captivate auch hochauflösende Projekte für hochauflösende Displays realisieren. Wenn Sie z. B. ein Projekt für das iPad in Retina-Qualität produzieren möchten, können Sie den doppelten Wert des virtuellen Viewports als Projektauflösung anlegen: 2048 x 1344 px (statt 1024 x 672 px). Stellen Sie dann bei der Veröffentlichung *Skalierbarer HTML-Inhalt* ein, sodass das hochauflösende Projekt später korrekt im virtuellen Viewport dargestellt wird. Beachten Sie jedoch: Hochauflösende Projekte haben – je nach Inhalt – eine wesentlich höhere Datenrate zur Folge, was beim Publikationsformat HTML5 in puncto Performanz und Lauffähigkeit kritisch sein kann. Kritisch ist hier v. a., dass auch Lerner mit normalauflösenden Displays die größeren Daten herunterladen müssen, obwohl sie nicht von einer schärferen Darstellung profitieren können.

Lösungshilfen für „Platzprobleme"

Wie wir im vorangegangenen Kapitel gesehen haben, können je nach Situation „Platzprobleme" entstehen, die unserem Ziel entgegenstehen, ein Projekt möglichst 1:1 und ohne Skalierung darzustellen. Im Folgenden möchten wir uns ein paar Möglichkeiten ansehen, wie Sie dem begegnen können:

- Wenn Sie eine der Standard-Wiedergabeleisten von Captivate nutzen und vermeiden möchten, dass Ihnen die Wiedergabeleiste an Höhe „raubt": Sie haben die Möglichkeit, die Wiedergabeleiste in den Projektbereich zu überlagern (**A**) und dynamisch ein-/ausblendbar einzustellen (**B**) (ähnlich wie bei MP4s im Vollbildmodus des Players).

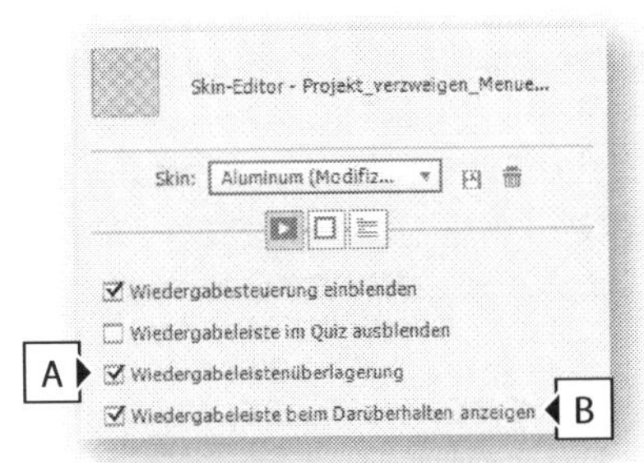

- Alternativ können Sie die Wiedergabeleiste auch deaktivieren (**C**) und sich eine eigene Navigation mittels Schaltflächen (**D**) (in Kombination mit Folienmastern) aufbauen und so in den Kurs integrieren - statt die Wiedergabesteuerung fixiert unterhalb des Kurses zu platzieren.

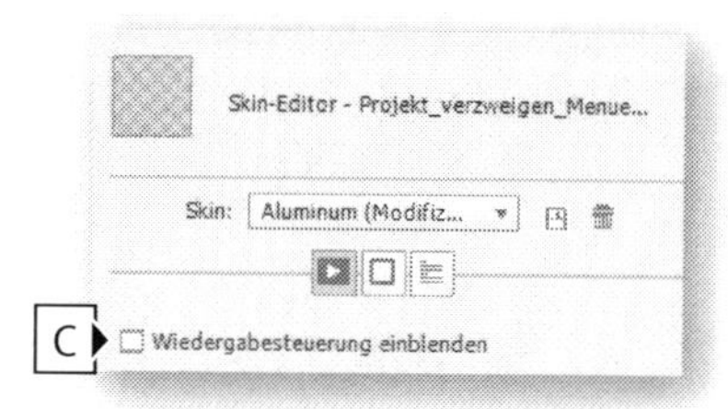

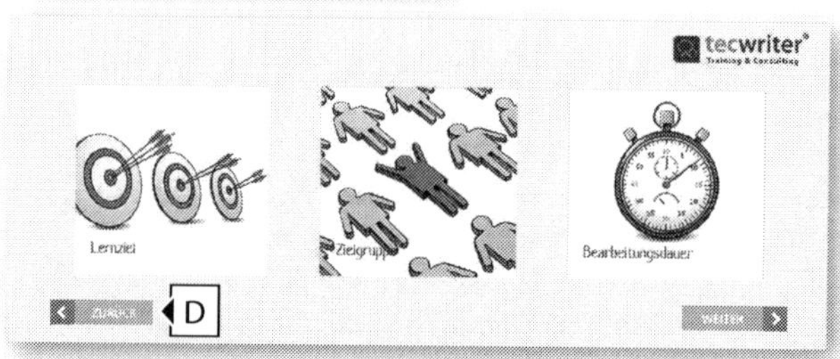

- Statt eines fest neben dem Projekt platzierten Inhaltsverzeichnisses können Sie in den TOC-Einstellungen ein ein-/ausblendbares Inhaltsverzeichnis einstellen (*Stil* **Überlagern**).

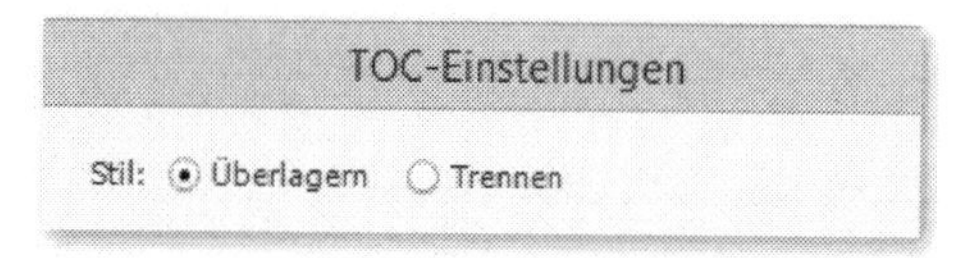

- Als Fall-Back-Variante kann jederzeit noch folgende Option helfen: Sie können mit der Funktion *Skalierbarer HTML-Inhalt* das veröffentlichte Projekt dynamisch an den zur Verfügung stehenden Raum anpassen lassen (**E**).

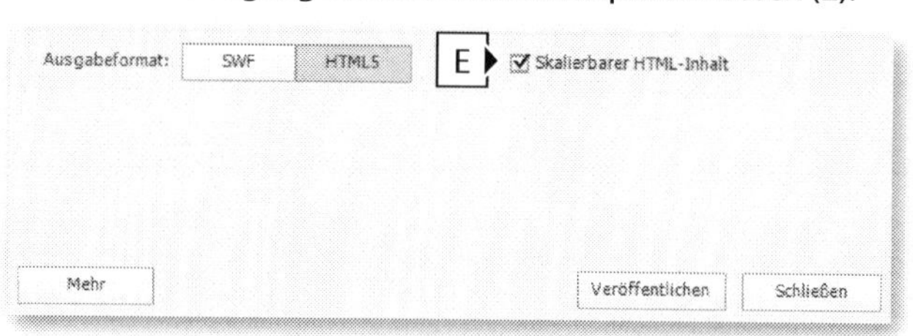

- Bei videobasierten Bildschirmaufnahmen: Sie können die mitgelieferte Zoom- und Schwenkfunktion nutzen, um Ausschnitte effektvoll zu vergrößern und anschließend ein in der Auflösung reduziertes Video zu veröffentlichen.

Beispielberechnung & Empfehlung für Ihre Projektgröße

Wie die vorangegangenen Seiten gezeigt haben, gibt es je nach Projektziel, Zielgeräten, Zielplattformen und Publikationsformat unterschiedliche Einflussgrößen auf die Projektauflösung. Im Folgenden möchte ich Ihnen anhand eines Beispiels zeigen, wie Sie die Auflösung Ihres Projekts ermitteln können.

Ausgangssituation: Sie möchten ein unternehmensinternes E-Learning-Projekt erstellen, welches auf LCDs, Notebooks sowie größeren Tablets dargestellt werden soll. Primär muss das E-Learning für die Bearbeitung am Arbeitsplatz (Windows) mit

LCD-Bildschirm optimiert sein. Im Unternehmen werden aktuell überwiegend iPads mit 9,7 Zoll und einer Geräteauflösung von 2048 x 1536 px eingesetzt.

- Die LCDs & Notebooks betrachten wir vereinfachend gemeinsam, da die überwiegende Auflösung hier bei 1920 x 1080 px oder höher liegt. Die nicht ganz irrelevante Auflösungsgröße 1366 x 768 px behalten wir im Hinterkopf, optimieren jedoch nicht primär auf dieses Format. Erkenntnis: Hier sollte es an Platz nicht mangeln.
- Betrachten wir nun das Tablet. Der über *http://viewportsizes.com/mine/* ermittelte Viewport liegt beim Standardbrowser Safari auf dem iPad bei 1024 x 672 px.
- Wir entscheiden, keine fest unterhalb des Projekts platzierte Wiedergabeleiste zu verwenden, sondern eine eigene in das Projekt integrierte Navigation.
- Nun prüfen wir noch, ob die Auflösung von 1024 x 672 px unter diesen Bedingungen auf einem Notebook mit 1366 x 768 px gut dargestellt werden kann. Die Breite macht hier kein Problem, aber möglicherweise die Höhe: Die Windows-Leiste hat eine Höhe von 40 px, der Browser im Vollbildmodus bis zu 58 px. Wenn wir diese Leisten von der Höhe von 768 px abziehen, kommen wir auf eine mögliche Höhe von mind. 670 px. Damit sollte diese Auflösung i. d. R. auch für ein Notebook mit kleiner Auflösung passend sein.
- Somit kommen wir auf eine Projektauflösung von 1024 x 672 px.

Alternativen & weitergehende Überlegungen

Wenn Sie auf Nummer sicher gehen und zugleich ein harmonisches 16:10-Format wählen möchten, welches nahe am „Goldenen Schnitt" liegt, würde sich hier auch eine Auflösung von 1024 x 640 px anbieten; oder eine Auflösung von 1024 x 576 px (Format 16:9). In die Auflösungsentscheidung sollten Sie jedoch auch die darzustellenden Inhalte einbeziehen, da eine geringe Höhe aus dieser Sicht oft problematisch ist und so nicht genügend Platz für die geplanten Interaktionen oder Bildschirmaufnahmen vorhanden ist. Wichtig ist also auch gerade beim Thema Projektauflösung: Sie können nicht allen Anwendern gerecht werden und sollten stets eine 80:20-Lösung anstreben. Wenn Sie also mehr Höhe benötigen, würde es sich weiterhin anbieten, die Auflösung 1024 x 672 px zu wählen. Wenn Sie mehr Breite benötigen, könnten Sie auch die iPad-Nutzer sekundär behandeln, da alle anderen Geräte in der Breite mehr Platz bieten usw. Denn als „Fall-back-Option" steht Ihnen nach wie vor die Möglichkeit zur Verfügung, die Funktion **Skalierbarer HTML-Inhalt** zu aktivieren, sodass die Inhalte auf die Größe des Browserfensters eingepasst werden.

Weiterführende Literatur

Didaktik & Drehbuch

- Clark, Ruth / Mayer, Richard (2016): e-Learning and the Science of Instruction: Proven Guidelines for Consumers and Designers of Multimedia Learning. John Wiley & Sons
- Niegemann, Helmut et al. (2008): Kompendium multimediales Lernen. Berlin : Springer
- Stoecker, Daniela (2013): eLearning - Konzept und Drehbuch: Handbuch für Medienautoren und Projektleiter. Berlin : Springer Vieweg

Design

- McCloud, Scott (2007): Comics machen: Alles über Comics, Manga und Graphic Novels. Hamburg : Carlsen
- Korthaus, Claudia (2015): Grundkurs Grafik und Gestaltung: Für Ausbildung und Praxis. Bonn : Galileo
- Reynolds, Garr (2013): Zen oder die Kunst der Präsentation: Mit einfachen Ideen gestalten und präsentieren. Heidelberg : dpunkt

Texterstellung

- Bellem et al. (2010): Regelbasiertes Schreiben: Deutsch für die Technische Kommunikation. Stuttgart : tekom
- Langer, Ingehard / Schulz von Thun, Friedeman / Tausch, Reinhard (2015): Sich verständlich ausdrücken. München : Ernst Reinhardt
- Wachtel, Stefan (2013): Schreiben fürs Hören: Trainingstexte, Regeln und Methoden. Konstanz : UVK

2

Grundlagen & Erste Schritte

In diesem Kapitel erhalten Sie einen Überblick über die Funktionen und die Oberfläche von Adobe Captivate. Dabei lernen Sie auch Gruppierung, Objektausrichtung sowie die Zeitleiste kennen.

Was ist neu in Captivate 2019?

Wenn Sie erfahren möchten, was Captivate 2019 von seinen Vorgängerversionen unterscheidet: ▶ *Weblink 02.1, Seite 12.*

Themenübersicht

Was ist Adobe Captivate?

Über den ▶ *Weblink 02.2, Seite 12* gelangen Sie zu einem Einführungsvideo zu Adobe Captivate.

Überblick: Einsatzgebiete, Funktionen & Bedienung

Adobe Captivate ist ein vielseitiges Autorenwerkzeug zur Erstellung von Software-Demos, -Simulationen und E-Learning-Anwendungen. Das Besondere dabei: Von der ersten Idee eines Projekts bis zum fertigen Ergebnis vergehen oft nur wenige Stunden, weshalb es auch als „Rapid-E-Learning-Tool" bezeichnet wird.

Mit diesem Werkzeug können Sie z. B. interaktive Simulationen, Einsteiger-Tutorials, Software-Demos, szenario-basierte Schulungen, E-Learning- und Mobile-Learning-Anwendungen, Wissensspiele und -tests entwickeln. Daneben eignet sich Captivate z. B. auch, um Softwarefehler zu dokumentieren oder Videos für Marketing und Vertrieb aufzubereiten.

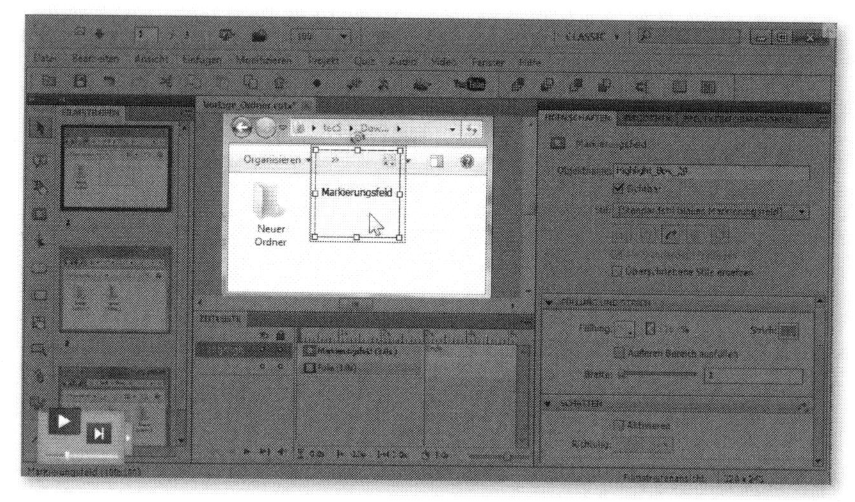

Captivate zeichnet sich vor allem durch einfache Bedienbarkeit, seinen sehr großen Funktionsumfang und vielerlei Weiterverarbeitungsmöglichkeiten aus. So können Sie Ihre Projekte ohne Programmierkenntnisse mit interaktiven Objekten, Beschriftungen, Multimedia- und Quiz-Elementen, Verzweigungen, erweiterten Logiken, Inhaltsverzeichnissen und Menüs versehen – und diese dann auch noch ressourcensparend veröffentlichen.

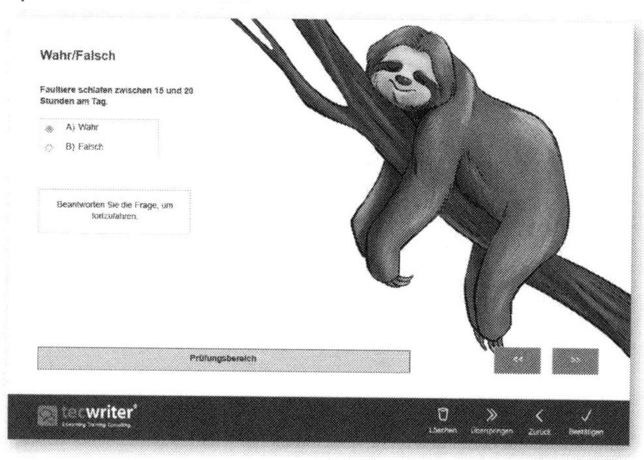

In Sachen Bedienung orientiert sich Adobe Captivate stark an PowerPoint, denn auch Captivate hat einen folienbasierten Aufbau. Ein wesentlicher Unterschied ist allerdings das Zeitverhalten: Während PowerPoint-Folien standardmäßig pausieren bis der Benutzer klickt, laufen Captivate-Folien wie ein Film nacheinander ab, insofern sie nicht durch eine abweichende Navigation oder eine pausierende Interaktion gestoppt werden (▶ *Seite 202*).

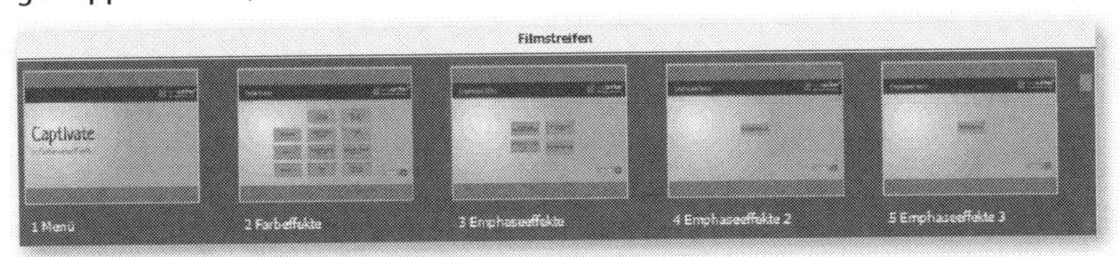

Die neben dem Filmstreifen wichtigste Komponente ist die Zeitleiste. Hierüber steuern Sie isoliert das Geschehen auf jeder einzelnen Folie, z. B. wann welche Objekte ein- und ausgeblendet werden sollen.

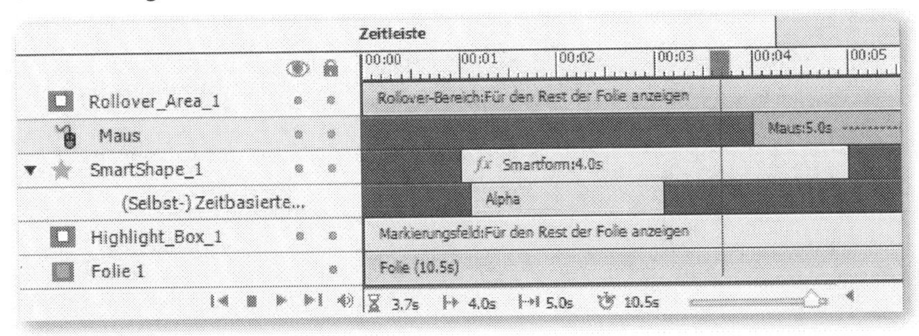

Oberfläche & Arbeitsumgebung

In diesem Kapitel lernen Sie die verschiedenen Teile des Willkommensbildschirms sowie des Hauptprogrammfensters kennen.

Sie können ältere Captivate-Projekte auch mit neueren Captivate-Versionen bearbeiten. Beachten Sie jedoch: Captivate-Projekte sind nicht abwärtskompatibel. Einzige Ausnahme: Captivate-Projekte, die Sie mit der Version 7 bearbeiten und speichern, sind auch mit den Versionen 6.1 und 6 weiterhin bearbeitbar (bei eingeschränktem Funktionsumfang, da Funktionen wie z. B. Drag-&-Drop in Captivate 6 nicht verfügbar sind). Projekte, die Sie z. B. mit Captivate 2019 erstellen oder öffnen und speichern, können Sie anschließend nicht mehr mit einer früheren Version von Captivate öffnen. Weitere Tipps zum Umgang mit Projekten unterschiedlicher Versionen finden Sie unter ▶ *Weblink 02.3, Seite 12*.

Theoretische E-Learning-Einheit erstellen

Wenn Sie keine Bildschirmaufzeichnung (z. B. eine Screendemo oder Simulation), sondern eine theoretische E-Learning-Einheit (z. B. zur Vermittlung von Soft-Skills) erstellen möchten: Erstellen Sie zu Beginn ein **Leeres Projekt**. Später sollten Sie dann auf Basis einer Vorlage arbeiten (▶ *Seite 118*).

Der Willkommensbildschirm

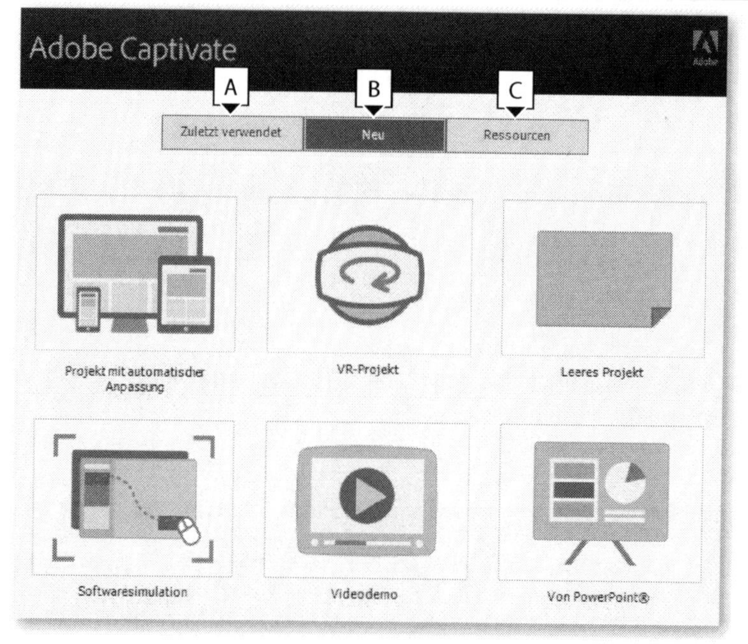

A Öffnen eines zuletzt bearbeiteten Projekts

B Erstellen eines neuen Projekts (z. B. Projekt mit automatischer Anpassung oder Videodemo) oder einer Vorlage

C Öffnen eines mit Captivate mitgelieferten Beispiel-Projekts

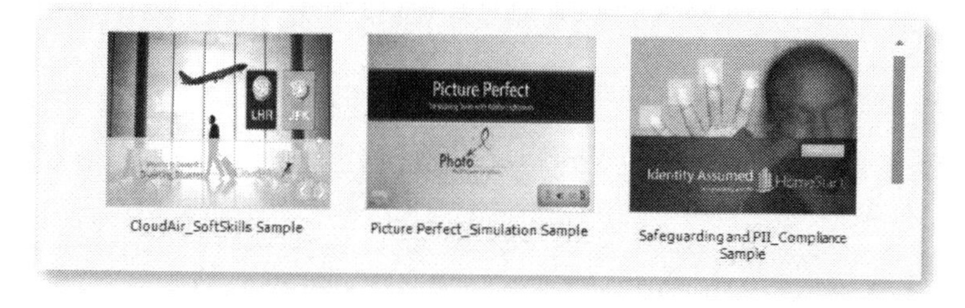

Das Hauptfenster

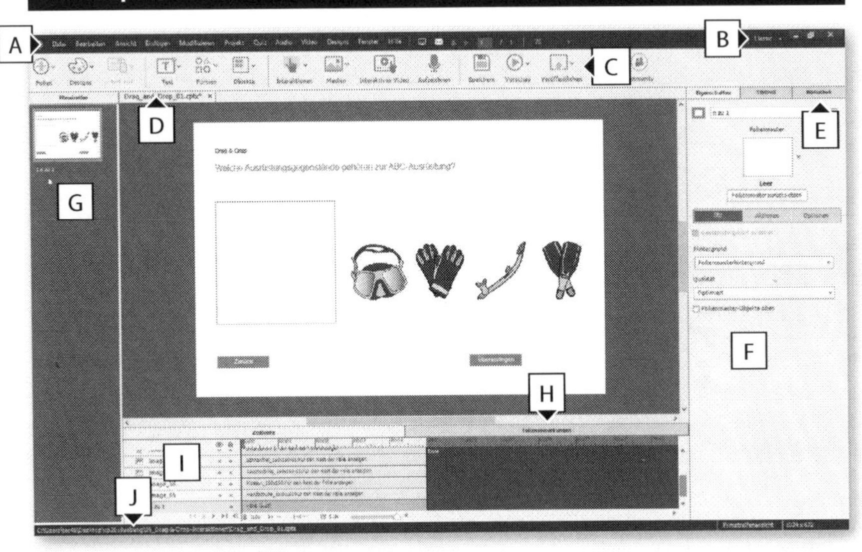

A Menüleiste

B Arbeitsbereich-Umschalter; nur im Expertenmodus nutzbar (▶ *Seite 34*)

C Werkzeugleiste

D Dokumentfenster mit Registerkarte(n)

E *Bibliothek* (**Fenster > Bibliothek**), in der alle Audio-Elemente, Bilder, freigegebene (erweiterte) Aktionen, (Folien-)Hintergründe, Medien (z. B. Animationen) und (verknüpfte) Präsentationen zentral verwaltet werden

F *Eigenschaften* (**Fenster > Eigenschaften**): Bearbeitungsmöglichkeiten zum / zur aktuell gewählten Objekt / Folie

G *Filmstreifen*, um im Projekt zu navigieren

H *Folienanmerkungen* (**Fenster > Folienanmerkungen**): Bereich für Anmerkungen, die später bei der Publikation nicht sichtbar sind

I *Zeitleiste* der aktuellen Folie

J Statusleiste: Zeigt den Projektpfad / die Beschreibung / die Größe eines mit der Maus überfahrenen Symbols, Werkzeugs oder Objekts sowie die Auflösung des Projekts

Zeitleiste ein-/ausblenden

Wenn Sie die Zeitleiste minimieren / maximieren möchten, doppelklicken Sie auf den Titel der Zeitleiste.

Expertenmodus aktivieren

Globale Voreinstellungen: Allgemeine Einstellungen

- [ ] Importierte/eingefügte Folie neu skalieren
- [ ] Sicherung des Projekts erstellen
- [ ] Rechts-nach-Links-Composer anfordern (funktioniert nur bei neu erstellten Projekten)
- [x] Benutzerdefinierte Arbeitsbereiche/Bedienfelder abdocken aktivieren (dazu müssen Sie Captivate neu starten)

Wenn Sie Bedienfelder frei anordnen und eigene Arbeitsbereiche anlegen möchten (Expertenmodus): Wählen Sie **Bearbeiten > Voreinstellungen** (Win) / **Adobe Captivate > Voreinstellungen** (Mac) und aktivieren Sie in der Kategorie *Allgemeine Einstellungen* die Option **Benutzerdefinierte Arbeitsbereiche/Bedienfelder abdocken aktivieren**. Starten Sie dann Captivate neu.

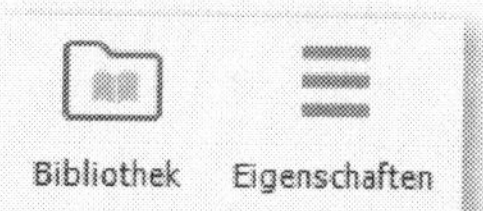

Die Werkzeugleistenoptionen, über die Sie die Bedienfelder *Eigenschaften* und *Bibliothek* ein-/ausblenden können, sind im Expertenmodus nicht verfügbar.

Bedienfelder / Symbolleisten ein-/ausblenden

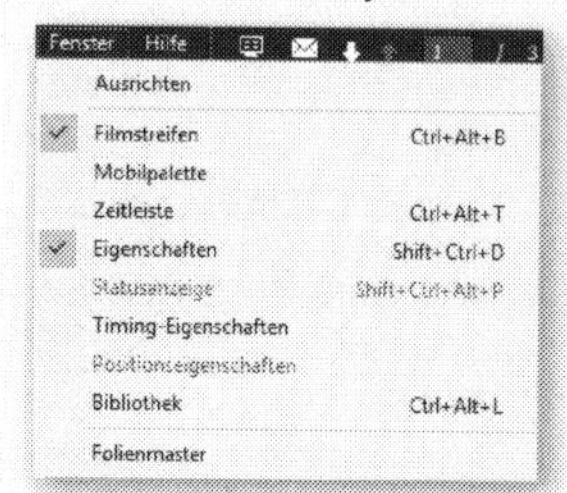

Wenn Sie einzelne Bedienfelder (z. B. *Zeitleiste*, *Bibliothek*, *Folienanmerkungen*, *Filmstreifen*) oder Symbolleisten (z. B. *Ausrichten*) ein- oder ausblenden möchten: Wählen Sie in der *Menüleiste* den Menüpunkt **Fenster** und aktivieren Sie das gewünschte Bedienfeld oder die gewünschte Symbolleiste.

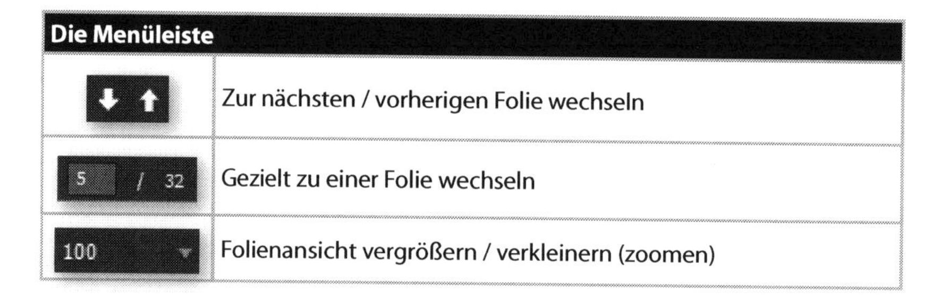

Die Menüleiste	
↓ ↑	Zur nächsten / vorherigen Folie wechseln
5 / 32	Gezielt zu einer Folie wechseln
100 ▾	Folienansicht vergrößern / verkleinern (zoomen)

Die Werkzeugleiste	
Folien	Neue Folien einfügen (▶ *Seite 121*)
Designs	Design ändern (▶ *Seite 124*)
Fluid Box	Fluid Boxes einfügen: nur in Projekten mit automatischer Anpassung im Modus Fluid Box verfügbar (▶ *Seite 505*)
Text	Textobjekte einfügen: ▶ Textbeschriftung (▶ *Seite 160*) ▶ Texteingabefeld (▶ *Seite 205*) ▶ Textanimation (▶ *Seite 161*)
Formen	Smartformen einfügen (▶ *Seite 57*)
Objekte	Objekte einfügen: ▶ Markierungsfeld (▶ *Seite 160*) ▶ Maus (▶ *Seite 159*) ▶ Zoombereich (▶ *Seite 179*) ▶ Web (▶ *Seite 183*)
Interaktionen	Interaktionen einfügen: ▶ Schaltfläche (▶ *Seite 215*) ▶ Klickfeld (▶ *Seite 203*) ▶ Drag-&-Drop (▶ *Seite 251*) ▶ Lerninteraktionen (▶ *Seite 406*)
Medien	Medien einfügen: ▶ SVG (▶ *Seite 171*) ▶ Bild (▶ *Seite 170*) ▶ Audio (▶ *Seite 312*) ▶ Video (▶ *Seite 235*) ▶ Animation (▶ *Seite 190*) ▶ Personen (▶ *Seite 414*) ▶ HTML5-Animation (▶ *Seite 374*)
Interaktives Video	Interaktive Videos einfügen (▶ *Seite 242*)

Aufzeichnen	Audio aufzeichnen (▶ *Weblink 00.4, Seite 12*)
Speichern	Aktuelles Projekt speichern
Vorschau	Vorschau abspielen (▶ *Seite 37*)
Veröffentlichen	Projekt veröffentlichen (▶ *Seite 373*) ▶ auf dem Computer (HTML5, interaktives PDF oder MP4) ▶ für Geräte (App) ▶ in Adobe Connect
Assets	Assets (z. B. Trainerfiguren und Vorlagen) über eLearning Brothers kostenfrei herunterladen (▶ *Seite 419*)
Community	Adobe eLearning Community in neuem Tab öffnen
Bibliothek	Bibliothek zur Verwaltung der Medien anzeigen (Eintrag nicht sichtbar, wenn Expertenmodus aktiv) (▶ *Seite 152*)
Eigenschaften	Eigenschaften zur Bearbeitung der aktuellen Folie (▶ *Seite 122*) / des aktuellen Objekts anzeigen (▶ *Seite 47*) (Eintrag nicht sichtbar, wenn Expertenmodus aktiv)

Vorschau von Projekten

In der Vorschau können Sie Ihr Projekt testen. Je nach Projekttyp bietet Ihnen Captivate die folgenden Modi:

Vorschau-Modi bei klassischen Projekten	
Folie abspielen	Aktuell gewählte Folie (als Schnellvorschau) im Bearbeitungsmodus abspielen (entspricht der Play-Funktion der Zeitleiste)
Projekt **Ab dieser Folie** **Nächste X Folien (Standard: 5)**	Projekt (gesamt, ab der aktuell gewählten Folie oder für X Folien) im Format SWF in einem Vorschaufenster in Captivate abspielen; mit Vorsicht verwenden, da die Anzeige / Funktion ggü. späterer Publikation abweichen kann (▶ *Seite 13*)
HTML5 im Browser	HTML5-Vorschau des gesamten Projektes in Ihrem aktuell gewählten Standardbrowser abspielen
Vorschau in SCORM-Cloud	HTML5-Vorschau in der SCORM-Cloud (▶ *Seite 393*)
SWF im Browser	SWF-Vorschau (▶ *Seite 13*)

Vorschau-Modi bei responsiven (▶ *Seite 491*) und VR-Projekten (▶ *Seite 541*)	
Folie abspielen	Aktuell gewählte Folie (als Schnellvorschau) im Bearbeitungsmodus abspielen (entspricht der Play-Funktion der Zeitleiste)
Nächsten X Folien (Standard: 5) **Ab dieser Folie** **Projekt**	Projekt (gesamt, ab der aktuell gewählten Folie oder für X Folien) im Format HTML5 in Ihrem aktuell gewählten Standardbrowser abspielen
Vorschau in SCORM-Cloud	HTML5-Vorschau in der SCORM-Cloud (▶ *Seite 393*)
Live-Vorschau auf Geräten	HTML5-Vorschau im Browser; hierbei öffnet sich ein QR-Code, welchen Sie anschließend mit Ihrem Smartphone oder Tablet scannen können (beim iPhone hier z. B. die Kamera starten und auf den Code zeigen). Vorausgesetzt Ihre Netzwerk-Sicherheitseinstellungen erlauben dies und sowohl Captivate-System als auch mobiles Endgerät befinden sich im selben Netzwerk (LAN/WLAN), können Sie Ihre Projekte so sehr schnell live testen

Live-Vorschau auf Geräten in klassischen Projekten

In klassischen Projekten ist die mit Captivate 2019 eingeführte **Live-Vorschau auf Geräten leider** nicht verfügbar. Sie können jedoch auch Ihre klassischen Projekte auf mobilen Endgeräten testen: Publizieren Sie dazu Ihr Projekt im Format HTML5 (▶ *Seite 374*) und legen Sie die Publikation auf einem Webserver ab. Per Webbrowser auf Ihrem mobilen Endgerät können Sie dann auf das Projekt zugreifen.

Wenn Sie noch effizienter testen möchten – entsprechende Zugriffsrechte vorausgesetzt: Mittels der Lösungen MAMP oder XAMPP können Sie lokal auf Ihrem Rechner einen Webserver aufsetzen und Ihre Projekte nahezu ohne Verzögerung per mobilem Endgerät aufrufen.

Die nächsten X Folien festlegen

Wählen Sie dazu in den Voreinstellungen *Standardwerte*. Tragen Sie bei *Vorschau der nächsten X Folien* den gewünschten Wert (z. B. **3**) ein und klicken Sie auf **OK**.

Übung: Captivate-Projekt erkunden

Im Rahmen dieser Übung erhalten Sie einen Eindruck, wie ein Captivate-Projekt aussehen kann. Außerdem erhalten Sie einen Einblick in die Vorschau, dem Werkzeug, mit dem Sie Ihre Projekte testen können.

Übung 5 min

1 Starten Sie Adobe Captivate 2019 bzw. schließen Sie bereits geöffnete Projekte.

2 Wählen Sie im *Willkommensbildschirm* **Ressourcen**.

3 Wählen Sie das Beispielprojekt **Safeguarding and PII_Compliance Sample.cptx** und klicken Sie auf **Öffnen**.

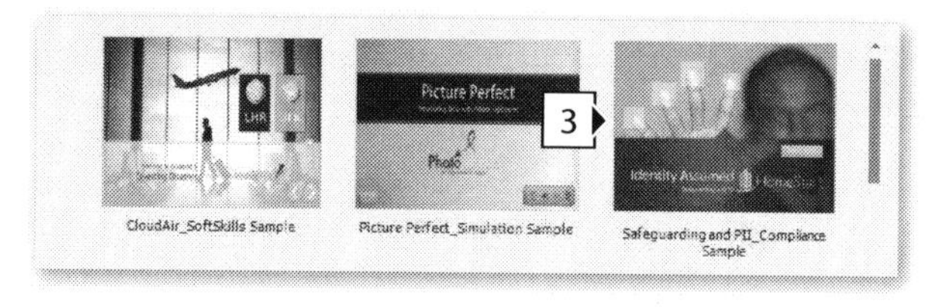

4 Wählen Sie **Vorschau > HTML5 im Browser**.

Das Projekt öffnet sich in Ihrem Standard-Browser.

5 Erkunden Sie das Beispielprojekt in der Vorschau:

a Klicken Sie auf die Schaltfläche **Start Course**.

b Klicken Sie dann auf die Schaltfläche **Pausieren** in der Wiedergabeleiste im unteren Bereich, um die Vorschau zu pausieren. Um die Vorschau fortzusetzen, klicken Sie erneut auf die Schaltfläche.

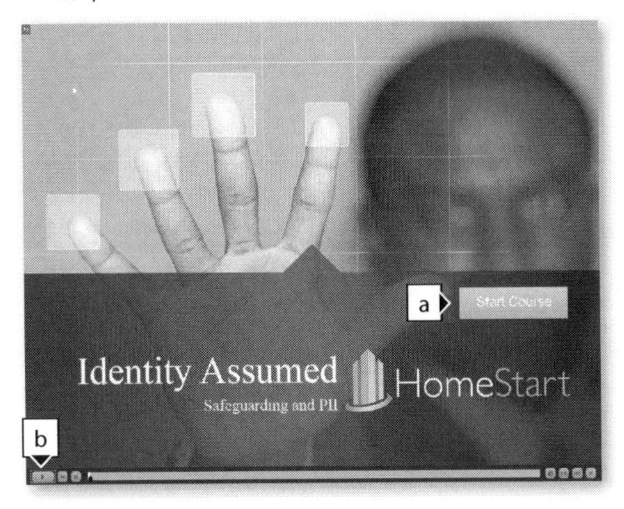

6 Klicken Sie sich durch die Vorschau und folgen Sie den Anweisungen des Sprechers.

7 Schließen Sie am Ende den Browser und gehen Sie zu Captivate zurück.

In dieser Übung haben Sie eines der von Captivate mitgelieferten Beispielprojekte zusammen mit der Vorschaufunktion kennen gelernt.

Captivate unter Mac OS

Dieses Kapitel richtet sich an Sie, wenn Sie mit einem Mac arbeiten. Wenn Sie mit einem Windows-System arbeiten: Fahren Sie bitte mit ▶ *Seite 42* fort.

Obwohl die Unterschiede zwischen Mac- und Windows-Version nur marginal sind, spendiere ich hier ein eigenes Kapitel. Sie werden zusätzlich in den einzelnen Kapiteln im Buch immer wieder Anmerkungen zu den Tastenkürzeln unter Mac OS und den jeweiligen Unterschieden finden – insofern es welche gibt.

So unterscheidet sich die Programmoberfläche

Den größten Unterschied zwischen Mac- und Windows-Version zeigt die Menüleiste. Sie finden Captivates Voreinstellungen bei Mac OS unter **Adobe Captivate > Voreinstellungen**.

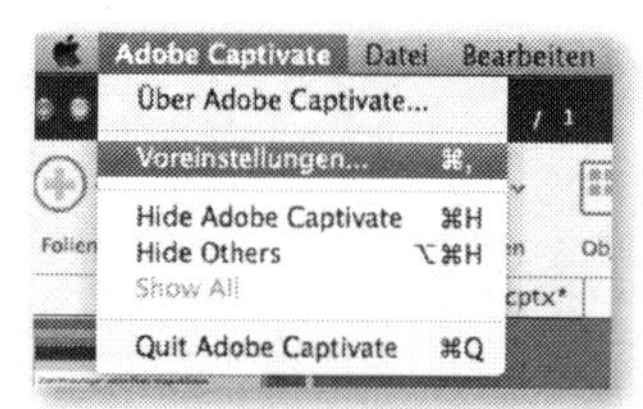

Captivate Aufzeichnungen erlauben (Mac)

Um Videoaufzeichnungen am Mac erstellen zu können, müssen Sie festlegen, dass Captivate aufzeichnen darf. Aktivieren Sie dazu unter *Systemeinstellungen > Sicherheit > Privatsphäre > Bedienungshilfen* unter *Diese Apps dürfen Ihren Computer steuern* **Adobe Captivate**.

Bildschirmaufnahme von iOS-Geräten

Über die Funktion *Gerätedemo* können Sie mit Captivate am Mac direkt den Bildschirm eines iOS-Geräts (z. B. iPhone oder iPad) abfilmen. Wählen Sie dazu in der Menüleiste **Datei > Neu aufnehmen > Gerätedemo.** Hierbei wird eine videobasierte Bildschirmaufnahme erstellt, die in Echtzeit alle Ihre Schritte aufzeichnet. Mehr Informationen zur Aufnahme sowie zum Modus Videodemo finden Sie unter ▶ *Weblink 02.5* und *Weblink 00.4, Seite 12.*

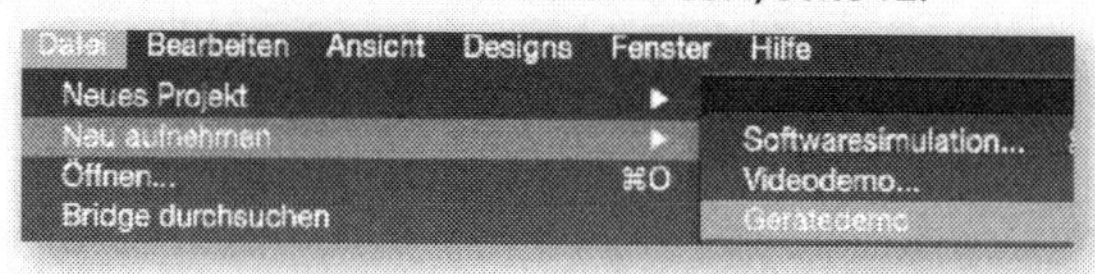

So unterscheidet sich die Aufnahme

Im Rahmen der Übungen zur Bildschirmaufnahme werden wir aufzeichnen, wie wir einen Ordner im Dateisystem erstellen, umbenennen, verschieben und danach suchen. Unter Windows kommt hier der *Explorer* zum Einsatz, unter Mac OS der *Finder*. Bei der Aufnahme unterscheidet sich auch das (rote) Aufzeichnungsfenster. Unter Mac OS können Sie dieses nur in der rechten unteren Ecke in dessen Größe anpassen.

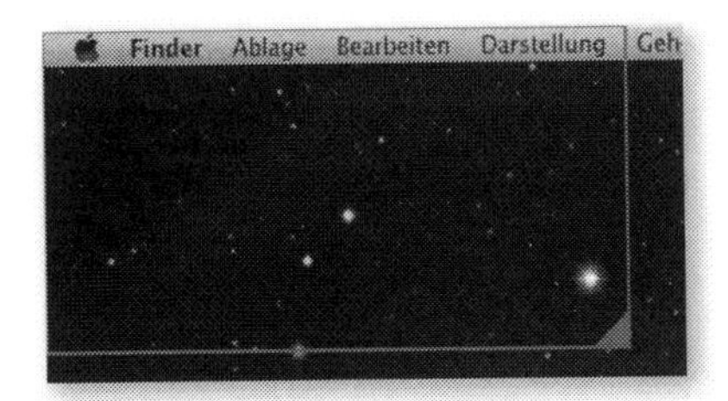

◀ Aufzeichnungsfenster unter Mac OS (links) und unter Windows (rechts)

Den wichtigsten Unterschied in puncto Aufzeichnung stellt wohl das Grundkonzept von Mac OS dar. Die Menüleiste eines Programms ist getrennt vom Programmfenster dargestellt. Dadurch ist die Funktionalität, das geöffnete Programmfenster am roten Aufzeichnungsfenster einschnappen zu können, nur eingeschränkt für die Mac-Welt verwendbar. Sie werden sehen, dass wir uns im Rahmen der ersten Übungen deshalb auf die Grundfunktionalitäten des Finders beschränken und hier die Menüleiste nicht mit aufzeichnen werden. Im späteren Erstellungsprozess werden Sie jedoch bevorzugt die Menüleiste eines jeweiligen Programms mit aufzeichnen und hier die Aufnahmeoption **Bildschirmbereich** wählen.

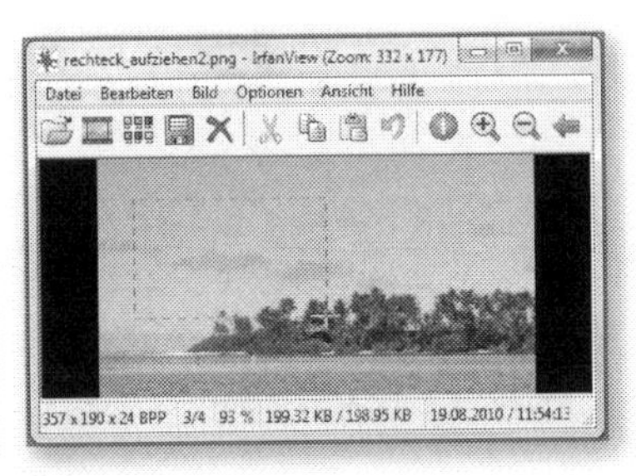

◀ Das Konzept von Mac OS: Programmfenster und Menüleiste getrennt (links)

Windows: Menüleiste innerhalb des Programmfensters (rechts)

Weiterhin unterscheiden sich natürlich auch die Tastenkürzel zwischen den beiden Welten. Meist besteht hier nur ein Unterschied: Die Taste ⌘ – entweder zusätzlich zum Windowsbefehl oder statt der Taste Strg. Jedoch werden wir die Mac-Tastenkürzel auch an den jeweiligen Stellen gesondert benennen.

So unterscheidet sich die Postproduktion

Im Bereich der Postproduktion gibt es ebenfalls leichte Abweichungen. So z. B. bei den Mausobjekten und Textschaltflächen. Hier finden Sie jeweils die Designs, die Sie auch von Mac OS gewohnt sind.

Mauszeiger unter Mac OS (links) und unter Windows (rechts) ▶

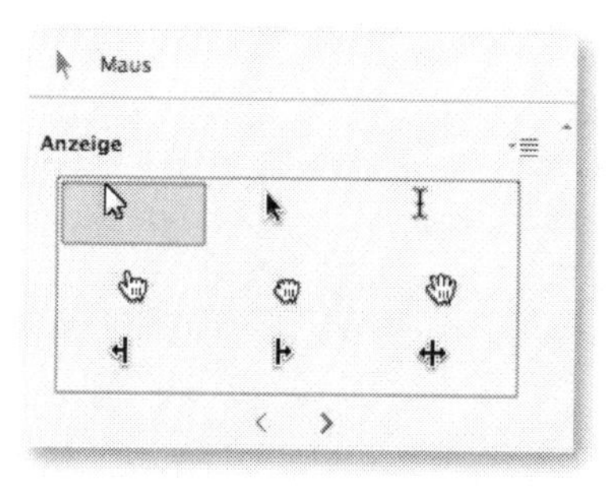

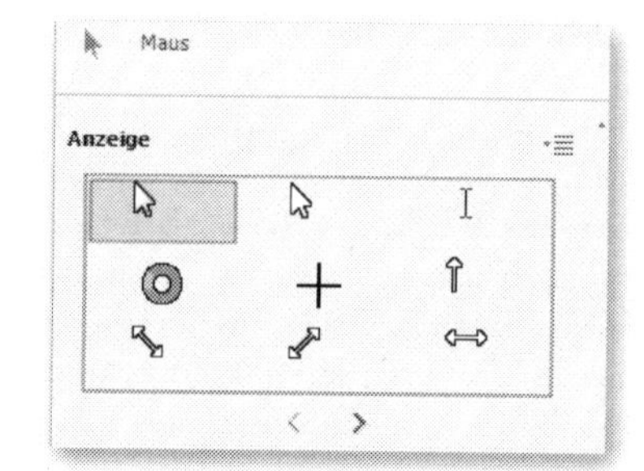

Übung: Oberfläche anpassen

Bevor wir die Werkzeuge von Captivate in die Hand nehmen, richten wir die Arbeitsumgebung optimal auf unsere Wünsche ein.

Übung ⏱ 10 min

- Sie aktivieren den Expertenmodus
- Sie stellen Ihren Arbeitsbereich ein
- Sie blenden Bedienfelder ein
- Sie verschieben Bedienfelder
- Sie speichern Ihren neuen Arbeitsbereich

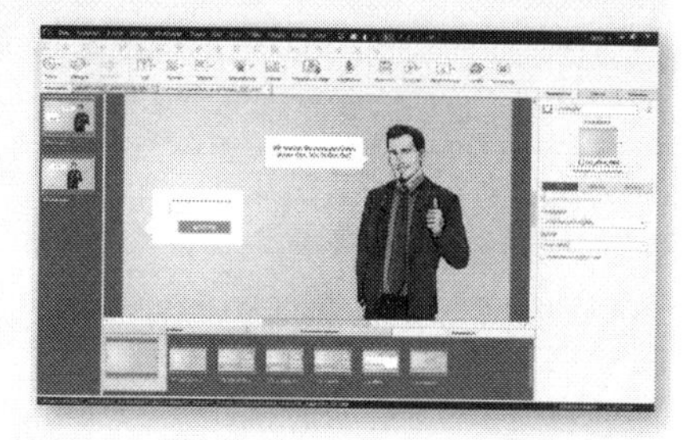

1 Wählen Sie **Bearbeiten** > **Voreinstellungen** (Win) / **Adobe Captivate** > **Voreinstellungen** (Mac OS).

2 Aktivieren Sie in der Kategorie *Allgemeine Einstellungen* die Option **Benutzerdefinierte Arbeitsbereiche/Bedienfelder abdocken aktivieren**.

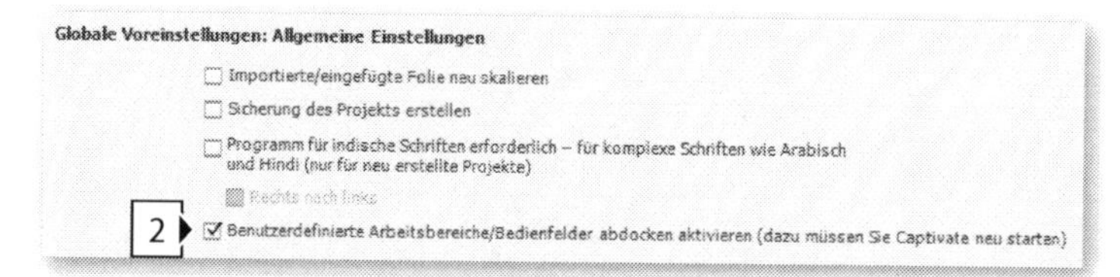

3 Klicken Sie auf **OK** und starten Sie Captivate neu.

4 Öffnen Sie aus dem Ordner *07_Interaktive_Objekte_Objektstatus* die Datei *Lerner_persoenlich_ansprechen_Ziel.cptx* (▶ *Seite 12*).

5 Wählen Sie oben rechts den **Arbeitsbereich-Umschalter**.

6 Stellen Sie sicher, dass dieser auf Standard eingestellt ist: Wählen Sie im Arbeitsbereich-Umschalter **Zurücksetzen 'Classic'**.

7 Blenden Sie die Eigenschaften ein: Wählen Sie **Fenster > Eigenschaften**.

8 Blenden Sie auf die gleiche Weise die *Bibliothek*, die *Timing-Eigenschaften* und die *Quizeigenschaften* ein.

Die Bedienfelder sind jetzt alle im rechten Bildschirmbereich sichtbar und haben sich nebeneinander eingereiht.

9 Blenden Sie die Zeitleiste ein: Wählen Sie **Fenster** > **Zeitleiste**.

10 Blenden Sie auf die gleiche Weise das Bedienfeld *Folienmaster* und die *Folienanmerkungen* ein.

Die Zeitleiste und die Folienanmerkungen werden in der unteren Bedienfeldgruppe eingeblendet. Das Bedienfeld *Folienmaster* wird in der linken Bedienfeldgruppe eingeblendet. Ähnlich wie in PowerPoint, können Sie auch in Captivate mit Folienmastern arbeiten, um bestimmte Objekte auf mehreren Folien zu verwenden, aber trotzdem zentral zu verwalten (▶ *Seite 128*).

11 Verschieben Sie das Bedienfeld *Folienmaster* per Drag-&-Drop in die untere Bedienfeldgruppe: Klicken Sie hierzu auf den Titel des Bedienfelds, halten Sie die Maus gedrückt und ziehen Sie das Bedienfeld in den unteren Bereich. Sobald Ihnen ein blauer Rahmen die Möglichkeit zum Einschnappen visualisiert, können Sie die Maustaste loslassen.

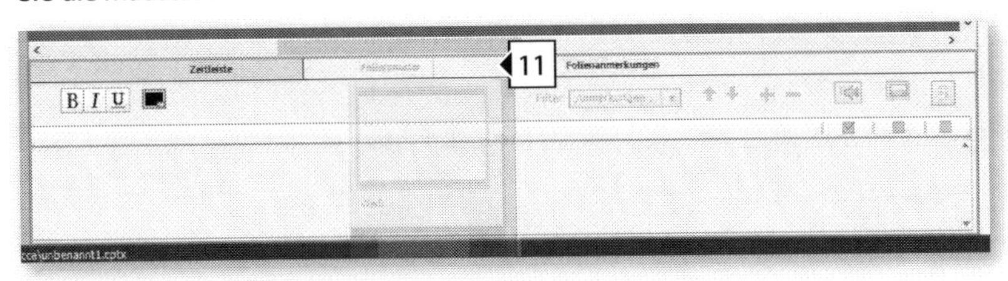

Das Bedienfeld *Folienmaster* reiht sich neben den Bedienfeldern *Zeitleiste* und *Filmstreifen* ein.

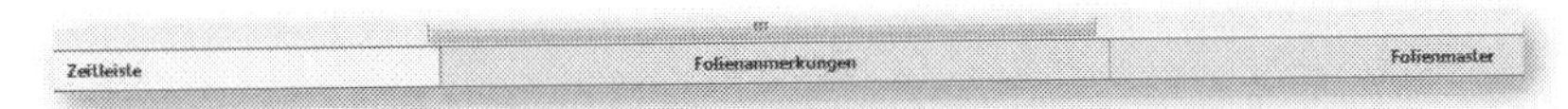

12 Speichern Sie Ihren neuen Arbeitsbereich ab: Wählen Sie im *Arbeitsbereich-Umschalter* **Neuer Arbeitsbereich**.

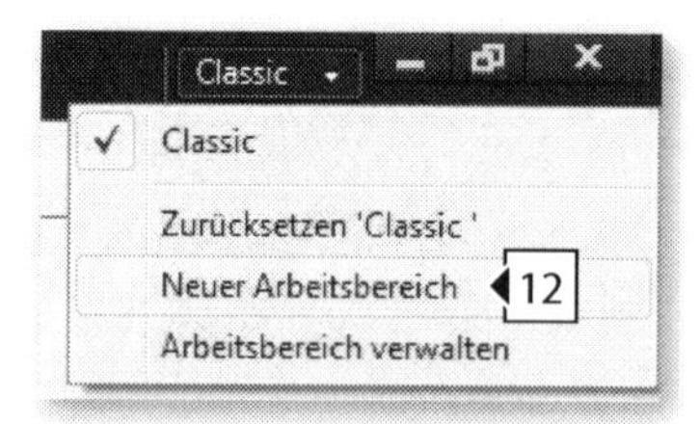

Das Fenster *Neuer Arbeitsbereich* öffnet sich.

13 Geben Sie einen *Namen* ein, z. B. „Mein Arbeitsbereich" und klicken Sie auf **OK**.

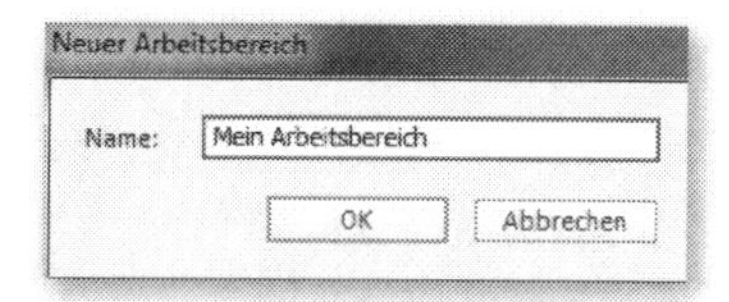

Sie haben einen eigenen Arbeitsbereich erstellt, den Sie über den Arbeitsbereich-Umschalter direkt wählen können. Probieren Sie es doch gleich aus: Wechseln Sie z. B. zum Arbeitsbereich **Classic** und dann zurück zu Ihrem gerade erstellten.

Zeitleiste & Timing

Über die Zeitleiste können Sie die zeitliche Abfolge von Objekten einstellen sowie auch die Reihenfolge der Objekte in der Ebene sehen und verändern.

In der Zeitleiste navigieren

Wenn Sie Objekte entsprechend ihrer Ebenenreihenfolge in der Zeitleiste von unten nach oben durchgehen möchten, markieren Sie ein Objekt auf der Bühne und drücken Sie die Taste ⇥. Wenn Sie Objekte in umgekehrter Reihenfolge durchgehen möchten, drücken Sie ⇧+⇥.

Die Zeitleiste

Fenster > Zeitleiste

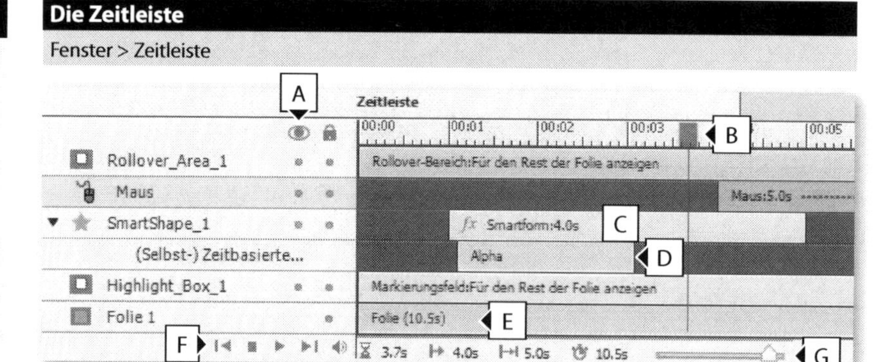

A Ausblenden / Sperren von Objekten / Ebenen

B Abspielkopf: Das aktuelle Bild (Frame), welches Sie auf der Bühne sehen

C Objekte der Zeitleiste mit Angabe der Länge in Sekunden

D Objekteffekt (▶ *Seite 190*)

E Folie mit Angabe der Länge in Sekunden

F Abspielleiste für die aktuelle Folie

G Zeitleiste zoomen

Farbcodierung in der Zeitleiste

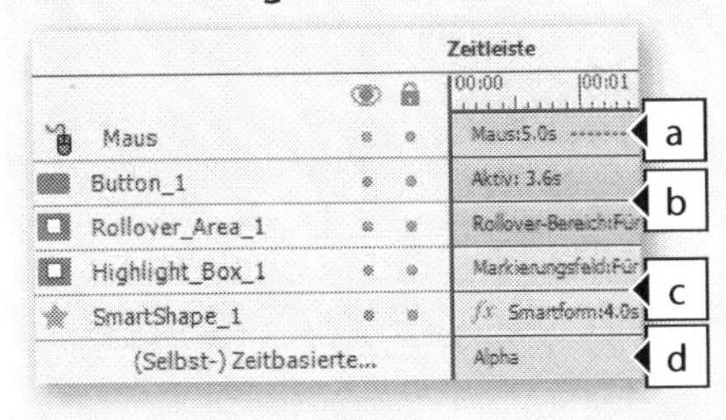

Die Objektarten werden in der Zeitleiste durch unterschiedliche Farben visualisiert:

- Braun (**a**) = Mausobjekt / Folie
- Grün (**b**) = Interaktive Objekte
- Blau (**c**) = Statische Objekte
- Rot (**d**) = Objekteffekte

Das Timing und die Ebenenreihenfolge in der Zeitleiste

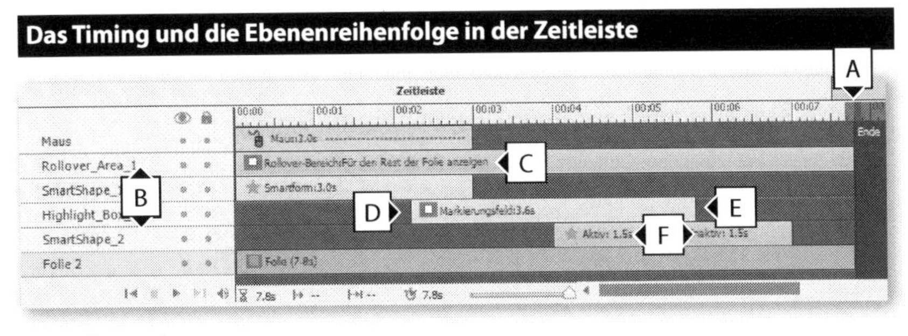

A Folienende

B Ebenenreihenfolge

C Objekt für den Rest der Folie anzeigen

D Objekt blendet ein

E Objekt blendet aus

F Anzeigedauer des Objekts

Objekt an der Position des Abspielkopfs einfügen

Sie können Objekte auch direkt an der aktuellen Position des Abspielkopfs einfügen: Setzen Sie den Abspielkopf in der Zeitleiste an die Position, an der das Objekt erscheinen soll, z. B. **4 s**. Fügen Sie anschließend das gewünschte Objekt ein, z. B. eine Textbeschriftung (**Text > Textbeschriftung**).

Ebenenreihenfolge ändern

Wenn Sie die Ebenenreihenfolge eines Objekts ändern möchten: Markieren Sie das Objekt in der Zeitleiste und verschieben Sie es per Drag-&-Drop nach oben oder unten. Das oberste Objekt der Zeitleiste steht im Vordergrund.

Das Bedienfeld Timing-Eigenschaften

Fenster > Timing-Eigenschaften

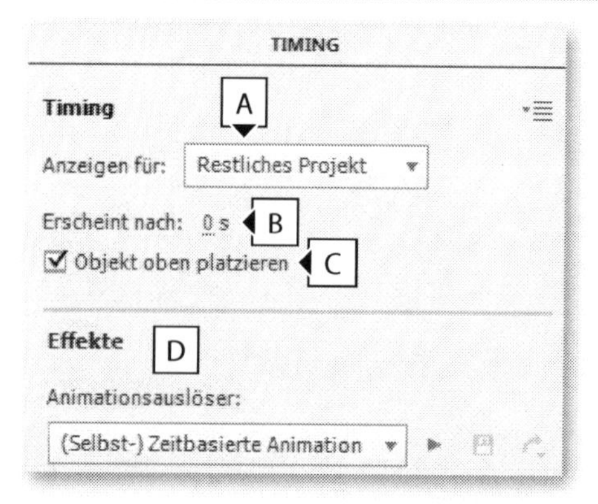

A Anzeigedauer, z. B. für *bestimmte Zeit*, *restliche Folie* oder *restliches Projekt*

B Zeit, nach der das Objekt erscheint

C Wenn unter **A** die Option **restliches Projekt** aktiv ist: Sicherstellen, dass das Objekt nicht durch andere Objekte verdeckt wird

D Effekte *(▶ Seite 190)*

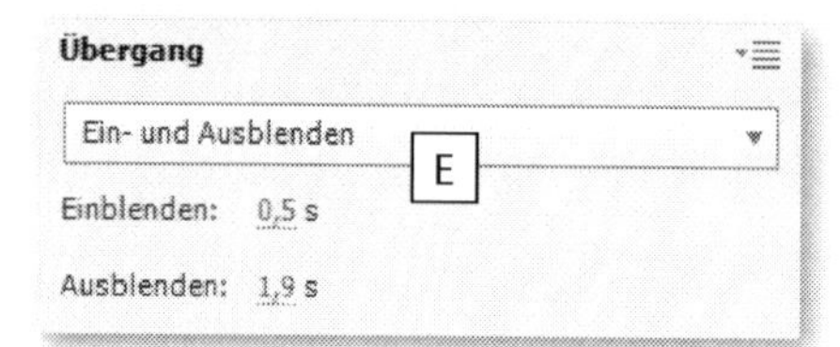

E Übergangsart des Objekts: Ein- und Ausblenden oder nur Einblenden / Ausblenden oder kein Übergang

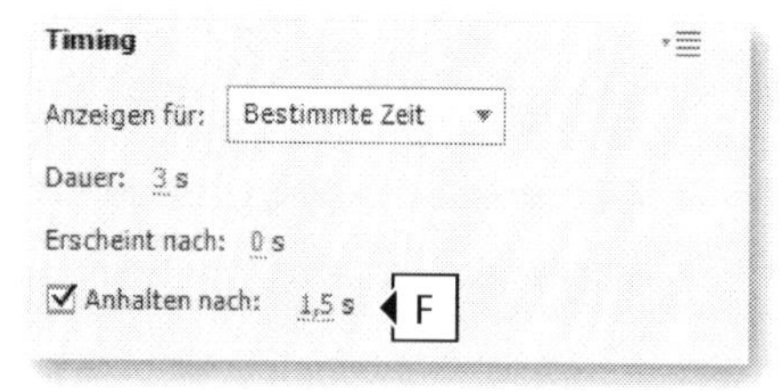

F Bei Schaltflächen und Texteingabefeldern: Zeit, nach der ein Objekt das Projekt pausiert

Objekte

Sie können die Objekte im Bedienfeld *Eigenschaften* nach Ihren Wünschen anpassen. Dabei haben (fast) alle Objekte die folgenden (soweit vorhanden) gemeinsamen Eigenschaften.

Die Eigenschaften von Objekten

Fenster > Eigenschaften

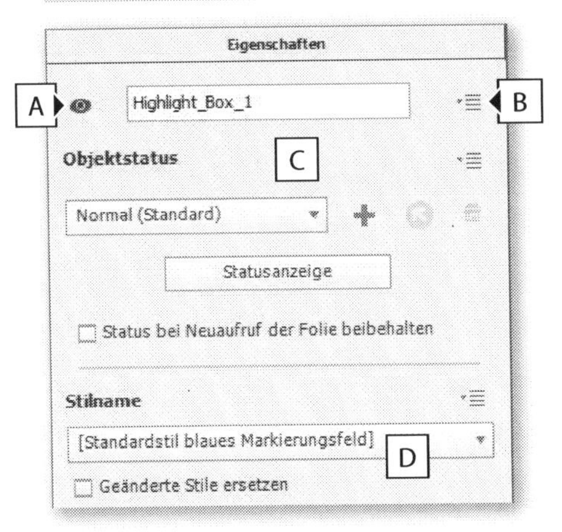

A Objektname & -sichtbarkeit (▶ *Seite 201*)

B Barrierefreiheit (▶ *Seite 353*)

C Objektstatus (▶ *Seite 219*)

D Objektstilbereich (▶ *Seite 140*)

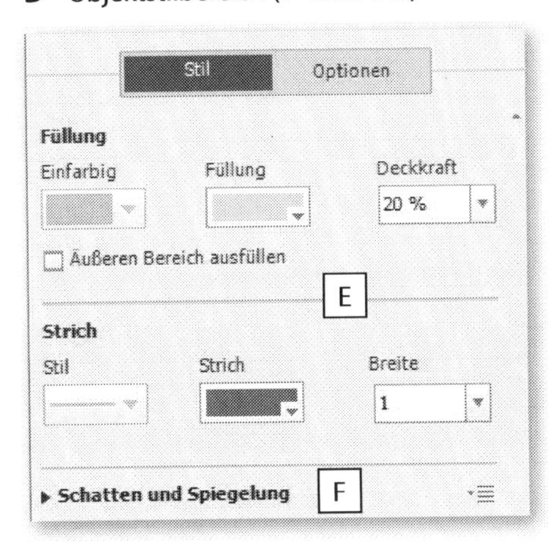

E Füllung und Strich (▶ *Seite 65*)

F Schatten und Spiegelung (▶ *Seite 69*)

Konvention bei Objektnamen

Wenn Sie ein Objekt duplizieren, dem Sie einen individuellen Namen gegeben haben, wird Captivate diesen Namen für das duplizierte Objekt übernehmen und eine entsprechende Ziffer anfügen.

Werte schnell berechnen

Wenn Sie schnell die Größe eines Objekts um einen bestimmten Pixelwert verändern möchten, klicken Sie im Bedienfeld *Eigenschaften* im Tab *Optionen* auf einen beliebigen Wert in blauer Schrift und tragen Sie eine mathematische Operation ein. Wenn Sie z. B. den Abstand von links mit aktuell 106 px um weitere 50 % vergrößern möchten: *X* **106 * 1,5**.

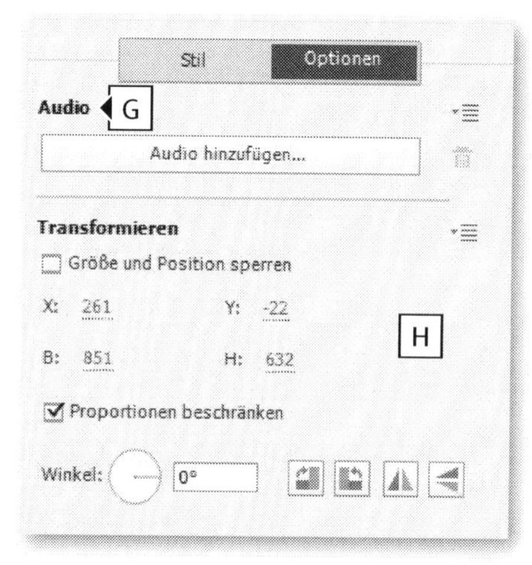

G Audio (▶ *Seite 312*)

H Transformieren (▶ *Seite 53*)

Nicht gruppierbare Objekte

Die folgenden Objekte können Sie nicht gruppieren: Minifolie, Maus sowie die Standardobjekte von Fragenfolien.

Objektgruppierung

Sie können mehrere Objekte einer Folie zu einer Gruppe zusammenfassen. Dies schafft Überblick in der Zeitleiste und auf der Folie sowie die Möglichkeit, Objekte gemeinsam zu bearbeiten und auszurichten. Änderungen, die Sie an der Gruppe vornehmen, werden auf alle Objekte in der Gruppe angewandt.

So gruppieren Sie Objekte

Objektgruppen reduzieren / erweitern

Wenn Sie ein einzelnes Objekt aus der Gruppe entfernen möchten: Wählen Sie die Gruppe und anschließend das entsprechende Objekt. Rechtsklicken Sie auf das zu entfernende Objekt und wählen Sie **Aus Gruppe entfernen**. Auf die gleiche Weise können Sie auch bereits bestehenden Objektgruppen weitere Objekte anfügen.

1 Markieren Sie bei gedrückter Taste ⇧ die entsprechenden Objekte.

2 Rechtsklicken Sie anschließend auf eines der Objekte und wählen Sie **Gruppieren**.

Captivate fasst die markierten Objekte zu einer Gruppe zusammen. Auch in der Zeitleiste werden die Objekte automatisch zusammengefasst. Sie können die Gruppe in der Zeitleiste über den Pfeil links außen aufklappen.

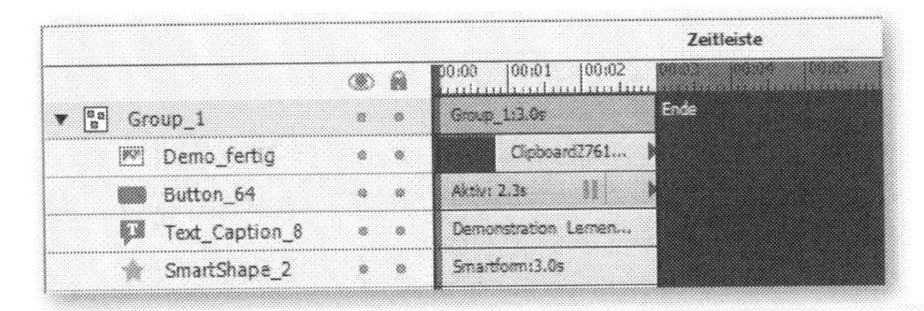

Eigenschaften einer Gruppe

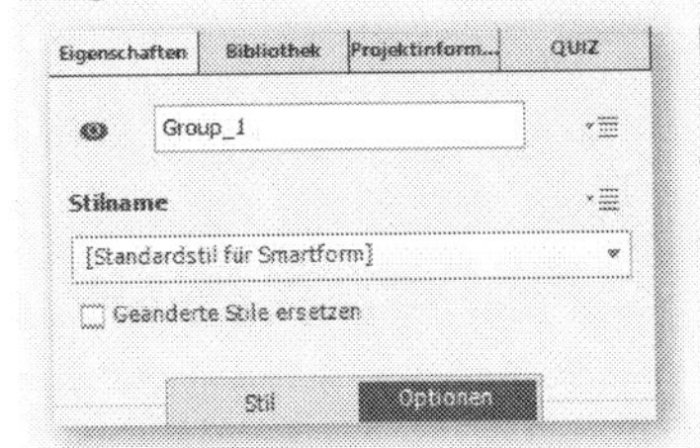

Im Bedienfeld *Eigenschaften* sehen Sie alle Bereiche, die die Gruppe gemeinsam verwendet. Außerdem können Sie hier auch einen Objektgruppennamen vergeben.

Eigenschaften einzelner Objekte in einer Gruppe

Sie können einzelne Objekte innerhalb einer Gruppe ein- und ausblenden sowie auch deren Größe und Position sperren.

Objektausrichtung & Hilfslinien

Sie haben verschiedene Möglichkeiten, Objekte in Captivate sauber zu positionieren und auszurichten.

Mehrere Objekte ausrichten

Wenn Sie mehrere Objekte als eine Einheit ausrichten möchten: Erstellen Sie eine Objektgruppe und richten Sie diese anschließend aus.

Die Leiste Ausrichten	
Fenster > Ausrichten	
	Markierte Objekte (horizontal) links ausrichten
	Markierte Objekte (horizontal) zentriert ausrichten
	Markierte Objekte (horizontal) rechts ausrichten
	Markierte Objekte (vertikal) oben ausrichten
	Markierte Objekte (vertikal) mittig ausrichten
	Markierte Objekte (vertikal) unten ausrichten
	Markierte(s) Objekt(e) horizontal im Verhältnis zur Folie zentrieren
	Markierte(s) Objekt(e) vertikal im Verhältnis zur Folie zentrieren
	Markierte Objekte horizontal verteilen (Abstände zwischen den Objekten werden gleichmäßig verteilt)
	Markierte Objekte vertikal verteilen (Abstände zwischen den Objekten werden gleichmäßig verteilt)
	Markierte Objekte in der Höhe angleichen

	Markierte Objekte in der Breite angleichen
	Markierte Objekte in der Größe (Höhe und Breite) angleichen
	Markierte Objekte in der Größe und Ausrichtung angleichen
	Markierte Objekte eine Ebene nach vorne stellen
	Markierte Objekte eine Ebene nach hinten stellen
	Markierte Objekte in den Vordergrund stellen
	Markierte Objekte in den Hintergrund stellen

Intelligente Hilfslinien

Ansicht > Hilfslinien/Intelligente Hilfslinien anzeigen

Sie können Objekte, ähnlich wie in PowerPoint, über intelligente Hilfslinien auch in Bezug zu anderen Objekten ausrichten. Diese Funktion ist standardmäßig bereits aktiv.

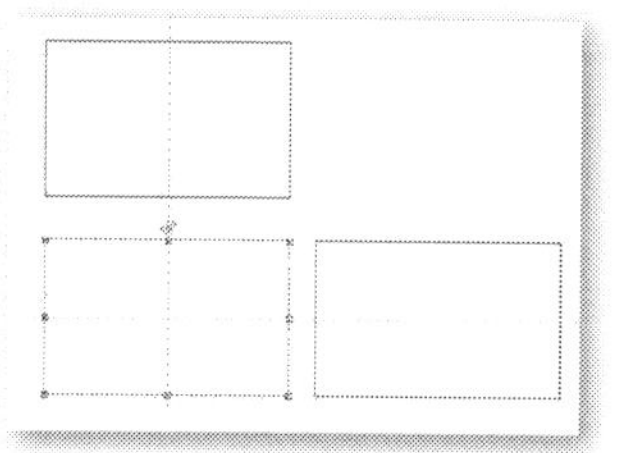

Lineale

Ansicht > Lineale anzeigen

Ähnlich wie bei anderen Adobe-Programmen können Sie auch Lineale einblenden sowie Hilfslinien setzen, um Objekte sauber ausrichten zu können. Je nach Projekttyp ist die standardmäßig eingestellte Maßeinheit hierbei entweder Pixel oder Prozent (nur bei Projekten mit automatischer Anpassung). Bei responsiven Projekten können Sie sowohl Hilfslinien in Prozent als auch in Pixel (auch parallel nebeneinander) platzieren. Um hier das Lineal auf Pixel umzustellen: Rechtsklicken Sie auf das Lineal und wählen Sie die gewünschte Maßeinheit aus.

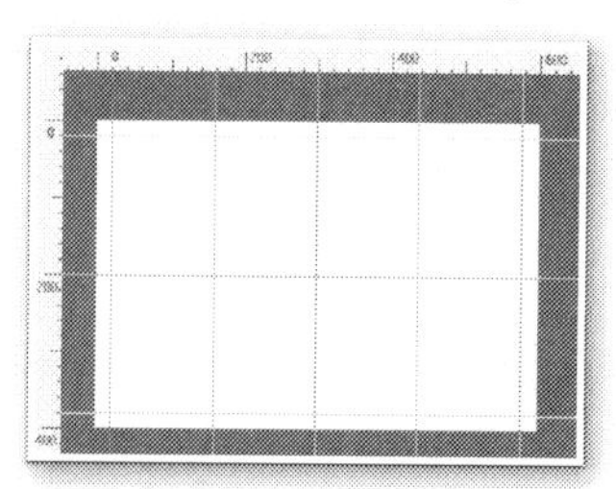

Einzelne Hilfslinien erstellen

Sie haben mehrere Optionen, einzelne Hilfslinien zu erstellen:

- **Durch Ziehen:** Ziehen Sie eine Hilfslinie aus dem Lineal heraus auf die Folie und lassen Sie los, wenn sie die gewünschte Position erreicht hat.
- **Durch Doppelklick:** Doppelklicken Sie auf einen beliebigen Punkt auf dem Lineal. Die Hilfslinie wird genau an dieser Position eingefügt.
- **Über eine vorhandene Hilfslinie:** Rechtsklicken Sie auf eine bereits erstellte Hilfslinie und wählen Sie **Neue Hilfslinie hinzufügen**.
- **Über die Menüleiste:** Wählen Sie **Ansicht > Neue Hilfslinie**. Das Fenster *Neue Hilfslinie* öffnet sich, in dem Sie sowohl die Richtung als auch die Position genau einstellen können. Um die Hilfslinie anzulegen, bestätigen Sie mit **OK**.

Mehrere Hilfslinien zeitgleich erstellen (Fenster Mehrere Hilfslinien erstellen)

Ansicht > Mehrere Hilfslinien erstellen

Um ein komplettes Gestaltungsraster zu erstellen, kann es oft sinnvoll sein, direkt mehrere Hilfslinien auf einmal zu erstellen. Im Fenster *Mehrere Hilfslinien erstellen* können Sie diese verwalten und einfügen.

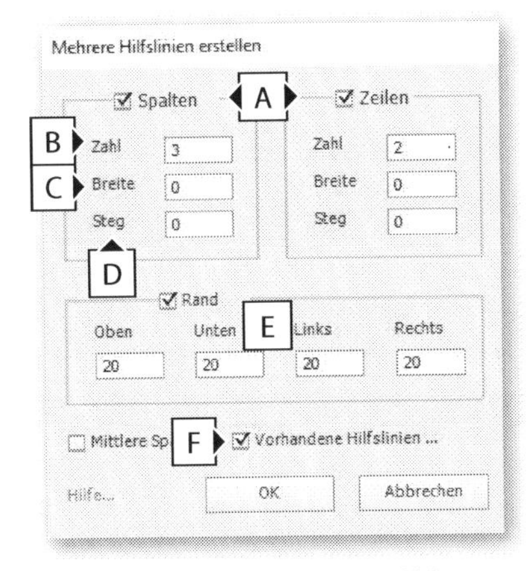

A Vertikale / horizontale Hilfslinien

B Anzahl der Hilfslinien definieren

C Abstand zwischen den Hilfslinien definieren

D Abstand festlegen, in dem Stege erstellt werden

E Abstand der Hilfslinien zum Rand definieren

F Vorhandene Hilfslinien löschen

Breite und Steg

Die Einstellungen für *Breite* sowie *Steg* sind jeweils optional. Belassen Sie den Wert unter Breite bei **0**, werden die Hilfslinien symmetrisch verteilt.

Vorrang der Breite

Beachten Sie: Die Werte, die Sie unter *Rechts* und *Unten* eintragen, werden nur dann berücksichtigt, wenn unter *Breite* der Wert **0** eingestellt ist. Andernfalls richtet sich Captivate nur nach den Randeinstellungen von *Oben* und *Links*, da es hierbei die Einstellungen bei *Breite* als vorrangig betrachtet. Sollten Sie dennoch einen umlaufenden Rand festlegen wollen, sollten Sie die *Breite* auf **0** lassen und das Raster (wenn nötig) später um manuelle Hilfslinien ergänzen.

Hilfslinien verschieben und entfernen

- **Einzelne Hilfslinie verschieben:** Markieren Sie die Hilfslinie und ziehen Sie sie mit gedrückter Maustaste an die gewünschte Position.

Sie können eine Hilfslinie nicht auswählen? Das könnte daran liegen, dass die Hilfslinie gesperrt ist. Deaktivieren Sie in diesem Fall einfach unter *Ansicht* die Option **Hilfslinien sperren**.

- **Einzelne Hilfslinie löschen:** Rechtsklicken Sie auf die Hilfslinie, die Sie entfernen möchten und wählen Sie **Hilfslinie löschen**.
- **Alle Hilfslinien löschen:** Um alle Hilfslinien aus Ihrem Projekt zu entfernen, wählen Sie **Ansicht > Hilfslinien entfernen**.

Standardhilfslinienfarbe und Hilfslinienfarbe

Bei responsiven Projekten werden Sie feststellen, dass Sie an dieser Stelle zwei verschiedene Farbwerte einstellen können: die *Standardhilfslinienfarbe* sowie die *Hilfslinienfarbe*. Die *Standardhilfslinienfarbe* bezieht sich hierbei auf alle in Prozent definierten Hilfslinien und die *Hilfslinienfarbe* auf alle in Pixel definierten Hilfslinien.

Hilfslinien verwenden und formatieren

- **„Magnetismus" aktivieren:** Wenn Sie möchten, dass Objekte an den Hilfslinien andocken / einschnappen, aktivieren Sie **Ansicht > An Hilfslinie ausrichten**.
- **Radius des „Magnetismus" vergrößern:** Um zu bestimmen, ab welchem Abstand zur Hilfslinie Objekte angezogen werden sollen, wählen Sie in der Menüleiste **Bearbeiten > Voreinstellungen** (Win) / **Adobe Captivate > Voreinstellungen** (Mac). Wählen Sie im linken Bereich die Kategorie *Standardwerte*. Tragen Sie unter *An Hilfslinien-Offset ausrichten* den gewünschten Wert ein (zwischen **4** und **25px**).
- **Hilfslinienfarbe ändern:** Ebenfalls im Fenster *Voreinstellungen* in der Kategorie *Standardwerte* können Sie die Standardhilfslinienfarbe festlegen.
- **Hilfslinien (ent)sperren:** Um zu vermeiden, dass Ihre Hilfslinien beim Arbeiten versehentlich verschoben oder gelöscht werden, können Sie diese sperren. Wählen Sie dazu **Ansicht > Hilfslinien sperren**.

Raster

Ansicht > Am Raster ausrichten

Zusätzlich können Sie ein Raster einblenden und Ihre Objekte an diesem Raster ausrichten. Die Rastergröße können Sie zudem individuell festlegen.

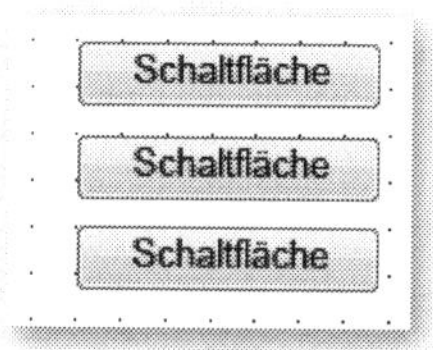

So richten Sie Objekte am Raster aus

1 Blenden Sie das Raster ein: Wählen Sie **Ansicht > Raster anzeigen**.

2 Wählen Sie anschließend **Ansicht > Am Raster ausrichten**.

3 Positionieren Sie die Objekte mit der Maus oder den Pfeiltasten Ihrer Tastatur entlang des Rasters.

Captivate richtet Objekte nun mit der linken oberen Kante automatisch an den einzelnen Rasterpunkten aus.

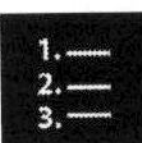

So stellen Sie das Raster ein

1. Wählen Sie **Bearbeiten > Voreinstellungen** (Win) / **Adobe Captivate > Voreinstellungen** (Mac).
2. Wählen Sie im linken Bereich die *Kategorie* **Allgemeine Einstellungen**.
3. Tragen Sie unter *Rastergröße* die gewünschte Schrittweite in Pixel ein.

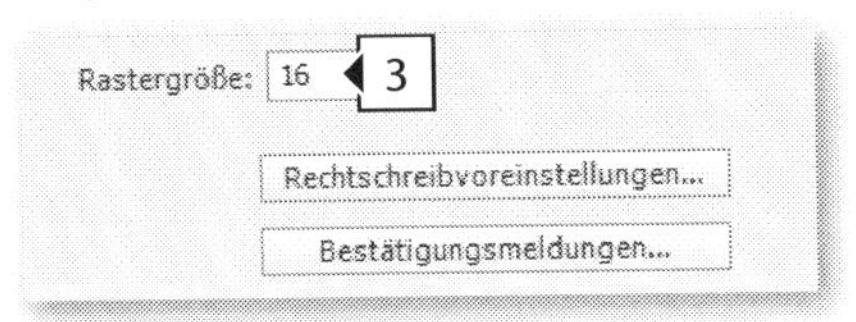

4. Klicken Sie auf **OK**.

Individuelle Schrittweite bei der Objektpositionierung

Wenn Sie ein Objekt zügig per Tastatur um die eingestellte Rastergröße verschieben möchten, markieren Sie das Objekt und drücken Sie die Taste Strg (Win) / ⌘ (Mac) sowie eine beliebige Pfeiltaste.

Der Bereich Transformieren im Bedienfeld Eigenschaften

Über den Bereich *Transformieren* unter dem Tab *Optionen* im Bedienfeld *Eigenschaften* können Sie Objekte (und Objektgruppen) pixelgenau positionieren.

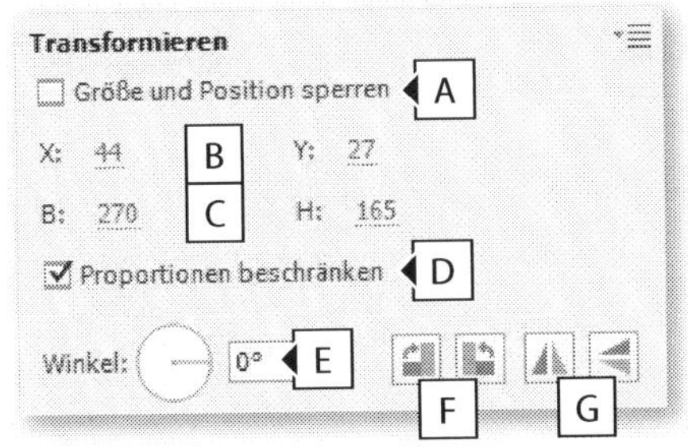

A Größe und Position eines Objekts sperren

B Position des Objekts von links (X) / von oben (Y) in px

C Breite und Höhe des Objekts

D Proportionen bei Größenänderungen beibehalten

E Winkel für Drehung manuell eingeben (0° bis (-)360°) oder per Maus über das Wählrad festlegen

F Objekt um 90° nach rechts / links drehen

G Objekt horizontal oder vertikal kippen (spiegeln)

Werte noch schneller einstellen

Werte und Größen lassen sich sehr schnell mithilfe des Mausrads verändern: Fahren Sie mit der Maus über einen beliebigen Zahlenwert (i.d.R. blau & unterstrichen) in den *Eigenschaften*. Der Mauszeiger ändert sich in einen Handcursor mit zwei Pfeilen. Drehen Sie nun das Mausrad. Der Wert ändert sich schrittweise in den kleinstmöglichen Abständen (0,1 bzw. 1,0). Halten Sie währenddessen zusätzlich die Taste ⇧ gedrückt, verändert sich der Wert in größeren Abständen (1,0 bzw. 10,0).

Übung: Zeitleiste und Objektausrichtung kennenlernen

Im Rahmen dieser Übungen machen Sie sich mit der Zeitleiste vertraut. Außerdem lernen Sie, Objekte sauber auszurichten.

Übung 10 min

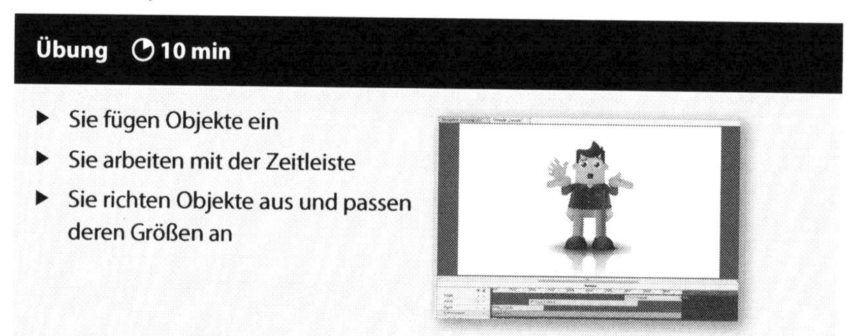

- Sie fügen Objekte ein
- Sie arbeiten mit der Zeitleiste
- Sie richten Objekte aus und passen deren Größen an

1 Öffnen Sie aus dem Ordner *02_Grundlagen_Erste_Schritte* die Datei *Zeitleiste_Ziel.cptx* (▶ *Seite 12*).

Es öffnet sich ein Projekt mit einer Folie, auf der drei Figuren platziert sind (in einer jeweils anderen Geste).

2 Spielen Sie die Folie in der Vorschau ab: Wählen Sie **Vorschau > Projekt**.

Sie sehen, dass die Figur und die entsprechenden Gesten auf das Sprecheraudio angepasst sind. Im Rahmen dieser Übung möchten wir diese Synchronisation umsetzen.

3 Öffnen Sie aus dem Ordner *02_Grundlagen_Erste_Schritte* die Datei *Zeitleiste_Ausgang.cptx*.

4 Verschieben Sie die Objekte über die Zeitleiste an die folgenden Positionen:

a Lassen Sie *Figur2* nach **2 s** anzeigen: Markieren Sie das Objekt in der Zeitleiste und verschieben Sie es mit gedrückter Maustaste an die Position **2 s**.

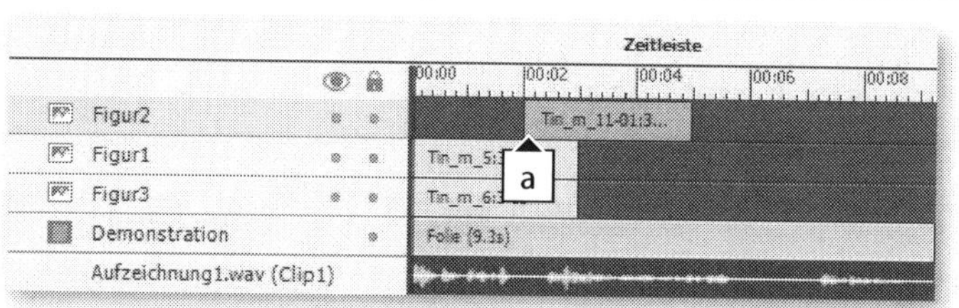

b Lassen Sie *Figur3* nach **7 s** anzeigen.

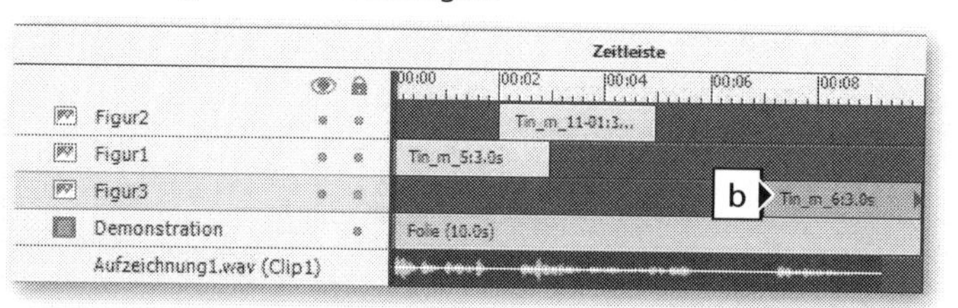

5 Spielen Sie das Projekt erneut in der Vorschau ab.

Sie sehen, dass jeweils eine Figur genau dann eingeblendet wird, wenn der Sprecher einen neuen Satz beginnt. Jetzt optimieren wir noch die Anzeigedauer über die Zeitleiste.

6 Beenden Sie die Vorschau.

7 Optimieren Sie die Anzeigedauer der Objekte:

a Markieren Sie *Figur1* am Ende.

Es erscheint ein Pfeil, der Ihnen anzeigt, dass Sie dieses Objekt verkürzen oder verlängern können.

b Ziehen Sie das Objektende auf die Position **2,8 s**.

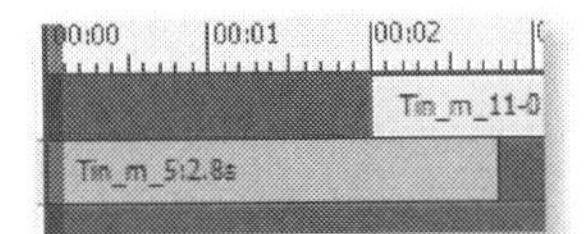

Figur1 wird nun genau für die Dauer des ersten Satzes des Sprechers angezeigt.

c Lassen Sie *Figur2* für eine Dauer von **5,7 s** anzeigen: Verlängern Sie das Objekt bis **7,7 s**.

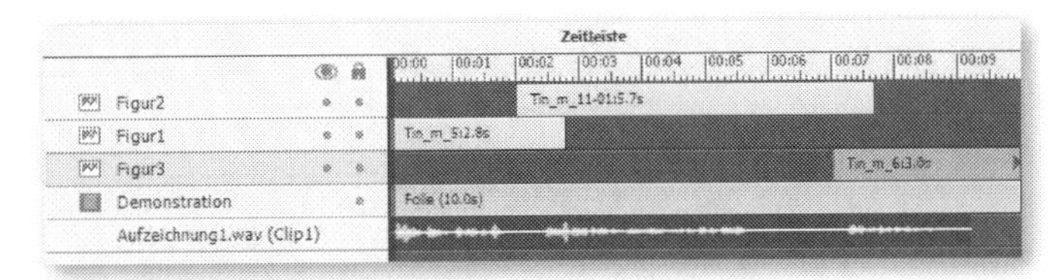

8 Spielen Sie das Projekt erneut in der Vorschau ab.

Sie sehen, dass die Anzeigedauer nun optimal auf das Sprecheraudio abgestimmt ist.

9 Gleichen Sie die Größen der Figuren 1 und 2 an die Größe von Figur 3 an:

a Markieren Sie *Figur3* (das Objekt, an dem sich alle Objekte orientieren sollen).

Das zuerst ausgewählte Objekt erhält weiße Anfasser.

b Markieren Sie mit gedrückter Taste Strg (Win) / ⌘ (Mac) die restlichen Figuren (die Objekte, die am zuerst gewählten Objekt ausgerichtet werden sollen).

Diese Objekte erhalten schwarze Anfasser.

Anzeigedauer definieren

Alternativ können Sie das Timing auch in den *Timing-Eigenschaften* der einzelnen Objekte definieren: Markieren Sie hierzu das Objekt. Wählen Sie dann im Bedienfeld *Timing* (**Fenster > Timing-Eigenschaften**) die Anzeigedauer und den Erscheinungszeitpunkt. Das kann z. B. sinnvoll sein, wenn Sie einen gezielten numerischen Wert für die Länge eines Objekts eintragen und ggf. auf andere Objekte vererben möchten.

Objekt bis zum Folienende anzeigen

Wenn Sie ein Objekt bis zum Ende der Folie verlängern möchten: Rechtsklicken Sie auf das Objekt und wählen Sie **Für den Rest der Folie einblenden**. Sie können das Objekt alternativ auch markieren und Strg+E (Win) / ⌘+E (Mac) drücken.

Objekt mit Abspielkopf synchronisieren

Wenn Sie ein Objekt mit dem Abspielkopf synchronisieren möchten: Drücken Sie Strg+L (Win) / ⌘+L (Mac).

c Blenden Sie die Symbolleiste *Ausrichten* ein: Wählen Sie in der Menüleiste **Fenster > Ausrichten**.

Die Symbolleiste *Ausrichten* öffnet sich unterhalb der Menüleiste.

d Klicken Sie auf **Auf dieselbe Größe einstellen**.

Die Figuren haben jetzt alle die gleiche Größe. Abschließend möchten wir die Figuren einheitlich auf der gleichen Position platzieren.

10 Ordnen Sie die Reihenfolge der Figuren:

a Markieren Sie *Figur3*.

b Klicken Sie in der *Symbolleiste* auf **Ausgewählte Objekte in den Vordergrund**.

11 Zentrieren Sie die Figuren auf der Folie:

a Markieren Sie alle Figuren.

b Klicken Sie in der Symbolleiste *Ausrichten* auf **Zentral und horizontal in die Folie einfügen**.

c Klicken Sie anschließend auf **Zentral und vertikal in die Folie einfügen**.

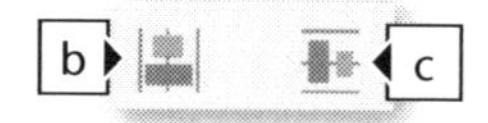

12 Verschieben Sie die Figuren anschließend um 50 px nach unten:

a Wählen Sie im Bedienfeld *Eigenschaften* den Tab **Optionen**.

Verschieben über die Pfeiltasten

Alternativ können Sie zum Verschieben auch die Pfeiltasten verwenden. Die Werte ändern sich in Pixelabständen. Halten Sie gleichzeitig die Taste ⇧ gedrückt, ändern sich die Werte in größeren Abständen von 10 Pixeln.

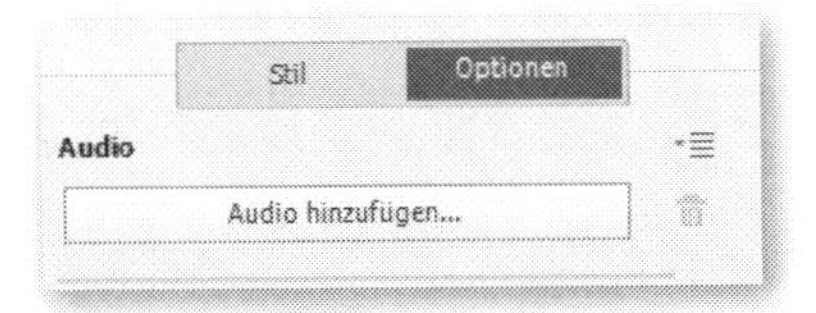

b Tragen Sie im Bereich *Transformieren* unter *Y* den Wert **50** ein.

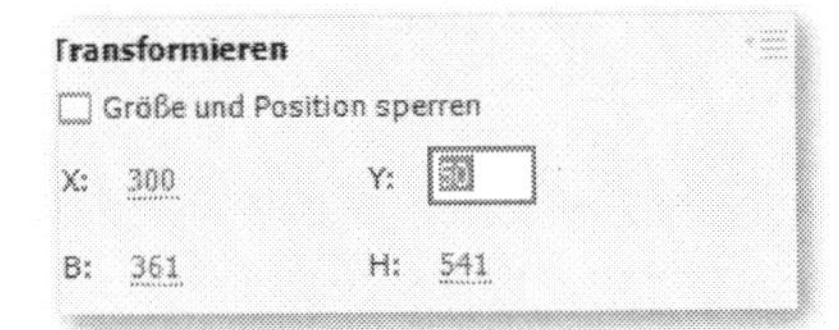

13 Speichern Sie Ihr Ergebnis optional: Wählen Sie **Datei** > **Speichern unter**.

Sie haben sich mit der Zeitleiste vertraut gemacht und wissen nun, wie Sie Objekte ausrichten und in der zeitlichen sowie in der Ebenenreihenfolge ändern.

(Interaktive) Smartformen

Captivate bietet Ihnen eine vordefinierte Auswahl an Objektformen, z. B. Kreise, Rechtecke, Dreiecke, Beschriftungen / Legenden, Pfeile, Linien, Banner und Flussdiagrammsymbole. Diese vektorbasierten Formen können Sie beliebig verändern und über das Bedienfeld *Eigenschaften* an Ihre Wünsche anpassen.

Formen

Das Besondere an Smartformen ist, dass Sie diese problemlos in interaktive Objekte verwandeln können, z. B. in eine Schaltfläche oder ein Rollover-Objekt. Somit können Sie z. B. eine zentrale Foliennavigation über Folienmaster erstellen, da Sie (interaktive) Smartformen im Gegensatz zu Schaltflächen auch direkt auf Folienmastern platzieren können.

Der Einsatz von Smartformen ist besonders interessant, da Sie diese ganz einfach ...

▶ in eine Schaltfläche umwandeln,		Wählen Sie dazu in den *Eigenschaften* einer Smartform die Option **Als Schaltfläche verwenden** (▶ *Seite 215*).
▶ in eine Freiform konvertieren und für die Wiederverwendung speichern,	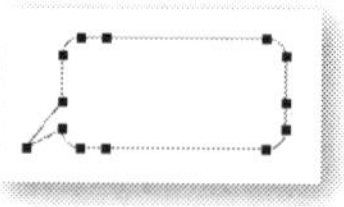	Rechtsklicken Sie dazu auf die Smartform und wählen Sie **In Freiform konvertieren** (▶ *Seite 64*).
▶ in eine Rollover-Smartform konvertieren (aktuell nur bei Publikation in Flash unterstützt, ▶ *Seite 13*) sowie	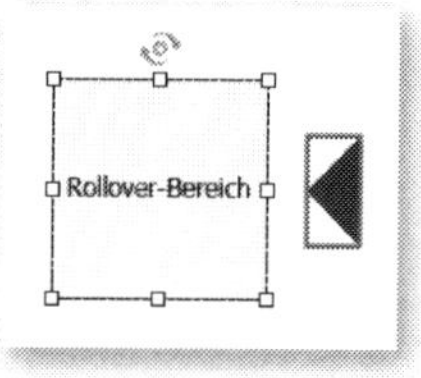	Rechtsklicken Sie dazu auf die Smartform und wählen Sie **In Rollover-Smartform konvertieren** (▶ *Weblink 07.3, Seite 12*).
▶ mit Text und Bild befüllen können.	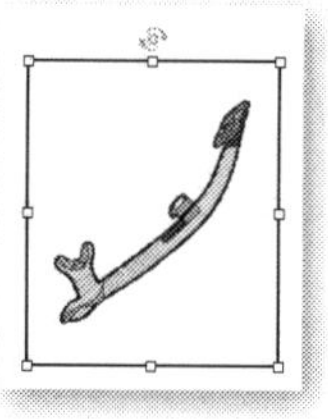	Text: Rechtsklicken Sie dazu auf die Smartform und wählen Sie **Text hinzufügen** (▶ *Seite 60*). Bild: Wählen Sie dazu in den *Eigenschaften* einer Smartform im Bereich *Füllung* **Bildfüllung** und hinterlegen Sie das gewünschte Bild (▶ *Seite 70*).

Die Eigenschaften einer (interaktiven) Smartform

Formen

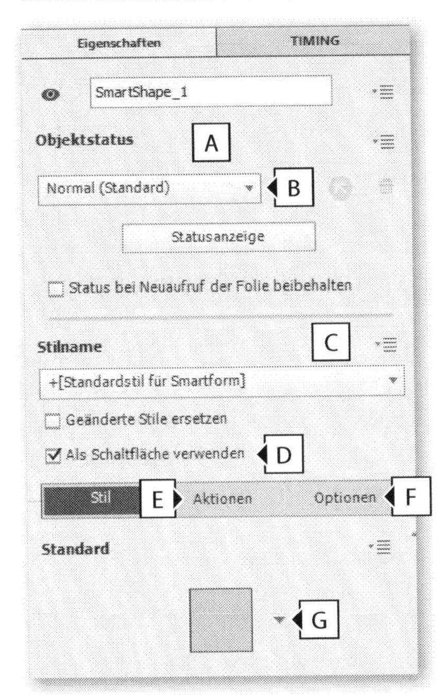

A Objektstatusbereich (▶ *Seite 219)*

B Wenn **D** aktiv: Schaltflächenstatus wählen (Normal, RollOver, Nach unten) sowie jeweiliges Erscheinungsbild festlegen

C Stilbereich (▶ *Seite 64*)

D Smartform in Schaltfläche umwandeln

E Wenn **D** aktiv: *Aktionen* (▶ *Seite 198*)

F Optionen: Audio (▶ *Seite 312*), Transformieren (▶ *Seite 53*)

G Smartformart wählen

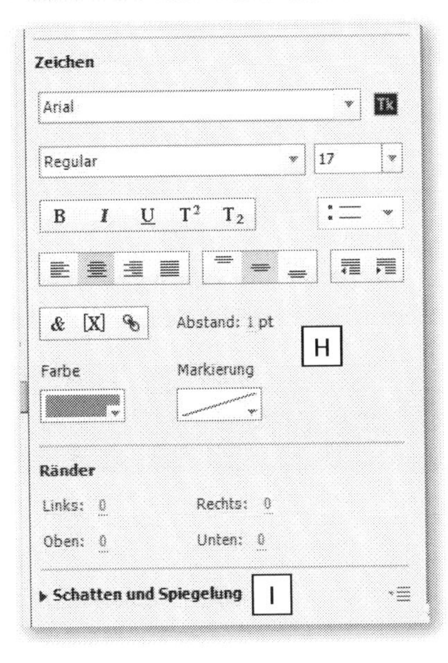

H Wenn Sie der Smartform Text hinzufügen: Textformatierungen (▶ *Seite 60*)

I Schatten und Spiegelung (▶ *Seite 69*), Timing (▶ *Seite 44*)

Textformatierung & -ausrichtung

Wenn Sie mit Textbeschriftungen oder Smartformen arbeiten, stehen Ihnen einige Formatierungs- und Ausrichtungsoptionen zur Verfügung.

Die Bereiche Zeichen und Ränder

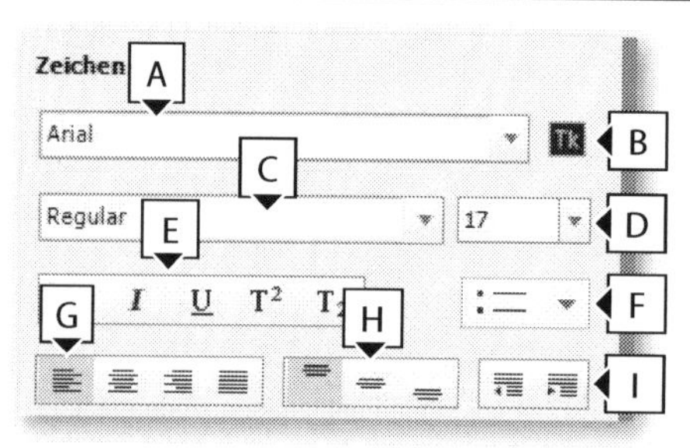

A Schriftfamilie

B Adobe Typekit-Schriften integrieren

C Schriftstil (z. B. Regular, Italic, Bold)

D Schriftgröße in Pixel (px)

E Schrift formatieren (z. B. Unterstrichen, Kursiv, Hochgestellt)

F Nummerierung und Aufzählungszeichen

G Textausrichtung (horizontal)

H Textausrichtung (vertikal)

I Einzug

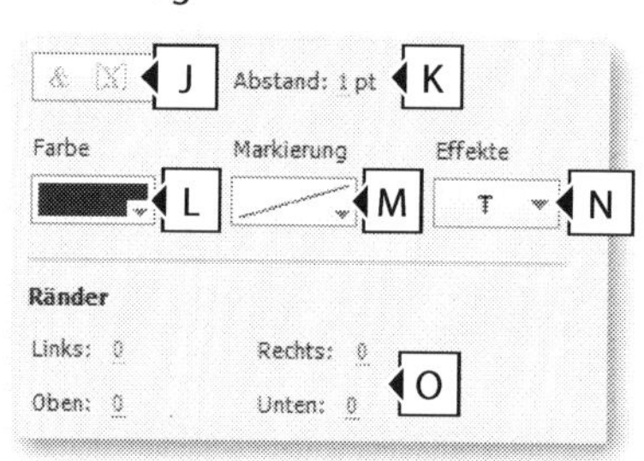

J Symbol / Variable / Hyperlink einfügen

K Zeilenabstand

L Schriftfarbe

M Text farbig markieren

N Texteffekte (z. B. Glanz, Schlagschatten) (▶ *nächster Abschnitt*)

O Textabstand zum Rand des Objekts

Schriften in fett hervorheben

Wenn Sie einen Text in Captivate in Fett hervorheben möchten: Verwenden Sie grundsätzlich den in der Schriftfamilie enthaltenen Schriftstil **Fett** (**B**) und nicht die Option *Format* **Fett** (**D**). Andernfalls wird der Schriftstil von Captivate nachgebildet, was zu einer unscharfen Darstellung führt.

Laufweitenausgleich

Sie können auch die Laufweite einer Schrift manuell anpassen: Markieren Sie dazu den Text und drücken Sie Strg+Alt+→ oder ← (Win) / ⌘+Alt+→ oder ← (Mac).

Texteffekt anwenden

Wenn Sie einen Texteffekt anwenden möchten: Das Symbol erscheint nur in den *Eigenschaften*, wenn Sie das Objekt auswählen, nicht, wenn Sie den Text innerhalb des Objekts bearbeiten.

Das Fenster Texteffekte

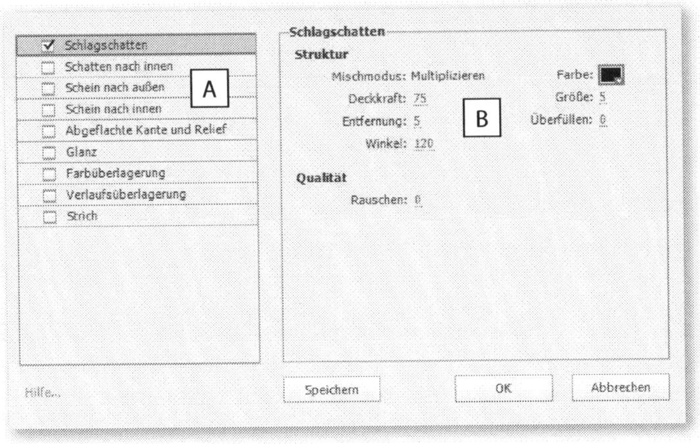

A Effekt(e) auswählen / kombinieren (z. B. Schlagschatten, Schein nach außen, Glanz)

B Effekteigenschaften

Texteffekte in Kombination mit Variablen

Sobald Sie Ihren Textbeschriftungen Variablen hinterlegen, werden Texteffekte nicht mehr dargestellt. Das liegt daran, dass Texteffekte nur auf statischen Text angewandt werden können.

Übung: Objekte zeichnen und editieren

Im Rahmen dieser Übung designen Sie eine Smartform.

Übung 10 min

- Sie fügen eine Smartform ein
- Sie gestalten die Smartform um
- Sie fügen der Smartform Text hinzu
- Sie passen die Eigenschaften des Texts an

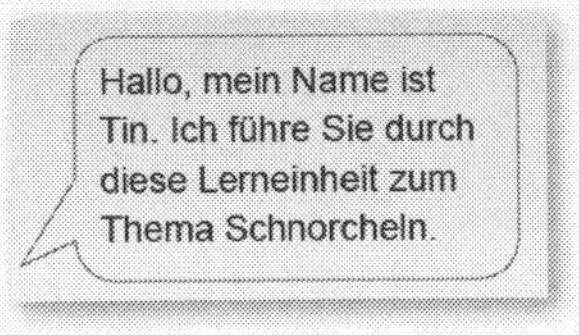

1 Öffnen Sie aus dem Ordner *02_Grundlagen_Erste_Schritte* die Datei *Smartformen_zeichnen_editieren_Ziel.cptx* (▶ *Seite 12*).

Sie sehen eine Folie mit einer gestalteten Smartform. Dies möchten wir in dieser Übung gemeinsam umsetzen.

2 Erstellen Sie ein **Leeres Projekt**:

a Wählen Sie **Datei > Neues Projekt > Leeres Projekt**.

Das Fenster *Neues leeres Projekt* öffnet sich.

b Tragen Sie unter *Breite* **1024** und unter *Höhe* **672** ein.

c Klicken Sie auf **OK**.

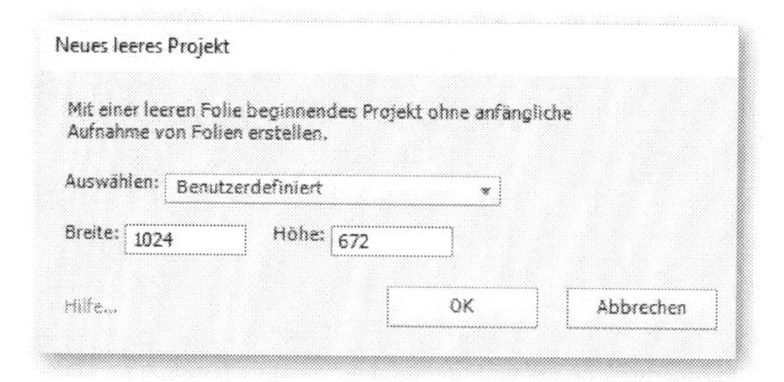

3 Wählen Sie im *Werkzeugleistenmenü* **Folien > Leere Folie**.

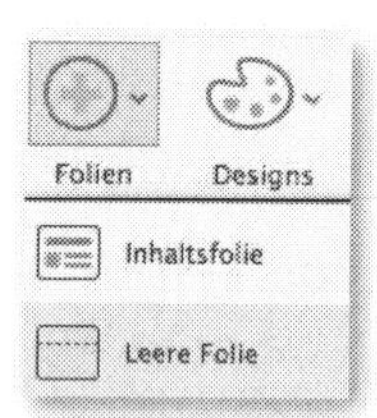

4 Wählen Sie **Formen > Abgerundete rechteckige Sprechblase**.

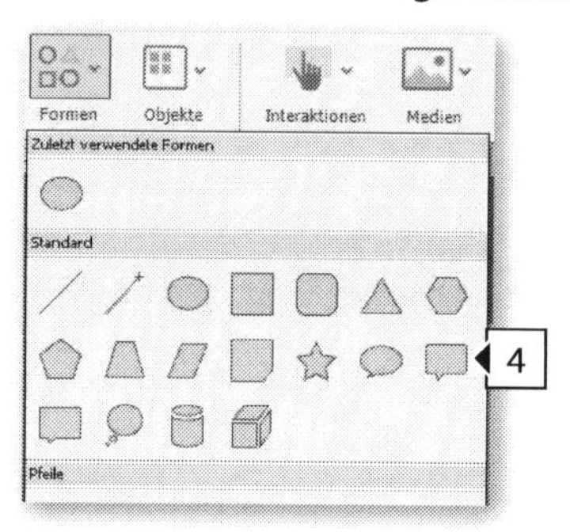

Smartformen symmetrisch / vom Mittelpunkt aufziehen

Wenn Sie Kreise oder Quadrate symmetrisch aufziehen möchten: Halten Sie während des Zeichnens die Taste ⇧ gedrückt. Sie können eine Smartform auch vom Mittelpunkt beginnend (statt der oberen linken Kante) aufziehen: Halten Sie hierzu beim Zeichnen Strg+⇧ gedrückt.

5 Ziehen Sie die Smartform mit gedrückter Maustaste auf der Folie auf.

6 Stellen Sie im Bedienfeld *Eigenschaften* im Tab *Stil* unter *Füllung* die *Deckkraft* auf **0 %** ein.

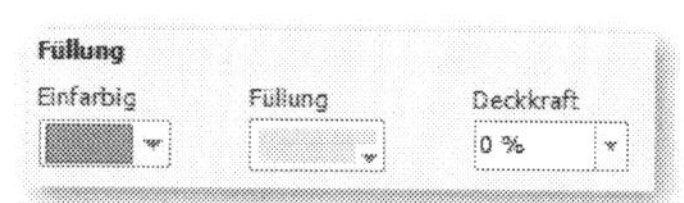

7 Markieren Sie den gelben Anfasser an der Spitze des Richtungspfeils der Sprechblase und ziehen Sie diesen mit gedrückter Maustaste an die linke seitliche Ecke.

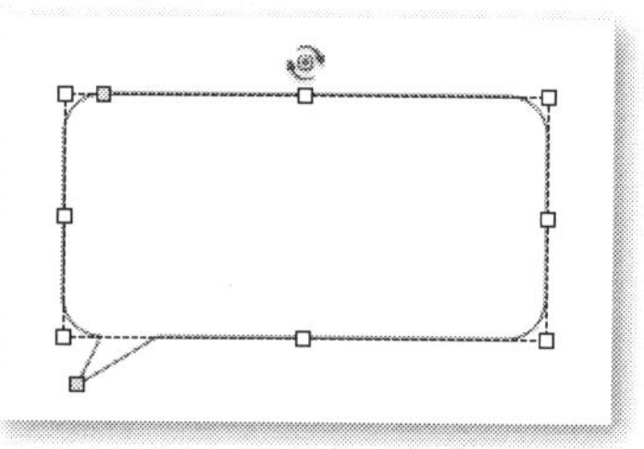

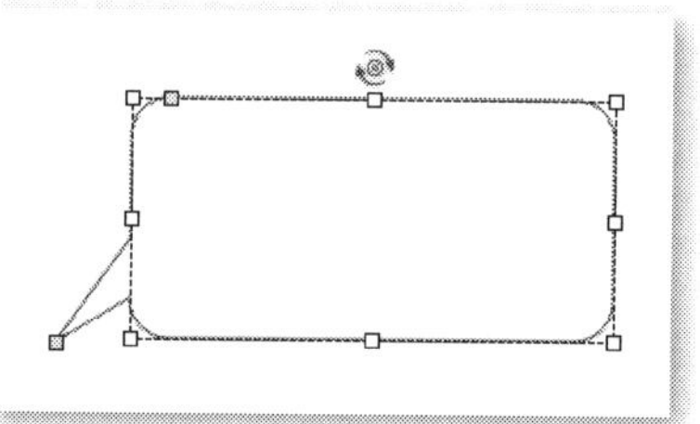

8 Befüllen Sie die Sprechblase mit Text:

a Rechtsklicken Sie auf die Sprechblase und wählen Sie **Text hinzufügen**.

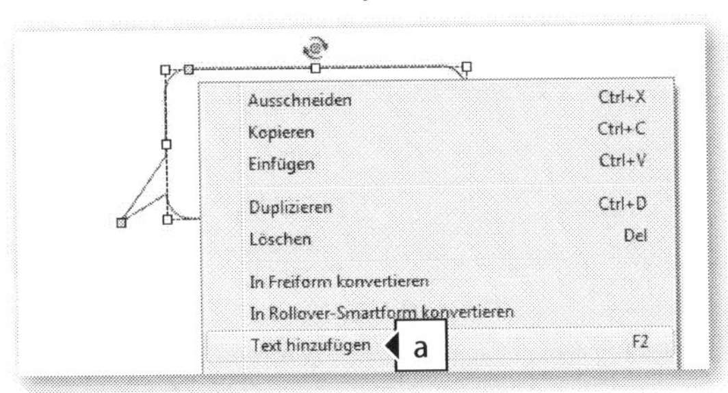

b Tragen Sie einen Beispieltext ein.

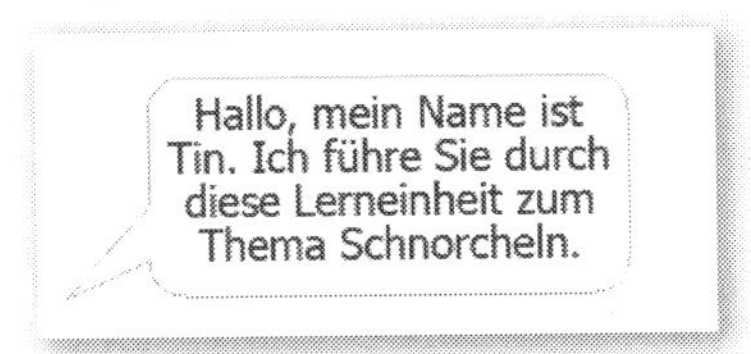

c Markieren Sie den Text.

d Wählen Sie im Bedienfeld *Eigenschaften* im Tab *Stil* im Bereich *Zeichen* **Arial**.

e Tragen Sie für die Größe **24 px** ein.

f Tragen Sie unter *Abstand* den Wert **1,3** ein.

g Tragen Sie unter *Ränder* einen Abstand von **10 px** zu allen Seiten ein.

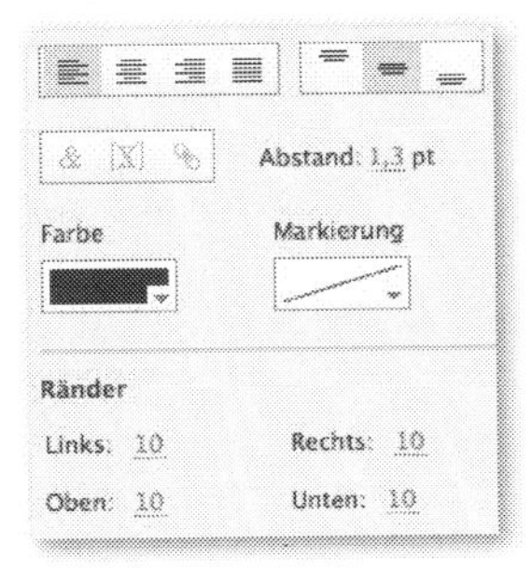

Smartform ersetzen

Wenn Sie die Form eines Smartform-Objekts ändern möchten: Rechtsklicken Sie auf die Smartform (in unserem Beispiel die Sprechblase) und wählen Sie **Smartform ersetzen**.

Beachten Sie, dass Texte abgeschnitten werden, wenn diese nicht in der Smartform untergebracht werden können. Passen Sie deshalb ggf. manuell die Größe der Smartform an.

Hallo, mein Name ist Tin. Ich führe Sie durch diese Lerneinheit zum Thema Schnorcheln.

Sie haben die Sprechblase nun umgestaltet, mit Text befüllt sowie über das Bedienfeld *Eigenschaften* formatiert.

Smartform in Freiform konvertieren

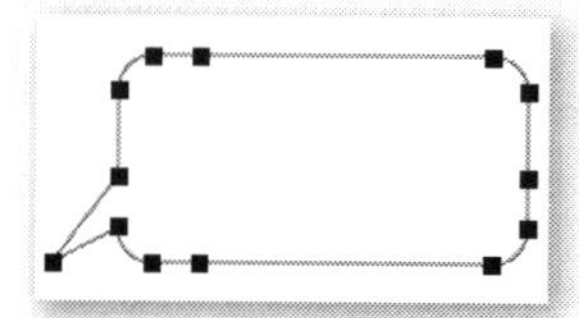

Wenn Sie eine bestehende Smartform völlig frei umgestalten möchten: Rechtsklicken Sie auf die Smartform und wählen Sie **In Freiform konvertieren**. Die Smartform erhält dann schwarze Anfasser, über die Sie die Form beliebig ändern können.

Objekte drehen

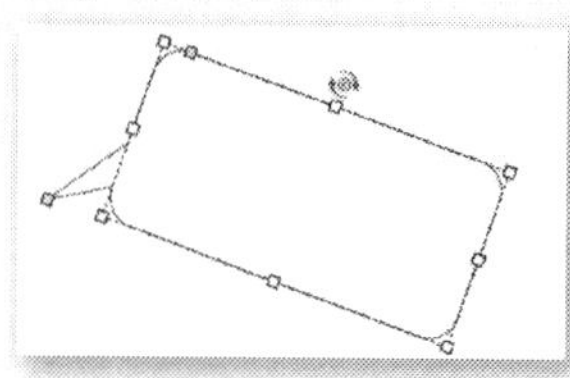

Wenn Sie ein Objekt drehen möchten: Klicken Sie auf den Drehen-Anfasser. Halten Sie dann die Maustaste gedrückt und ziehen Sie die Maus nach links oder rechts. Um es wieder in die Ausgangsposition zu bringen: Doppelklicken Sie auf den Drehen-Anfasser.

Benutzerdefinierte Smartformen speichern und wiederverwenden

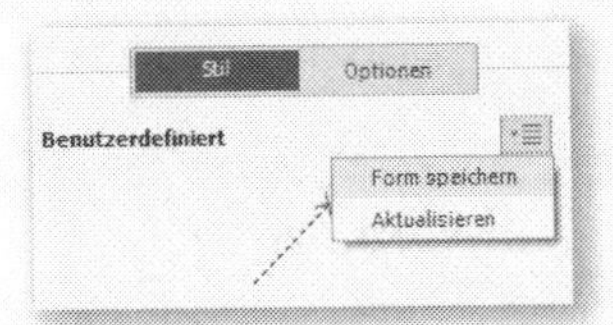

Selbst erstellte (Werkzeug *Polygon*) oder an Ihre Wünsche angepasste Smartformen können Sie speichern und anschließend auf anderen Folien und / oder projektübergreifend verwenden. Wählen Sie hierzu in den Eigenschaften der Smartform unter dem Tab *Stil* rechts im *Aufklappmenü* **Form speichern**. Ihre benutzerdefinierten Smartformen finden Sie sowohl im *Werkzeugleistenmenü* **Formen** unter *Zuletzt verwendete Formen* als auch in den Eigenschaften einer benutzerdefinierten Smartform. Die Smartformen werden im Verzeichnis *Benutzer\Öffentlich\Öffentliche Dokumente\Adobe\eLearning Assets\Shapes* (Win) bzw. *Benutzer/Ihr Benutzername/Dokumente/My Adobe Captivate Projects/Shapes* (Mac) abgelegt. Möchten Sie z. B. eine Ihrer Smartformen löschen, entfernen Sie alle Dateien in diesem Verzeichnis, die den Namen der zu löschenden Smartform tragen.

Farben und Verläufe

Sie können (bestimmte) Objekte und Folien(master) mit Farben, Verläufen und Texturen füllen. Objekte, wie z. B. Smartformen, Markierungsfelder und Zoombereiche, können Sie zusätzlich mit einer Strichfarbe versehen.

Füllung und Strich im Bedienfeld Eigenschaften im Tab Stil von Objekten

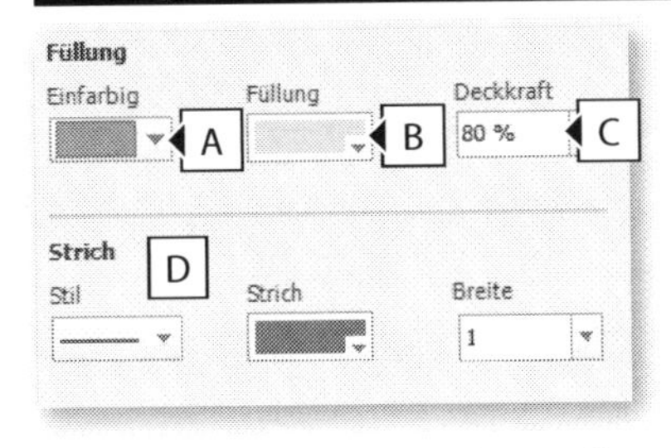

A Füllart festlegen (Einfarbige Füllung, Farbverlaufsfüllung, Bildfüllung)

B Füllfarbe festlegen (▶ *nächster Abschnitt*)

C Deckkraft (umgekehrt zur Transparenz: 0 % = durchsichtig, 100 % = undurchsichtig)

D Rahmenstil, -farbe und -breite

Rahmen entfernen

Wenn ein Objekt keinen Rahmen haben soll, dann setzen Sie die *Rahmenbreite* einfach auf **0**. U. U. wird der Rahmen in der Bearbeitungsansicht von Captivate weiterhin mit einer dünnen Linie angezeigt – hierbei handelt es sich jedoch nur um einen Anzeigefehler, der im veröffentlichten Projekt nicht auftaucht.

Exakte Farbwerte schnell in Captivate einstellen

Wenn Sie schnell in Captivate den exakten Farbwert entsprechend der Corporate Identity Ihres Unternehmens einstellen möchten: Nutzen Sie entweder die Pipette und markieren Sie das entsprechende Objekt auf dem Bildschirm, welches den gewünschten Farbwert enthält. Oder tragen Sie alternativ den sechsstelligen Hexadezimalwert ein (z. B. #333333 für ein dunkles Grau).

Einfarbige Füllung / Farbfelder

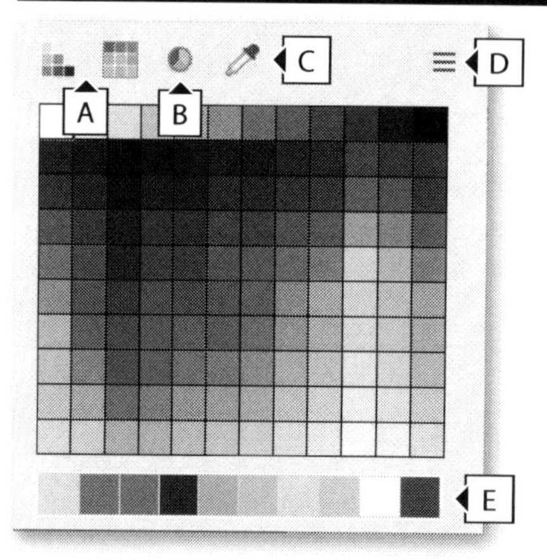

A Füllfarbe aus den Designfarben (▶ *Seite 125*) oder Farbfeldern (▶ *Seite 149*) wählen

B Farbwähler: Farben aus einem Farbfeld wählen oder anhand numerischer Werte festlegen (*siehe nächstes Bild*)

C Pipette: Farbe mit einem Klick auf ein beliebiges Objekt auf dem Bildschirm aufnehmen

D Farbfeld-Manager öffnen (▶ *Seite 149*)

E Zuletzt verwendete Farbwerte

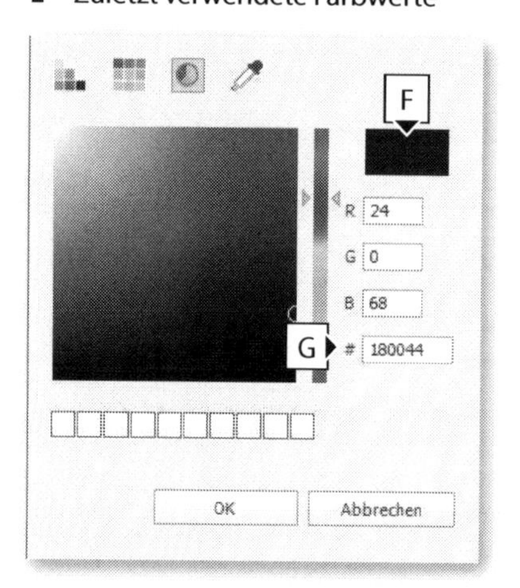

F Vorschau der aktuell gewählten Farbe

G Hexadezimalwert der aktuellen Farbe

Farbverlaufsfüllung

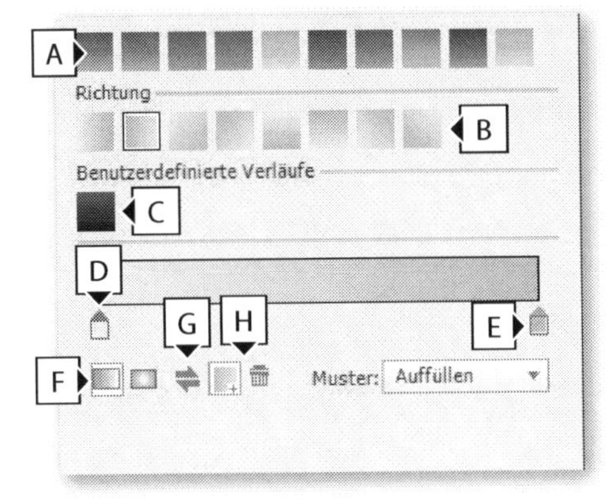

A Vordefinierte Verläufe

B Vordefinierte Verlaufsrichtungen

C Gespeicherte benutzerdefinierte Verläufe

D Farbwähler Anfangsfarbwert

E Farbwähler Endfarbwert

F Linearer oder radialer Verlauf

G Anfangsfarbwert und Endfarbwert umkehren

H Benutzerdefinierten Verlauf speichern oder löschen

Benutzerdefinierte Farbverläufe

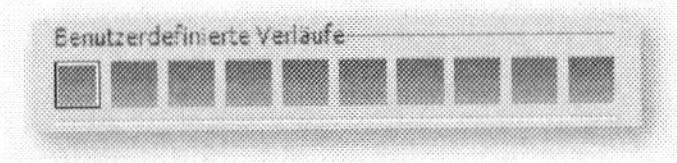

Neben den vordefinierten Verläufen können Sie bis zu zehn benutzerdefinierte Farbverläufe speichern.

Vorgabewerte für Farbverläufe ändern

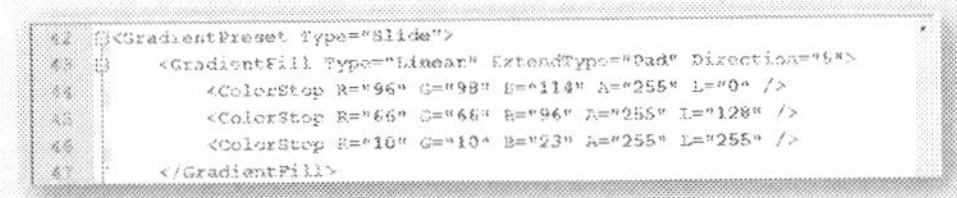

Sie können die Vorgabewerte für Farbverläufe ebenfalls ändern: Navigieren Sie dazu in das Verzeichnis *Gallery\Presets\Gradients* des Captivate-Programmverzeichnisses. In der Datei *gradient_presets_drawingObject.xml* finden Sie die Vorgaben für Farbverläufe von Objekten, in der Datei *gradient_presets_slide.xml* die für Farbverläufe von Folienhintergründen.

Bildfüllung

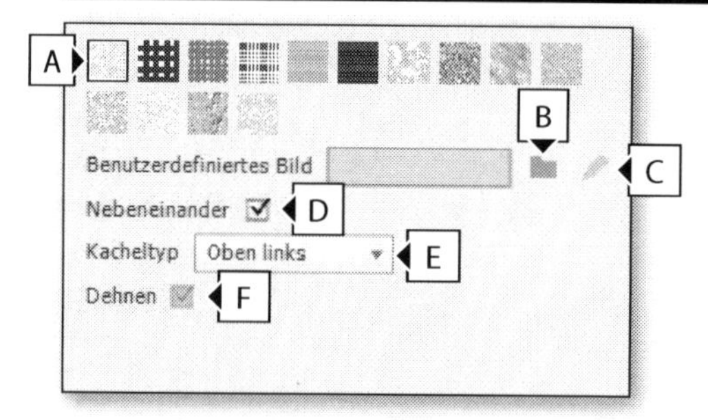

A Vordefinierte Texturbilder

B Bild importieren

C Bild bearbeiten

D Bild mehrfach nebeneinander anordnen, wenn Bild kleiner als Objekt

E Wenn **D** aktiv: Angeben, von welchem Punkt aus die Bilder nebeneinander angeordnet werden sollen

F Folie(nmaster) / Objekt vollständig mit Bild füllen (relativ zu den Proportionen der / des Folie(nmasters) / Objekts)

Schatten und Spiegelungen

Mit Ausnahme von Mausobjekten, Klickfeldern und Zoombereichen können Sie alle Objekte mit einer Schattierung und Spiegelung versehen.

Eigenschaften vererben

Sie können Schatten und Spiegelungen leider nicht in einem Objektstil speichern, jedoch nachträglich über **Auf alles anwenden** vererben (▶ *Seite 148*).

Der Bereich Schatten und Spiegelung im Bedienfeld Eigenschaften

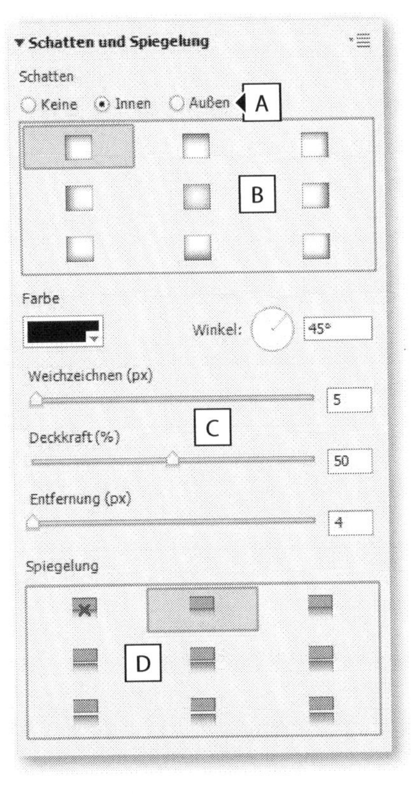

A Objekt mit Schatten versehen (innen oder außen)

B Voreingestellten Schatten auswählen

C Eigenen Schatten definieren

D Objekt mit Spiegelung versehen

Übung: Verlauf und Bildfüllung

In dieser Übung erstellen wir einen Folienhintergrund mit Farbverlauf. Außerdem wenden Sie Bildfüllungen auf Smartformen an, um Navigationselemente zu gestalten.

Übung 15 min

1 Öffnen Sie aus dem Ordner *02_Grundlagen_Erste_Schritte* die Datei *Verlauf_Bildfuellung_Ziel.cptx* (▶ *Seite 12*).

Sie sehen eine Folie mit Farbverlauf zwischen zwei verschiedenen Grautönen. Darauf befinden sich zwei Smartformen, die mit Bildern gefüllt sind. Im Rahmen der folgenden Übung möchten wir dies gemeinsam umsetzen.

2 Öffnen Sie aus dem Ordner *02_Grundlagen_Erste_Schritte* die Datei *Verlauf_Bildfuellung_Ausgang.cptx*.

3 Legen Sie den Folienhintergrund mit Farbverlauf an:

a Markieren Sie im Filmstreifen die Folie.

b Wählen Sie im Bedienfeld *Eigenschaften* im Tab *Stil* unter *Hintergrund* **Benutzerdefiniert**.

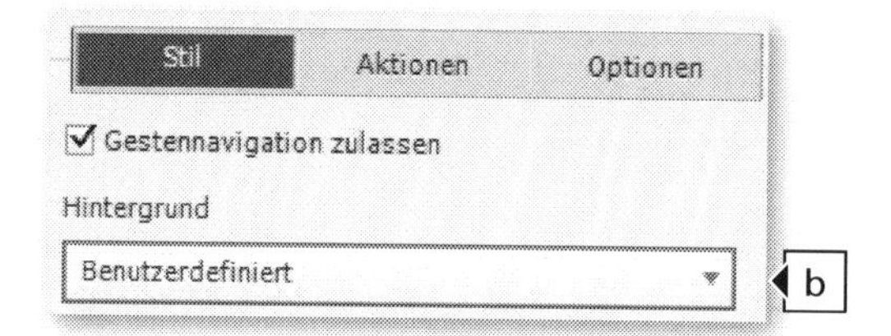

c Wählen Sie unter *Füllung* **Farbverlaufsfüllung**.

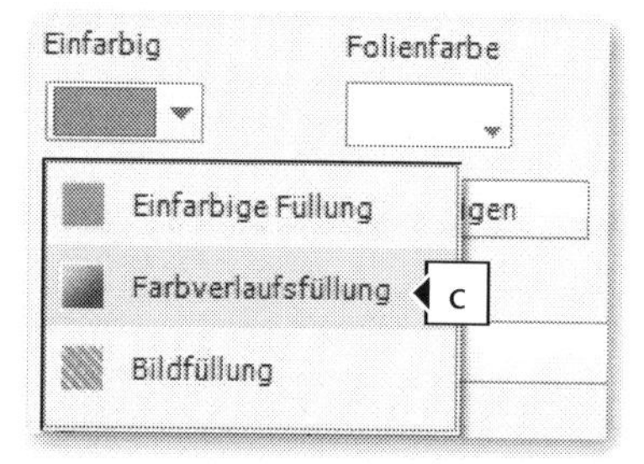

d Wählen Sie unter *Folienfarbe* den Farbwähler des Startwerts.

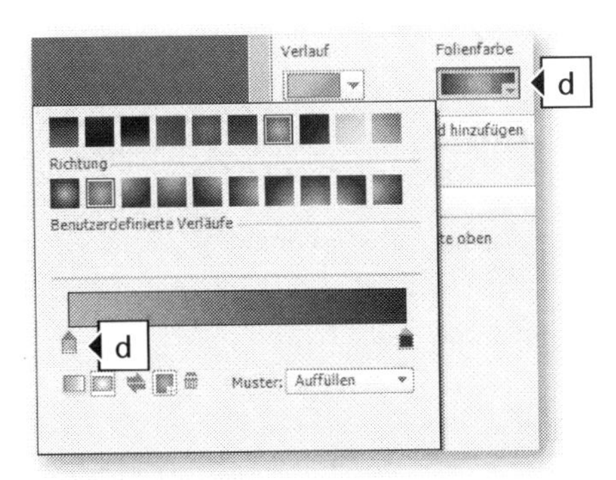

e Klicken Sie auf **Farbauswahl,** tragen Sie den Farbwert **#EEEEEE** ein und bestätigen Sie mit **OK**.

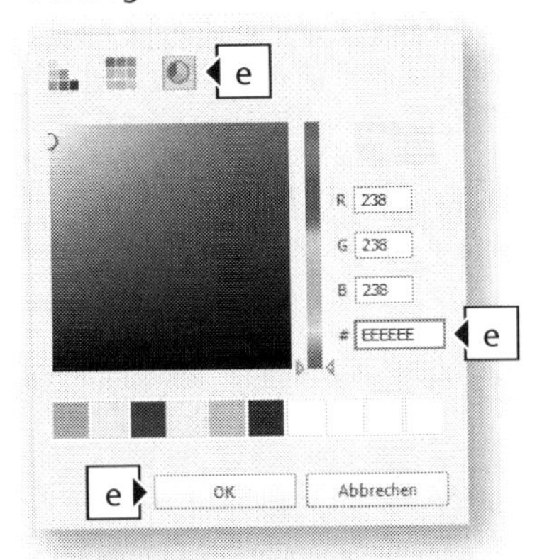

f Klicken Sie auf den Farbwähler des Endwerts.

g Klicken Sie auf **Farbauswahl,** tragen Sie den Farbwert **#AAAAAA** ein und bestätigen Sie mit **OK**.

Die Folie nimmt den eingegebenen Farbverlauf an.

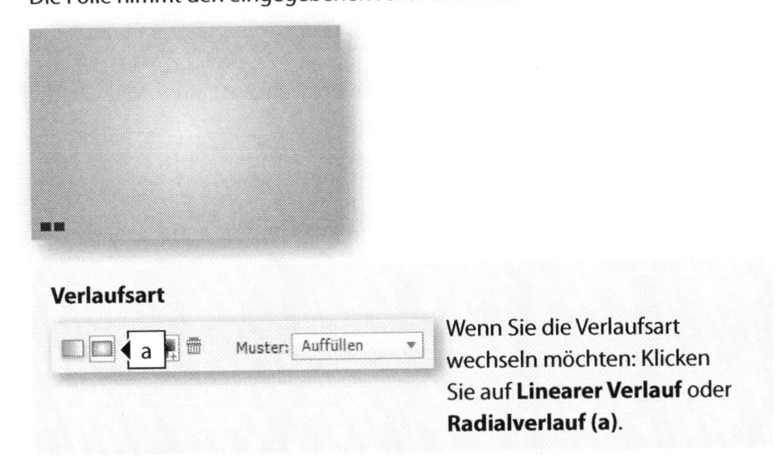

Verlaufsart

Wenn Sie die Verlaufsart wechseln möchten: Klicken Sie auf **Linearer Verlauf** oder **Radialverlauf (a)**.

Verlaufspunkte einfügen

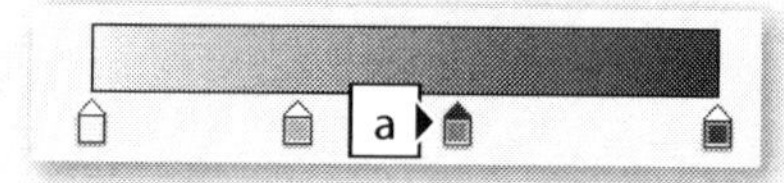

Wenn Sie weitere Verlaufspunkte einfügen möchten: Klicken Sie auf eine freie Position **(a)** zwischen Anfangs- und Endfarbwert und stellen Sie jeweils die gewünschte Farbe ein.

Verlaufsrichtung verändern

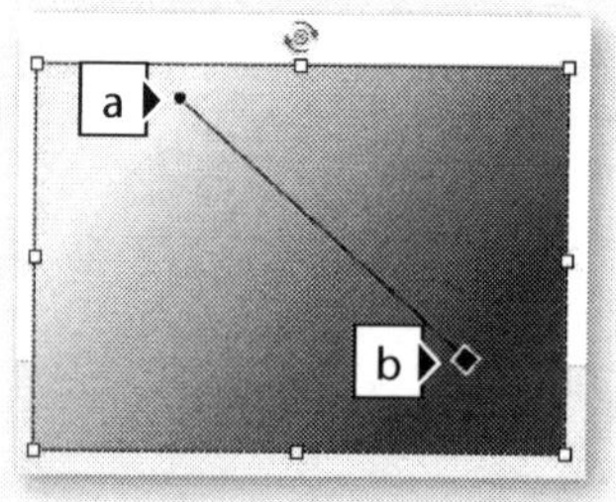

Wenn Sie die Richtung, das Zentrum oder die Länge des Verlaufs ändern möchten: Rechtsklicken Sie auf die Bühne und wählen Sie **Verlauf bearbeiten.** Nun können Sie mit der Maus den Verlauf über die beiden schwarzen Anfasser verändern. Ziehen Sie dazu die Anfasser in die jeweils gewünschte Richtung. Der kreisförmige Anfasser steht für den Anfangsfarbwert (**a**), der rechteckige Anfasser für den Endfarbwert (**b**).

4 Wenden Sie Bildfüllungen auf die Smartformen an:

a Wählen Sie die linke Smartform.

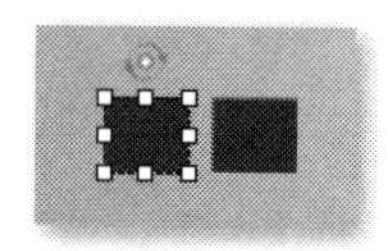

b Wählen Sie im Bedienfeld *Eigenschaften* im Tab *Stil* unter *Füllung* **Bildfüllung**.

c Stellen Sie sicher, dass die *Deckkraft* auf **100 %** eingestellt ist.

d Öffnen Sie auf das Aufklappmenü **Füllung**.

e Deaktivieren Sie die Option **Nebeneinander**.

f Deaktivieren Sie die Option **Dehnen**.

g Klicken Sie auf die Schaltfläche **Durchsuchen**.

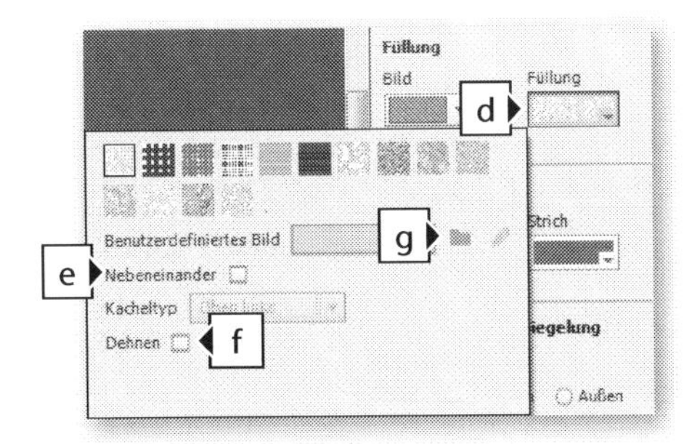

Es öffnet sich das Fenster *Bild aus Bibliothek auswählen*.

- **h** Klicken Sie auf **Importieren**.
- **i** Öffnen Sie aus dem Ordner *00_Assets\Bilder* die Datei *Navigation_nach_links.png*.

Sie haben die Smartform mit einem Bild befüllt.

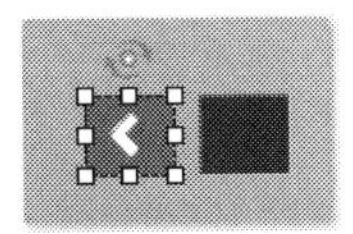

5 Markieren Sie die rechte Smartform und wiederholen Sie Schritt 4. Verwenden Sie dieses Mal die Datei *Navigation_nach_rechts.png* als Bildfüllung.

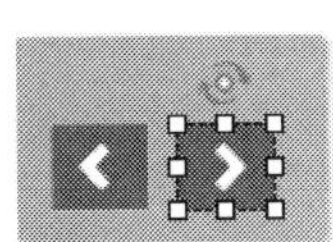

Sie wissen nun, wie Sie Verläufe gestalten und Smartformen mit Bildern befüllen können.

3

Grundlagen der Bildschirmaufnahme

In diesem Kapitel lernen Sie die verschiedenen Aufnahmemodi und deren Besonderheiten kennen. Außerdem erfahren Sie, wie Sie Ihre Bildschirmaufnahmen planen und optimal vorbereiten.

Themenübersicht

Videobasierte vs. folienbasierte Bildschirmaufnahmen

In Captivate können Sie zwischen zwei Aufnahmeformen wählen. Zum einen können Sie „Videodemos" (videobasierte Bildschirmaufnahmen) und zum anderen „Softwaresimulationen" (folienbasierte Bildschirmaufnahmen) erstellen. Dabei unterscheiden sich die beiden Aufzeichnungsformen grundlegend. Während Captivate bei der Aufzeichnung einer Videodemo einen kompletten Film erstellt, d. h. alle Schritte, die Sie während der Aufnahme durchführen, in Echtzeit aufzeichnet, wird bei der Aufzeichnung einer Softwaresimulation bei jeder Aktion (Klick, Texteingabe, Bildschirmereignis) ein Bildschirmfoto erzeugt. Nur in besonderen Fällen erzeugt Captivate hier standardmäßig eine Full-Motion-Aufzeichnung. In der folgenden Tabelle erhalten Sie einen Überblick über beide Aufnahmeformen.

Beispieldateien Bildschirmaufnahme

Publizierte Beispiele beider Aufzeichnungformen finden Sie im Ordner *03_Grundlagen_Bildschirmaufnahme*.

	Videodemo	**Softwaresimulation**
Aufnahme		
Ansatz	Videobasiert, nur in Echtzeit	Folienbasiert (optional in Echtzeit)
Modi	Demonstration	Mehrere Aufnahmemodi
Workflow	Qualität der Aufnahme entscheidend für die Qualität der Ergebnisse	Patzer bei der Aufnahme können leicht in der Nachbearbeitung korrigiert werden
Postproduktion		
Dateityp	*.cpvc	*.cptx
Arbeitsweise	Ähnelt stark Videoschnittprogrammen (z. B. Adobe Premiere)	Ähnelt stark Präsentationsprogrammen (z. B. Microsoft PowerPoint)
Projektauflösung	Nachträgliche Änderung über Zoom und Schwenk ohne Qualitätsverluste	Nachträgliche Änderung resultiert i. d. R. in schlechteren Ergebnissen Alternativ können Sie über Effekte Zoom- und Schwenkfunktionen erstellen
Übersetzung	Neuerstellung nötig	Einfach und standardisiert möglich
Nachbearbeitung der Aufnahme	Schneiden und Teilen, Entfernen von Pop-ups, Korrektur des Mausverlaufs möglich	(Fast) alle Inhalte können vollständig und sehr einfach nachbearbeitet und modifiziert werden – sogar die aufgenommenen Inhalte selbst
Professionelle Vertonung	Nachträgliche Vertonung aufwendig, Schnitte müssen manuell gesetzt werden	Nachträgliche Vertonung einfach und übersichtlich
Interaktivität	Nur in Kombination mit folienbasierten Projekten	Uneingeschränkt möglich

Veröffentlichung		
Formate	MP4**	HTML5, MP4, EXE / APP, DOC, PDF, SWF (▶ *Seite 13*)
Bildqualität	Bildinformationen werden bei der Aufnahme von Captivate sofort komprimiert. Aufnahmequalität weicht von der originalen Software leicht ab.	Aufnahme ist unkomprimiert. Qualität entspricht 1:1 der originalen Software. Ausnahmen: Publikationen in MP4 sowie Full-Motion-Aufzeichnungen bei HTML5-Veröffentlichung werden (sichtbar) komprimiert.

Fazit & Praxisempfehlungen		
	Nur für „Quick-&-Dirty-Aufnahmen" geeignet, die während der Bildschirmaufnahme live vertont werden sollen - also immer dann, wenn es sehr schnell gehen muss und die Qualität des Ergebnisses zweitrangig ist. Gründe sind u. a. die Bildkompression sowie die fehlende Möglichkeit zur Pausierung der Aufnahme.	Schon immer die Stärke von Captivate und der Grund, Softwaredemos und Simulationen mit diesem Tool zu erstellen. Uneingeschränkt die empfohlene Aufnahmeform mit größtmöglicher Flexibilität - im bekannten folienbasierten Modus.

Videodemo

Aufgrund des sehr eingeschränkten Verwendungsbereichs des Aufnahmemodus Videodemo finden Sie diese Kapitel ausgelagert als eBook mit separaten Übungsdateien kostenfrei auf der Webseite zu diesem Buch (▶ *Weblink 00.4, Seite 12*).

** in Kombination mit folienbasierten Projekten ist die Veröffentlichung in alle verfügbaren Formate möglich

Aufzeichnung

Wenn Sie eine Bildschirmaufnahme erstellen, erscheint zu Beginn das Aufzeichnungsfenster. Hier legen Sie vorab die Aufzeichnungseinstellungen für Ihre Aufnahme fest.

Kommentare & Systemaudio

Captivate unterscheidet zwischen Kommentaren (**F**) und Systemaudio (**G**). Kommentare sind Audioaufnahmen, die Sie während der Aufnahme über ein Mikrofon aufzeichnen (Sprecher). Als Systemsounds werden die Audio-Elemente bezeichnet, die über die Lautsprecher Ihres Computers ausgegeben werden, z. B. Mausklicks, Sounds bei Benachrichtigungen oder aber auch Videotelefonate.

Das Aufzeichnungsfenster

Datei > Neu aufnehmen > Softwaresimulation / Videodemo

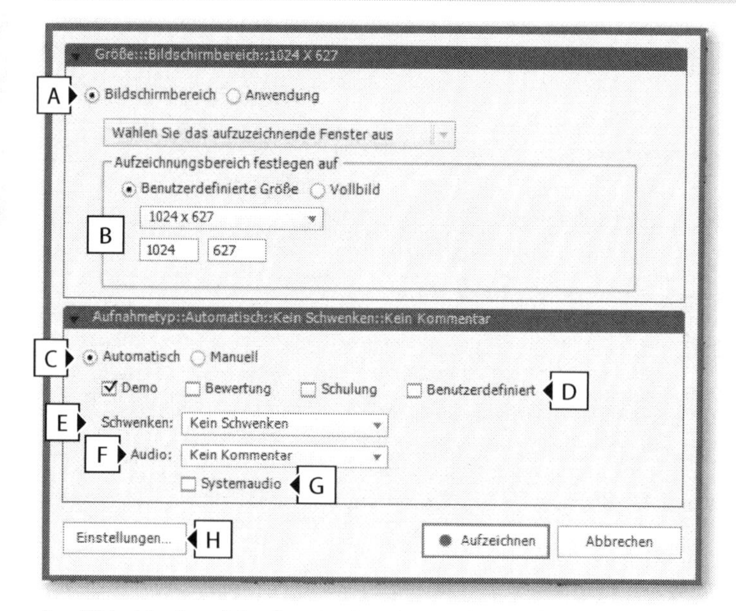

A Bildschirmbereich oder eine bestimmte Anwendung aufzeichnen

B Auflösung einstellen (▶ *Seite 19*)

C * Aufnahmetyp wählen (automatisch oder manuell aufzeichnen)

D * Aufzeichnungsmodi (▶ *Seite 89*)

E Schwenk während der Aufzeichnung einsetzen (kein Schwenk, manuell oder automatisch ▶ *Seite 102*)

F Sprecher während der Aufnahme aufzeichnen

G Systemaudio aufzeichnen (▶ *Seite 316)*

H Voreinstellungen der Aufnahme ändern (▶ *Seite 80*)

Standardstile

In der Kategorie **Aufzeichnung > Standardwerte** können Sie festlegen, welcher Standardstil auf die automatisch erstellten Objekte angewandt werden soll. Sie können auch eigene Stile definieren und hinterlegen (▶ *Seite 131*).

Aufzeichnungseinstellungen

Sowohl bei video- als auch bei folienbasierten Aufnahmen gibt es einige Voreinstellungsmöglichkeiten.

* ausschließlich bei folienbasierten Bildschirmaufnahmen

Die Kategorie Aufzeichnung > Einstellungen

Bearbeiten > Voreinstellungen (Win) / Adobe Captivate > Voreinstellungen (Mac)

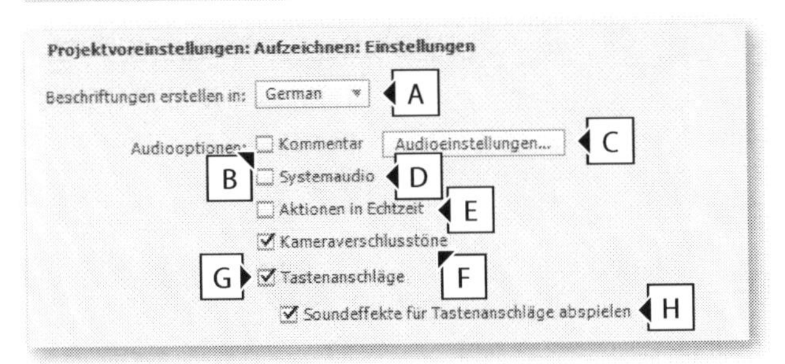

A * Sprache für automatische Beschriftungen

B Sprachaufnahme (Kommentar) während der Aufzeichnung durchführen

C Eingabegerät, Audioqualität und Mikrofonkalibrierung

D Systemaudio aufzeichnen

E * Alle Aktionen in tatsächlicher Geschwindigkeit aufnehmen. Andernfalls orientiert sich Captivate an den Standarddauern der Objekte des jeweiligen Aufnahmemodus

F * Mithören, wenn Captivate aufzeichnet

G * Alle Tastatureingaben aufzeichnen und in eine Animation umwandeln. Diese Animationen können Sie allerdings nur umständlich nachbearbeiten. Deshalb sollten Sie diese Funktion ggf. deaktivieren

H * Wenn **G** aktiv: Für die aufgezeichneten Tastenanschläge Töne abspielen

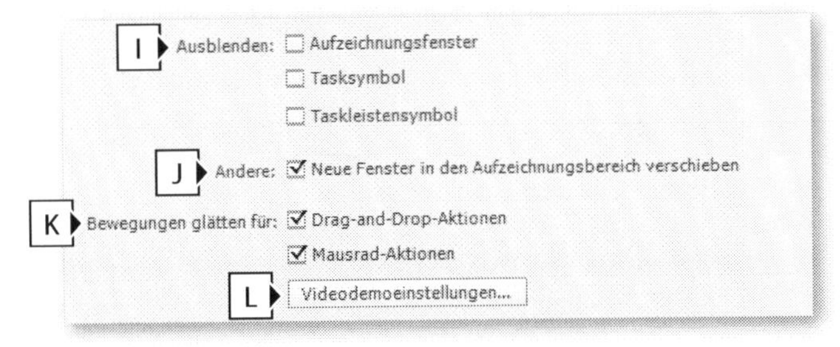

I Aufzeichnungsfenster / Tasksymbol / Taskleistensymbol von Captivate ausblenden: Sinnvoll, wenn Sie Vollbild aufzeichnen

J Aufpoppende Fenster der aufzunehmenden Anwendung automatisch in das Aufzeichnungsfenster verschieben

K * Bei Mausradbewegungen und / oder Drag-&-Drop-Aktionen automatisch Full-Motion-Aufzeichnung erstellen (▶ *Seite 80*)

L Qualitätseinstellungen für Videodemo / Full-Motion-Aufzeichnungen

* ausschließlich bei folienbasierten Bildschirmaufnahmen

Kommentaraudio

Wenn Sie Audio direkt mit aufzeichnen (**B**): Die Optionen **E**, **F** und **H** sind deaktiviert.

Soundeffekt nachbearbeiten

Wie Sie den Soundeffekt für Tastenanschläge (**G**) ändern oder nachträglich deaktivieren können: ▶ *Weblink 03.1, Seite 12.*

Globale Aufzeichnungseinstellungen

Wenn Sie die Aufzeichnungseinstellungen global (projektunabhängig) festlegen möchten: Schließen Sie alle geöffneten Projekte und wählen Sie **Bearbeiten > Voreinstellungen** (Win) / **Adobe Captivate > Voreinstellungen** (Mac). In der Kategorie **Aufzeichnung > Einstellungen** können Sie anschließend die gewünschten Optionen auswählen. Diese Einstellungen sind lokal gespeichert und gelten dann für alle Projekte, die Sie neu erstellen.

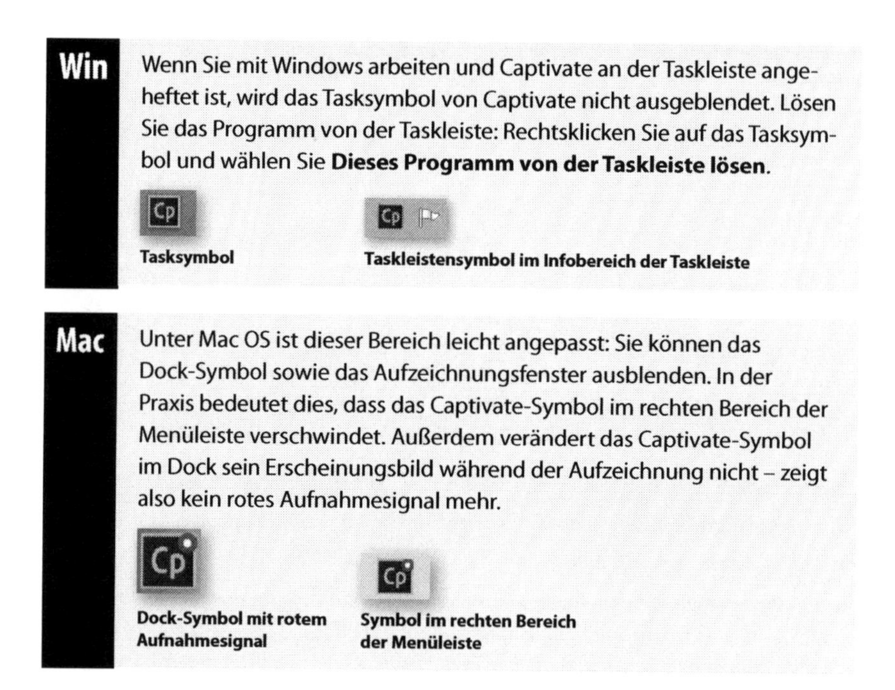

Win
Wenn Sie mit Windows arbeiten und Captivate an der Taskleiste angeheftet ist, wird das Tasksymbol von Captivate nicht ausgeblendet. Lösen Sie das Programm von der Taskleiste: Rechtsklicken Sie auf das Tasksymbol und wählen Sie **Dieses Programm von der Taskleiste lösen**.
Cp
Cp
Tasksymbol
Taskleistensymbol im Infobereich der Taskleiste
Mac
Unter Mac OS ist dieser Bereich leicht angepasst: Sie können das Dock-Symbol sowie das Aufzeichnungsfenster ausblenden. In der Praxis bedeutet dies, dass das Captivate-Symbol im rechten Bereich der Menüleiste verschwindet. Außerdem verändert das Captivate-Symbol im Dock sein Erscheinungsbild während der Aufzeichnung nicht – zeigt also kein rotes Aufnahmesignal mehr.
Cp
Cp
Dock-Symbol mit rotem Aufnahmesignal
Symbol im rechten Bereich der Menüleiste

Bildqualität von Full-Motion-Aufzeichnungen & Videodemos

Unter der Kategorie *Aufzeichnung* > *Videodemo* können Sie sowohl für videobasierte als auch folienbasierte Bildschirmaufnahmen Qualitätseinstellungen vornehmen.

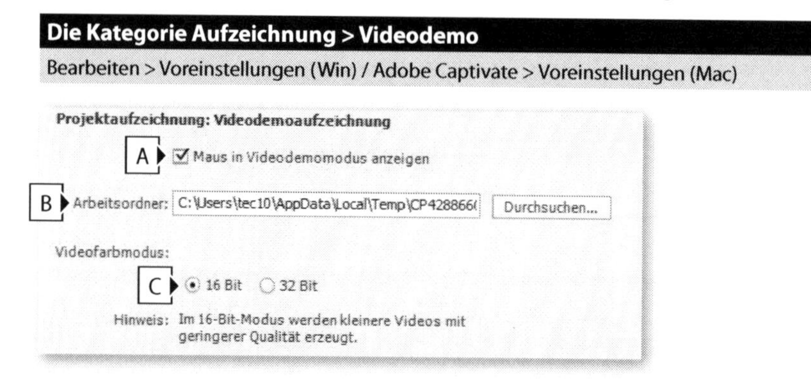

A Maus bei Full-Motion-Aufzeichnungen sowie im Aufnahmemodus Videodemo ein-/ausblenden

B Speicherort für die temporär generierte(n) Videodatei(en)

C * Videofarbmodus auswählen

* ausschließlich bei folienbasierten Bildschirmaufnahmen

> **!** Stellen Sie für ein hochwertiges Ergebnis den Farbmodus stets auf **32 Bit**. Andernfalls weist Ihr Projekt sichtbare Qualitätsunterschiede zwischen normalen Aufnahmen (Bildschirmfotos) und Full-Motion-Aufzeichnungen auf, die Sie nachträglich nicht mehr korrigieren können (ohne neu aufzunehmen). Sie sollten Full-Motion-Aufzeichnungen prinzipiell sehr sparsam einsetzen bzw. möglichst vermeiden, da diese speicherintensiv und schlecht nachbearbeitbar sind - den Dateigrößenunterschied zwischen 16 und 32 Bit können Sie jedoch bedenkenlos in Kauf nehmen.

Aufnahmevorbereitung

Vor der ersten Aufnahme gilt es, das System vorzubereiten und einen Testlauf durchzuführen:

- Wenn in Ihren Aufzeichnungen der Hintergrund Ihres Desktops zu sehen sein wird, sollten Sie das Hintergrundbild entfernen. Stellen Sie dann die Hintergrundfarbe auf Schwarz oder Weiß. Schwarz empfiehlt sich, wenn Sie den Anwender nicht zu stark auf den Desktop lenken möchten. Ebenso sollten Sie alle Elemente auf dem Desktop entfernen, die später nicht in den Aufzeichnungen sichtbar sein sollen.
- Je nach Konzept und Zielgruppe sollten Sie auch das Design Ihres Betriebssystems auf Standard setzen, sodass aus Ihren Bildschirmaufnahmen ein höherer Wiedererkennungswert hervorgeht.
- Bereiten Sie Beispieldateien vor, die Sie ggf. während der Aufnahme benötigen.
- Gehen Sie alle Aufnahmeschritte vor der Aufnahme durch und testen Sie so den Ablauf (▶ *nächster Abschnitt*).
- Stellen Sie sicher, dass alle Drop-Down-Menüs, die Sie während der Aufnahme öffnen, im Aufnahmebereich liegen.
- Deaktivieren Sie alle Programme (z. B. E-Mail, Messenger), die Pop-ups erzeugen.
- Beenden Sie (falls zutreffend) ein aktives Screencapturing-Werkzeug (z. B. Snagit) vor der Aufnahme mit Captivate, da dieses u. U. die gleichen Tastenkürzel wie Captivate verwendet. Sie können alternativ auch die Tastenkürzel von Captivate umstellen (▶ *Seite 85*).

In den folgenden Übungen werden wir aufzeichnen, wie wir im Explorer / Finder einen neuen Ordner anlegen, diesen umbenennen, verschieben und danach suchen. Bevor Sie jedoch mit der Aufnahme beginnen: Bereiten Sie die Aufnahme vor und führen Sie zumindest einen Probelauf durch.

Bessere Aufnahmeergebnisse erzielen

Eine gute Vorbereitung sowie ein Testdurchlauf ersparen Ihnen in jedem Fall Zeit, da Sie die Schritte, die Sie während der Aufnahme durchführen müssen, bereits kennen und so Aufnahmefehler reduzieren. Auch wissen Sie durch diesen Probelauf, ob Sie für die Aufnahme eventuell Beispieldateien etc. vorbereiten müssen.

Fenster, Menüs und Objekte in den Aufnahmebereich zwingen

Wenn ein Drop-Down-Menü außerhalb des Aufnahmebereichs aufklappt: Verschieben Sie die aufzuzeichnende Software in die angrenzende Bildschirmecke. So klappt das Menü automatisch innerhalb der Anwendung auf. Alternativ können Sie die Bildschirmauflösung Ihres Betriebssystems verringern.

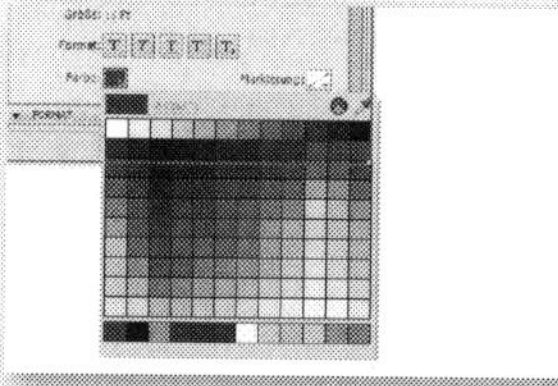

Drop-Down-Menü außerhalb des Aufnahmebereichs

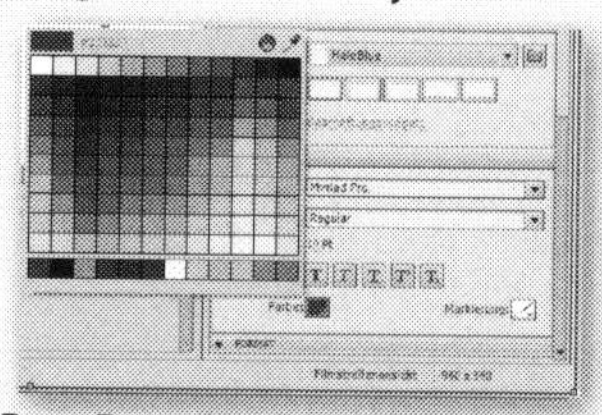

Drop-Down-Menü innerhalb des Aufnahmebereichs

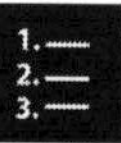

Aufnahmevorbereitung

Drucken Sie das vorbereitete Drehbuch aus, welches alle Schritte zur Aufnahmevorbereitung sowie die genauen Aufzeichnungsschritte beinhaltet und legen Sie dieses während der Aufnahme vor sich. Das Drehbuch finden Sie in den Übungsdateien im Ordner *00_Assets\Drehbücher* oder im Anhang (▶ *Seite 560*).

Die folgenden Schritte gehen davon aus, dass Sie mit Windows 7/8/10 oder Mac OS 10.13 arbeiten. Wenn Sie mit einem anderen Betriebssystem arbeiten, können die Schritte leicht abweichen. Die grundsätzliche Arbeitsweise mit Captivate bleibt allerdings dieselbe.

1 Öffnen Sie den *Explorer* (Win) / *Finder* (Mac):

Win Drücken Sie Win+E.

Mac Minimieren Sie alle Fenster und drücken Sie ⌘+N.

2 Navigieren Sie zum *Desktop*:

Win Wählen Sie im linken Bereich **Schnellzugriff > Desktop**.

Mac Wählen Sie **Favoriten > Desktop** und wechseln Sie auf die Symbolansicht.

3 Blenden / Verschieben Sie alle Fensterteile / Ordner (aus), die persönliche Daten zeigen (z. B. in einen Unterordner).

Wenn Sie bereits eine Aufnahmeübung (videobasiert oder folienbasiert) durchgeführt haben: Löschen Sie die erstellten Ordner sowie die Sucheingabe. Außerdem können Sie den Test des Drehbuchs überspringen.

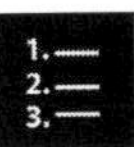

Probelauf / Test des Drehbuchs

1 Erstellen Sie einen neuen Ordner:

Win Rechtsklicken Sie auf den Desktop und wählen Sie **Neu > Ordner**.

Mac Rechtsklicken Sie auf den Desktop und wählen Sie **Neuer Ordner**.

2 Benennen Sie den Ordner mit „Mein Ordner".

3 Erstellen Sie einen zweiten neuen Ordner:

Win Drücken Sie Strg + ⇧ + N.

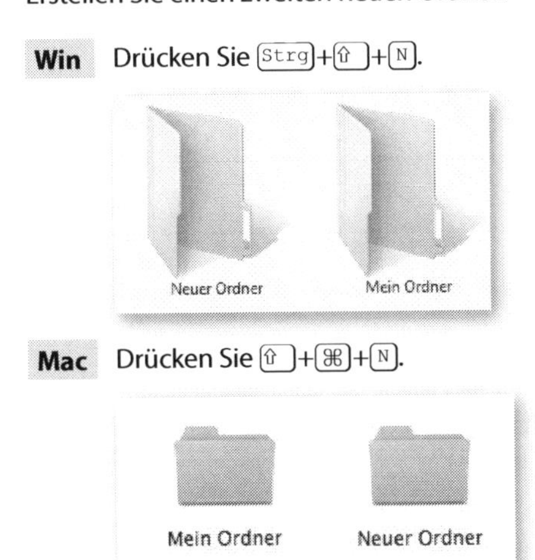

Mac Drücken Sie ⇧ + ⌘ + N.

4 Benennen Sie den Ordner mit „Mein Unterordner".

5 Verschieben Sie den Ordner **Mein Unterordner** per Drag-&-Drop in den Ordner *Mein Ordner*.

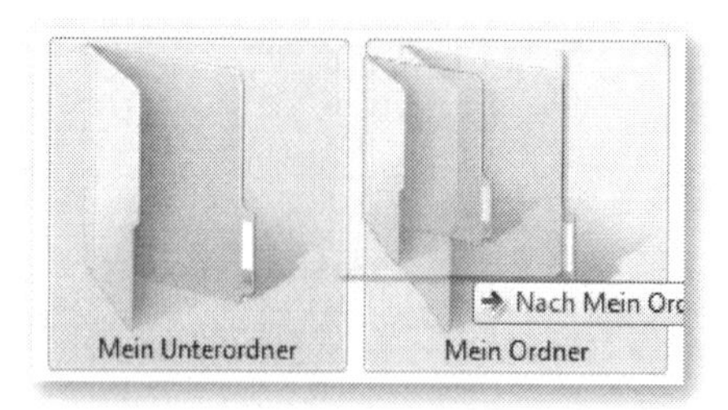

6 Durchsuchen Sie Ihr System nach dem Ordner *Mein Unterordner*:

Win Klicken Sie im rechten oberen Bereich in das Suchfeld und geben Sie „Mein Unterordner" ein.

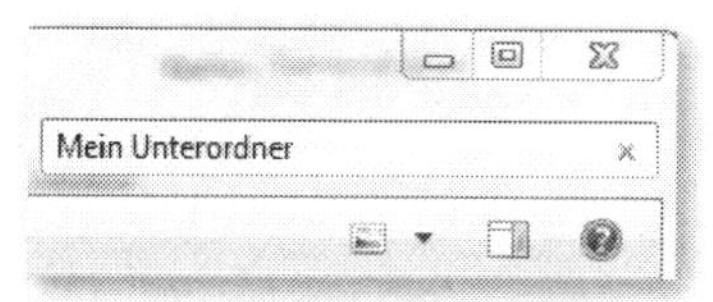

Mac Klicken Sie im rechten oberen Bereich in das Suchfeld und geben Sie „Mein Unterordner" ein. Wählen Sie in der sich daraufhin öffnenden Suchhilfe die Option **Name stimmt überein mit Mein Unterordner**.

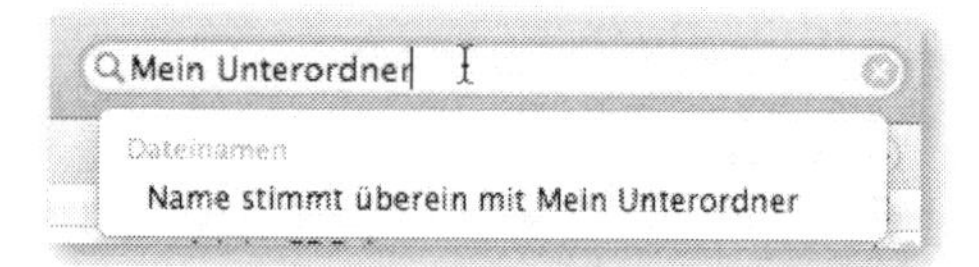

Sie haben jetzt die Schritte, die wir später aufzeichnen möchten, einmal „trocken" durchgetestet.

Setzen Sie im Anschluss an den Testlauf alle Einstellungen, die Sie vorgenommen haben, wieder auf den Ausgangszustand zurück. Entsprechend unseres Beispiels sollten Sie die Ordner und die Sucheingabe löschen.

Aufzeichnungstastenkürzel

Die wichtigsten Tastenkürzel in Captivate sind die Aufzeichnungstastenkürzel, da Sie deren Funktion (bis auf *Aufnahme stoppen*) nicht über Mauseingaben erreichen können. Im Folgenden finden Sie einen Überblick über die standardmäßige Belegung der Tastenkürzel für video- als auch folienbasierte Bildschirmaufnahmen.

Globale Einstellung

Wenn Sie die Tastenkürzel ändern, werden diese Änderungen global und damit projektunabhängig übernommen.

Win	Mac	Funktion
Ende	⌘+↵	Aufnahme beenden
Pause	⌘+F2	* Aufnahme pausieren / fortsetzen
F4	⌘+F4	Automatischen Schwenk starten
F3	⌘+F3	Manuelles Schwenken
F7	⌘+F7	Schwenk beenden
F11	⌘+F11	Aufnahmefenster an Maus ausrichten
F12	⌘+F12	Maus in Videodemo / FMR ein-/ausblenden
Druck	⌘+F6	* Bildschirmfoto aufzeichnen
F9	⌘+F9	* Full-Motion-Aufzeichnung starten
F10	⌘+F10	* Full-Motion-Aufzeichnung beenden
Strg+⇧+Z	⌘+⇧+Z	* Rückgängig-Markierung einfügen

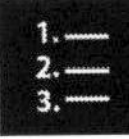

So ändern Sie die Tastenkürzel

Tastenkürzel zurücksetzen

Wenn Sie alle Tastenkürzel wieder auf Standard zurücksetzen möchten: Klicken Sie auf **Standardeinstellungen wiederherstellen.**

1 Wählen Sie **Bearbeiten > Voreinstellungen** (Win) / **Adobe Captivate > Voreinstellungen** (Mac).

2 Wählen Sie die Kategorie **Aufzeichnung > Tasten – (Global).**

Sie sehen im rechten Bereich die Aufzeichnungstastenkürzel.

3 Klicken Sie auf das Tastenkürzel, welches Sie anpassen möchten und geben Sie das neue Tastenkürzel über die Tastatur ein.

Aktivieren/Deaktivieren der Mausaufzeichnung in Videodemo: F12
Einfügen einer Rückgängig-Markierung Strg+Umschalt+Z
Standardeinstellungen wiederherstellen

Sie sehen direkt, wie Ihre Tastatureingabe als neues Tastenkürzel hinterlegt wird.

4 Klicken Sie auf **OK.**

Ihre Einstellungen sind nun lokal gespeichert.

* ausschließlich bei folienbasierten Bildschirmaufnahmen

Allgemeine Aufnahmetipps

Während der Aufnahme sollten Sie die folgenden Tipps & Hinweise beachten, um ein optimales Ergebnis zu erzielen.

Generelles

- Führen Sie vor der Aufnahme einen Probelauf aller aufzuzeichnenden Schritte durch. Dadurch lernen Sie den Ablauf kennen und können ggf. Einstellungen anpassen.
- Gehen Sie bei der Aufnahme langsam und bedacht vor: Führen Sie die Aktionen stets langsamer als normalerweise aus.
- Wenn Sie während der Aufnahme einen Fehler machen: Wiederholen Sie den gesamten Schritt noch einmal. Dies erleichtert die Nachbearbeitung.
- Vermeiden Sie unnötige Aktionen (z. B. überflüssige Klicks oder Markierungen).
- Bereiten Sie stets den Aufnahmebereich so vor, dass später keine persönlichen Ordner oder Dokumente in der Aufnahme zu sehen sind.

Rückgängig-Markierung

Mittels der Funktion **Einfügen einer Rückgängig-Markierung** können Sie gezielt bereits während der Aufnahme aufgezeichnete Schritte markieren, die Sie anschließend aus Ihrem Projekt entfernen möchten. Mehr zur Arbeit mit Rückgängig-Markierungen erfahren Sie hier: ▶ *Weblink 03.2, Seite 12*.

Texteingaben während der Aufnahme

- Vermeiden Sie lange Texteingaben. Kopieren Sie stattdessen lange Textpassagen aus einem vorbereiteten Dokument und fügen Sie den Text in Ihre Aufnahme ein.
- Texte sollten Sie fehlerfrei und ohne Korrekturen eingeben. Wenn Sie während der Texteingabe einen Fehler machen: Geben Sie den gesamten Text erneut ein. Dies reduziert den Nachbearbeitungsaufwand.

Zeitgleiche Vertonung während der Aufnahme?

Wenn Sie professionelle Ergebnisse erzielen möchten, empfiehlt es sich grundsätzlich, die Vertonung nachträglich einzubringen. Erfahrungsgemäß ist Live-Audio während des Screenrecordings nur dann sinnvoll, wenn Sie eine Demo schnell aufnehmen möchten und die Qualität eher zweitrangig ist. Wenn Sie dennoch live aufzeichnen möchten, sollten Sie die nebenstehenden Hinweise beachten.

Audio live während der Aufnahme aufzeichnen

- Schreiben Sie Ihre einleitenden Worte und Schlusssätze vor der Aufnahme auf und erstellen Sie eine Liste der wesentlichen Punkte, die Sie besprechen möchten.
- Geben Sie zu Beginn stets einen kurzen Überblick über den Inhalt der Aufnahme und fassen Sie die wichtigsten Punkte am Schluss noch einmal zusammen.
- Beschreiben Sie am besten zuerst, was als nächstes passiert und führen Sie erst im Anschluss den entsprechenden Schritt aus.
- Wenn Sie sich während der Aufnahme versprechen: Halten Sie einen Moment inne und sagen Sie z. B. „Nochmal". Wiederholen Sie anschließend den gesamten Satz und ggf. den dazugehörigen Schritt. Sie sollten grundsätzlich immer den gesamten Satz wiederholen und nicht nur einzelne Worte.

4

Folienbasierte Bildschirmaufnahme

Dieses Kapitel widmet sich der folienbasierten Bildschirmaufnahme. Sie lernen die Aufnahmelogik, die verschiedenen Aufnahmetypen sowie die Nachbearbeitung von Aufnahmen kennen.

Themenübersicht

Videodemo

Aufgrund des sehr eingeschränkten Verwendungsbereichs des Aufnahmemodus Videodemo finden Sie dieses Kapitel ausgelagert als eBook mit separaten Übungsdateien kostenfrei auf der Webseite zu diesem Buch (▶ *Weblink 00.4, Seite 12*). Mehr zu den Hintergründen erfahren Sie hier: ▶ *Seite 14*.

Full-Motion-Aufzeichnungen umgehen

Verwenden Sie möglichst keine / wenige Full-Motion-Aufzeichnungen. Dies erspart Ihnen nicht nur Zeit im Erstellungsprozess, sondern hält Ihre Projekte klein und vermeidet Probleme bei der Anzeige. Meist lassen sich Schritte, die eigentlich Full-Motion-Aufzeichnungen bedürfen, umgehen und trotzdem sehr verständlich und anschaulich demonstrieren.

▶ *Weblink 04.1, Seite 12.*

Aufnahmetypen & -logik

Wenn Sie mit den Standardeinstellungen von Captivate eine automatische Aufzeichnung durchführen, passiert Folgendes:

- Bei jedem Mausklick, jeder Tastatureingabe und jedem Bildschirmereignis (z. B. ein sich öffnendes Fenster oder ein sich öffnender Menüpunkt) erstellt Captivate ein Bildschirmfoto. Dieses wird auf einer neuen Folie platziert. Je nach Aufnahmemodus (Demonstration / Simulation) wird ein etwaig vorhandenes Mausobjekt entlang eines Pfads animiert und jede Tastatureingabe in einer Eingabeanimation oder in einem Texteingabefeld hinterlegt.
- Bei bestimmten Mausaktionen wie Drag-&-Drop, Aufziehen eines Bereichs oder Drehen des Mausrads erstellt Captivate Full-Motion-Aufzeichnungen. Im Gegensatz zu Bildschirmfotos sind diese Full-Motion-Aufzeichnungen (kurz „FMR" = „Full-Motion-Recording") dann „richtige" Videos mit 30 Bildern pro Sekunde.

Diese Aufnahmelogik können Sie beliebig anpassen. Bevor Sie dies tun, möchte ich Ihnen jedoch die Vor- und Nachteile dieser Techniken erklären:

	Bildschirmfoto	**Full-Motion-Aufzeichnung**
PRO	▶ Sehr kleine Dateigrößen, da nur ein Bild pro Folie; dadurch so gut wie keine Kompression nötig ▶ Sehr gute Bildqualität ▶ Kein Verwackeln der Maus, da das Mausobjekt animiert wird ▶ Mausanimation ist beliebig veränderbar, z. B. doppelte Mausgröße ▶ Unnötige Aufnahmeteile können einfach entfernt werden	▶ Bestimmte Mausaktionen (z. B. Drag-&-Drop) wirken klarer und realistischer
KONTRA	▶ Bestimmte Aktionen, z. B. Drag-&-Drop, lassen sich nicht realitätsgemäß darstellen, da nur das erste und das letzte Bild der Aktion aufgenommen werden (Kompensation mit manuell erstellten Zwischenbildern möglich)	▶ Benötigt viel Speicherplatz (bei einer Aufnahme von 5 Sekunden: 5 mal 30 Bilder); durch (zu hohe) Kompression wird die Bildqualität schlechter ▶ Unsaubere Mausbewegungen oder zu schnelle Scrollaktionen bei der Aufnahme führen zu unschönen Ergebnissen, die nicht mehr korrigiert werden können

Aufnahmetipps für folienbasierte Aufnahmen

Im Folgenden finden Sie gesonderte Hinweise, die Sie bei folienbasierten Aufnahmen beachten sollten. Weitere allgemeine Tipps zur Bildschirmaufnahme finden Sie hier: ▶ *Seite 86*.

- Warten Sie bei der automatischen Aufzeichnung auf den Kameraverschlusston, bevor Sie mit weiteren Aktionen fortfahren.
- Wenn Sie Audio live während der Aufnahme aufzeichnen: Die Pause-Taste ist hier Ihr bester Freund. Verwenden Sie sie häufig, u. U. nach jedem Satz. So können Sie Ihre Gedanken strukturieren und erzielen i. d. R. ein besseres Ergebnis.
- Wenn Sie Audio live während der Aufnahme aufzeichnen: Versuchen Sie, während Maus- und Tastatureingaben möglichst nicht zu sprechen, sondern nur davor oder danach. Andernfalls werden Wortfragmente über mehrere Folien verteilt, was die Nachbearbeitung erschwert.

Aufzeichnungsmodi

Es gibt standardmäßig drei automatische Aufzeichnungsmodi: Demonstration, Bewertungssimulation und Schulungssimulation. Zusätzlich können Sie einen eigenen Modus definieren.

Die Kategorie Aufzeichnung > Modi

Bearbeiten > Voreinstellungen (Win) / Adobe Captivate > Voreinstellungen (Mac)

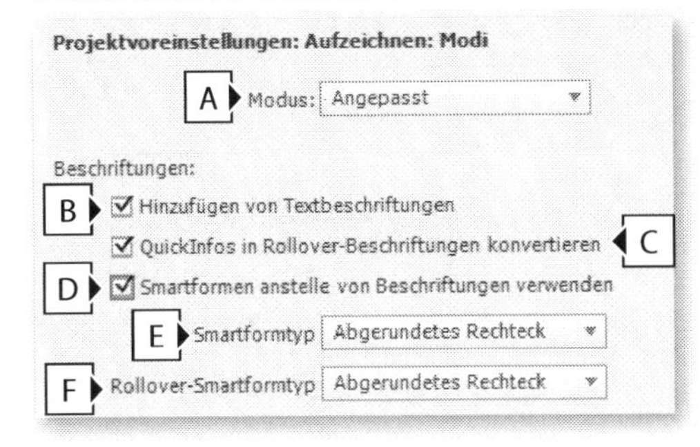

A Aufzeichnungsmodus

An dieser Stelle wählen Sie nicht den Modus für Ihre Aufnahme, sondern nur dessen Einstellungen. Den Aufnahmemodus stellen Sie stets im Aufnahmefenster ein.

B Bei Mausklick Textbeschriftung einfügen – eine Sprechblase, die die aktuelle Aktion / das Ereignis beschreibt

C Bei Objekten mit Tooltip Rollover-Beschriftung beim Überfahren mit der Maus erzeugen

D Bei Mausklick statt einer Textbeschriftung eine Smartform einfügen

E Wenn **D** aktiv: Smartformtyp wählen (z. B. Rechteck, Ellipse)

F Wenn **C** und **D** aktiv: Rollover-Smartformtyp auswählen

Mauszeiger bei Full-Motion-Aufzeichnungen

Wenn Sie bei Full-Motion-Aufzeichnungen (Standard, jedoch optional) die Maus mit aufnehmen, dann wird diese direkt in die Aufzeichnung eingebettet und ist nachträglich nicht mehr veränderbar (▶ *Seite 80*).

Maus:
G ☐ Mausposition und -bewegung anzeigen
☐ Hinzufügen von Markierungsfeldern durch Klicken H

G Bei Mausklick Mausobjekt einfügen, dessen Pfad später beliebig veränderbar ist

H Bei Mausklick Markierungsfeld einfügen, welches das angeklickte Objekt umrahmt

Klickfelder:
I ☑ Hinzufügen von Klickfeldern durch Mausklicks
J ☐ Erfolgsbeschriftung ☐ Fehlerbeschriftung
☐ Tippbeschriftung ☑ Versuche begrenzen auf 2 K
L ☐ Handcursor einblenden, wenn sich die Maus über dem Klickfeld befindet
Texteingabefelder:
M ☑ Texteingabefelder für Textfelder automatisch hinzufügen
N ☐ Erfolgsbeschriftung ☐ Fehlerbeschriftung
☐ Tippbeschriftung ☑ Versuche begrenzen auf 2
Standardeinstellungen wiederherstellen

I Bei Mausklick Klickfeld einfügen, welches direkt über das angeklickte Objekt (z. B. eine Schaltfläche oder einen Menüpunkt) gelegt wird

J Erfolgs-, Fehler-, Tippbeschriftung (▶ *Seite 200*)

K Nach einer bestimmten Anzahl an Fehlversuchen fährt das Projekt fort (diese Versuchsanzahl sowie auch die Aktion „Weiter" können Sie nachträglich anpassen: ▶ *Seite 198*)

L Befindet sich der Anwender mit der Maus über dem Klickfeld, erscheint ein Handcursor

M Bei jeder Tastatureingabe ein Texteingabefeld einfügen, in das der Anwender anschließend den gleichen Text eingeben muss

N Erfolgs-, Fehler-, Tippbeschriftung sowie Eingabeversuche begrenzen

Unsichtbares Klickfeld bei Mausklick

Ein Klickfeld (**I**) ist unsichtbar und hält standardmäßig automatisch die Folie an. Sobald der Anwender erfolgreich auf dieses Feld klickt, springt das Projekt zur nächsten Folie (Aktion bei Erfolg).

Demonstrationen

Eine Demonstration führt dem Lerner die auszuführenden Schritte in einer Software in Form eines selbst ablaufenden Films vor.

Bestandteile einer Demonstration

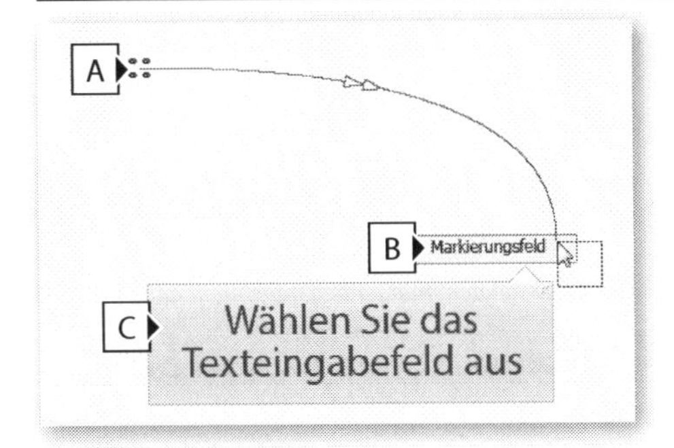

A Mausobjekte

B Markierungsfelder

C Textbeschriftungen / Smartformen

Übung: Demonstration aufzeichnen

Im Rahmen dieser Übung erstellen Sie eine Aufzeichnung mit dem Aufnahmemodus Demonstration.

Übung 10 min

- Sie bereiten die Aufnahme vor
- Sie legen die Aufzeichnungseinstellungen fest
- Sie legen die Qualitätseinstellungen für Full-Motion-Aufzeichnungen fest
- Sie zeichnen nach Drehbuch auf

Bildschirmbereich aufzeichnen

Statt einer **Anwendung** können Sie auch einen **Bildschirmbereich** aufzeichnen. Dies bietet sich z. B. an, wenn Sie unter Mac OS auch die Menüleiste einer Anwendung aufzeichnen möchten. Außerdem ist diese Einstellung sinnvoll, wenn Sie nur den Inhalt eines Browsers aufzeichnen möchten und nicht das Browserfenster selbst.

Alle Schritte zur Aufnahmevorbereitung sowie die genauen Aufzeichnungsschritte finden Sie im Drehbuch im Ordner *00_Assets\Drehbücher* der Übungsdateien. Wenn Sie das Drehbuch gerade nicht ausdrucken können, finden Sie das komplette Drehbuch natürlich auch hier: (▶ *Seite 560*).

1 Öffnen Sie aus dem Ordner *04_Folienbasierte_Bildschirmaufnahme* die Datei *Demonstration.cptx* (▶ *Seite 12*).

2 Betrachten Sie das Projekt in der Vorschau: **Vorschau > Projekt**.

Fenstername unter Windows

Wenn Sie unter Windows den Arbeitsplatz / Explorer aufzeichnen, wird Ihnen als Fenstername immer der Name des Ordners / Verzeichnisses angezeigt, in unserem Beispiel „Desktop".

Aufzeichnungsfenster ausrichten

Neben einer **Benutzerdefinierten Größe** können Sie das Aufzeichnungsfenster auch am **Anwendungsfenster** oder einem **Anwendungsbereich** ausrichten. Bei der Einstellung **Anwendungsfenster** orientiert sich das rote Aufzeichnungsfenster an der aktuellen Größe der geöffneten Anwendung. Bei der Einstellung **Anwendungsbereich** rastet das Aufzeichnungsfenster an einem Teilbereich der geöffneten Anwendung ein (z. B. einem Tab in einem Browser).

Sie sehen eine Demonstration mit Mausobjekten, Markierungsfeldern und Textbeschriftungen. Im Rahmen dieser Übung werden wir diese Demonstration aufnehmen.

3 Legen Sie das Drehbuch bereit.

4 Bereiten Sie die Aufnahme vor und starten Sie einen Testlauf der aufzuzeichnenden Schritte (▶ *Seite 81*) entsprechend des Drehbuchs.

5 Wählen Sie **Datei** > **Neu aufnehmen** > **Softwaresimulation**.

Das *Aufzeichnungsfenster* öffnet sich.

6 Wählen Sie folgende Einstellungen für Ihre Aufzeichnung:

a Die Option **Anwendung**.

b Unter *Wählen Sie das aufzuzeichnende Fenster aus* die Anwendung **Desktop** (Win) / **Finder** (Mac).

c Unter *Ausrichten an* die Option **Benutzerdefinierte Größe** und tragen Sie **960 x 540** px ein.

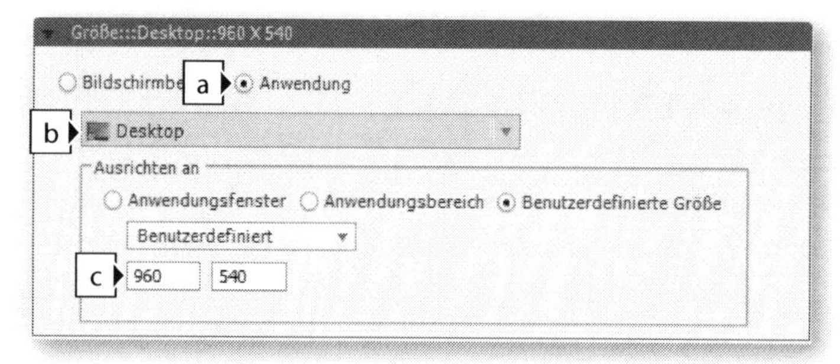

Das rote Aufzeichnungsfenster rastet nun am geöffneten Programm (Arbeitsplatz / Explorer / Finder) ein.

d Unter *Aufnahmetyp* die Option **Automatisch** und den Aufzeichnungsmodus **Demo**.

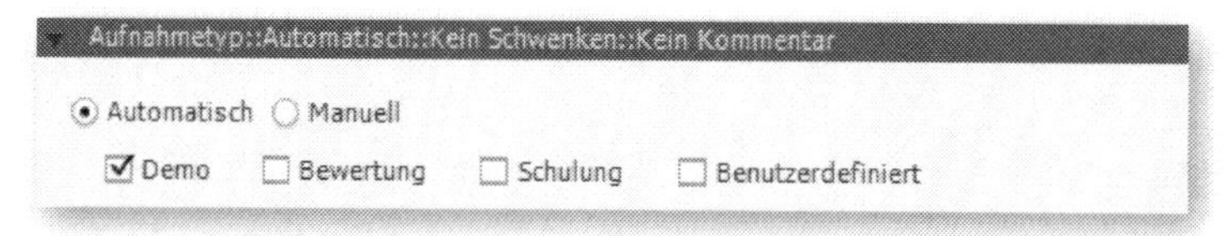

7 Stellen Sie sicher, dass die anderen Aufzeichnungsmodi (**Bewertung, Schulung, Benutzerdefiniert**) deaktiviert sind.

8 Stellen Sie sicher, dass die Optionen *Schwenken* auf **Kein Schwenken** und *Audio* auf **Kein Kommentar** eingestellt sind.

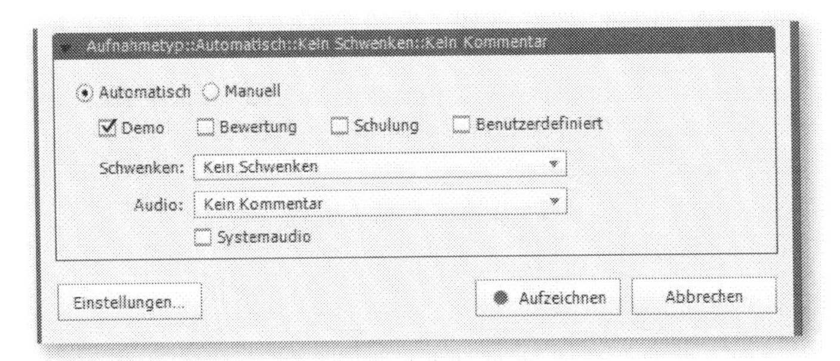

9 Stellen Sie sicher, dass die Qualitätseinstellungen für Full-Motion-Aufzeichnungen hoch sind:

a Klicken Sie auf **Einstellungen**.

Das Fenster *Voreinstellungen* öffnet sich.

b Wählen Sie die *Kategorie* **Aufzeichnung > Videodemo**.

c Wählen Sie unter *Videofarbmodus* die Option **32 Bit**.

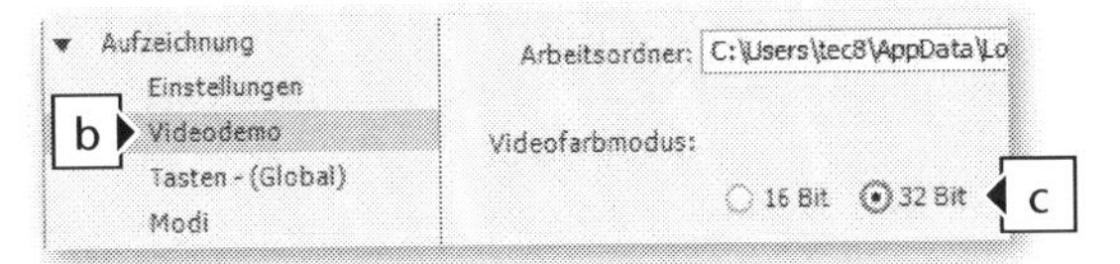

d Klicken Sie auf **OK**.

10 Klicken Sie auf **Aufzeichnen**.

11 Zeichnen Sie mit Captivate die Schritte aus dem Drehbuch auf.

12 Beenden Sie die Aufzeichnung: Drücken Sie [Ende] (Win) / [⌘]+[↵] (Mac).

Das Projekt wird generiert und öffnet sich in einer neuen Registerkarte in Captivate.

13 Testen Sie das Projekt in der Vorschau: Wählen Sie in der Werkzeugleiste **Vorschau** > **Projekt**.

Sie sehen, wie Captivate die beschriebenen Objekte automatisch erstellt, die Texteingaben über Eingabeanimationen darstellt und bei der Drag-&-Drop-Aktion eine Full-Motion-Aufzeichnung eingefügt hat.

Fehlerhafte Aufzeichnungsschritte markieren

Wenn Sie während einer folienbasierten Aufzeichnung einen Fehler machen oder einen überflüssigen Schritt aufzeichnen: Sie können dies manuell über die Tastenkombination [Strg]+[⇧]+[Z] (Win) / [⌘]+[⇧]+[Z] (Mac) direkt während der Aufzeichnung markieren. Die entsprechenden Folien werden dadurch in Captivate optisch hervorgehoben. Das erleichtert die anschließende Bearbeitung. Mehr zur Arbeit mit Rückgängig-Markierungen erfahren Sie hier: ▶ *Weblink 03.2, Seite 12*.

Alternative zur Beendung der Aufnahme

Um die Aufnahme zu beenden, können Sie alternativ auch auf das Programmsymbol von Captivate in der Startleiste bzw. im Dock klicken. Beachten Sie hier jedoch, dass Sie diese abschließende Mausbewegung dann manuell aus Ihrer Aufnahme entfernen müssen.

Nachträglich aufzeichnen

Prüfen Sie nach der Aufnahme, ob alle wichtigen Schritte enthalten sind. Falls Schritte fehlen, nehmen Sie diese einfach nachträglich auf, bevor Sie mit der Nachbearbeitung beginnen: Wählen Sie dazu in der Werkzeugleiste **Folien > Softwaresimulation**.

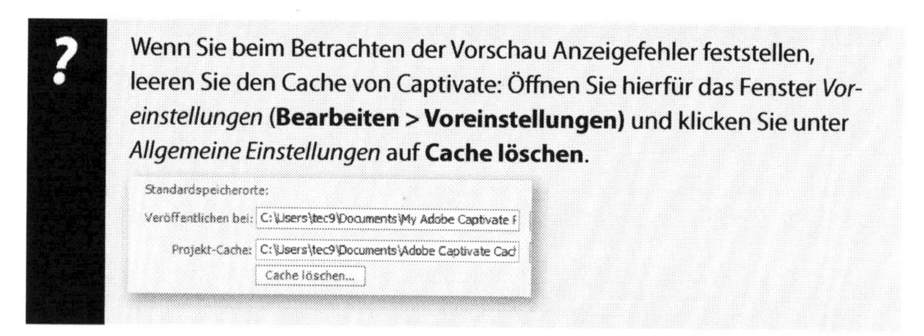

Wenn Sie beim Betrachten der Vorschau Anzeigefehler feststellen, leeren Sie den Cache von Captivate: Öffnen Sie hierfür das Fenster *Voreinstellungen* (**Bearbeiten > Voreinstellungen)** und klicken Sie unter *Allgemeine Einstellungen* auf **Cache löschen**.

14 Schließen Sie die Vorschau und speichern Sie Ihr Ergebnis optional.

Sie wissen nun, wie Sie Demonstrationen erstellen können.

Simulationen

Bei Simulationen läuft das Projekt nicht von alleine ab, sondern der Lerner wird aufgefordert, die aufgezeichneten Schritte über Maus- oder Tastatureingaben interaktiv nachzuahmen. Standardmäßig gibt es die Formen *Bewertungssimulation* und *Schulungssimulation*.

Anzeige der Fehlerbeschriftung

Die Fehlerbeschriftung erscheint, sobald der Anwender in einen Bereich außerhalb eines Klickfelds klickt oder einen falschen Text in ein Texteingabefeld eingibt.

Bestandteile einer Bewertungs-/Schulungssimulation

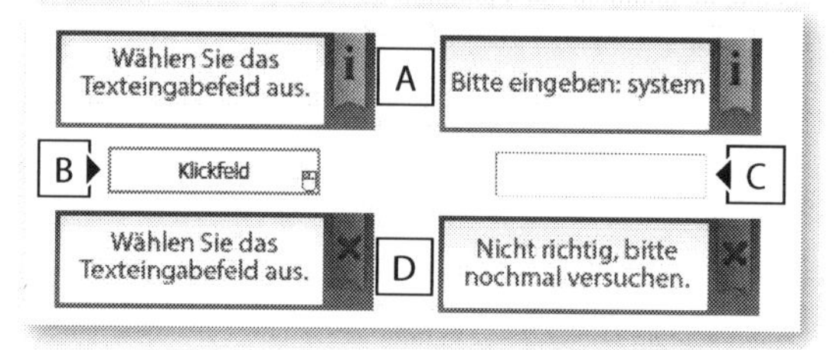

A Tippbeschriftungen - nur bei Schulungssimulation: Weisen den Anwender darauf hin, was er tun soll, wenn er ein Klick- oder Texteingabefeld mit der Maus überfährt

B Klickfelder

C Texteingabefelder

D Fehlerbeschriftungen

Übung: Simulationen aufzeichnen

Im Rahmen dieser Übung zeichnen Sie gleichzeitig sowohl eine Schulungs- als auch eine Bewertungssimulation auf.

Übung 15 min

- Sie bereiten die Aufnahme vor
- Sie legen die Aufzeichnungseinstellungen fest
- Sie legen die Qualitätseinstellungen für Full-Motion-Aufzeichnungen fest
- Sie zeichnen nach Drehbuch auf
- Sie arbeiten mit Klickfeldern

Alle Schritte zur Aufnahmevorbereitung sowie die genauen Aufzeichnungsschritte finden Sie im Drehbuch im Ordner *00_Assets\Drehbücher* der Übungsdateien. Wenn Sie das Drehbuch gerade nicht ausdrucken können, finden Sie das komplette Drehbuch natürlich auch hier: (▶ *Seite 560*).

Tipp für die Bereitstellung mehrerer Modi

In den meisten Fällen empfiehlt es sich nicht, mehrere Modi zeitgleich aufzuzeichnen (wie wir das im Rahmen dieser Übung beispielhaft tun), falls Sie ein Projekt 1:1 in mehreren Modi bereitstellen möchten. Der Aufwand in der Postproduktion ist niedriger, wenn Sie einen bestehenden Modus umwandeln: ▶ *Seite 162*

1 Öffnen Sie aus dem Ordner *04_Folienbasierte_Bildschirmaufnahme* die Dateien *Bewertungssimulation.cptx* und *Schulungssimulation.cptx* (▶ *Seite 12*).

2 Betrachten Sie die Projekte in der Vorschau: **Vorschau > Projekt** und testen Sie die Simulationen.

Sie sehen jeweils eine Simulation, einmal nur mit Fehlerbeschriftungen, einmal zusätzlich mit Tippbeschriftungen. Im Folgenden möchten wir dies selbst umsetzen.

3 Legen Sie das Drehbuch bereit.

4 Bereiten Sie die Aufnahme vor und starten Sie einen Testlauf der aufzuzeichnenden Schritte (▶ *Seite 81*) entsprechend des Drehbuchs.

5 Wählen Sie **Datei > Neu aufnehmen > Softwaresimulation**.

Das *Aufzeichnungsfenster* öffnet sich.

6 Wählen Sie folgende Einstellungen für Ihre Aufzeichnung:

a Die Option **Anwendung**.

b Unter *Wählen Sie das aufzuzeichnende Fenster aus* die Anwendung **Desktop** (Win) / **Finder** (Mac).

c Unter *Ausrichten an* die Option **Benutzerdefinierte Größe** mit einer Auflösung von **960 x 540** px.

Versuche bei Simulationen begrenzen

Wenn Sie die Versuche für Aktionen und Texteingaben des Benutzers im Modus *Schulungssimulation* standardmäßig begrenzen möchten: Klicken Sie auf **Einstellungen** und wählen Sie unter der Kategorie **Aufzeichnung > Modi** bei *Modus* **Schulungssimulation**. Aktivieren Sie in den Bereichen *Klickfelder* und *Texteingabefelder* die Option **Versuche begrenzen auf** und tragen Sie die Anzahl der Versuche ein. Ihr Projekt fährt dann nach der definierten Anzahl an Fehlversuchen automatisch fort.

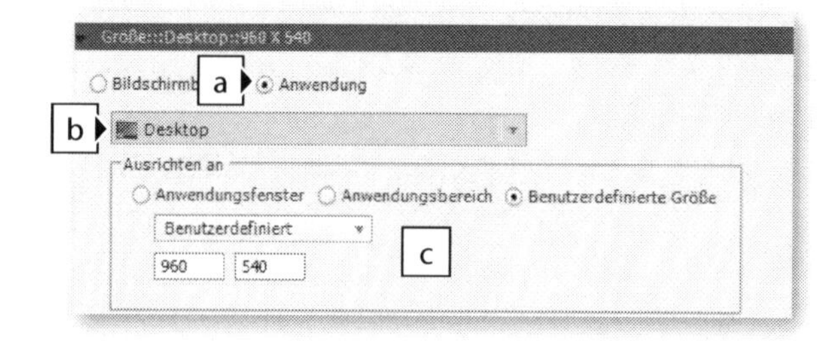

Das rote Aufzeichnungsfenster rastet nun am geöffneten Programm (Arbeitsplatz / Explorer / Finder) ein.

d Unter *Aufnahmetyp* die Option **Automatisch** und die Aufzeichnungsmodi **Bewertung** und **Schulung**.

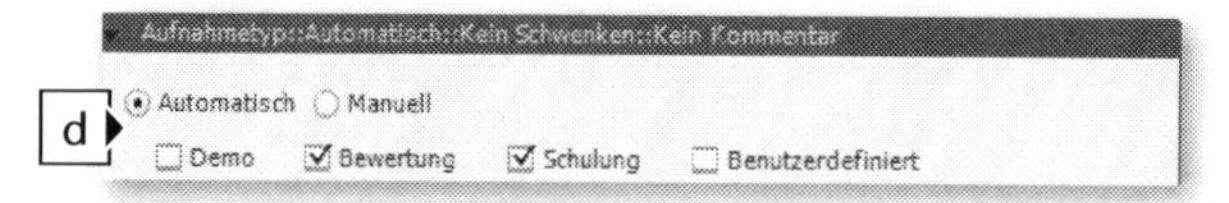

Dadurch zeichnen Sie sowohl eine Bewertungssimulation als auch eine Schulungssimulation auf (zwei Captivate-Projekte).

7 Stellen Sie sicher, dass die anderen Aufzeichnungsmodi (**Demo**, **Benutzerdefiniert**) deaktiviert sind.

8 Stellen Sie sicher, dass die Optionen *Schwenken* auf **Kein Schwenken** und *Audio* auf **Kein Kommentar** eingestellt sind.

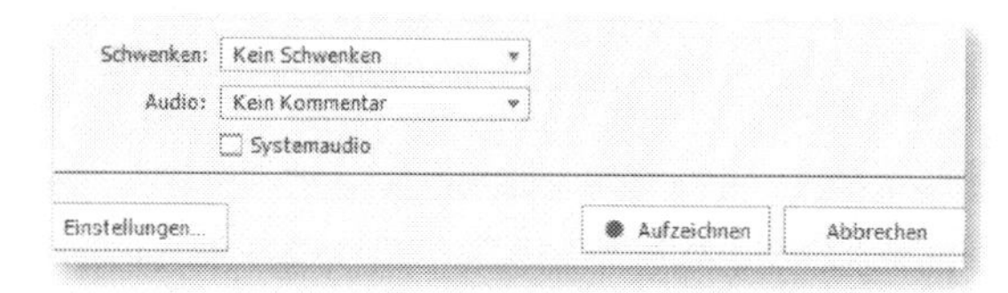

Unterschiede zwischen Schulungs- und Bewertungssimulation

Das Projekt mit der Endung „_Bewertung" ist die Bewertungssimulation, das Projekt mit der Endung „_Schulung" die Schulungssimulation. Wenn Sie beide Projekte näher betrachten, wird Ihnen der Unterschied direkt auffallen: Die Schulungssimulation enthält zusätzlich eine Tippbeschriftung zu jedem Interaktionsobjekt.

9 Stellen Sie sicher, dass die Qualitätseinstellungen für Full-Motion-Aufzeichnungen hoch sind:

a Klicken Sie auf **Einstellungen**.

Das Fenster *Voreinstellungen* öffnet sich.

b Wählen Sie die Kategorie **Aufzeichnung > Videodemo**.

c Wählen Sie unter *Videofarbmodus* die Option **32 Bit**.

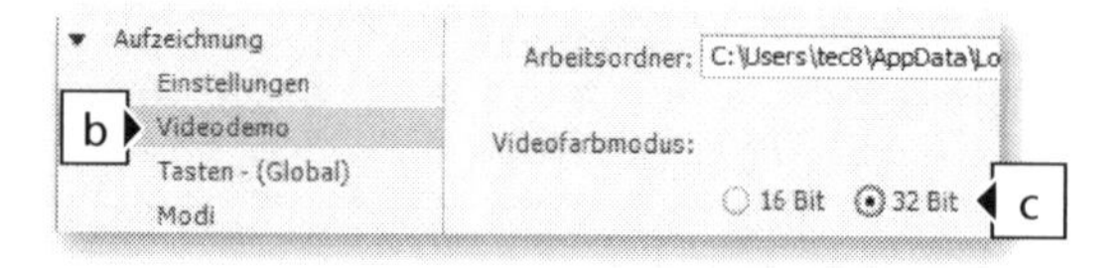

d Klicken Sie auf **OK**.

10 Klicken Sie auf **Aufzeichnen**.

11 Zeichnen Sie mit Captivate die Schritte aus dem Drehbuch auf.

12 Beenden Sie die Aufzeichnung: Drücken Sie [Ende] (Win) / [⌘]+[↵] (Mac).

Die beiden Projekte werden generiert und öffnen sich jeweils in einer Registerkarte.

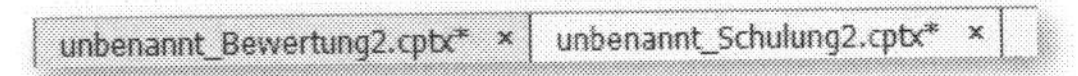

13 Optimieren Sie das Ergebnis:

a Wählen Sie **Folie 1** in einem der beiden Projekte.

b Wählen Sie das Klickfeld.

c Vergrößern Sie das Klickfeld, sodass es den gesamten Desktop-Bereich umfasst.

Dadurch kann der Benutzer überall auf den Desktop-Bereich klicken, um das Kontextmenü zu öffnen.

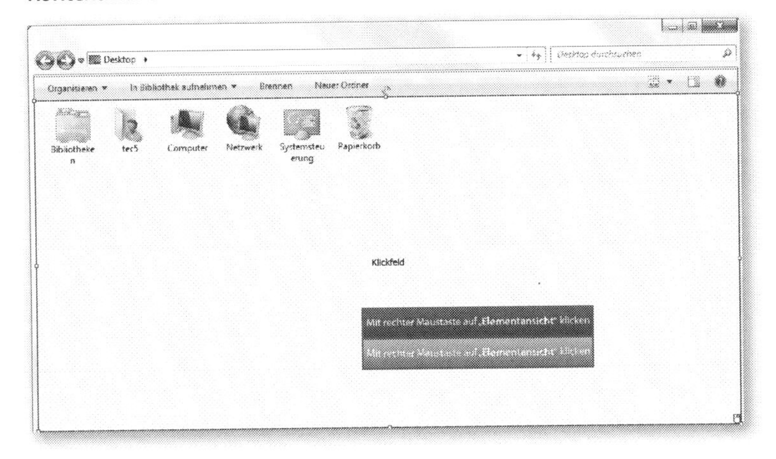

d Wählen Sie **Folie 4**.

e Vergrößern Sie den Texteingabebereich des Texteingabefelds, sodass es den gesamten Ordnernamen umfasst.

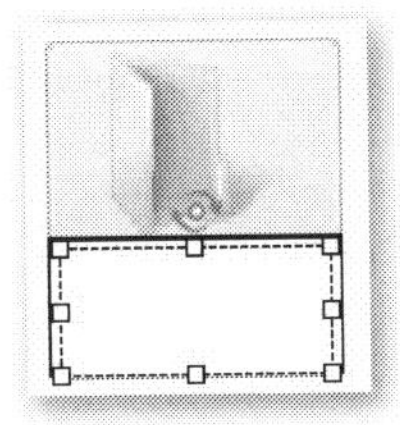

f Wiederholen Sie **Schritt 13e** auch für die Texteingabefelder der **Folien 6** und **10**.

Simulation optimieren

In der Regel müssen aufgenommene Simulationen noch einmal überarbeitet werden. Wenn Sie das Projekt also in der Vorschau betrachten und nicht weiter kommen, dann überspringen Sie diesen Schritt einfach über die Navigationleiste und schauen Sie sich später im Bearbeitungsmodus noch einmal an, wo die genaue Ursache liegt – meist müssen Texteingabefelder oder Klickfelder vergrößert werden.

14 Führen Sie die Optimierung(en) auch für das zweite Projekt durch.

15 Testen Sie beide Projekte in der *Vorschau*: Wählen Sie das jeweilige Projekt und wählen Sie in der Werkzeugleiste **Vorschau** > **Projekt**.

Rechtsklick nur im Webbrowser

Es erscheint eine Meldung, die Ihnen mitteilt, dass der aufgenommene Rechtsklick wie ein Linksklick funktioniert, wenn die Barrierefreiheit aktiviert ist (Standard) (▶ *Seite 353*) und Sie das Projekt nicht im Webbrowser betrachten. Im Rahmen dieser Vorschau müssen Sie in diesen Fällen also immer links- statt rechtsklicken. Bestätigen Sie die Abfrage mit **Ja**.

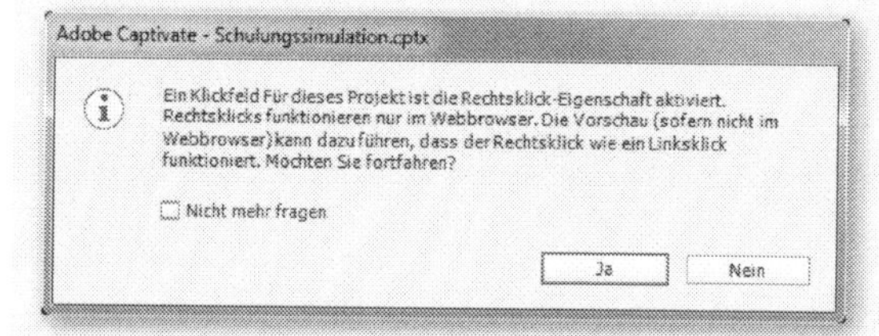

16 Testen Sie die Simulation durch Mausklicks und Tastatureingaben.

17 Schließen Sie die Vorschau und speichern Sie Ihr Ergebnis optional.

Sie wissen nun, wie Sie Schulungs- und Bewertungssimulationen erstellen können.

Übung: Benutzerdefiniert aufzeichnen

Sie können frei definieren, welche Objekte Captivate bei einer Aufzeichnung einfügen soll. Oft reicht der Einsatz der Standardmodi nicht aus und es ist sinnvoller, einen eigenen Modus zu definieren, der beispielsweise die Merkmale von Simulation und Demonstration vereint. Ziel dieser Übung: Wir möchten einen Modus einstellen, der ideal ist, wenn Sie ein Bildschirmvideo in Form einer Demonstration nur mit Text anreichern, aber nicht vertonen möchten.

Übung 10 min

- Sie bereiten die Aufnahme vor
- Sie legen die Aufzeichnungseinstellungen fest
- Sie legen die Optionen für die benutzerdefinierte Aufnahme fest
- Sie zeichnen nach Drehbuch auf
- Sie erstellen eine Full-Motion-Aufzeichnung
- Sie optimieren die Aufnahme

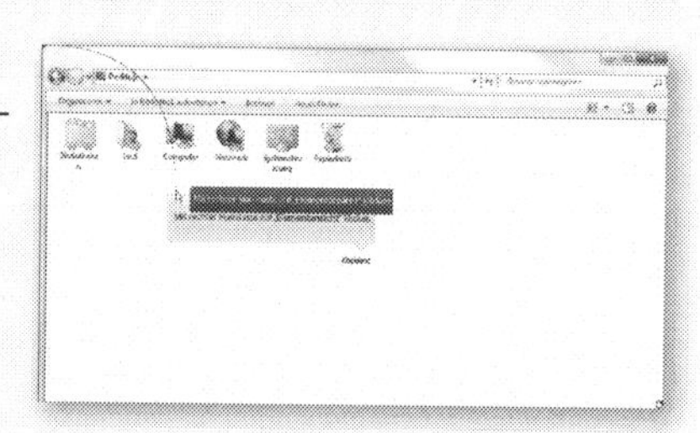

Alle Schritte zur Aufnahmevorbereitung sowie die genauen Aufzeichnungsschritte finden Sie im Drehbuch im Ordner *00_Assets\Drehbücher* der Übungsdateien. Wenn Sie das Drehbuch gerade nicht ausdrucken können, finden Sie das komplette Drehbuch natürlich auch hier: ▶ *Seite 560*.

1 Öffnen Sie aus dem Ordner *04_Folienbasierte_Bildschirmaufnahme* die Datei *Benutzerdefiniert.cptx* (▶ *Seite 12*).

2 Betrachten Sie das Projekt in der Vorschau: **Vorschau > Projekt**.

Sie sehen eine interaktive Demonstration, in der dem Lerner jeder Schritt beschrieben wird, er jedoch selbst klicken muss. Diese Form eignet sich ideal, wenn ein Projekt nicht vertont ist. Denn dadurch hat der Lerner stets ausreichend Zeit, die Texte zu lesen. In den folgenden Schritten möchten wir diese interaktive Demonstration aufnehmen.

3 Legen Sie das Drehbuch bereit.

4 Bereiten Sie die Aufnahme vor und starten Sie einen Testlauf der aufzuzeichnenden Schritte (▶ *Seite 81*) entsprechend des Drehbuchs.

5 Falls Sie noch Projekte in Captivate geöffnet haben: Schließen Sie diese.

6 Wählen Sie **Datei > Neu aufnehmen > Softwaresimulation**.

Das *Aufzeichnungsfenster* öffnet sich.

7 Wählen Sie folgende Einstellungen für Ihre Aufzeichnung:

a Die Option **Anwendung**.

b Unter *Wählen Sie das aufzuzeichnende Fenster aus* die Anwendung **Desktop** (Win) / **Finder** (Mac).

c Unter *Ausrichten an* die Option **Benutzerdefinierte Größe** mit einer Auflösung von **960 x 540** px.

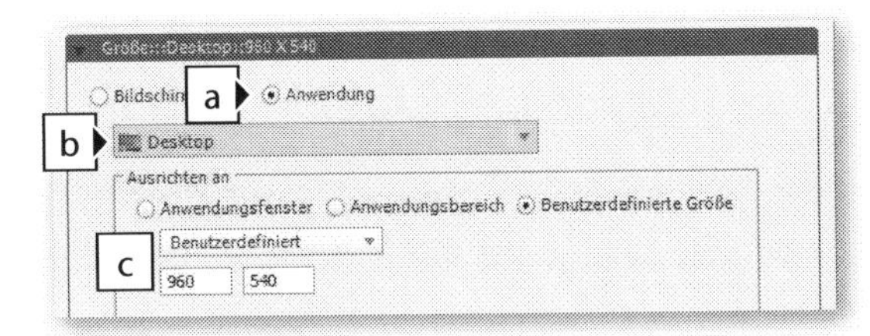

Das rote Aufzeichnungsfenster rastet nun am geöffneten Programm (Arbeitsplatz / Explorer / Finder) ein.

d Unter *Aufnahmetyp* die Option **Automatisch** und den Aufzeichnungsmodus **Benutzerdefiniert**.

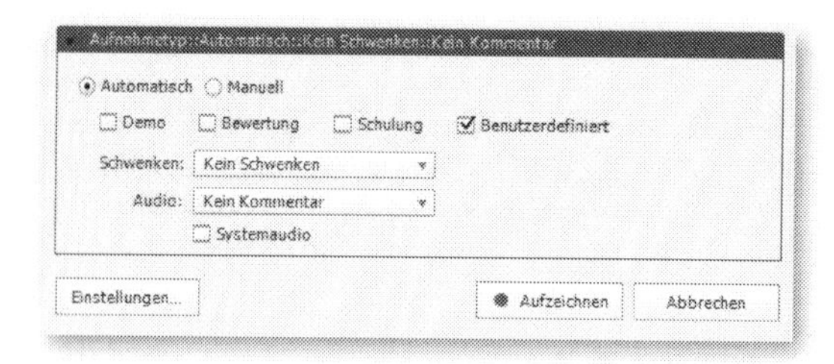

8 Stellen Sie sicher, dass die anderen Aufzeichnungsmodi (**Demo, Bewertung, Schulung**) deaktiviert sind.

9 Stellen Sie sicher, dass die Optionen *Schwenken* auf **Kein Schwenken** und *Audio* auf **Kein Kommentar** eingestellt sind.

10 Klicken Sie auf **Einstellungen**.

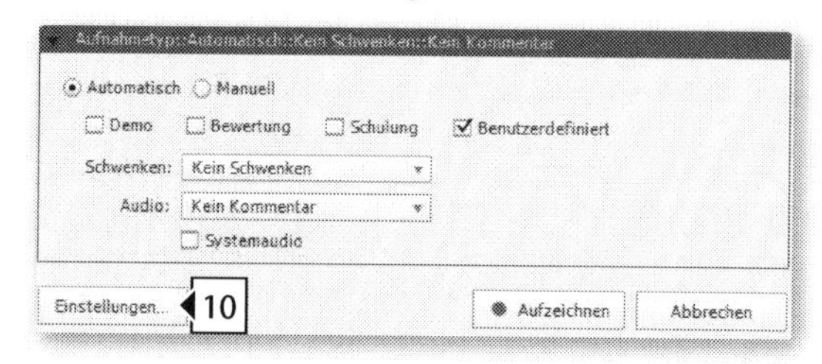

Das Fenster *Voreinstellungen* öffnet sich in der *Kategorie* **Aufzeichnung > Modi**.

11 Wählen Sie im oberen Bereich des Fensters unter *Modus* die Option **Angepasst**.

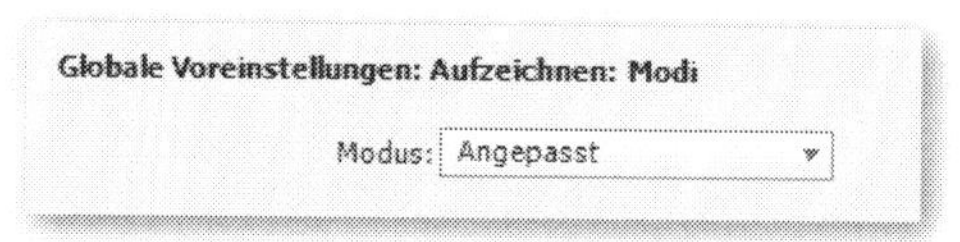

12 Klicken Sie im unteren Bereich des Fensters auf **Standardeinstellungen wiederherstellen**.

Falls zuvor Änderungen vorgenommen wurden, sind diese jetzt wieder zurückgesetzt.

13 Wählen Sie für die benutzerdefinierte Aufnahme folgende Optionen:

a Unter *Beschriftungen* die Option **Hinzufügen von Textbeschriftungen**.

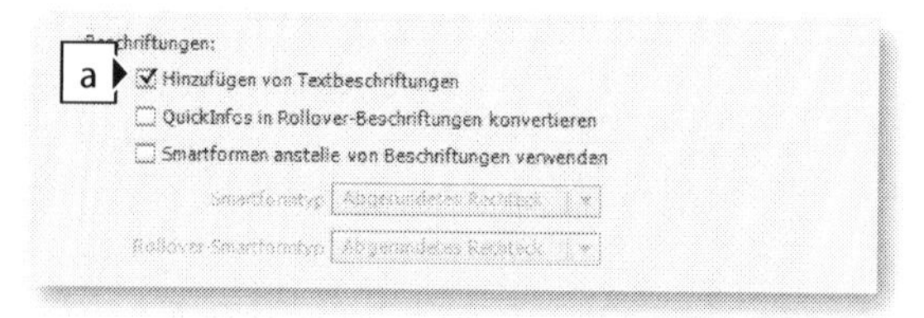

b *Optional*: Unter *Maus* die Option **Hinzufügen von Markierungsfeldern durch Klicken**.

c Unter *Klickfelder* die Option **Hinzufügen von Klickfeldern durch Mausklicks**.

d Unter *Klickfelder* zusätzlich die Option **Fehlerbeschriftung**.

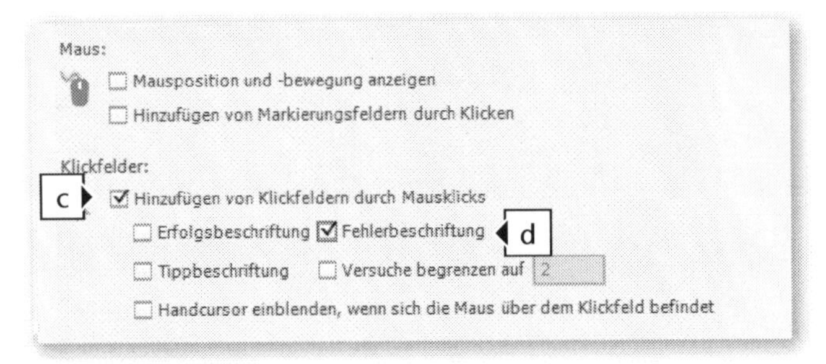

14 Klicken Sie auf **OK**.

Sie kehren zum *Aufzeichnungsfenster* zurück.

15 Klicken Sie auf **Aufzeichnen**.

16 Zeichnen Sie mit Captivate die Schritte aus dem Drehbuch auf.

17 Beenden Sie die Aufzeichnung: Drücken Sie [Ende] (Win) / [⌘]+[↵] (Mac).

Das Projekt wird generiert und öffnet sich in Captivate in einer neuen Registerkarte.

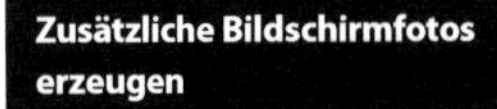

Zusätzliche Bildschirmfotos erzeugen

Sie können jederzeit manuell zusätzliche Bildschirmfotos mit [Druck] (Win) / [⌘]+[F10] (Mac) erzeugen.

18 Optimieren Sie die Aufnahme:

a Wählen Sie **Folie 1**.

b Wählen Sie das Klickfeld.

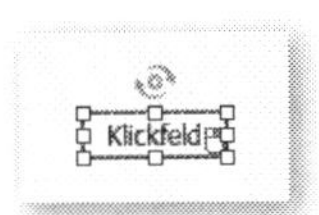

c Vergrößern Sie das Klickfeld, sodass es den gesamten Desktop-Bereich umfasst.

d *Optional*: Wenn Sie eingestellt haben, dass Markierungsfelder erzeugt werden sollen, passen Sie dies ebenfalls an.

Dadurch kann der Benutzer überall auf den Desktop-Bereich klicken, um das Kontextmenü zu öffnen.

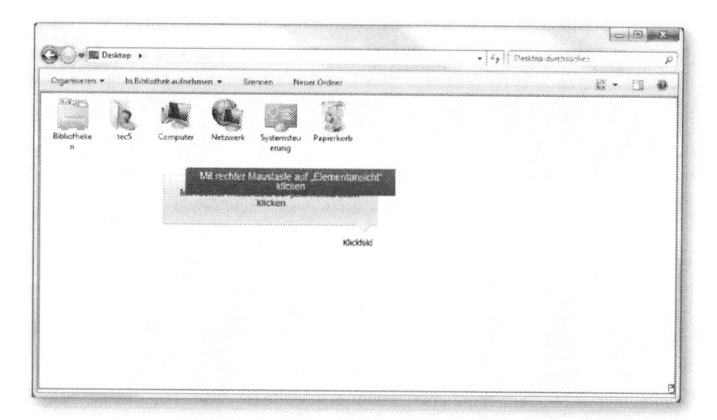

19 Testen Sie das Projekt in der *Vorschau:* Wählen Sie in der Werkzeugleiste **Vorschau** > **Projekt**.

Sie sehen, wie Captivate die von Ihnen definierten Objekte automatisch erstellt, die Texteingaben über Eingabeanimationen darstellt und die Drag-&-Drop-Aktion im Rahmen einer Full-Motion-Aufzeichnung eingefügt hat.

20 Schließen Sie die Vorschau und speichern Sie Ihr Ergebnis optional.

Sie wissen nun, wie Sie benutzerdefinierte Aufnahmen erstellen können.

Schwenken

Schwenken aktivieren

Wenn Sie mit der Funktion Schwenken arbeiten möchten: Stellen Sie sicher, dass im Aufzeichnungsfenster die Option **Bildschirmbereich** gewählt ist (und nicht **Anwendung**).

Bei aktiver Funktion *Schwenken* verfolgt das Aufzeichnungsfenster (resp. die Kamera) den Mauszeiger während der Aufnahme. In Kombination mit der Aufnahmeeinstellung *Bildschirmbereich* ist es dadurch möglich, Programme aufzuzeichnen, die in größerer Auflösung als der gewählte Aufzeichnungsbereich geöffnet sind und dennoch die jeweils relevanten Aktionen einzufangen. In anderen Worten: Auch mit einer niedrigeren Aufzeichnungsauflösung können Sie eine Anwendung mit hoher Auflösung aufzeichnen. Im Ergebnis wird jeweils nur ein Ausschnitt der Anwendung gezeigt.

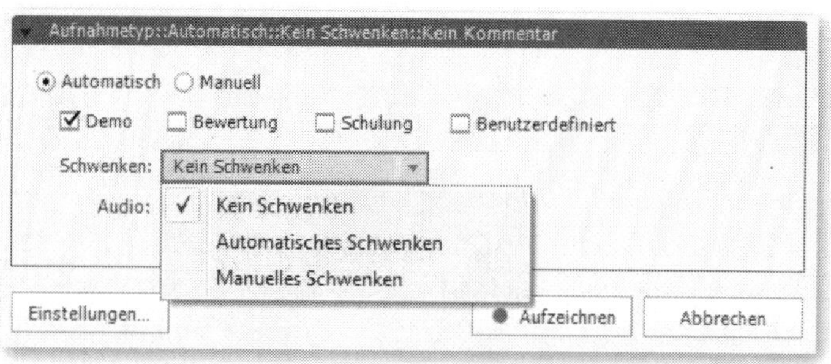

Es gibt zwei Formen:

- Automatisches Schwenken: Hier verfolgt das Aufzeichnungsfenster automatisch den Mauszeiger.
- Manuelles Schwenken: Hier steuern Sie den Kameraschwenk mit der Maus, indem Sie das Aufzeichnungsfenster an die passende Position verschieben.

Die Funktion Schwenken in der Praxis

Grundsätzlich rate ich vom Einsatz der Funktion Schwenken ab.

- *Aus technischer Sicht*: Es handelt sich hier um ein invasives Verfahren – das Schwenken ist fix in der Aufnahme enthalten und kann nicht mehr weiter angepasst / optimiert werden. Außerdem werden gerade beim automatischen Schwenk zu viele Schwenks (bereits bei der kleinsten Mausbewegung) und damit viele unnötige Full-Motion-Aufzeichnungen erzeugt.
- *Aus didaktischer Sicht*: Der Lerner (insbesondere Einsteiger) verliert hier schnell die Übersicht – insofern Sie nicht manuell zusätzliche Techniken einsetzen, dabei zwischendurch das Gesamtbild zeigen und vor dem Fokus (Schwenken) ein- und anschließend wieder auszoomen.
- *Empfehlung*: Versuchen Sie anstelle dieser Funktion möglichst das Gesamtbild der Software zu zeigen und diese in Ihre gewünschte Auflösung einzupassen. Weitere Gedankengänge dazu finden Sie im Kapitel *Projektauflösung* (▶ *Seite 19*).

Full-Motion

Beim Schwenken werden Full-Motion-Aufzeichnungen für den Schwenk erzeugt, sowohl beim automatischen als auch beim manuellen Schwenken.

Vorschau im Webbrowser

Für die Nachbearbeitung empfiehlt es sich, die Vorschau direkt im Webbrowser abzuspielen. So können Sie parallel Optimierungen an Ihrem Projekt vornehmen.

Übung: Aufnahme bereinigen und überflüssige Folien entfernen

Die folgenden drei Übungen widmen sich der Nachbearbeitung Ihrer Aufzeichnungsergebnisse. Sie lernen einige elementare Nachbearbeitungsschritte kennen. In dieser Übung erfahren Sie, wie Sie Ihre Aufnahmen über die Bibliothek von überflüssigen Folien bereinigen.

Übung 10 min

1 Öffnen Sie aus dem Ordner *04_Folienbasierte_Bildschirmaufnahme* die Datei *Aufnahme_nachbearbeiten_01_Ausgang.cptx* (▶ *Seite 12*).

2 Betrachten Sie das Projekt in der Vorschau: Wählen Sie **Vorschau** > **Projekt**.

Sie sehen eine unbearbeitete Aufnahme. Ihnen wird u. a. auffallen, dass teilweise unnötige Schritte gezeigt werden. Im Verlauf dieser Übung möchten wir dies optimieren.

3 Schließen Sie die *Vorschau*.

4 Markieren Sie **Folie 13** und wählen Sie in der Werkzeugleiste **Vorschau > Nächste 5 Folien**.

Die Folien 14 bis 16 zeigen, wie ein bestehender Text markiert und gelöscht wird. Diese Details sind jedoch irrelevant.

Überflüssige Folien ausblenden

Es empfiehlt sich, überflüssige Folien vorerst auszublenden, wenn Sie nicht ganz sicher sind, ob Sie die Folien später doch noch benötigen. Ausgeblendete Folien werden in der Vorschau nicht abgespielt und auch später nicht veröffentlicht (beeinflussen somit auch nicht die Dateigröße der Veröffentlichung).

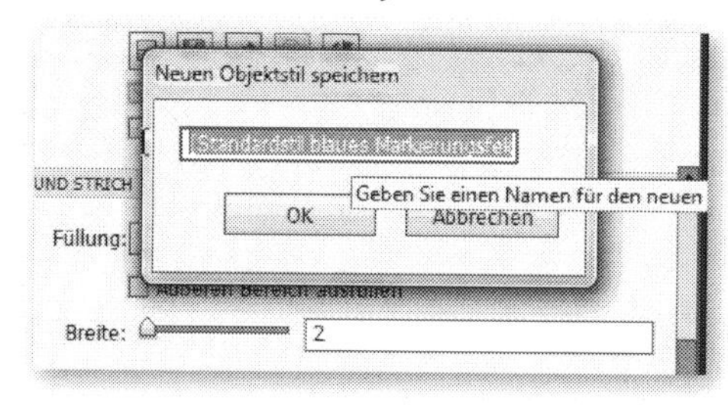

5 Schließen Sie die *Vorschau*.

6 Markieren Sie mit gedrückter Taste ⇧ die **Folien 14** bis **16**.

7 Rechtsklicken Sie auf eine der Folien und wählen Sie **Folie ausblenden**.

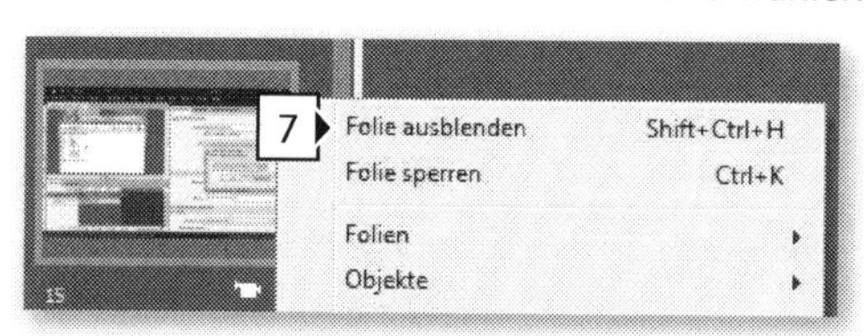

Folien ohne Mausbewegung

Überprüfen Sie später in Ihren Projekten insbesondere Folien, auf denen sich die Maus nicht bewegt. Oft können Sie diese löschen.

8 Betrachten Sie das Projekt erneut ab Folie 13 in der Vorschau.

Sie sehen, dass die Aufzeichnung jetzt runder wirkt.

9 Schließen Sie die Vorschau.

10 Markieren Sie **Folie 20** und wählen Sie in der Werkzeugleiste **Vorschau > Ab dieser Folie**.

Sie sehen, dass diese Folien einen weiteren unnötigen Schritt zeigen, in dem zuerst das falsche Objekt eingefügt und gelöscht wird.

11 Schließen Sie die *Vorschau*.

12 Markieren Sie mit gedrückter Taste ⇧ die **Folien 21** bis **23**.

13 Entfernen Sie die Folien aus dem Projekt: Rechtsklicken Sie auf eine der markierten Folien, wählen Sie **Löschen** und bestätigen Sie die Meldung mit **OK**.

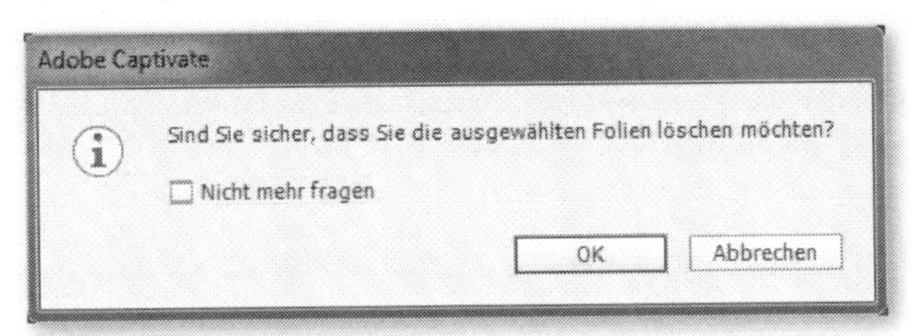

14 Löschen Sie auf diese Weise auch die ausgeblendeten Folien 14 bis 16 aus dem Projekt.

15 Bereinigen Sie die *Bibliothek*:

a Wechseln Sie in das Bedienfeld *Bibliothek* (**Fenster > Bibliothek**).

b Klicken Sie auf **Unbenutzte Objekte auswählen**.

c Klicken Sie auf **Löschen** und bestätigen Sie die Meldung mit **Ja**.

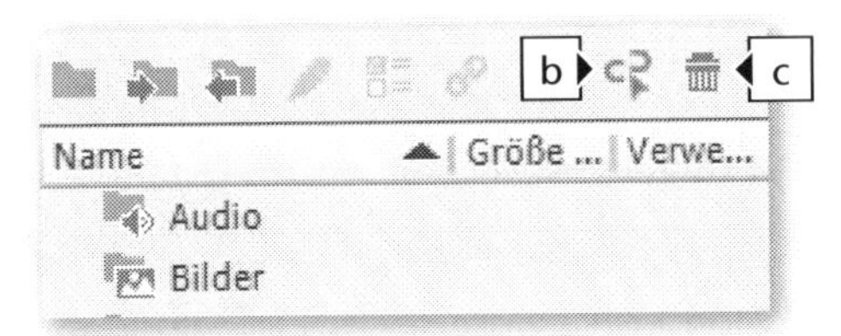

16 Testen Sie das Projekt in der Vorschau: Wählen Sie in der Werkzeugleiste **Vorschau > Projekt**.

Nun ist das Projekt bereinigt und bereit für weitere Nachbearbeitungsschritte. Eine mögliche Lösung finden Sie in der Datei *\04_Folienbasierte_Bildschirmaufnahme\Aufnahme_nachbearbeiten_02_Bereinigt.cptx.*

Bestätigungsmeldungen (de)aktivieren

Wie Sie diese Bestätigungsmeldungen (de)aktivieren können: ▶ *Weblink 04.2, Seite 12.*

Unbenutzte Objekte

Auch wenn Sie aufgezeichnete Folien aus einem Projekt entfernen, sind die eigentlichen Aufnahmen (Bildschirmfotos oder Full-Motion-Aufzeichnungen) weiterhin im Projekt vorhanden und über die Bibliothek erreichbar. Erst wenn Sie diese hier löschen, werden die Aufnahmen tatsächlich gelöscht. Gleiches gilt u. a. für Audio, welches Sie mit Captivate aufzeichnen oder importieren. Um diese „verwaisten" Objekte aufzuspüren und das Projekt zu bereinigen benutzen Sie die Funktion **Unbenutzte Objekte auswählen**.

Übung: FMR, Texteingaben und Hintergründe bearbeiten

In dieser Übung optimieren wir die Aufnahme weiter. Nachdem wir den Ablauf optimiert haben, widmen wir uns jetzt den Inhalten der einzelnen Folien, konkret Full-Motion-Aufzeichnungen, Texteingaben und Hintergründen.

Übung 10 min

1 Öffnen Sie aus dem Ordner *04_Folienbasierte_Bildschirmaufnahme* die Datei *Aufnahme_nachbearbeiten_02_Bereinigt.cptx* (▶ *Seite 12*).

2 Betrachten Sie das Projekt in der Vorschau: **Vorschau > Projekt**.

Sie sehen hier auf Folie 5, dass in der Full-Motion-Aufzeichnung der Marker zuerst zu klein gezogen und dann wieder vergrößert wird. Von Folie 7 auf 8 wechselt im Hintergrund der Aufnahme der Dateiname in der Registerkarte von „Vorlage_Ordner.cptx" auf „Demo_Strichfarbe.cptx" und von Folie 9 auf 10 wieder zurück. Hier wurden vom Ersteller zwei Aufnahmen zusammenkopiert. Auf Folie 14 sehen Sie eine Texteingabe mit Eingabefehlern. Im Rahmen dieser Übung möchten wir diese Fehler und Unschönheiten ausbessern.

3 Markieren Sie **Folie 5**.

4 Spielen Sie die Folie ab: Drücken Sie F3.

Bedienfeld Eigenschaften schnell einblenden

Wenn das Bedienfeld Eigenschaften einmal nicht sichtbar ist, können Sie dies mit nur einem Schritt wieder einblenden: Doppelklicken Sie einfach in die Bühne (z. B. auf die Folie).

Die Full-Motion-Aufzeichnung wird abgespielt. Sie sehen, dass der Rahmen des Markierungsfelds zuerst zu klein gezogen und danach korrigiert wird.

5 Optimieren Sie die Full-Motion-Aufzeichnung:

a Spielen Sie die Folie erneut mit F3 ab und stoppen Sie nach **0,4 s** mit F3 - alternativ können Sie mit der Maus auch den roten **Abspielkopf** in der Zeitleiste auf **0,4 s** verschieben.

b Wählen Sie im Bedienfeld *Eigenschaften* der Folie den Tab **Optionen**.

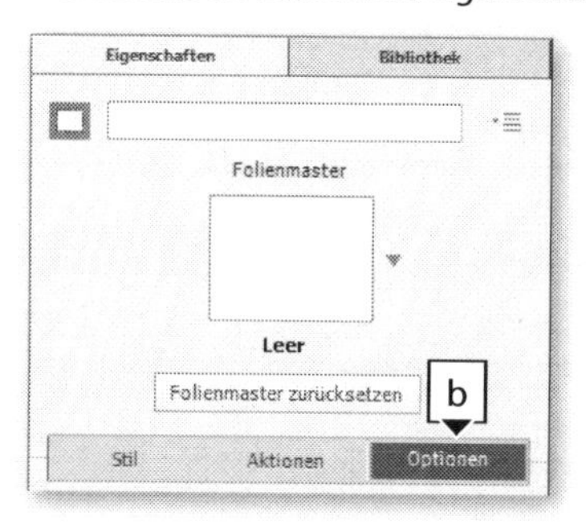

c Wählen Sie im Bereich *FMR-Bearbeitungsoptionen* **Schnitt**.

d Klicken Sie unter *Startmarkierung* auf **Am Abspielkopf ausrichten**.

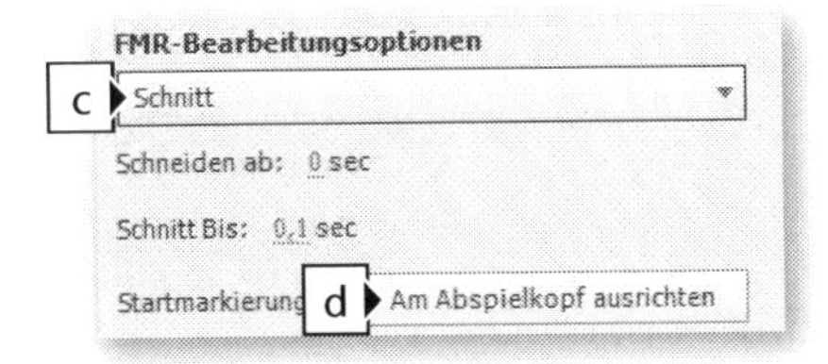

e Spielen Sie die Folie mit F3 weiter ab und stoppen Sie nach **4,5 s**.

f Klicken Sie unter *Endmarkierung* auf **Am Abspielkopf ausrichten**.

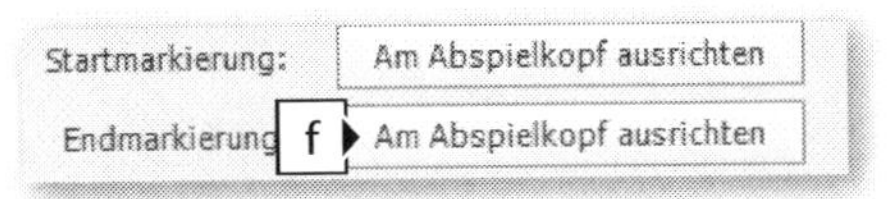

Sie haben nun den zu schneidenden Bereich markiert.

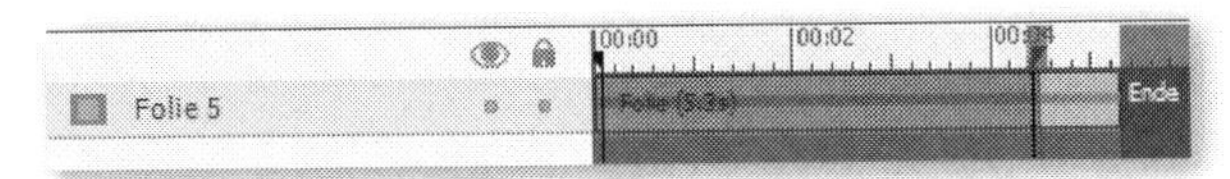

g Klicken Sie auf **Schnitt**.

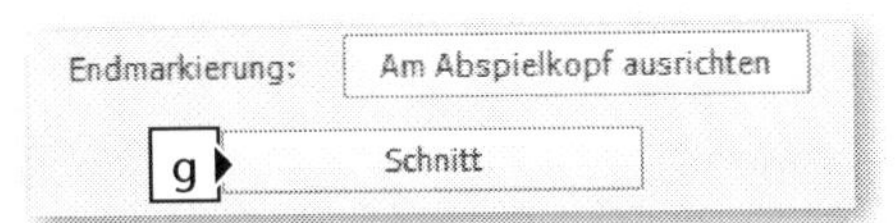

h Spielen Sie die Full-Motion-Aufzeichnung erneut ab.

Wie Sie sehen, wird die Größenänderung jetzt sauber dargestellt. Im nächsten Schritt möchten wir die fehlerhafte Texteingabe optimieren.

6 Korrigieren Sie die Texteingabe auf Folie 14:

a Wählen Sie **Folie 14**.

b Rechtsklicken Sie in der *Zeitleiste* auf die Texteingabe und wählen Sie **Durch Textanimation ersetzen**.

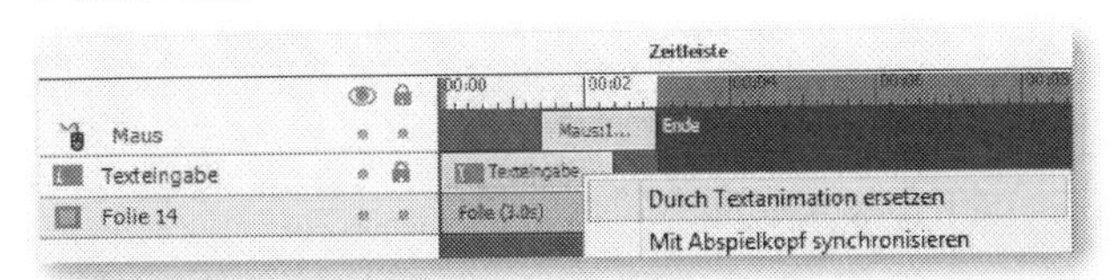

Die Texteingabe wird gelöscht und durch eine Textanimation ersetzt, die wir jetzt noch formatieren müssen.

c Wählen Sie im Bedienfeld *Eigenschaften* den Tab **Stil**.

Projektgröße verringern

Um die Projektgröße (und damit auch die Dateigröße der späteren Veröffentlichung) möglichst gering zu halten, sollten Sie Full-Motion-Aufzeichnungen grundsätzlich so kurz wie möglich halten und überflüssige Teile im Rahmen der Postproduktion entfernen.

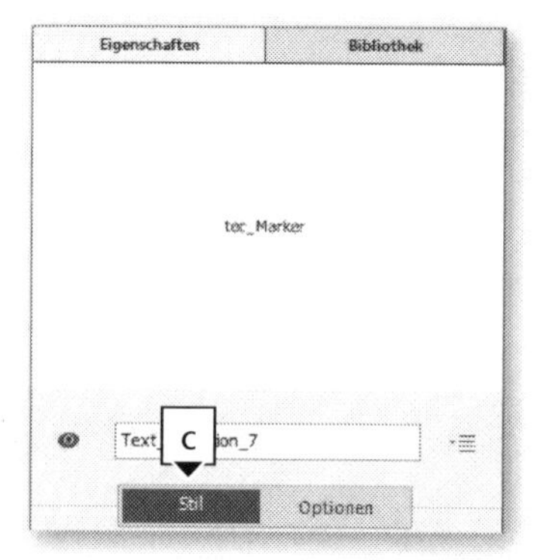

d Klicken Sie auf **Animationseigenschaften**.

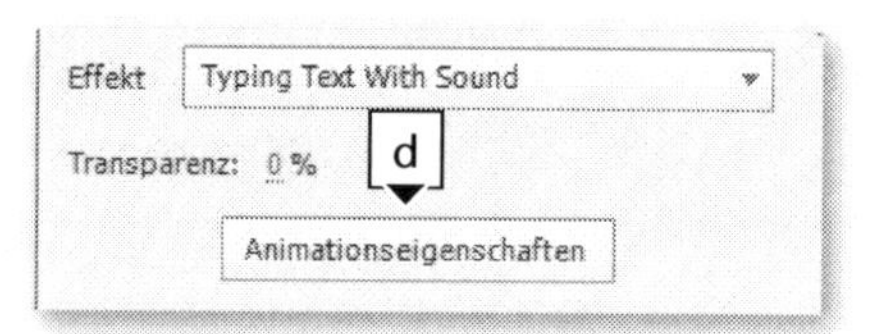

Das Fenster *Eigenschaften der Textanimation* öffnet sich.

e Wählen Sie die *Schrift* **Arial**.

f Tragen Sie unter *Größe* **12 px** ein.

g Klicken Sie auf **OK**.

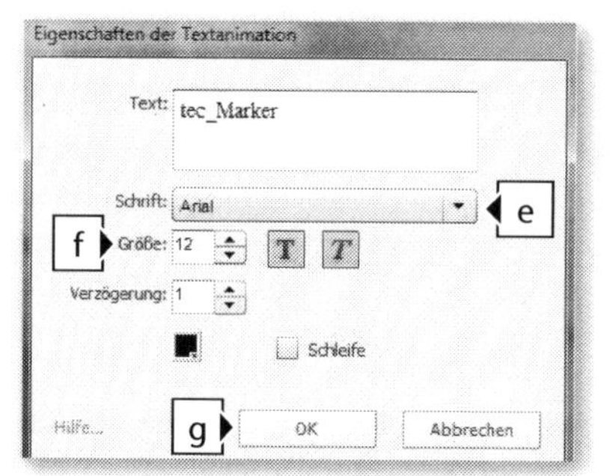

Die Option Verzögerung

Über den Wert *Verzögerung* können Sie die Geschwindigkeit der Texteingabe steuern. (je höher der Wert, desto langsamer die Animation)

7 Spielen Sie das Projekt in der Vorschau ab.

Sie sehen, dass die Texteingabe nun fehlerfrei abläuft.

8 Markieren Sie **Folie 7**.

9 Klicken Sie im *Filmstreifen* durch die einzelnen Folien bis zu Folie 10.

Sie sehen, dass die Folien 8 und 9 in der Aufnahme einen anderen Dateinamen (*Demo_Strichfarbe.cptx*) in der Registerkarte zeigen, als die restlichen Folien (*Vorlage_Ordner.cptx*). Hier wurde nachträglich eine Aufnahme eingefügt.

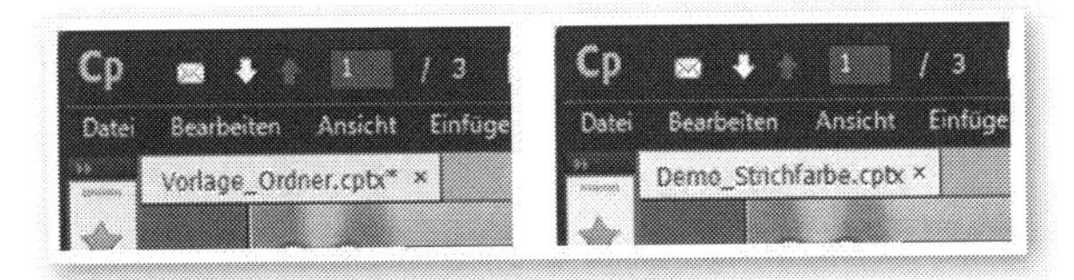

Nun möchten wir die beiden Folienhintergründe so nachbearbeiten, dass im gesamten Verlauf des Projekts der gleiche Dateiname zu sehen ist.

10 Bearbeiten Sie den Folienhintergrund nach:

a Markieren Sie **Folie 7**.

b Rechtsklicken Sie auf die Folie und wählen Sie **Hintergrund in Bibliothek suchen**.

Die *Bibliothek* öffnet sich und das entsprechende Hintergrundbild wird markiert.

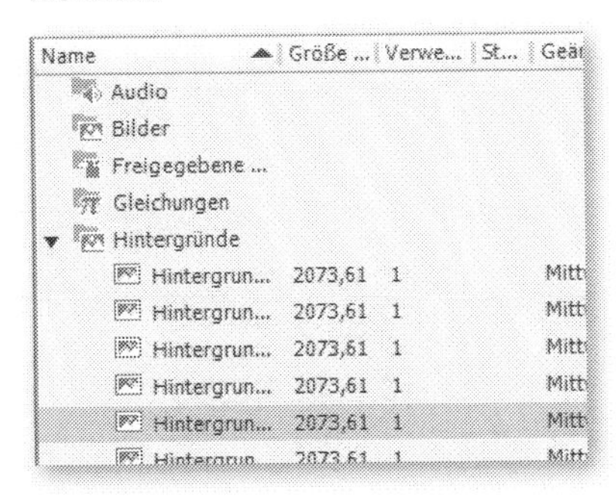

c Rechtsklicken Sie auf das markierte Bild, wählen Sie **Bearbeiten mit** und das gewünschte Bildbearbeitungsprogramm (siehe folgende Hinweisboxen).

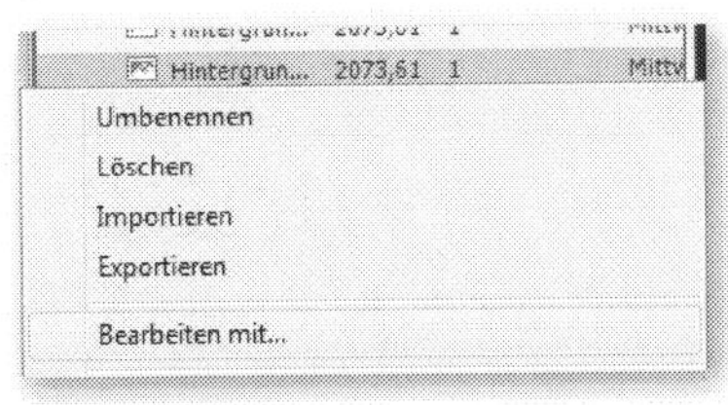

Navigieren Sie zur EXE-Datei Ihrer gewünschten Bildbearbeitungssoftware (z. B. Paint unter Windows: *C:\Windows\System32\mspaint.exe*) und klicken Sie auf **Öffnen**.

Hintergrund bearbeiten

Sie können den Hintergrund alternativ mit einem beliebigen Bildbearbeitungswerkzeug bearbeiten (z. B. Paint, Gimp, Photoshop oder Fireworks).

Mac Wählen Sie unter Mac OS z. B. **Bearbeiten mit Preview**. Das Bild wird temporär zur Bearbeitung in der Vorschau geöffnet. Stellen Sie das Werkzeug zuerst ein: Wählen Sie in der *Menüleiste* **Vorschau > Einstellungen**. Wählen Sie die Kategorie **Allgemein** und stellen Sie bei *Fenster-Hintergrund* die Farbe **Weiß** ein. Schließen Sie anschließend die Einstellungen und fahren Sie mit **Schritt 10d** fort.

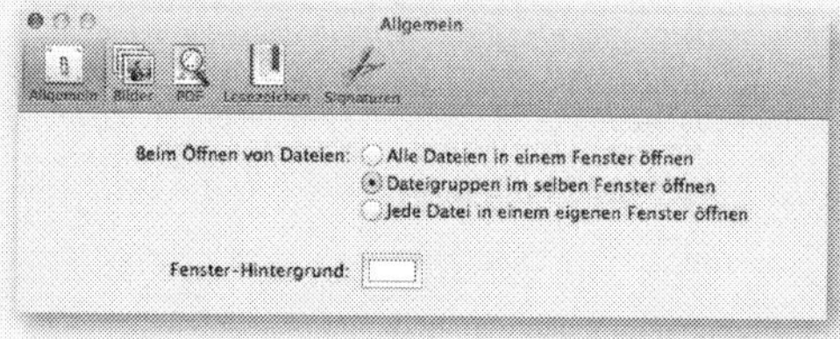

d Wählen Sie das Auswahlwerkzeug Ihrer Bildbearbeitungssoftware und markieren Sie den Dateinamen in der Registerkarte.

e Drücken Sie Strg+C (Win) / ⌘+C (Mac).

Sie haben den Ausschnitt in die Zwischenablage kopiert.

f Wechseln Sie zu Captivate und drücken Sie Strg+V (Win) / ⌘+V (Mac).

Sie haben den kopierten Ausschnitt aus der Zwischenablage auf Folie 7 eingefügt.

Änderungen automatisch übernehmen

Alternativ können Sie über diesen Weg auch direkt Bearbeitungen am Hintergrundbild vornehmen. Sobald Sie diese im Bildbearbeitungsprogramm speichern, werden die Änderungen (in den meisten Fällen) direkt nach Captivate zurückgeschrieben.

? Wenn das Bild nicht eingefügt wird: In manchen Fällen klappt die Kommunikation zwischen Bildbearbeitungsprogramm und Captivate nicht sauber. Schneiden Sie in diesen Fällen das Bild im Bildbearbeitungsprogramm auf den markierten Bereich zu (Photoshop: *Menüleiste* **Bild > Freistellen**) und speichern Sie das Bild als Einzelbild ab. Ziehen Sie das Bild dann per Drag-&-Drop über den *Explorer* (Win) / *Finder* (Mac) auf die Bühne in Captivate oder fügen Sie es über die Werkzeugleiste ein (**Medien > Bild**).

Mac Falls der Ausschnitt nicht eingefügt wird: Gehen Sie zurück in die Vorschau. Wählen Sie in der *Menüleiste* **Ablage > Duplizieren**. Ein Duplikat des Bilds wird erzeugt. Markieren Sie in der Kopie erneut den Bereich und beschneiden Sie das Bild mit ⌘+K. Speichern Sie das Bild über ⌘+S auf dem Desktop. Ziehen Sie das Bild anschließend per Drag-&-Drop aus dem *Finder* auf die Folie in Captivate.

g Platzieren Sie den eingefügten Bildbereich auf Folie 7 so, dass er exakt mit dem Hintergrund übereinstimmt.

Position leichter überprüfen und korrigieren

Blenden Sie das eingefügte Bildobjekt über die Zeitleiste ein und aus, um sicherzustellen, dass es auch an der richtigen Position sitzt. Über die Pfeiltasten können Sie die Bildposition pixelgenau korrigieren.

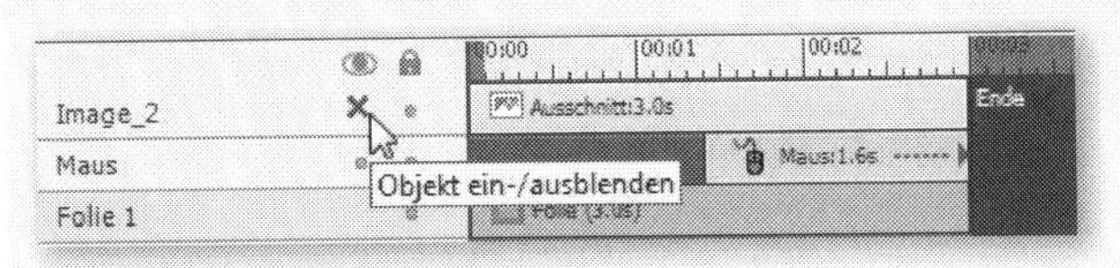

Umfassende Retuschearbeiten

Bei umfassenden Korrekturen, die sich über viele Folien erstrecken, empfehle ich Ihnen, diese mittels Folienmaster zu verteilen. Mehr dazu erfahren Sie später im Kapitel Standardisierung (▶ *Seite 117*).

h Stellen Sie sicher, dass das Bild noch markiert ist und drücken Sie [Strg]+[X] (Win) / [⌘]+[X] (Mac).

i Markieren Sie **Folie 8** und **9** mit gedrückter Taste [⇧].

j Drücken Sie [Strg]+[V] (Win) / [⌘]+[V] (Mac).

Der Ausschnitt wird auf den Folien 8 und 9 an exakt der gleichen Position eingefügt und überdeckt den Dateinamen im Register.

11 Testen Sie das Projekt in der *Vorschau:* Wählen Sie in der Werkzeugleiste **Vorschau > Projekt**.

Sie sehen, dass die Registerkarte nun einheitlich benannt, die Full-Motion-Aufzeichnung gekürzt und die fehlerhafte Texteingabe korrigiert ist.

Objekte mit Hintergrund zusammenführen

Wenn Sie sicherstellen möchten, dass das eingefügte Objekt nicht mehr ein-/ausblendbar ist: Rechtsklicken Sie auf das entsprechende Objekt und wählen Sie **Mit Hintergrund zusammenführen**. Dies ist vor allem dann wichtig, wenn sich unter dem eingefügten Objekt vertrauliche oder interne Informationen befinden.

Übung: Mausobjekte und Markierungsfelder bearbeiten

In dieser letzten Übung zum Thema „Nachbearbeitung" optimieren wir nun noch weitere Objekte auf den Folien. Sie lernen, wie Sie Mauspfade anpassen und Markierungsfelder sauber ausrichten.

Übung ◔ 10 min

1 Öffnen Sie aus dem Ordner *04_Folienbasierte_Bildschirmaufnahme* die Datei *Aufnahme_nachbearbeiten_04_Ziel.cptx* (▶ *Seite 12*).

2 Betrachten Sie das Projekt in der Vorschau: **Vorschau > Projekt**.

Sie sehen die Aufnahme aus den vorherigen Übungen. Die Mausobjekte und Markierungsfelder sind jedoch sauber positioniert und getimed. Dies möchten wir im Rahmen dieser Übung ebenfalls umsetzen.

3 Öffnen Sie aus dem Ordner *04_Folienbasierte_Bildschirmaufnahme* die Datei *Aufnahme_nachbearbeiten_03_Optimiert.cptx*.

4 Optimieren Sie den Mauszeiger des Projekts:

a Markieren Sie auf Folie 1 das Mausobjekt.

b Wählen Sie im Bedienfeld *Eigenschaften* einen größeren Mauszeiger.

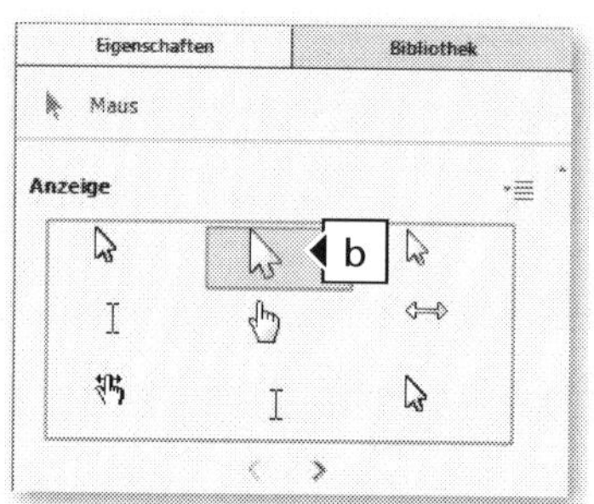

c Rechtsklicken Sie auf das Mausobjekt auf der Folie und wählen Sie **Aktuellen Mauszeiger für alle Folien verwenden**.

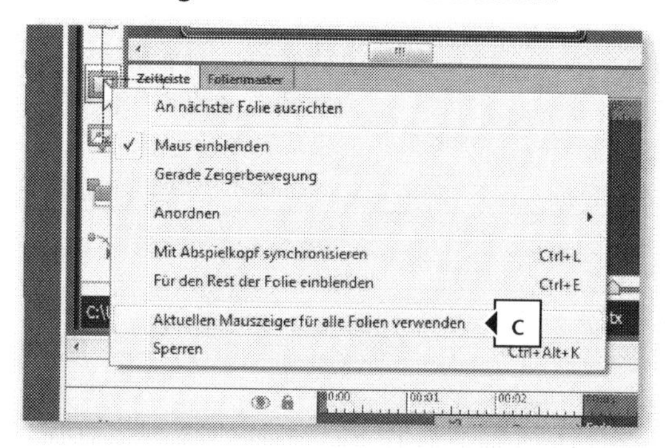

d Wählen Sie in den *Eigenschaften* der Maus **Gerade Zeigerbewegung**.

e Wählen Sie unter *Mausklick einblenden* **Benutzerdefiniert**.

f Wählen Sie die Mausklickanimation **Orange Circle**.

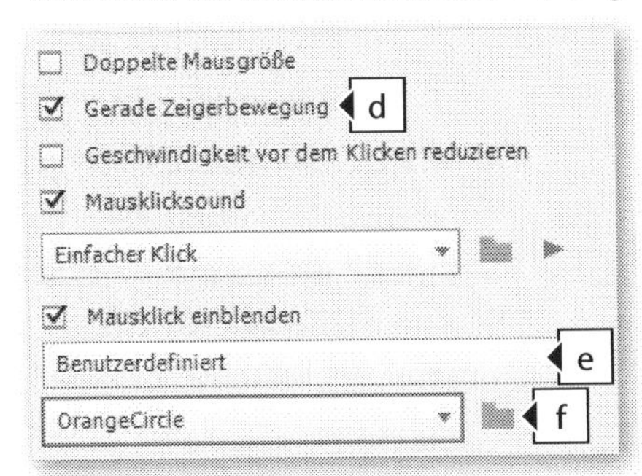

Mausklickanimation testen

Wenn Sie die Mausklickanimation vorab testen möchten: Klicken Sie rechts neben der gewählten Animation auf das Symbol **Abspielen**.

Sie haben die Eigenschaften für das aktuelle Mausobjekt definiert. Nun möchten wir diese Eigenschaften auf das gesamte Projekt vererben.

g Klicken Sie auf **Auf alle anwenden** und wählen Sie **Auf alle Objekte dieses Typs anwenden**.

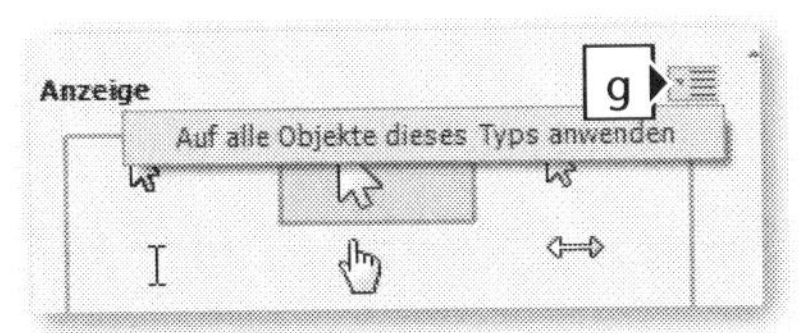

Durch die Vererbung wurden alle Mauszeiger mit der gleichen Einstellung überschrieben. Dadurch klicken jetzt auch Mausobjekte, die nicht klicken sollten. Dies korrigieren wir zum Ende der Übung. Im nächsten Schritt möchten wir die Mausbewegungen nach den Full-Motion-Aufzeichnungen optimieren. Denn bei unserer Aufnahme beginnt die Maus nach einer Full-Motion-Aufzeichnung im linken oberen Bereich der folgenden Folie und setzt nicht an der passenden Stelle fort.

5 Optimieren Sie die Mausbewegung auf Folie 4:

a Rechtsklicken Sie auf **Folie 3** (Full-Motion-Aufzeichnung) und wählen Sie **Maus > Maus einblenden**.

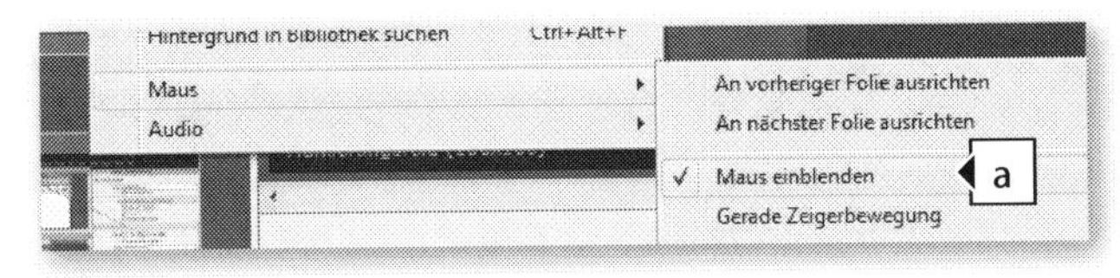

Ein Mausobjekt wird eingefügt.

b Positionieren Sie den Abspielkopf in der *Zeitleiste* bei **1,6 s** (am Ende der Full-Motion-Aufzeichnung).

Mauspfade

Der Beginn eines Mauspfads orientiert sich stets an der vorangegangenen Folie. Nur auf der ersten Folie eines Projekts mit Mausobjekt können Sie die Startposition der Maus direkt beeinflussen. Auf allen weiteren Folien müssen Sie die Endposition der vorherigen Folie manipulieren, um so die Startposition der Maus zu verändern.

Bewegungsgeschwindigkeit der Maus

Auf einer Folie ist die Maus immer durchgängig sichtbar. Dementsprechend steuern Sie über die Anzeigedauer der Maus, wann die Mausbewegung starten und wie schnell sich die Maus bewegen soll.

Mausbewegungen bei Texteingaben

Während einer Texteingabe sollte sich die Maus nicht zeitgleich bewegen, um den Lerner nicht zu überfordern. Außerdem sollte die Maus stets zielgerichtet agieren und sich nur bei darauf folgenden Aktionen bewegen.

Klickton und -animation deaktivieren

Wenn die Maus sich nicht bewegt, dann können und sollten Sie in den meisten Fällen Klickton und –animation deaktivieren. Umgekehrt gilt, dass eine sich bewegende Maus regelmäßig auch am Ende des Pfads klickt - Sie hier also stets Klickton und ggf. -animation aktivieren sollten.

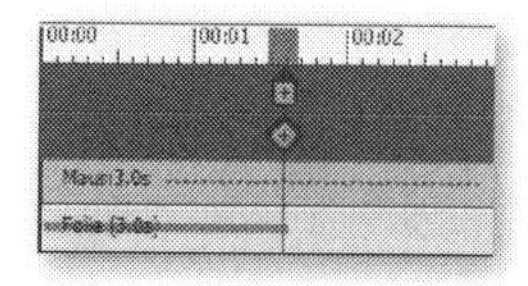

c Verschieben Sie das Mausobjekt an die Stelle, an der sich der aufgezeichnete Mauszeiger befindet.

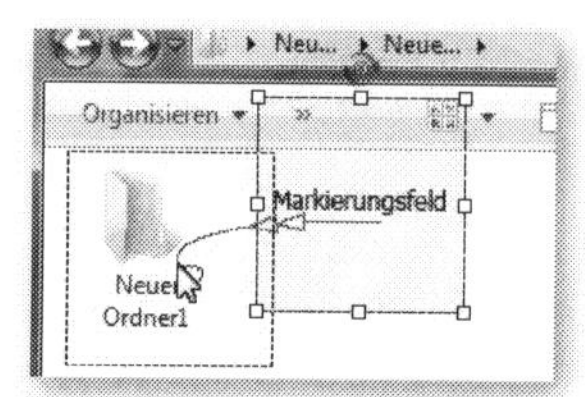

d Rechtsklicken Sie auf das Mausobjekt und deaktivieren Sie **Maus einblenden**.

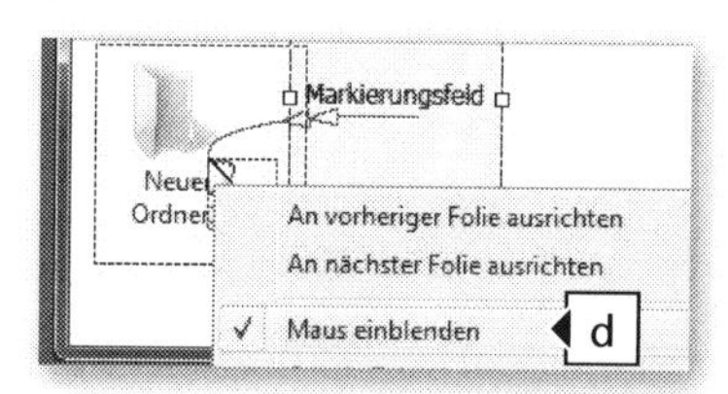

Das eingefügte Mausobjekt wird wieder von der Folie entfernt und der Mausverlauf ist für die folgende Folie korrigiert.

e Kürzen Sie die Foliendauer wieder auf **1,6 s**.

f Betrachten Sie das Projekt erneut in der Vorschau (**Vorschau > Nächste 5 Folien)**.

Die Mausbewegung setzt nun nach der Full-Motion-Aufzeichnung genau an der passenden Stelle ein.

6 Schließen Sie die Vorschau.

7 Wiederholen Sie **Schritt 5** für die Full-Motion-Aufzeichnung auf Folie 5 (hier bei 0,5 s).

8 Entfernen Sie die überflüssige Mausbewegung auf Folie 14: Rechtsklicken Sie auf das Mausobjekt und wählen Sie **An vorheriger Folie ausrichten**.

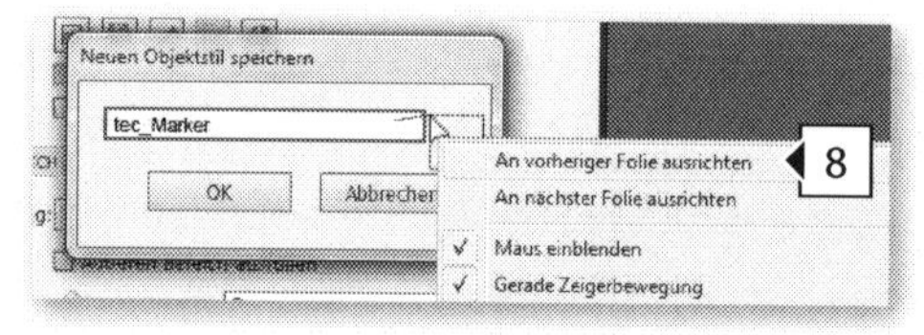

9 Wiederholen Sie **Schritt 8** für das Mausobjekt auf Folie 19.

Sie haben jetzt alle unerwünschten Mausbewegungen im Projekt entfernt.

10 Spielen Sie die Folie in der Vorschau ab: Wählen Sie in der Werkzeugleiste **Vorschau > Ab dieser Folie**.

Sie sehen, dass die Maus jetzt ruhig an der angegebenen Position steht, allerdings werden weiterhin Klickgeräusch sowie -animation abgespielt.

11 Schließen Sie die Vorschau.

12 Gehen Sie alle Folien durch und deaktivieren Sie für alle Mausobjekte, die keinen Klick zeigen sollen, in den *Eigenschaften* die Optionen **Mausklicksound** sowie **Mausklick einblenden** (Folie 7, 11, 14 und 19).

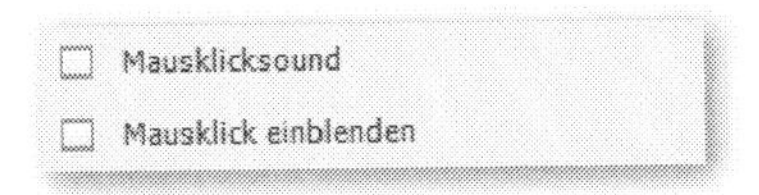

13 Optimieren Sie Größe und Ausrichtung der Markierungsfelder, da diese von Captivate ggf. nicht immer exakt positioniert werden: Verschieben Sie die Markierungsfelder jeweils an die entsprechende Position und passen Sie die Größe an den hervorzuhebenden Bereich an.

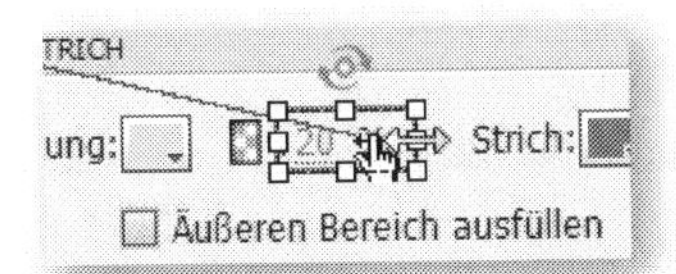

14 Überprüfen Sie das Timing aller Mausobjekte: Markieren Sie das Mausobjekt in der Zeitleiste und verlängern bzw. verkürzen Sie ggf. die Anzeigedauer.

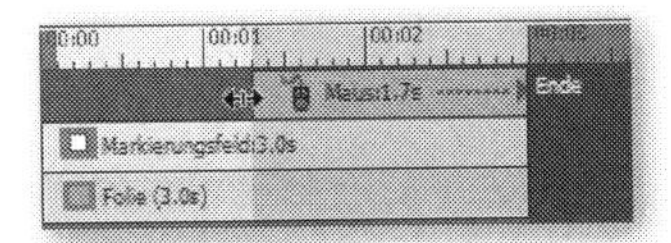

15 Testen Sie das Projekt erneut in der Vorschau und speichern Sie Ihr Ergebnis optional.

Sie haben nun alle wichtigen Nachbearbeitungsschritte folienbasierter Aufnahmen kennen gelernt.

Timing der Maus

In den meisten Fällen sollte sich die Maus gegen Ende der Foliendauer bewegen, da der anschließende Klick regelmäßig den Folienwechsel einläutet (um dessen Resultat zu visualisieren). **Aber Achtung**: Timen Sie Mausobjekte nicht über die Einstellung **Für den Rest der Folie einblenden**. Denn wenn Sie diese Einstellung benutzen, bleibt das Mausobjekt auf halber Strecke liegen - ein Programmfehler in Captivate. Stellen Sie daher für Ihre Mausobjekte stets eine fest definierte Zeit ein.

5

Vorlagen & Standardisierung

Standardisierung ist eine der wichtigsten Aufgaben bei der Produktion mit Captivate. Denn nur so können Sie Ihre Projekte konsistent und effizient realisieren.

Themenübersicht

CI / CD

Um ansprechende und CI-konforme Captivate-Projekte zu erstellen, sollten Sie mit Gestaltungsrastern und Designfarben arbeiten. Dadurch erhalten Sie Struktur und Ordnung im Layout (▶ *Weblink 05.1, Seite 12*).

Projektvorlagen

Sobald Sie Ihr erstes Captivate-Projekt erstellt haben (Pilotprojekt), empfehle ich Ihnen, sich intensiv dem Thema Projektvorlage zu widmen. So können Sie Ihre Projekte konsistent halten und zugleich auch viel Zeit einsparen. In diesem Abschnitt möchte ich Ihnen einen Überblick geben, welche zu standardisierenden Bereiche eine Projektvorlage abdecken kann.

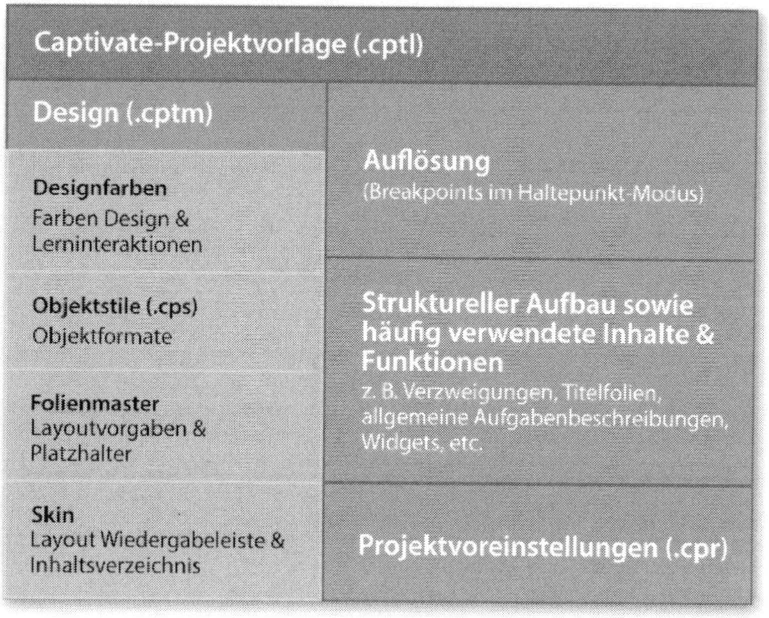

- Pilotprojekt: Im Idealfall sollte der Projektvorlage ein Pilotprojekt vorausgehen. So können Sie sicherstellen, dass die Definitionen der Projektvorlage auch praxiserprobt sind.
- Captivate-Projektvorlage (.cptl): Neben einem Design, dem Designfarben ähnlich wie bei PowerPoint zugeordnet werden können, fasst die Projektvorlage die Definition der Auflösung sowie Projektvoreinstellungen. Neben dem strukturellen Aufbau von Projekten sollten auch häufig verwendete Inhalte und Funktionen in der Projektvorlage gesammelt werden. Beispiele: Erweiterte Aktionen, wiederkehrende Menükonstruktionen, Titelfolien, allgemeine Aufgabenbeschreibungen, Widgets, etc. Sie können eine Projektvorlage direkt anlegen (**Datei > Neues Projekt > Projektvorlage**) oder alternativ ein Captivate-Projekt (.cptx) auch als Projektvorlage speichern (**Datei > Speichern unter**, *Dateiformat* **Captivate Template Files (.cptl)**).
- Designs (.cptm): Ein Design umfasst Designfarben, Objektstile, Folienmaster und Layout-Einstellungen zu Wiedergabeleiste und Inhaltsverzeichnis (Skin). Über Objektstile können Sie das Erscheinungsbild der verschiedenen Objekte definieren. Objektstile können auch separat ex- und importiert werden (.cps). Ähnlich wie bei PowerPoint fassen Folienmaster Layoutvorgaben für Folien sowie Platzhalter. Auch gesamte Designs können isoliert ex- und importiert werden (.cptm).

Bestehende Projekte aktualisieren

Nutzen Sie die Möglichkeit, Designs, Objektstile und Voreinstellungen zu im- und exportieren, um bereits bestehende Projekte zu aktualisieren.

- Captivate-Voreinstellungen (.cpr): Die Grundeinstellungen von Projekten, z. B. Einstellungen zur Veröffentlichung oder zur Aufnahme, können ebenfalls in Projektvorlagen gesichert werden. Auch diese lokalen Einstellungen können separat ex- und importiert werden (.cpr).

Voreinstellungen

Um einheitliche (lokale) Voreinstellungen auch auf mehreren Systemen nutzen zu können, bietet Captivate die Möglichkeit, Projektvoreinstellungen zu ex- und importieren.

Übersicht über die Voreinstellungen und deren Wirkungsbereich

In Captivate können Sie Voreinstellungen (Win: **Bearbeiten > Voreinstellungen** / Mac: **Adobe Captivate > Voreinstellungen**) entweder global oder lokal festlegen. Je nach Art können diese Voreinstellungen wiederum projektunabhängig oder projektspezifisch sein. Den Unterschied zu kennen ist wichtig, da Sie so auch wissen, welche Einstellungen im Projekt gespeichert werden und welche für jeden Benutzer neu vorgenommen werden müssen.

- Einstellungen in den Kategorien *Allgemeine Einstellungen* sowie *Aufzeichnung > Tasten* sind „global" und gelten unabhängig des geöffneten Projekts für den aktuell angemeldeten Systembenutzer. In der Oberfläche erkennen Sie dies am Präfix „Globale Voreinstellungen" im Titel des jeweiligen Einstellungsbereichs.
- Einstellungen in den Kategorien *Projekt* und *Quiz* werden projektspezifisch im aktuell geöffneten Projekt abgespeichert (bzw. in der aktuell geöffneten Projektvorlage) und gelten unabhängig vom System oder Benutzer. Sie erkennen diese am Präfix „Projekt ...".
- Einstellungen in den Kategorien *Standardwerte* sowie *Aufzeichnung* (bis auf *Aufzeichnung > Tasten*) gelten entweder projektspezifisch (lokal) oder global (für den aktuell angemeldeten Systembenutzer) für alle Projekte, die nachfolgend neu erstellt werden. Wenn eine Captivate-Datei geöffnet ist, werden die Einstellungen hier lokal im aktuell geöffneten Projekt abgespeichert. Wenn hingegen keine Captivate-Datei geöffnet ist, werden die Voreinstellungen, die Sie in diesen beiden Kategorien vornehmen, global abgespeichert – diese globalen Einstellungen werden somit zu lokalen Einstellungen neu erstellter Projekte.

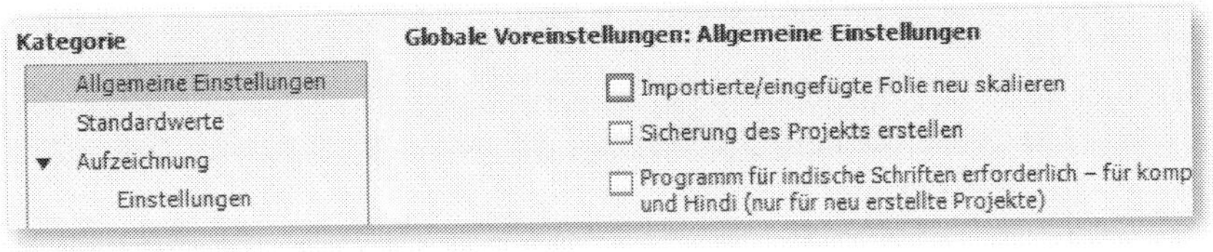

Kategorie	Global (projektunabhängig, benutzerspezifisch)	Global (wenn kein Projekt geöffnet ist und nur für neue Projekte) / Lokal (wenn Projekt geöffnet ist)	Lokal (projektspezifisch, benutzerunabhängig)
Allgemeine Einstellungen	X		
Aufzeichnung > Tasten	X		
Standardwerte		X	
Aufzeichnung		X	
Projekt			X
Quiz			X

Von rechts nach links geschriebene Sprachen

Captivate unterstützt auch von rechts nach links geschriebene Sprachen wie z. B. Arabisch, Hebräisch und Urdu. Aktivieren Sie hierzu vor Anlage eines Projekts in den *Voreinstellungen* unter der Kategorie *Allgemeine Einstellungen* die Optionen **Programm für indische ...** sowie **Rechts nach links**.

Die globalen Voreinstellungen in Captivate

Bearbeiten > Voreinstellungen (Win) / Adobe Captivate > Voreinstellungen (Mac)

A *Allgemeine Einstellungen*: Beispielsweise die Standardspeicherorte von Captivate sowie die Rastergröße zur Ausrichtung von Objekten (▶ *Seite 49*)

B *Standardwerte*: Standards für Folien, Objekte und die Vorschau

C *Aufzeichnung*: Verschiedene Vorgaben für die Aufzeichnung, wie allgemeine Aufzeichnungseinstellungen (▶ *Seite 78*), Aufnahmemodi (▶ *Seite 89*), Standardstile für die Objekte der Aufnahmemodi (▶ *Seite 140*)

Aufbau einer CPR-Datei

Eine CPR-Datei ist in XML-Form aufgebaut. Wenn Sie diese mit einem Texteditor öffnen, können Sie direkt nachvollziehen, welche Voreinstellungen definiert wurden.

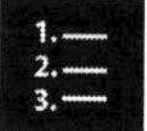

So speichern Sie Ihre Voreinstellungen

1 Wählen Sie in der *Menüleiste* **Bearbeiten > Voreinstellungen** (Win) / **Adobe Captivate > Voreinstellungen** (Mac) und legen Sie die gewünschten Voreinstellungen fest.

2 Öffnen Sie ein beliebiges Projekt.

3 Wählen Sie in der *Menüleiste* **Datei > Exportieren > Voreinstellungen**.

4 Definieren Sie Dateiname, Speicherort und klicken Sie auf **Speichern**.

Sie haben die Voreinstellungen nun in einer CPR-Datei gesichert.

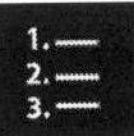

So importieren Sie eine Voreinstellungsdatei

1. Öffnen Sie ein beliebiges Projekt.
2. Wählen Sie **Datei > Importieren > Voreinstellungen**.
3. Wählen Sie die CPR-Datei und klicken Sie auf **OK**.

Sie haben die Voreinstellungen nun importiert und damit die bisherigen Einstellungen überschrieben.

Folien

Folienbasierte Captivate-Projekte (.cptx) bestehen wie PowerPoint-Projekte aus einer Vielzahl an Folien. Jede Folie hat ihre eigene Zeitleiste und auch eigene Eigenschaften. Sie können einem Projekt über die Werkzeugleiste verschiedene Arten von Folien hinzufügen:

- **Folien > Inhaltsfolie**: Folie, die die Folienmastereinstellungen der aktuell gewählten Folie verwendet
- **Folien > Leere Folie**: Folie, die keinen Folienmaster verwendet
- **Folien > Fragenfolie**: Bewertete Quizfrage / Umfrage / Vortestfrage (▶ *Seite 275*)
- **Folien > Folie für Wissensüberprüfung**: Wissensüberprüfungsfrage (▶ *Seite 275*)
- **Folien > Softwaresimulation**: Folienbasierte Aufnahme (▶ *Seite 87*)
- **Folien > Videodemo**: Videobasierte Aufnahme (▶ *Weblink 00.4, Seite 12*)
- **Folien > PowerPoint-Folie**: Folien aus einer PowerPoint-Präsentation (▶ *Seite 426*)
- **Folien > 360 Folie:** Folie für 360-Grad-Bilder und -Videos (▶ *Seite 541*)

Folien duplizieren

Sie können Folien innerhalb Ihres Projekts auch duplizieren. Dabei führen Sie die Funktionen Kopieren und Einfügen in einem Schritt aus: Rechtsklicken Sie im Filmstreifen auf die gewünschte Folie und wählen Sie **Duplizieren**. Eine zweite identische Folie wird direkt nach der markierten Folie eingefügt.

Das Bedienfeld Eigenschaften einer Folie

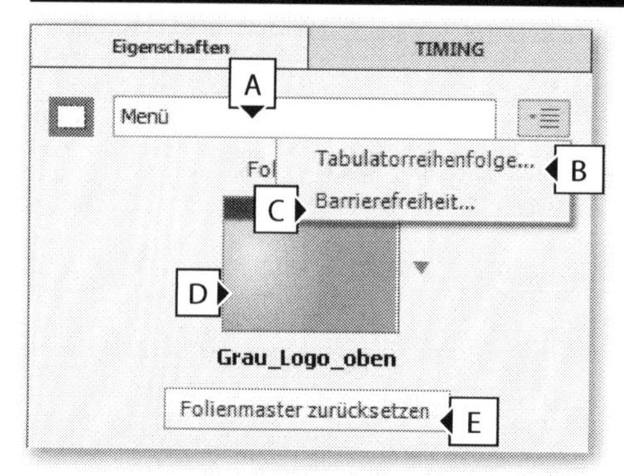

A Foliennamen vergeben

B Tabulatorreihenfolge festlegen: Interaktive Objekte in der Reihenfolge anordnen, in der der Benutzer mittels Taste ⇥ über die Tastatur durch das Projekt navigieren oder ein Bildschirmleseprogramm die Folie abarbeiten kann

C Barrierefreier Text für die Folie (▶ *Seite 353*)

D Folienmaster auswählen (▶ *Seite 128*)

E Änderungen, die Sie manuell (z. B. an Platzhaltern auf Folien) vorgenommen haben, zurücksetzen und wieder mit den Einstellungen des Folienmasters verknüpfen

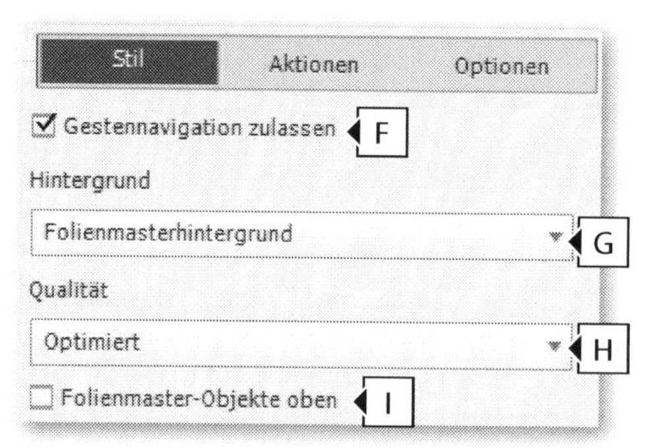

F Gestennavigation für die ausgewählte Folie (de)aktivieren *(▶ Seite 473)*

G Hintergrund wählen, der für die Folie übernommen werden soll

H Folienqualitätsstufe wählen, nur für SWF (▶ *Seite 13*)

I Folienmaster-Objekte in den Vordergrund der Folie stellen (vor alle Objekte, die sich auf der jeweiligen Folie befinden – höchste Ebene)

Farbe des Projekthintergrunds

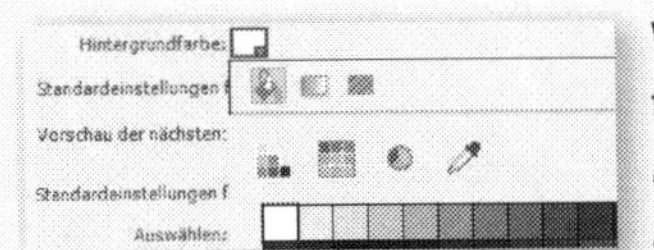

Wenn Sie die Farbe des Projekthintergrundes festlegen möchten: Wählen Sie in der *Menüleiste* **Bearbeiten > Voreinstellungen** (Win) / **Adobe Captivate > Voreinstellungen** (Mac). Wählen Sie die Kategorie *Standardwerte*. Wählen Sie im rechten Bereich unter *Hintergrundfarbe* Ihre gewünschte Farbe und klicken Sie auf **OK**.

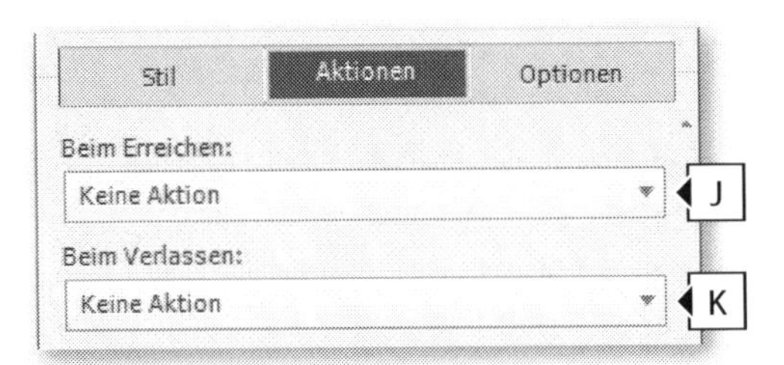

J Aktion, die beim Erreichen einer Folie ausgelöst werden soll

K Aktion, die beim Verlassen einer Folie ausgelöst werden soll

! Die entsprechende Aktion wird nur dann ausgeführt, wenn die Folie bis zum Ende abgespielt wird. Verlässt der Benutzer die Folie frühzeitig (z. B. über eine Schaltfläche), wird die hinterlegte Aktion für das Verlassen der Folie nicht berücksichtigt.

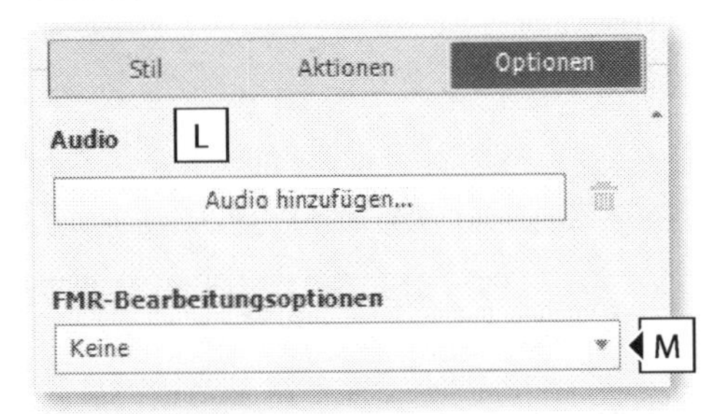

L Folienaudio (▶ *Seite 316*)

M Wenn Folie eine Full-Motion-Aufzeichnung enthält: FMR bearbeiten (z. B. Schneiden, Teilen)

Das Bedienfeld Timing einer Folie

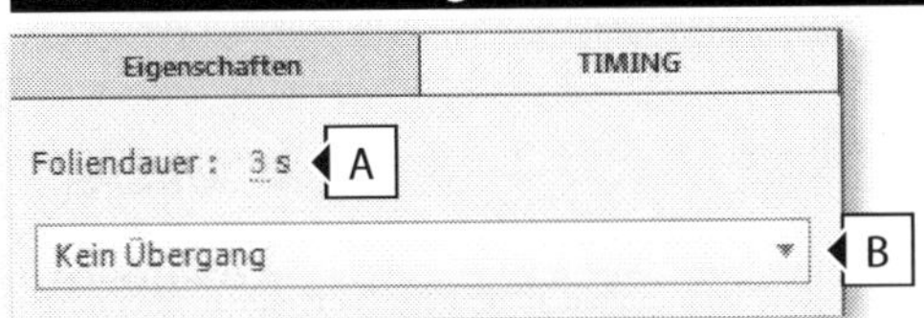

A Anzeigedauer der Folie festlegen

B Übergang für die Folie auswählen

Standarddesign für neue Projekte ändern

Standardmäßig verwendet ein neues **Leeres Projekt** automatisch das Design *Pearl*. Wenn Sie stattdessen mit einer anderen Designvorgabe starten möchten: Rechtsklicken Sie im Werkzeugleistenmenü *Designs* auf das gewünschte Design und wählen Sie **Als Standarddesign festlegen**.

Designs (Themes)

Über Designs können Sie Ihren Projekten ein einheitliches Erscheinungsbild geben. Sie können z. B. ein Farbkonzept anlegen, Objektstile hinterlegen und / oder das Layout für verschiedene Folientypen definieren.

Ein Design umfasst dabei Einstellungen in den folgenden Bereichen eines Projekts:

- Designfarben (▶ *Seite 126*)

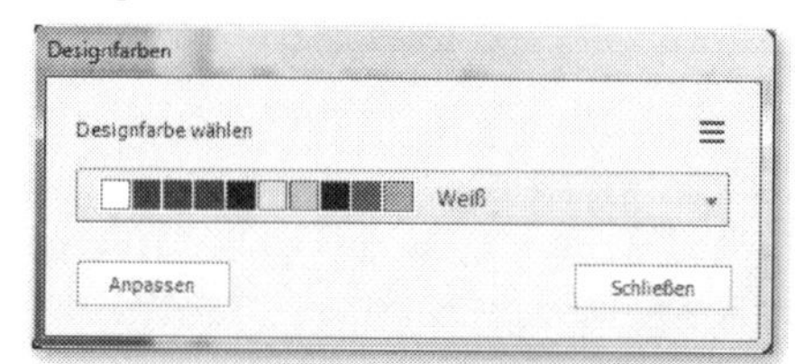

- Folienmaster: Jedes Design besteht aus einem Set mehrerer Folienmaster (▶ *Seite 128*)

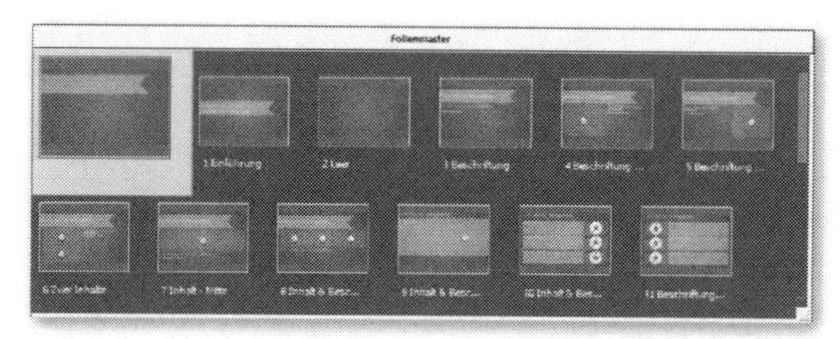

- Objektstile (▶ *Seite 140*)

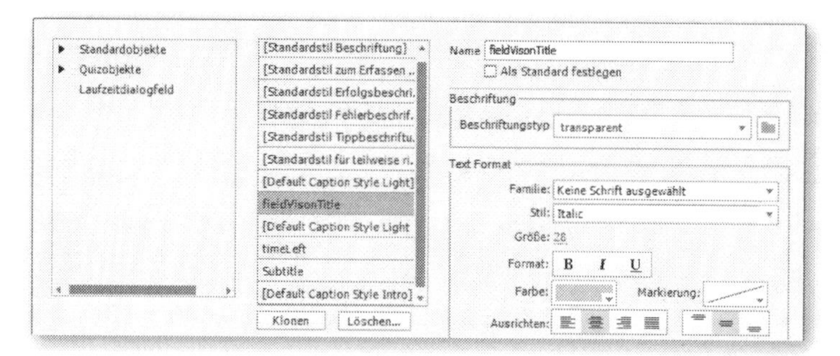

- Skin und Inhaltsverzeichnis (▶ *Seite 341*)

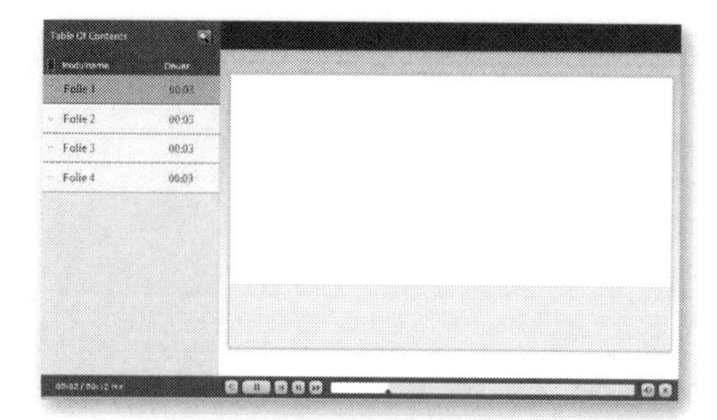

Das Werkzeugleistenmenü Designs

Hier finden Sie eine Vorschau aller vordefinierten und (ggf.) auch selbsterstellten Designs.

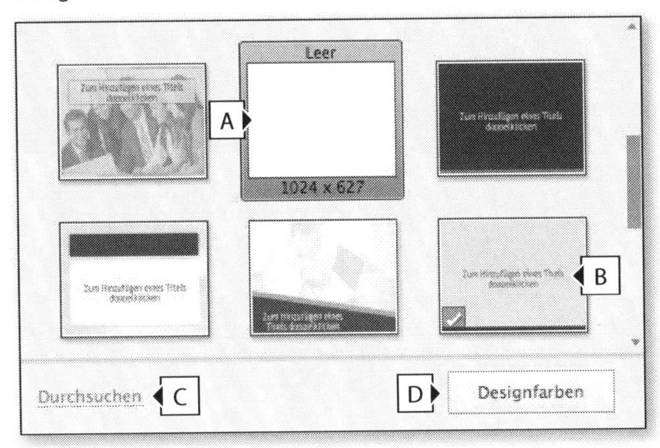

A Aktuell gewähltes Design

B Als Standard definiertes Design (durch Haken gekennzeichnet)

C Design importieren

D Designfarben

? Im Menü werden u. U. keine Designs angezeigt, sondern erst nachdem Sie diese (manuell) das erste Mal aus dem Dateiverzeichnis geöffnet und angewandt haben. Klicken Sie hierzu im Werkzeugleistenmenü *Designs* auf **Durchsuchen** und navigieren Sie unter Mac zum Verzeichnis */Applications/Adobe Captivate 2019/Gallery/Layouts/11_0/de_DE* oder unter Windows zum Verzeichnis */Adobe/eLearning Assets/Layouts/11_0/de_DE*. Wählen Sie dann das gewünschte Design.

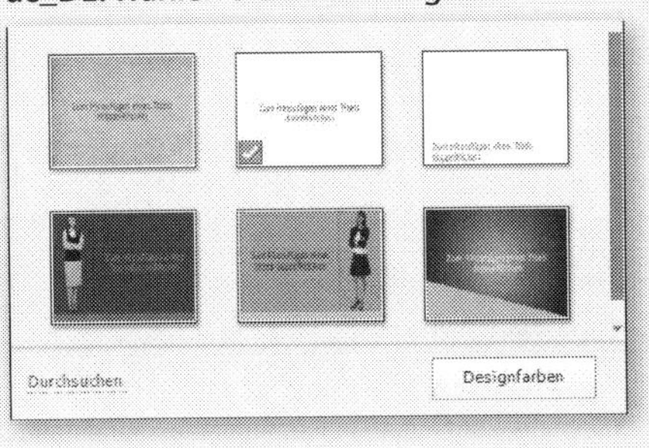

Design ex-/importieren

Wenn Sie ein Design exportieren möchten: Wählen Sie in der *Menüleiste* **Designs > Design speichern unter** und legen Sie Dateinamen sowie -speicherort fest.

Wenn Sie ein Design importieren möchten: Wählen Sie in der Werkzeugleiste **Designs > Durchsuchen**.

Designfarben

Mithilfe der Designfarbpalette (ähnlich den Farben eines Foliendesigns in PowerPoint) können Sie die Hauptfarben Ihres Projekts an zentraler Stelle definieren und anschließend Objekten, Stilen und Lerninteraktionen zuweisen. Gemeinsam mit den Farbfeldern (▶ *Seite 149)* können Sie Ihre Projekte so auf einfachem Weg einheitlich gemäß Ihres Corporate-Designs gestalten.

Das Fenster Designfarben

Designs > Designfarben

Designfarben

Designfarbe wählen

A

B

Weiß

Anpassen

C

Schließen

A Designfarbpalette wählen

B Benutzerdefinierte Designfarben verwalten (löschen / umbenennen)

C Gewählte Designfarbpalette anpassen

Designfarben weitergeben

Alle Designfarben werden als XML-Dateien im Verzeichnis *Benutzer\Öffentlich\Öffentliche Dokumente\Adobe\eLearning Assets\Layouts\11_0\ThemeColors* (Win) bzw. *Benutzer/Ihr Benutzername/Dokumente/My Adobe Captivate Projects/Layouts/11_0/ThemeColors* (Mac) abgelegt. Wenn Sie benutzerdefinierte Designfarben auf einem anderen System verwenden möchten: Kopieren Sie die entsprechende XML-Datei in das Verzeichnis *ThemeColors* des Zielsystems.

So legen Sie benutzerdefinierte Designfarben an

1 Wählen Sie in der Werkzeugleiste **Designs**.

2 Klicken Sie auf **Designfarben**.

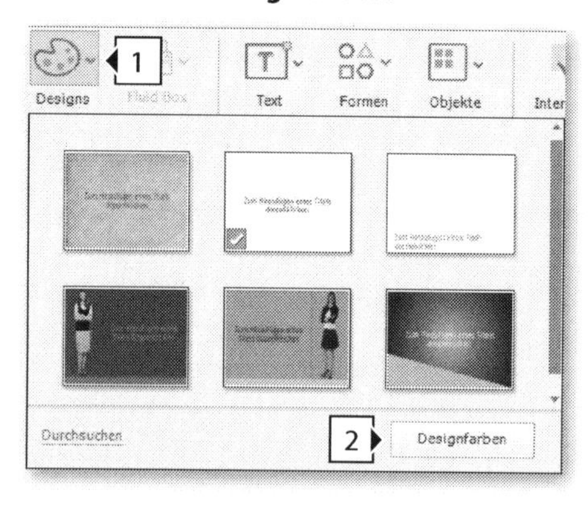

Das Fenster *Designfarben* öffnet sich.

3 Klicken Sie auf **Anpassen**.

4 Stellen Sie die gewünschten Farben für die einzelnen Bereiche ein.

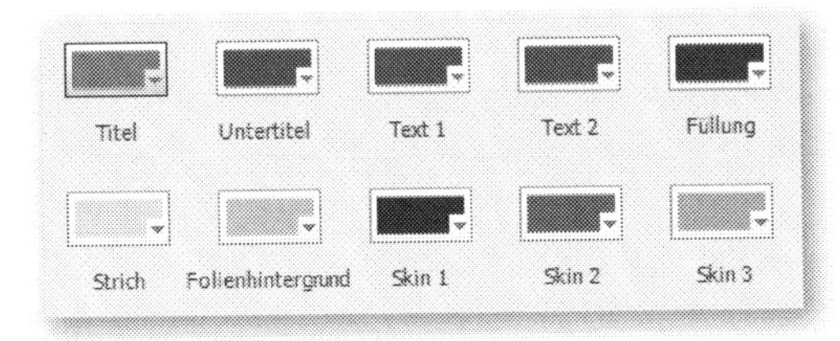

5 Benennen Sie die Designfarben:

a Klicken Sie auf den bereits hinterlegten Namen des Vorgabedesigns oberhalb der Farbpalette.

b Tragen Sie z. B. **Meine_Designfarben** ein.

6 Klicken Sie auf **Speichern**.

Sie wissen jetzt, wie Sie Ihre eigenen Designfarben anlegen können.

So verwenden Sie Designfarben

1 Wählen Sie im Farbmenü (z. B. bei der Eigenschaft *Füllung* oder Strich eines Objekts) den Reiter Designfarben.

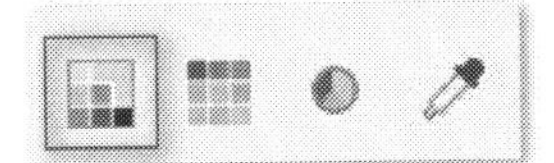

Hier sehen Sie nun die von Ihnen definierten Designfarben zur Auswahl.

2 Wählen Sie die gewünschte Designfarbe aus.

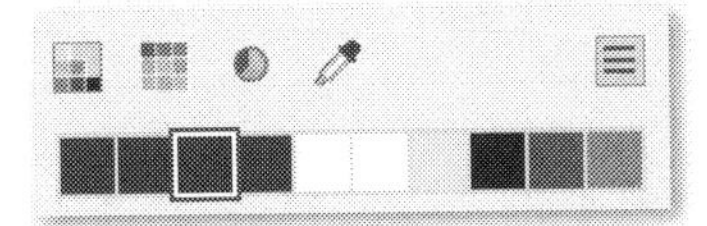

Die Farbe wird zugewiesen und bleibt mit den Designfarben verknüpft. Bei Änderungen der Designfarben (wie im vorherigen Abschnitt beschrieben) ändert sich die so zugewiesene Farbe mit.

Sie wissen jetzt, wie Sie Designfarben verwenden.

Folienmaster

Wenn Sie bestimmte Objekte auf mehreren Folien verwenden, trotzdem aber zentral verwalten und nicht kopieren möchten, können Sie dies mit Folienmastern umsetzen. Über Folienmaster können Sie Ihre Projekte einheitlich gestalten. Alle Objekte und Einstellungen eines Folienmasters werden auf die Folien angewandt, die mit dem entsprechenden Folienmaster verknüpft sind.

Folienmaster-Vererbung differenzieren

Wenn Sie den Hintergrund und / oder die Objekte des Hauptfolienmasters nicht auf alle Folienmaster übertragen möchten: Wählen Sie im Bedienfeld *Eigenschaften* der entsprechenden Folienmaster unter *Hintergrund* entweder **Projekthintergrund** oder **Benutzerdefiniert** und / oder deaktivieren Sie die Option **Wichtigste Folienmasterobjekte anzeigen** (in anderen Worten „Hauptfolienmaster-Objekte anzeigen").

Arten von Folienmastern

Fenster > Folienmaster

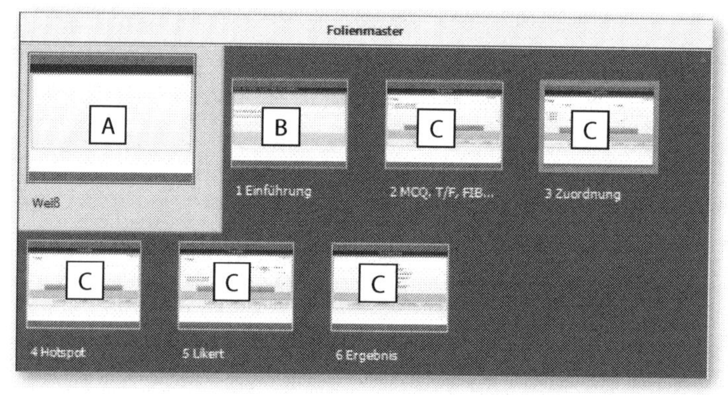

A Hauptfolienmaster: Hier können Sie Objekte einfügen und / oder einen Hintergrund definieren, die / der von verschiedenen Folienmastern eines Designs verwendet werden kann / können. Jedes Design hat genau einen Hauptfolienmaster

B Inhaltfolienmaster: Jedes Design kann beliebig viele Inhaltfolienmaster umfassen. Sie können z. B. jeweils einen separaten Folienmaster für die Titelfolie, Kapitelübersichtsfolien, Zusammenfassungen, usw. erstellen

C Quizfolienmaster: Jedes Design beinhaltet zumindest 4 Folienmaster für die verschiedenen Arten von Fragenfolien sowie zumindest einen für die Quizergebnisfolie

Die folgenden Objekte können Sie **nicht** auf Folienmastern platzieren:

- Texteingabefeld
- Maus
- Zoombereich
- Rollover-Minifolie
- Schaltfläche
- Klickfeld
- Drag-&-Drop-Interaktion
- Audio und Folienvideo

Zeitleiste bei Folienmastern

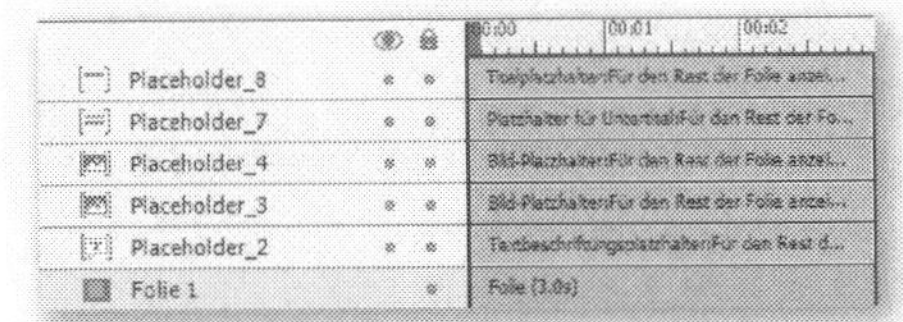

Über die Zeitleiste können Sie auch bei Folienmastern die Ebenenreihenfolge, Objektsichtbarkeit und -sperrung steuern. Jedoch sind keine Timing-Einstellungen möglich.

Das Bedienfeld Eigenschaften eines Folienmasters

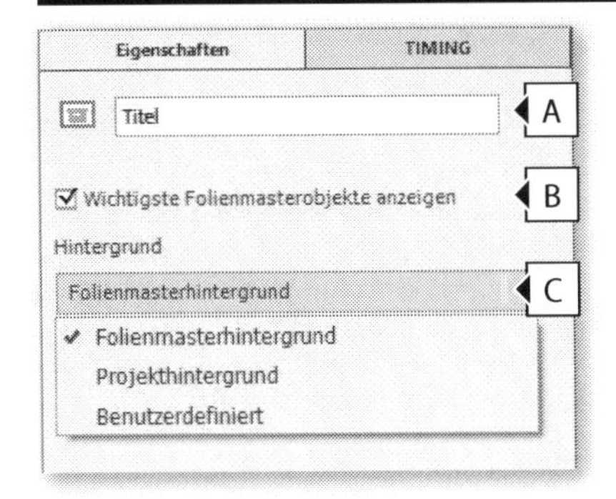

A Folienmasternamen vergeben

B Wichtigste Folienmasterobjekte anzeigen: Zeigt die Objekte des Hauptfolienmasters auf dem aktuell gewählten Folienmaster an

C Hintergrund auswählen:
Folienmasterhintergrund: Hintergrund des Hauptfolienmasters verwenden
Projekthintergrund: Hintergrundfarbe aus den Projektvoreinstellungen verwenden
Benutzerdefiniert: Hintergrundfarbe über die Farbpalette auswählen / Hintergrundbild auswählen, löschen, bearbeiten

Folienmaster benennen

Verwenden Sie grundsätzlich Namen für Ihre Folienmaster. Diese sind direkt im Bedienfeld *Folienmaster* sowie bei der Auswahl eines Folienmasters über die Folieneigenschaften sichtbar.

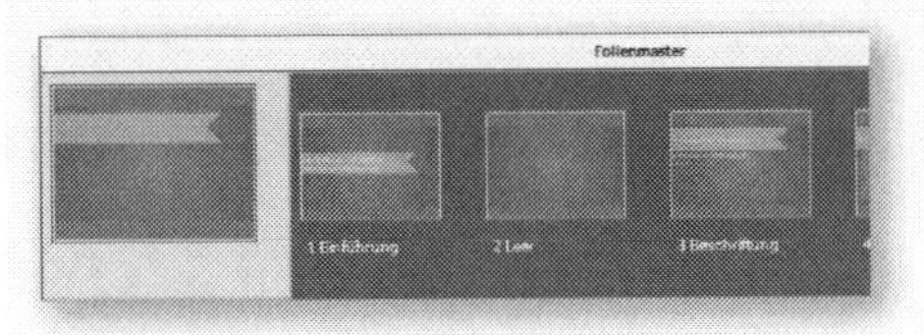

Platzhalter

Mithilfe von Platzhalterobjekten können Sie über Folienmaster vorgeben, wie bestimmte Folien gestaltet und mit Inhalt befüllt werden sollen. Das Besondere dabei: Diese Platzhalterobjekte bleiben mit dem Folienmaster verknüpft und können so zentral gesteuert werden.

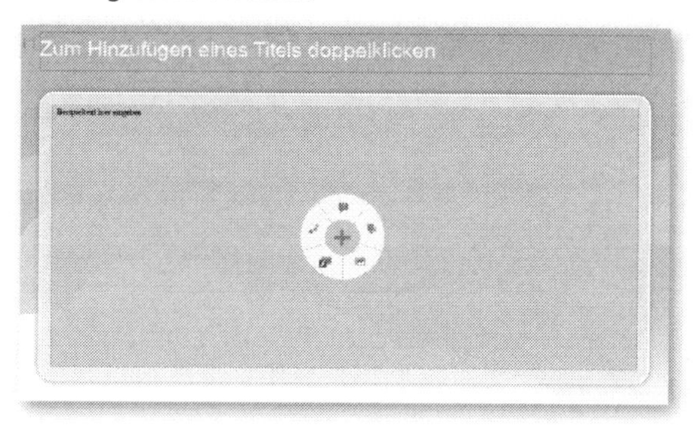

Im Folgenden ein Überblick über das Verhalten von Platzhalterobjekten:

Platzhalterobjekte mit dem Folienmaster verknüpfen

Über die Eigenschaften einer Folie können Sie alle Platzhalter der Folie wieder mit dem Folienmaster verknüpfen und so die dort hinterlegten Definitionen laden. Klicken Sie hierzu einfach auf **Folienmaster zurücksetzen**.

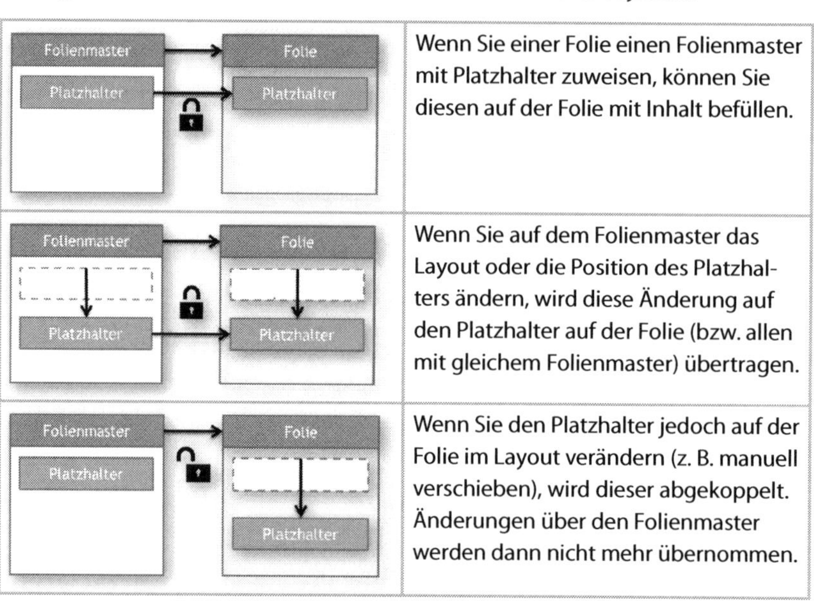

	Wenn Sie einer Folie einen Folienmaster mit Platzhalter zuweisen, können Sie diesen auf der Folie mit Inhalt befüllen.
	Wenn Sie auf dem Folienmaster das Layout oder die Position des Platzhalters ändern, wird diese Änderung auf den Platzhalter auf der Folie (bzw. allen mit gleichem Folienmaster) übertragen.
	Wenn Sie den Platzhalter jedoch auf der Folie im Layout verändern (z. B. manuell verschieben), wird dieser abgekoppelt. Änderungen über den Folienmaster werden dann nicht mehr übernommen.

Sie können auf Folienmastern (jedoch nicht auf dem Hauptfolienmaster oder auf einzelnen Folien) folgende Objekte als Platzhalter verwenden (**Einfügen > Platzhalterobjekte**):

Einfügen unterschiedlicher Objekttypen ermöglichen

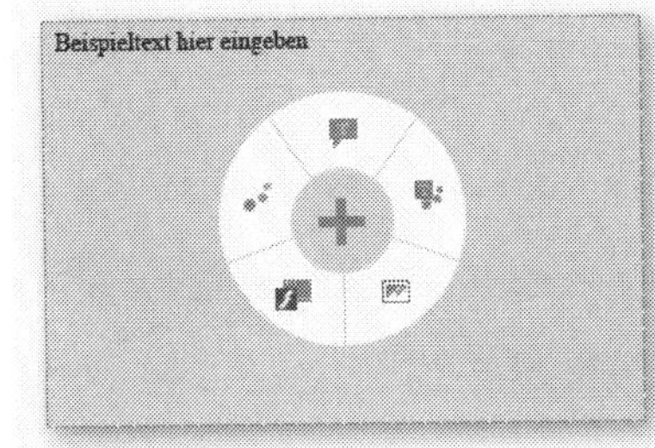

Wenn Sie dem Captivate-Autor die Möglichkeit bieten möchten, unterschiedliche Objekttypen einzufügen: Wählen Sie den *Platzhalter für Inhalt*. So kann der Autor zwischen den Objekten Textbeschriftung, Textanimation, Bild, Video oder Animation wählen.

Übung: Designs, Platzhalter & Folienmaster

Im Rahmen dieser Übung lernen Sie den Zusammenhang von Designs, Platzhaltern und Folienmastern kennen.

Übung 10 min

- Sie importieren ein Design und wenden es an
- Sie weisen Folien Folienmaster zu
- Sie befüllen Platzhalterobjekte
- Sie verändern Platzhalter
- Sie duplizieren einen Folienmaster
- Sie fügen einem Folienmaster Platzhalterobjekte hinzu

1 Öffnen Sie aus dem Ordner *05_Standardisierung* die Datei *Standardisierungskonzept_Ziel.cptx* (▶ *Seite 12*).

Sie sehen ein Projekt mit drei Inhaltsfolien, einer Fragenfolie sowie einer Ergebnisfolie. Im Rahmen der folgenden Übung möchten wir dies gemeinsam umsetzen.

2 Öffnen Sie aus dem Ordner *05_Standardisierung* die Datei *Standardisierungskonzept_Ausgang.cptx*.

3 Wählen Sie in der Werkzeugleiste **Designs**.

4 Importieren Sie das Design *tecwriter*:

a Klicken Sie auf **Durchsuchen** und navigieren Sie in das Verzeichnis *\00_Assets\Designs*.

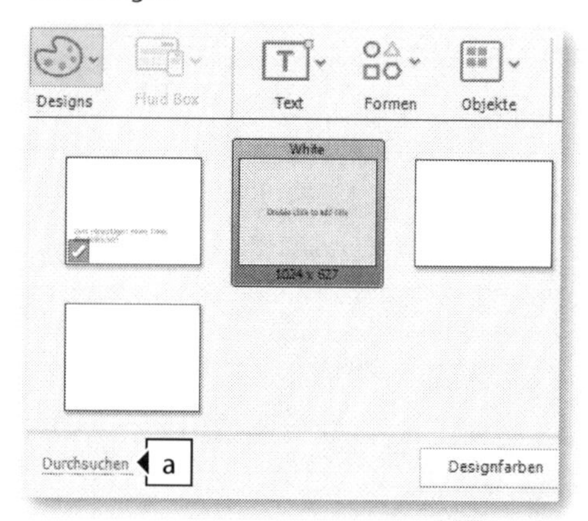

b Wählen Sie die Datei *tecwriter.cptm* und klicken Sie auf **Öffnen**.

c Bestätigen Sie die Meldung mit **Ja**.

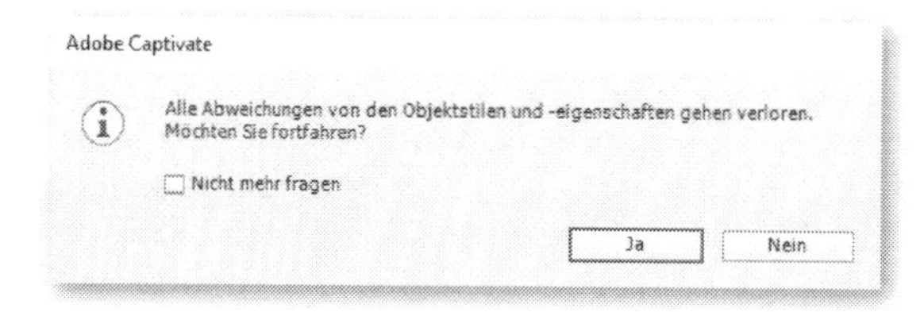

d Ihr Projekt übernimmt das neue Design, allen Objekten und Folien werden die entsprechend hinterlegten Stile und Folienmaster zugewiesen.

Wenn die Folieninhalte nach einem Designwechsel nicht richtig angezeigt werden: Klicken Sie im Bedienfeld *Eigenschaften* der Folie auf **Folienmaster zurücksetzen**.

5 Öffnen Sie das Bedienfeld *Folienmaster* (**Fenster > Folienmaster**).

Sie sehen, dass alle Folienmaster aus dem Design tecwriter übernommen wurden.

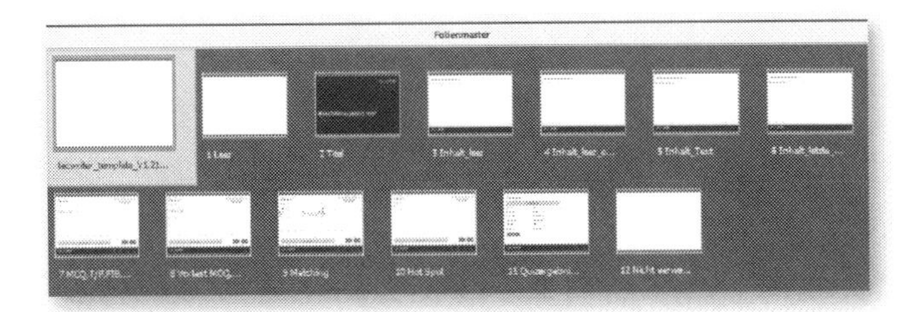

Im nächsten Schritt möchten wir neue Folien anlegen und das Verhalten von Platzhaltern kennenlernen.

6 Fügen Sie eine Folie in das Projekt ein:

   a Wechseln Sie in das Bedienfeld *Filmstreifen* (**Fenster > Filmstreifen**).

   b Fügen Sie eine neue Folie in das Projekt ein (**Folien > Inhaltsfolie**).

   c Weisen Sie der Folie über das Bedienfeld *Eigenschaften* unter *Folienmaster* den Folienmaster **Inhalt_Text** zu.

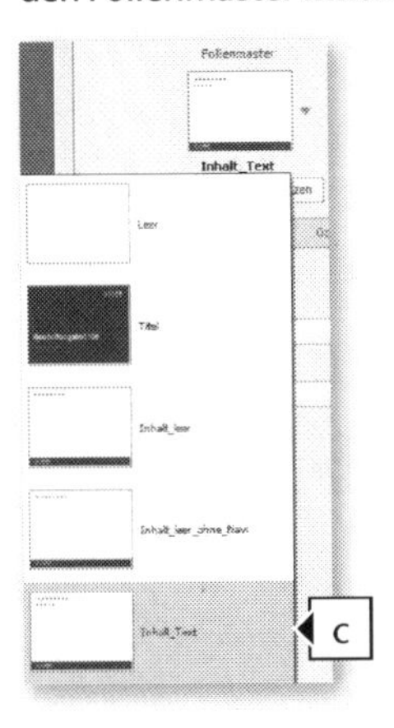

   Sie sehen, dass die Folie nun den gewählten Folienmaster sowie dessen Platzhalter verwendet.

   d Verschieben Sie die Folie an die erste Position im Filmstreifen.

7 Befüllen Sie die Platzhalter auf Folie 1 mit Inhalt:

   a Doppelklicken Sie in den *Überschrift-Platzhalter* und tragen Sie einen Text ein.

   b Doppelklicken Sie in den *Fließtext-Platzhalter* und tragen Sie einen Text ein.

8 Rechtsklicken Sie auf **Folie 1** und wählen Sie im Kontextmenü **Duplizieren**.

Die Folie wird dupliziert.

9 Ändern Sie die Position des *Fließtexts* auf der duplizierten Folie:

   a Stellen Sie sicher, dass **Folie 2** markiert ist.

   b Markieren Sie den *Fließtext* und verschieben Sie sie in den rechten Bereich der Folie.

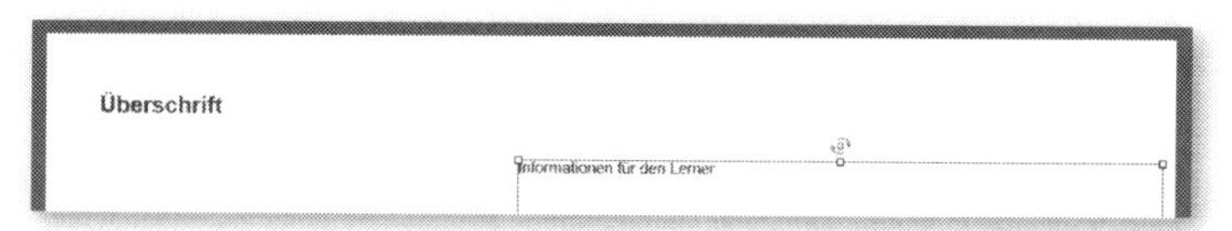

10 Wechseln Sie in die *Folienmasteransicht* (**Fenster > Folienmaster**) und wählen Sie den zugewiesenen Folienmaster **Inhalt_Text**.

11 Markieren Sie den *Fließtext-Platzhalter* und verschieben Sie ihn nach unten.

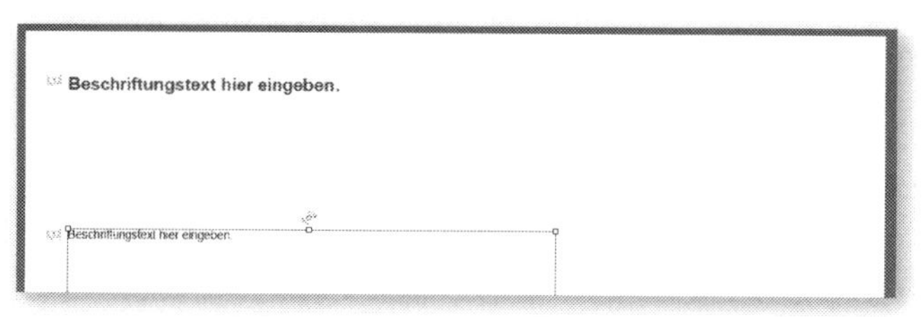

12 Wechseln Sie nun wieder in die Filmstreifenansicht (**Fenster > Filmstreifen**).

Sie sehen, dass die Änderung der Position nur auf Folie 1 übernommen wurde, jedoch nicht auf Folie 2. Grund ist, dass ein Platzhalterobjekt vom Folienmaster abgekoppelt wird, sobald es direkt auf der Folie verändert wird (**Schritt 9**).

13 Um das Platzhalterobjekt wieder mit dem Folienmaster zu verknüpfen, markieren Sie **Folie 2** und klicken Sie in den *Eigenschaften* der Folie auf **Folienmaster zurücksetzen**.

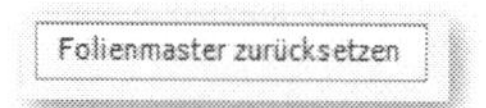

Sie sehen, dass der *Fließtext* entsprechend des Platzhalterobjekts auf dem Folienmaster positioniert wird. Optional können Sie den Platzhalter auf dem Folienmaster wieder an die Originalposition zurückschieben. Im Folgenden möchten wir noch einen eigenen Folienmaster mit Platzhaltern erstellen.

14 Erstellen Sie einen eigenen Folienmaster:

a Wechseln Sie in die *Folienmasteransicht*.

b Rechtsklicken Sie auf den Folienmaster **Inhalt_Text** und wählen Sie **Duplizieren**.

Der Folienmaster wird dupliziert.

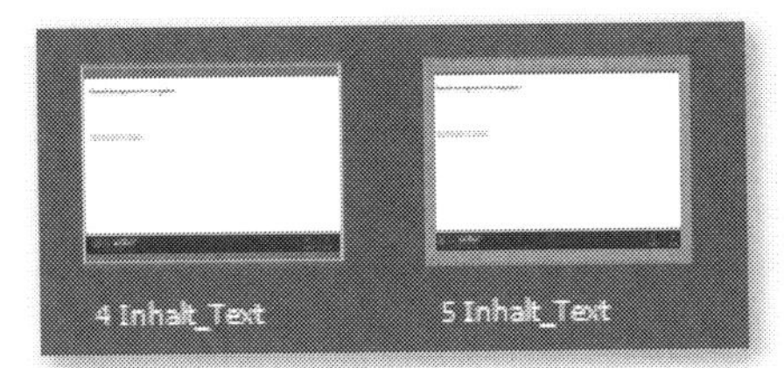

c Benennen Sie den Folienmaster im Bedienfeld *Eigenschaften* mit „Inhalt_Bild".

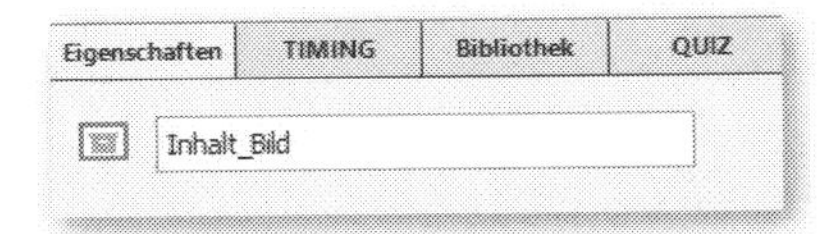

15 Formatieren Sie den Folienmaster **Inhalt_Bild**:

a Löschen Sie die beiden Textplatzhalter.

b Fügen Sie einen Bildplatzhalter ein: Wählen Sie in der *Menüleiste* **Einfügen > Platzhalterobjekte > Bild**.

Der Platzhalter wird auf dem Folienmaster eingefügt.

c Deaktivieren Sie im Bedienfeld *Eigenschaften* im Tab *Optionen* die Option **Proportionen beschränken**.

d Passen Sie Position und Größe des Bildplatzhalters an wie im folgenden Bildschirmfoto gezeigt:

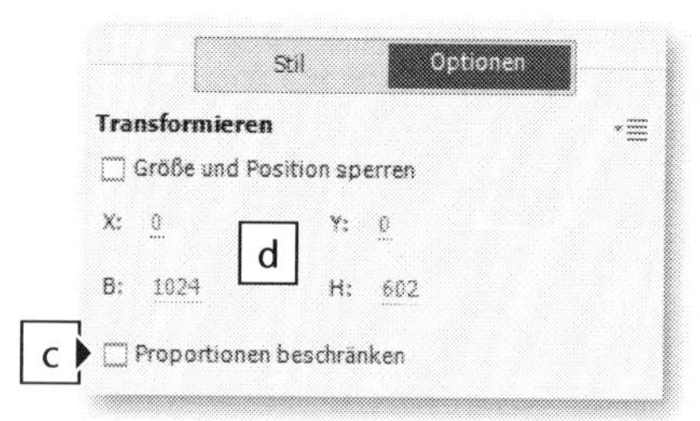

Der Platzhalter füllt nun den gesamten Inhaltsbereich der Folie. Nun möchten wir noch ein Logo auf den Folienmastern einfügen.

16 Markieren Sie den **Hauptfolienmaster** (den größten Folienmaster im Bedienfeld *Folienmaster*).

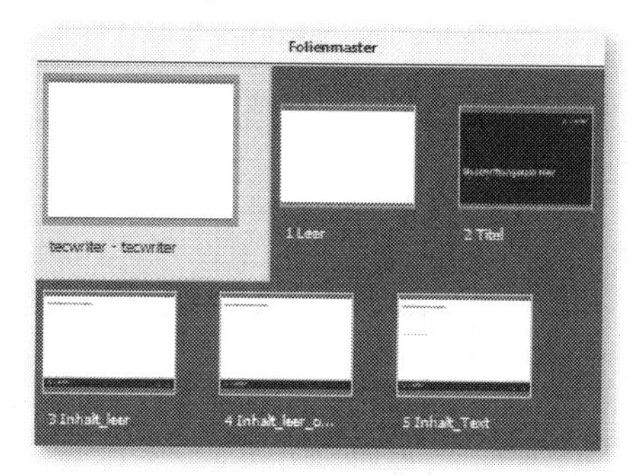

17 Wählen Sie **Medien > Bild** und fügen Sie aus dem Ordner *00_Assets\Bilder* das Bild *Logo_tecwriter.png* ein.

Sie sehen, dass das Logo nun sowohl auf dem Hauptfolienmaster als auch auf allen Inhalts- sowie Fragenfolienmastern verwendet wird.

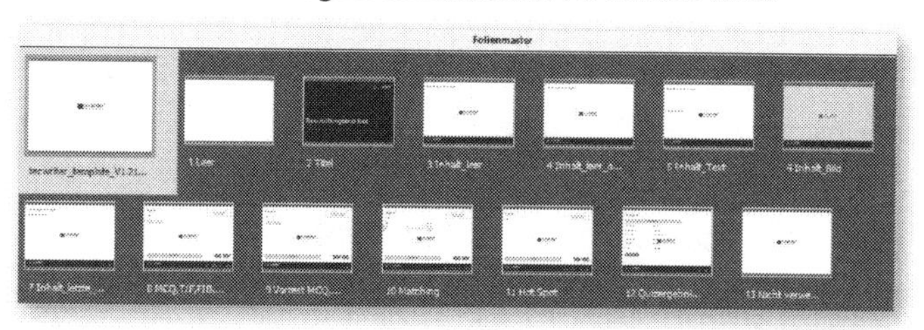

18 Tragen Sie in den *Eigenschaften* des Logos im Tab *Optionen* folgende Werte ein:

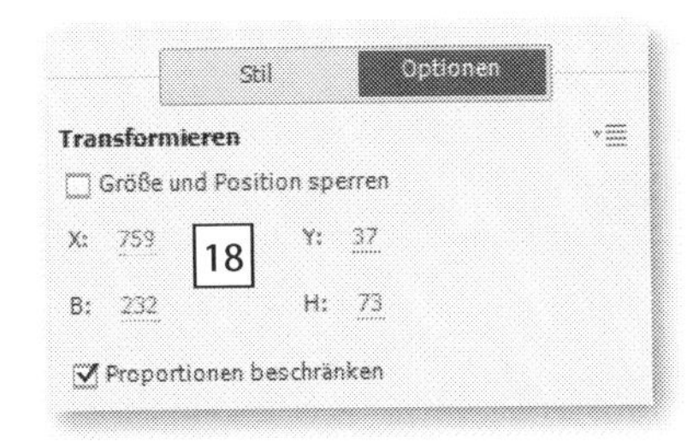

19 Lassen Sie das Logo lediglich auf bestimmten Folienmastern anzeigen:

a Markieren Sie mit gedrückter Taste [Strg] (Win) / [⌘] (Mac) den Titelmaster („Titel"), den Bildfolienmaster („Inhalt_Bild"), alle Fragenfolienmaster („MCQ,T/F,FIB,Sequence", „Vortest MCQ,T/F,FIB,Sequence", „Matching", „Hot Spot") sowie den Ergebnisfolienmaster („Quizergebnisse").

b Deaktivieren Sie in den *Eigenschaften* die Option **Wichtigste Folienmasterobjekte** anzeigen.

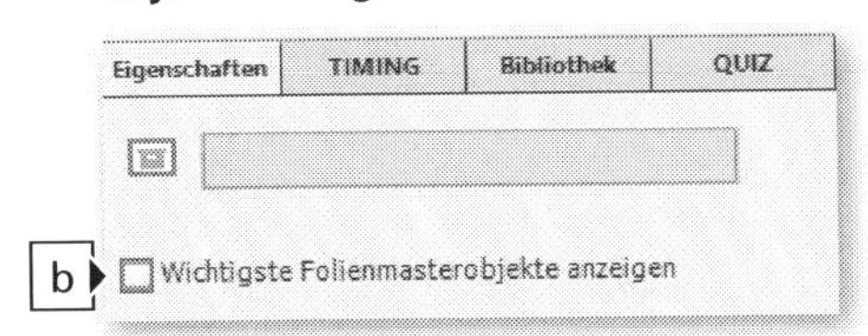

Sie sehen, dass das Logo auf den markierten Folienmastern nun nicht mehr angezeigt wird.

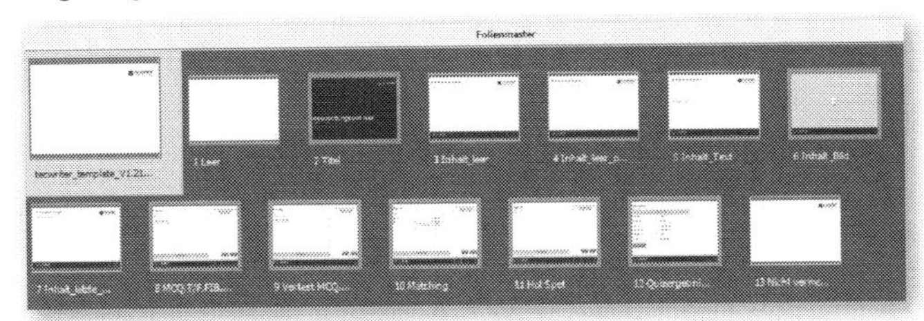

20 Fügen Sie eine Folie in das Projekt ein, die den neuen Folienmaster verwendet:

a Wechseln Sie in die *Filmstreifenansicht* und markieren Sie **Folie 3**.

b Wählen Sie in der *Menüleiste* **Einfügen > Neue Folie aus** und wählen Sie den Folienmaster **Inhalt_Bild**.

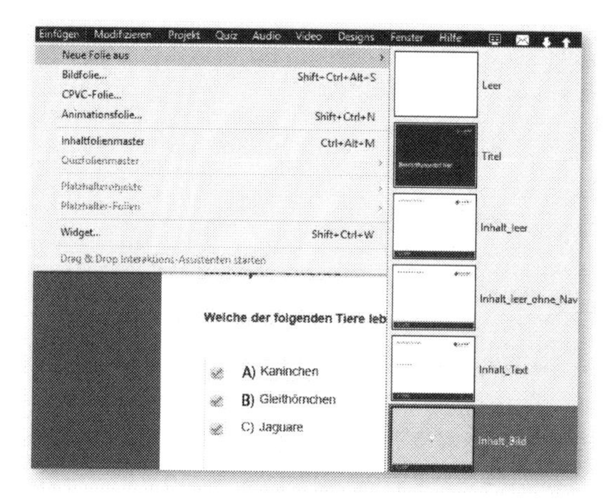

Es wird eine Folie in Ihr Projekt eingefügt, die diesen Folienmaster sowie dessen Platzhalter verwendet.

21 Füllen Sie den Bildplatzhalter auf der Folie:

a Doppelklicken Sie auf das **Plus-Symbol**.

Das Fenster *Bild aus Bibliothek auswählen* öffnet sich.

b Klicken Sie auf **Importieren**.

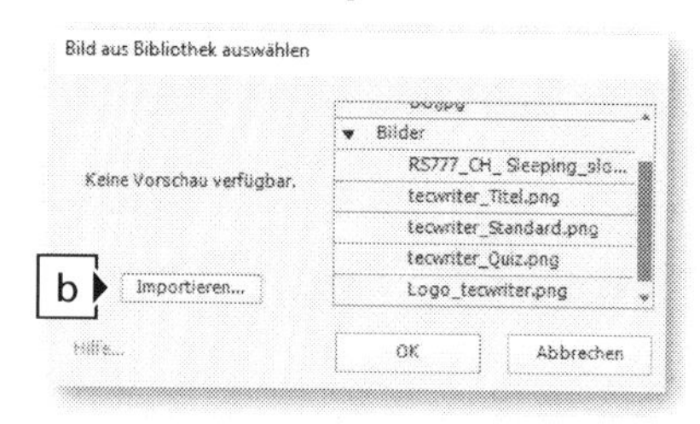

c Öffnen Sie aus dem Ordner *00_Assets\Bilder* die Datei *Landschaft.png*.

Der Platzhalter wird mit dem Bild gefüllt.

Beachten Sie bei Bild- und Video-Platzhaltern: Wenn Sie Bilder/Videos einfügen, die nicht die gleichen Proportionen (gleiches Höhen- und Seitenverhältnis) besitzen, werden die eingefügten Bilder/Videos verzerrt dargestellt. Gleiches gilt für den Fall, wenn Sie den Folienmaster wechseln. In diesem Fall müssen Sie das Bild/Video über das Bedienfeld *Eigenschaften* wieder **Auf** (die) **Originalgröße zurücksetzen**, was jedoch auch das Objekt verschiebt. *Möglicher Workaround*: Sie können auch Smartformen als Platzhalter verwenden und diese mit Bildern befüllen.

Sie wissen nun, wie Sie mit Designs, Platzhaltern und Folienmastern arbeiten können.

Übung: Neues leeres Projekt anlegen

Im Rahmen dieser Übung lernen Sie, wie Sie ein neues leeres Projekt anlegen können. Zudem erfahren Sie in diesem Zusammenhang, wie Sie ein neues Standarddesign festlegen, welches für neue Projekte automatisch verwendet wird.

Verwendung des Designs Leer

Wenn Sie ein Standarddesign von Captivate nutzen, sind diverse Einstellungen wie Objektstile oder Folienmaster bereits vordefiniert. Ich empfehle Ihnen daher grundsätzlich, das von mir in den Übungsdateien (▶ *Seite 12*) mitgelieferte Design **Leer** zu verwenden, damit Sie beim Erstellen eines neuen Projekts immer ein komplett leeres Projekt als Grundlage haben.

Übrigens: Dieses von mir mitgelieferte Design ist auch frei von einem Programmfehler, der ansonsten in den deutschen Standard-Designs existiert: Denn dort werden im Bereich der Objektstile alle Standardstile mehrfach angezeigt, was sehr unübersichtlich bei der Arbeit mit Objektstilen ist.

Übung 5 min

- Sie erstellen ein leeres Projekt
- Sie importieren ein Design
- Sie legen ein neues Standarddesign fest

1 Erstellen Sie ein **Leeres Projekt**:

a Wählen Sie **Datei > Neues Projekt > Leeres Projekt**.

Das Fenster *Neues leeres Projekt* öffnet sich.

b Tragen Sie unter *Breite* **1024** und *Höhe* **672** ein.

c Klicken Sie auf **OK**.

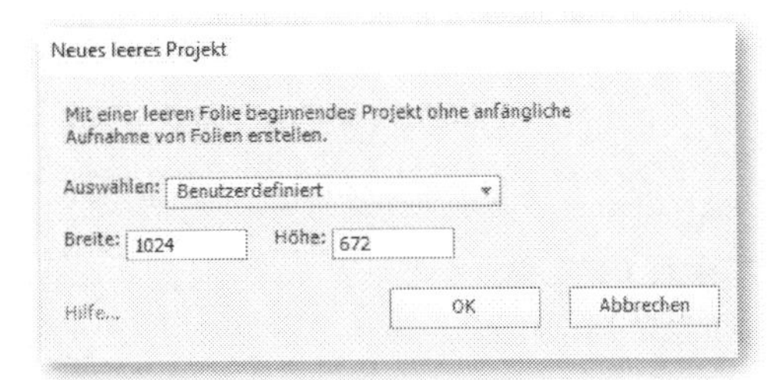

2 Importieren Sie das Design *Leer*:

a Klicken Sie im Werkzeugleistenmenü *Designs* auf **Durchsuchen** und navigieren Sie in das Verzeichnis *\00_Assets\Designs*.

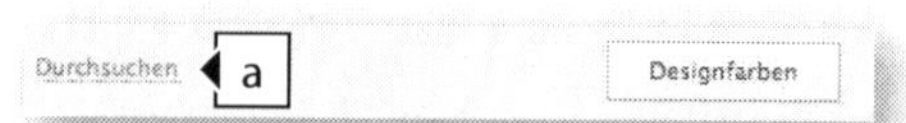

b Wählen Sie die Datei *Leer.cptm* und klicken Sie auf **Öffnen**.

c Bestätigen Sie die Meldung mit **Ja**.

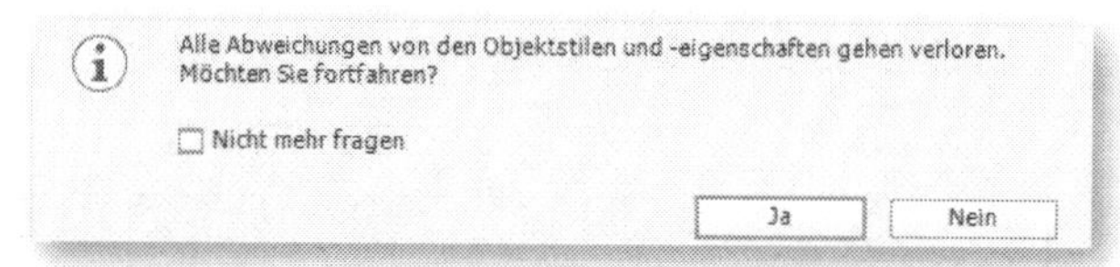

Sie haben das Design erfolgreich importiert und auf das Projekt angewandt. Nun möchten wir, dass dieses Design standardmäßig verwendet wird, wenn wir ein neues Projekt erstellen.

3 Rechtsklicken Sie im Werkzeugleistenmenü *Designs* auf das Design **Leer** und wählen Sie **Als Standarddesign festlegen**.

Das Design **Leer** wird nun automatisch gewählt, wenn Sie ein neues leeres Projekt erstellen.

Sie wissen nun, wie Sie ein Design importieren und als neues Standarddesign festlegen können. Dadurch sind alle Projekte, die Sie zukünftig neu erstellen, standardmäßig komplett leer.

Objektstile

Objektstile liefern eine ideale Möglichkeit, Objekten ein einheitliches Erscheinungsbild zu verleihen. Einen Objektstil können Sie sich wie eine Absatzformatvorlage in Word vorstellen. In einem Objektstil können Sie verschiedene Attribute definieren (z. B. Schriftart, Farbe, Schriftgröße usw.), die Sie dann mit einem Klick auf andere Objekte anwenden können. Änderungen an zentraler Stelle werden auf alle Objekte übertragen, die den gleichen Objektstil verwenden. Standardmäßig ist bereits zu jedem Objekt ein Stil hinterlegt. Sie können diese Standardstile direkt bearbeiten, duplizieren (klonen) oder eigene Objektstile erstellen.

Der Objektstilbereich eines Objekts

Stilname
A
[Standardstil für Smartform]
B
Geänderte Stile ersetzen
C

A Objektstil-Werkzeuge (▶ *Bild unten*)

B Bestehende Stile dieses Objekttyps

C Geänderte Stile ersetzen: Stile überschreiben, die auf dem gleichen Stil basieren, aber bereits (direkt und nicht über den Stil) verändert wurden

Die Objektstil-Werkzeuge

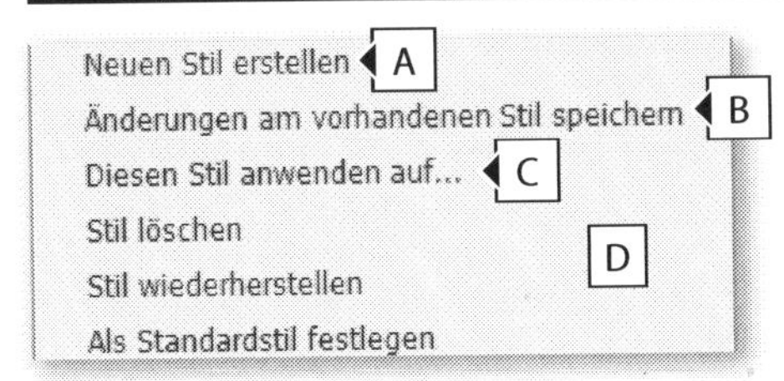

A Neuen Objektstil erstellen

B Aktuell gewählten Objektstil überschreiben

C Objektstil auf alle Objekte anwenden, die einen bestimmten Stil verwenden

D Objektstil löschen, wiederherstellen oder als Standardstil festlegen

Ausgewählten Objektstil löschen

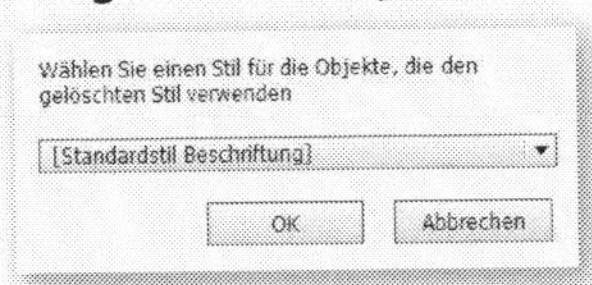

Wenn Sie den aktuell gewählten Objektstil löschen: Es öffnet sich ein Fenster, über das Sie den alternativ zu verwendenden Objektstil auswählen können.

Der Objektstil-Manager

Bearbeiten > Objektstil-Manager

Alle Objektstile eines Projekts werden über den Objektstil-Manager verwaltet (**Bearbeiten > Objektstil-Manager**). Hier können Sie beispielsweise Objektstile als Standard definieren, löschen, kopieren oder in / aus eine(r) *Captivate-Styles-Datei (.cps)* im- oder exportieren.

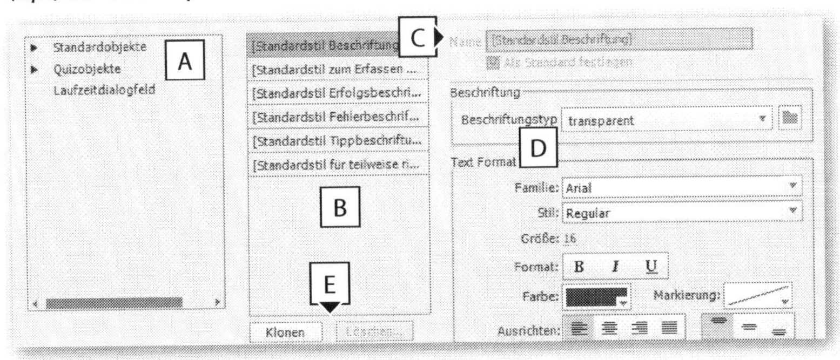

A Liste der Objekte, die einen Stil haben können

B Auflistung aller zugehöriger Stile

C Name des gewählten Objektstils

D Eigenschaften, die im gewählten Objektstil hinterlegt sind

E Aktuell gewählten Stil klonen / löschen

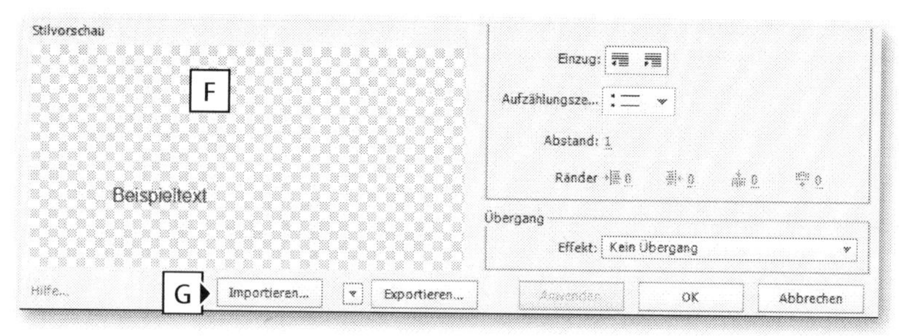

F Vorschau

G Objektstil(e) importieren / exportieren

Verschiedene Standards im Objektstil-Manager

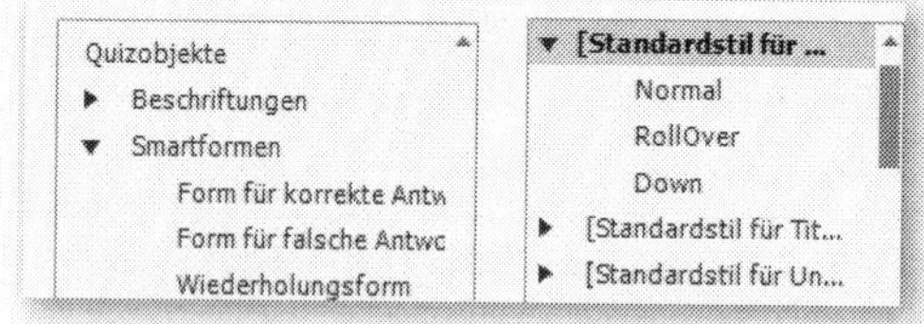

Im *Objektstil-Manager* können Sie für Smartformen und Beschriftungen verschiedene Standards hinterlegen. Klicken Sie dazu im *Objektstil-Manager* im linken Bereich neben *Smartformen/Beschriftungen* auf den Pfeil und wählen Sie den entsprechenden Standard, je nach Funktion, die das Objekt besitzt. Zusätzlich können Sie bei (Smartform-)Schaltflächen den Stil für den entsprechenden Objekstatus zuweisen (▶ *Seite 219*). Klicken Sie dazu im mittleren Bereich auf den Pfeil neben dem gewünschten Stil und wählen den jeweiligen Objektstatus.

So exportieren Sie einen Objektstil

1. Öffnen Sie ein Projekt.
2. Öffnen Sie den *Objektstil-Manager* (**Bearbeiten** > **Objektstil-Manager**).
3. Markieren Sie den Stil, den Sie exportieren möchten und klicken Sie auf **Exportieren**.

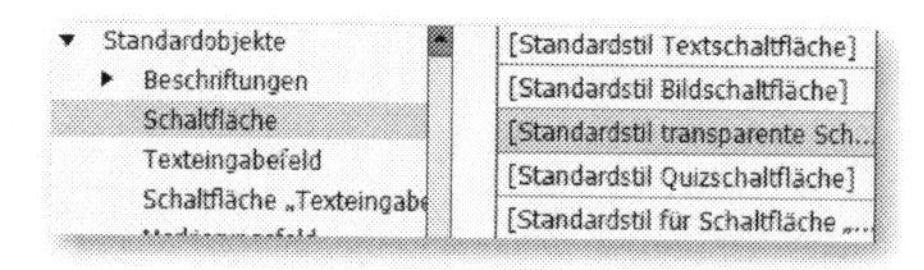

Objektstile selektiv exportieren

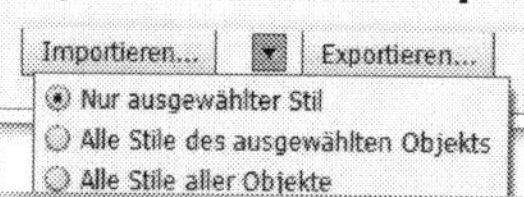

Sie können auch alle Stile eines Objekts oder alle Stile des gesamten Projekts gesammelt exportieren: Klicken Sie dazu auf die **Dreiecks-Schaltfläche** zwischen den Schaltflächen **Importieren** und **Exportieren** und wählen Sie die entsprechende Option.

4 Speichern Sie den Stil ab.

Es erscheint eine Meldung, dass Sie den Stil erfolgreich exportiert haben.

5 Bestätigen Sie die Meldung mit **OK**.

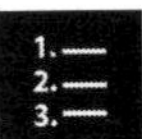

So importieren Sie einen Objektstil

1 Öffnen Sie den *Objektstil-Manager* (**Bearbeiten** > **Objektstil-Manager**).

2 Klicken Sie auf **Importieren**.

3 Navigieren Sie zu einer Objektstildatei (z. B. den zuvor exportierten Objektstil) und fügen Sie den Stil in Ihr Projekt ein.

Es erscheint eine Meldung, in der Sie gefragt werden, ob Sie vorhandene Stile überschreiben möchten. Dabei werden alle bestehenden Objektstile mit dem gleichen Namen überschrieben bzw. aktualisiert.

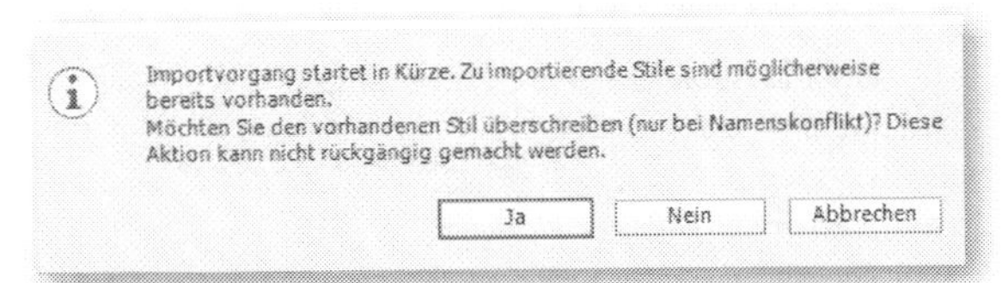

Import-Meldung

Diese Meldung erscheint bei jedem Import, auch wenn Ihr Projekt keinen Stil mit dem gleichen Namen enthält. In diesem Fall wird sowohl bei einem Klick auf **Ja**, als auch bei einem Klick auf **Nein** der Stil als neuer, zusätzlicher Stil eingefügt.

4 Klicken Sie auf **Ja**, um den / die (ggf.) vorhandenen Stil(e) zu überschreiben.

Es erscheint eine Meldung, dass Sie den / die Stil(e) erfolgreich importiert haben.

5 Bestätigen Sie die Meldung mit **OK**.

Alle Objekte Ihres Projekts, die auf diesem / diesen Stil(en) basieren, werden nun automatisch aktualisiert. Sie können die Ex- und Importfunktion wunderbar verwenden, um bestehende Projekte zu aktualisieren.

Übung: Objektstile einsetzen

In dieser Übung lernen Sie, wie Sie Ihre Projekte über Objektstile vereinheitlichen können.

Übung 15 min

- Sie speichern eine Änderung an einem vorhandenen Stil
- Sie erstellen einen neuen Stil
- Sie wenden diesen Stil auf Objekte an
- Sie ersetzen einen geänderten Stil

Stilname
+Mein Stil
Geänderte Stile ersetzen

1 Öffnen Sie aus dem Ordner *05_Standardisierung* die Datei *Objektstil.cptx* (▶ *Seite 12*).

2 Markieren Sie die oberste Textbeschriftung.

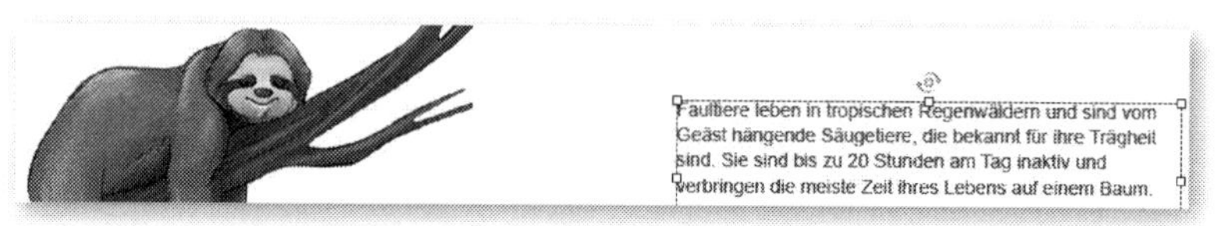

3 Formatieren Sie die Schriftgröße der Textbeschriftung über das Bedienfeld *Eigenschaften*: Tragen Sie im Bereich *Zeichen* den Wert **20 px** ein.

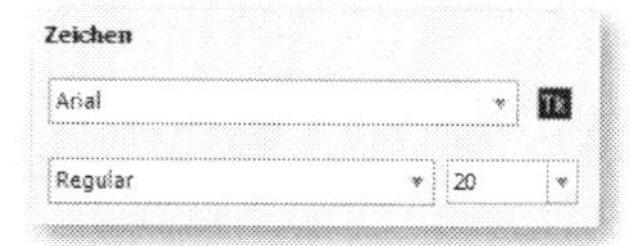

Sie sehen im Objektstilbereich, dass der Stil jetzt ein „+" vor der Bezeichnung trägt.

Dies signalisiert, dass das aktuelle Objekt manuell verändert wurde und nicht mehr der ursprünglichen Definition entspricht. Diese Änderung möchten wir nun auf alle anderen Objekte anwenden, die den gleichen Objektstil verwenden.

4 Stellen Sie sicher, dass die Funktion **Geänderte Stile ersetzen** deaktiviert ist.

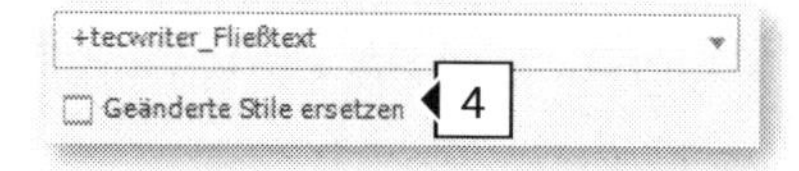

5 Wählen Sie in den *Eigenschaften* im Objektstilbereich im *Aufklappmenü* **Änderungen am vorhandenen Stil speichern**.

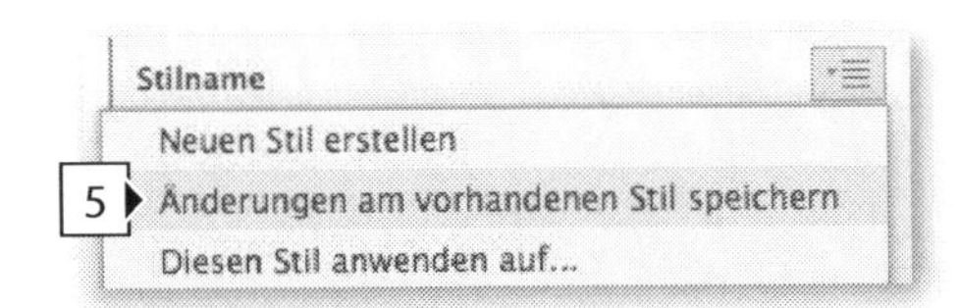

Die Änderungen werden in den Objektstil übernommen. Alle Textbeschriftungen, die diesen Stil ebenfalls verwenden, werden aktualisiert.

6 Erstellen Sie einen neuen Stil:

a Formatieren Sie die Schriftgröße der oberen Textbeschriftung erneut über das Bedienfeld *Eigenschaften*: Tragen Sie im Bereich *Zeichen* den Wert **14 px** ein.

b Wählen Sie in den *Eigenschaften* im Objektstilbereich im *Aufklappmenü* **Neuen Stil erstellen**.

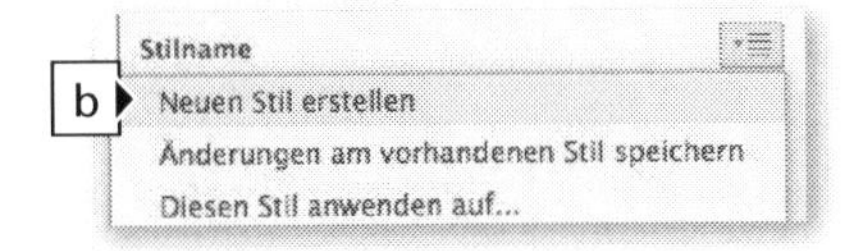

Das Fenster *Neuen Objektstil speichern* öffnet sich.

c Tragen Sie als Name *„Mein Stil"* ein und klicken Sie auf **OK**.

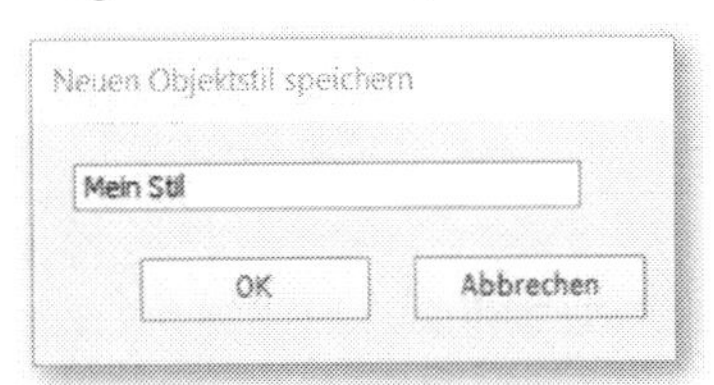

Sie haben nun einen neuen Objektstil erstellt.

7 Wenden Sie den benutzerdefinierten Stil auf alle Objekte an, die noch den bisherigen Stil verwenden: Wählen Sie in den *Eigenschaften* im *Aufklappmenü* **Diesen Stil anwenden auf**.

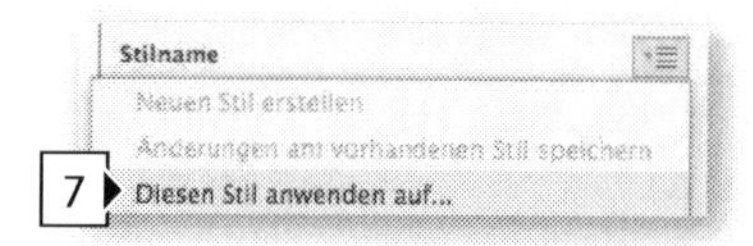

Das Fenster *Objektstil anwenden* öffnet sich.

8 Wählen Sie den Stil **tecwriter_Fließtext**.

9 Klicken Sie auf **OK**.

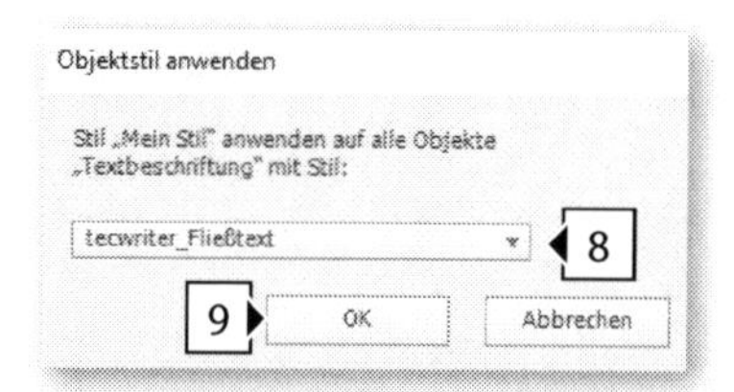

Der neue benutzerdefinierte Stil wird nun auf die restlichen Textbeschriftungen angewandt, jedoch ohne den bisherigen Stil (tecwriter_Fließtext) zu verändern.

10 Markieren Sie die mittlere Textbeschriftung.

11 Ändern Sie in den *Eigenschaften* im Bereich *Zeichen* die *Farbe* auf **Blau**.

Sie sehen, dass der Stil erneut ein „+" vor der Bezeichnung trägt. Dies zeigt an, dass die Formatierung des Objekts nicht dem eingestellten Originalstil entspricht.

12 Markieren Sie die oberste Textbeschriftung und ändern Sie die Schriftgröße auf **10 px**.

13 Speichern Sie die Änderungen am gewählten Stil: Stellen Sie sicher, dass in den *Eigenschaften* die Option **Geänderte Stile ersetzen** deaktiviert ist und wählen Sie im *Aufklappmenü* **Änderungen am vorhandenen Stil speichern**.

Wie Sie sehen, ändert sich nur die Schriftgröße der oberen und unteren Textbeschriftung. Bei der mittleren Textbeschriftung sind weiterhin die vorherige Schriftgröße sowie die Farbe Blau eingestellt.

Das liegt daran, dass das Objekt durch die zuvor durchgeführte manuelle Farbänderung nicht mehr der Formatierung des Originalstils entspricht. Das „+" vor der Bezeichnung zeigt, dass ein Objekt manuell formatiert wurde und damit laufende Änderungen am Objektstil nicht mehr (ohne weiteres) übernimmt.

Im Folgenden werden wir erzwingen, dass Änderungen dennoch übernommen werden.

14 Ändern Sie die Schriftgröße der obersten Textbeschriftung auf **14 px** und aktivieren Sie die Option **Geänderte Stile ersetzen**.

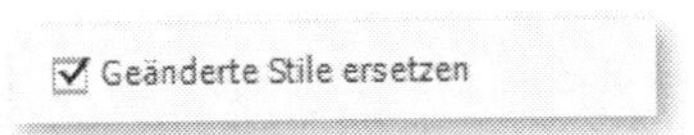

15 Wählen Sie im *Aufklappmenü* **Änderungen am vorhandenen Stil speichern** und bestätigen Sie die Meldung mit **OK**.

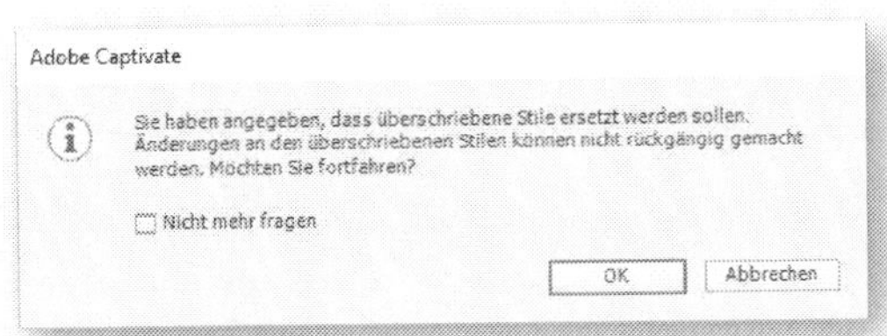

Sie sehen, dass nun alle drei Textbeschriftungen wieder mit den Attributen des Objektstils („Mein Stil") übereinstimmen.

Sie können einen Stil auch für mehrere markierte Objekte zentral manuell einstellen oder einen bestehenden Stil mehreren markierten Objekten zuweisen.

16 Markieren Sie dazu zwei Textbeschriftungen mit gedrückter Taste [⇧] (Win) / [⌘] (Mac).

Standardstile festlegen

Sie können einen Stil auch als Standardstil festlegen: Wählen Sie in den Eigenschaften im Objektstilbereich im *Aufklappmenü* **Als Standardstil festlegen**. So verwendet jedes Objekt dieses Typs, welches Sie neu in Ihr Projekt einfügen, automatisch diesen Stil.

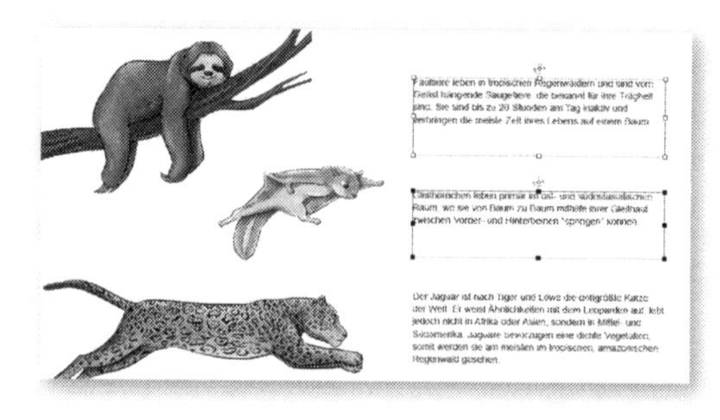

17 Wählen Sie in den Eigenschaften den Stil **tecwriter_Fließtext**.

Der Stil (größere Schriftgröße) wird nun auf die beiden markierten Textbeschriftungen angewandt.

Sie haben nun die Objektstilfunktion kennengelernt und wissen, wie Sie Stile anlegen, aktualisieren und überschreiben können.

Mauszeiger für alle Folien anpassen

Wenn Sie den Mauszeiger für alle Folien anpassen möchten: Ein geänderter Mauszeiger lässt sich bei folienbasierten Projekten nicht über die Option **Auf alle Objekte dieses Typs anwenden** auf das gesamte Projekt übertragen. Es existiert auch kein Objektstil für das Mausobjekt. *Lösung*: Rechtsklicken Sie auf das Mausobjekt, dessen Zeigerstil Sie verwenden möchten, und wählen Sie **Aktuellen Mauszeiger für alle Folien verwenden.**

Vererbung: Auf alle anwenden

Über Objektstile hinaus können Sie die Vererbungsfunktion **Auf alle anwenden** nutzen, um Objekten zügig die gleichen Einstellungen zu geben. Diese finden Sie im Bedienfeld *Eigenschaften* oder *Timing* eines Objekts (rechts außen neben dem vererbbaren Bereich).

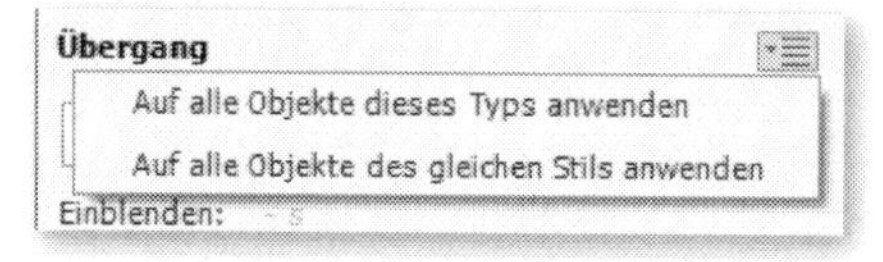

Sie haben folgende Optionen:

- *Auf alle Objekte dieses Typs anwenden*: Vererbt alle Eigenschaften des Bereichs auf alle Objekte eines Typs (z. B. alle Textbeschriftungen).
- *Auf alle Objekte des gleichen Stils anwenden*: Vererbt alle Eigenschaften des Bereichs auf alle Objekte des gleichen Objektstils (z. B. nur auf die Textbeschriftungen, welche den Standardstil verwenden).
- Nur bei Folienvideo: *Auf alle Objekte der gleichen Gruppe anwenden*: Vererbt alle Eigenschaften des Bereichs auf die Folienvideos, die der gleichen Gruppe angehören.
- Nur für das Mausobjekt bei Videodemos: *Änderungen auf alle Elemente dieses Typs anwenden / alle Linksklicks anwenden:* Vererbt nicht alle Eigenschaften, sondern nur die Änderungen.
- Nur für das Mausobjekt bei Videodemos: *Änderungen auf alle Linksklicks anwenden*: Wendet die Eigenschaften auf alle Mauszeiger an, die über einen Linksklick erstellt wurden; die Eigenschaften von Rechtsklicks werden nicht aktualisiert.

Sie können mit der Funktion **Auf alle anwenden** folgende Eigenschaften vererben:

- Standardmäßig können bei (fast) allen Objekten (sofern vorhanden) die Eigenschaften für *Schatten und Spiegelung, Timing, Audio, Übergang* sowie *Transformieren* vererbt werden.
- Bei Klickfeldern, Schaltflächen, Texteingabefeldern und interaktiven Widgets zusätzlich die Eigenschaften in den Bereichen *Anzeige* und *Weitergabe*.
- Beim Mausobjekt die Eigenschaften in den Bereichen *Timing* (nur folienbasierte Projekte) und *Anzeige* (ausgenommen der Mauszeiger).
- Alle Effekte (**Fenster > Timing-Eigenschaften**), die Sie auf ein Objekt anwenden.

Farbfelder

Sie können Farbfelder definieren und sich somit eine Farbpalette gemäß Ihres Corporate-Designs zusammenstellen. Dabei stehen die Farbfelder standardmäßig lokal gespeichert zur Verfügung, sodass Sie diese direkt projektübergreifend verwenden können. Darüber hinaus können Sie Ihre Farbfelder auch exportieren und somit auch systemübergreifend verwenden.

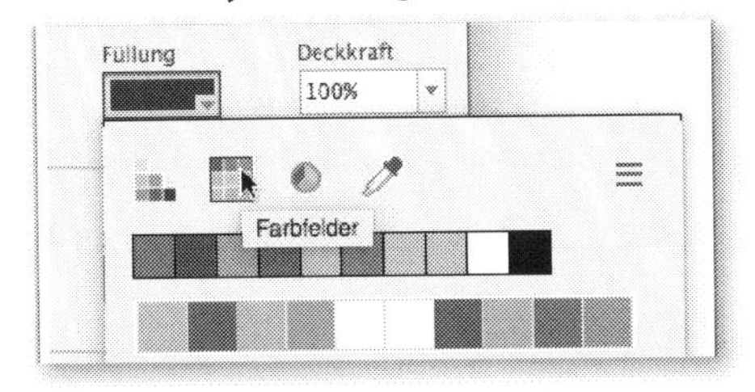

Das Bedienfeld Farbfeld-Manager

Fenster > Farbfeld-Manager

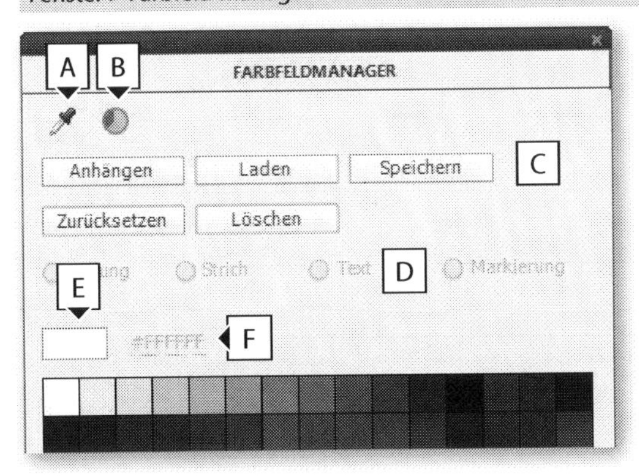

A Pipette (▶ *Seite 66*)

B Farbwähler (▶ *Seite 66*)

C Farbfelder verwalten

D Bereich wählen, für den die Farbe definiert werden soll

E Vorschau der aktuell gewählten Farbe

F Hexadezimalwert der aktuellen Farbe

So definieren und speichern / exportieren Sie Farbfelder

1 Wählen Sie **Fenster > Farbfeld-Manager**.

2 Wenn Sie die Farbfelder komplett bereinigen und von Grund auf definieren möchten: Klicken Sie auf **Löschen** und bestätigen Sie mit **OK**.

3 Wählen Sie eine Farbe: Klicken Sie auf **Farbe auswählen**.

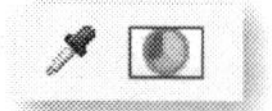

Das Fenster *Farbwähler* öffnet sich.

4 Tragen Sie z. B. den Hex-Wert **#FF6600** ein und bestätigen Sie anschließend mit **OK**.

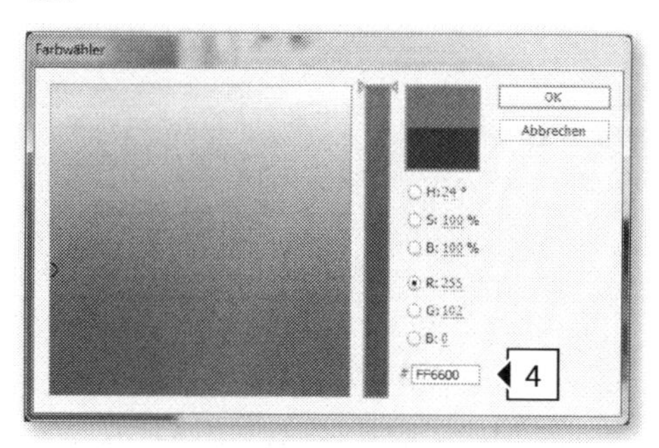

Das Fenster *Namen für Farbfeld eingeben* öffnet sich.

5 Benennen Sie das Farbfeld und bestätigen Sie mit **OK**.

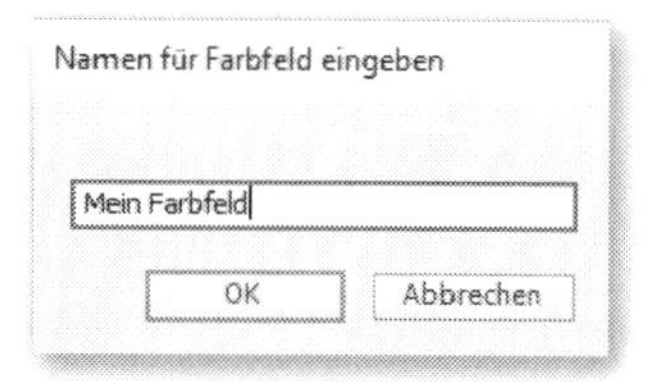

Das Farbfeld wird in die Übersicht (am Ende der Palette) eingefügt.

6 Fügen Sie nach dem gleichen Schema alle weiteren Farben der Farbpalette hinzu.

7 Um diese Farbpalette zu speichern, klicken Sie auf **Speichern**.

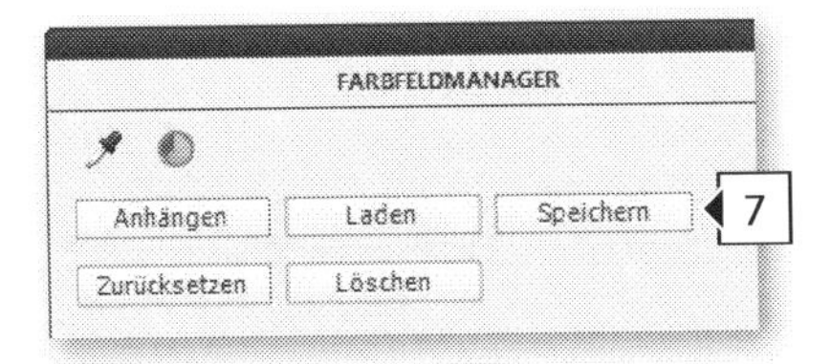

Die Farbpalette wird als ASE-Datei (Adobe-Swatch-Exchange-Datei) exportiert. Sie können somit bei Bedarf jederzeit wieder auf die in der Palette hinterlegten Farben zurückgreifen und diese auch zwischen Adobe-Programmen wie z. B. Photoshop und Illustrator austauschen.

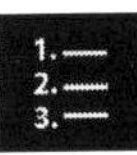

So importieren und verwenden Sie Farbfelder (ASE-Dateien)

1 Öffnen Sie das Bedienfeld *Farbfeld-Manager* (**Fenster > Farbfeld-Manager**).

2 Klicken Sie auf **Laden**.

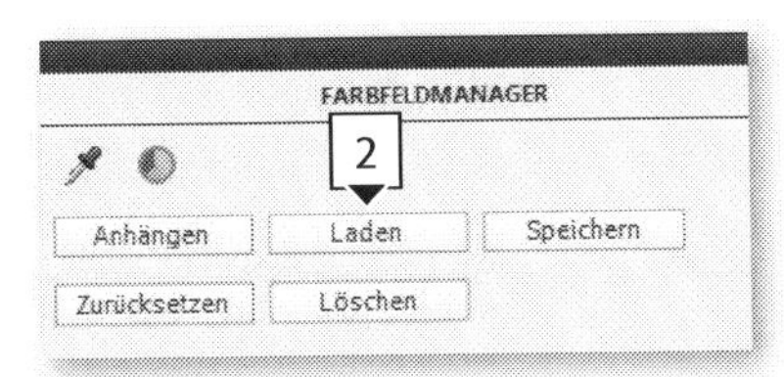

3 Wählen Sie die zu importierende Farbpalette und klicken Sie auf **Öffnen**.

Das Fenster *Laden von Farbfeld bestätigen* öffnet sich.

4 Sie haben nun die Möglichkeit, die importierten Farben an den Bestand anzuhängen oder komplett auszutauschen. Wenn Sie die Farben anhängen möchten: Klicken Sie auf **Anhängen**. Wenn Sie die Farben komplett austauschen möchten: Klicken Sie auf **OK**.

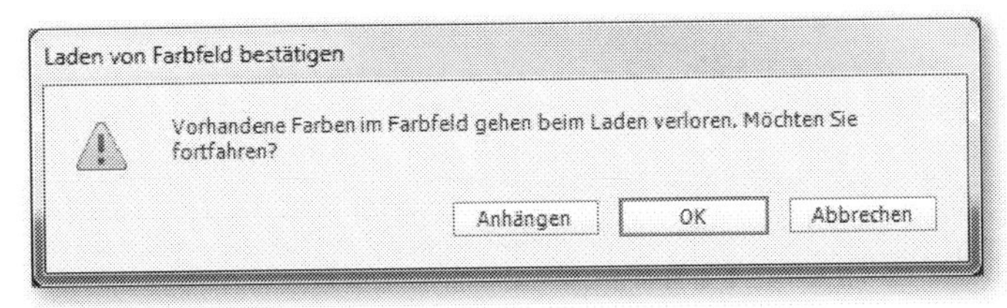

Sie wissen nun, wie Sie Farbfelder ex- und importieren sowie verwenden können. Die über diesen Weg angepassten oder importierten Farbfelder stehen Ihnen nun überall in Captivate zur Verfügung. Wenn Sie also z. B. bei einem Objekt eine Füllfarbe einstellen möchten: Klicken Sie hier auf das Symbol **Farbfelder** und wählen die gewünschte Farbe.

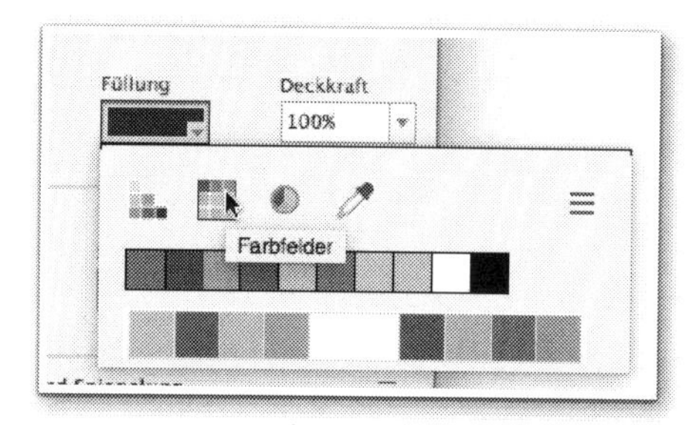

Bibliothek

In der Bibliothek werden innerhalb eines Projekts alle *Audio*-Elemente, *Bilder* und *Medien* gesammelt, die Sie importieren. Außerdem beinhaltet sie alle Bildschirmfotos bzw. (Folien-)*Hintergründe*, Full-Motion-Aufzeichnungen (*Medien*), Web-Objekte (PDFs und HTML5-Animationen: ▶ *Seite 183*) sowie freigegebene Aktionen (▶ *Seite 455*).

Die Bibliothek

Fenster > Bibliothek

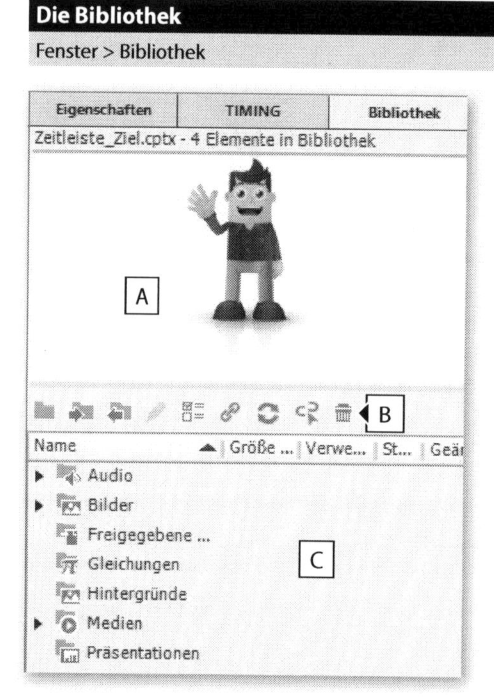

A Vorschau des in der Bibliothek ausgewählten Objekts

B Werkzeugleiste (*siehe Tabelle unten*)

C Alle importierten Objekte eines Projekts (Audio, Bilder, Hintergründe, Medien und Präsentationen), freigegebene Aktionen sowie Web-Objekte

Die Werkzeugleiste der Bibliothek	
	Bibliothek eines anderen Projekts öffnen
	Objekt in Bibliothek importieren
	Objekt aus Bibliothek exportieren
	Objekt im damit verknüpften Standardprogramm bearbeiten (z. B. Hintergrund mit MS Paint / Vorschau)
	Eigenschaften des Objekts öffnen
	Verwendung des Objekts anzeigen
	Objekt aktualisieren
	Unbenutzte Objekte auswählen
	Markierte(s) Objekt(e) löschen

So entfernen Sie nicht verwendete Objekte aus der Bibliothek

1 Rechtsklicken Sie in die Bibliothek und wählen Sie **Unbenutzte Objekte auswählen**.

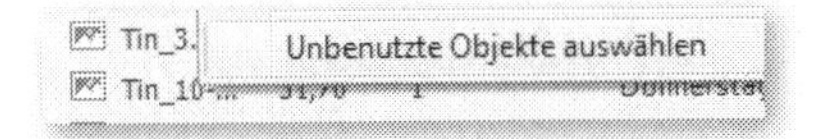

Alle Objekte, die nicht mehr im aktuellen Projekt verwendet werden, sind jetzt markiert.

2 Klicken Sie auf **Löschen** und bestätigen Sie die Abfrage mit **Ja**.

Nun haben Sie Ihr Projekt bereinigt und die nicht verwendeten Objekte entfernt.

Inhalte aktualisieren & ersetzen

Sie können importierte Inhalte schnell und einfach über die Bibliothek aktualisieren. Markieren Sie hierzu die entsprechenden Inhalte in der *Bibliothek* und klicken Sie auf **Objekt aktualisieren**. Wenn Sie importierte Inhalte ersetzen möchten, empfiehlt sich ebenfalls der Weg über die Bibliothek: Rechtsklicken Sie dazu auf der Bühne auf den Inhalt und wählen Sie **In Bibliothek suchen**. Klicken Sie dann im Bedienfeld *Bibliothek* auf **Eigenschaften**. Klicken Sie hier auf **Importieren** und öffnen Sie den (neuen) Inhalt, den Sie einfügen möchten. Wenn Sie z. B. eine Grafik in Ihrem Projekt mehrfach verwenden, werden auf diesem Weg alle betreffenden Grafiken automatisch ersetzt.

Das lange Gedächtnis Ihres Projekts

Alle im Projekt verwendeten Objekte werden in der Bibliothek abgelegt und vergrößern nach und nach Ihre Captivate-Projektdatei. Wenn Sie bestimmte Objekte (z. B. Bilder) von Folien entfernen, sind diese nach wie vor in der Bibliothek gesammelt. Sie sollten deshalb vor jedem Erstellen einer neuen Projektversion oder beim Abschluss eines Projekts die Bibliothek überprüfen und alle nicht verwendeten Objekte löschen.

Praxistipps: Modularisierung & Leitfaden

Im Folgenden möchte ich Ihnen noch weitere wichtige Praxistipps zur erfolgreichen Produktion mit Captivate geben.

- Verwenden Sie möglichst wenige Objekte pro Folie: Dadurch beschleunigen Sie den Produktionsprozess, da Sie sich weniger auf die Reihenfolge und den zeitlichen Ablauf der einzelnen Objekte konzentrieren müssen. Außerdem werden Ihre Folien übersichtlicher. Wenn Sie eine Folie mit vielen nacheinander erscheinenden Objekten benötigen: Duplizieren Sie diese Folie einfach und verteilen Sie die Objekte auf die duplizierten Folien. Prüfen Sie dabei, ob Sie redundante Inhalte z. B. generelle Hintergründe auf einen oder mehrere Folienmaster auslagern können.
- Verwenden Sie möglichst wenige Folien pro Projekt oder Kapitel: Andernfalls geht der Überblick schnell verloren. Wenn Sie Ihre Projekte möglichst klein (bzw. modular) gestalten, bieten Sie auch Ihren Nutzern die Möglichkeit, die gewünschten Inhalte gezielter auswählen zu können. Gehen Sie immer davon aus, dass auch Ihre Nutzer nur wenig Zeit mitbringen und schnell ans Ziel kommen möchten. Als Richtwert hat sich eine Abspieldauer von 3 bis 5 Minuten pro Kapitel bewährt. Bei umfassenderen Inhalten sollten Sie an eine Aufteilung in mehrere Kapitel oder Projekte denken. Dies geht natürlich – je nach Projekt – nicht immer, sollte aber angestrebt werden. Verknüpfen Sie die modularen Teilprojekte dann z. B. über ein HTML-Menü oder einen Kursraum in Ihrer Lernplattform.
- Erstellen Sie einen Leitfaden, in welchem Sie alle Schritte bei der Erstellung Ihrer Projekte festhalten. Dadurch beschleunigen Sie automatisch den Produktionsprozess und vermeiden Fehler – vor allem, wenn Sie im Team arbeiten. Durch einen Leitfaden wissen Sie immer genau, was zu tun ist. Außerdem erkennen Sie automatisch Optimierungspotenziale in Ihrem Erstellungsprozess. Nebenbei halten Sie Ihre Projekte automatisch konsistent.

6

Multimediale Objekte & Animationen

In diesem Kapitel lernen Sie die verschiedenen multimedialen Objekte in Captivate kennen. Außerdem erfahren Sie, wie Sie Objekte animieren und bewegen können.

Themenübersicht

Übersichtsdatei Multimediale Objekte

Um einen ersten Überblick zu erhalten, empfehle ich Ihnen einen Blick in die Übersichtsdatei *00_Multimediale_Objekte_Uebersicht.cptx* im Ordner *06_Multimediale_Objekte_Animationen*. Spielen Sie diese in der Vorschau (im Webbrowser) ab, um sich die einzelnen Objekte vorführen zu lassen.

Übersicht: Multimediale Objekte im Vergleich

Mit jeder neuen Captivate-Version wachsen die multimedialen Möglichkeiten. Dies führt dazu, dass Ihnen mittlerweile eine beinahe unüberschaubare Anzahl multimedialer Objekte und Animationsmöglichkeiten zur Verfügung steht, deren Einsatzgebiete sich häufig überschneiden. Daher möchte ich Ihnen im Folgenden, je nach gewünschtem Einsatzbereich, einen Überblick geben.

Hinweis: Die Spalte „Besondere Empfehlungen, Schwächen & Alternativen" soll Ihnen kurz gefasst besondere Hinweise für den Praxiseinsatz geben. Diese Hinweise werden Ihnen v. a. dann hilfreich sein, sobald Sie das jeweilige Kapitel bearbeitet haben.

Grundsätzlich ist es vorzuziehen, von Captivate bereitgestellte Mittel zuerst auszureizen, um eine möglichst große Flexibilität bei der Projektbearbeitung zu haben.

Ohne Drittprogramm verwendbare Formate

Objekt / Animationsmöglichkeit	Format	Einsatzbereiche	Besondere Empfehlung, Schwächen & Alternativen
Maus (▶ *Seite 159*)	CUR (Mauszeiger)	Schritte in einer Software-Demonstration visualisieren	-
Textbeschriftung (▶ *Seite 159*)	BMP (Beschriftungsstil)	Texte einfügen	Smartform verwenden, da Beschriftungsstil einer Textbeschriftung auf Bitmap-Bild basiert und innerhalb von Captivate nicht anpassbar ist
Smartform (▶ *Seite 57*)	XML (Form)	Grafiken zeichnen, Texte einfügen, Bildausschnitte / Folienbereiche hervorheben	Umfassend einsetzbar, in Kombination mit Bildfüllungen jedoch vorsichtig einsetzen, da Qualität u. U. schlechter als bei normalem Bild-Objekt
Markierungsfeld (▶ *Seite 160*)	-	Bildausschnitte / Folienbereiche hervorheben	Kann gegenüber Smartform „Äußeren Bereich ausfüllen" - sprich, den Bereich um die Markierung herum abdunkeln. Jedoch nur in rechteckiger Form verfügbar. Für eine freie Form Smartform verwenden

Textanimation (▶ *Seite 161*)	Fast ausschließlich SWF (▶ *Seite 13*)	Texte animieren	Nur „Typing Text" verwenden, da auch in HTML5 lauffähig, ansonsten Textbeschriftungen oder Smartformen mittels Effekten dezent animieren (▶ *Seite 190*)
Zoombereich (▶ *Seite 179*)	-	Ausschnitt aus einem Bild animiert vergrößern	Aufwendig einzustellen, stattdessen Effekt-Funktion Bilder/Objekte vergrößern verwenden
Effekte (▶ *Seite 190*)	XML (Animation)	Objekte animieren	Möglichst immer verwenden, um Objekte zu animieren. Nur wenn Möglichkeiten ausgeschöpft, HTML5- oder GIF-Animationen verwenden

Import-Formate

Objekt / Animationsmöglichkeit	Formate	Einsatzbereiche	Besondere Empfehlung, Schwächen & Alternativen
Bild (▶ *Seite 170*)	JPEG, GIF, BMP, EMF, WMF, PNG, PICT, ICO	Realfotos, aufwendige Grafiken einfügen	Für Photoshop-Dateien PSD-Import, für Grafiken möglichst SVG verwenden
SVG (▶ *Seite 171*)	SVG	Vektorgrafiken einfügen	Neben Smartformen möglichst immer für Grafiken verwenden
HTML5-Animation (▶ *Seite 183*)	ZIP, OAM (Adobe Animate)	Animationen einfügen	Bei MP4-Veröffentlichung nicht unterstützt, nur einsetzen, wenn Animationsmöglichkeiten in Captivate ausgereizt und GIF-Animation nicht sinnvoll
Animation (GIF) (▶ *Seite 188*)	SWF (▶ *Seite 13*), Animiertes GIF	Animationen einfügen	-

Video (Ereignis-/ Folienvideo) (▶ *Seite 236*)	FLV, F4V, AVI, MP4, MOV, 3GP	Videos einfügen	Weitere Möglichkeiten: YouTube-Interaktion, Web-Objekt, um Videos per Einbettungscode zu referenzieren
Web (▶ *Seite 183*)	Weblink, PDF, HTML-Code	Externe Webinhalte einbinden, PDF-Dokumente einbetten, beliebige Inhalte per HTML-Code einfügen	Wenn andere Möglichkeiten ausgeschöpft sind oder Inhalte referenziert werden sollen
Photoshop-Datei (▶ *Seite 433*)	PSD	Realfotos, aufwendige Grafiken einfügen	Wenn Photoshop-Datei mit mehreren Ebenen vorliegt
PowerPoint-Folie (▶ *Seite 426*)	PPT, PPTX	Vollständige PowerPoint-Folien einfügen	Um Tabellen und Diagramme aus PowerPoint zu übernehmen. Umfassende Präsentationen jedoch besser als einzelne Objekte importieren und in Captivate steuern

Mausobjekte

Im Aufnahmemodus Demonstration werden Ihren Projekten automatisch animierte Mausobjekte hinzugefügt. Sie können diese auch nachträglich einfügen oder ändern.

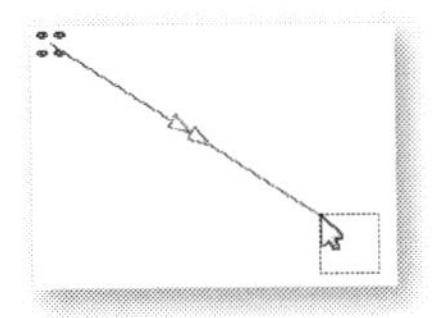

Die Eigenschaften eines Mausobjekts

Objekte > Maus

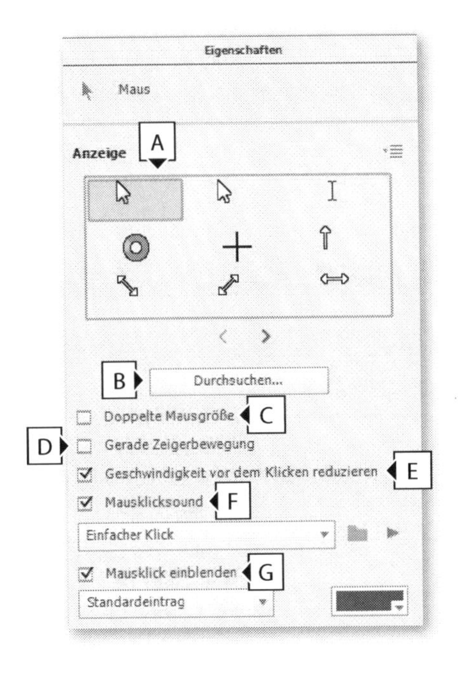

- **A** Wahl des Mauszeigers (aus Ihrem Betriebssystem)
- **B** Wahl eines benutzerdefinierten Mauszeigers
- **C** Mauszeiger auf die doppelte Größe einstellen
- **D** Geraden statt geschwungenen Zeigerpfad verwenden
- **E** Geschwindigkeit des Mauszeigers kurz vor dem Mausklick verlangsamen
- **F** Mausklick akustisch signalisieren
- **G** Mausklick optisch hervorheben

Textbeschriftungen

Mittels Textbeschriftungen können Sie Texte auf Folien platzieren. Diese können entweder in einer Sprechblase oder transparent eingefügt werden. Da die Sprechblasen-Stile jedoch auf einer veralteten Bitmap-Technologie basieren und Sie diese nur mit einem Grafikprogramm extern bearbeiten / erstellen können, verwenden Sie situationsabhängig nur transparente Textbeschriftungen (*Beschriftungstyp* **transparent**) und setzen Sie auf Smartformen, wenn Sie den Text in einer Form oder Sprechblase auf der Folie platzieren möchten (▶ *Seite 57*).

Willkommen zu diesem Tutorial

Text ohne Beschriftungstyp einfügen

Wenn Sie einen „normalen" Text (ohne Beschriftungstyp) einfügen möchten: Wählen Sie den *Beschriftungstyp* **transparent**.

Eigene Textbeschriftungsstile erstellen

Wie Sie eigene Textbeschriftungsstile erstellen und in Captivate verwenden können: ▶ *Weblink 17.1, Seite 12.*

Aufmerksamkeit über Markierungsfelder lenken

Je niedriger Sie die Fülltransparenz (bei eingestellter Option **Äußeren Bereich ausfüllen**) einstellen, desto stärker können Sie die Aufmerksamkeit auf den markierten Bereich lenken.

Die Eigenschaften einer Textbeschriftung

Text > Textbeschriftung

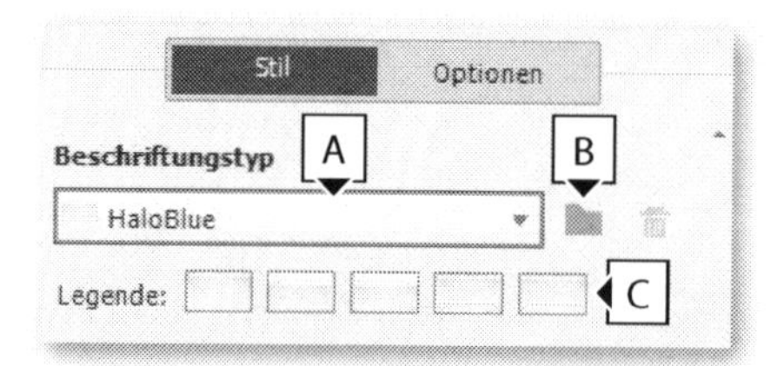

A Auswahl an verschiedenen Beschriftungstypen

B Eigenen Beschriftungsstil auswählen

C Wahl des Legendentyps

Markierungsfelder

Markierungsfelder eignen sich bestens, um den Benutzer auf einen bestimmten Bereich (z. B. in einer Bildschirmaufnahme) zu lenken.

Die Eigenschaften eines Markierungsfelds

Objekte > Markierungsfeld

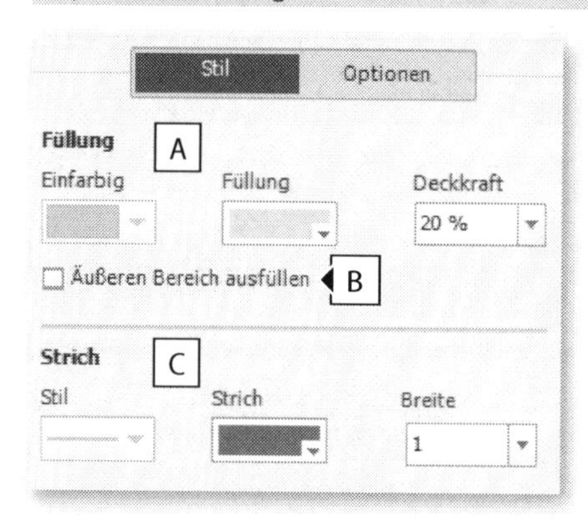

A Füllung (▶ *Seite 65*)

B *Äußeren Bereich ausfüllen*: Wendet die Füllfarbe und -transparenz auf den Bereich außerhalb des Markierungsfelds an

C Strich (▶ *Seite 65*)

Textanimationen

Textanimationen sind Texte, die mit einem speziellen Effekt versehen sind. Sie bieten sich z. B. für Einstiegsfolien oder zur Animation von Texteingaben an.

Beachten Sie: Textanimationen basieren überwiegend auf dem Format SWF. Nur die Animation **Typing Text** ist auch bei der Publikation in HTML5 verwendbar (▶ *Seite 13*).

Die Eigenschaften einer Textanimation

Text > Textanimation

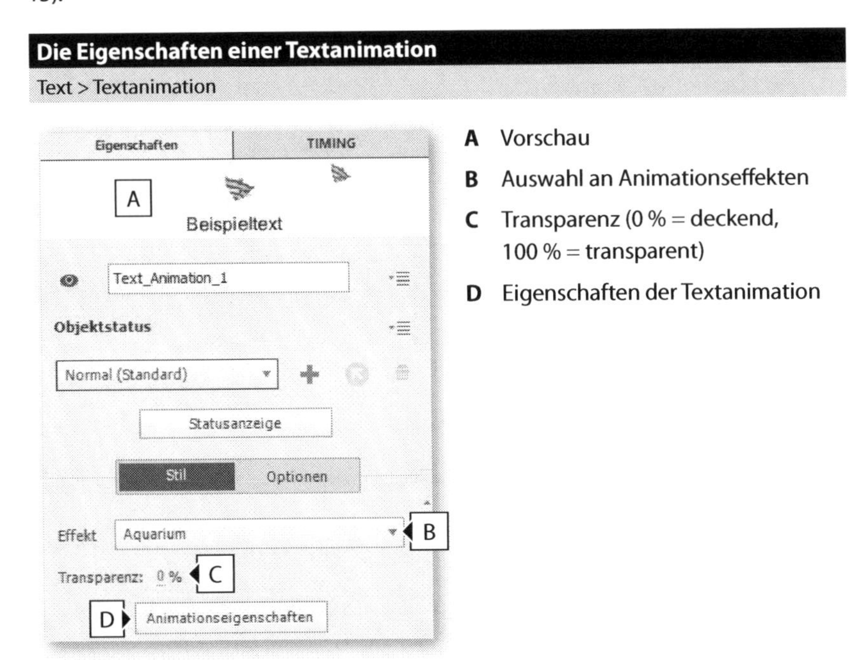

A Vorschau

B Auswahl an Animationseffekten

C Transparenz (0 % = deckend, 100 % = transparent)

D Eigenschaften der Textanimation

Das Fenster Eigenschaften der Textanimation

Text > Textanimation

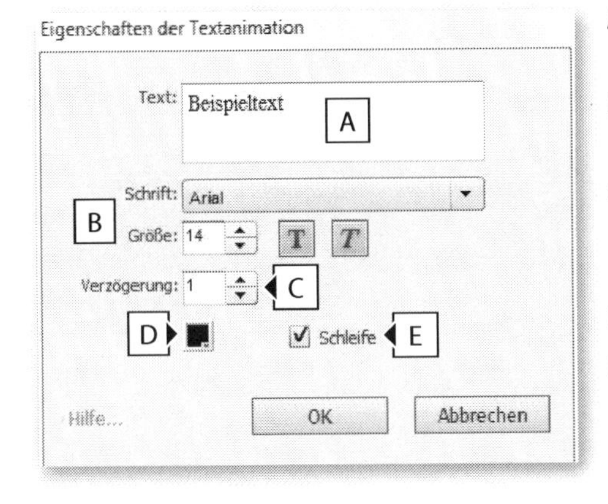

A Text, der animiert werden soll

B Schriftfamilie, -größe und -schnitt

C Verzögerung (je höher der Wert, desto langsamer die Animation)

D Schriftfarbe

E Fortlaufende Wiederholung der Textanimation im Rahmen der Objektlänge

Übung: Simulation in Demonstration wandeln

In der folgenden Übung möchten wir die Objekte Maus, Textbeschriftung, Markierungsfeld sowie Textanimation nutzen, um eine Simulation in eine Demonstration umzuwandeln.

Übung 20 min

- Sie fügen Mausobjekte, Markierungsfelder sowie Textbeschriftungen ein
- Sie passen die Objekte in ihren Eigenschaften an
- Sie ändern die Ebenenreihenfolge von Objekten und optimieren das Timing

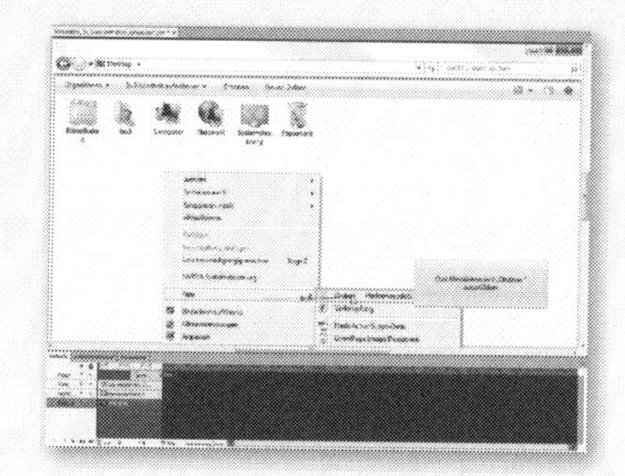

1 Öffnen Sie aus dem Ordner *06_Multimediale_Objekte_Animationen* die Datei *Simulation_in_Demonstration_gewandelt.cptx* (▶ *Seite 12*).

2 Betrachten Sie die Demonstration in der Vorschau.

Sie sehen einen Teilausschnitt einer einfachen Demonstration mit 4 Folien. Diese Demonstration werden wir aus einer Simulation generieren.

3 Öffnen Sie aus dem Ordner *06_Multimediale_Objekte_Animationen* die Datei *Schulungssimulation_wandeln.cptx*.

4 Betrachten Sie die Simulation in der Vorschau. Diese Simulation werden wir nun in eine Demonstration umwandeln.

5 Markieren Sie im Filmstreifen alle Folien des Projekts, rechtsklicken und wählen Sie im Kontextmenü **Maus > Maus einblenden**.

Alle Folien haben jetzt einen Mauszeiger, was Sie auch am Maus-Symbol unterhalb der Folien im Filmstreifen erkennen.

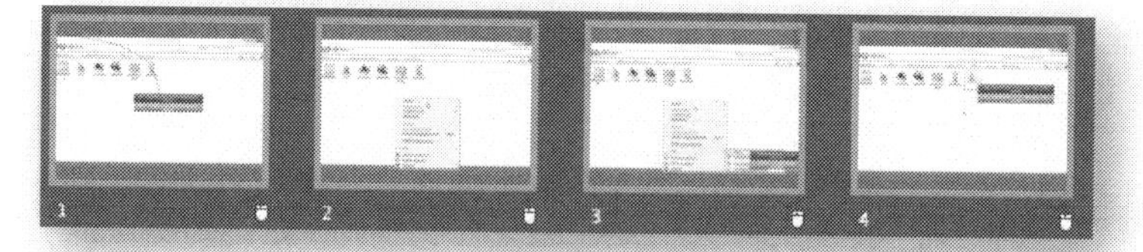

6 Wandeln Sie die Folie in eine Demonstration um:

a Wählen Sie **Folie 1**.

b Fügen Sie ein Markierungsfeld ein: Wählen Sie **Objekte > Markierungsfeld**.

Nun möchten wir den Bildbereich um das Markierungsfeld herum abdunkeln und den Fokus auf die markierte Stelle verstärken.

c Wählen Sie im Bedienfeld *Eigenschaften* im Tab *Stil* im Bereich *Füllung* die Option **Äußeren Bereich ausfüllen**.

d Wählen Sie unter *Füllung* die *Farbe* **Schwarz**.

e Tragen Sie eine *Deckkraft* von **50 %** ein.

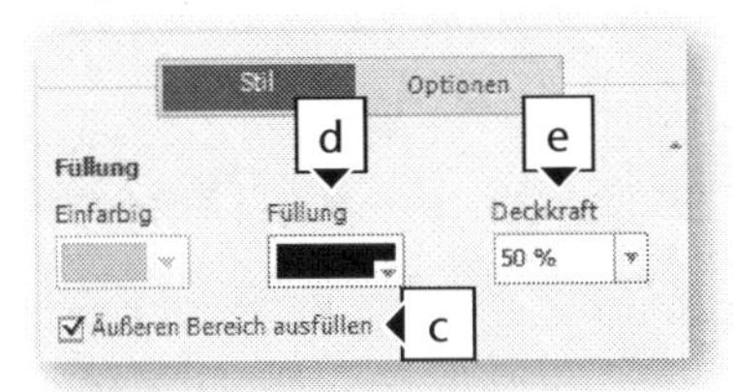

f Klicken Sie unter *Stilname* im Aufklappmenü auf **Änderungen am vorhandenen Stil speichern**.

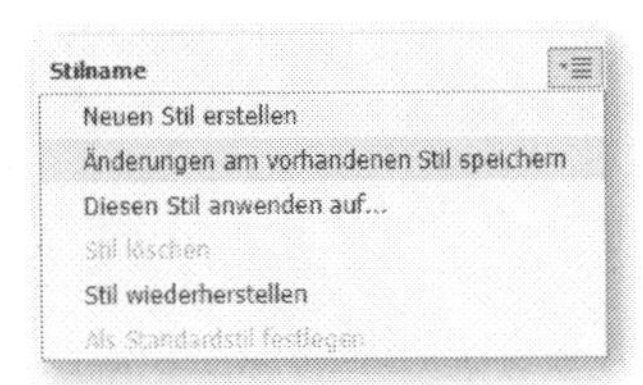

g Vergrößern Sie das Markierungsfeld, sodass es den gesamten zu klickenden Bereich (Desktop-Bereich) abdeckt.

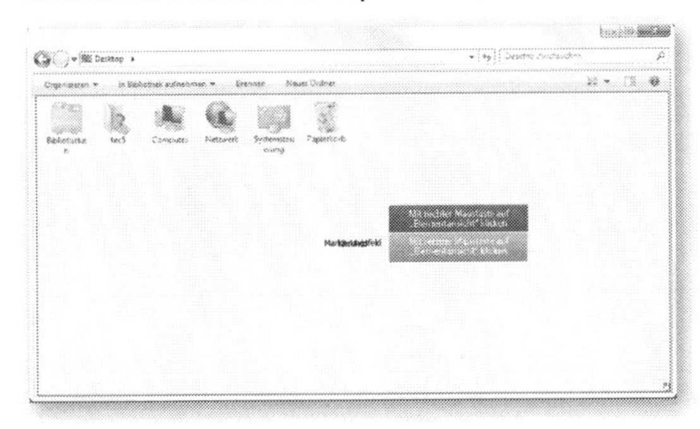

Markierungsfeld ausrichten

In den meisten Fällen können Sie das Markierungsfeld direkt über dem Klickfeld platzieren und auf die dieselbe Größe einstellen. Verwenden Sie dazu die Symbolleiste *Ausrichten* (**Ausrichtung und Größe angleichen**).

h Verschieben Sie das Markierungsfeld in den Hintergrund: Rechtsklicken Sie dazu auf das Markierungsfeld auf der Bühne und wählen Sie **Anordnen > In den Hintergrund**.

i Fügen Sie eine Textbeschriftung ein: Wählen Sie **Text > Textbeschriftung**.

Eine Textbeschriftung wird in der Mitte der Folie eingefügt. Jetzt kopieren wir den Text aus der bestehenden Fehlerbeschriftung in die neue Textbeschriftung.

j Verschieben Sie ggf. die Fehler- sowie Tippbeschriftung des Klickfelds, sodass die Textbeschriftung sichtbar wird.

k Doppelklicken Sie in die Fehlerbeschriftung, markieren Sie den Text und drücken Sie Strg+C (Win) / ⌘+C (Mac).

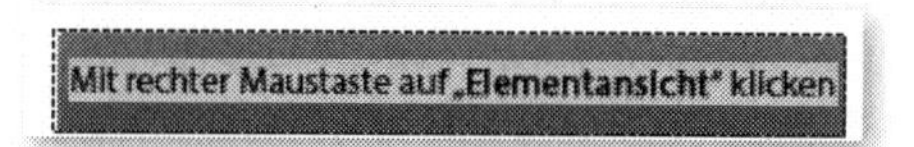

l Doppelklicken Sie in die Textbeschriftung und drücken Sie [Strg]+[V] (Win) / [⌘]+[V] (Mac).

Nun haben Sie den (weißen) Text aus der Fehlerbeschriftung übernommen.

Legendentyp wählen

Wählen Sie je nach Fall einen entsprechenden Legendentyp. Wenn Sie den Benutzer beispielsweise anweisen möchten, auf eine rechts oben platzierte Schaltfläche zu klicken, sollten Sie die *Legende* **2** verwenden.

m Wählen Sie im Bedienfeld *Eigenschaften* der Textbeschriftung unter *Stilname* **Standardstil zum Erfassen der Beschriftung**.

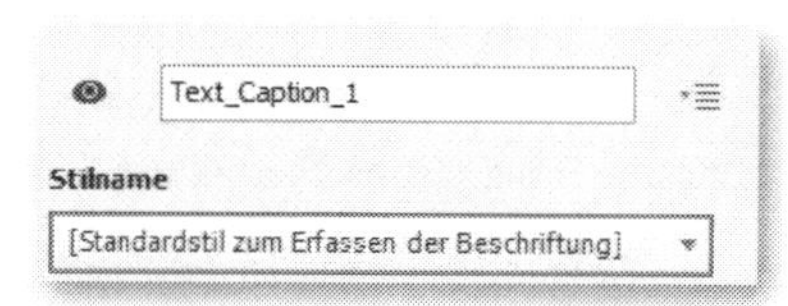

Die Textbeschriftung verwendet jetzt den entsprechenden Text und wir benötigen das Klickfeld samt zugehöriger Beschriftung nicht mehr.

n Löschen Sie das Klickfeld.

Objekte über die Zeitleiste markieren und entfernen

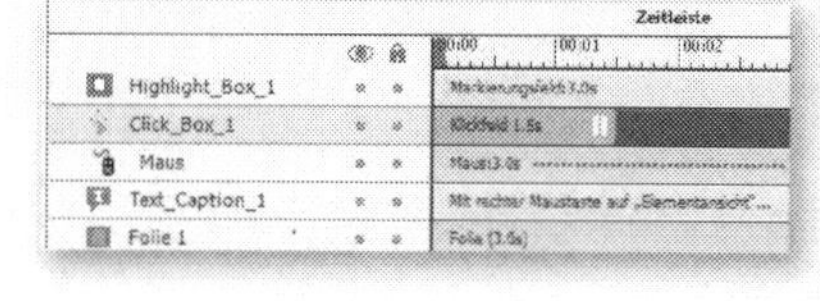

Wenn Sie ein Objekt nicht markieren können, weil es durch andere Objekte überdeckt wird: Markieren Sie das entsprechende Objekt direkt in der Zeitleiste und entfernen Sie es anschließend.

Durch das Löschen des Klickfelds wurden auch Fehler- und Tippbeschriftung entfernt.

Mausbewegung optimieren

Achten Sie darauf, dass die Dauer der Mausbewegung der Länge des Mauspfads entspricht. Andernfalls bewegt sich die Maus zu schnell oder zu langsam. Empfehlung: Die Dauer eines sich bewegenden Mausobjekts sollte nie unter 1,0 Sekunden liegen.

o Markieren Sie die Textbeschriftung und richten Sie diese auf der Folie aus.

Nun müssen wir nur noch die Ebenenreihenfolge der Objekte sowie das Timing anpassen.

p Verschieben Sie das Mausobjekt in der *Zeitleiste* an die oberste Position (= in den Vordergrund).

q Passen Sie das Timing der Maus so an, dass sie bei 1,5 Sekunden beginnt und bis 3,0 Sekunden läuft (Dauer der Mausbewegung = 1,5 Sekunden).

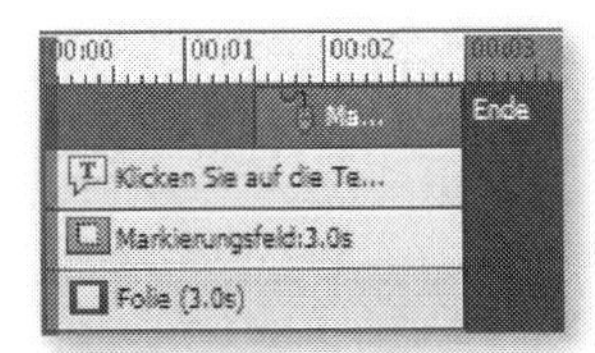

r Testen Sie den aktuellen Stand in der Vorschau (**Vorschau > Nächste 5 Folien**).

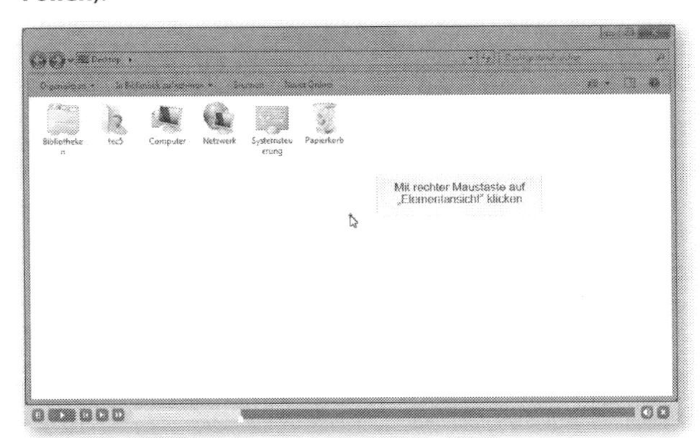

7 Wählen Sie **Folie 2** und verschieben Sie den Mauszeiger auf den Kontextmenüeintrag *Neu* in der Aufnahme.

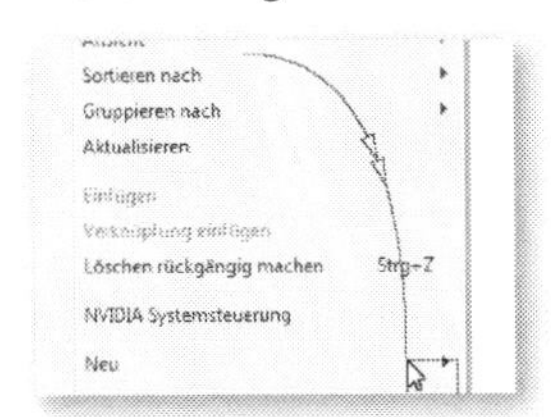

8 Passen Sie das Timing der Maus auch hier an.

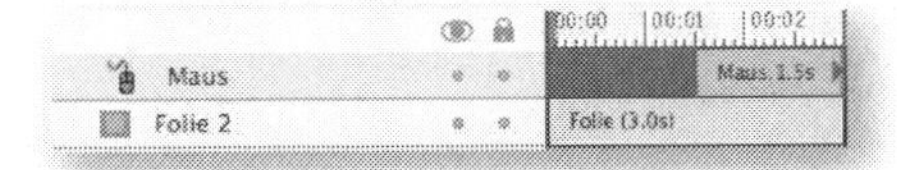

9 Wandeln Sie Folie 3 in eine Demonstration um:

a Kopieren Sie das Markierungsfeld und die Textbeschriftung von Folie 1 auf Folie 3.

b Passen Sie das Markierungsfeld an das Klickfeld an und verschieben Sie es in den Hintergrund.

c Kopieren Sie den Text aus der Fehlerbeschriftung und überschreiben Sie damit den der Textbeschriftung.

d Stellen Sie die Formatierung korrekt ein: Wählen Sie dazu zuerst einen beliebigen anderen Stil und anschließend erneut den Stil **Standardstil zum Erfassen der Beschriftung**.

Wo ist das Klickfeld auf Folie 2?

Im Rahmen einer Simulation kann Captivate nur für Klick- sowie Eingabeaktionen interaktive Objekte erstellen. Daher wurde für den per Mouse-Over aufklappenden Kontextmenü-Eintrag *Neu* kein interaktives Objekt von Captivate erzeugt. Im Rahmen unserer hier daraus generierten Demonstration können wir jedoch ganz einfach die Mausbewegung durch entsprechendes Positionieren des Mauszeigers vorführen. Ergänzend können Sie natürlich auch noch ein Markierungsfeld sowie eine Textbeschriftung einfügen. *Übrigens - für fortgeschrittene Anwender:* Dass Captivate im Rahmen einer Simulation diese Aktion nicht interaktiv umgesetzt hat, bedeutet nicht, dass das technisch nicht möglich wäre. Sie können Rollover-Aktionen mittels des Rollover-Minifolienbereichs einer Rollover-Minifolie nachträglich realisieren (▶ *Weblink 07.3, Seite 12*). Sie können sogar auch Drag-&-Drop mittels der Drag-&-Drop-Interaktion manuell simulieren (▶ *Seite 251*).

e Positionieren Sie das Mausobjekt direkt über dem Klickfeld und richten Sie die Textbeschriftung aus.

f Löschen Sie das Klickfeld.

g Passen Sie wie in Schritt **7o** abschließend die Ebenenreihenfolge in der Zeitleiste an (Maus immer oben) und optimieren Sie das Timing (Maus startet gegen Ende).

10 Testen Sie den Zwischenstand in der Vorschau.

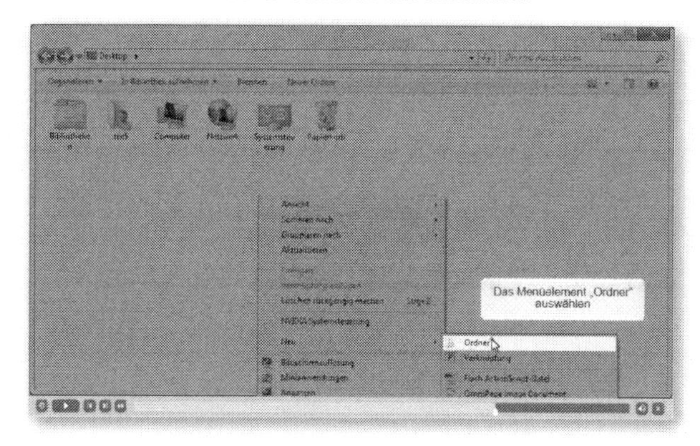

Wie Sie sehen, läuft jetzt fast alles schon von alleine ab – nur die Texteingaben sind noch interaktiv.

11 Wandeln Sie auch Folie 4, die ein Texteingabefeld verwendet, in eine Demonstration um:

a Kopieren Sie die Textbeschriftung von Folie 1 auf Folie 4.

b Kopieren Sie den Textabschnitt „Taste Enter drücken" aus der Fehlerbeschriftung, überschreiben Sie damit den der Textbeschriftung und stellen Sie die Textbeschriftung auf **Standardstil zum Erfassen der Beschriftung** (siehe Schritt **10d**).

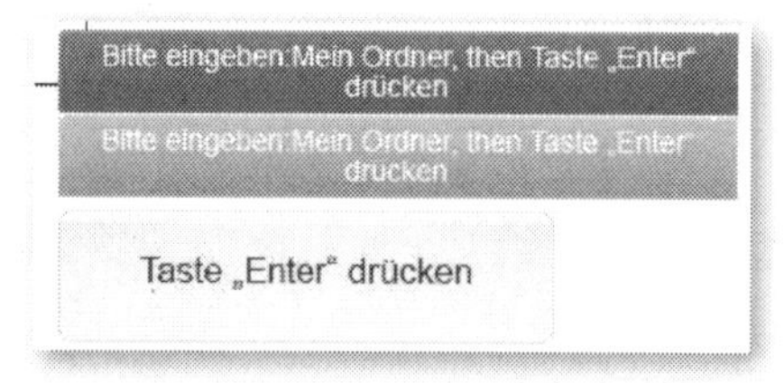

c Löschen Sie das Texteingabefeld.

Durch das Löschen des Texteingabefelds wurden auch Fehler- und Tippbeschriftung entfernt.

d Ziehen Sie eine Smartform des Typs **Rechteck** auf.

e Platzieren Sie die Smartform wie im folgenden Bildschirmfoto gezeigt.

Tipp: Objekte ausrichten

Vergrößern Sie die Folienansicht über die *Menüleiste* auf z. B. **200 %**. So können Sie Objekte genauer platzieren.

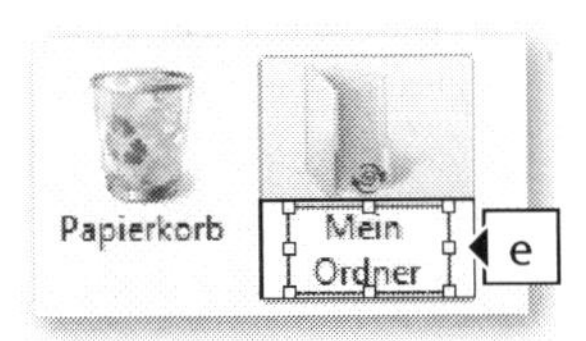

f Wählen Sie im Bedienfeld *Eigenschaften* im Tab *Stil* unter *Füllung* **Einfarbige Füllung**, die Farbe **Weiß** sowie eine Deckkraft von **100 %**.

g Wählen Sie auch unter *Strich* die Farbe **Weiß**.

Die Smartform überdeckt jetzt den (statischen) Text auf der Folie, der in der Demonstration als Animation dargestellt werden soll.

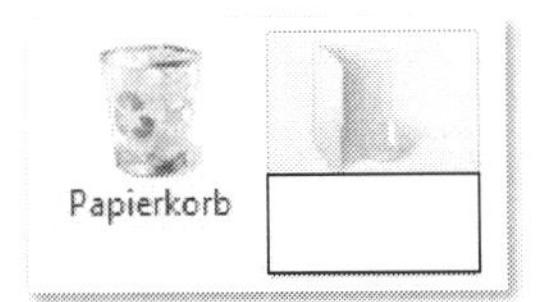

h Fügen Sie eine Textanimation ein: Wählen Sie **Text > Textanimation**.

Das Fenster *Eigenschaften der Textanimation* öffnet sich.

i Tragen Sie unter *Text* „Mein Ordner" ein.

j Wählen Sie unter *Größe* **12 px** und klicken Sie auf **OK**.

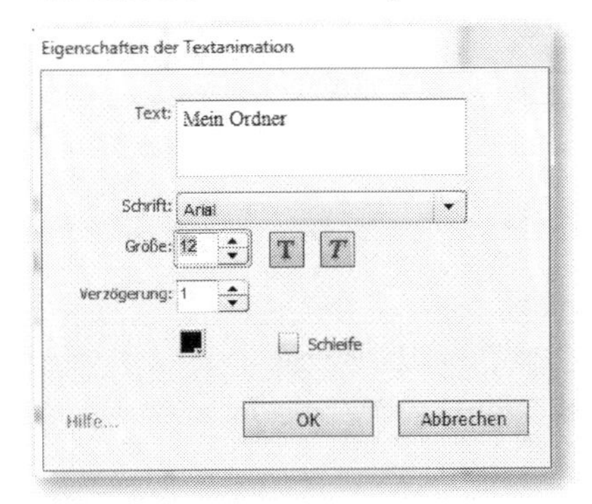

k Wählen Sie in den *Eigenschaften* im Tab *Stil* unter *Effekt* **Typing Text**.

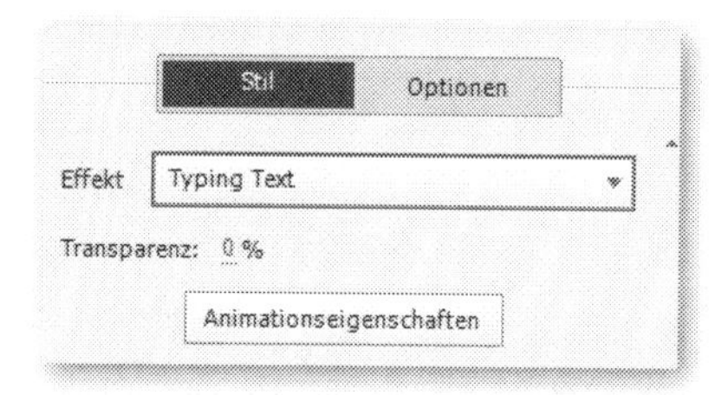

l Platzieren Sie die Textanimation direkt über der Smartform, wie im folgenden Bildschirmfoto gezeigt.

m Markieren Sie in der Zeitleiste die Smartform sowie die Textbeschriftung, rechtsklicken und wählen Sie **Für den Rest der Folie einblenden**.

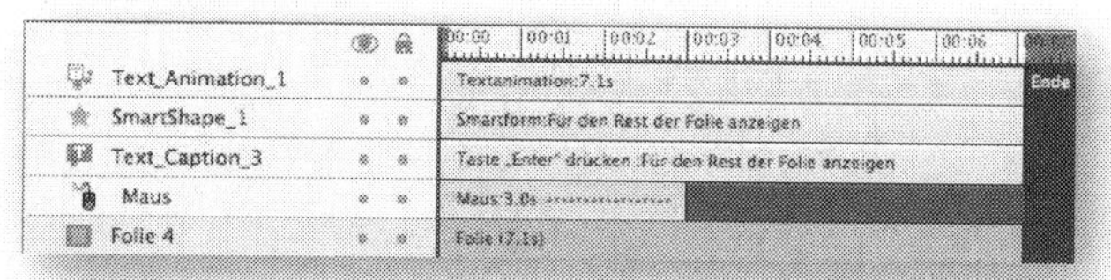

n Passen Sie das Timing der Textbeschriftung an: Markieren Sie die Textbeschriftung und tragen Sie im Bedienfeld *Timing* (**Fenster > Timing-Eigenschaften**) bei *Erscheint nach* **3,6 s** ein.

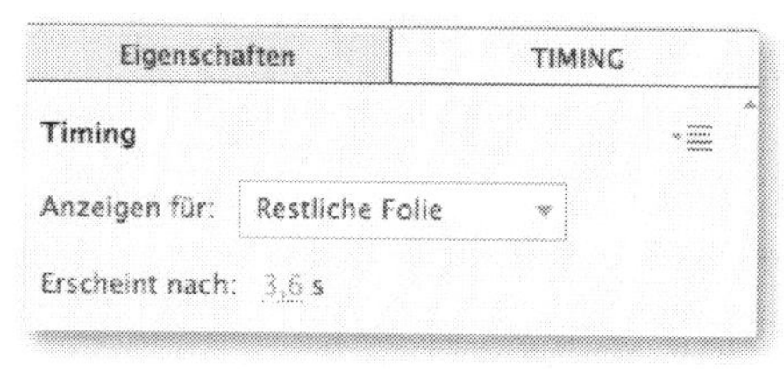

Maus „ruhigstellen"

Wenn Sie auf einer Folie sicherstellen möchten, dass sich die Maus nicht bewegt: Rechtsklicken Sie auf das Mausobjekt und wählen Sie **An vorheriger Folie ausrichten**.

o Rechtsklicken Sie abschließend auf das Mausobjekt und wählen Sie **An vorheriger Folie ausrichten**.

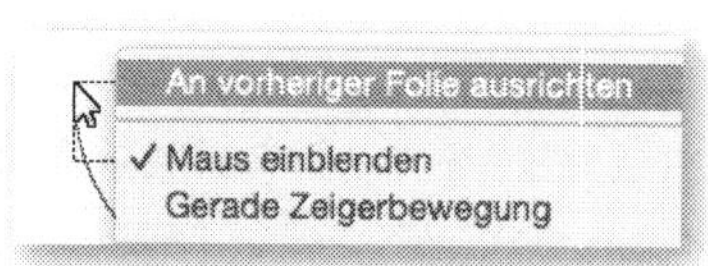

12 Entfernen Sie abschließend die unnötigen Mausklick-Töne sowie -Animationen auf den Folien 2 und 4:

a Wählen Sie **Folie 2** und markieren Sie das Mausobjekt.

b Deaktivieren Sie in den Eigenschaften die Optionen **Mausklicksound** sowie **Mausklick einblenden**.

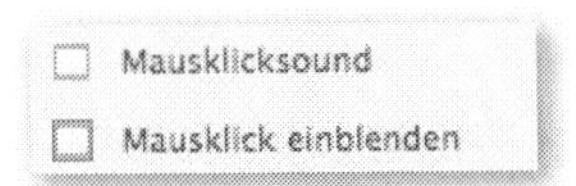

c Wiederholen Sie dies für das Mausobjekt auf Folie 4.

13 Testen Sie das Projekt in der Vorschau.

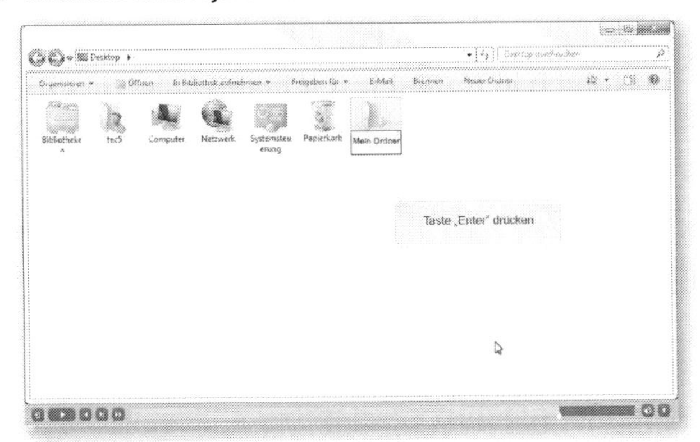

Sie wissen nun, wie Sie Simulationen in Demonstrationen umwandeln können.

Bilder

Sie können in Captivate Bilder importieren, die in den folgenden Formaten vorliegen: SVG (▶ *Seite 171*), JPG / JPEG, GIF, PNG, BMP, ICO, EMF, WMF, PICT, POT, POTX, PSD (▶ *Seite 433*).

Die Eigenschaften eines Bilds

Medien > Bild

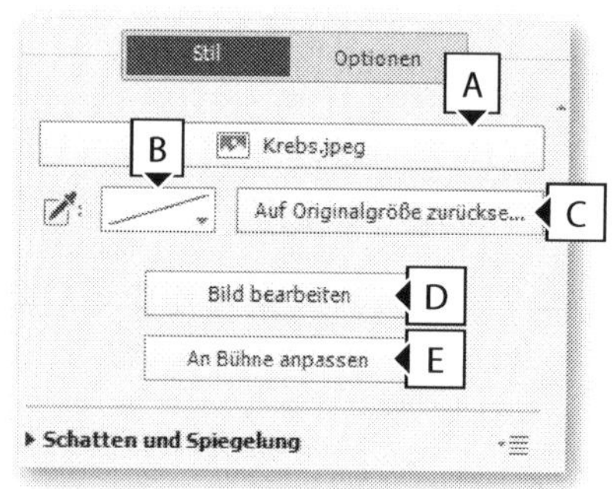

A Bild austauschen (aus der Bibliothek oder dem Dateiverzeichnis)

B Hintergrundfarbe, die transparent werden soll (für Bilder, die keine Transparenz haben und über andere Objekte gelegt werden sollen)

C Bildobjekt zurück auf die Originalgröße setzen (falls das Bild skaliert oder zugeschnitten wurde)

D Bild bearbeiten (▶ *nächster Abschnitt*)

E Bild proportional an die Bühne anpassen

Das Fenster Bild zuschneiden / in der Größe ändern

A Bildbearbeitungsoptionen (*Helligkeit, Schärfe, Kontrast, Transparenz (Alpha), Farbton* und *Sättigung*)

B Bild in Graustufen umwandeln

C Farben des Bilds umkehren

D Bild horizontal / vertikal spiegeln, Bild nach rechts / links drehen

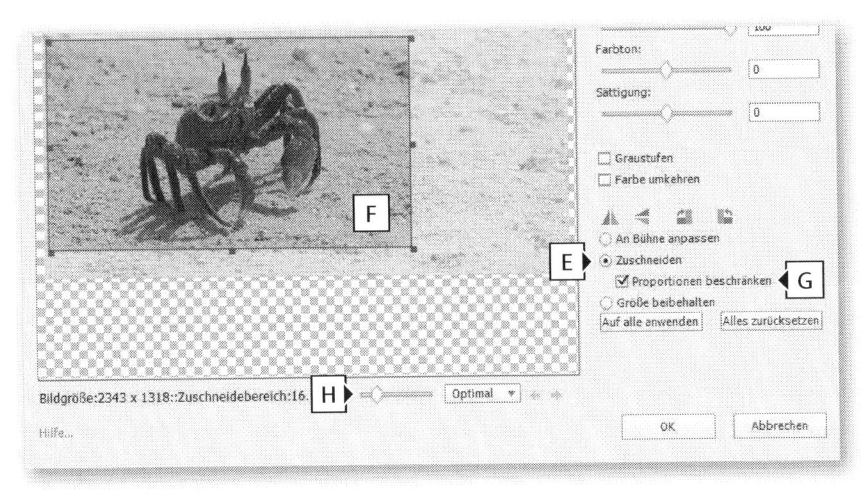

E Bild zuschneiden

F Beim Zuschnitt: Bildausschnitt festlegen

G Beim Zuschnitt die Proportionen beschränken, sodass die Seitenverhältnisse bestehen bleiben

H Vergrößerung der Vorschau einstellen

SVG-Dateien

Neben pixelbasierten Grafikformaten wie JPEG, PNG usw. können Sie auch Vektordaten im Format SVG importieren. Vorteil: Sie können die Inhalte in Captivate beliebig skalieren und auch sicherstellen, dass das veröffentlichte Projekt auf einem Retina-Display mit scharfen Grafiken glänzt. Mithilfe der Schnittstelle zu vektorbasierten Bildbearbeitungstools (z. B. Adobe Illustrator, CorelDRAW) haben Sie die Möglichkeit, SVG-Dateien zu öffnen, zu bearbeiten und abzuspeichern.

Kostenfreie SVG-Dateien

Über diese Weblinks können Sie SVG-Dateien kostenfrei beziehen:
http://iconmonstr.com
https://pixabay.com/de

Was ist SVG?

SVG ist ein Dateiformat zur Beschreibung zweidimensionaler Vektorgrafiken. Vektorgrafische Formate beschreiben Bilder nicht in Pixeln, sondern mittels Objekten, welche auf mathematischen Algorithmen beruhen. Vorteile sind nicht nur eine geringe Dateigröße, sondern auch eine verlustfreie Skalierung. SVG-Dateien sind XML-basiert und können in jedem aktuellen Webbrowser dargestellt werden.

Hier sehen Sie eine SVG-Grafik (links) und ein Pixelbild (rechts) im Vergleich:

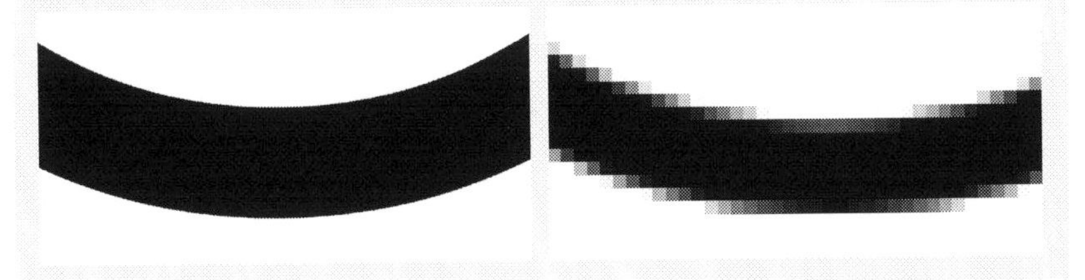

SVG-Dateien an den Begrenzungsrahmen anpassen

Bei dieser Option wird die SVG-Datei an den Begrenzungsrahmen angepasst. Wenn Ihre SVG-Datei kleiner ist als der Begrenzungrahmen und die Grafik andere Proportionen hat, wird die Grafik dabei verzerrt.

Die Eigenschaften einer SVG-Datei

Medien > SVG

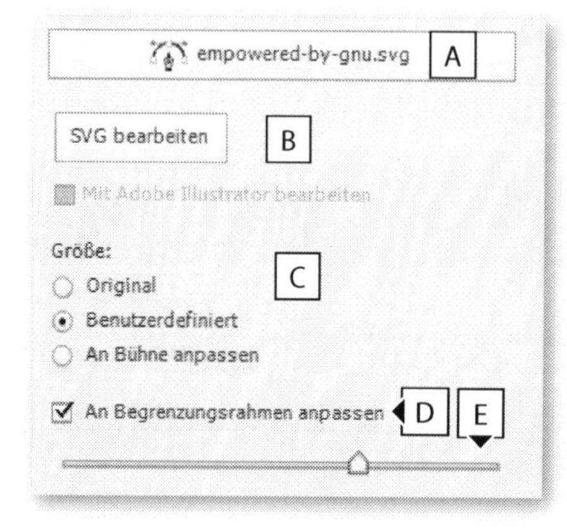

A SVG-Datei austauschen (aus der Bibliothek oder dem Dateiverzeichnis)

B SVG-Datei mit einem vektorbasierten Bildbearbeitungstool editieren

C Größenoptionen (▶ *Seite 176*)

D SVG-Datei an den Begrenzungsrahmen anpassen (▶ *Seite 176*)

E Wenn **D** aktiv: SVG-Datei zoomen

SVG-Dateien in der Bibliothek

In der Bibliothek finden Sie alle SVG-Dateien des Projekts im Ordner *SVG*.

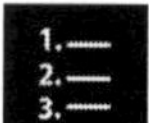

So fügen Sie eine SVG-Datei ein

1 Wählen Sie in der Werkzeugleiste **Medien** > **SVG**.

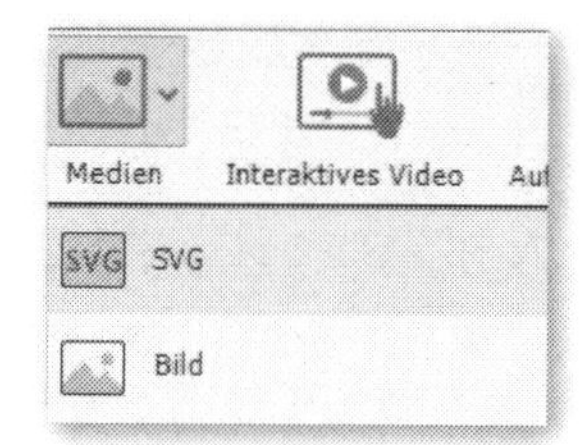

2 Wählen Sie die SVG-Datei und bestätigen Sie die Auswahl mit **Öffnen**.

Die SVG-Datei wird in Ihr Projekt geladen.

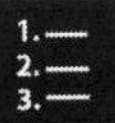

So bearbeiten Sie eine SVG-Datei

Sie haben ein Bildbearbeitungsprogramm installiert, welches mit SVG-Daten arbeiten kann, z. B. Adobe Illustrator oder die freie Software Inkscape.

1 Wählen Sie die zu bearbeitende SVG-Datei aus.

2 Klicken Sie in den *Eigenschaften* im Tab *Stil* auf **SVG bearbeiten**.

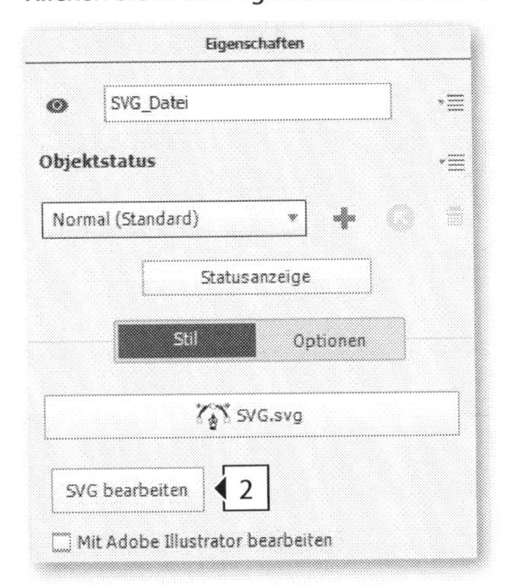

Das Fenster *Öffnen* öffnet sich.

3 Navigieren Sie zum Programmverzeichnis Ihres Systems und wählen Sie das gewünschte Bildbearbeitungsprogramm, z. B. Adobe Illustrator.

4 Klicken Sie auf **Öffnen**.

Die SVG-Datei wird in dem ausgewählten Bearbeitungsprogramm geöffnet.

5 Bearbeiten Sie die SVG-Datei nach Ihren Vorstellungen.

SVG-Dateien mit Adobe Illustrator bearbeiten

In der aktuellsten bei Redaktionsschluss vorliegenden Version 11.0.1.266 macht es keinen Unterschied, ob der Haken bei *Mit Adobe Illustrator bearbeiten* gesetzt ist oder nicht. In jedem Fall müssen Sie zum Verzeichnis von Adobe Illustrator navigieren.

- Unter Win: *\Program Files\Adobe\Adobe Illustrator CC 2018\Support Files\Contents\Windows*
- Unter Mac: */Programme/Adobe Illustrator CC 2018*

6 Speichern Sie die Datei.

7 Schließen Sie das Bearbeitungsprogramm.

Die Änderung wird automatisch in Captivate übernommen.

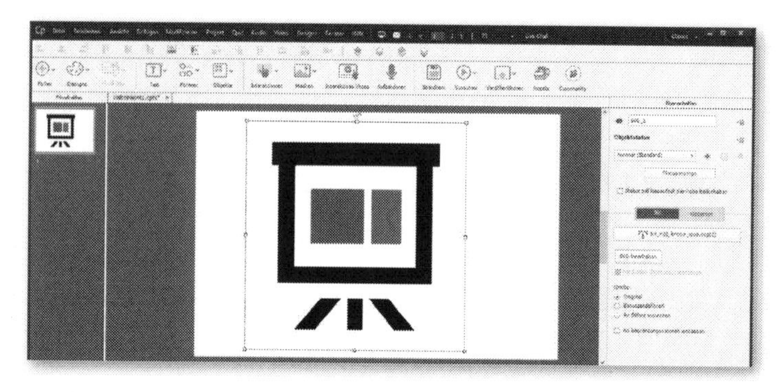

Begrenzungsrahmen vs. Grafikgröße bei SVG-Dateien

Damit Sie optimal mit SVG-Dateien in Captivate arbeiten können, möchte ich Ihnen im Folgenden noch ein paar Hintergrundinformationen zu den Größeneinstellungen von SVG-Dateien geben.

Hierbei sind grundlegend zwei Größen relevant: die Größe des SVG-Dokuments (Gesamt-Höhe und -Breite der Datei; in Adobe Illustrator auch „Zeichenfläche") sowie die Größe der eigentlichen SVG-Grafik (Höhe und Breite des sichtbaren Grafikobjekts).

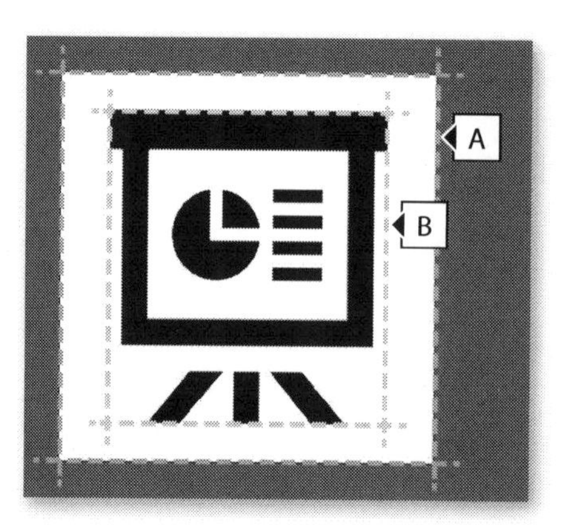

A Größe des Dokuments

B Größe der Grafik

Wenn Sie eine SVG-Datei einfügen, berücksichtigt Captivate beide Größen und stellt die Größe des SVG-Dokuments in Form eines Begrenzungsrahmens dar. Wenn die Größe der Grafik nicht identisch ist mit der Größe des Dokuments, entsteht ein Abstand zwischen Grafik und Begrenzungsrahmen.

Begrenzungsrahmen und Grafikgröße bei SVG-Dateien angleichen

Wenn Sie mit SVG-Dateien arbeiten, deren Grafikgröße kleiner als die Größe des Begrenzungsrahmens (Dokuments) ist, kann es sinnvoll sein, diese Größen anzugleichen. Der Vorteil: Sie können die SVG-Dateien dadurch einfacher zu anderen Objekten in Captivate ausrichten, z. B. über die intelligenten Hilfslinien.

Hierzu stehen Ihnen zwei Wege offen: Zum einen können Sie die Datei in einem externen Bildbearbeitungsprogramm anpassen. In Illustrator beispielsweise wählen Sie dazu das Zeichenflächenwerkzeug (**A**) und passen die Größe des Dokuments (Größe der *Zeichenfläche*) an die Größe der Grafik an.

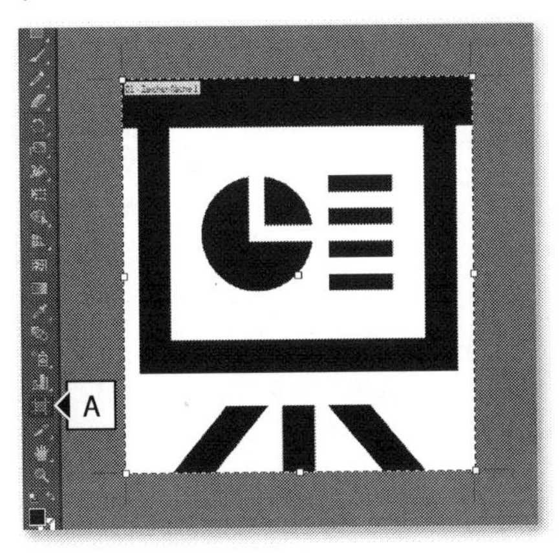

Zum anderen können Sie in Captivate in den *Eigenschaften* im Tab *Stil* die Funktion **An Begrenzungsrahmen anpassen** (**B**) aktivieren.

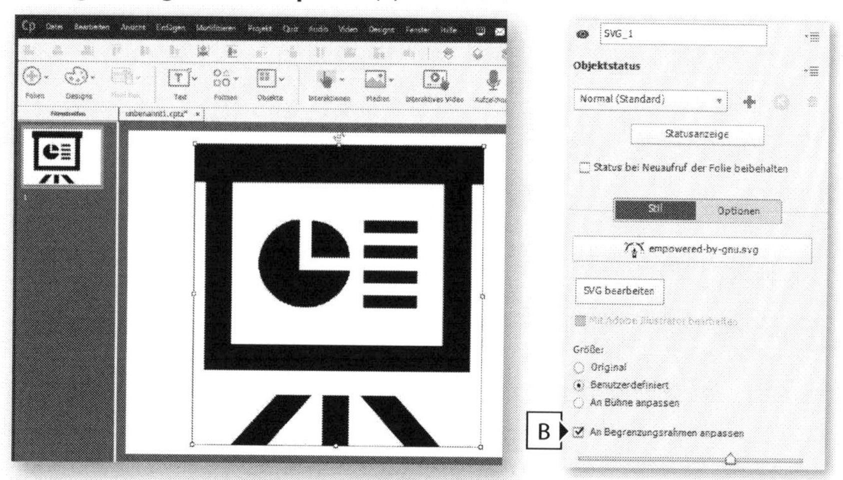

Beachten Sie hierbei jedoch: Wenn die Größe der Grafik und die Größe des Begrenzungsrahmens (Dokuments) nicht proportional gleiche Seitenverhältnisse aufweisen, wird die Grafik verzerrt dargestellt. Um die Verzerrung in Captivate schnell zu entfernen und den Begrenzungsrahmen exakt an die Größe der Grafik anzupassen (ohne Umweg über das externe Bearbeitungsprogramm): Wählen Sie die Option **Original**. Daraufhin passt sich der Begrenzungsrahmen an die Originalgröße an, weist damit die gleichen Seitenverhältnisse wie die Grafik auf und Sie können die Größe der SVG-Datei mit gedrückter Taste ⇧ ohne Entstehung einer Verzerrung beliebig verändern.

Andere Möglichkeit: Ermitteln Sie die Größe der Grafik manuell und tragen Sie diese in den *Eigenschaften* unter *Transformieren* ein. In diesem Fall ist der Weg über das externe Bildbearbeitungsprogramm sinnvoller.

Größenoptionen in den Eigenschaften von SVG-Dateien

In den *Eigenschaften* im Tab *Stil* finden Sie bei einer SVG-Datei die folgenden drei Optionen:

- Sobald Sie den Begrenzungsrahmen manuell auf der Bühne verändern, wird automatisch die Größenoption **Benutzerdefiniert** aktiv.
- Wenn Sie die Option **Original** aktivieren, erscheint das Bild in Originalgröße.
- Wenn Sie die Option **An Bühne anpassen** aktivieren, vergrößert sich das Bild, bis es die gesamte Bühne ausfüllt.

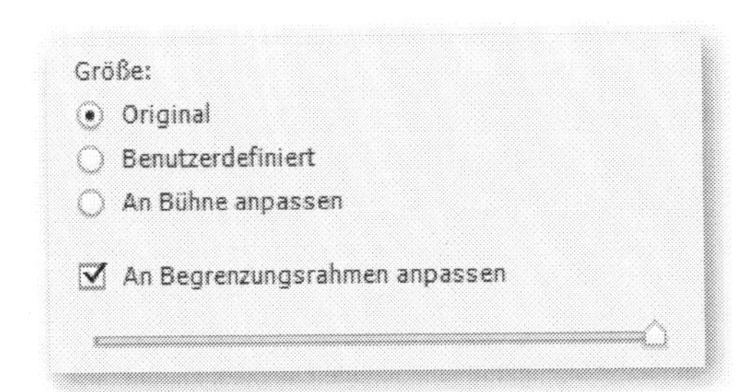

Bei allen drei Optionen bleiben die Proportionen beim Skalieren der SVG-Datei bestehen und das Bild wird korrekt dargestellt, solange die Option **An Begrenzungsrahmen anpassen** deaktiviert ist. Wenn Sie die Option **An Begrenzungsrahmen anpassen** aktivieren, passt sich die Grafik in den Begrenzungsrahmen ein und kann dabei verzerrt werden, sofern Größe der Grafik und Größe des Begrenzungsrahmens nicht dieselben Seitenverhältnisse aufweisen bzw. identisch sind (*siehe vorherigen Abschnitt*).

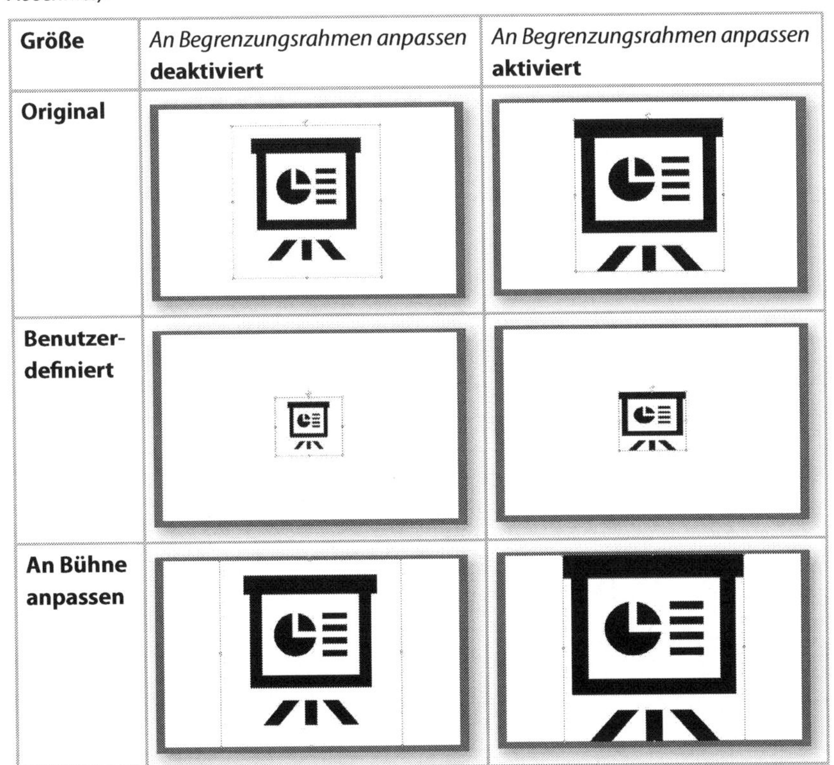

Größe	*An Begrenzungsrahmen anpassen* **deaktiviert**	*An Begrenzungsrahmen anpassen* **aktiviert**
Original		
Benutzer-definiert		
An Bühne anpassen		

Wenn Sie die Option **An den Begrenzungsrahmen anpassen** aktivieren, können Sie die Grafik über den darunter eingeblendeten Schieberegler ein- bzw. auszoomen. Hierbei kann die Grafik von vollständig in den Begrenzungsrahmen eingepasst (= Schieberegler ganz rechts) bis unsichtbar (= Schieberegler ganz links) gezoomt werden. Sie ist dabei stets im Begrenzungsrahmen zentriert und weist dieselben Seitenverhältnisse wie dieser auf.

Fehlerhafte Darstellung von SVGs im Bearbeitungsmodus in Captivate

Wenn SVGs in der Veröffentlichung korrekt, jedoch innerhalb von Captivate während der Bearbeitung von Inhalten nicht korrekt dargestellt werden: Wechseln Sie einfach auf eine andere Folie und wieder zurück. Sollte das nicht helfen: Starten Sie Captivate neu.

Abhilfe bei fehlerhafter Darstellung von SVG-Dateien aus Illustrator

Gelegentlich tritt es auf, dass SVG-Dateien bei der Bearbeitung in Captivate einwandfrei, bei der Veröffentlichung Ihres Projekts in HMTL5 jedoch fehlerhaft oder gar nicht dargestellt werden. Die Lösung liegt im Speicherformat. Speichern Sie SVG-Dateien prinzipiell vor der Verwendung in Captivate wie in den folgenden Schritten beschrieben (erneut) ab:

1 Öffnen Sie die SVG-Datei in Adobe Illustrator.

2 Wählen Sie **Datei > Speichern unter**.

Das Fenster *Speichern unter* öffnet sich.

3 Vergeben Sie gegebenenfalls einen neuen Dateinamen und klicken Sie auf **Speichern**.

Das Fenster *SVG-Optionen* öffnet sich.

4 Falls der Bereich *Erweiterte Optionen* nicht eingeblendet ist, klicken Sie auf **Mehr Optionen**.

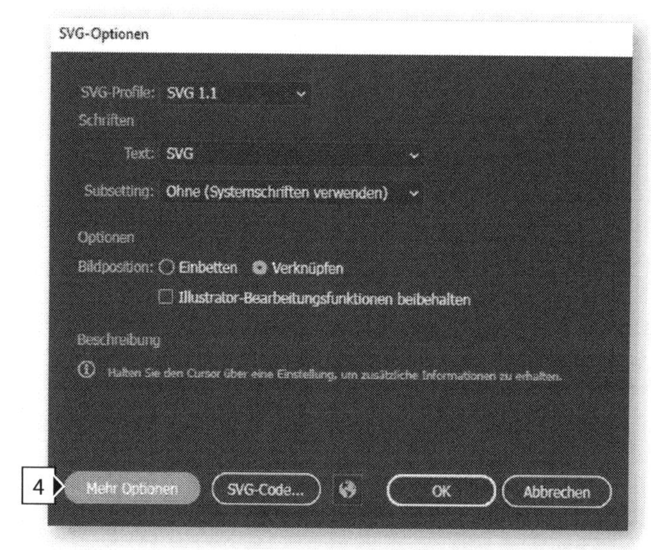

Der Bereich *Erweiterte Optionen* wird eingeblendet.

5 Wählen Sie im Bereich *Erweiterte Optionen* unter *CSS-Eigenschaften* **Präsentationsattribute**.

6 Bestätigen Sie mit **OK**.

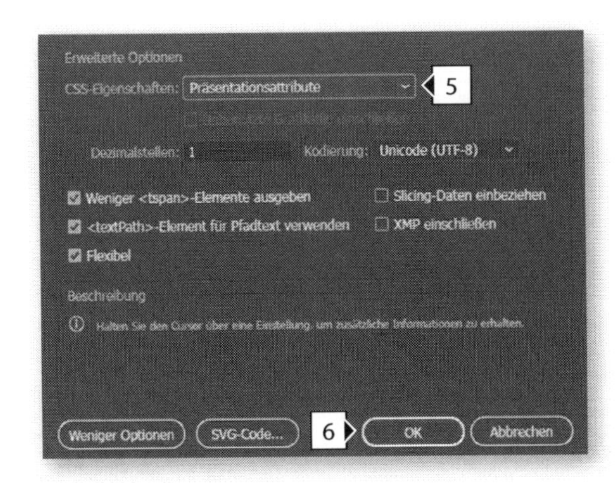

Die SVG-Datei wird im neuen Format gespeichert und kann nun problemlos in Captivate verwendet werden.

Zoombereiche

Mithilfe von Zoombereichen können Sie Objekte auf der Bühne vergrößern. Diese Funktion bietet sich bspw. an, wenn Sie Bildausschnitte, Einstellungen, Schaltflächen oder Symbole vergrößern möchten, damit der Benutzer diese besser erkennt. Ein Zoombereich besteht aus zwei Teilen: dem Objekt *Quelle zoomen*, das den zu vergrößernden Bereich markiert und dem *Zoomziel*, das die Vergrößerung zeigt.

Alternative zu Zoombereichen

Statt mittels Zoombereich einen Teil des Bilds in Form einer „Lupe" zu vergrößern, können Sie alternativ das gesamte Bild per Effekt zoomen. Mehr dazu erfahren Sie im Kapitel *Objektanimation (Effekte)* (▶ *Seite 190*).

Die Eigenschaften einer Zoomquelle (Quelle zoomen)

Objekte > Zoombereich

Das *Eigenschaften*-Bedienfeld des Objekts *Quelle zoomen* ist ähnlich aufgebaut wie das des *Markierungsfelds* (▶ *Seite 160*). Lediglich der Bereich *Schatten und Spiegelung* ist nicht vorhanden.

Die Eigenschaften eines Zoomziels

Objekte > Zoombereich

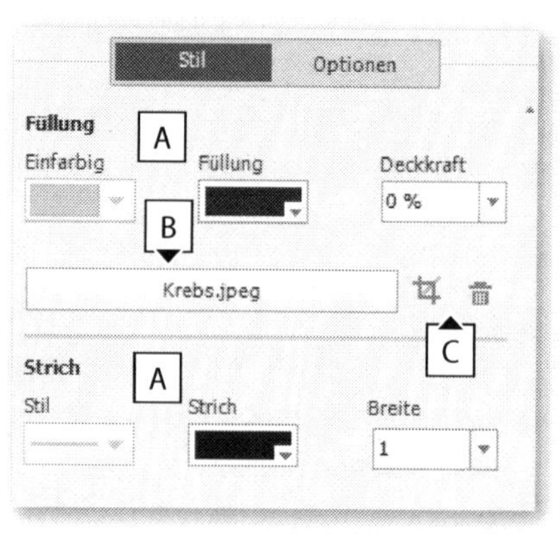

A Füllung und Strich (▶ *Seite 65*)

B Bild wählen, welches statt der Vergrößerung angezeigt werden soll

C Ausgewähltes Bild zuschneiden/löschen

Die Abmessungen eines Bilds im Zoomziel ermitteln

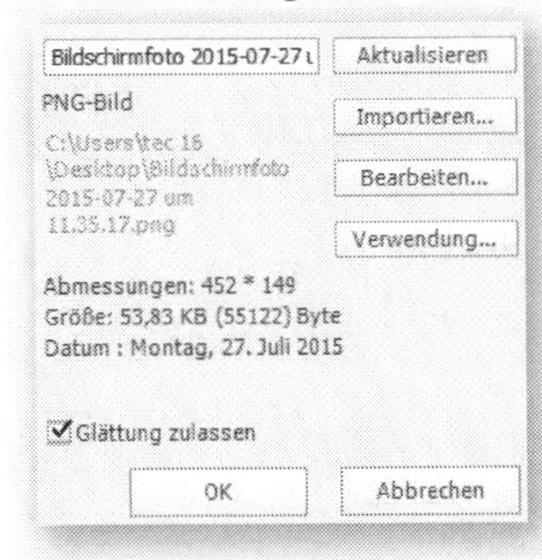

Nachdem Sie ein Bild als Bildfüllung im Zoomziel hinterlegt haben, lassen sich die ursprünglichen Abmessungen nicht mehr direkt ablesen. Um die Proportionen des Zoomziels korrekt einzustellen, können Sie die Abmessungen des Bilds wie folgt ermitteln: Rechtsklicken Sie auf das Bild und wählen **In Bibliothek suchen**. Rechtsklicken Sie in der Bibliothek auf das Bild und wählen **Eigenschaften**. Hier können Sie die Abmessungen des Bilds ablesen.

So fügen Sie einen Zoombereich ein

1. Fügen Sie das Bild ein, welches Sie mit einem Zoomeffekt versehen möchten (**Medien > Bild**).
2. Wählen Sie **Objekte > Zoombereich**.
3. Platzieren Sie das Objekt *Quelle zoomen* auf dem Bereich, den Sie zoomen möchten.

4. Stellen Sie ein hochauflösendes Bild als *Zoomziel* ein:

   a Markieren Sie das *Zoomziel*.

   b Klicken Sie in den *Eigenschaften* im Tab *Stil* unter *Füllung* auf **Neues Bild hinzufügen**.

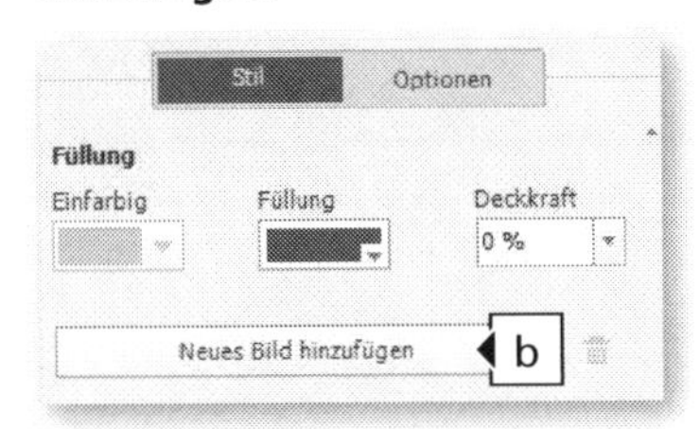

   Das Fenster *Bild aus Bibliothek auswählen* öffnet sich.

   c Klicken Sie auf **Importieren**.

Qualität des Zooms

Selbst wenn Sie ein hochauflösendes Bild einfügen, auf dem Sie den Zoombereich platzieren, zeigt das Zoomziel stets nur eine Vergrößerung in reduzierter Bildqualität. Daher sollten Sie grundsätzlich ein hochauflösendes Bild selbst mit einem Bildbearbeitungsprogramm erzeugen und als Zoomergebnis vorgeben - wie in den nebenstehenden Schritten beschrieben.

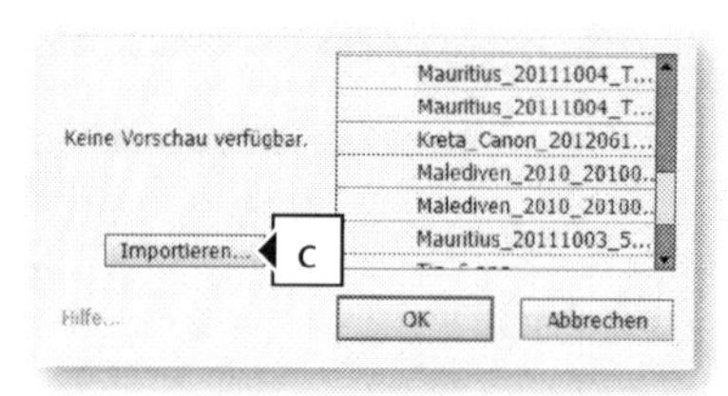

d Wählen Sie das gewünschte Bild und klicken Sie auf **Öffnen**.

Das Bild wird in die vorgegebenen Größe des Zoomziels eingefügt und damit in den meisten Fällen verzerrt.

5 Ermitteln Sie die Größe des als Zoomziel festgelegten Bilds:

a Rechtsklicken Sie auf das Zoomziel.

b Wählen Sie **In Bibliothek suchen**.

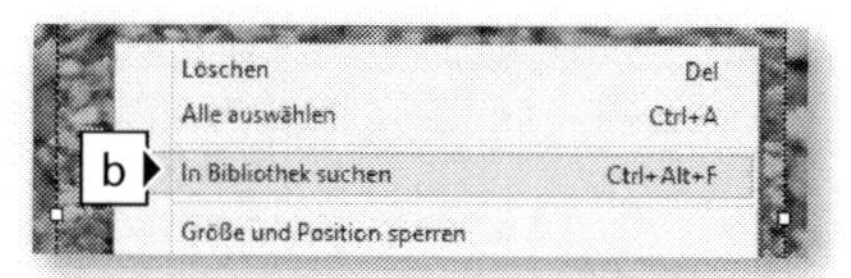

c Rechtsklicken Sie auf das in der Bibliothek markierte Bild und wählen Sie **Eigenschaften**.

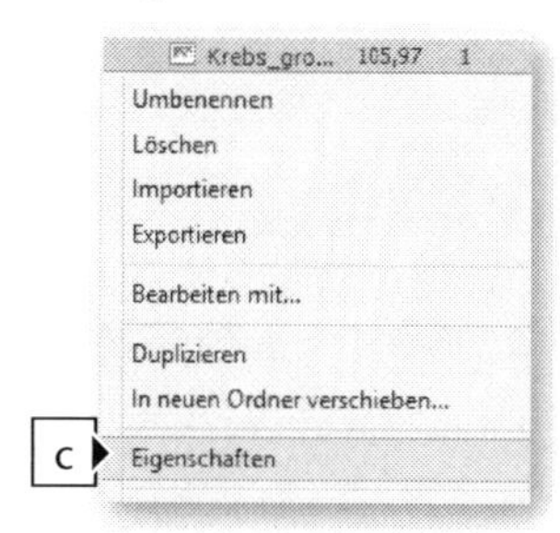

Unter dem Punkt *Abmessungen* können Sie die Größe in Pixel ablesen.

6 Passen Sie die Proportionen des *Zoomziels* an:

a Markieren Sie das Zoomziel.

b Deaktivieren Sie in den *Eigenschaften* im Tab *Optionen* die Funktion **Proportionen beschränken**.

c Stellen Sie manuell Breite und Höhe des Zoomziels auf die über die Bibliothek abgelesenen Werte des importierten Bilds ein.

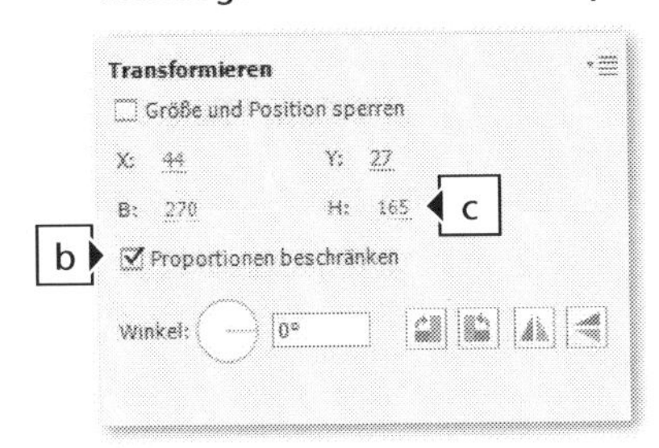

d Skalieren Sie das *Zoomziel* proportional mit gedrückter Taste ⇧ auf die gewünschte Größe und positionieren es auf der Bühne.

7 Stellen Sie im Bedienfeld *Timing* die Animation des Zoombereichs ein:

a Stellen Sie ein, nach wie vielen Sekunden das Objekt *Quelle zoomen* erscheint.

b Stellen Sie die Zoomdauer ein.

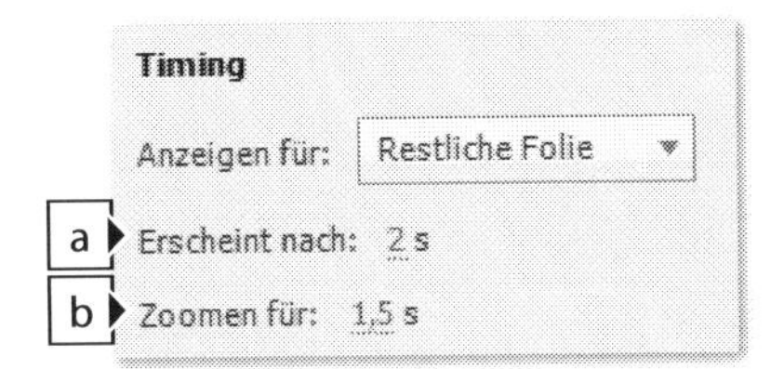

Sie wissen nun, wie Sie einen Zoombereich mit hochauflösendem Zoomziel definieren können und dessen Timing anpassen.

Zoombereich über die Zeitleiste einstellen

Sie können in Captivate die Animation eines Zoombereichs ganz leicht über die Zeitleiste einstellen und somit den Start, die Geschwindigkeit, als auch die Anzeigedauer steuern. Wenn Sie den Start sowie das Ende des Zoombereichs definieren möchten: Fahren Sie in der Zeitleiste mit der Maus über den Start- bzw. Endpunkt des Objekts *Zoombereich* und verschieben Sie diesen an den Punkt der Zeitleiste, an dem der Zoombereich ein- bzw. ausblenden soll. Wenn Sie einstellen möchten, wann die Zoomphase beendet sein soll und zugleich die Geschwindigkeit regeln möchten: Fahren Sie mit der Maus über die Trennlinie des Objekts *Zoombereich* und verschieben Sie die Trennlinie nach hinten, um z. B. den Zoomvorgang zu verlangsamen.

Web-Objekte & HTML5-Animationen

Über **Objekte > Web** können Sie Webinhalte (lokal oder aus dem Internet), HTML5-Animationen sowie PDF-Dateien direkt in Folien Ihres Projekts einbetten. Dies eröffnet Ihnen eine Fülle an Möglichkeiten und Funktionen in Ihren Kursen. So können Sie z. B. externe Webseiten, Animationen oder Web-Applikationen (z. B. einen Taschenrechner) direkt in Ihre Kurse integrieren – ohne den Lerner aus dem E-Learning herauszuführen. Interessant sind hier auch Überlegungen, multimediale Inhalte (wie z. B. Bilder, Texte oder Videos) in den Kurs zu referenzieren, statt diese in Captivate zu erstellen – denn der Vorteil liegt auf der Hand: Sie können diese Inhalte pflegen, ohne Captivate öffnen und den Kurs neu publizieren zu müssen. Dies bietet sich insbesondere bei sehr schnelllebigen Informationen an oder wenn Inhalte tagesaktuell gezeigt werden sollen.

Übersichtsdatei Web-Objekte

Einen Überblick darüber, welche Inhalte Sie per Web-Objekt einbinden können, erhalten Sie in der Übersichtsdatei *00_Web-Objekte_Uebersicht.cptx* im Ordner *06_Multimediale_Objekte_Animationen*.

Skalierung von HTML5-Animationen

Über die Größe des Objekts steuern Sie rein die Größe des Anzeigebereichs. Ob die Animation dann in Form eines Zuschnitts dargestellt wird oder entsprechend der Objektgröße skaliert, hängt von der Animation selbst ab. Sie müssen also beim Erstellen der Animation definieren, ob die Animation responsiv sein soll oder nicht. In Captivate selbst können Sie dieses Verhalten nicht mehr beeinflussen.

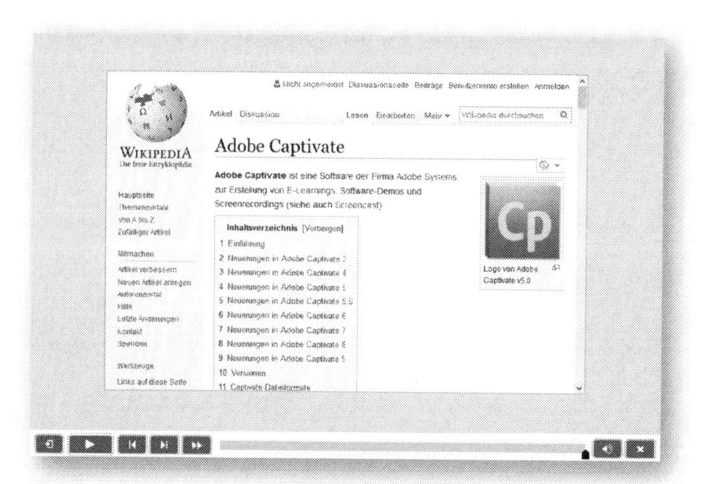

Wenn Sie HTML5-Animationen importieren (über **Objekte > Web** oder **Medien > HTML5**): Captivate übernimmt hierbei sowohl mit Adobe Animate CC erstellte HTML5-Animationen als Animate-Bereitstellungspaket (oam-Datei), als auch als ZIP-Datei verpackte und mit einem beliebigen Tool erstellte HTML5-Animationen.

Beachten Sie bei der Konzeption Ihrer Captivate-Lernseiten sowie Ihrer HTML5-Animationen, dass Web-Objekte / HTML5-Animationen stets im Vordergrund (Ebenenreihenfolge) liegen und nur durch andere Web-Objekte / HTML5-Animationen überlagert werden können – jedoch nicht durch andere Captivate-Objekte.

Die Eigenschaften eines Web-Objekts / einer HTML5-Animation

Objekte > Web / Medien > HTML5-Animation

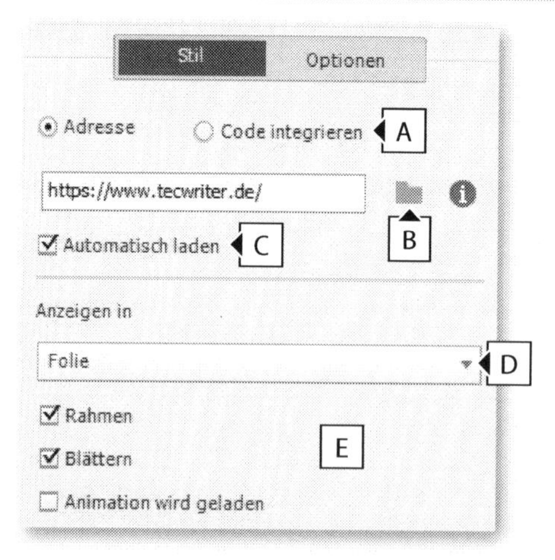

A URL (lokal oder im Internet) oder HTML-Code eingeben

B Wenn **Adresse** gewählt ist: Lokale HTML-Seite (ZIP-Datei) oder PDF einbetten

C Webinhalt / HTML5-Animation automatisch laden

D Webinhalt / HTML5-Animation auf Folie / in neuem Browserfenster anzeigen

E Wenn unter *Anzeigen in* **Folie** (**D**) gewählt ist: Rahmen anzeigen, Scrollen erlauben und / oder Animation anzeigen, während der Webinhalt / die HTML5-Animation geladen wird

Wenn unter *Anzeigen in* **Neues Browserfenster** (**D**) gewählt ist: Fenstergröße einstellen

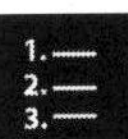

So fügen Sie ein Web-Objekt ein

1. Markieren Sie die Folie, auf der Sie das Web-Objekt einfügen möchten.
2. Wählen Sie **Objekte > Web**.

   Ein Web-Objekt wird auf der aktuellen Folie eingefügt.
3. Wählen Sie im Bedienfeld *Eigenschaften* im Tab *Stil* **Adresse** oder **Code integrieren** und tragen die gewünschte Webadresse oder den HTML-Code ein (z. B. „http://www.tecwriter.de“) oder wählen Sie über das **Ordner-Symbol** eine lokale PDF- oder ZIP-Datei (als ZIP gepackte HTML-Seite).
4. Wenn Sie möchten, dass der Inhalt des Web-Objekts automatisch geladen wird, aktivieren Sie die Option **Automatisch laden**. Andernfalls wird das Objekt erst nach Klick durch den Benutzer geladen.

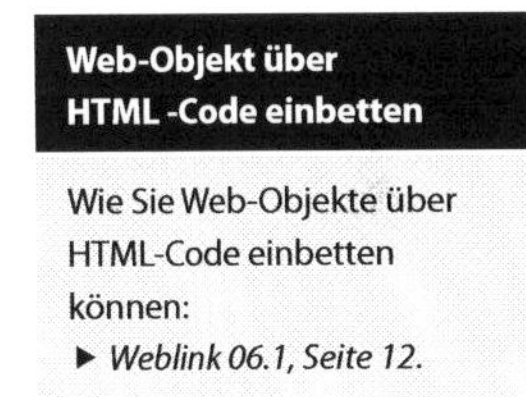

Web-Objekt über HTML -Code einbetten

Wie Sie Web-Objekte über HTML-Code einbetten können:

▶ *Weblink 06.1, Seite 12.*

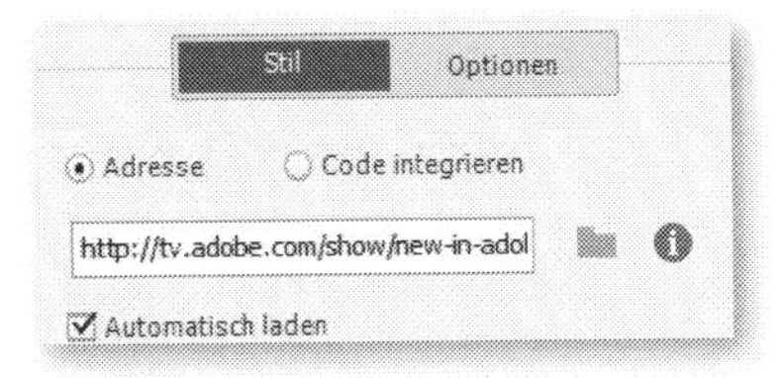

5. Wählen Sie unter *Anzeigen in* **Folie**.
6. Aktivieren Sie je nach Anwendungsfall die Optionen **Rahmen**, **Blättern** und **Animation wird geladen**.

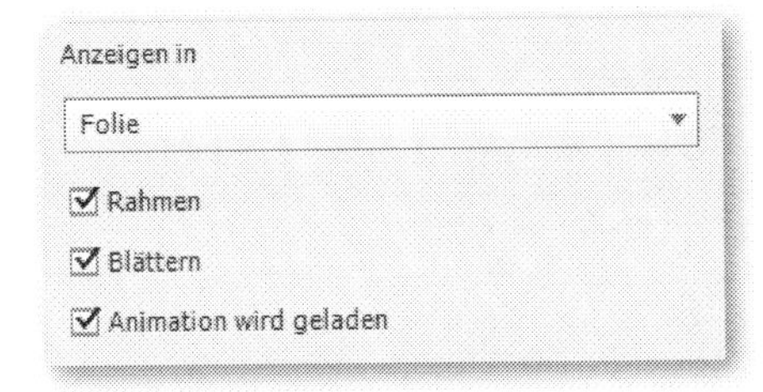

7. Platzieren Sie das Web-Objekt.
8. Betrachten Sie Ihr Projekt in der Vorschau: Wählen Sie **Vorschau > Im Browser** oder **HTML5 im Browser**.

Sie wissen nun, wie Sie ein Web-Objekt in eine Folie einbetten können.

Übung: HTML5-Animation einfügen

Im Rahmen dieser Übung lernen Sie, wie Sie eine HTML5-Animation einfügen und konfigurieren.

Übung 5 min

1 Öffnen Sie aus dem Ordner *06_Multimediale_Objekte_Animationen* die Datei *HTML5_Ziel.cptx* (*▶ Seite 12*) und wählen Sie **Vorschau > HTML5 im Browser**.

Auf der Titelfolie wird eine HTML5-Animation abgespielt. Diese möchten wir in dieser Übung einfügen.

2 Öffnen Sie aus dem Ordner *06_Multimediale_Objekte_Animationen* die Datei *HTML5_Ausgang.cptx*.

3 Platzieren Sie die HTML5-Animation auf der ersten Folie:

a Wählen Sie **Medien > HTML5-Animation**.

b Öffnen Sie aus dem Ordner *00_Assets\Animationen* die Datei *Animation_Intro_Gerste.oam*.

Die HTML5-Animation wird auf der Folie eingefügt.

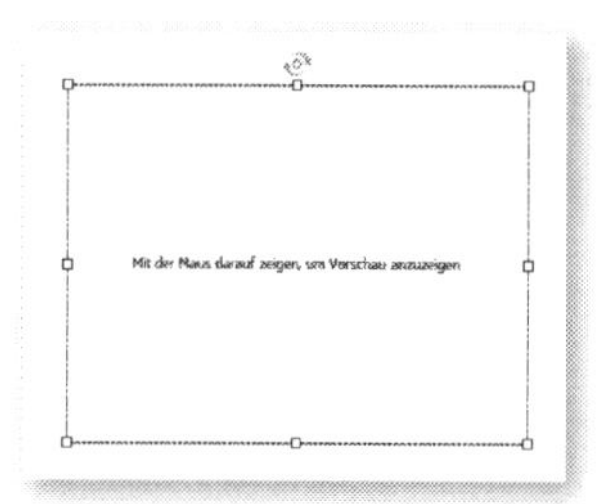

c Positionieren und vergrößern Sie die Animation so, dass sie die gesamte Folie einnimmt.

Passen Sie die Eigenschaften der HTML5-Animation an: Stellen Sie sicher, dass im Bedienfeld *Eigenschaften* im Tab *Stil* unter *Anzeigen in* **Folie** gewählt ist und deaktivieren Sie die Optionen **Rahmen**, **Blättern** und **Animation wird geladen**.

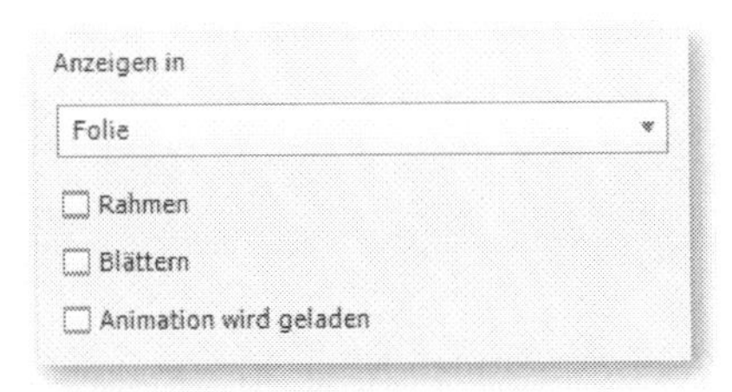

4 Lassen Sie das Objekt für die komplette Dauer der Folie anzeigen:

   a Markieren Sie die Animation in der Zeitleiste.

   b Rechtsklicken Sie und wählen Sie die Option **Für den Rest der Folie einblenden**.

5 Testen Sie das Projekt in der Vorschau: Wählen Sie **Vorschau > HTML5 im Browser**.

Sie wissen nun, wie Sie eine HTML5-Animation einfügen und konfigurieren können.

GIF-Animationen

Sie können in Captivate neben HTML5-Animationen (▶ *Seite 183*) auch GIF-Animationen einfügen.

Die Eigenschaften einer Animation

Medien > Animation

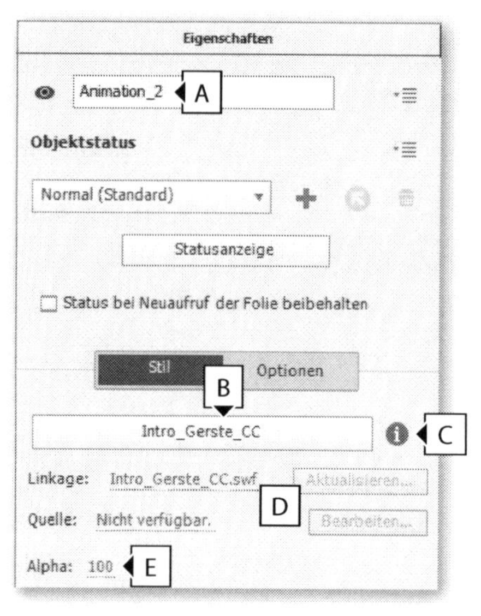

A Name der Animation

B Animationsdatei austauschen (aus der Bibliothek oder dem Dateiverzeichnis)

C Informationen über die Animation (z. B. Höhe, Breite, Dauer)

D Nur bei SWF-Animationen (▶ *Seite 13*)

E Transparenz festlegen (0 = transparent, 100 = voll sichtbar)

Die Timing-Eigenschaften einer Animation

Fenster > Timing-Eigenschaften

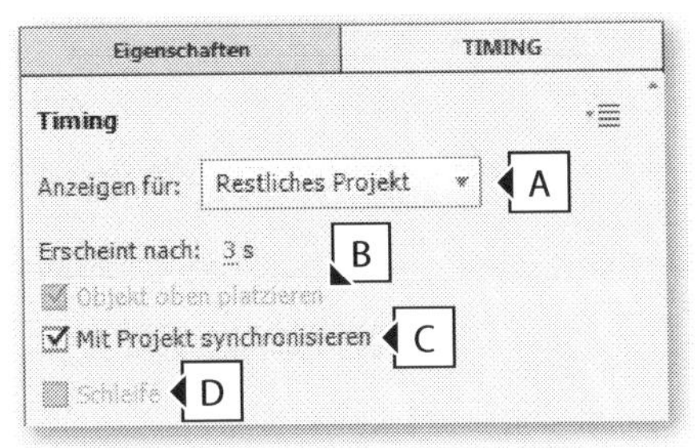

A Timing-Einstellungen (▶ *Seite 44*)

B Wenn unter **A** die Option **restliches Projekt** gewählt ist: Animation immer im Vordergrund anzeigen

C Die Abspielgeschwindigkeit der Animation mit dem Projekt synchronisieren

D Animation fortlaufend wiederholen

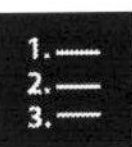

So fügen Sie eine GIF-Animation ein

1. Wählen Sie **Medien > Animation**.
2. Navigieren Sie zu Ihrer gewünschten GIF-Animation.
3. Klicken Sie auf **Öffnen**.
4. Passen Sie die Timing-Einstellungen an: Wenn Sie das Objekt länger anzeigen möchten: Verlängern Sie die Anzeigedauer in der *Zeitleiste*. Wenn Sie die Animation in der Schleife abspielen möchten: Aktivieren Sie im Bedienfeld *Timing* die Option **Mit Projekt synchronisieren**.

Sie wissen nun, wie Sie eine GIF-Animation einfügen und das Timing anpassen.

Beispielanimation im GIF-Format

Sie finden in den Übungsdateien im Ordner *00_Assets\ Animationen* beispielhaft eine GIF-Animation.

?

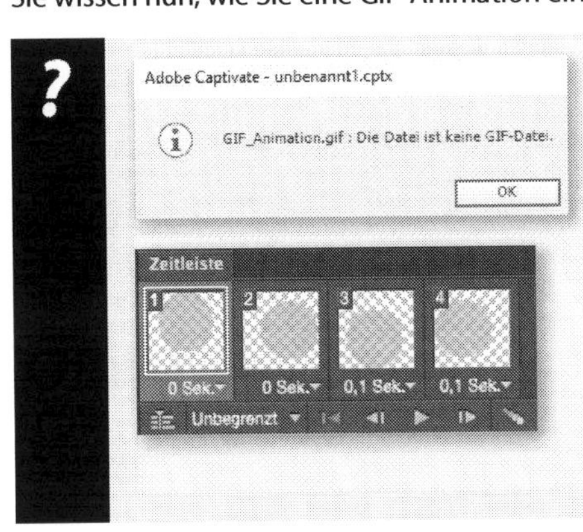

Wenn Sie eine GIF-Animation mit Adobe Photoshop erstellt haben und Captivate meldet, dies sei keine GIF-Datei: Stellen Sie sicher, dass es sich um eine richtige GIF-Animation handelt (nicht nur ein GIF-Bild), mindestens 2 Animationsbilder vorhanden sind, die sich (in Form oder Position) unterscheiden und eine Verzögerung von mindestens 0,1 Sekunden eingestellt ist.

Übersichtsdatei: Effekte

Im Ordner *06_Multimediale_Objekte_Animationen* zeigt Ihnen die Datei *00_Animationseffekte_Uebersicht.cptx* beispielhaft verschiedene in Captivate erstellte Animationen. Öffnen Sie doch gleich das Projekt und lernen Sie die verschiedenen Effekte in der Vorschau kennen.

Objektanimation (Effekte)

Im Bedienfeld *Timing* finden Sie zwei Möglichkeiten Objekte in Captivate zu animieren: Ganz unten können Sie über die Funktion *Übergang* Objekte mit einem dezenten Ein- und / oder Ausblendeeffekt versehen. Darüber hinaus wartet der Bereich *Effekte* mit einer Fülle an weiteren Animationsmöglichkeiten auf.

Mithilfe von (Objekt-)Effekten können Sie die verschiedensten Objekte (z. B. Textbeschriftungen, Smartformen oder Bilder) oder Objektgruppen in Captivate animieren. Beispielsweise können Sie Objekte bewegen, in der Größe verändern oder deren Design während der Laufzeit beeinflussen, z. B. mit einem Glüheffekt. Sie können diese Effekte zusätzlich über die Eigenschaften anpassen und auch mehrere Effekte beliebig kombinieren, speichern und wiederverwenden.

Der Bereich Übergang im Bedienfeld Timing eines Objekts

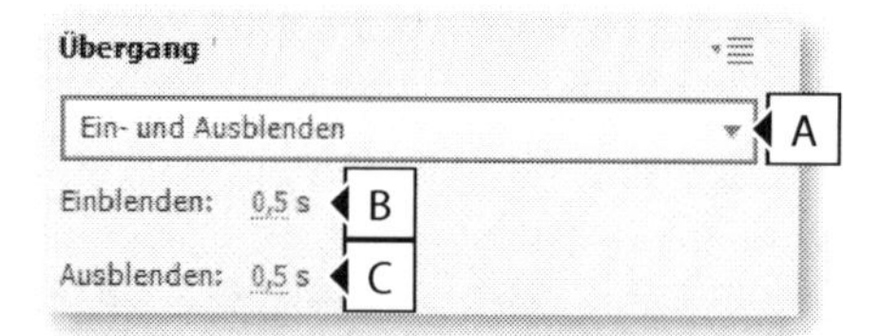

A Übergangseffekt des Objekts

B Nur bei Einblendeeffekt: Dauer, bis Objekt vollständig eingeblendet wird

C Nur bei Ausblendeeffekt: Dauer, bis Objekt vollständig ausgeblendet wird

Ein- und Ausblendedauer von Objekten

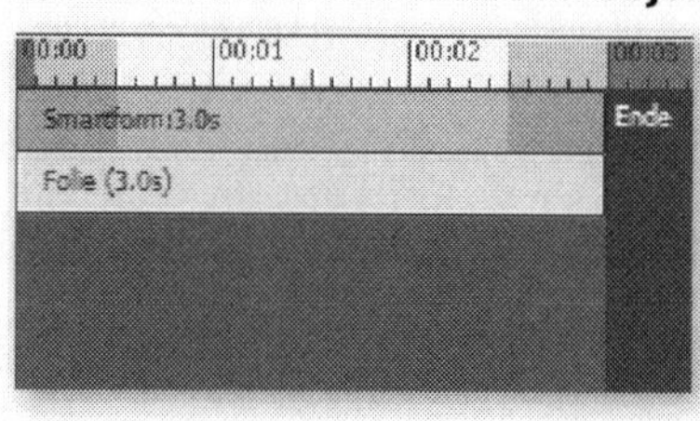

Die Ein- und Ausblendedauer bewegt sich innerhalb der Gesamtlänge eines Objekts, d. h. wenn Sie bei einem Objekt mit einer Gesamtdauer von 3,0 Sekunden eine Ausblendedauer von 0,5 Sekunden einstellen, beginnt das Objekt bereits nach 2,5 Sekunden auszublenden.

Der Bereich Effekte im Bedienfeld Timing eines Objekts

Fenster > Timing

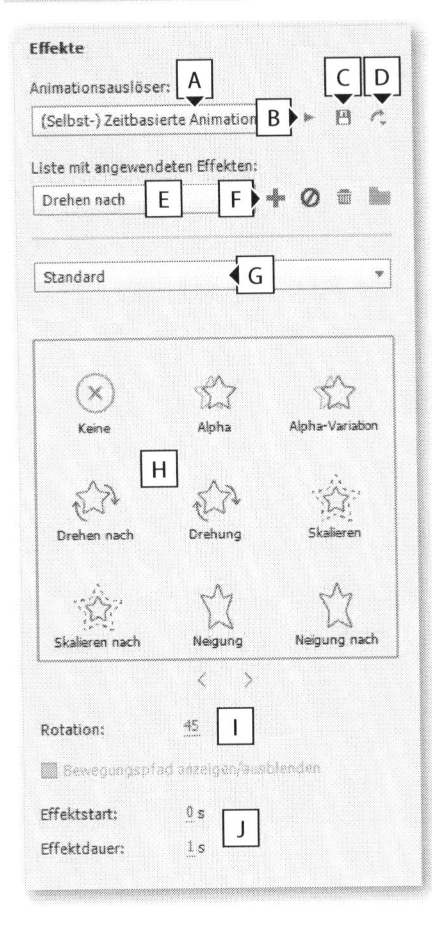

A Animationsauslöser (zeit- oder ereignisbasiert)

B Effekte auf der Bühne abspielen

C Effektkombination (samt Eigenschaften) in XML-Datei exportieren

D Vererbung: Alle Effekte **auf alle Objekte dieses Typs** oder **alle Objekte des gleichen Stils** anwenden

E Liste angewandter Effekte

F Effekt hinzufügen, deaktivieren, löschen, aus XML-Datei importieren

G Effektkategorie wählen

H Effekt wählen

I Eigenschaften des gewählten Effekts

J Timing-Einstellungen des Effekts (Start und Dauer)

Animierbare Objekttypen

Bis auf wenige Ausnahmen können Sie fast alle Objekttypen in Captivate animieren. Ausgenommen sind z. B. Mausobjekte, Textanimationen sowie Objekte, die auf Folienmastern platziert sind.

Effektvorschau

Wenn Sie einen Effekt (H) mit der Maus überfahren (statt direkt zu selektieren), wird Ihnen eine Vorschau des Effekts auf der Bühne angezeigt.

Effekte und Gruppierungen

Wenn Sie eine Gruppierung erstellen / erweitern, werden die zuvor zugewiesenen Animationen dieser Objekte gelöscht. Erstellen Sie also zuerst die Gruppierung und weisen Sie dieser erst danach die Animation(en) zu.

Effekte in der Zeitleiste anzeigen/ausblenden

Sie können die Ansicht der Effekte in der Zeitleiste (de)aktivieren. Wählen Sie dazu **Fenster > Effekte** und (de)aktivieren Sie die Funktion **Effekte auf Zeitleiste aktivieren**.

Effektdauer vs. Objekt-/Foliendauer

Die Effektdauer ist unabhängig von Objekt- oder Foliendauer. Das bedeutet, dass die Effektdauer/-geschwindigkeit unverändert bleibt, wenn Sie die Anzeigedauer des Objekts ändern. Der Effekt wird jedoch abgeschnitten, wenn das Objekt- oder Folienende erreicht ist.

Objekt-Effekte in der Zeitleiste

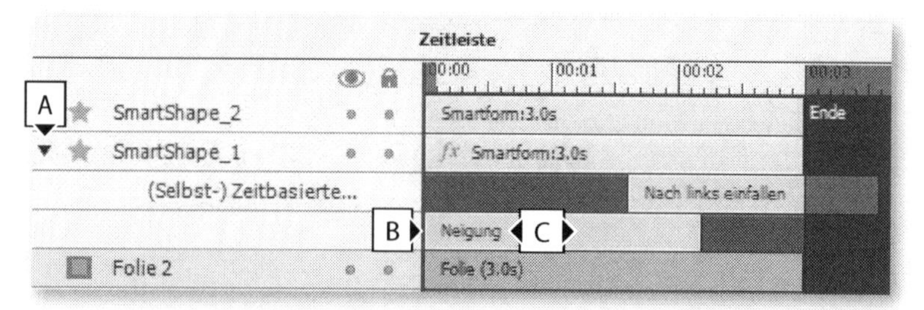

A Effekt(e) einblenden / ausblenden

B Effektstart

C Effektdauer

Übung: Objekte animieren

Mit Effekten verleihen Sie Ihren Projekten das gewisse Etwas. In dieser Übung werden wir eine animierte Introfolie erstellen.

Übung 10 min

- Sie versehen ein Bild sowie eine Smartform mit einem Effekt
- Sie passen die Effekteigenschaften an
- Sie vererben den Effekt

1 Öffnen Sie aus dem Ordner *06_Multimediale_Objekte_Animationen* die Datei *Effekte_Ziel.cptx* (▶ *Seite 12*) und betrachten Sie das Projekt in der Vorschau.

   Sie sehen eine animierte Introfolie. Im Verlauf der Übung werden wir diese Animation umsetzen.

2 Öffnen Sie aus dem Ordner *06_Multimediale_Objekte_Animationen* die Datei *Effekte_Ausgang.cptx*.

3 Öffnen Sie das Bedienfeld *Timing* (**Fenster** > **Timing-Eigenschaften**).

4 Wenden Sie auf das Bild einen Zoomeffekt an:

   a Markieren Sie das Bild *Image_1*.

   b Wählen Sie die Effektkategorie **Eingang**.

   c Navigieren Sie im Effektkatalog auf die letzte Seite.

   d Wählen Sie den Effekt **Vergrößern** aus.

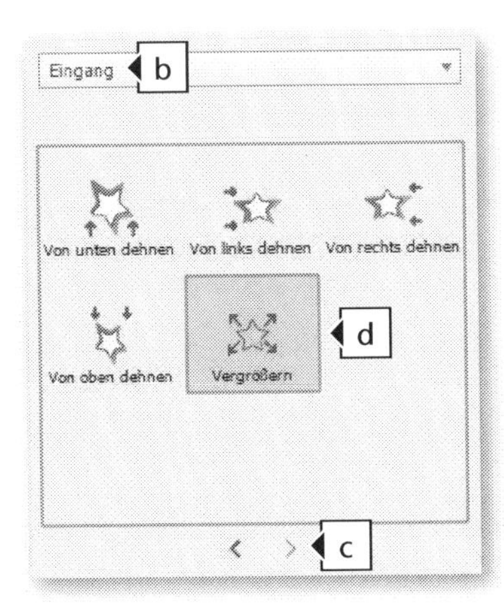

Der Effekt wird dem Bild zugewiesen. Nun möchten wir den Effekt noch anpassen.

e Stellen Sie in den *Eigenschaften* des Effekts die Optionen *Initial zoom* auf **90 %** und *Final zoom* auf **100 %**.

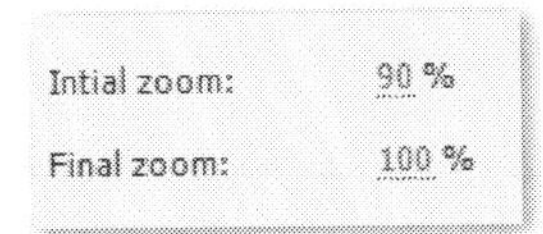

f Klappen Sie in der *Zeitleiste* das Objekt *Image_1* auf, um den Effekt zu timen.

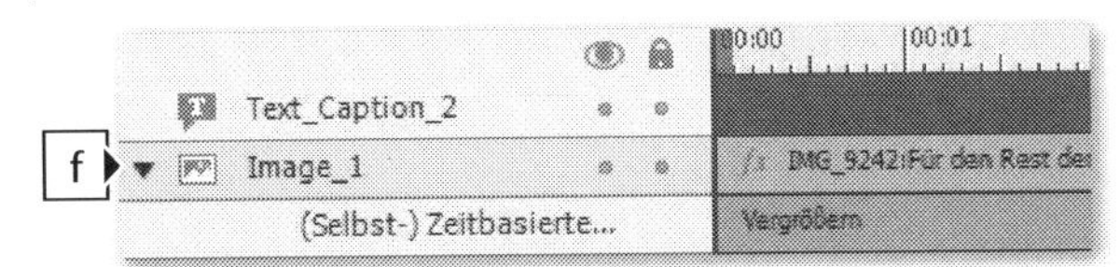

g Verlängern Sie die Dauer des Effekts auf **2,7 s**.

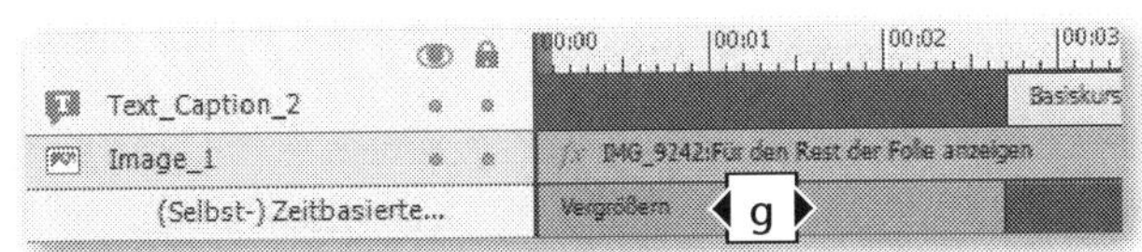

h Spielen Sie den Effekt in der Vorschau ab.

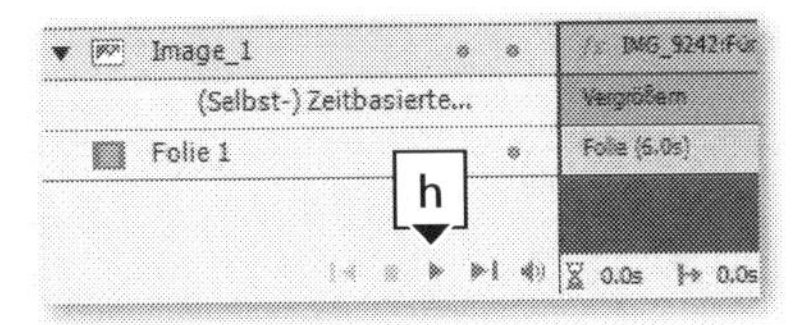

Probleme bei der Vorschau beheben

Wenn die Effekte in der Vorschau zu langsam abspielen: Testen Sie das Projekt im Webbrowser (z. B. **Vorschau > Browser**).

5 Erstellen Sie zusätzlich einen Bewegungseffekt:

a Klicken Sie auf **Effekt hinzufügen**.

b Wählen Sie den Effekt **Bewegungspfad > Von rechts nach links**.

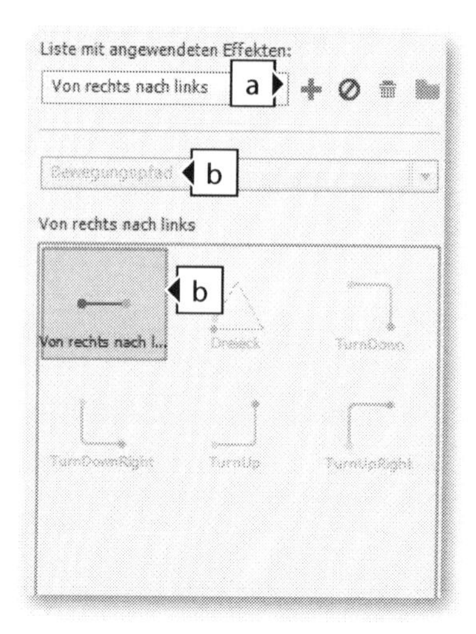

Auf dem Bild erscheint ein Bewegungspfad.

c Verlängern Sie die Dauer des Effekts auf **2,7 s**.

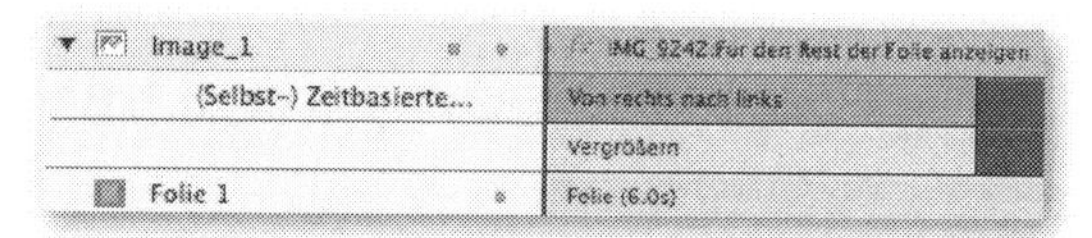

Bewegungspfad pixelgenau einstellen

In manchen Situationen ist es erforderlich, eine Animation pixelgenau einzustellen: Wie Sie die Start- und Zielposition eines Bewegungspfads einfach und pixelgenau einstellen können, zeigen wir Ihnen hier: ▶ *Weblink 06.2, Seite 12.*

6 Passen Sie den Bewegungspfad an, indem Sie wie im folgenden Bild den roten Ankerpunkt oben links versetzt vom grünen Ankerpunkt platzieren. Dadurch wird das Bild nach links oben bewegt.

7 Animieren Sie die Textbeschriftung:

a Markieren Sie die Textbeschriftung.

b Wählen Sie den Effekt **Eingang > Von unten einfliegen**.

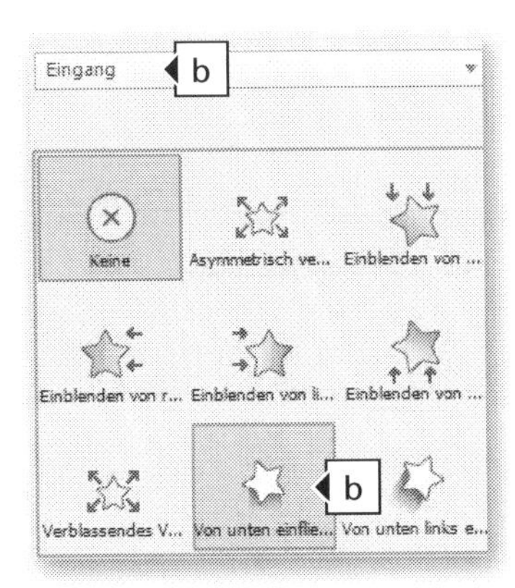

Ein Bewegungspfad wird eingefügt, der von unten nach oben gerichtet ist.

c Verkürzen Sie die Dauer des Effekts über die Zeitleiste (um die Animation schneller abzuspielen), sodass der Effekt bei **4,1 s** endet.

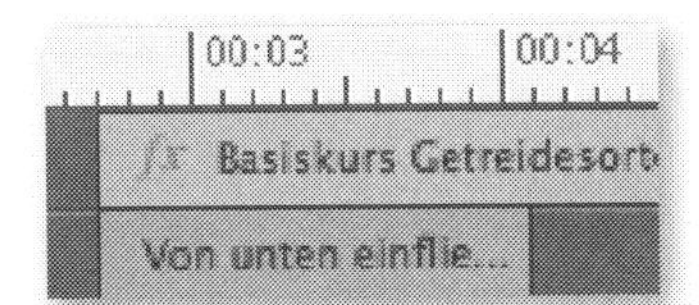

8 Verkürzen Sie den Bewegungspfad wie im folgenden Bild, indem Sie den grünen Ankerpunkt mit gedrückter Taste ⇧ nach oben verschieben.

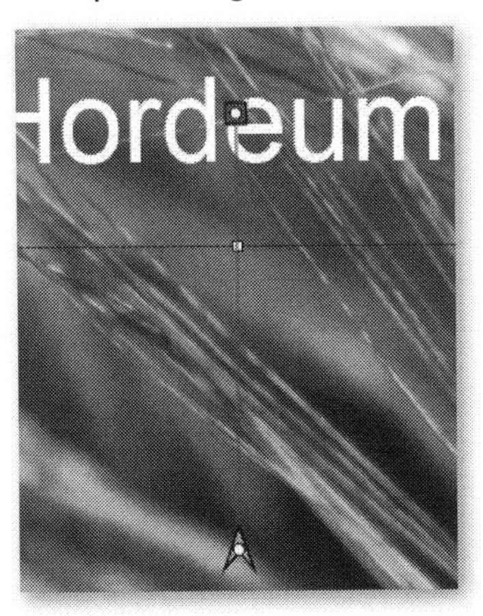

9 Testen Sie das Projekt in der Vorschau.

Sie wissen nun, wie Sie in Captivate Objekte animieren können.

7

Interaktive Objekte & Objektstatus

In diesem Kapitel lernen Sie, wie Sie Ihre Captivate-Projekte mit interaktiven Objekten anreichern und mit mehreren Objektzuständen (Objektstatus) arbeiten können. Dies ermöglicht Ihnen, z. B. eine individuelle Navigation zu erstellen, Lerninhalte erst nach Überfahren mit der Maus oder Klicken einzublenden oder dem Lerner interaktive Aufgaben zu stellen.

Themenübersicht

Übersichtsdatei Interaktive Objekte

Einige Beispiele interaktiver Objekte finden Sie in der Datei *\07_Interaktive_Objekte_Objektstatus\00_Interaktive_Objekte_Uebersicht.cptx*. Starten Sie das Projekt in der Vorschau, um die verschiedenen interaktiven Objekte kennenzulernen.

Rollover-Objekte

Laut offizieller Angabe werden Rollover-Objekte unter HTML5 nicht unterstützt. Obwohl dies nur bedingt zutrifft, können Rollover-Objekte (speziell in Verbindung mit anderen interaktiven Objekten) zu Problemen führen, weswegen ich Ihnen aktuell davon abrate, diese Objekte bei einer Publikation in HTML5 zu verwenden. Wenn Sie trotzdem mehr zu Rollover-Objekten erfahren möchten, finden Sie hier das entsprechende Kapitel aus dem Buch zu Captivate 9: ▸ *Weblink 07.3, Seite 12.*

Übersichtsdatei Aktionen

Eine Übersicht häufig verwendeter Aktionen finden Sie in der Datei *\07_Interaktive_Objekte_Objektstatus\00_Aktionen_Uebersicht.cptx.*

Aktionen, Beschriftungen und Weitergabe

Die wichtigsten Eigenschaften einer Interaktion: Was soll geschehen, wenn der Lerner korrekt bzw. wie gewünscht interagiert? Was passiert, wenn der Lerner nicht wie gewünscht interagiert? Wie viele Versuche stehen zur Verfügung und welche Meldungen sollen z. B. im Fehler- oder Erfolgsfall ausgegeben werden? Soll der Lerner Punkte erhalten, wenn er erfolgreich ist?

Diese sowie weitere Optionen können Sie im Tab *Aktionen* der meisten Interaktionen einstellen.

Übrigens: Sobald Sie mit diesen Möglichkeiten vertraut sind, können Sie dieses Wissen u. a. auch bei Quizfragen (▶ *Seite 275*) sowie Erweiterten Aktionen (▶ *Seite 437*) anwenden.

Der Tab Aktionen im Bedienfeld Eigenschaften

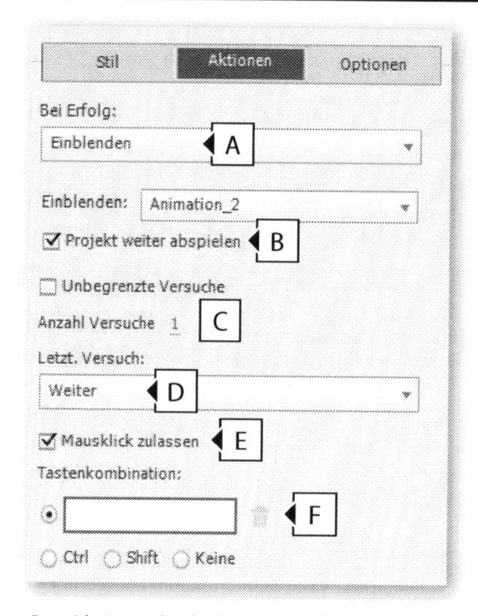

A Aktion, die bei einer richtigen Maus- oder Tastatureingabe ausgeführt wird

B Projekt weiter abspielen (nur bei bestimmten Aktionen verfügbar): Wenn diese Option aktiv ist, fährt das Projekt nach Ausführen der Aktion weiter fort

C Anzahl der möglichen Versuche des Benutzers (unbegrenzt oder ein definierter Wert)

D Wenn die Option **Unbegrenzte Versuche** (**C**) deaktiviert ist und der Lerner alle eingestellten Versuche aufgebraucht hat: Aktion, die ausgeführt wird, falls der Benutzer in einen Bereich außerhalb des Objekts klickt oder einen falschen Text eingibt

E Wenn Tastenkombination hinterlegt (**F**): Aktion kann auch durch Mausklick ausgeführt werden

F Wahl einer Tastenkombination, die zusätzlich zum oder statt des Mausklicks zum Erfolg führen kann

Projekt weiterhin pausieren

Bestimmte Aktionen, wie z. B. *Ausblenden* oder *Einblenden*, führen standardmäßig zusätzlich die Aktion *Weiter* aus. Sie können dies unterbinden, indem Sie die Funktion **Projekt weiter abspielen** deaktivieren.

Diese Aktionsoptionen gibt es	
Weiter	Fährt fort
Zur vorherigen Folie	Springt zur vorherigen Folie
Zur nächsten Folie	Springt zur nächsten Folie
Zur zuletzt geöffneten Folie gehen	Springt zur zuletzt angezeigten Folie
Zurück zum Quiz	Springt zur zuletzt angezeigten Fragenfolie
Zu Folie springen	Springt zu einer zuvor definierten Folie
Zu Lesezeichen springen	Springt zu einem zuvor definierten Lesezeichen in einem Video (▶ *Seite 244*)
URL oder Datei öffnen	Öffnet eine Internetadresse oder Datei mit der damit verknüpften Software
Anderes Projekt öffnen	Öffnet ein anderes Captivate-Projekt
E-Mail senden an	Weist das Standard-E-Mail-Programm des Benutzers an, eine E-Mail an eine bestimmte Adresse zu verfassen
JavaScript ausführen	Führt einen frei definierbaren JavaScript-Code aus. *Hinweis*: Funktioniert nur bei Web-Veröffentlichungen (*.htm)
Erweiterte Aktion ausführen	Führt ein in Captivate entwickeltes Skript aus (▶ *Seite 445*)
Freigegebene Aktion ausführen	Führt eine in Captivate entwickelte (projektübergreifende) Skriptvorlage aus (▶ *Seite 455*)
Audio abspielen	Spielt eine angegebene Audiodatei ab
Ausgelöstes Audio stoppen	Stoppt das aktuell abgespielte Audio
Einblenden	Blendet ein angegebenes Objekt ein
Ausblenden	Blendet ein angegebenes Objekt aus
Aktivieren	Aktiviert ein Objekt
Deaktivieren	Deaktiviert ein Objekt
Zuweisen	Weist einer Variablen einen bestimmten Wert zu
Erhöhen	Erhöht den Wert einer Variablen
Verringern	Verringert den Wert einer Variablen
Pause	Pausiert die Folie
Beenden	Schließt das Projekt (Funktion gleicht der Schließen-Schaltfläche, siehe Erläuterungen zur Wiedergabeleiste ▶ *Seite 341*)
Effekt anwenden	Wendet einen Effekt auf ein Objekt an

Weiter vs. Zur nächsten Folie

Wenn Sie die Aktion **Zur nächsten Folie** verwenden, kommt der Benutzer, im Gegensatz zu **Weiter**, ohne Verzögerung direkt zur nächsten Folie.

Umschalten	Ändert den Wert einer Variablen von 0 auf 1 bzw. von 1 auf 0
TOC einblenden	Blendet das Inhaltsverzeichnis ein
Wiedergabeleiste einblenden	Blendet die Wiedergabeleiste ein
TOC ausblenden	Blendet das Inhaltsverzeichnis aus
Wiedergabeleiste ausblenden	Blendet die Wiedergabeleiste aus
TOC sperren	Sperrt das Inhaltsverzeichnis
TOC entsperren	Entsperrt das Inhaltsverzeichnis
Status ändern von	Ändert den Status eines Objekts auf einen bestimmten Status
Zum nächsten Status springen	Ändert den Status eines Objekts auf den nächsten Status
Zum vorherigen Status springen	Ändert den Status eines Objekts auf den vorherigen Status
Nächste Aktion verzögern um[1]	Verzögert die nachfolgenden Aktionen um eine frei definierbare Zeit
Keine Aktion	Keine Auswirkung

[1] nur im Fenster *Erweiterte Aktionen* verfügbar

Feedbackmeldungen: Wahlweise Smartformen oder Textbeschriftungen

Feedbackmeldungen werden standardmäßig als Smartformen eingefügt. Falls Sie Feedbackmeldungen in Form von Textbeschriftungen verwenden möchten: Rechtsklicken Sie auf eine Feedbackmeldung und wählen Sie **In Textbeschriftung zurückwandeln**. Alternativ können Sie dies in den Voreinstellungen global festlegen. Wählen Sie dazu in der *Menüleiste* **Bearbeiten > Voreinstellungen** und aktivieren Sie in der Kategorie *Standardwerte* bei *Allgemein* die Option **Textbeschriftung für SFH-Beschriftungen statt Smartformen verwenden**.

Diese Beschriftungsarten gibt es

Bei Texteingabefeldern, Klickfeldern und Schaltflächen können Sie im Bedienfeld *Eigenschaften* im Tab *Aktionen* unter *Anzeige* optional die folgenden drei Beschriftungsarten wählen / abwählen:

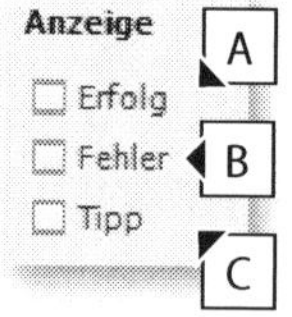

A *Erfolgsbeschriftungen*: Werden ausgegeben, wenn der Benutzer eine Aktion erfolgreich ausführt

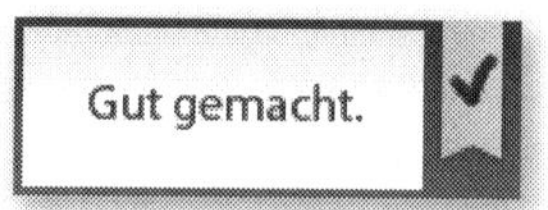

B *Fehlerbeschriftungen*: Werden ausgegeben, wenn der Benutzer eine Aktion nicht wie gewünscht ausführt

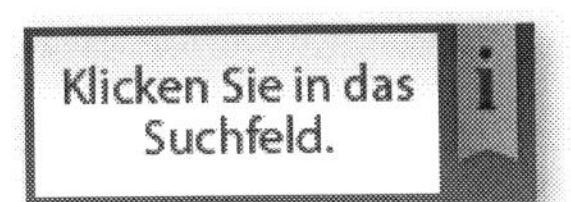

C *Tippbeschriftungen*: Werden ausgegeben, wenn der Benutzer mit der Maus über das Interaktionsobjekt fährt und geben einen Hinweis

Klicken Sie in das Suchfeld.

Diese Beschriftungen werden auf der Folie wie Smartformen oder Textbeschriftungen (je nach Einstellung) platziert und können auf die gleiche Weise formatiert werden.

Der Bereich Weitergabe im Tab Aktionen

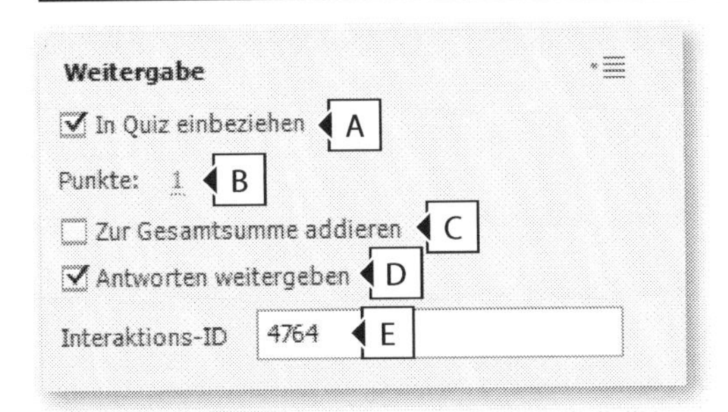

A Interaktion in Quiz einbeziehen

B Punkte, die der Benutzer durch die Interaktion erhält

C Punkte zur Gesamtsumme addieren

D Wenn Sie für ein LMS publizieren: Antworten der Interaktion weitergeben (▶ *Seite 391*)

E Wenn **D** aktiv: Interaktions-ID, um jeder Aktion des Benutzers einen eindeutigen Bezeichner zuweisen zu können

Interaktive Objekte in Quiz einbeziehen

Mit der Funktion **In Quiz einbeziehen** können interaktive Objekte mit in das Quiz einbezogen und somit auch im Reviewmodus überprüft werden. Mithilfe dieser Funktion können Sie z. B. auch Drag-&-Drop-Interaktionen mit Punkten belegen und ins Quiz einbeziehen: ▶ *Seite 278.*

Sichtbarkeit, Bezeichnung und Hierarchie von Objekten

Bei der Arbeit mit interaktiven Objekten sowie den verschiedenen Aktionen ist es wichtig, sich mit den Themen Objektsichtbarkeit, Objektbezeichnung sowie der Priorität von Objekten zu befassen. Denn nur so können Sie Objekte gezielt ansprechen, unsichtbar schalten sowie das Zusammenspiel unterschiedlicher Objekttypen kontrollieren.

Objektname & -sichtbarkeit

Über Objektnamen können Sie Ihren Objekten einen eindeutigen Bezeichner zuweisen und diese so z. B. über Aktionen ansprechen. Außerdem können Sie Ihre Objekte sichtbar / unsichtbar stellen, um diese zu verstecken und erst bei einem bestimmten Ereignis einzublenden.

Benennungskonventionen

Objektnamen müssen mit einem Buchstaben beginnen. Außerdem werden Leer- und Sonderzeichen automatisch durch einen Unterstrich ersetzt.

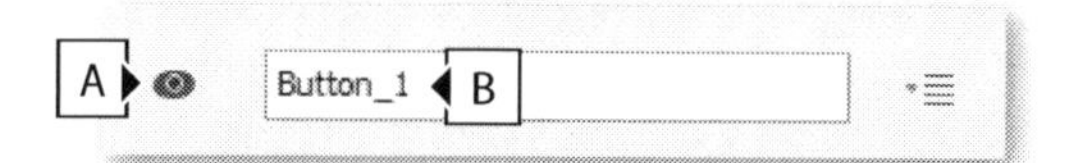

A Blendet das Objekt (in der Veröffentlichung) ein / aus

B Eindeutiger Bezeichner für das Objekt

Rollover-Bereich in benutzerdefinierter Form

Das Wissen um Objekthierarchien ist notwendig, wenn Sie z. B. Rollover-Bereiche nicht nur in einer rechteckigen, sondern in einer benutzerdefinierten Form erstellen möchten. Mehr dazu erfahren Sie hier: ▶ *Weblink 07.1, Seite 12.*

Objekthierarchien

Grundsätzlich gilt bei den Objekten auf einer Folie die Reihenfolge der Objekte in Sachen Sichtbarkeit. Wenn Sie also z. B. ein Bild auf eine Schaltfläche legen, dann liegt die Schaltfläche damit visuell im Hintergrund und ist nicht sichtbar.

Funktional gelten jedoch in Captivate andere Spielregeln. Denn interaktive Objekte haben eine höhere Priorität als statische Objekte und auch unter den interaktiven Objekten gibt es unterschiedliche Gewichtungen.

So werden Sie Folgendes im obigen Beispiel erleben: Wenn Sie ein Bild auf einer Schaltfläche platzieren, kann der Lerner die Schaltfläche nach wie vor betätigen – obwohl sie gar nicht sichtbar ist. Es gilt folgende Hierarchie:

Priorität	Objekt
1	Interaktive Klick- und Eingabeobjekte (Schaltflächen, Klickfelder)
2	Rollover-Objekte (▶ *Seite 197)*
3	Statische Objekte (z. B. Textbeschriftungen, Bilder)

Wenn Sie also ein Rollover-Objekt auf eine Schaltfläche legen, ist das Rollover-Objekt nach wie vor funktionsfähig. Allerdings ist die Schaltfläche ebenfalls anklickbar. Sie können interaktive Objekte in der Praxis somit nur durch andere (in der visuellen Ebene höher liegende) interaktive Objekte der gleichen oder höheren Prioritätsstufe blockieren (z. B. Schaltflächen durch Schaltflächen; Rollover-Objekte durch andere Rollover-Objekte oder Schaltflächen).

Anhalten der Folie/des Projekts

Ein Captivate-Projekt läuft stets selbstständig (wie ein Film) ohne Pause vom Anfang bis zum Ende ab, insofern es nicht durch ein pausierendes Objekt, eine Drag-&-Drop-Interaktion oder eine Fragenfolie angehalten wird.

Im Falle interaktiver Objekte können alle Klick- und Eingabeobjekte das Projekt anhalten und stellen damit das wichtigste Mittel dar, dem Lerner ausreichend Zeit zu verschaffen, Inhalte auf einer Folie zu erkunden und zu verarbeiten.

- Bei Klickfeldern sowie auf Folienmastern platzierten Smartform-Schaltflächen finden Sie diese „Pausefunktion" in den *Eigenschaften* im Tab *Aktionen* unter *Andere:* **Projekt anhalten, bis Benutzer klickt**. Das Projekt wird hier am Ende des Objekts oder der Folie angehalten, erkennbar am **Pause-Symbol** in der Zeitleiste.

- Bei (auf einer Folie platzierten) Schaltflächen und Texteingabefeldern befindet sich diese Funktion im Bedienfeld *Timing:* **Anhalten nach**. Hier können Sie frei festlegen, ob und wann die Folie anhalten soll, erkennbar durch das **Pause-Symbol** und die Trennlinie in der Zeitleiste. Sie sehen hier auch, dass diese Objekte dadurch eine aktive sowie eine inaktive Phase haben. Die inaktive Phase tritt ein, sobald die Pause überwunden ist. Hier ist das Objekt weiterhin sichtbar, reagiert jedoch nicht mehr auf weitere Benutzereingaben.

Klickfelder

Klickfelder sind unsichtbare Bereiche auf einer Folie und können je nach Einstellung bei bestimmten Benutzerinteraktionen Ereignisse auslösen. Sie können hierbei definieren, was passieren soll, wenn der Benutzer auf oder neben das Klickfeld klickt oder eine bestimmte Kombination auf der Tastatur drückt. So kann das Projekt beispielsweise zur nächsten Folie springen oder einen Link öffnen.

Am häufigsten werden Klickfelder im Rahmen von Software-Simulationen verwendet. So können Sie ein Klickfeld beispielsweise über einen Menüpunkt oder eine Schaltfläche in Ihrer Aufnahme legen und definieren, dass das Projekt erst weiter fortfährt, wenn der Benutzer auf diesen Bereich geklickt hat.

Klickgeräusche generell deaktivieren

Wenn Sie den Klickton generell aus Ihren Projekten verbannen (oder gegen einen anderen Ton austauschen) möchten, gibt es eine wesentlich effektivere Methode, als dies bei jedem einzelnen Objekt einzustellen (**G**):

- ▶ Navigieren Sie in das Programmverzeichnis von Captivate (▶ *Seite 435*) und öffnen Sie das Unterverzeichnis */Gallery/Mouse/ClickSounds/*.
- ▶ Wenn Sie den Ton entfernen möchten: Löschen Sie die Datei *Mouse.mp3* oder benennen Sie sie um.
- ▶ Wenn Sie den Ton austauschen möchten: Überschreiben Sie die bestehende Datei *Mouse.mp3* (unter gleichem Namen).

Captivate wird den neuen oder fehlenden Ton dann bei jeder Publikation mit Ihrem System berücksichtigen. *Übrigens*: Wenn Sie die Funktion **Doppelklick** nutzen, dann sollten Sie weiterhin die im gleichen Ordner abgelegte Datei *dblmouse.mp3* löschen bzw. überschreiben.

Die Eigenschaften eines Klickfelds

Interaktionen > Klickfeld

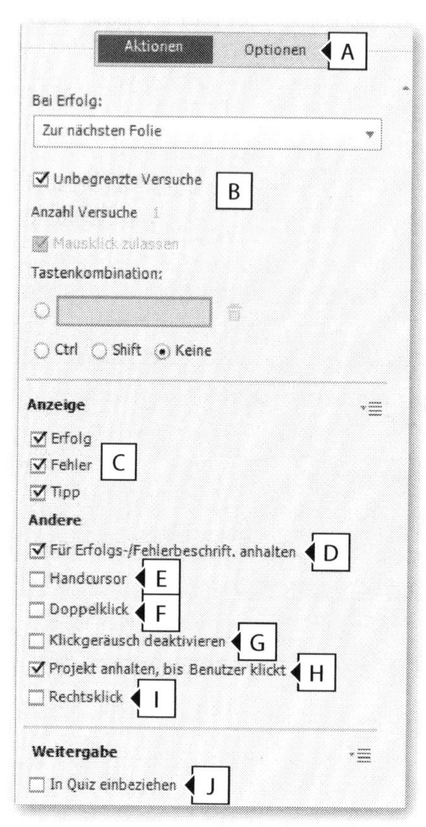

- **A** *Optionen*: Audio (▶ *Seite 314*), Transformieren (▶ *Seite 53*)
- **B** Aktionseinstellungen (▶ *Seite 198*)
- **C** Beschriftungen (▶ *Seite 200*)
- **D** Projekt anhalten, bis Erfolgs-/Fehlerbeschriftungen angezeigt wurden
- **E** Mauszeiger in Handcursor ändern, sobald der Benutzer über das Klickfeld fährt
- **F** Aktion nur bei Doppelklick ausführen
- **G** Bei Klick kein Geräusch abspielen
- **H** Projekt erst dann fortfahren, wenn der Benutzer auf das Klickfeld klickt
- **I** Aktion nur bei Rechtsklick ausführen
- **J** Weitergabe (▶ *Seite 201*)

Texteingabefelder

Mithilfe von Texteingabefeldern können Sie den Benutzer auffordern, einen bestimmten oder freien Text einzugeben. Standardmäßig werden Texteingabefelder automatisch mit einer Schaltfläche (zur Bestätigung der Eingabe) ausgestattet.

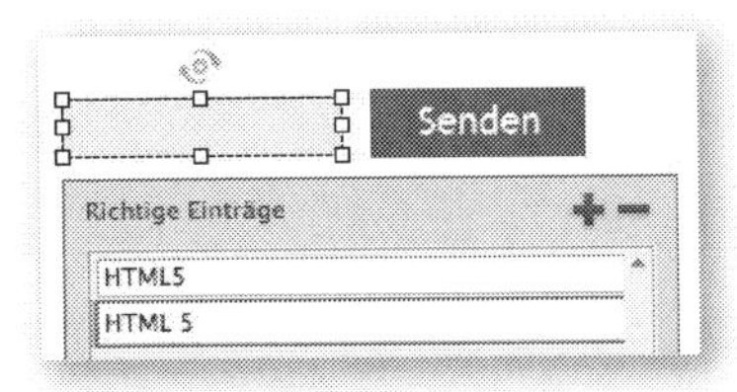

Die Eigenschaften eines Texteingabefelds

Text > Texteingabefeld

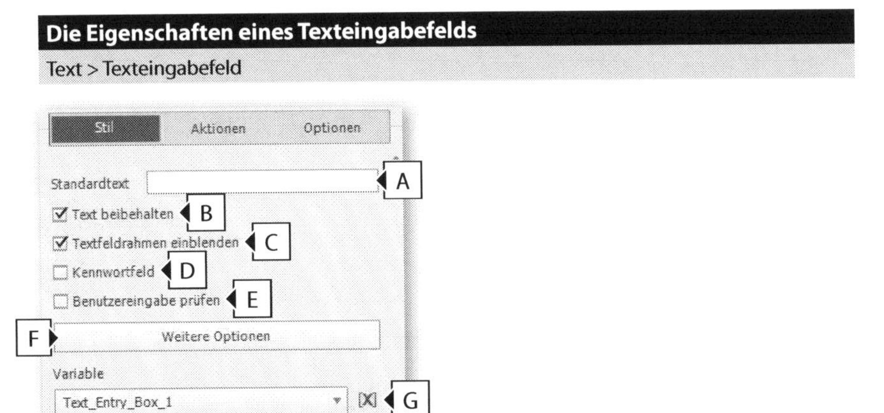

A Standardtext, der im Texteingabefeld angezeigt wird

B Wenn der Benutzer später auf diese Folie zurückkehrt, wird ihm der eingegebene Text weiterhin angezeigt

C Textfeldrahmen einblenden / ausblenden (z. B. um das Textfeld auf einem Formular in einer Bildschirmaufnahme zu platzieren)

D Als Kennwortfeld verwenden (Verschleiern der Eingabe)

E Benutzereingaben prüfen: Wenn aktiv, erscheint das Fenster *Richtige Einträge* unterhalb des Eingabebereichs. Hier können Sie die korrekten Einträge hinterlegen, die der Benutzer eingeben muss, um die Aktion *Bei Erfolg* auszulösen

F Weitere Einstellmöglichkeiten, wie z. B. maximale Zeichenlänge, Eingabe automatisch absenden, sobald der Benutzer die maximale Anzahl an Zeichen erreicht hat, sowie Eingabe auf Zahlen oder Klein-/Großbuchstaben beschränken

G Variable, in die der eingegebene Wert gespeichert wird

Texteingabefelder auf Mobilgeräten

Für Smartphones / Tablets gilt: Platzieren Sie Texteingabefelder möglichst auf der oberen Bildschirmhälfte, da die aufklappende Bildschirmtastatur die untere Bildschirmhälfte verdeckt.

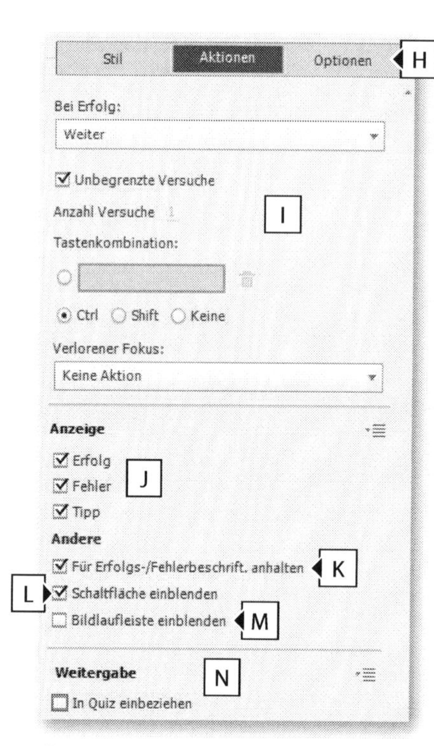

H *Optionen*: Audio (▶ *Seite 314*), Transformieren (▶ *Seite 53*)

I Aktionsbereich (▶ *Seite 198*)

J Beschriftungen (▶ *Seite 200*)

K Projekt anhalten bis Erfolgs-/Fehlerbeschriftungen angezeigt wurden

L Schaltfläche zur Bestätigung der Eingabe einblenden

M Bildlaufleiste einblenden, falls die Benutzereingabe den sichtbaren Bereich des Texteingabefelds überschreitet

N Weitergabe (▶ *Seite 201*)

Animierte Texteingabe entfernen

Um eine animierte Texteingabe (Eingabeanimation) aus Ihrem Projekt zu entfernen, müssen Sie diese zunächst in ein Objekt (Textanimation) umwandeln. Rechtsklicken Sie dazu in der Zeitleiste auf das Objekt Texteingabe und wählen Sie **Durch Textanimation ersetzen**.

Übung: Demonstration in Simulation wandeln

In der folgenden Übung möchten wir Klick- sowie Texteingabefelder und die verschiedenen Beschriftungstypen nutzen, um eine bestehende Demonstration in eine Bewertungssimulation umzuwandeln.

Übung ◷ 20 min

- Sie fügen Klick- sowie Texteingabefelder ein
- Sie arbeiten mit Fehlerbeschriftungen
- Sie entfernen Textbeschriftungen und Markierungsfelder
- Sie blenden Mausobjekte aus

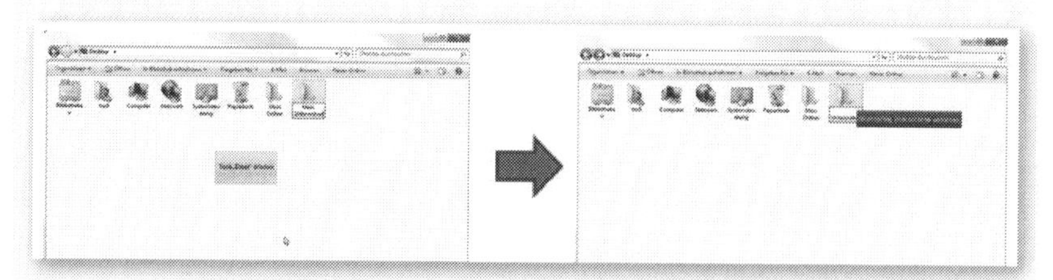

1 Öffnen Sie aus dem Ordner *07_Interaktive_Objekte_Objektstatus* die Datei *Demonstration_in_Simulation_gewandelt.cptx* (▶ *Seite 12*).

2 Betrachten Sie die Simulation in der Vorschau: Drücken Sie F4.

Sie sehen einen Teilausschnitt einer Simulation mit 4 Folien. Diese möchten wir im Folgenden aus einer bestehenden Demonstration erzeugen.

3 Öffnen Sie aus dem Ordner *07_Interaktive_Objekte_Objektstatus* die Datei *Demonstration_wandeln.cptx*.

4 Betrachten Sie die Demonstration in der Vorschau. Diese werden wir nun in eine Simulation umwandeln.

5 Zu Beginn blenden wir alle Mausobjekte aus: Markieren Sie im Filmstreifen alle Folien des Projekts, rechtsklicken und deaktivieren Sie im Kontextmenü **Maus > Maus einblenden**.

   Dadurch sind nun alle Mausobjekte entfernt.

6 Wählen Sie Folie 1.

7 Wandeln Sie die Folie in eine Bewertungssimulation um:

   a Fügen Sie ein Klickfeld ein: Wählen Sie **Interaktionen > Klickfeld**.

   Ein Klickfeld wird eingefügt.

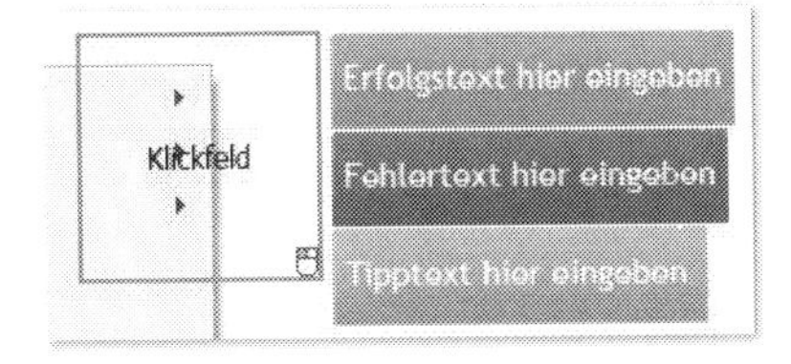

   b Deaktivieren Sie im Bedienfeld *Eigenschaften* im Tab *Aktionen* unter *Anzeige* die Beschriftungen **Erfolg** und **Tipp**.

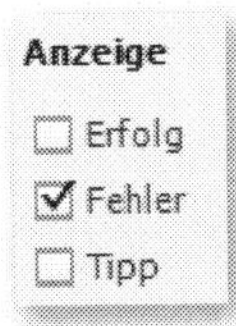

   c Doppelklicken Sie auf der Bühne in die bereits vorhandene Textbeschriftung, markieren Sie den Text und drücken Sie Strg+C (Win) / ⌘+C (Mac).

Überdeckte Objekte markieren

Wenn Sie ein Objekt nicht markieren können, weil es durch andere Objekte überdeckt wird: Öffnen Sie das Bedienfeld *Zeitleiste*. Dort können Sie ein Objekt ebenfalls direkt markieren und z. B. entfernen. Wenn Sie Text bearbeiten möchten: Markieren Sie das Objekt und drücken Sie F2.

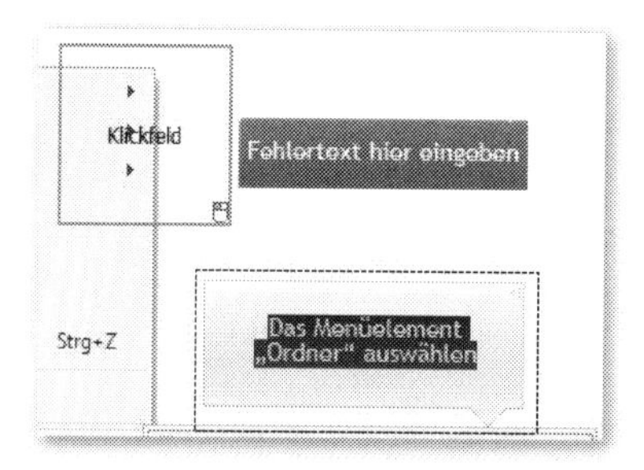

d Doppelklicken Sie in die Fehlerbeschriftung des Klickfelds, löschen Sie den Text und drücken Sie [Strg]+[V] (Win) / [⌘]+[V] (Mac).

e Vergrößern Sie bei Bedarf die Fehlerbeschriftung, sodass der Text vollständig zu lesen ist und stellen Sie die Schriftfarbe Weiß ein.

Nun haben wir den Text aus der Textbeschriftung in die Beschriftung des Klickfelds übernommen und benötigen das Objekt Textbeschriftung nicht mehr.

f Löschen Sie die Textbeschriftung.

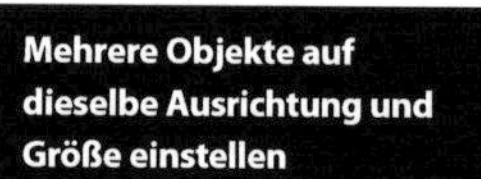

Mehrere Objekte auf dieselbe Ausrichtung und Größe einstellen

Markieren Sie mit gedrückter Taste [⇧] zuerst das Markierungsfeld und anschließend das Klickfeld. Klicken Sie nun in der Leiste *Ausrichten* (**Fenster > Ausrichten**) auf **Ausrichtung und Größe angleichen**.

g Verschieben Sie das Klickfeld direkt über das Markierungsfeld und passen Sie es der Größe des Markierungsfelds an.

h Richten Sie die Fehlerbeschriftung sauber aus.

i Löschen Sie das Markierungsfeld.

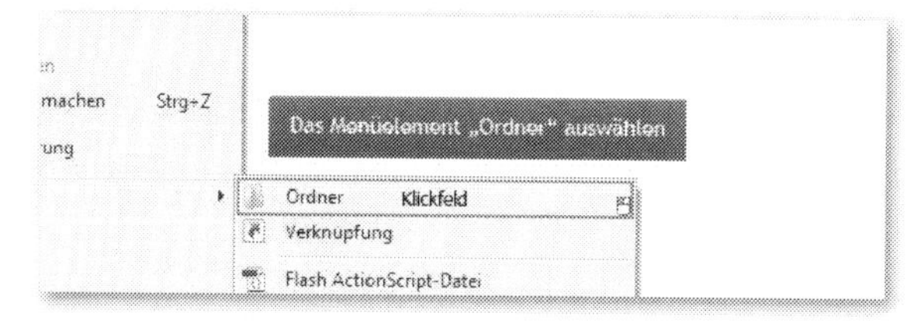

8 Wandeln Sie Folie 2, auf der eine Texteingabe erfolgt, in eine Simulation um:

a Markieren Sie Folie 2.

Sie sehen, dass die Folie auf der untersten Ebene der *Zeitleiste* eine *Texteingabe* zeigt. Diese möchten wir aus unserem Projekt entfernen und durch ein Texteingabefeld ersetzen.

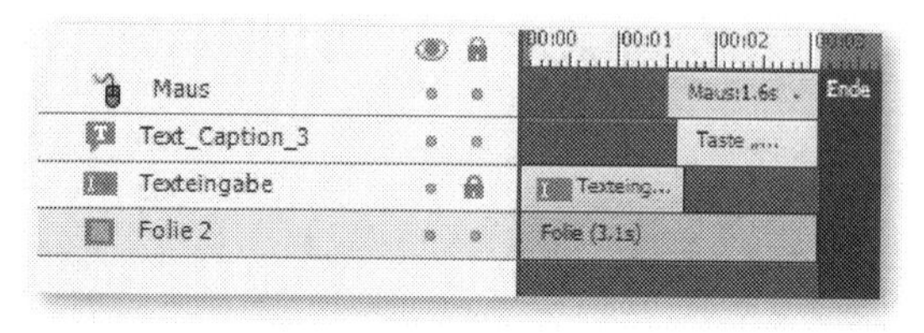

b Rechtsklicken Sie in der *Zeitleiste* auf die **Texteingabe** und wählen Sie **Durch Textanimation ersetzen**.

Sie haben die Texteingabe in eine Textanimation verwandelt.

c Löschen Sie die Textanimation.

Nun möchten wir dem Benutzer ermöglichen, den entsprechenden Text selbst einzugeben.

d Fügen Sie ein Texteingabefeld ein: Wählen Sie **Text > Texteingabefeld**.

e Platzieren Sie das Texteingabefeld wie im folgenden Bildschirmfoto gezeigt:

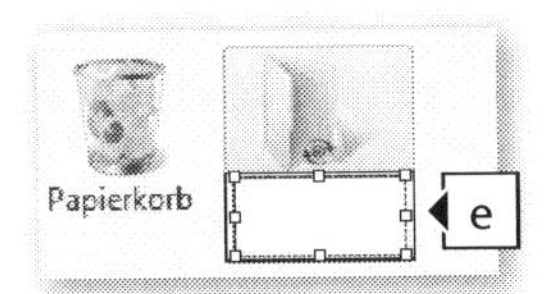

f Deaktivieren Sie in den *Eigenschaften* des Texteingabefelds im Tab *Stil* die Option **Textfeldrahmen einblenden**.

g Aktivieren Sie die Option **Benutzereingabe prüfen**.

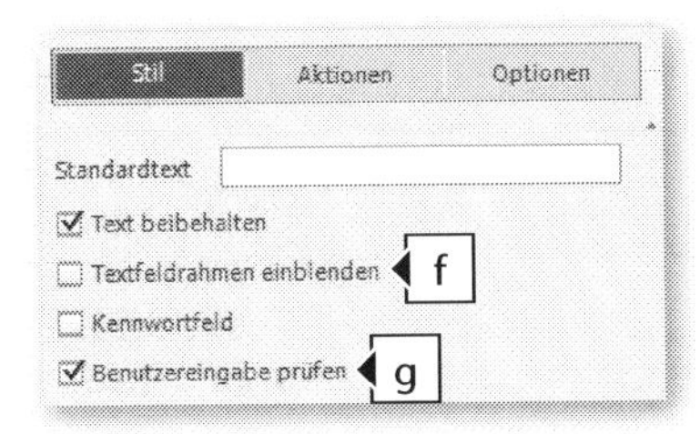

h Klicken Sie im Fenster *Richtige Einträge* auf das **Plus-Symbol** und legen Sie den Text „Mein Ordner" als richtigen Eintrag fest:

i Tragen Sie anschließend in den *Eigenschaften* des Texteingabefelds im Tab *Stil* im Bereich *Zeichen* **12 px** ein.

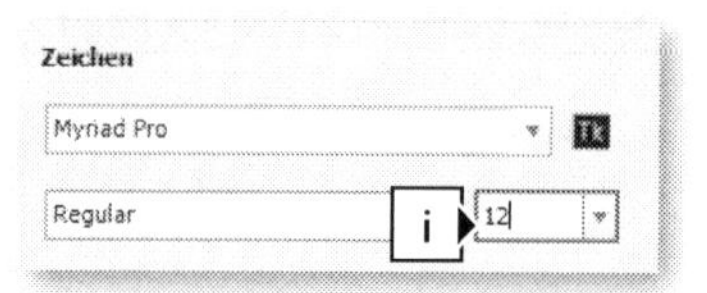

j Wählen Sie im Tab *Aktionen* unter *Bei Erfolg* **Zur nächsten Folie**.

k Aktivieren Sie unter *Anzeige* **Fehler**.

l Deaktivieren Sie die Option **Schaltfläche einblenden**.

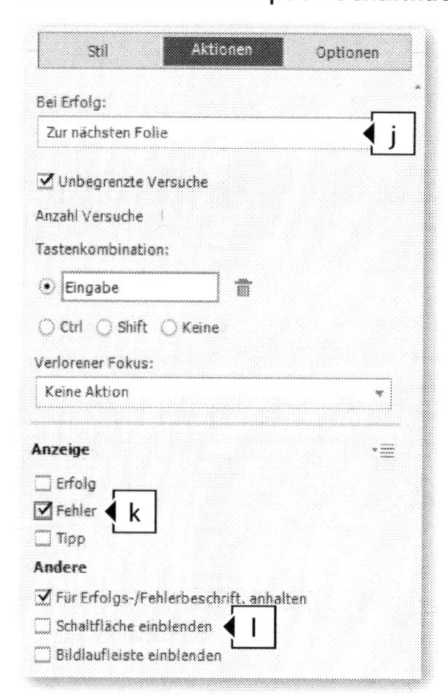

m Lassen Sie das Texteingabefeld für den Rest der Folie anzeigen.

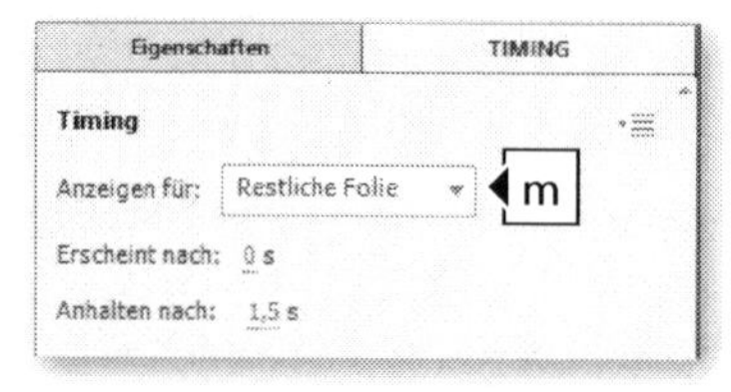

n Tragen Sie in die Fehlerbeschriftung den Text „Mein Ordner eingeben und mit Enter bestätigen" ein.

o Vergrößern Sie die Fehlerbeschriftung, sodass der Text vollständig zu lesen ist.

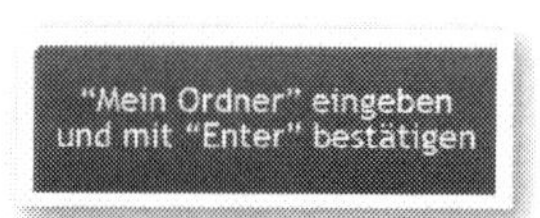

p Löschen Sie abschließend die Textbeschriftung.

9 Testen Sie das Projekt in der Vorschau.

Sie wissen nun, wie Sie Demonstrationen in Simulationen umwandeln können. Wenn Sie weiter üben möchten: Versuchen Sie Folie 3 ebenfalls interaktiv abzubilden, sodass der Lerner die Tastenkombination [Strg]+[⇧]+[N] selbst drücken muss, um den weiteren Ordner zu erstellen und damit auf Folie 4 zu gelangen. *Tipp*: Sie benötigen hierfür ein Klickfeld, hinterlegen dort die *Tastenkombination* und sollten zusätzlich die Option **Mausklick zulassen** deaktivieren. Die Lösung hierzu finden Sie in der Datei *Demonstration_in_Simulation_gewandelt.cptx*.

Übung: Lerner persönlich ansprechen

In der folgenden Übung erstellen Sie ein Texteingabefeld, in das der Lerner seinen Namen eingeben kann. Dieser Name soll anschließend in einer Sprechblase erscheinen.

Übung 10 min

- Sie fügen ein Texteingabefeld ein
- Sie geben die Texteingabe des Benutzers an einer anderen Stelle wieder aus

Texteingaben bestätigen

Sie können es Ihren Benutzern auch ermöglichen, Texteingaben über einen Klick auf einen beliebigen Bereich außerhalb des Texteingabefelds zu bestätigen (▶ *Weblink 07.2, Seite 12*).

1 Öffnen Sie aus dem Ordner *07_Interaktive_Objekte_Objektstatus* die Datei *Lerner_persoenlich_ansprechen_Ziel.cptx* (▶ *Seite 12*).

2 Betrachten Sie das Projekt in der Vorschau.

Sie sehen ein Projekt mit einem Texteingabefeld. Wenn Sie hier Ihren Namen eingeben und auf **Senden** klicken, gelangen Sie auf die nächste Folie, auf der der Trainer Sie mit Ihrem Namen anspricht. Wie Sie das Texteingabefeld erstellen und die Eingabe per Variable an die Sprechblase übergeben, erfahren Sie in den folgenden Schritten.

3 Öffnen Sie aus dem Ordner *07_Interaktive_Objekte_Objektstatus* die Datei *Lerner_persoenlich_ansprechen_Ausgang.cptx*.

4 Markieren Sie Folie **1 Texteingabe** im Filmstreifen.

5 Fügen Sie ein Texteingabefeld ein (**Text** > **Texteingabefeld**).

Es werden ein Texteingabefeld sowie eine Schaltfläche eingefügt.

6 Platzieren Sie das Texteingabefeld sowie die Schaltfläche innerhalb der Sprechblase.

7 Stellen Sie sicher, dass im Bedienfeld *Eigenschaften* unter *Stilname* **tecwriter_ Texteingabe** eingestellt ist.

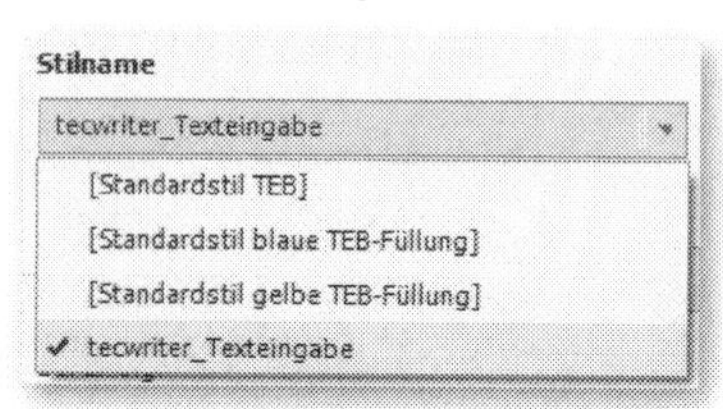

8 Weisen Sie der Schaltfläche ebenfalls einen Objektstil zu: Markieren Sie die Schaltfläche und wählen Sie im Bedienfeld *Eigenschaften* unter *Stilname* **btn_ Senden**.

Das Texteingabefeld und die Schaltfläche sind jetzt formatiert.

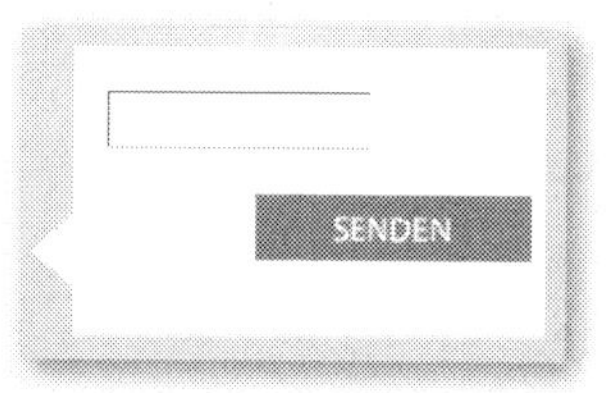

9 Markieren Sie das Texteingabefeld und überprüfen Sie im Bedienfeld *Eigenschaften* im Tab *Stil* unter *Variable*, in welche Variable der Text des Texteingabefelds gespeichert wird.

10 Geben Sie die Variable des Texteingabefelds in einer Textbeschriftung aus:

a Wechseln Sie auf **Folie 2**.

b Doppelklicken Sie in die Textbeschriftung und setzen Sie den Cursor hinter den Textabschnitt „Freut mich,".

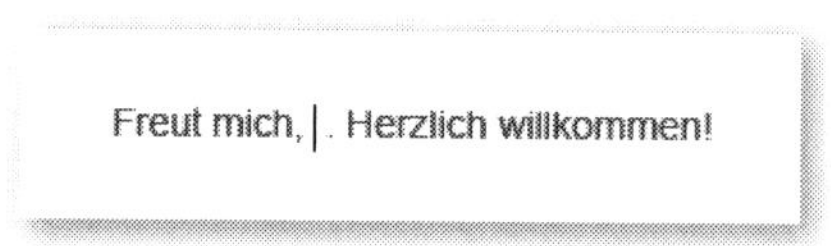

c Klicken Sie im Bedienfeld *Eigenschaften* im Tab *Stil* auf **Variable einfügen**.

Das Fenster *Variable einfügen* öffnet sich.

d Wählen Sie den *Variablentyp* **Benutzer**.

e Wählen Sie unter *Variablen* die Variable des Texteingabefelds (*Text_Entry_Box_3*).

f Tragen Sie unter *Maximale Länge* einen Wert von **30** ein. Dies ist die Anzahl der maximal gespeicherten Zeichen.

g Klicken Sie auf **OK**.

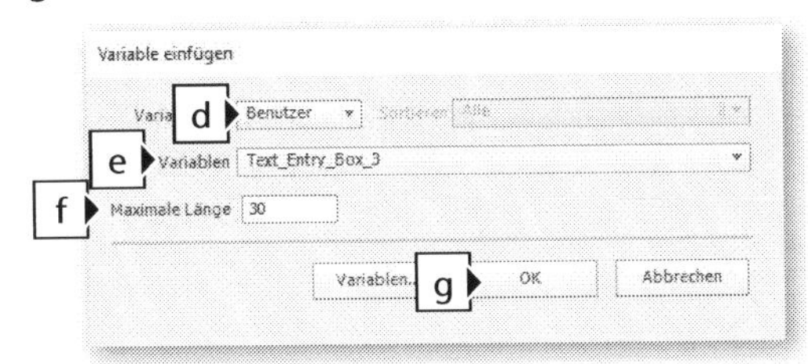

Die Variable wird eingefügt.

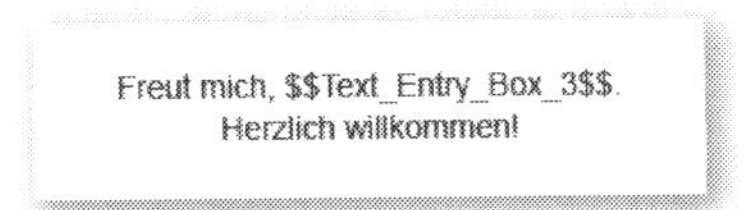

11 Testen Sie das Projekt in der Vorschau (**Vorschau** > **Projekt**).

Sie wissen nun, wie Sie Ihren Lerner persönlich ansprechen können.

Hyperlinks auf Folienmastern verwenden

Sie können Hyperlinks auch auf Folienmastern erstellen und so neben Smartformen (▶ *Seite 57*) weitere interaktive Objekte auf Ihren Folienmastern erzeugen.

Hyperlinks

Sie können Texte innerhalb von Textbeschriftungen und Smartformen in Hyperlinks verwandeln und dabei z.B. auf Webseiten verlinken oder Aktionen auslösen.

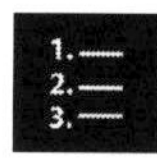

So verwandeln Sie Text in Hyperlinks

1 Markieren Sie in einer Textbeschriftung oder Smartform den Textabschnitt, den Sie in einen Link verwandeln möchten.

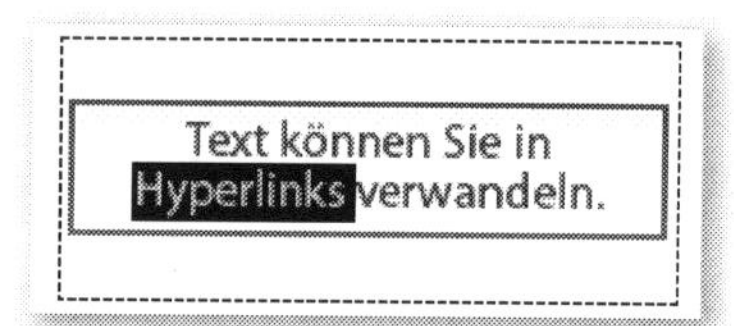

2 Rechtsklicken Sie auf den markierten Text und wählen Sie **Hyperlink einfügen**.

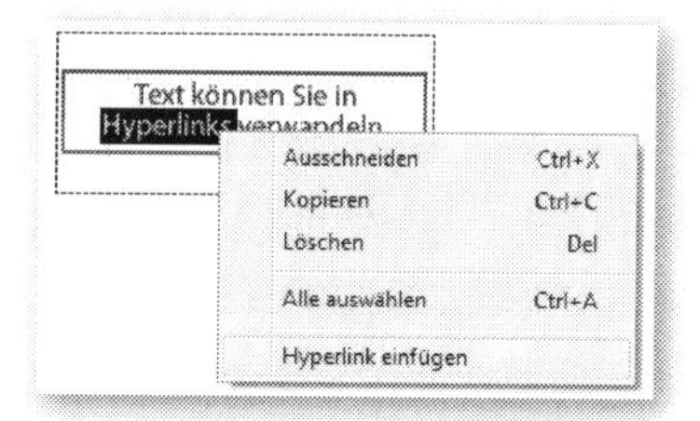

Das Fenster *Hyperlink einfügen* öffnet sich.

Hyperlink einfügen

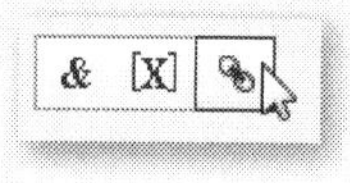

Sie können einen Hyperlink auch über das Bedienfeld *Eigenschaften* einfügen. Klicken Sie hierfür im Tab *Stil* im Bereich *Zeichen* auf **Hyperlink einfügen**.

Hyperlink formatieren, anpassen oder löschen

Um einen Hyperlink anzupassen oder zu löschen: Rechtsklicken Sie auf den Hyperlink und wählen Sie **Hyperlink modifizieren** bzw. **Hyperlink löschen**. Wenn Sie die Formatierung des Hyperlinks anpassen möchten: Sie können wie bei einem normalen Text über das Bedienfeld *Eigenschaften* z. B. die Farbe ändern oder Unterstreichung entfernen.

3 Wählen Sie unter *Verknüpfen mit* eine entsprechende Aktion aus und klicken Sie auf **OK**.

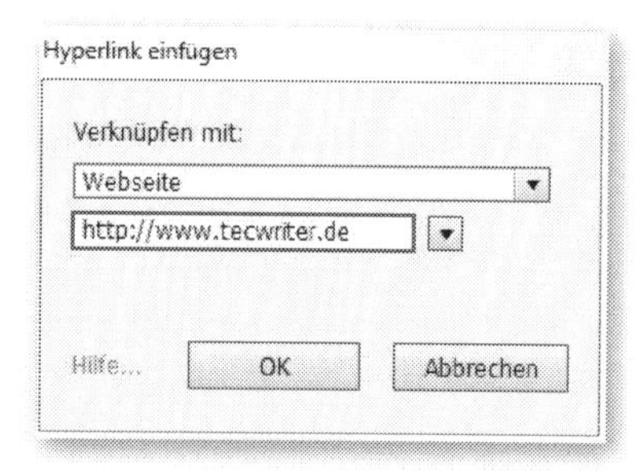

Ihr Textabschnitt wird in einen Hyperlink verwandelt. Sobald der Benutzer auf diesen Hyperlink klickt, wird die von Ihnen hinterlegte Aktion ausgeführt.

(Smartform-)Schaltflächen

Schaltflächen sind eine sehr einfache und wirkungsvolle Form, um Ihren Projekten Interaktivität zu verleihen. Es gibt vier verschiedene Schaltflächentypen:

- Textschaltflächen: Schaltflächen, deren Layout von Ihrem aktuellen Betriebssystem bereitgestellt wird und die Sie mit einem beliebigen Text beschriften können.

- Transparente Schaltflächen: Schaltflächen, die Sie beschriften und deren Rahmen und Füllung Sie definieren können.

- Bildschaltflächen: Eine Auswahl bestehender gestalteter Schaltflächen, deren Beschriftungen und Erscheinungsbild Sie nur mit einem Grafikprogramm anpassen können.

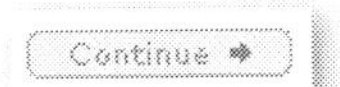

- Smartform-Schaltflächen: Smartformen, die Sie in Captivate frei gestalten und über die *Eigenschaften* mittels der Option **Als Schaltfläche verwenden** in eine Schaltfläche umwandeln können.

Eigene Bildschaltflächen gestalten

Die Bildschaltflächen liegen leider nur in englischer Sprache oder mit Symbolen besetzt vor. Sie können allerdings eigene Bildschaltflächen gestalten und diese in Captivate verwenden (wie z. B. in dieser Übung ▶ *Seite 336*).

Die Eigenschaften einer Schaltfläche

Interaktionen > Schaltfläche

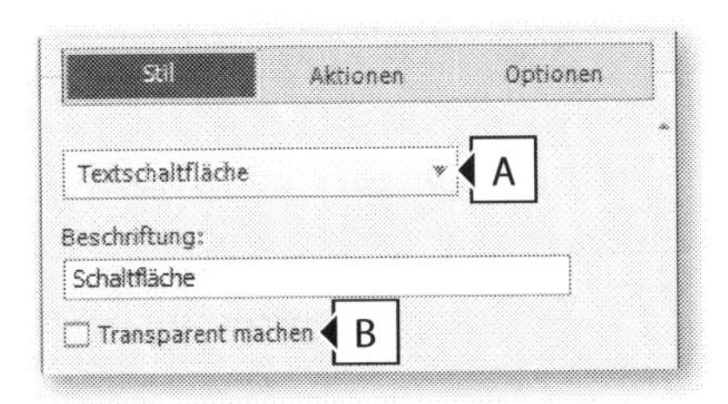

A Wahl des Schaltflächentyps und der damit verbundenen Eigenschaften

B Bei Text- und Bildschaltflächen: Schaltfläche transparent darstellen

Der Tab Aktionen bei (Smartform-)Schaltflächen

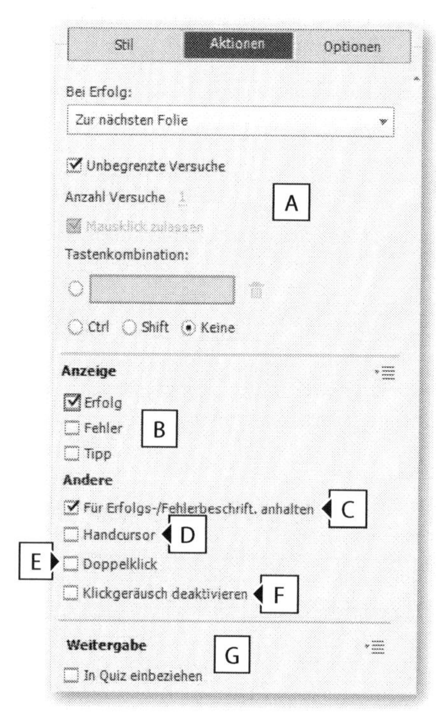

A Aktionsbereich (▶ *Seite 198*)

B Beschriftungen (▶ *Seite 200*)

C Projekt anhalten, bis Erfolgs-/Fehlerbeschriftungen angezeigt wurden

D Mauszeiger in Handcursor ändern, sobald der Benutzer über das Klickfeld fährt

E Aktion nur bei Doppelklick ausführen

F Bei Klick des Benutzers kein Geräusch abspielen

G Weitergabe (▶ *Seite 201*)

Übung: Folienmaster mit Navigation

In dieser Übung erstellen wir mithilfe von Smartformen eine zentrale Foliennavigation auf einem Folienmaster.

Übung 10 min

- Sie verwandeln Smartformen in Schaltflächen
- Sie erstellen daraus Navigationselemente auf einem Folienmaster

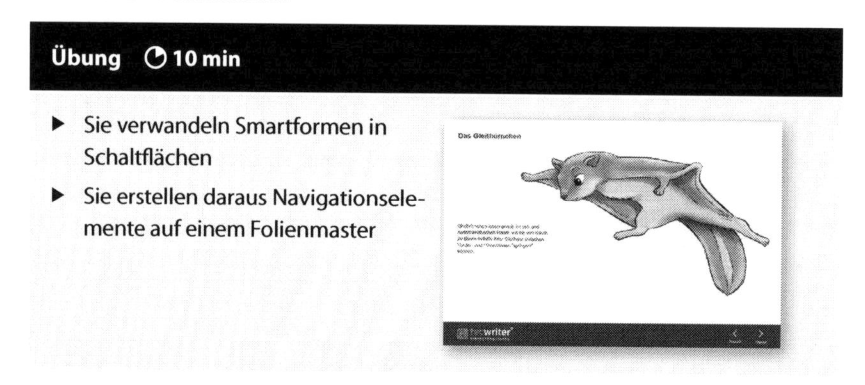

1 Öffnen Sie aus dem Ordner *07_Interaktive_Objekte_Objektstatus* die Datei *Navigation_Ziel.cptx* und betrachten Sie das Projekt in der Vorschau (▶ *Seite 12*).

Sie sehen, dass Sie mittels Schaltflächen auf dem Navigationsbalken vor- und zurücknavigieren können. Im Verlauf dieser Übung möchten wir diese Navigation erstellen.

2 Öffnen Sie aus dem Ordner *07_Interaktive_Objekte_Objektstatus* die Datei *Navigation_Ausgang.cptx*.

3 Öffnen Sie das Bedienfeld *Folienmaster* (**Fenster** > **Folienmaster**).

4 Markieren Sie den Folienmaster **Navi**.

Sie sehen, dass der Navigationsbalken als Bild auf dem Folienmaster liegt und sich über den Symbolen für *Zurück* und *Weiter* „unsichtbare" Smartformen befinden. Diese Smartformen möchten wir nun in Schaltflächen umwandeln, über die der Lerner zwischen den Folien navigieren kann.

5 Wählen Sie die Smartform über dem **Zurück-Symbol**.

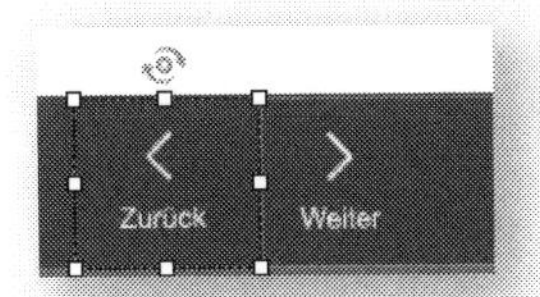

6 Wandeln Sie die Smartform in eine Schaltfläche um:

a Aktivieren Sie im Bedienfeld *Eigenschaften* die Option **Als Schaltfläche verwenden**.

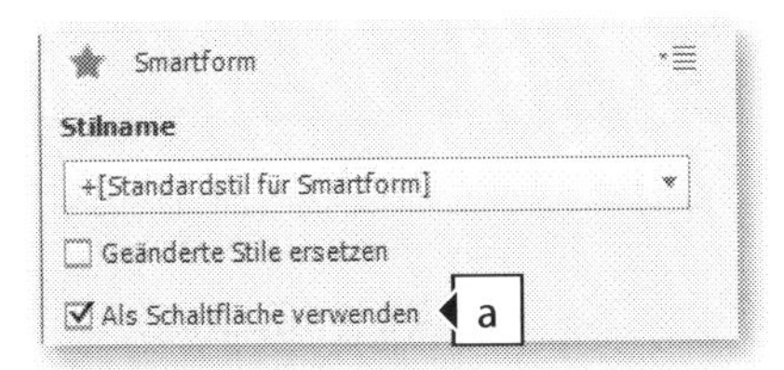

Die Smartform wird in eine Schaltfläche umgewandelt und die Eigenschaften um die entsprechenden Bereiche (z. B. Aktionen) einer Schaltfläche erweitert.

b Aktivieren Sie im Tab *Aktionen* im Bereich *Andere* die Option **Handcursor** und stellen Sie sicher, dass die Optionen **Klickgeräusch deaktivieren** und **Projekt anhalten, bis Benutzer klickt** aktiviert sind.

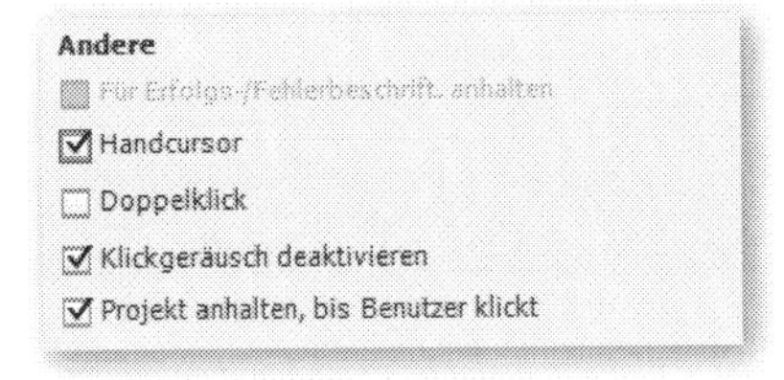

7 Weisen Sie der (nun interaktiven) Smartform eine entsprechende Aktion zu: Wählen Sie im Bedienfeld *Eigenschaften* im Tab *Aktionen* unter *Bei Erfolg* die Option **Zur vorherigen Folie**.

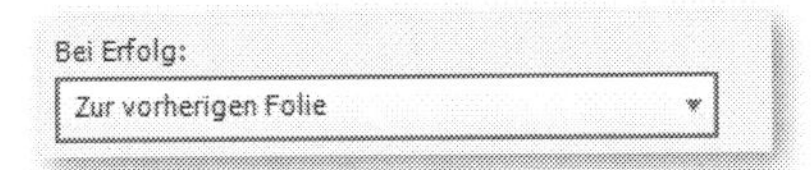

Nun möchten wir die Navigation noch um eine Weiter-Schaltfläche erweitern.

8 Wiederholen Sie **Schritt 6** für die Smartform auf dem Weiter-Symbol.

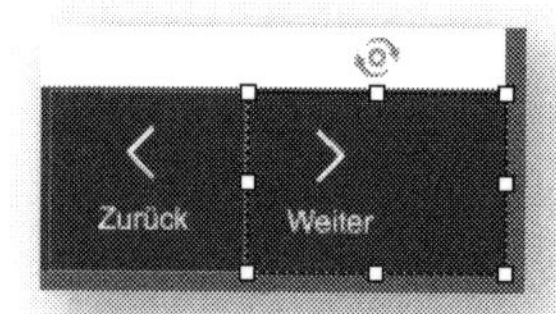

9 Stellen Sie sicher, dass in den *Eigenschaften* der interaktiven Smartform im Tab *Aktionen* unter *Bei Erfolg* die Option **Zur nächsten Folie** gewählt ist.

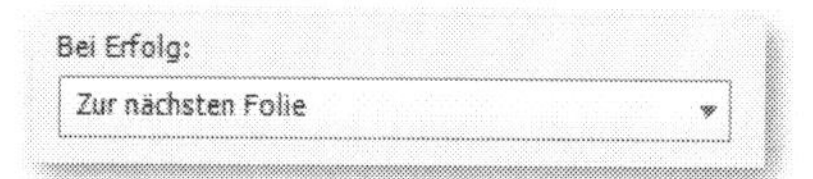

10 Markieren Sie den Folienmaster **Navi_letzte_Folie**. Auf diesem Folienmaster befindet sich ein Wiederholen-Symbol anstelle des Weiter-Symbols.

11 Wiederholen Sie **Schritt 6-7** für die Smartform auf dem Zurück-Symbol.

Abschließend möchten wir die Wiederholen-Schaltfläche definieren.

12 Wiederholen Sie **Schritt 6** für die Smartform auf dem Wiederholen-Symbol.

13 Wählen Sie in den *Eigenschaften* der interaktiven Smartform im Tab *Aktionen* unter *Bei Erfolg* die Option **Zu Folie springen** und darunter **1 Folie 1**.

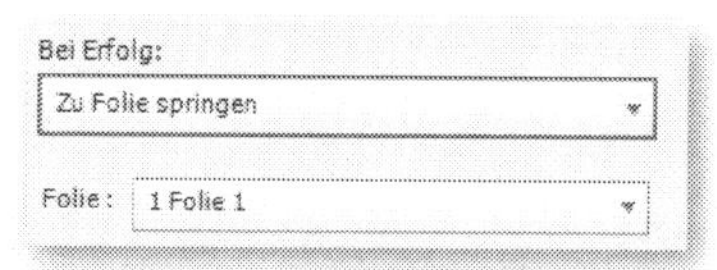

14 Wechseln Sie in die *Filmstreifenansicht*.

15 Wenden Sie den Folienmaster **Navi_letzte_Folie** an:

- **a** Markieren Sie **Folie 4**.
- **b** Wählen Sie im Bedienfeld *Eigenschaften* unter *Folienmaster* den Folienmaster **Navi_letzte_Folie**.

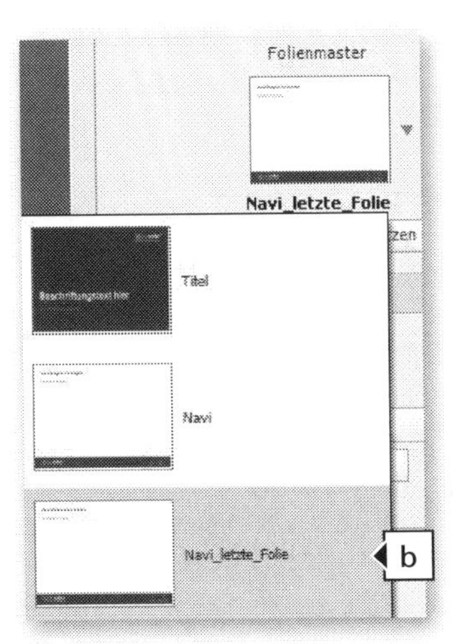

Wenn der Lerner nun auf diese Folie gelangt und auf die Wiederholen-Schaltfläche klickt, wird er wieder zu Titelfolie geleitet.

16 Testen Sie das Projekt in der Vorschau und navigieren Sie jeweils einmal komplett vor sowie zurück, um das Verhalten zu testen.

Sie wissen nun, wie Sie eine zentrale Navigation auf Folienmastern erstellen können.

Objektstatus

Definition

Die meisten Objekte in Captivate können mehrere Zustände (bzw. Status) in einem Objekt vereinen. Bei jedem dieser Zustände kann ein Objekt nicht nur ein anderes Erscheinungsbild (z. B. Schrift- oder Hintergrundfarbe), sondern auch andere Inhalte (z. B. Texte oder Bilder) besitzen.

Je nach Objektstatus-Art sowie Einsatzbereich können diese Objektstatus nach einem bestimmten Ereignis automatisch ausgelöst oder per Benutzerinteraktion (z. B. Mausklick) angesteuert werden.

In Captivate gibt es zwei unterschiedliche Objektstatus-Arten: integrierte sowie benutzerdefinierte Status. Benutzerdefinierte Status können Sie für fast jedes Objekt definieren bis auf wenige Ausnahmen (wie z. B. das Mausobjekt oder das Klickfeld). Darüber hinaus gibt es integrierte Status bei Schaltflächen sowie Drag-&-Drop-Objekten.

Übersichtsdatei: Objektstatus

Im Ordner *07_Interaktive_Objekte_Objektstatus* zeigt die Datei *00_Objektstatus_Uebersicht.cptx* einige Beispiele mit Objektstatus. Öffnen Sie doch gleich das Projekt und lernen Sie in der Vorschau die verschiedenen Möglichkeiten kennen.

Objektstatus in der Praxis

Die Funktion Objektstatus bringt eine ganze Reihe von Vorteilen: Sie können die verschiedenen Zustände einer Schaltfläche sowie von Drag-&-Drop-Objekten sehr kreativ gestalten und Benutzerinteraktionen wie z. B. Diashows und Pop-ups /

Lightboxen (ohne erweiterte Aktion) ganz einfach erstellen. Darüber hinaus wird bei solchen Interaktionen die Zeitleiste übersichtlicher, da nur ein Objekt nötig ist.

Beispiel: Wenn Sie eine Schaltfläche erstellen, hat diese standardmäßig bereits drei integrierte Status – neben dem direkt auf der Bühne sichtbaren Standard-Status *Normal* die Status *RollOver* sowie *Nach unten*. Der Status *RollOver* wird automatisch angezeigt, sobald der Benutzer die Schaltfläche mit der Maus überfährt, der Status *Nach unten*, sobald er die Schaltfläche anklickt. Optional können Sie durch Klicken auf das **Plus-Symbol** den vierten Status Aufgerufen definieren, der immer dann ausgelöst wird, wenn die Schaltfläche gedrückt wurde. Dies ist z. B. eine schöne Möglichkeit, in einem Menü bereits angeklickte Inhalte anzuzeigen - und das ganz ohne erweiterte Aktion.

Integrierte Status auf Folienmastern

Seit Captivate 2017 ist es möglich, integrierte Status für Schaltflächen auf Folienmastern zu nutzen. So können Sie Smartform-Schaltflächen sowie Schaltflächen von Quizfragen und Drag-&-Drop-Interaktionen auf Folienmastern mit Mouse-Over-Effekten anreichern. *Einschränkungen*: Benutzerdefinierte sowie der Status Aufgerufen funktionieren auf Folienmastern nicht. Auch zusätzliche Objekte sind in den integrierten Status auf Folienmastern nicht möglich.

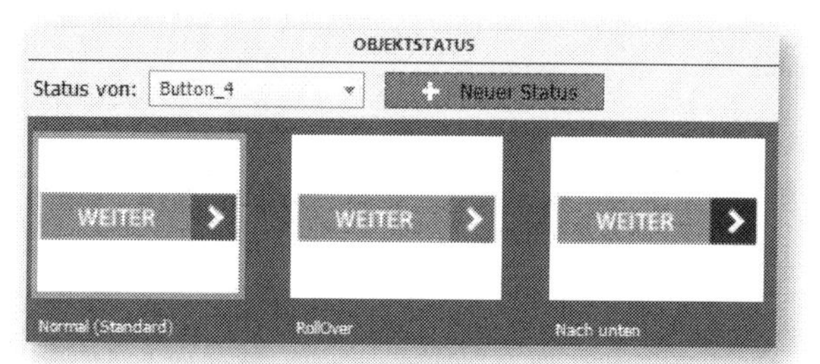

Wenn Sie ein nicht-interaktives Objekt (wie z. B. eine Smartform) erstellen, kann dieses ebenfalls mehrere Objektstatus haben, benutzerdefinierte Status. So könnte der Status *Normal* z. B. ein Bild zeigen und ein benutzerdefinierter Status einen erklärenden Text. Mittels einer Schaltfläche sowie der Aktion **Zum nächsten Status springen** können Sie es dem Lerner dann ermöglichen, zwischen den Status hin und her zu wechseln.

Status Aufgerufen nicht im Objektstil definierbar

Neben der fehlenden Möglichkeit, Folienmaster-Objekte mit dem Status Aufgerufen anzureichern, können Sie auch die Formatierung dieses Status zum aktuellen Zeitpunkt nicht in einem Stil speichern. Tipp: Statt den Status Aufgerufen neu zu erstellen, können Sie in der Statusanzeige einen bestehenden Status (z. B. Nach unten) per Rechtsklick duplizieren und auf dieser Basis den Status Aufgerufen erstellen.

Da ein Objekt mehrere benutzerdefinierte Status haben kann, können Sie über die gleiche Technik auch eine Diashow abbilden.

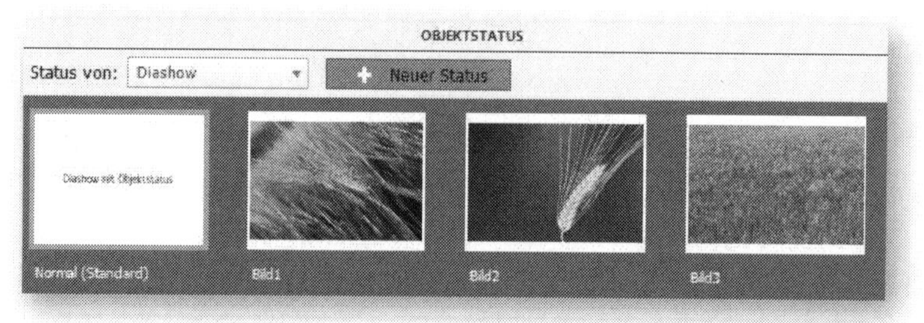

Wenn Sie mit Drag-&-Drop-Interaktionen arbeiten, können darüber hinaus sowohl Drag- als auch Drop-Objekte weitere integrierte Status haben. Beispielsweise könnte ein Drag-Objekt zuerst das Aussehen ändern, sobald der Benutzer es in die Hand nimmt und dann einen weiteren Status annehmen, sobald es auf dem Drop-Objekt platziert wird (▶ *Seite 253*).

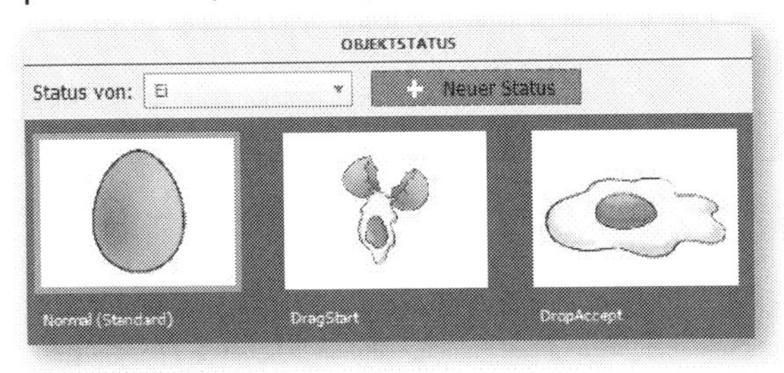

Arten von Objektstatus

Objekt	Art von Objektstatus
(Smartform-)Schaltfläche	**Benutzerdefinierte Status** **Integrierte Status** ▶ *Normal*: Standard-Status ▶ *RollOver*: Status bei Überfahren mit der Maus ▶ *Nach unten*: Status bei Mausklick ▶ *Aufgerufen*: Status nach Mausklick
Drag-&-Drop-Objekt	**Benutzerdefinierte Status** **Integrierte Status** (▶ *Seite 253*)
Die meisten anderen Objekte	**Benutzerdefinierte Status**

Objektstil und Objektstatus

Im Folgenden möchte ich Ihnen die Zusammenhänge zwischen Objektstatus und Objektstil erläutern. Hierbei spreche ich von „Basisobjekt", wenn das Objekt selbst gemeint ist, welches mehrere Objektstatus hat.

Generell gilt: Wenn Sie in der Statusanzeige über das Basisobjekt hinaus Objekte (z. B. eine Smartform) in einem Status einfügen, können diese Objekte jeweils einen eigenen Objektstil haben. Wie verhalten sich jedoch die Basisobjekte?

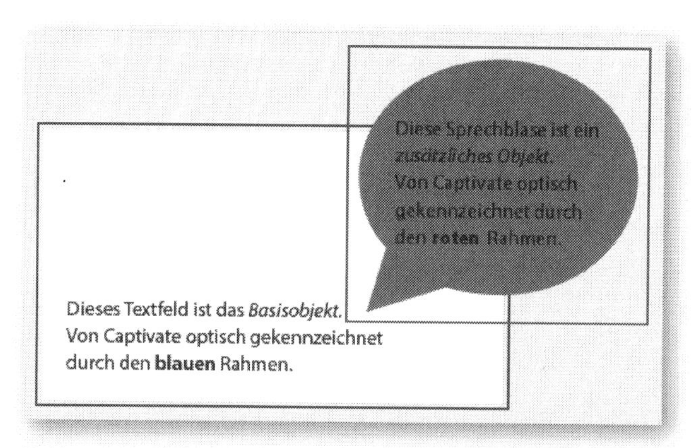

Bei benutzerdefinierten Status sowie den integrierten Status bei Drag-&-Drop-Objekten können Sie zwischen den Status abweichende Objektstile für das Basisobjekt einstellen.

Bei (Smartform-)Schaltflächen fasst der Objektstil hingegen die Definitionen für drei der vier integrierten Zustände (*Normal, RollOver, Nach unten*). Dadurch können Sie für die Zustände jeweils zwar unterschiedliche Formatierungen haben, jedoch nicht unterschiedliche Objektstile für das Basisobjekt einstellen. Sie können nur über den Status *Normal* den Objektstil ändern und speichern (**A**). Daher ist der Bereich Objektstil in den Status *RollOver* und *Nach unten* ausgegraut (**B**), obwohl diese Bereiche ebenfalls im unter dem Status *Normal* eingestellten Objektstil gespeichert werden.

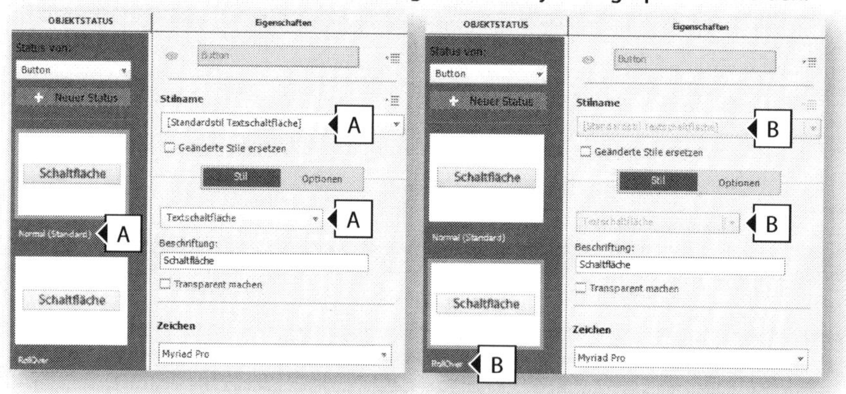

In anderen Worten: Wenn Sie die integrierten Objektstatus einer (Smartform-)Schaltfläche formatieren und den Objektstil speichern, werden Ihre Formatierungen des Basisobjekts im gleichen Objektstil gespeichert. Dies können Sie über den *Objektstil-Manager* direkt nachvollziehen. Dort können Sie den Objektstil aufklappen und die Formatierung für die einzelnen integrierten Status einsehen und verändern.

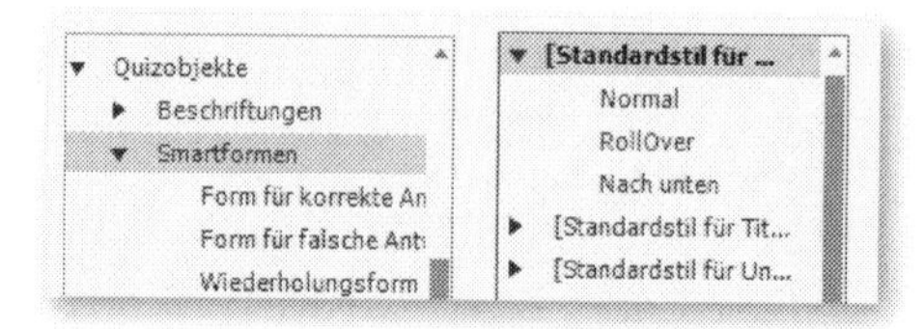

Der Bereich Objektstatus im Bedienfeld Eigenschaften

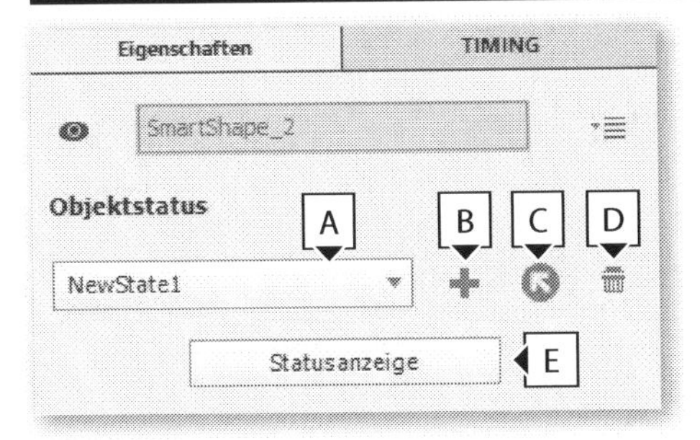

A Gewählter Objektstatus

B Neuen Objektstatus hinzufügen

C Aktion für Objektstatus hinterlegen

D Objektstatus löschen

E Statusanzeige öffnen (▶ *Seite 223*)

Standard-Status festlegen

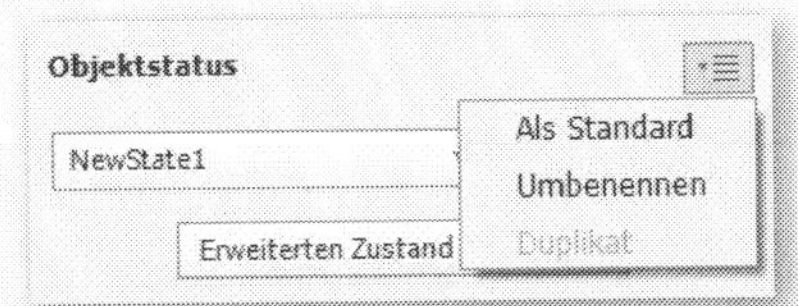

Der Standard-Status eines Objekts ist durch die Ergänzung „(Standard)" gekennzeichnet. Voreingestellter Standard ist der Status *Normal*. Sie können aber auch einen benutzerdefinierten Status als Standard definieren. Wählen Sie dazu den entsprechenden Status, klicken Sie dann im Bereich *Objektstatus* auf das Aufklappmenü und wählen Sie **Als Standard**.

Aktuellen Objektstatus speichern

Wenn Sie möchten, dass ein Objekt auch bei Rückkehr auf eine Folie seinen Status beibehält (z. B. um dem Lerner zu visualisieren, dass er ein Objekt bereits angeklickt hat), aktivieren Sie in den *Eigenschaften* die Option Status bei Neuaufruf der Folie beibehalten.

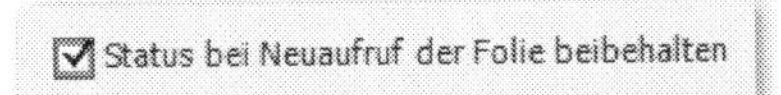

Die Ansicht Statusanzeige

In der Ansicht *Statusanzeige* können Sie die einzelnen Objektstatus isoliert betrachten und erhalten zusätzliche Möglichkeiten. Sie können z. B. weitere Texte, Smartformen, Bilder, Animationen oder Videos hinterlegen. *Hinweis:* Die Statusanzeige ist bei Folienmaster-Objekten mit integriertem Status nicht verfügbar.

Status umbenennen, duplizieren, löschen oder zurücksetzen

In der Ansicht *Statusanzeige* können Sie einzelne Status umbenennen, duplizieren, löschen oder auf den ursprünglichen Stand zurücksetzen. Rechtsklicken Sie dazu auf einen Status und wählen Sie die entsprechende Option im Kontextmenü.

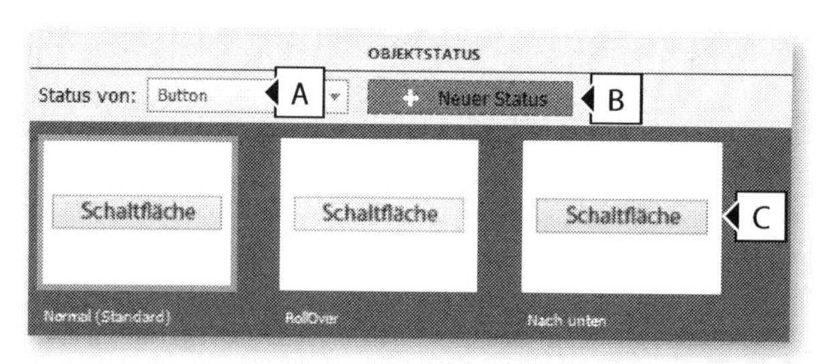

A Aktuell ausgewähltes Objekt

B Neuen Status anlegen

C Angelegte Status

Das Fenster Neuen Status anlegen

Wenn dem Objekt ausschließlich benutzerdefinierte Status zugewiesen werden können:

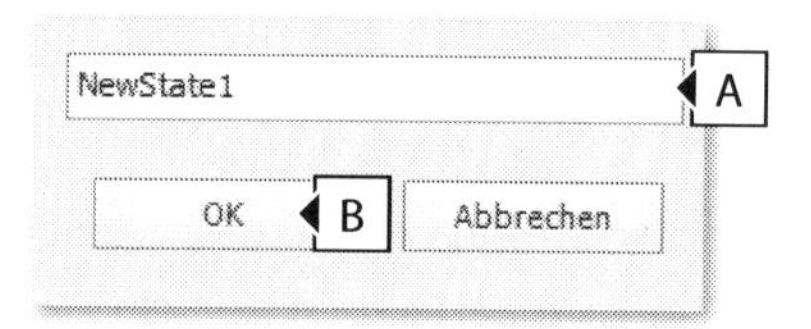

A Status benennen

B Neuen Status anlegen

Wenn dem Objekt sowohl benutzerdefinierte als auch integrierte Status zugewiesen werden können:

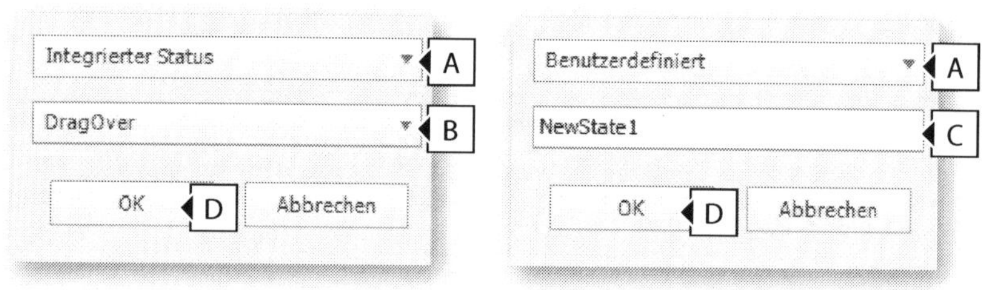

A Status-Art wählen (*Integrierter Status* oder *Benutzerdefiniert*)

B Wenn *Integrierter Status* gewählt: Integrierten Status wählen

C Wenn *Benutzerdefiniert* gewählt: Status benennen

D Neuen Status anlegen

Zusatz-Objekte in einen Status verschieben / kopieren

Zusätzlich platzierte Objekte können Sie zwischen einzelnen Status in der Statusanzeige kopieren (z. B. über das Kontextmenü). Jedoch ist es nicht möglich, ein Objekt von einer Folie in den Objektstatus oder aus dem Objektstatus heraus auf die Folie zu kopieren oder verschieben. Nutzen Sie in diesem Fall die Werkzeugleiste oder Bibliothek, um zusätzliche Objekte in einen Status einzufügen.

Diese Objekte können Sie in den Objektstatus zusätzlich platzieren

In der Statusanzeige können Sie den einzelnen Status weitere Objekte hinzufügen, die zusammen mit dem jeweiligen Objektstatus aufgerufen werden sollen. Die Werkzeugleiste zeigt Ihnen hier, welche Objekte möglich sind.

Übung: Pop-up / Lightbox per Objektstatus realisieren

Im Rahmen dieser Übung erstellen Sie ein Pop-up, welches über eine separate Schaltfläche aufgerufen wird. Hierbei lernen Sie die Statusanzeige, die integrierten Status einer Schaltfläche sowie benutzerdefinierte Status kennen.

Übung 15 min

- Sie erstellen eine Schaltfläche und formatieren die integrierten Status
- Sie erstellen ein Pop-up über einen benutzerdefinierten Status, ergänzen einen Status um eine zusätzliche Grafik und wechseln den Standard-Status
- Sie definieren, dass das Pop-up über die Schaltfläche ein- und ausgeblendet werden kann

1 Öffnen Sie aus dem Ordner *07_Interaktive_Objekte_Objektstatus* die Datei *Objektstatus_Pop-up_Ziel.cptx* (▶ *Seite 12*).

2 Betrachten Sie das Projekt in der Vorschau.

Wenn Sie auf die Schaltfläche klicken, erscheint ein Pop-up, bei erneutem Klick wird es wieder ausgeblendet. Die Schaltfläche selbst nimmt je nach Interaktion unterschiedliche Farben an. Dies ist über integrierte wie auch benutzerdefinierte Status und Aktionen realisiert. Im Rahmen der folgenden Übung werden wir dies selbst umsetzen.

3 Öffnen Sie aus dem Ordner *07_Interaktive_Objekte_Objektstatus* die Datei *Objektstatus_Pop-up_Ausgang.cptx*.

4 Fügen Sie eine Schaltfläche ein:

a Erstellen Sie eine Smartform des Typs **Rechteck** wie auf dem Bildschirmfoto zu sehen.

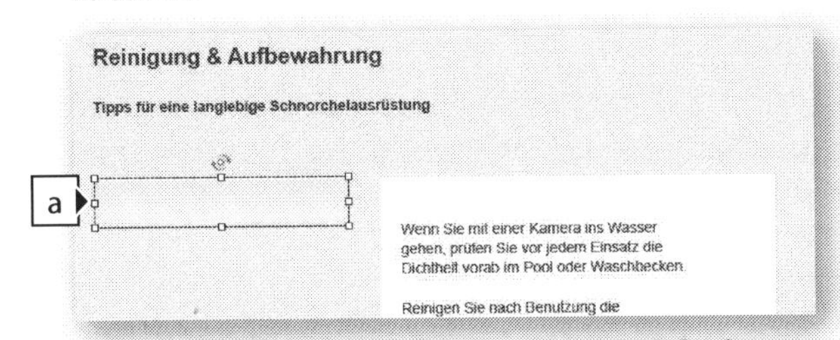

b Aktivieren Sie in den *Eigenschaften* **Als Schaltfläche verwenden**.

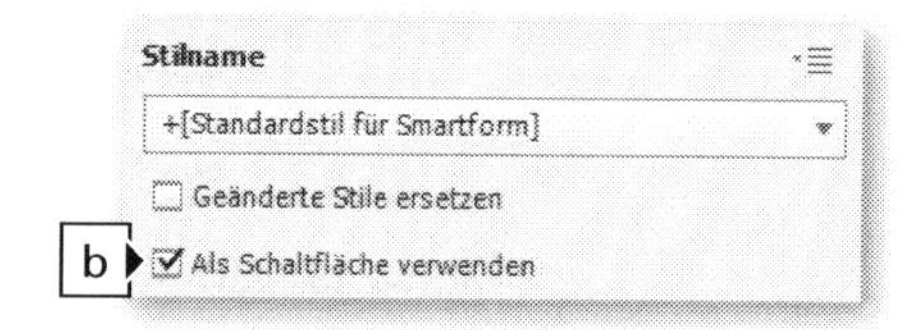

5 Formatieren Sie die Schaltfläche:

a Stellen Sie in den *Eigenschaften* im Tab *Stil* unter *Füllung* **Einfarbige Füllung,** die Füllfarbe **Grau** und eine *Deckkraft* von **100 %** ein.

b Stellen Sie unter *Strich* eine *Breite* von **0** ein.

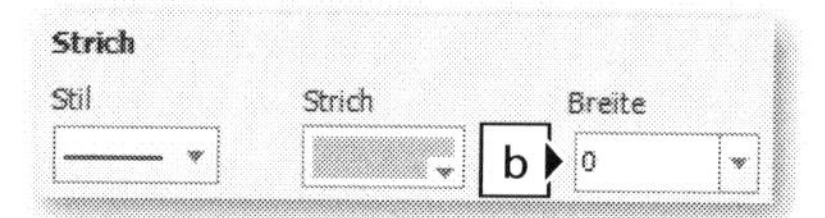

c Doppelklicken Sie in die Schaltfläche und geben Sie den Text ein wie im Bildschirmfoto zu sehen.

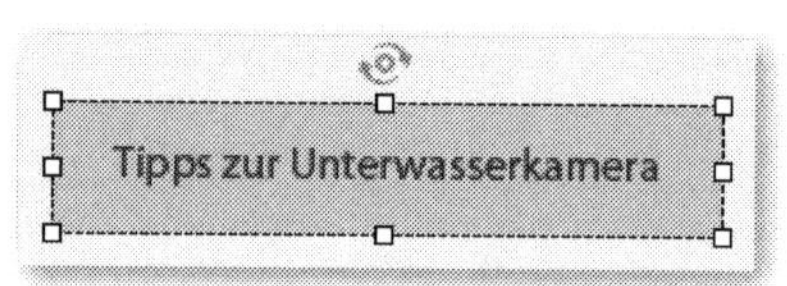

6 Formatieren Sie die integrierten Status über die Statusanzeige:

a Wechseln Sie in die Statusanzeige.

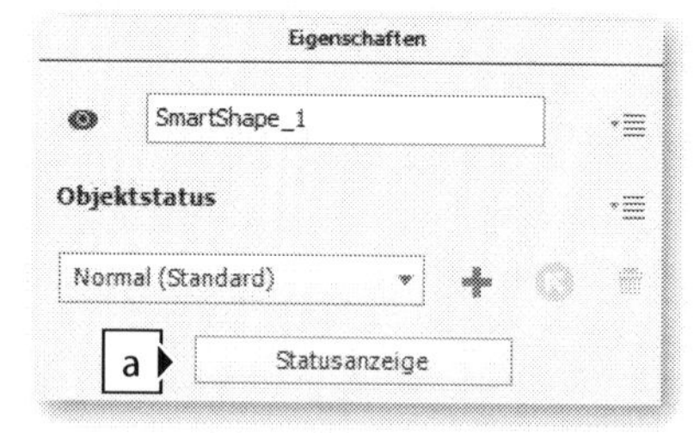

b Wählen Sie im Bedienfeld *Objektstatus* (Statusanzeige) den Status *RollOver* und wählen Sie in den *Eigenschaften* im Tab *Stil* unter *Füllung* die Farbe **Orange** sowie unter *Zeichen* die Farbe **Weiß**.

c Wählen Sie den Status *Nach unten* und wählen Sie in den *Eigenschaften* im Tab *Stil* unter *Füllung* die Farbe **Dunkelgrau** sowie unter *Zeichen* die Farbe **Weiß**.

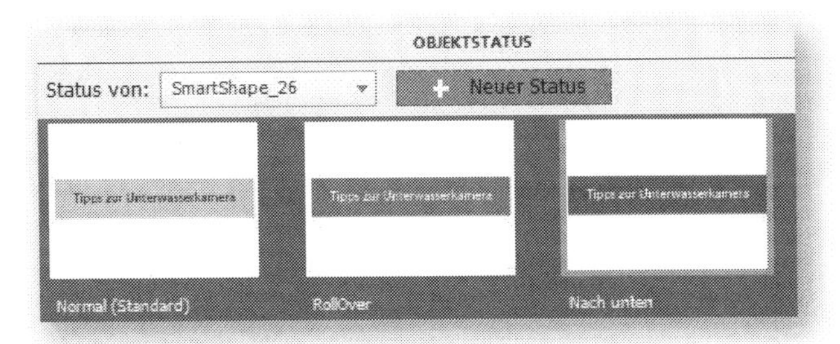

7 Speichern Sie die Status in einem neuen Objektstil:

a Wählen Sie den Status *Normal.*

b Wählen Sie in den *Eigenschaften* im Bereich *Stilname* im *Aufklappmenü* **Neuen Stil erstellen**.

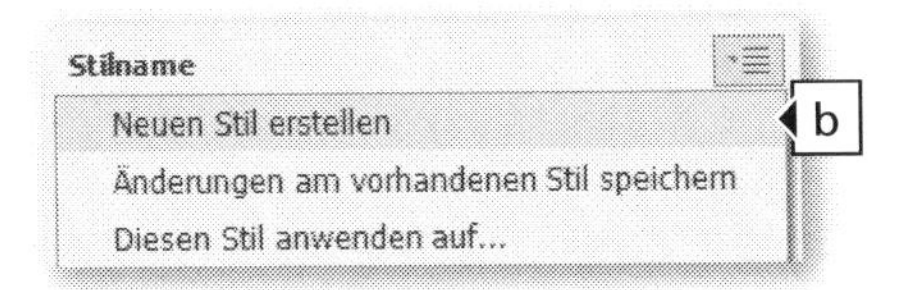

Das Fenster *Neuen Objektstil speichern* erscheint.

c Geben Sie dem Objektstil einen Namen, z. B. **tec_btn**.

d Klicken Sie auf **OK**.

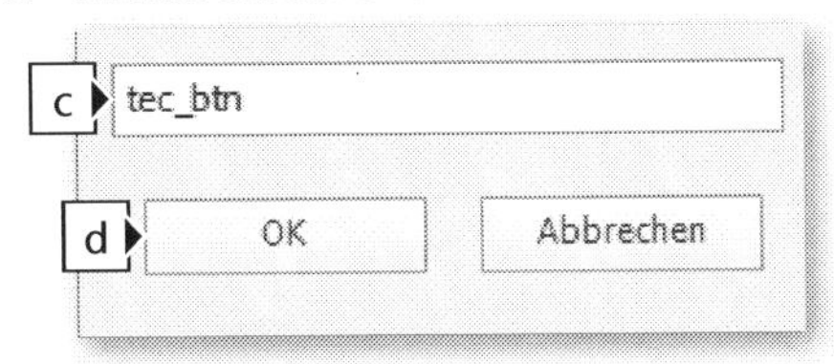

e Schließen Sie die Statusanzeige.

8 Schauen Sie sich den gespeicherten Objektstil an:

a Wählen Sie **Bearbeiten > Objektstil-Manager**.

Das Fenster *Objektstil-Manager* öffnet sich.

b Wählen Sie **Standardobjekte > Smartformen.**

c Klappen Sie im mittleren Bereich den eben angelegten Objektstil **tec_btn** auf.

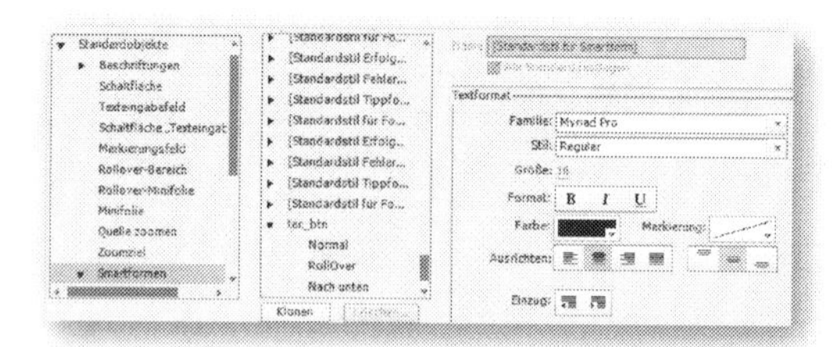

d Wählen Sie nacheinander **Normal**, **RollOver** und **Nach unten** und betrachten Sie die Stile in der *Stilvorschau*.

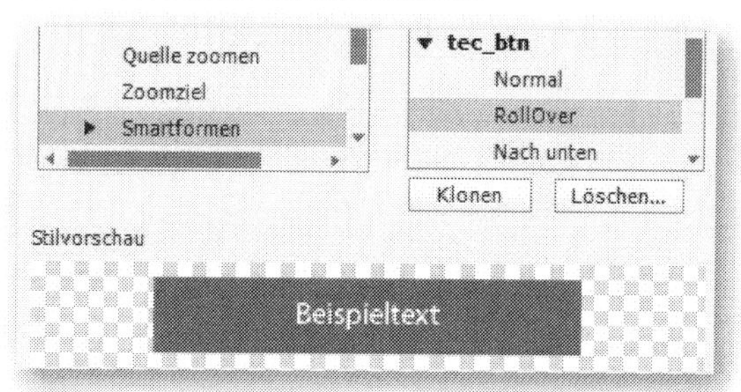

Sie sehen, dass alle eben formatierten Status in diesem Objektstil gespeichert wurden.

e Schließen Sie den *Objektstil-Manager*, indem Sie auf **Abbrechen** klicken.

9 Formatieren Sie den Normal-Status für das Pop-up:

a Wählen Sie die Smartform *Pop_up*.

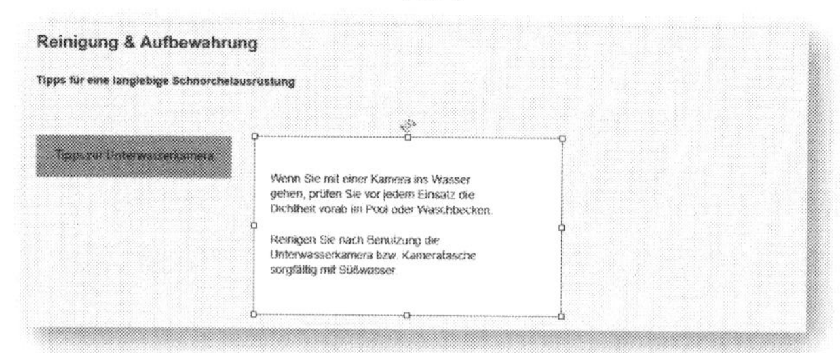

b Wechseln Sie in die Statusanzeige.

c Wählen Sie **Medien > Bild**.

Das Fenster *Öffnen* erscheint.

d Öffnen Sie aus dem Verzeichnis *00_Assets\Bilder* die Datei *Info-Icon.png*.

e Platzieren Sie das Symbol wie im Bildschirmfoto zu sehen.

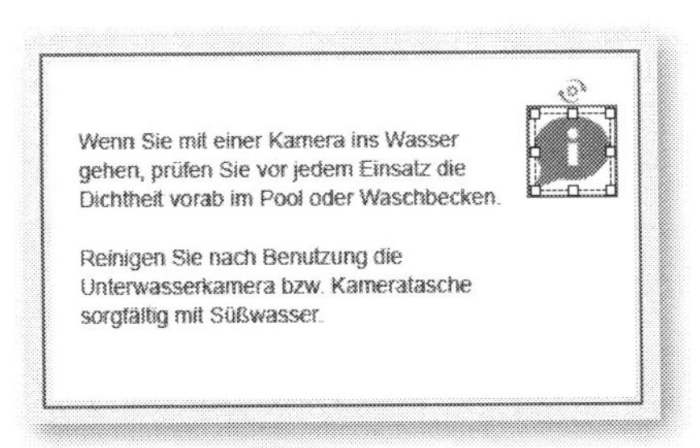

Sie haben nun mittels der Ansicht *Statusanzeige* im Status *Normal* ein zusätzliches Objekt platziert.

10 Definieren Sie den neuen Normal-Status (den unsichtbaren Zustand) des Pop-ups:

a Klicken Sie auf die Schaltfläche **Neuer Status**.

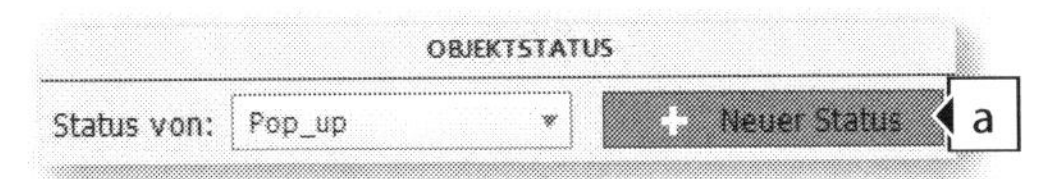

Ein Fenster zum Erstellen eines neuen Status erscheint.

b Geben Sie dem Status einen Namen, z. B. **Unsichtbar**.

c Klicken Sie auf **OK**.

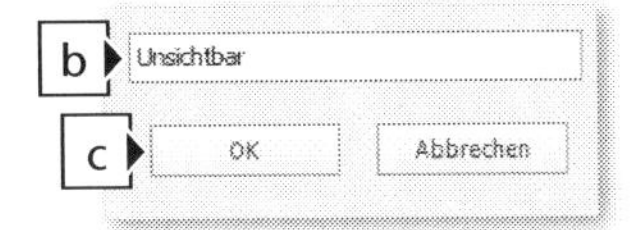

Der neue Status *Unsichtbar* wird angelegt.

d Löschen Sie in diesem neuen Status den Text aus der Smartform.

e Stellen Sie in den *Eigenschaften* im Tab *Stil* unter *Füllung* die *Deckkraft* auf **0 %**.

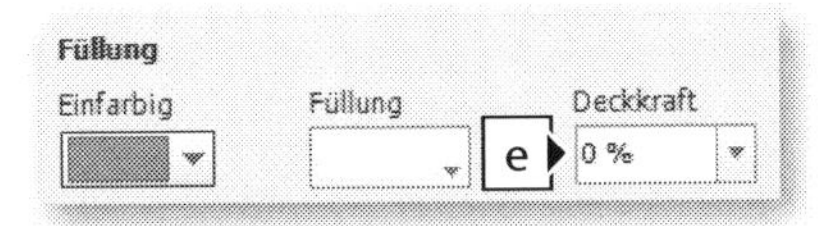

f Rechtsklicken Sie in der *Statusanzeige* auf den Status *Unsichtbar* und wählen Sie **Als Standard festlegen**.

Dem Status wird die Eigenschaft *(Standard)* zugewiesen.

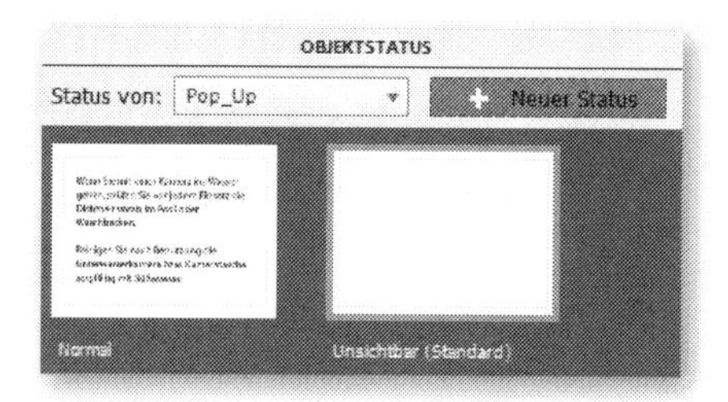

g Schließen Sie die Statusanzeige.

Sie sehen, dass das Pop-up nun unsichtbar ist, da dies als dessen Standard-Status festgelegt wurde.

11 Definieren Sie, dass die Schaltfläche das Pop-up per Aktion aufruft:

a Markieren Sie die Schaltfläche.

b Wählen Sie in den *Eigenschaften* im Tab *Aktionen* unter *Bei Erfolg* **Zum nächsten Status springen** und stellen Sie sicher, dass darunter **Pop_up** gewählt ist.

c Deaktivieren Sie die Option **Projekt weiter abspielen**.

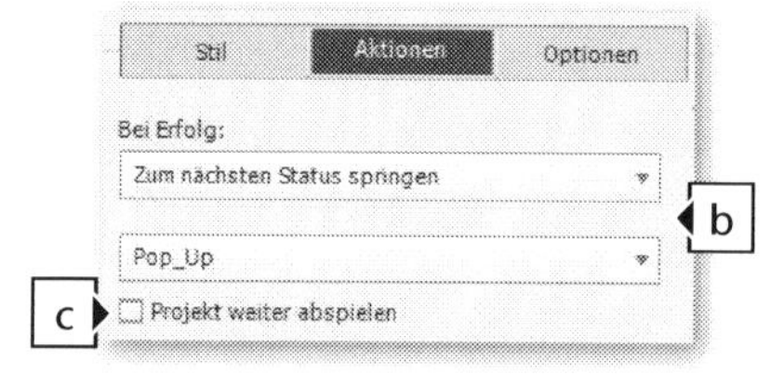

12 Testen Sie das Projekt in der Vorschau.

Sie haben nun die integrierten Status von Schaltflächen kennengelernt und wissen, wie Sie Pop-ups realisieren können.

Projekt weiter abspielen

Wenn die Option **Projekt weiter abspielen** aktiv ist, läuft das Projekt nach Klick auf die Schaltfläche (trotz unter **Timing** > **Anhalten nach** eingestellter Pause) weiter ab (je nach Fall zur nächsten Folie oder in dieser Übung zum Projektende). Wenn diese Funktion deaktiviert ist, wird die Pauseeinstellung voll berücksichtigt und der Benutzer kann die Schaltfläche unbegrenzt oft anklicken und die eingestellte Aktion auslösen.

Übung: Schaltflächen-Wechsel per Objektstatus definieren

Im Rahmen dieser Übung vertiefen wir das Wissen um das Thema Objektstatus. Sie erstellen eine Schaltfläche, die sich auf Klick selbst ändert und lernen hierbei, wie Sie ohne die Statusanzeige direkt Status über das Bedienfeld *Eigenschaften* anlegen, modifizieren und löschen.

Übung 15 min

- Sie legen einen benutzerdefinierten Status für eine Schaltfläche an
- Sie löschen die integrierten Status einer Schaltfläche
- Sie definieren, dass der benutzerdefinierte Status der Schaltfläche über die Schaltfläche selbst aufgerufen wird

Wieso wir die integrierten Status löschen

Im Verlauf dieser Übung werden Sie sich sicherlich fragen, weshalb wir die integrierten Status löschen. Vorab hier die Erläuterung: Dies ist nötig, um per Aktion **Zum nächsten Status springen** über die gleiche Schaltfläche den benutzerdefinierten Status aufrufen zu können. Andernfalls würde der hier vorgestellte Weg nicht funktionieren und wir müssten mit mehreren Objekten oder mit erweiterten Aktionen arbeiten.

1 Öffnen Sie aus dem Ordner *07_Interaktive_Objekte_Objektstatus* die Datei *Objektstatus_Schaltflaechen-Wechsel_Ziel.cptx* (▶ *Seite 12*).

2 Betrachten Sie das Projekt in der Vorschau.

Wenn Sie auf die Bilder klicken, erhalten Sie weitere Informationen zu Lernziel, Zielgruppe und Bearbeitungsdauer. Dies ist über verschiedene Objektstatus der Smartformen gesteuert. In dieser Übung werden wir dies selbst umsetzen.

3 Öffnen Sie aus dem Ordner *07_Interaktive_Objekte_Objektstatus* die Datei *Objektstatus_Schaltflaechen-Wechsel_Ausgang.cptx*.

4 Hinterlegen Sie der Smartform *Lernziel_1* einen zweiten Status:

a Wählen Sie die Smartform und klicken Sie im Bedienfeld *Eigenschaften* im Bereich *Objektstatus* auf **Neuen Objektstatus hinzufügen.**

Ein Fenster zum Erstellen eines neuen Status erscheint.

b Geben Sie dem Status einen Namen, z. B. „Text" und bestätigen Sie mit **OK**.

Ein neuer Objektstatus wurde hinzugefügt.

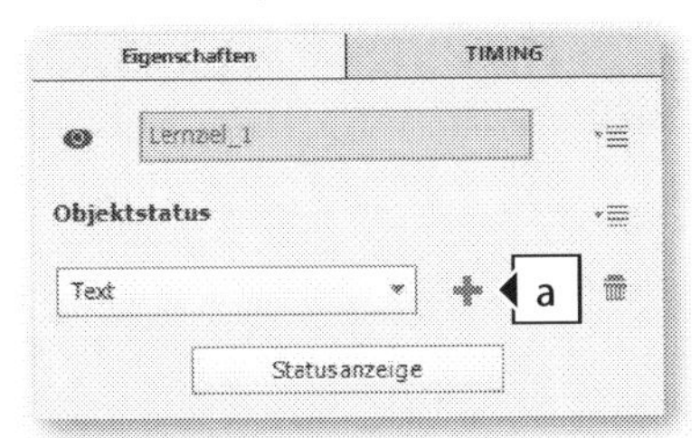

c Wählen Sie in den *Eigenschaften* im Tab *Stil* unter *Füllung* **Einfarbige Füllung** und stellen Sie sicher, dass die Füllfarbe **Weiß** und eine *Deckkraft* von **100 %** eingestellt sind.

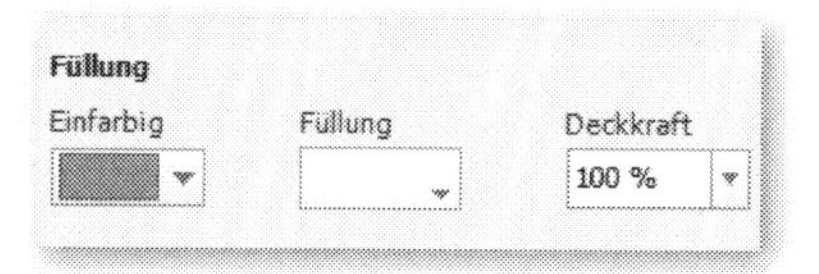

Objektstatus-Ansicht über die Eigenschaften

Wenn Sie die Objektstatus eines Objekts über die Eigenschaften aufrufen und z. B. einen benutzerdefinierten Status wählen, dann ist der Status nur so lange sichtbar, wie das Objekt markiert ist. Sobald Sie beispielsweise auf die Folie klicken oder ein anderes Objekt markieren, springt die Ansicht wieder auf den als Standard definierten Status (i. d. R. der Status *Normal*) zurück. Um den gerade bearbeiteten Status wieder zu erreichen: Markieren Sie erneut das Objekt. Wählen Sie dann einfach über die Aufklappliste im Bereich *Objektstatus* den gewünschten Objektstatus erneut aus, welchen Sie bearbeiten möchten.

d Doppelklicken Sie auf die Smartform, fügen Sie beispielhaft Text ein und formatieren Sie diesen, wie auf dem folgenden Bildschirmfoto zu sehen.

5 Hinterlegen Sie für die Smartform *Zielgruppe_2* einen zweiten Status:

a Wiederholen Sie die **Schritte 4a** bis **4c** mit der Smartform *Zielgruppe_2*.

b Doppelklicken Sie auf die Smartform, fügen Sie beispielhaft Text ein und formatieren Sie diese, wie auf dem folgenden Bildschirmfoto zu sehen.

6 Hinterlegen Sie für die Smartform *Bearbeitungsdauer_3* einen zweiten Status:

a Wiederholen Sie die **Schritte 4a** bis **4c** mit der Smartform *Bearbeitungsdauer_3*.

b Doppelklicken Sie auf die Smartform, fügen Sie beispielhaft Text ein und formatieren Sie diese, wie auf dem folgenden Bildschirmfoto zu sehen.

7 Wählen Sie die Smartform *Lernziel_1*.

8 Aktivieren Sie im Bedienfeld *Eigenschaften* im Bereich *Stilname* die Option **Als Schaltfläche verwenden**.

9 Entfernen Sie die integrierten Status:

a Wählen Sie in den *Eigenschaften* im Bereich *Objekstatus* den Status **RollOver**.

b Klicken Sie auf **Ausgewählten Objektstatus löschen**.

c Wiederholen Sie **Schritt b** mit dem Status *Nach unten*.

10 Definieren Sie, dass die Schaltfläche per Klick den eigenen Status wechselt:

a Wählen Sie im Bedienfeld *Eigenschaften* im Bereich *Objekstatus* den Status **Normal**.

b Wählen Sie im Tab *Aktionen* unter *Bei Erfolg* die Option **Zum nächsten Status springen** und stellen Sie sicher, dass darunter die Smartform selbst ausgewählt ist.

c Stellen Sie weiterhin sicher, dass die Option **Projekt weiter abspielen** deaktiviert ist.

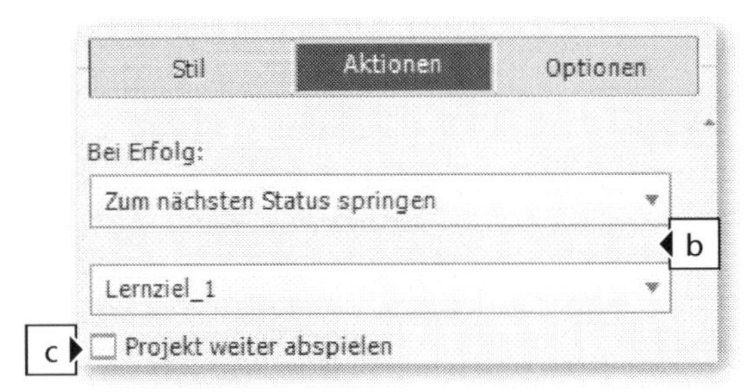

Sie haben der Smartform nun zwei Status hinterlegt, welche Sie per Klick auf diese aufrufen können.

11 Wiederholen Sie die Schritte 7-10 mit den zwei weiteren Smartformen.

12 Testen Sie das Projekt in der Vorschau.

Sie wissen nun, wie Sie Schaltflächen so einstellen können, dass sie per Klick den eigenen Objektstatus wechseln.

8

(Interaktive) Videos

In diesem Kapitel lernen Sie die drei Videoformate Ereignisvideo, Folienvideo und Interaktives Video sowie deren Unterschiede in Captivate kennen.

Themenübersicht

Ereignis- und Folienvideos

Captivate kann die verschiedensten Videoformate verarbeiten. Wenn ein Format nicht direkt unterstützt wird, wandelt Captivate dieses automatisch mithilfe des Adobe Media Encoders um. Mit diesem Programm können Sie auch manuell eine Konvertierung Ihrer Videos vornehmen. Sie können Ihre Videos in Captivate über **Medien > Video** auf zwei Weisen einbinden, als *Ereignisvideo* oder als *Folienvideo*.

Ereignisvideo (Videoobjekt)	**Folienvideo**
Kann eine eigene Wiedergabeleiste haben.	Hat keine eigene Wiedergabeleiste.
Ist nie (sicher) synchron zum Projekt.	Ist fest mit dem Projekt synchronisiert und kann synchron untertitelt werden.
Kann nur auf einer Folie ablaufen.	Kann über mehrere Folien verteilt ablaufen.
Auf einer Folie können mehrere Videos dieser Art platziert werden.	Auf einer Folie kann nur ein Folienvideo platziert werden.
Kann nur auf der Bühne platziert werden.	Kann auch im Inhaltsverzeichnis platziert werden.
Lokal auf dem Computer abgelegte Videos und Videos auf einem Adobe Media Streaming Service oder Flash Media Server können als Ereignisvideo eingefügt werden.	Zusätzlich können auch YouTube-Videos als Folienvideo eingefügt werden.
Kann nicht interaktiv sein.	Kann durch Überlagerungsfolien und Lesezeichen interaktiv sein (▶ *Seite 244*).

Videotyp & Streaming

Videodateien können Sie über das Internet in unterschiedlichen Formen bereitstellen. Es bieten sich folgende an:

- *Progressive-Download-Video*: Bei dieser Form wird das Video abgespielt, sobald das erste Segment heruntergeladen ist. Während das Video abspielt, werden im Hintergrund die restlichen Segmente heruntergeladen. Wenn die Bandbreite des Internetanschlusses höher ist als die Datenrate des Videos, wird der Film unterbrechungsfrei wiedergegeben.

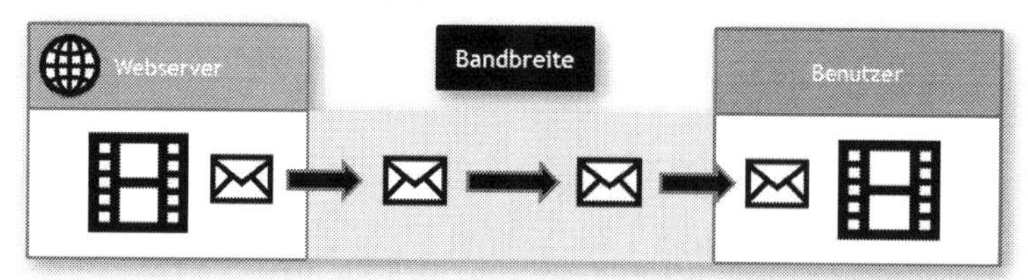

- *Streaming-Video*: Hier wird ein spezieller Server benötigt, ein sogenannter *Media-Server*. Dieser stellt mit dem System des Betrachters eine direkte Verbindung her. Das Video wird vom Server dann als kontinuierlicher Datenstrom gesendet und nicht in Form von Segmenten. Wenn die Bandbreite des Internetanschlusses niedriger als die Datenrate des Videos ist, wird der Film optional nicht unterbrochen. Stattdessen können sich Bild- und Audioqualität reduzieren, um eine unterbrechungsfreie Wiedergabe zu gewährleisten.

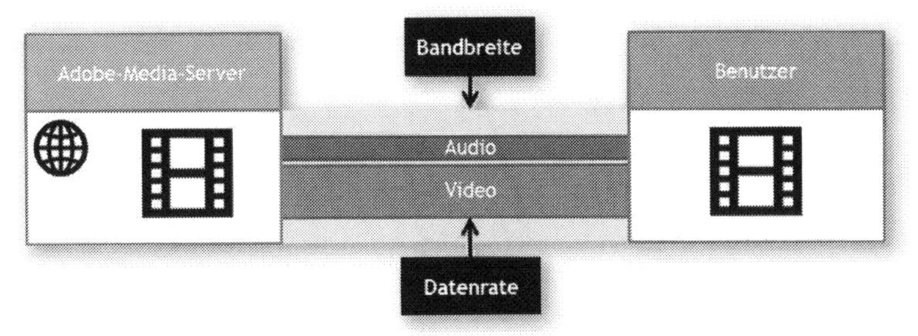

- *Adobe-Media-Streaming-Service*: Wenn Sie keinen eigenen Streaming-Server zur Verfügung haben, bietet sich diese Form an. Es gibt externe Anbieter, die Ihre Videos gegen Gebühr über deren Streaming-Server anbieten.

Die Eigenschaften eines Ereignisvideos (Videoobjekt)

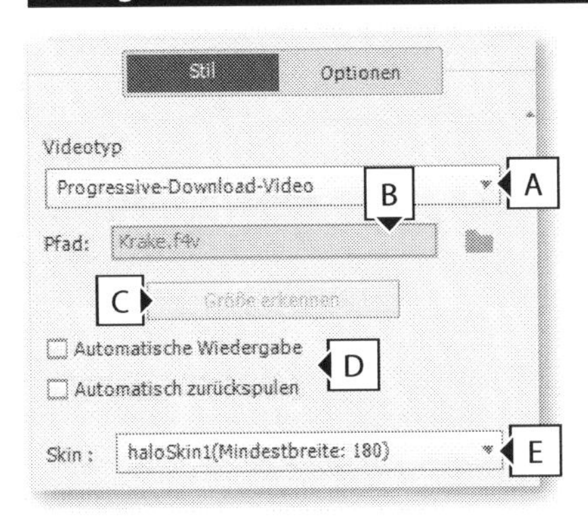

A Videotyp & Streaming

B Relativer oder absoluter *Pfad* (lokal oder im Internet) zur Video-Datei

C Originalgröße automatisch erkennen

D Video automatisch wiedergeben/zurückspulen

E Wiedergabeleiste des Videos anpassen

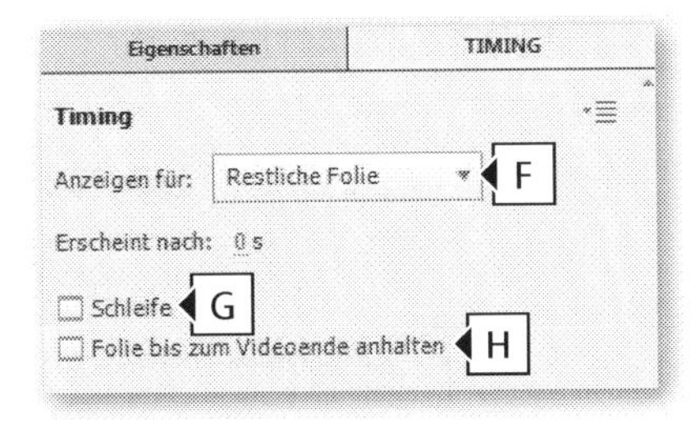

F Timing-Einstellungen (▶ *Seite 44*)

G Video fortlaufend wiederholen

H Wenn unter *Anzeigen für* **restliche Folie** (**F**) gewählt ist: Folie pausieren, bis das Video zu Ende gespielt wurde

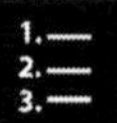

So fügen Sie ein Ereignisvideo ein

1 Wählen Sie **Medien > Video**.

Das Fenster *Video einfügen* öffnet sich.

2 Wählen Sie die Option **Ereignisvideo**.

3 Wählen Sie, ob Sie ein Video lokal von Ihrem Computer oder eine bereits auf einem Adobe Media Streaming Service oder Flash Media Server bereitgestellte Videodatei einfügen möchten.

4 Geben Sie den Dateipfad (bei *Auf Ihrem Computer*) bzw. die URL des gewünschten Videos (bei *Adobe Media Streaming oder Flash Media Server*) ein.

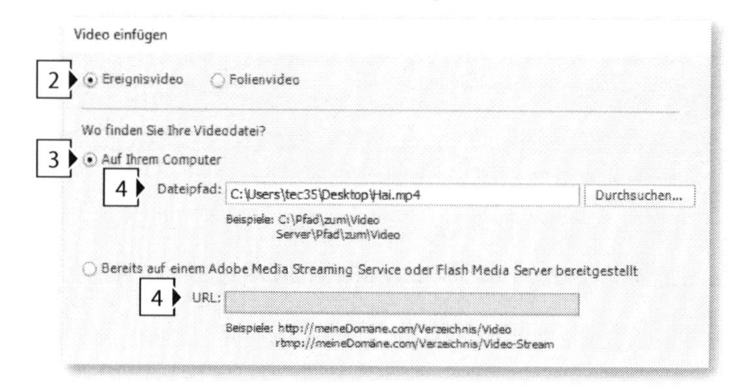

5 Navigieren Sie zur entsprechenden Videodatei.

Das Video wird auf der Folie platziert.

Die Eigenschaften eines Folienvideos

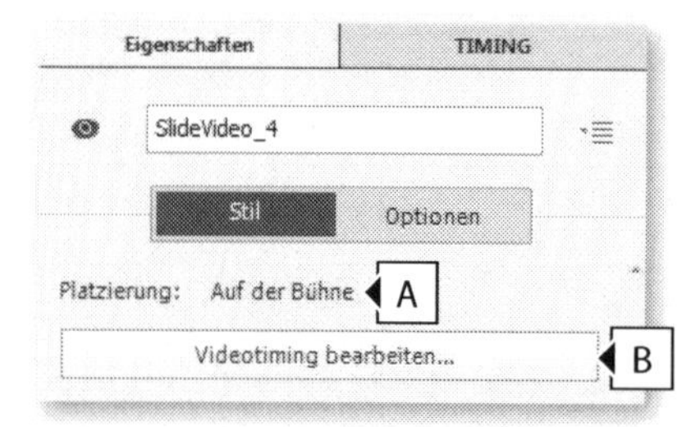

A Video auf der Bühne oder im Inhaltsverzeichnis platziert

B Videotiming bearbeiten (▶ *Seite 239*)

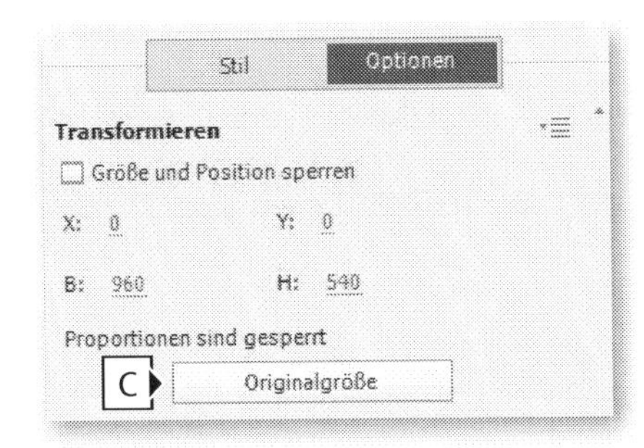

C Video auf Originalgröße zurücksetzen

Das Fenster Videotiming bearbeiten

Video > Videotiming bearbeiten

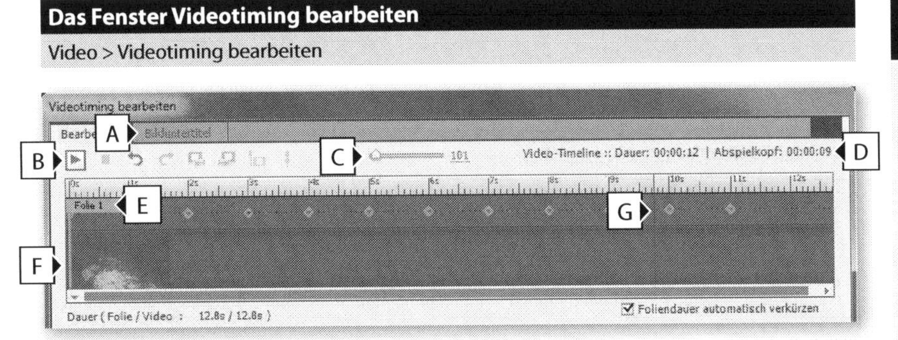

A Register *Bilduntertitel*: passende Untertitel hinzufügen

B Bearbeitungsleiste: Abspielen / Anhalten, Stoppen des Folienvideos, Schritt rückgängig machen / wiederholen und nicht verwendete Videoabschnitte außerhalb der Start- und Endmarkierungen der nächsten / vorherigen Folie zuordnen

C Zeitleiste zoomen

D Informationen zur aktuellen Dauer des Folienvideos und der zeitlichen Position des Abspielkopfes

E Folienmarker: Orange Start- und Endmarkierungen, über die Sie die Verteilung des Videos auf mehrere Folien steuern können

F Video-Timeline (Zeitleiste)

G Abspielkopf

Adobe Captivate ist kein Videoschnitt-Programm

Das Fenster *Videotiming bearbeiten* könnte den Eindruck erwecken, man könne in Captivate Videos schneiden. Wenn Sie die Anzeigedauer des Videos jedoch über die orangen Start- und Endmarkierungen kürzen, wird das Video technisch nicht geschnitten. Die Videodatei bleibt bei Veröffentlichung genauso groß, wie wenn Sie die Marker nicht verändert hätten - es wird eben nur der gewünschte Ausschnitt gezeigt. Wenn Sie ein Video richtig schneiden (und damit auch in der Größe reduzieren) möchten: Verwenden Sie dazu ein Videoschnitt-Programm (wie z. B. Adobe Premiere) oder den mit Adobe Captivate mitgelieferten Adobe Media Encoder.

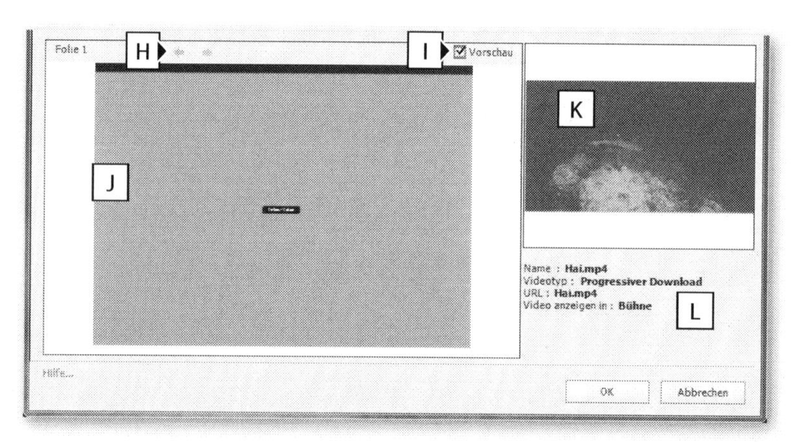

H Zur nächsten / vorherigen Folie wechseln

I Vorschau aktivieren / deaktivieren

J Aktuelle Folie in der Vorschau

K Vorschaufenster des Folienvideos

L Informationen zum Folienvideo, wie *Name* und *Videotyp*

Folienvideo über mehrere Folien verteilen / Videoausschnitt zeigen

Bei Folienvideos haben Sie die Möglichkeit, nur einen Teil des Videos zu zeigen oder das Folienvideo über mehrere Folien zu verteilen: Zoomen Sie dazu zuerst heraus (**A**), bis Sie die orange Endmarkierung der Folie sehen. Ziehen Sie dann die orange Endmarkierung (**B**) nach links. Wenn Sie nun auf **OK** klicken, wird nur ein Teil des Videos dargestellt. Wenn Sie den zweiten Teil des Videos stattdessen auf eine weitere Folie verteilen möchten, klicken Sie in der Bearbeitungsleiste auf **Nächste Folie in diese Sitzung einfügen** (**C**). Wenn Sie auf **OK** klicken, wird das Video dann auf die entsprechenden Folien verteilt.

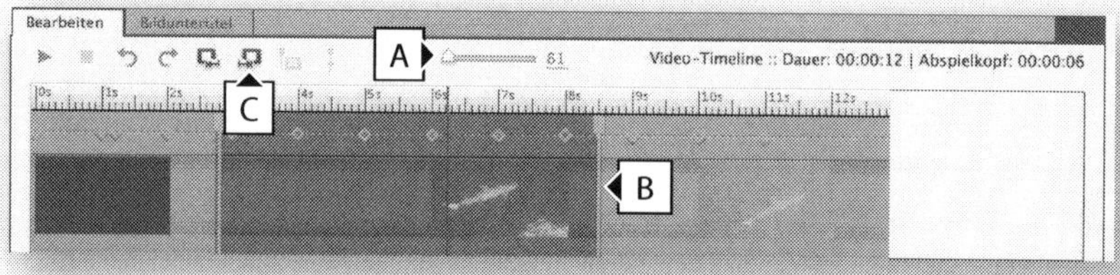

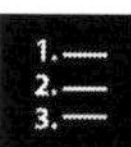

So fügen Sie ein Folienvideo ein

Wenn Sie das Folienvideo im Inhaltsverzeichnis platzieren möchten, sollte das Inhaltsverzeichnis aktiv sein (▶ *Seite 342*).

1 Wählen Sie **Medien > Video**.

Das Fenster *Video einfügen* öffnet sich.

2 Wählen Sie die Option **Folienvideo**.

3 Wählen Sie, ob Sie ein Video lokal von Ihrem Computer oder ein YouTube-Video einfügen möchten.

4 Navigieren Sie zur entsprechenden Videodatei.

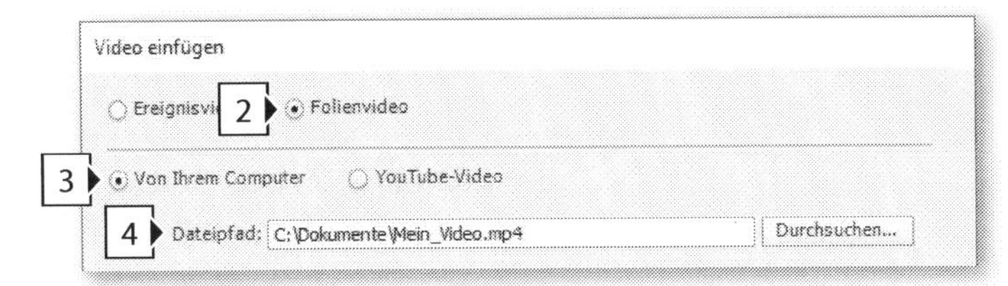

5 Wählen Sie unter *Video anzeigen in* die Option **Bühne**.

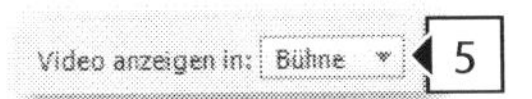

Folienvideo im Inhaltverzeichnis platzieren

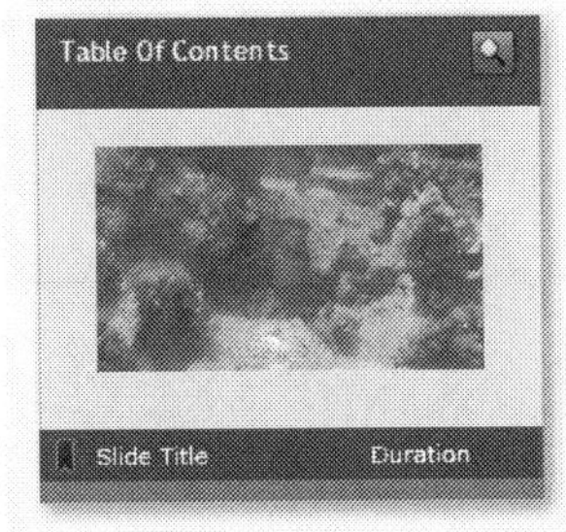

Wenn Sie ein Folienvideo im Inhaltsverzeichnis statt auf der Bühne platzieren möchten: Wählen Sie unter *Video anzeigen in* die Option **TOC**. Captivate erwartet hier ein Video mit idealerweise 192 x 144 px Auflösung. Andernfalls erscheint eine Meldung, dass das Video skaliert wird. Bestätigen Sie diese ggf. erscheinende Meldung mit **Ja**.

6 Wählen Sie, ob das Video nur auf dieser Folie platziert oder automatisch über mehrere Folien verteilt werden soll. *Übrigens*: Sie können das Video zuerst nur auf dieser Folie platzieren und nach dem Einfügen über das Fenster *Videotiming bearbeiten* auf mehrere Folien verteilen (siehe ▶ *Seite 240*).

7 Klicken Sie auf **OK**.

Sie wissen nun, wie Sie ein Folienvideo auf der Bühne oder im Inhaltsverzeichnis platzieren können.

Darstellungsmodus ändern

Wenn Sie bereits ein Video in Ihr Projekt importiert haben und dieses im Inhaltsverzeichnis platzieren möchten: Wählen Sie **Video > Videoverwaltung** und markieren Sie das entsprechende Video. Wählen Sie anschließend unter *Video anzeigen in* die Option **TOC** und klicken Sie auf **OK**. Bestätigen Sie die (ggf.) erscheinende Meldung mit **Ja**.

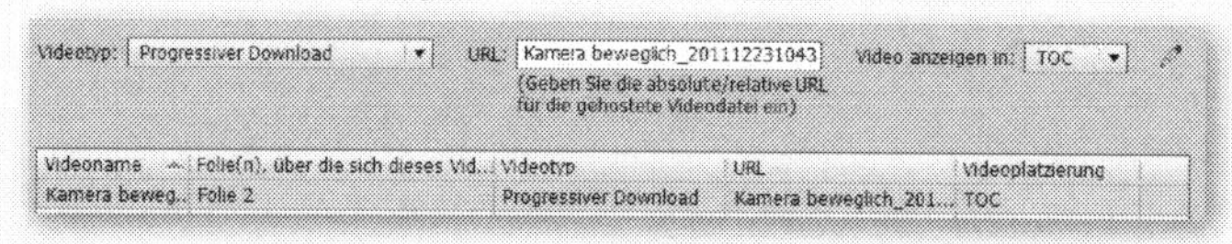

Platzierung Video

So können Sie im Projekt erkennen, ob ein Video im Inhaltsverzeichnis oder auf der Bühne platziert ist:

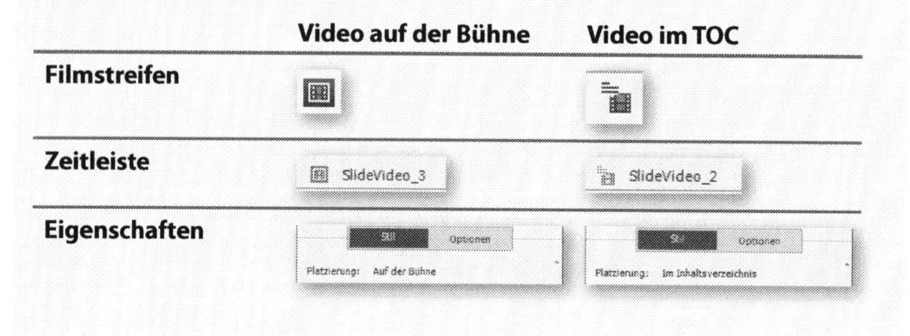

	Video auf der Bühne	Video im TOC
Filmstreifen		
Zeitleiste	SlideVideo_3	SlideVideo_2
Eigenschaften	Stil Optionen Platzierung: Auf der Bühne	Stil Optionen Platzierung: Im Inhaltsverzeichnis

Interaktive Videos

Folienvideos können Sie ab Captivate 2019 auch mit interaktiven Elementen wie Lesezeichen oder Überlagerungsfolien anreichern. Neben dem zuvor beschriebenen Weg, ein Folienvideo einzufügen, können Sie hierzu in der Werkzeugleiste **Interaktives Video** wählen.

Hier ist der Dialog reduziert und ermöglicht Ihnen zusätzlich, einen Ausschnitt des Videos (Start- und Endzeit) zu wählen.

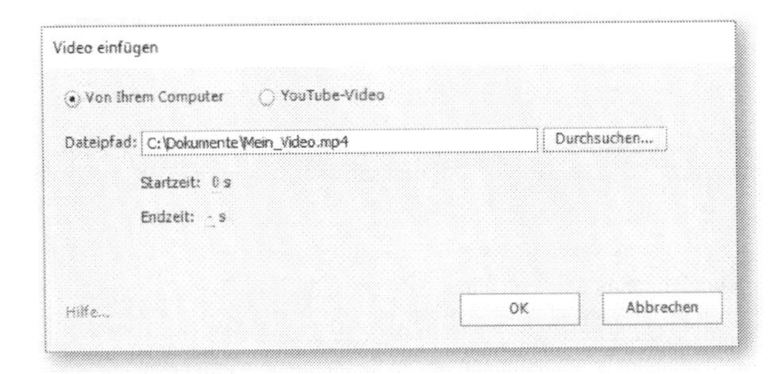

Die Zeitleiste bei einem interaktiven Video

Fenster > Zeitleiste

A Abspielkopf mit Plus-Symbolen zum Hinzufügen von Lesezeichen und Überlagerungsfolien

B Lesezeichen

C Überlagerungsfolie

Lesezeichen

Über die Zeitleiste eines interaktiven Videos können Sie zu einem von Ihnen festgelegten Zeitpunkt im Video Lesezeichen setzen. Diese Lesezeichen können Sie dann z. B. über eine Schaltfläche anspringen.

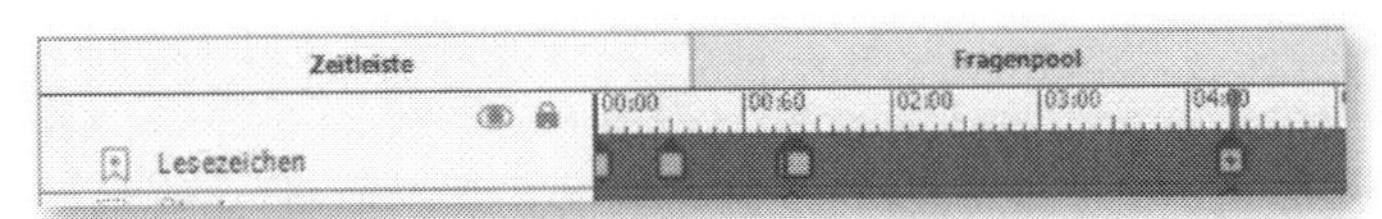

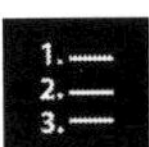

So setzen Sie ein Lesezeichen mit Sprungmarke

1. Positionieren Sie den Abspielkopf in der Zeitleiste an der gewünschten Stelle.
2. Klicken Sie auf **Lesezeichen einfügen**.

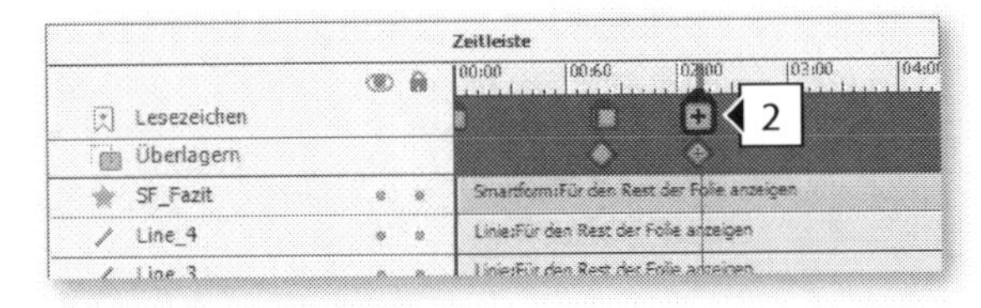

Das Lesezeichen wird an der Stelle des Abspielkopfs eingefügt.

3 Geben Sie dem Lesezeichen einen eindeutigen Namen und klicken Sie auf **Speichern**.

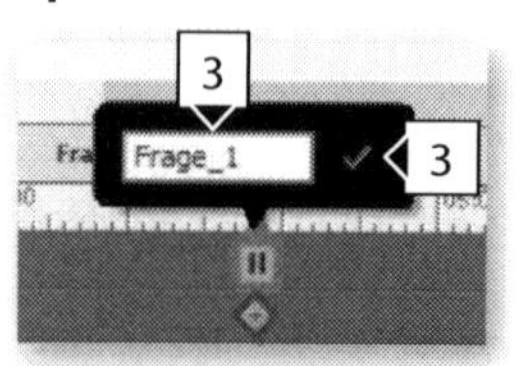

4 Erstellen Sie eine Schaltfläche:

a Wählen Sie in der Werkzeugleiste **Interaktionen > Schaltfläche**.

b Wählen Sie im Bedienfeld *Eigenschaften* im Tab *Aktionen* unter *Bei Erfolg* **Zum Lesezeichen springen** und darunter das von Ihnen gesetzte Lesezeichen.

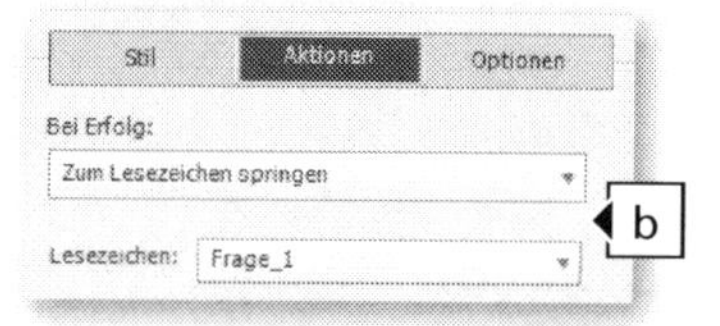

Wenn der Lerner nun auf die Schaltfläche klickt, springt er automatisch zur vom Lesezeichen definierten Stelle im Video.

Überlagerungsfolien

Sie können interaktive Videos mit Folien aus Ihrem Projekt anreichern, welche an einer beliebigen Stelle eines Videos zusätzliche Informationen liefern oder den Lerner zur Interaktion auffordern (z. B. Drag-&-Drop-Aufgaben oder Wissenüberprüfungsaufgaben).

Das besondere dabei: Das Video wird angehalten und diese sogenannten „Überlagerungsfolien" werden transparent über das Video gelegt. Der Lerner kann mit der (Überlagerungs-)Folie dann so interagieren, als würde es sich um eine normale Folie handeln. Über das Bedienfeld *Eigenschaften* der ausgewählten Überlagerungsfolie können Sie bestimmen, wann und wie es mit dem Video weitergehen soll (per Foliendauer und/oder über pausierende Objekte wie z. B. Schaltflächen).

Beachten Sie: Sie können nicht alle Folienarten als Überlagerungsfolie wählen (z. B. keine bewerteten Quizfragen oder 360-Grad-Folien).

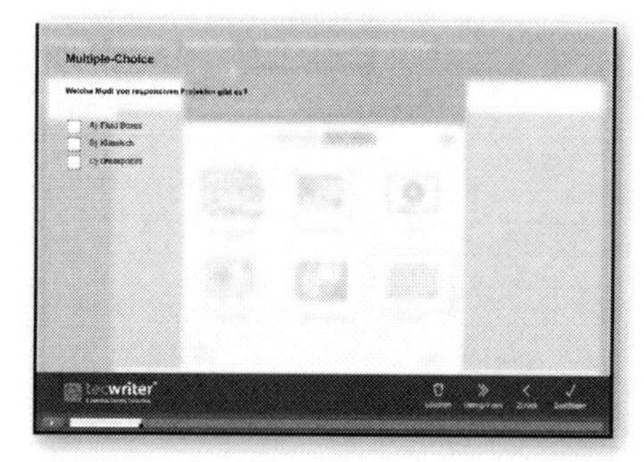

Die Eigenschaften einer Überlagerungsfolie

Fenster > Eigenschaften

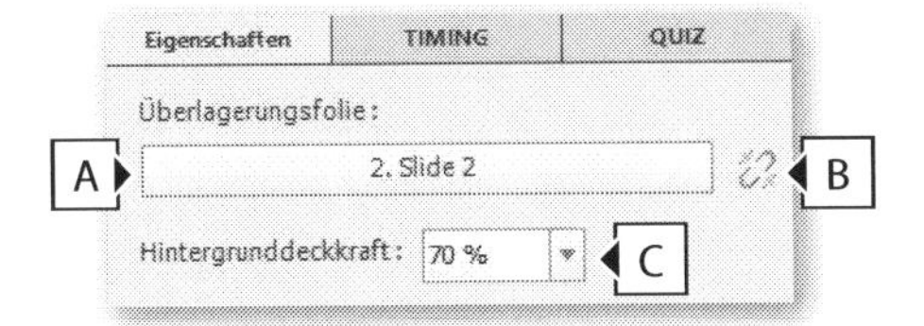

A Ausgewählte Überlagerungsfolie

B Überlagerungsfolie vom interaktiven Video trennen

C Deckkraft der Überlagerungsfolie

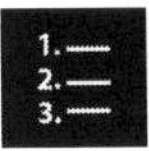

So fügen Sie eine Überlagerungsfolie ein

1. Erstellen Sie die Folie, die im Video als Überlagerungsfolie erscheinen soll.
2. Wählen Sie die Folie mit dem interaktiven Video und positionieren Sie den Abspielkopf an der gewünschten Stelle in der *Zeitleiste*.
3. Klicken Sie auf **Überlagerung einfügen**.

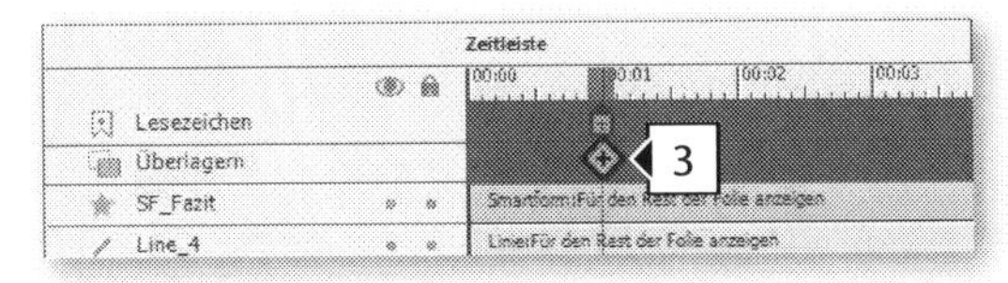

Das Fenster *Überlagern* öffnet sich.

4. Wählen Sie die zuvor erstellte Folie und klicken Sie auf **Einfügen**.

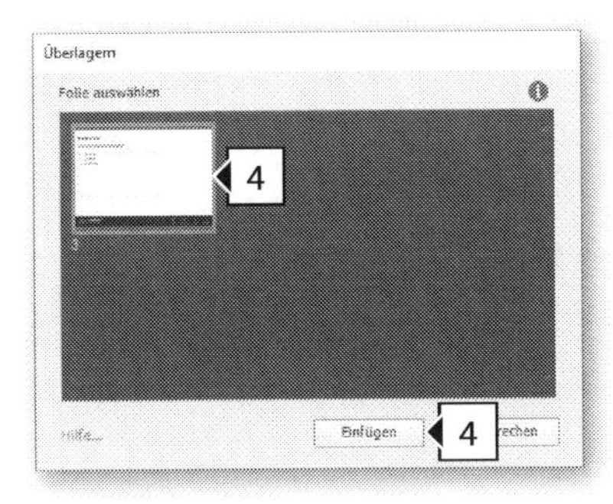

Die Folie wird als Überlagerung im Video eingefügt.

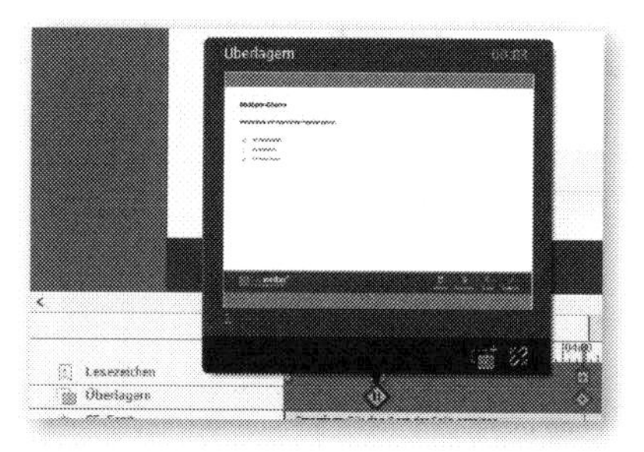

Wenn Sie in der *Zeitleiste* mit der Maus über eine Überlagerung fahren, stehen Ihnen folgende Optionen zur Verfügung:

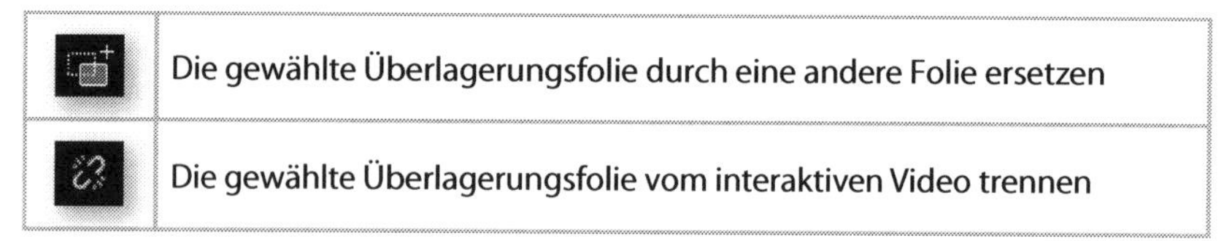

	Die gewählte Überlagerungsfolie durch eine andere Folie ersetzen
	Die gewählte Überlagerungsfolie vom interaktiven Video trennen

Übung: Interaktives Video einfügen und erweitern

Im Rahmen dieser Übung fügen Sie ein interaktives Video in ein Projekt ein und ergänzen es mit interaktiven Funktionen.

Übung 15 min

- Sie fügen ein interaktives Video ein
- Sie fügen Überlagerungsfolien ein
- Sie erstellen Lesezeichen
- Sie erstellen Schaltflächen mit Sprungmarken zu den Lesezeichen

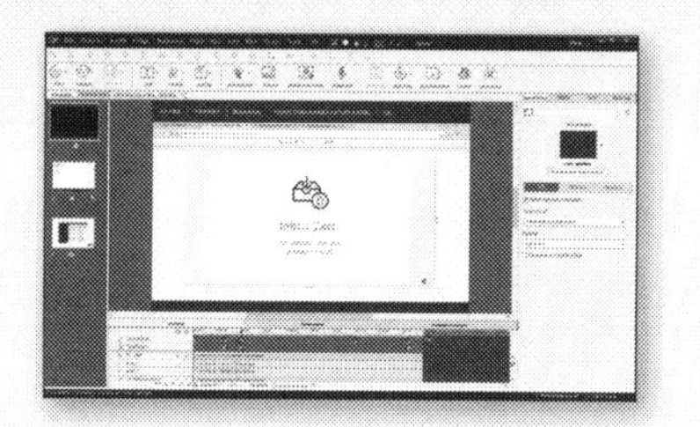

1 Öffnen Sie aus dem Ordner *08_Interaktive_Videos* die Datei *Interaktives_Video_Ziel* und spielen Sie das Projekt als HTML5 im Browser über die Vorschau ab (▶ *Seite 12)*. Sie sehen ein Video sowie fünf Schaltflächen am oberen Rand, über die Sie zu verschiedenen Punkten im Video springen können. Außerdem werden zu verschiedenen Zeiten eine Fragenfolie sowie eine Inhaltsfolie als Überlagerungen eingeblendet. Im Rahmen dieser Übung werden wir dies gemeinsam umsetzen.

2 Öffnen Sie aus dem Ordner *08_Interaktive_Videos* die Datei *Interaktives_Video_Ausgang*.

3 Wählen Sie in der Werkzeugleiste **Interaktives Video**.

Das Fenster *Video einfügen* öffnet sich.

4 Wählen Sie die Option **Von Ihrem Computer**.

5 Klicken Sie auf **Durchsuchen**.

6 Öffnen Sie aus dem Ordner *00_Assets\Videodateien* die Datei *Klassische_vs_responsive_Projekte.mp4* und klicken Sie auf **OK**.

Das Video wird auf der Folie platziert.

7 Tragen Sie im Bedienfeld *Eigenschaften* im Tab *Optionen* für die Position des Videos unter *X* **0** und unter *Y* **67** ein.

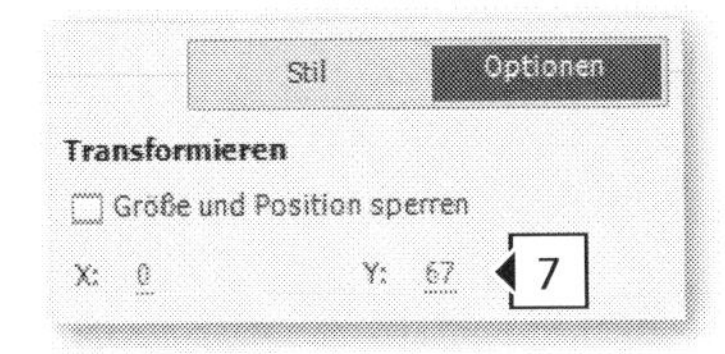

8 Fügen Sie eine Überlagerungsfolie in das Video ein:

a Markieren Sie **Folie 1**.

b Setzen Sie den Abspielkopf in der Zeitleiste auf **80,1 s**. Sie können sich dabei an der Sekundenanzeige in der Abspielleiste orientieren und ggf. über den Zoomregler die Zeitleiste größer abbilden.

c Klicken Sie auf **Überlagerung einfügen**.

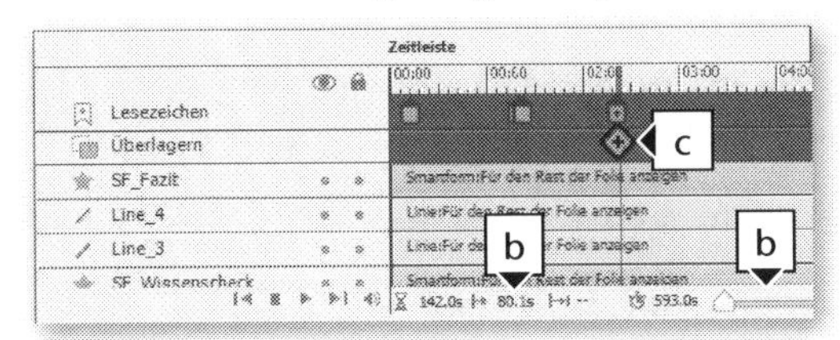

Das Fenster *Überlagern* öffnet sich.

d Markieren Sie **Folie 2** mit der Wissensüberprüfungsfrage und klicken Sie auf **Einfügen**.

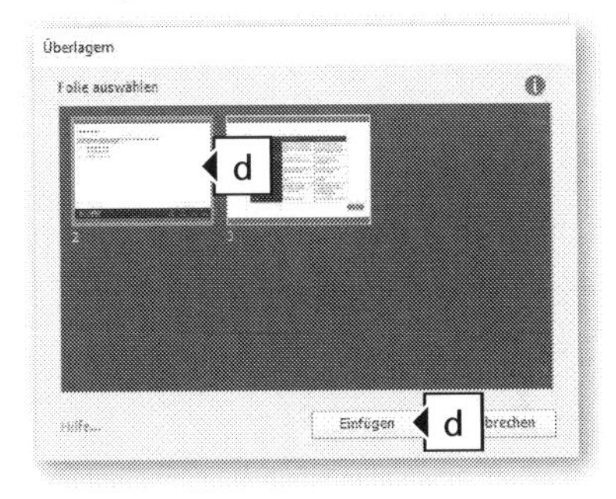

Die Folie wird in eine Überlagerungsfolie umgewandelt und erscheint an der von Ihnen gewählten Stelle im Video.

e Fahren Sie in der Zeitleiste mit der Maus über die eben eingefügte Überlagerung und markieren Sie die Überlagerungsfolie. Erhöhen Sie im Bedienfeld *Eigenschaften* die Hintergrunddeckkraft auf **70 %**.

9 Fügen Sie auf die gleiche Weise Folie 3 mit der Tabelle als Überlagerungsfolie bei **557,4 s** im Video ein und stellen Sie hier ebenfalls die Hintergrunddeckkraft auf **70%**.

10 Fügen Sie ein Lesezeichen bei **0,0 s** in das Video ein:

Sie können kein Lesezeichen bei **0,0 s** setzen, weil die Plussymbole beim Abspielkopf verschwinden.

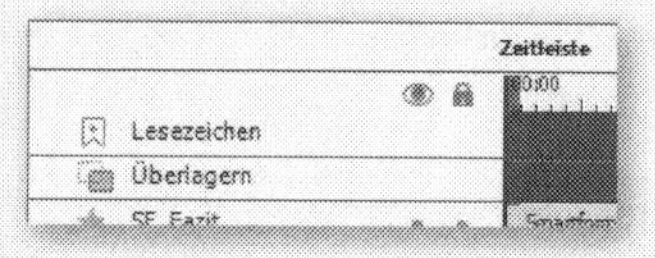

Dieses Problem können Sie umgehen, indem Sie das Lesezeichen einfach an einer beliebigen anderen Stelle im Video einfügen und es anschließend in der Zeitleiste auf **0,0 s** verschieben.

a Setzen Sie den Abspielkopf in der Zeitleiste an eine beliebige Stelle und klicken Sie auf **Lesezeichen einfügen**.

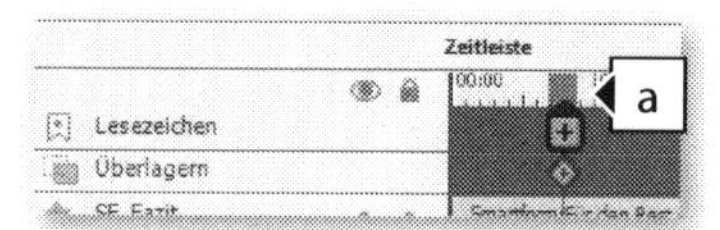

b Benennen Sie das Lesezeichen mit „Von_Anfang" und klicken Sie auf **Speichern**.

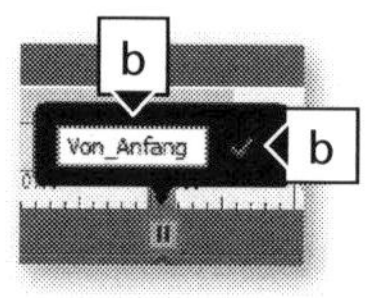

c Verschieben Sie das Lesezeichen auf **0,0 s**.

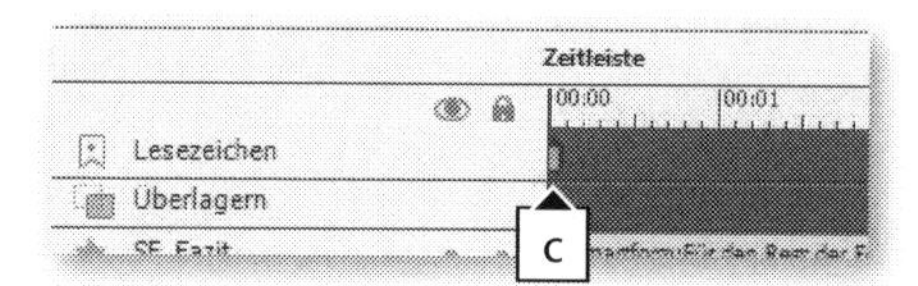

11 Fügen Sie weitere Lesezeichen bei **80,1 s** („Frage"), bei **82,7 s** („Beispielprojekt"), bei **420,9 s** („Vergleich") und bei **557,4 s** („Fazit") ein. Nun möchten wir, dass diese Lesezeichen je über eine Schaltfläche angesprungen werden können.

12 Wandeln Sie die Smartform **SF_Von_Anfang** in eine Schaltfläche um:

a Wählen Sie die Smartform **SF_Von_Anfang**.

b Aktivieren Sie im Bedienfeld *Eigenschaften* im Bereich *Stilname* die Option **Als Schaltfläche verwenden**.

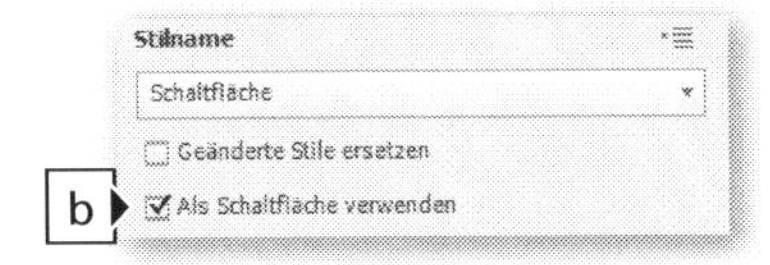

c Wählen Sie im Bedienfeld *Eigenschaften* im Tab *Aktionen* unter *Bei Erfolg* **Zum Lesezeichen springen** und darunter **Von_Anfang**.

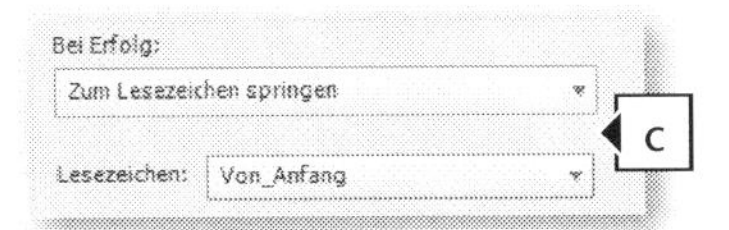

d Stellen Sie sicher, dass unter *Andere* die Optionen **Handcursor** sowie **Klickgeräusch deaktivieren** aktiviert sind.

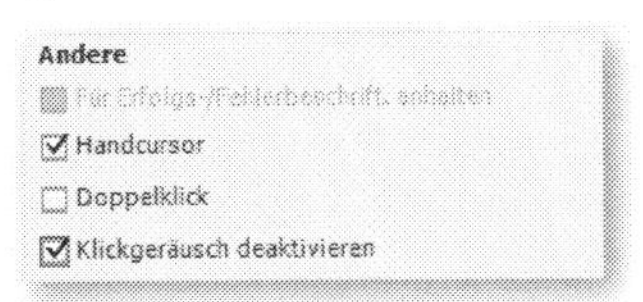

13 Wiederholen Sie **Schritt 13** für die nächsten vier Smartformen:

a Erstellen Sie aus der Smartform **SF_Wissenscheck** eine Schaltfläche mit einem Sprung auf das Lesezeichen *Frage*.

b Erstellen Sie aus der Smartform **SF_Beispielprojekt** eine Schaltfläche mit einem Sprung auf das Lesezeichen *Beispielprojekt*.

c Erstellen Sie aus der Smartform **SF_Vergleich** eine Schaltfläche mit einem Sprung auf das Lesezeichen *Vergleich*.

d Erstellen Sie aus der Smartform **SF_Fazit** eine Schaltfläche mit einem Sprung auf das Lesezeichen *Fazit*.

14 Testen Sie das Projekt in der Vorschau (im Webbrowser).

Sie wissen nun, wie Sie ein interaktives Video einfügen und es mit Überlagerungsfolien und Lesezeichen erweitern können.

Drag-&-Drop-Interaktionen

Drag-&-Drop-Interaktionen bieten Ihnen, vor allem in Kombination mit Objektstatus und erweiterten Aktionen, nahezu unbegrenzte kreative Möglichkeiten, eigene Drag-&-Drop-Aufgaben in Captivate zu entwickeln. Mehr dazu erfahren Sie in diesem Kapitel.

Themenübersicht

Übersichtsdatei: Drag-&-Drop

Um einen ersten Eindruck von den Möglichkeiten der Drag-&-Drop-Funktion zu erhalten, empfehle ich Ihnen einen Blick in den Ordner *09_Drag-&-Drop_Interaktionen* in die Übersichtsdatei *00_Drag_and_Drop_Uebersicht.cptx*.

Einschränkungen

Auf Folienmastern sowie Fragenfolien können Sie keine Drag-&-Drop-Interaktionen erstellen.

Benennungskonventionen

Wir benennen im Folgenden die Ziehen-Quelle auch als Drag-Objekt und das Ablegen-Ziel als Drop-Objekt.

Drag-&-Drop-Interaktionen im Quiz

Wenn Sie eine Drag-&-Drop-Interaktion mit in das Quiz einbeziehen, verhält diese sich genau wie eine bewertete Fragenfolie.

Übersicht

Mittels Drag-&-Drop-Interaktionen können Sie interaktive Aufgaben stellen, in denen der Benutzer Objekte mit der Maus anfassen, bei gedrückter Maustaste verschieben („Drag") und über einem definierten Zielbereich loslassen („Drop") muss.

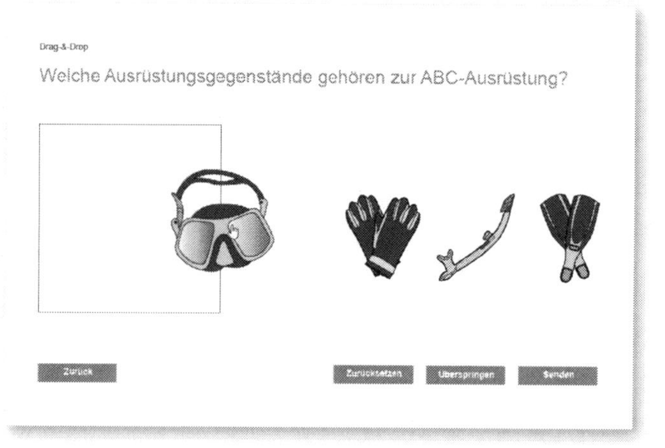

Dabei haben Sie die Möglichkeit, einfache Drag-&-Drop-Interaktionen zu erstellen, bei denen genau ein Drag-Objekt zu einem Drop-Objekt passt oder aber auch komplexere Drag-&-Drop-Interaktionen, in denen mehrere Ziehen-Quellen (Drag) bzw. Ablegen-Ziele (Drop) definiert sind.

Für die Erstellung von Drag-&-Drop-Interaktionen stehen Ihnen zwei unterschiedliche Vorgehensweisen zur Verfügung: Mithilfe des *Drag-and-Drop-Interaktionsassistenten* können Sie in drei Schritten eine Drag-&-Drop-Interaktion anfertigen (▶ *Seite 260*). Die zweite Vorgehensweise erlaubt es Ihnen, Drag-&-Drop-Interaktionen manuell über das Drag-&-Drop-Bedienfeld zu erstellen (▶ *Seite 264*).

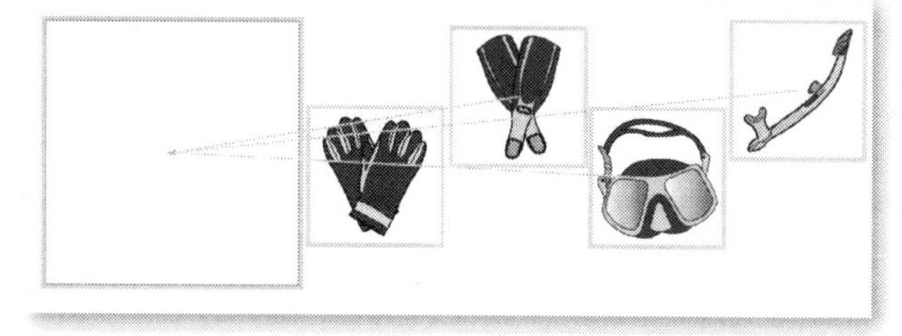

Für den Fall, dass Sie umfassendere Drag-&-Drop-Interaktionen erstellen möchten, bietet sich die Arbeit mit sogenannten *benutzerdefinierten Typen* an. Mittels benutzerdefinierter Typen können Sie Ihre Drag- bzw. Drop-Objekte gruppieren und so schnell einem passenden Drag- oder Drop-Objekt zuordnen. Wie alle „klickbaren" Interaktionen (z. B. Klickfelder oder Schaltflächen) können Sie auch Drag-&-Drop-Interaktionen in ein Quiz einbeziehen und eine individuelle Punktzahl bei Bestehen vergeben. Dies bedeutet, dass die Drag-&-Drop-Frage ebenfalls nach Beantwortung gesperrt und auch im Überprüfungsmodus berücksichtigt wird (▶ *Seite 296*).

Objektstatus von Drag-&-Drop-Objekten

Sowohl Drag- als auch Drop-Objekte können verschiedene integrierte Status haben. So kann sich ein Drag-Objekt z. B. im Erscheinungsbild verändern, sobald es von einem Drop-Objekt angenommen wurde. Folgende integrierte Status stehen Ihnen hier zur Verfügung:

	Auslöser des Objektstatus
Ziehen-Quelle (bzw. Drag-Objekt)	
DragOver	Sobald dieses Drag-Objekt über ein Drop-Objekt bewegt wird
DropAccept	Sobald dieses Drag-Objekt von einem Drop-Objekt angenommen wird
DropReject	Sobald dieses Drag-Objekt von einem Drop-Objekt abgelehnt wird (Zustand nur vorübergehend)
DragStart	Sobald dieses Drag-Objekt in die Hand genommen (und bis es wieder fallengelassen) wird
Ablegen-Ziel (bzw. Drop-Objekt)	
DragOver	Sobald ein Drag-Objekt über dieses Drop-Objekt bewegt (und bis es fallengelassen) wird
DropAccept	Sobald ein Drag-Objekt von diesem Drop-Objekt angenommen wird (Zustand nur vorübergehend)
DropReject	Sobald dieses Drop-Objekt ein Drag-Objekt ablehnt (Zustand nur vorübergehend)
DropCorrect	Wenn das Drop-Objekt das / die richtige(n) Drag-Objekte enthält (Zustand nach Auswertung der Interaktion)
DropIncorrect	Wenn das Drop-Objekt eines oder mehrere falsche Drag-Objekte enthält (Zustand nach Auswertung der Interaktion)

Funktionen des Bedienfelds Drag-&-Drop

Über das Bedienfeld *Drag-&-Drop* können Sie Drag-&-Drop-Interaktionen neu erstellen (▶ *Seite 264*), sowie bestehende Drag-&-Drop-Interaktionen anpassen oder erweitern (▶ *Seite 267*).

Überblick behalten

Wenn Sie sich auf der Folie einen besseren Überblick verschaffen möchten, dann blenden Sie die Pfeile sowie die Rahmen Ihrer Drag-&-Drop-Objekte einfach aus. Bei der Vorschau sowie Veröffentlichung Ihrer Projekte wird die Drag-&-Drop-Interaktion dennoch ausgegeben.

Gruppierung mittels benutzerdefinierter Typen

Die Gruppierung von Drag-&-Drop-Objekten in einem Typ ist nicht nur bei der Erstellung zu empfehlen, sondern kann auch bei der weiteren Bearbeitung von Drag-&-Drop-Interaktionen viel Zeit sparen. So können Sie z. B. festlegen, dass ausschließlich *Ziehen-Quellen* eines bestimmten Typs auf einem *Ablegen-Ziel* platziert werden können.

Allgemeine Funktionen im Bedienfeld Drag-&-Drop

Fenster > Drag & Drop

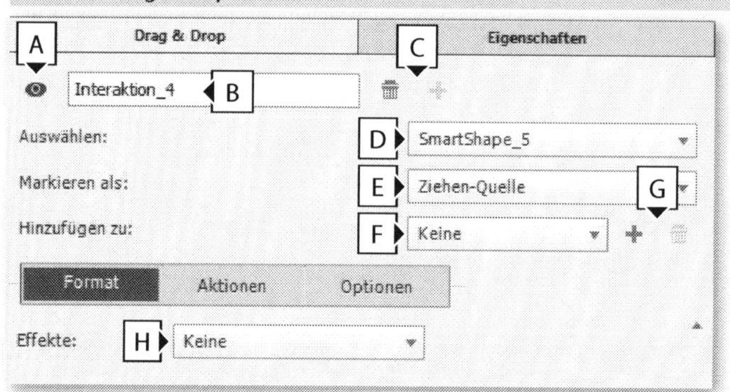

A Drag-&-Drop-Markierungen für die Bearbeitung auf der Bühne ein-/ausblenden

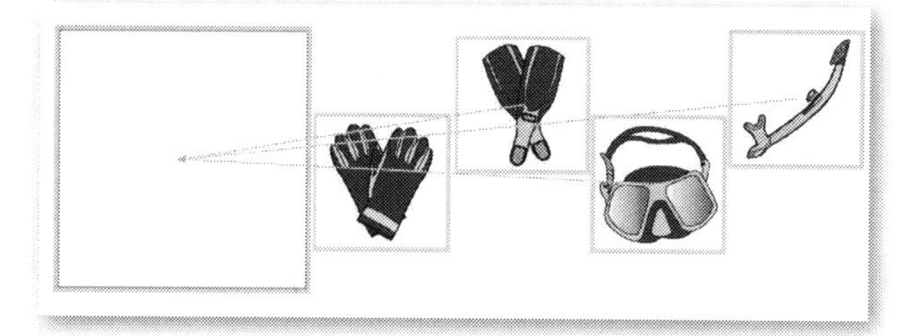

B Drag-&-Drop-Interaktion eindeutigen Namen geben

C (Neue) Drag-&-Drop-Interaktion über das Bedienfeld *Drag-&-Drop* vollständig löschen / erstellen

D Objekt / Objektgruppe (Typ) auswählen

E Ausgewähltes Objekt als *Ziehen-Quelle* oder *Ablegen-Ziel* definieren

F Objekt einem benutzerdefinierten Typ zuweisen

G (Neuen) benutzerdefinierten Typ erstellen / löschen

H Ziehen-Quelle / Ablegen-Ziel mit Effekt versehen

Der Tab Format bei Ablegen-Zielen im Bedienfeld Drag & Drop

Fenster > Drag & Drop

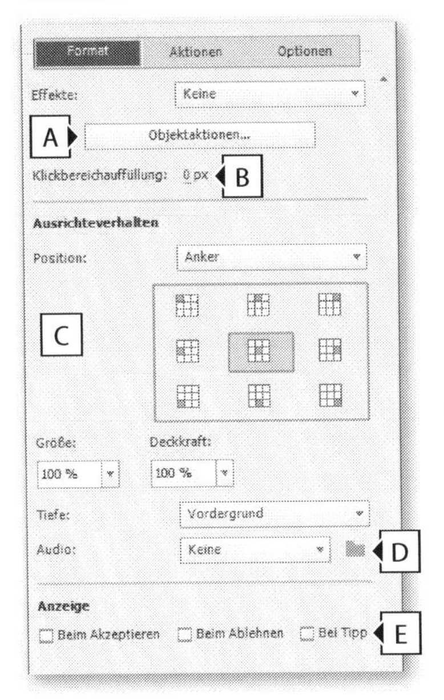

A *Ziehen-Quellen* festlegen, die auf dem *Ablegen-Ziel* platziert werden können (▶ *Seite 258*)

B Klickbereichauffüllung: Toleranzbereich um das ausgewählte Ablegen-Ziel herum nach außen vergrößern (Ziehen-Quellen werden automatisch auf dem Ablegen-Ziel abgelegt, wenn der Benutzer sie innerhalb dieses Auffüllungsbereichs ablegt)

C Einstellungen zur Ausrichtung / Größe / Transparenz / Anordnung bei Ablage der Ziehen-Quellen auf dem Ablegen-Ziel

D (Kein) Audio bei Ablage richtiger Antworten abspielen / Eigene Audiodatei hinterlegen

E Meldung beim erfolgreichen Annehmen oder Ablehnen einer Ziehen-Quelle (keine Erfolgs- oder Fehlerbeschriftung) sowie Tippbeschriftung beim Überfahren des Ablegen-Ziels mit der Maus (de)aktivieren (▶ *Seite 200*)

Der Tab Aktionen im Bedienfeld Drag & Drop

Fenster > Drag & Drop

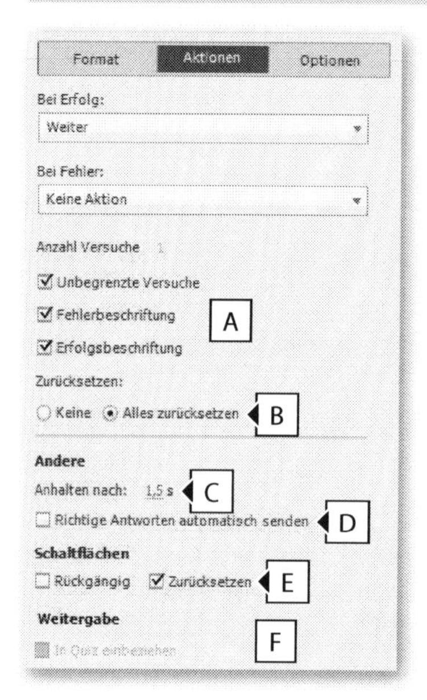

A Aktionsbereich und Beschriftungen (exklusive Tippbeschriftung) (▶ *Seite 200*)

B Wenn Versuche > 1: Ziehen-Quelle(n) nach erfolglosem Versuch (nicht) auf Ausgangsposition zurücksetzen

C Zeit, nach der die Interaktion das Projekt pausiert

D Projekt fortfahren, sobald der Benutzer die richtige Antwort wählt (ohne die Senden-Schaltfläche anklicken zu müssen)

E Rückgängig- und / oder Zurücksetzen-Schaltfläche einblenden

F Weitergabe (▶ *Seite 201*)

Schaltfläche Rückgängig

Die Rückgängig-Schaltfläche erlaubt es dem Benutzer leider nur, genau einen Schritt zurück zu gehen.

Der Tab Optionen im Bedienfeld Drag & Drop

Fenster > Drag & Drop

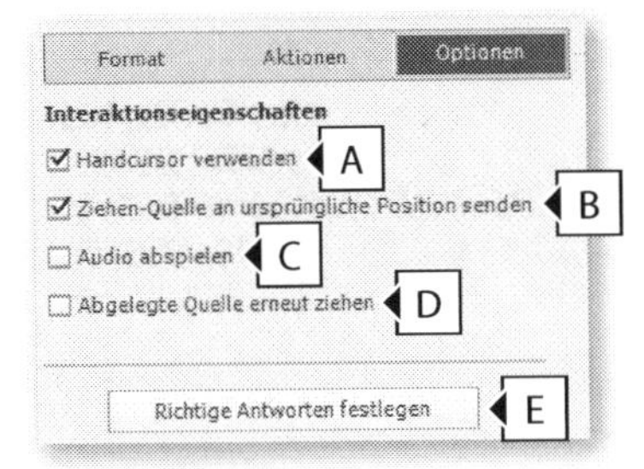

A Mauszeiger in Handcursor ändern, sobald sie sich über der Ziehen-Quelle befindet

B Ziehen-Quelle wieder an der Ausgangsposition platzieren, falls der Benutzer die Ziehen-Quelle an einer anderen Position als dem definierten Ablegen-Ziel loslässt

C Audio abspielen, wenn der Benutzer die Ziehen-Quelle auf einem anderen als dem definierten Ablegen-Ziel loslässt

C funktioniert nur, wenn ein Drag-Objekt nicht unter den akzeptierten Ziehen-Quellen ist (▶ *Seite 258*).

D Abgelegte Ziehen-Quellen können erneut auf ein anderes Ablegen-Ziel verschoben werden

E Richtige Antwortmöglichkeiten festlegen (▶ *Seite 259*)

Das Fenster Akzeptierte Ziehen-Quellen

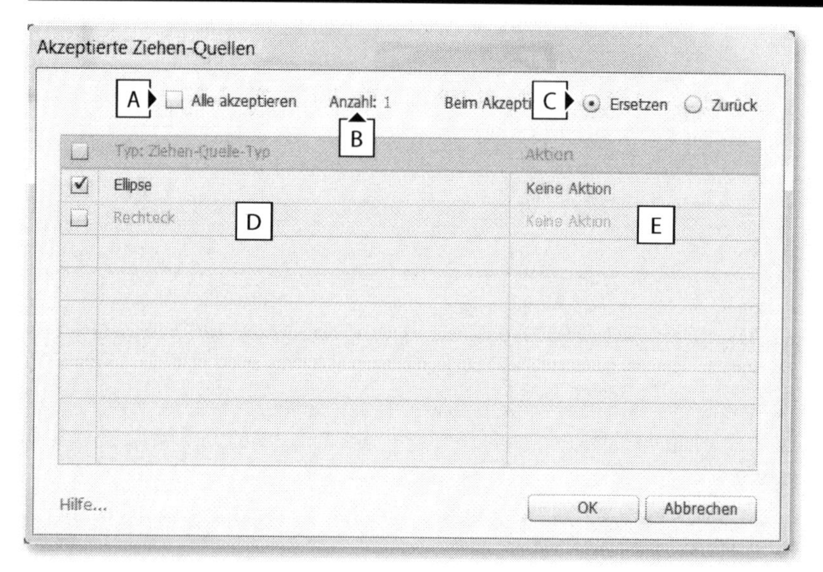

A Alle ausgewählten Ziehen-Quellen (**D**) auf dem Ablegen-Ziel zulassen

B Wenn **A** deaktiviert: Bestimmte Anzahl an Ziehen-Quellen auf dem Ablegen-Ziel zulassen

C Wenn vorgegebene Anzahl an Ziehen-Quellen erreicht: Bestehende Ziehen-Quelle ersetzen und wieder auf Ausgangsposition platzieren

D Ausgewählte Ziehen-Quellen zulassen

E Aktion, die beim Ablegen einer bestimmten Ziehen-Quelle ausgeführt werden soll

Das Fenster Richtige Antworten

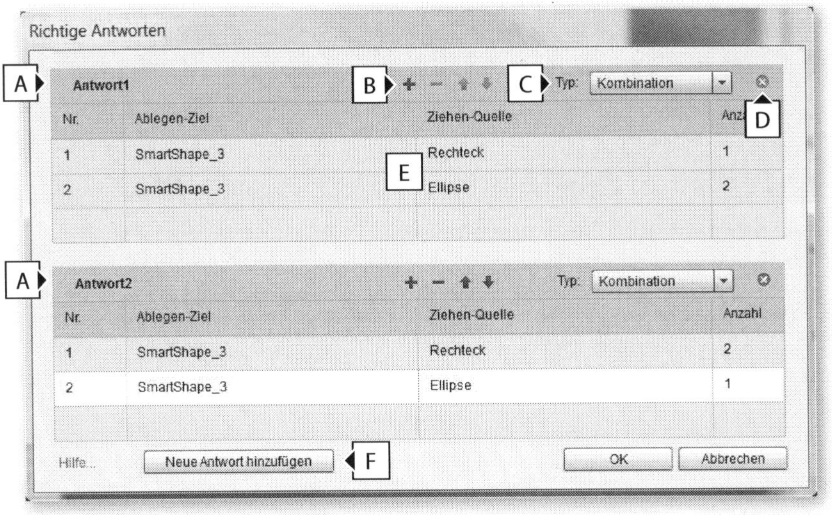

A Mögliche (richtige) Antworten

B Einträge der Antwortmöglichkeit ergänzen / löschen / sortieren

C Antwortmöglichkeit (nur) in vorgegebener Reihenfolge / beliebiger Kombination als „richtig" werten

D Antwortmöglichkeit löschen

E Antwortmöglichkeiten festlegen (Ablegen-Ziel, Ziehen-Quelle, Anzahl der Ziehen-Quellen) die min. auf dem Ablegen-Ziel platziert werden müssen

F Weitere (richtige) Antwort hinzufügen

Unterschiedliche Lösungswege

Über das Fenster *Richtige Antworten* können Sie unterschiedliche Lösungswege abbilden und so auch alle Fälle abdecken, in denen mehrere Lösungen richtig sein können.

Tipps zur Erstellung eigener Drag-&-Drop-Interaktionen

Wenn Sie eine Drag-and-Drop-Interaktion erstellen möchten:

- Fügen Sie zunächst alle Drag-and-Drop-Objekte (mindestens zwei Objekte z. B. zwei Smartformen) auf der entsprechenden Folie ein. Andernfalls können Sie den Drag-and-Drop-Interaktionsassistenten nicht starten.
- Stellen Sie beim Hinzufügen der Objekte sicher, dass Sie diese treffend benennen.
- Stellen Sie sicher, dass für alle Drag-and-Drop-Objekte der Interaktion im Bedienfeld *Eigenschaften* unter *Timing* bei *Erscheint nach* der Wert **0 s** eingetragen ist. Andernfalls kann es zu Problemen bei der Bedienung der Drag-and-Drop-Interaktion kommen.

Übung: Drag-&-Drop-Interaktion mit Assistenten erstellen

In dieser Übung erstellen wir eine Drag-&-Drop-Interaktion mit mehreren Ziehen-Quellen. Dabei lernen Sie den Drag-&-Drop-Interaktionsassistenten näher kennen.

Übung 10 min

1 Öffnen Sie aus dem Ordner *09_Drag-&-Drop-Interaktionen* die Datei *Drag_Drop_02.cptx* und spielen Sie das Projekt in der Vorschau ab (▶ *Seite 12*).

Sie sehen eine (noch nicht ganz fertige) Drag-&-Drop-Interaktion. Sie können die Bilder in die Hand nehmen (Drag) und auf dem Drop-Objekt (gestrichelte Smartform) auf der linken Seite ablegen. Wenn Sie auf **Senden** klicken, wird die Interaktion ausgewertet und es erscheint eine Erfolgs- oder Fehlermeldung. Im Rahmen dieser Übung möchten wir diese Interaktion mithilfe des *Drag-and-Drop-Interaktionsassistenten* anlegen.

2 Öffnen Sie aus dem Ordner *09_Drag-&-Drop-Interaktionen* die Datei *Drag_and_Drop_01.cptx*.

3 Wählen Sie in der *Menüleiste* **Einfügen > Drag & Drop Interaktions-Assistenten starten**.

Der *Drag-and-Drop-Interaktionsassistent* öffnet sich im oberen Bereich der Programmoberfläche.

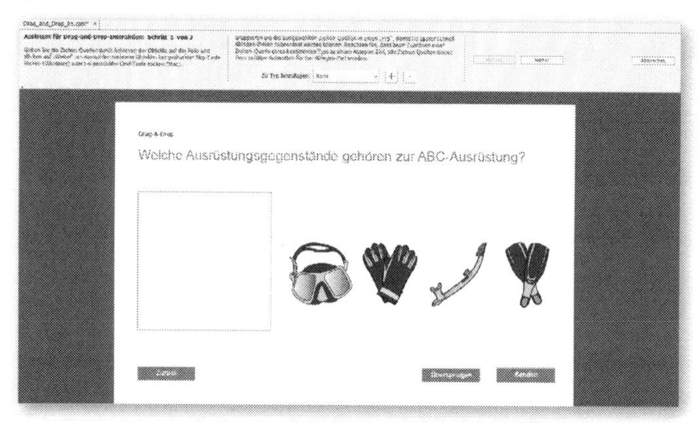

4 Legen Sie die *Ziehen-Quellen* (Drag-Objekte) fest (Schritt 1 des Interaktionsassistenten):

Der Befehl **Bearbeiten** > **Rückgängig** ist innerhalb des Drag-and-Drop-Interaktionsassistenten nicht verfügbar. Achten Sie deshalb beim Auswählen bzw. Markieren von Objekten im Interaktionsassistenten darauf, diese nicht versehentlich zu verschieben oder zu skalieren. Wenn Sie einen Bearbeitungsschritt rückgängig machen möchten, müssen Sie zuerst den Drag-and-Drop-Interaktionsassistenten verlassen.

a Markieren Sie alle vier Objekte, welche später per Drag-&-Drop verschiebbar sein sollen.

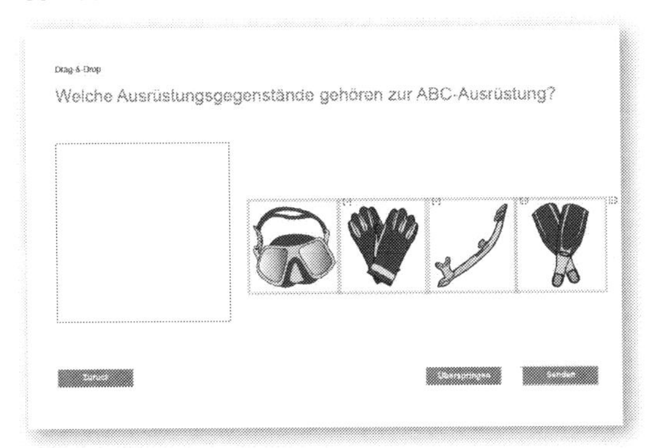

Die markierten Objekte erhalten einen grünen Rahmen. Diese Objekte können Sie später auf der Folie per Drag-&-Drop verschieben.

?

Wenn Sie versehentlich ein falsches Objekt markieren: Sie können die gewählten Ziehen-Quellen und Ablegen-Ziele ganz einfach abwählen, indem Sie auf das kleine rote **Minus-Symbol (A)** klicken.

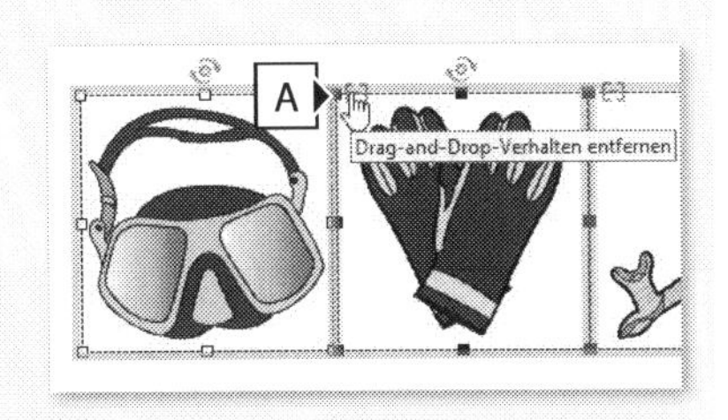

b Ergänzend möchten wir die richtigen Antworten gruppieren: Markieren Sie dazu zusätzlich mit gedrückter Taste ⇧ (Win) / ⌘ (Mac) auf der Folie die drei Objekte, welche später beim Ablegen als richtige Antworten gelten sollen (die Handschuhe gehören nicht zur ABC-Ausrüstung).

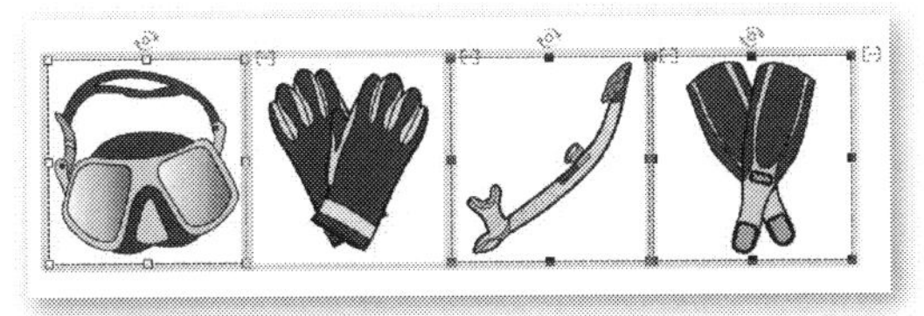

c Klicken Sie im Drag-and-Drop-Interaktionsassistenten auf *Neuen Typ hinzufügen.*

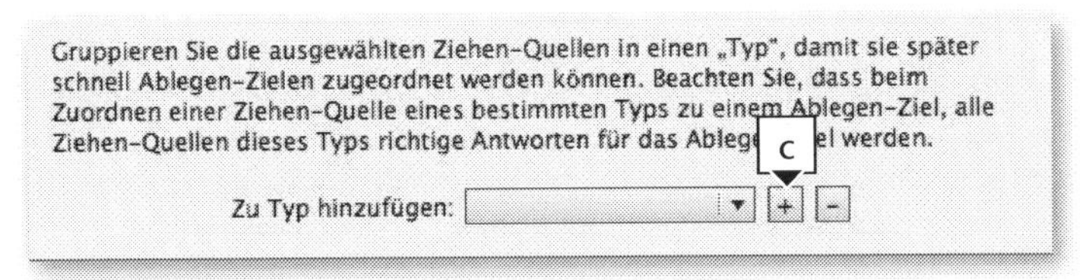

Das *Fenster Neuen Typ hinzufügen* öffnet sich.

d Tragen Sie den Text „ABC" ein.

e Klicken Sie auf **OK**.

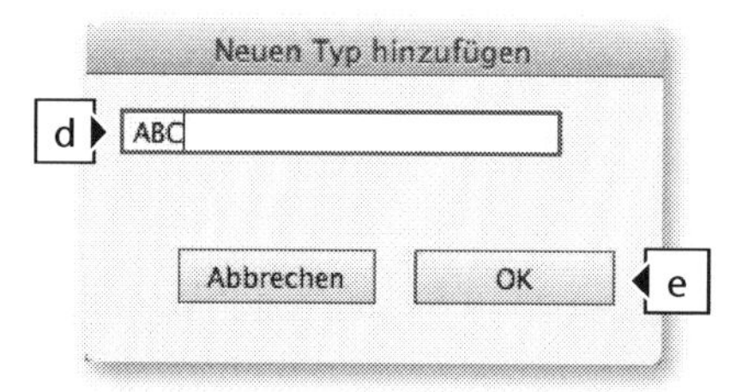

Die drei als richtig markierten Ziehen-Quellen sind nun alle dem benutzerdefinierten Typ *ABC* zugeordnet. Durch diese „Gruppierung" können wir die richtige Antwort mit einem Klick zuweisen und auch später diese Objekte gemeinsam in deren Eigenschaften anpassen.

f Klicken Sie im *Drag-and-Drop-Interaktionsassistenten* auf **Weiter**.

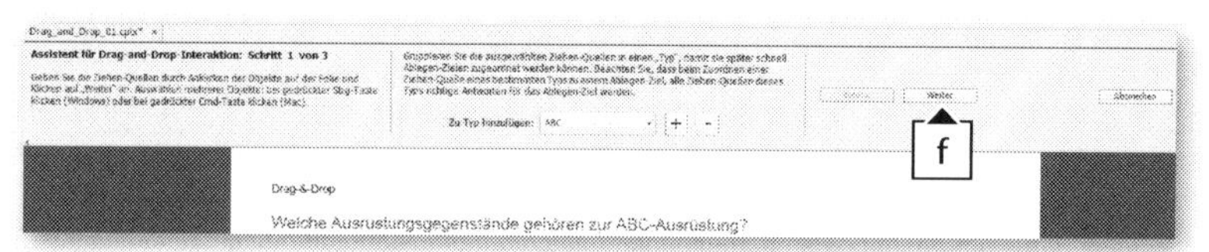

5 Legen Sie das *Ablegen-Ziel* (Drop-Objekt) fest (Schritt 2 des Interaktionsassistenten):

a Markieren Sie auf der Folie das Objekt, auf welches Ihre Benutzer später die Ziehen-Quellen verschieben sollen (die Smartform auf der linken Seite).

Das Objekt erhält einen blauen Rahmen.

b Klicken Sie im *Drag-and-Drop-Interaktionsassistenten* erneut auf **Weiter**.

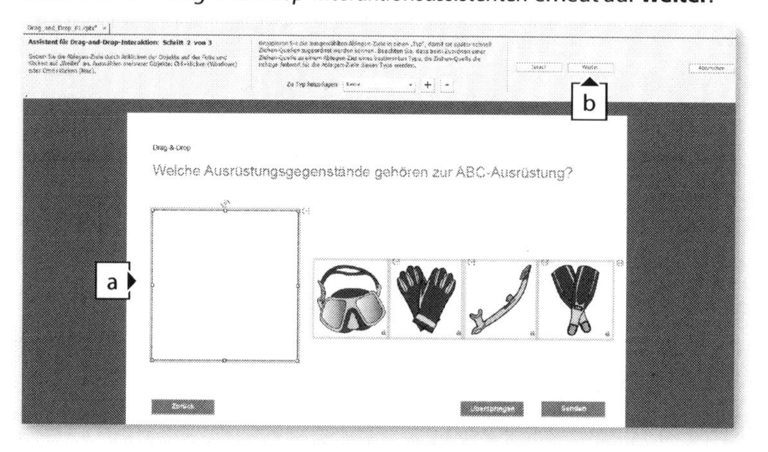

6 Ordnen Sie die als richtig markierten *Ziehen-Quellen* dem *Ablegen-Ziel* zu (Schritt 3 des Interaktionsassistenten):

a Markieren Sie eine der als richtig markierten *Ziehen-Quellen*, klicken Sie auf das **Verknüpfungs-Symbol** (in der Mitte des Objekts, z. B. der Tauchmaske) und ziehen Sie bei gedrückter Maustaste den daraufhin erscheinenden Zeiger auf das *Ablegen-Ziel*.

Da alle als richtig markierten *Ziehen-Quellen* dem selben Typ *ABC* zugeordnet sind, werden alle dem *Ablegen-Ziel* auf einmal zugeordnet. Die blauen Pfeile zeigen Ihnen an, welche Objekte einander zugeordnet sind.

b Klicken Sie im Interaktionsassistenten auf **Fertigstellen**.

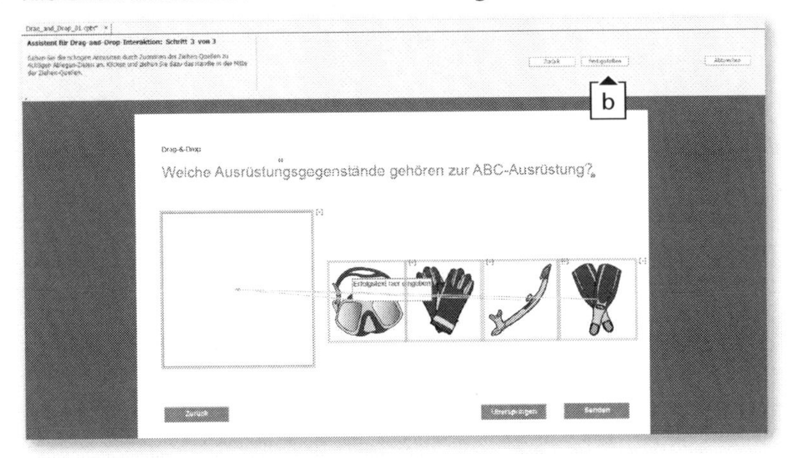

7 Testen Sie diesen Zwischenstand in der Vorschau: Wählen Sie **Vorschau > Projekt**.

Sie wissen nun, wie Sie mithilfe des Drag-&-Drop-Interaktionsassistenten eine Drag-&-Drop-Interaktion anlegen können. Im Rahmen der Vorschau werden Sie bemerken, dass die Interaktion noch nicht ganz praxistauglich ist (die Objekte werden z. B. übereinander auf dem Ziel platziert und können nicht mehr zurückgesetzt werden) – dies werden wir mit den folgenden Übungen optimieren.

Übung: Drag-&-Drop-Interaktion über Bedienfeld erstellen

In dieser Übung lösen wir eine bereits vorhandene Drag-&-Drop-Interaktion auf und erstellen dieselbe Interaktion erneut, jedoch direkt über das Bedienfeld *Drag & Drop*.

Übung 10 min

Hintergrundinformationen zu dieser Übung

Für die folgenden Schritte könnten wir auch einfach den Drag-&-Drop-Interaktionsassistenten nutzen. Allerdings erfahren Sie dann nicht, wie Sie die Interaktion nachträglich anpassen und welche Möglichkeiten Sie noch haben, die Interaktion zu erweitern. Deshalb gehen wir nun den etwas komplizierteren Weg, Sie profitieren aber dadurch von einem tieferen Verständnis der Interaktion.

1 Öffnen Sie aus dem Ordner *09_Drag-&-Drop-Interaktionen* die Datei *Drag_and_Drop_02.cptx* (▶ *Seite 12*).

2 Öffnen Sie das Bedienfeld *Drag & Drop* (**Fenster > Drag & Drop**).

3 Löschen Sie die bereits vorhandene Interaktion: Klicken Sie im oberen Bereich des Bedienfelds auf **Interaktion löschen**.

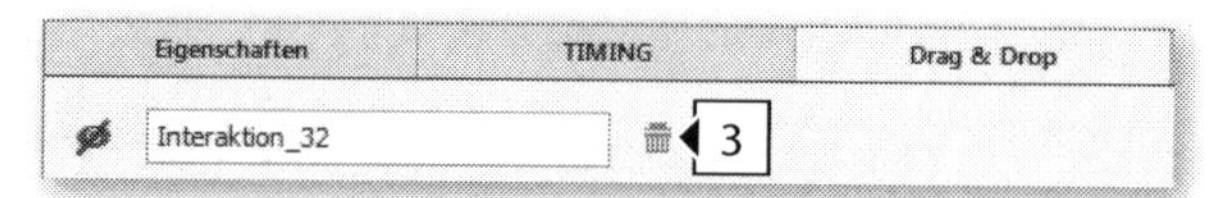

Sie haben die Drag-&-Drop-Interaktion aus Ihrem Projekt entfernt (die Objekte, die für diese Interaktion verwendet wurden, bleiben allerdings erhalten). Nun möchten wir erneut die gleiche Drag-&-Drop-Interaktion erstellen. Diesmal allerdings direkt über dieses Bedienfeld.

4 Klicken Sie im oberen Bereich des Bedienfelds auf **Neue Interaktion erstellen**.

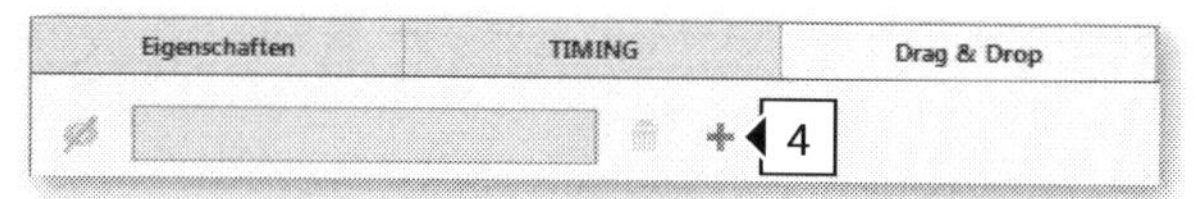

5 Legen Sie das *Ablegen-Ziel* fest:

a Markieren Sie auf der Folie die *Rechteck-Smartform*.

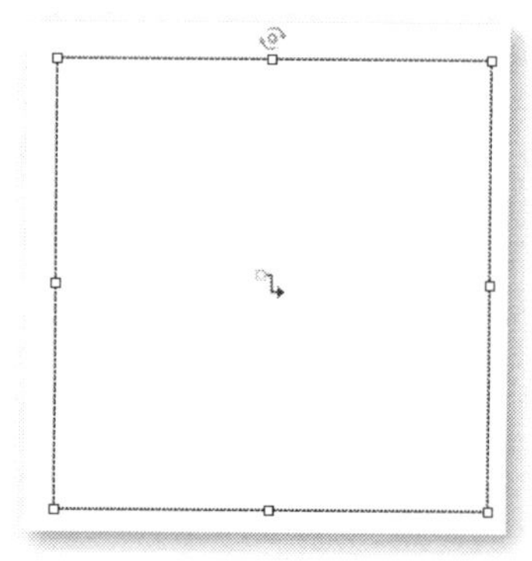

b Wählen Sie im Bedienfeld *Drag & Drop* unter *Markieren als* die Option **Ablegen-Ziel**.

Sie haben die Smartform nun als Ablegen-Ziel definiert. Auf der Folie wird Ihnen dies durch einen blauen Rahmen angezeigt.

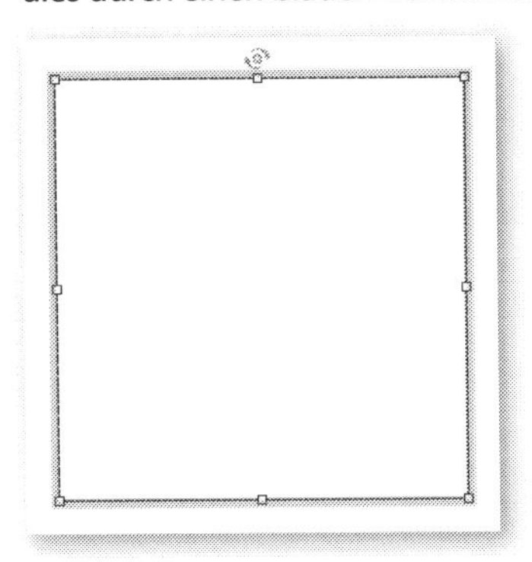

6 Legen Sie die *Ziehen-Quellen* fest:

a Markieren Sie die vier Bilder auf der Folie, welche Ihre Benutzer später per Drag-&-Drop verschieben sollen.

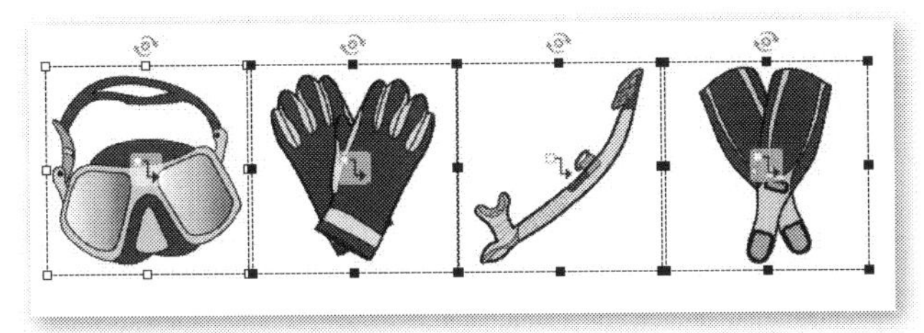

b Wählen Sie im Bedienfeld *Drag & Drop* unter *Markieren als* die Option **Ziehen-Quelle**.

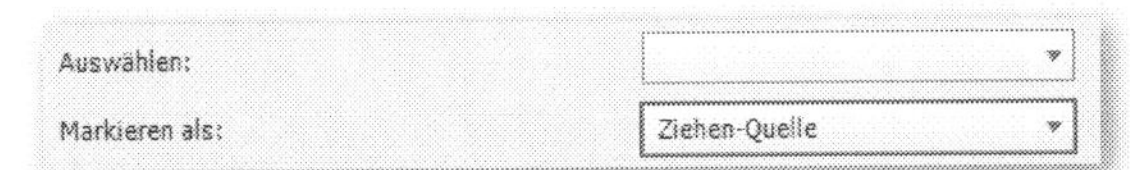

Sie haben die Bilder nun als Ziehen-Quellen definiert. Auf der Folie wird Ihnen dies durch grüne Rahmen angezeigt.

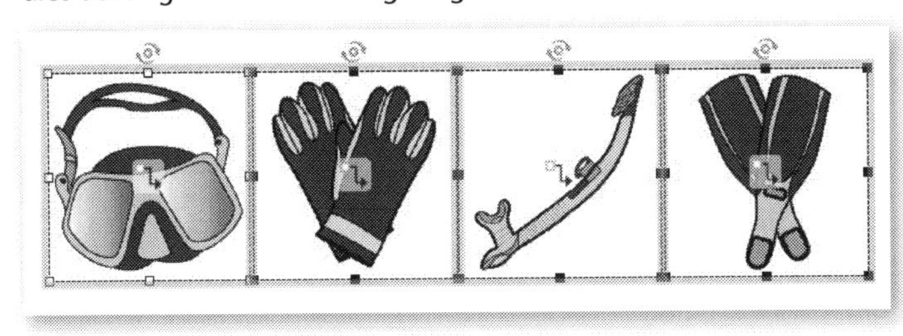

7 Ordnen Sie die Ziehen-Quellen dem Ablegen-Ziel zu:

a Vorab möchten wir die richtigen Antworten gruppieren: Markieren Sie dazu mit gedrückter Taste [⇧] (Win) / [⌘] (Mac) die drei Bilder auf der Folie, welche später beim Ablegen als richtige Antworten gelten sollen (die Handschuhe gehören nicht zur ABC-Ausrüstung).

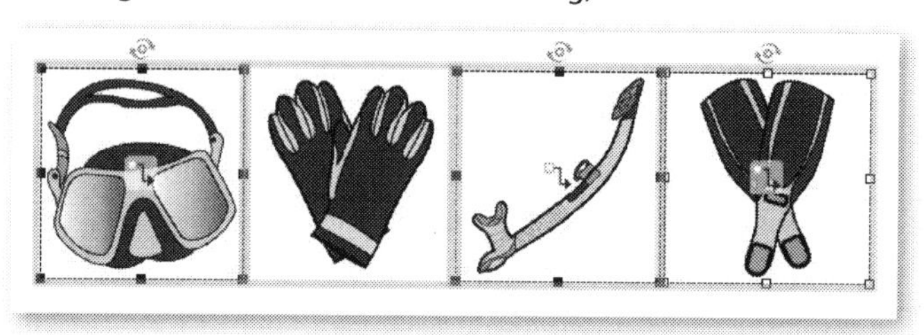

b Klicken Sie im Bedienfeld *Drag & Drop* unter *Hinzufügen zu* auf **Neuen Typ hinzufügen**.

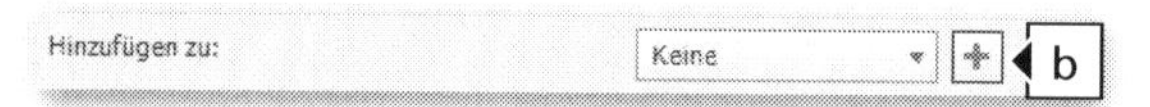

Das Fenster *Neuen Typ hinzufügen* öffnet sich.

Weitere Ziehen-Objekte hinzufügen

Wenn Sie nachträglich weitere Objekte als Ziehen-Quelle und / oder als Ziehen-Quelle des gleichen Typs festlegen möchten: Rechtsklicken Sie auf das entsprechende Objekt und wählen Sie **Drag Drop-Optionen > Als Ziehen-Quelle markieren / Zum Ziehen-Quelle-Typ hinzufügen**.

c Tragen Sie den Text „ABC" ein.

d Klicken Sie auf **OK**.

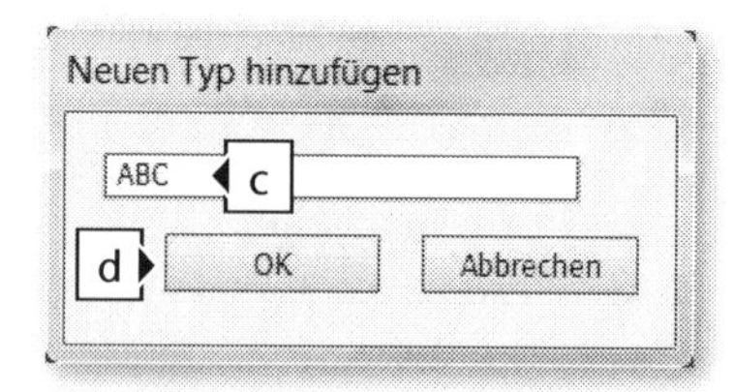

Die als richtig markierten Ziehen-Quellen sind alle dem benutzerdefinierten Typ *ABC* zugeordnet. Nun können wir diese Ziehen-Quellen dem Ablegen-Ziel auf einmal zuweisen.

e Markieren Sie eine der als richtig markierten *Ziehen-Quellen*, klicken Sie auf das **Verknüpfungs-Symbol** und ziehen Sie bei gedrückter Maustaste den daraufhin erscheinenden blauen Zeiger auf das *Ablegen-Ziel*.

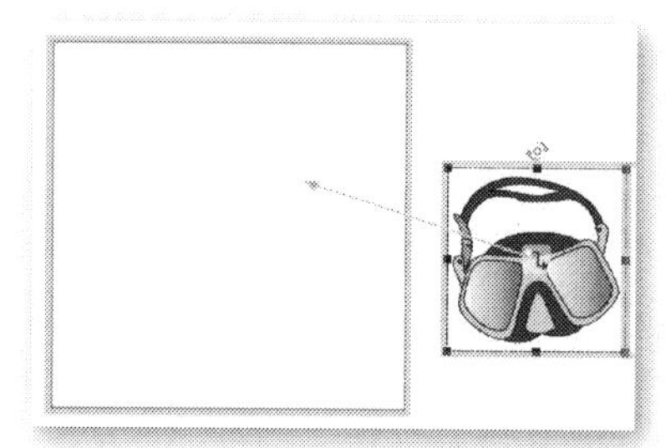

Sie haben die Drag-&-Drop-Objekte zugeordnet und eine Drag-&-Drop-Interaktion angelegt.

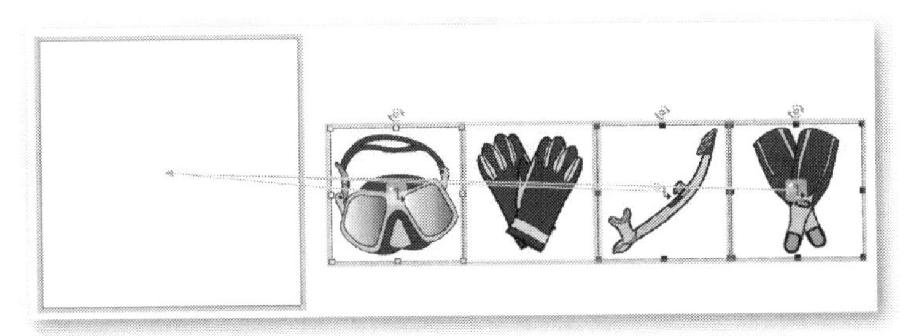

8 Testen Sie diesen Zwischenstand in der Vorschau: Wählen Sie **Vorschau > Projekt**.

Sie wissen nun, wie Sie eine Drag-&-Drop-Interaktion mithilfe des Bedienfelds *Drag & Drop* erstellen können. In der folgenden Übung werden wir diese Interaktion weiter optimieren.

Übung: Drag-&-Drop-Interaktion anpassen und erweitern

In dieser Übung möchten wir die erstellte Drag-&-Drop-Interaktion anpassen und erweitern. Wir versehen die Ziehen-Quellen mit einem Effekt und optimieren die Eigenschaften, um die Bedienbarkeit zu verbessern.

Übung 15 min

1 Öffnen Sie aus dem Ordner *09_Drag-&-Drop-Interaktionen* die Datei *Drag_and_Drop_04.cptx* und betrachten Sie die Datei in der Vorschau (▶ *Seite 12*).

   Sie sehen die Interaktion aus den vorherigen Übungen, jedoch ist nun u. a. die Ablage der Ziehen-Quellen optimiert und eine Möglichkeit vorhanden, über die Schaltfläche **Zurücksetzen** die Platzierung zurückzusetzen. Diese Optimierungen möchten wir in den folgenden Schritten ebenfalls umsetzen.

2 Öffnen Sie aus dem Ordner *09_Drag-&-Drop-Interaktionen* die Datei *Drag_and_Drop_03.cptx*.

3 Markieren Sie alle Ziehen-Quellen und wählen Sie im Bedienfeld *Drag & Drop* im Tab *Format* unter *Effekte* **Einzoomen**.

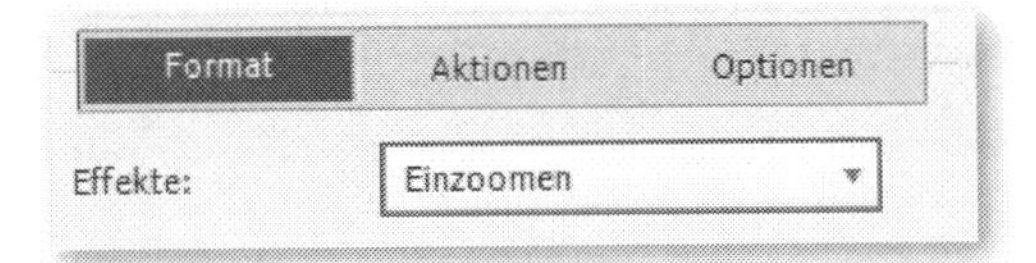

   Sobald der Benutzer nun eine Ziehen-Quelle mit der Maus anfasst, wird das Objekt vergrößert. Wenn der Benutzer das Drag-Objekt loslässt, wird es wieder in der Ausgangsgröße dargestellt.

4 Passen Sie die Eigenschaften des Ablegen-Ziels an:

   a Markieren Sie das Ablegen-Ziel (Rechteck-Smartform) auf der Folie.

b Wählen Sie im Bedienfeld *Drag & Drop* im Tab *Format* unter *Ausrichteverhalten* bei *Position* die Option **Nebeneinander**.

Dadurch werden die Objekte nebeneinander angeordnet, statt übereinandergelegt. Außerdem möchten wir, dass die Ziehen-Quelle nach dem Ablegen kleiner als die Ausgangsgröße dargestellt wird.

c Tragen Sie unter *Größe* den Wert **75 %** ein.

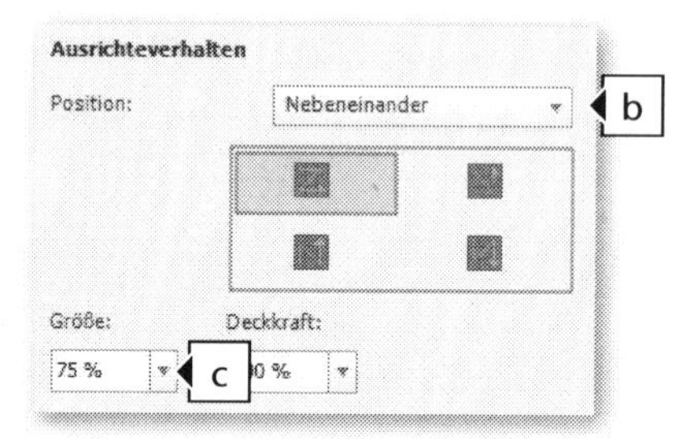

Nun möchten wir dem Benutzer die Möglichkeit geben, bereits abgelegte Drag-Objekte erneut verschieben zu können.

Abgelegte Quelle erneut ziehen / Anmerkung zu Schritt 5

Im Rahmen dieser Übung hat die Funktion **Abgelegte Quelle erneut ziehen** keine besondere Auswirkung, da wir nur ein Ablegen-Ziel haben. Wenn Sie allerdings Drag-&-Drop-Interaktionen mit mehr als einem Ziel erstellen, kann der Lerner so bereits abgelegte Drag-Objekte erneut aufnehmen und einem anderen Ziel zuordnen - ohne alles zurücksetzen zu müssen.

5 *Optional*: Wählen Sie im Tab *Optionen* **Abgelegte Quelle erneut ziehen**.

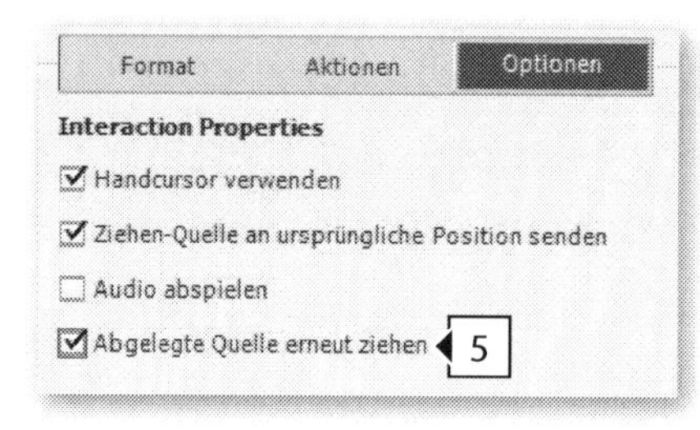

6 Weiterhin möchten wir dem Benutzer eine unbegrenzte Anzahl an Versuchen ermöglichen und bei einer falschen Antwort alle Objekte wieder zurücksetzen:

a Aktivieren Sie im Tab *Aktionen* die Option **Unbegrenzte Versuche**.

b Wählen Sie unter *Zurücksetzen* **Alles zurücksetzen**.

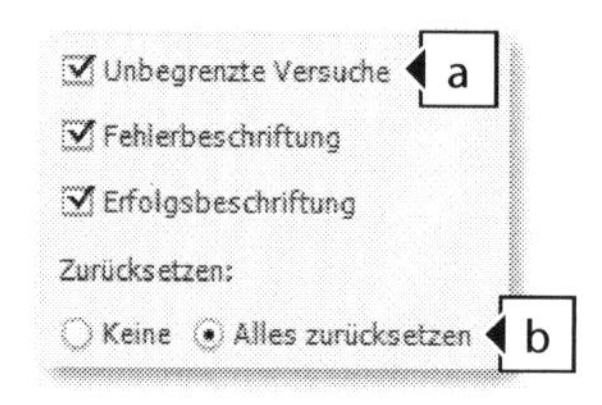

7 Fügen Sie eine Zurücksetzen-Schaltfläche ein und optimieren Sie das Layout:

a Aktivieren Sie im Bereich *Schaltflächen* **Zurücksetzen**.

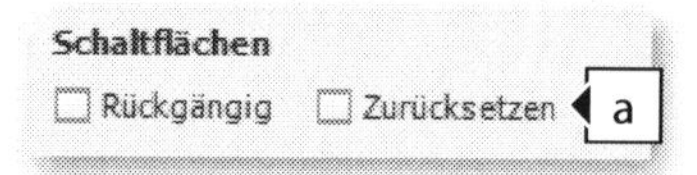

Die Schaltfläche wird eingefügt und verwendet den Standardobjektstil für Textschaltflächen.

b Wechseln Sie in das Bedienfeld *Eigenschaften* der Schaltfläche und wählen Sie unter *Stilname* **tecwriter_Button**.

Die Schaltfläche verwendet nun den passenden Objektstil.

c Richten Sie die Schaltflächen aus, wie im folgenden Bildschirmfoto gezeigt:

8 Stellen Sie abschließend noch die Meldungen ein:

a Verschieben Sie die Erfolgsmeldung, sodass die darunterliegende Fehlermeldung zum Vorschein kommt.

b Befüllen Sie die Fehlermeldung mit „Leider nicht richtig. Versuchen Sie es erneut."

c Tragen Sie den folgenden Text ein: „Richtig. Toll gemacht. Die ABC-Ausrüstung besteht aus Maske, Schnorchel und Flossen."

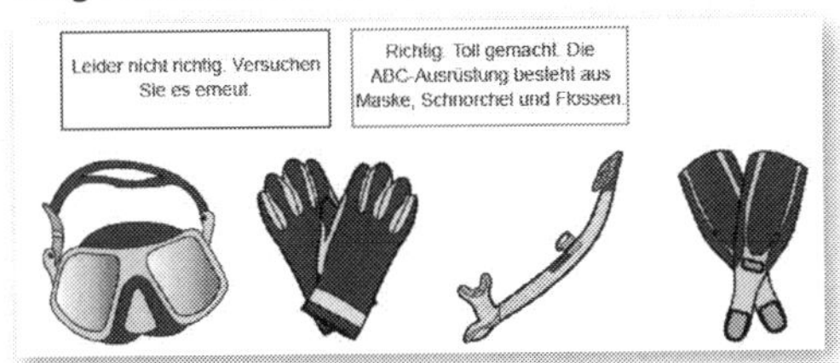

9 Testen Sie das Projekt in der Vorschau.

Sie haben nun eine Drag-&-Drop-Interaktion über das Bedienfeld *Drag & Drop* individuell angepasst.

Interaktionen richtig testen

Sie sollten im Rahmen der Qualitätssicherung immer möglichst alle Zustände einer Interaktion testen – nicht nur den Idealfall (z. B. dass eine Frage richtig beantwortet wird). Die hierfür aufgewendete Zeit (Sie müssen alle Interaktionen mehrfach durchlaufen) ist sehr gut investiert, da Sie so im vornherein schon unnötige Schleifen im Reviewprozess vermeiden.

Transferübung: Drag-&-Drop und Objektstatus

Im Rahmen dieser Übung möchten wir uns mit den integrierten Objektstatus von Drag-&-Drop-Objekten vertraut machen.

Vor Bearbeitung dieses Kapitels sollten Sie sich mit den Inhalten folgender Kapitel vertraut machen:

- ▶ *Interaktive Objekte & Objektstatus, Seite 197*
- ▶ *Drag-&-Drop-Interaktionen, Seite 251*

Transferübung **25 min**

1 Öffnen Sie aus dem Ordner *09_Drag-&-Drop-Interaktionen* die Datei *Drag_and_Drop_Objektstatus_Ziel.cptx* und testen Sie die Datei in der Vorschau (▶ *Seite 12*).

Sie sehen eine Drag-&-Drop-Interaktion, bei der sich die Zustände der Drag-Objekte je nach Benutzerinteraktion (beim In-die-Hand-nehmen sowie beim Loslassen) verändern. Dies möchten wir in dieser Übung selbst umsetzen.

2 Öffnen Sie aus dem Ordner *09_Drag-&-Drop-Interaktionen* die Datei *Drag_and_Drop_Objektstatus_Ausgang.cptx.*

3 Fügen Sie eine Drag-&-Drop-Interaktion ein:

a Wählen Sie im Bedienfeld *Drag & Drop* **Neue Interaktion erstellen**.

b Wählen Sie das Bild **Schale** und markieren Sie es als **Ablegen-Ziel**.

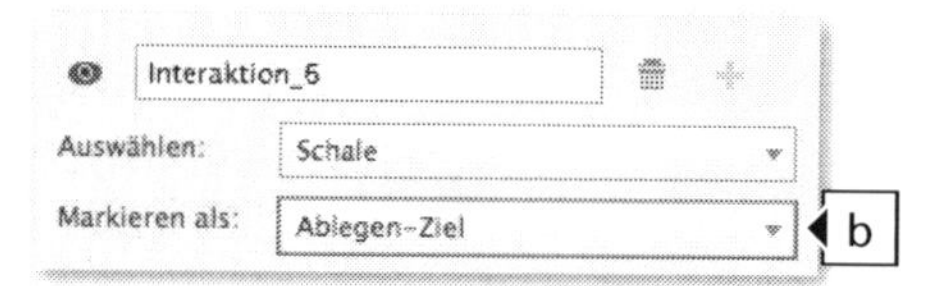

c Wählen Sie alle Zutaten und markieren Sie diese als **Ziehen-Quelle**.

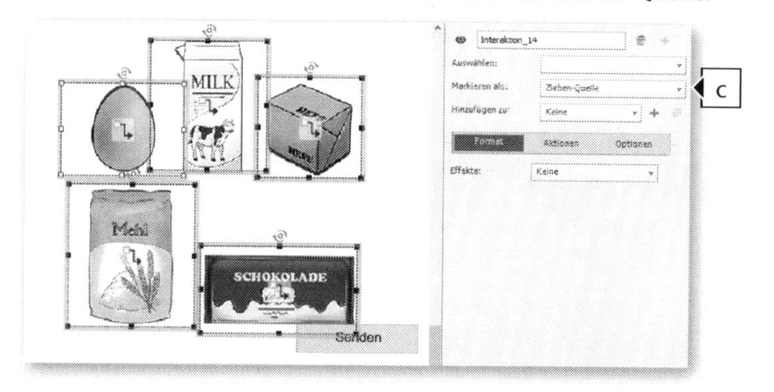

d Legen Sie die Bilder *Ei, Mehl* und *Milch* als richtige Antworten fest.

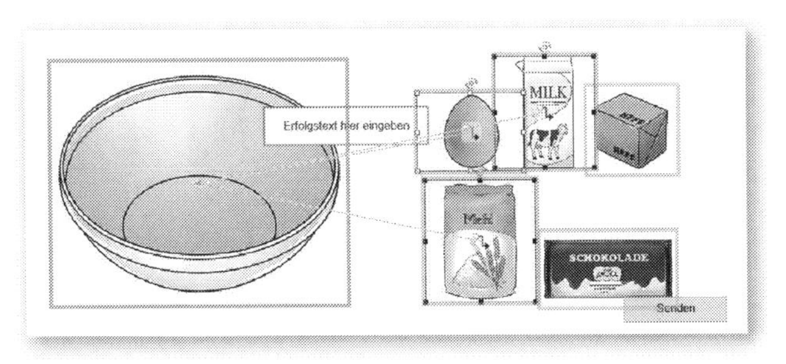

4 Passen Sie die Eigenschaften der Interaktion im Tab *Aktionen* weiter an:

a Stellen Sie **Unbegrenzte Versuche** für die Interaktion ein.

b Wählen Sie unter *Zurücksetzen* **Alles Zurücksetzen**.

c Fügen Sie eine Zurücksetzen-Schaltfläche ein.

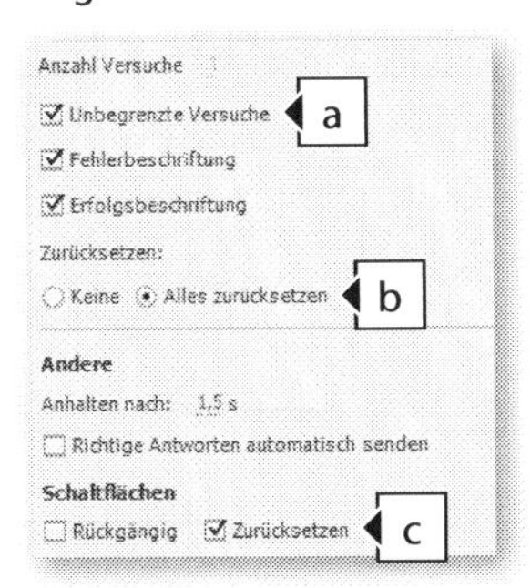

5 Passen Sie die Eigenschaften des Ablegen-Ziels an:

a Markieren Sie das Ablegen-Ziel (*Schale*).

b Stellen Sie im Bedienfeld *Drag & Drop* im Tab *Format* im Bereich *Ausrichteverhalten* sicher, dass bei *Position* **Anker** gewählt ist.

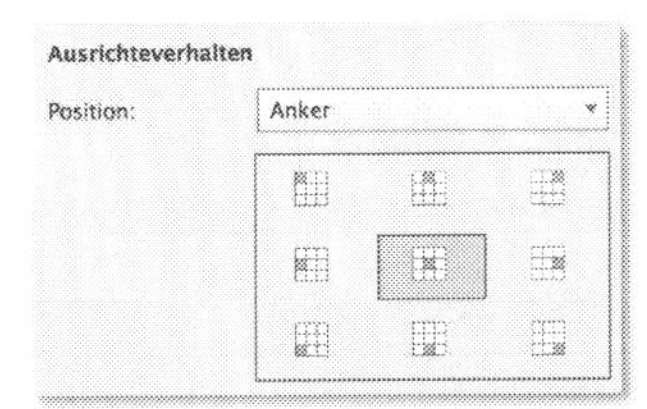

6 Markieren Sie das Bild **Ei** und wechseln Sie in die **Statusanzeige**.

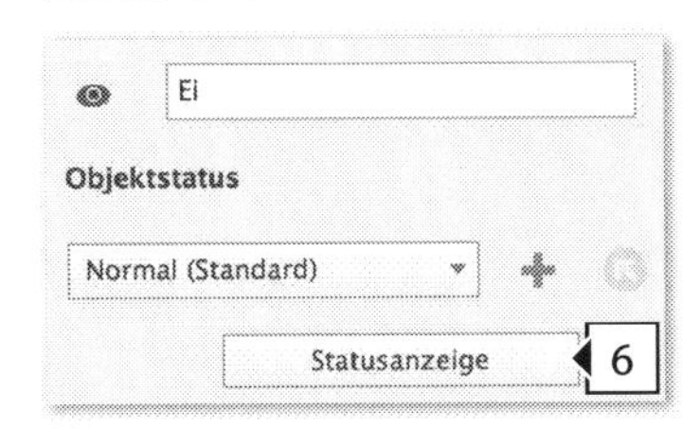

Das Bedienfeld *Statusanzeige* öffnet sich.

7 Erstellen Sie den Objekstatus **DragStart** für das Bild:

a Klicken Sie auf die Schaltfläche **Neuer Status**.

b Wählen Sie den Status **DragStart** und bestätigen Sie mit **OK**.

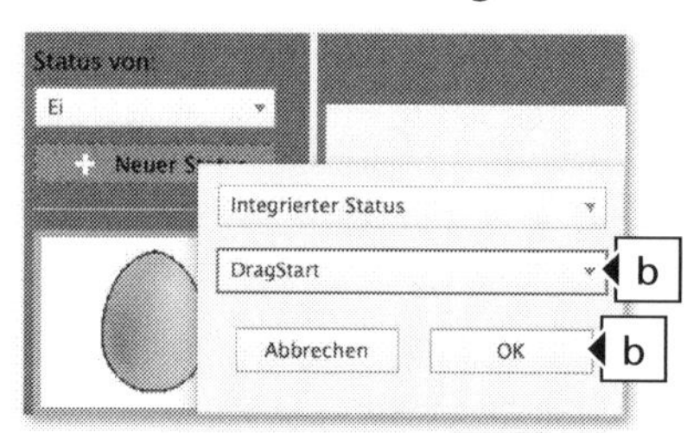

c Ersetzen Sie das Bild *Ei* im Status *DragStart* über das Bedienfeld *Eigenschaften* durch das Bild **Ei_2** aus dem Ordner *00_Assets\Bilder\Pfannkuchen* der Übungsdateien.

8 Erstellen Sie den Objekstatus **DropAccept** für das Bild:

a Klicken Sie auf die Schaltfläche **Neuer Status**.

b Wählen Sie den Status **DropAccept** und bestätigen Sie mit **OK**.

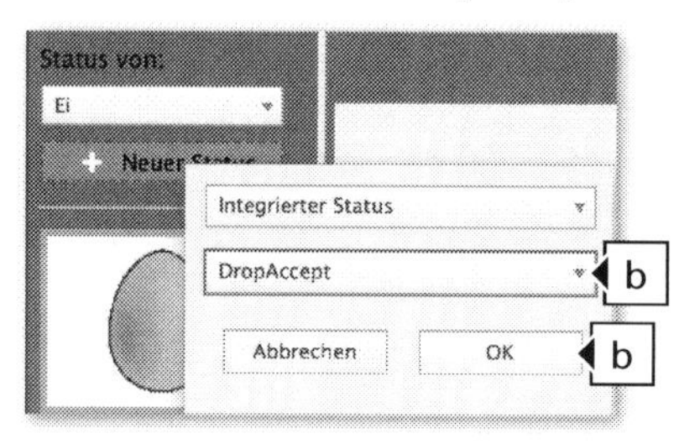

c Ersetzen Sie das Bild *Ei* über das Bedienfeld *Eigenschaften* durch das Bild **Ei_3** aus dem Ordner *00_Assets\Bilder\Pfannkuchen* der Übungsdateien.

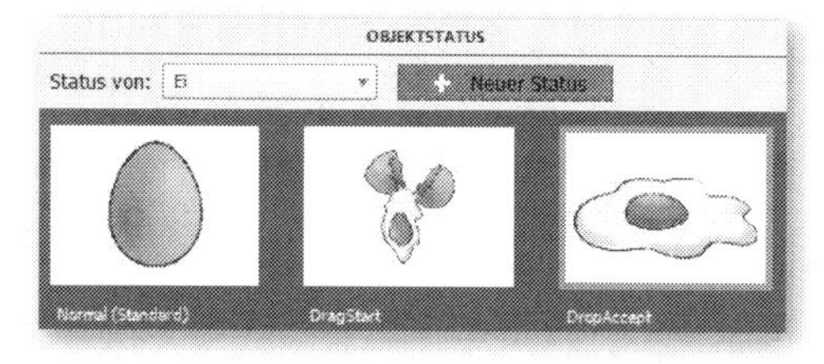

9 Schließen Sie die Statusanzeige.

10 Wiederholen Sie **Schritt 6-9** für die Bilder *Milch*, *Hefe*, *Mehl* und *Schokolade*.

Sie haben nun für alle Ziehen-Quellen zwei verschiedene Drag-&-Drop-Objektstatus hinterlegt.

11 Passen Sie die Eigenschaften der Schaltflächen an:

a Weisen Sie der Schaltfläche *Senden* den Stil **tecwriter_Button** und der Schaltfläche *Zurücksetzen* den Stil **tecwriter_Button** zu.

b Richten Sie die Schaltflächen wie auf dem Bildschirmfoto gezeigt unterhalb der Drag-Objekte aus.

12 Stellen Sie abschließend noch die Meldungen ein:

a Rechtsklicken Sie auf die Erfolgs- und Fehlermeldung und wählen Sie **In Textbeschriftung zurückwandeln**.

b Befüllen Sie die Fehlermeldung mit „Leider nicht richtig. Versuchen Sie es erneut." und stellen Sie sicher, dass in den *Eigenschaften* der Stil **tecwriter_ Fehlerbeschriftung** ausgewählt ist.

c Markieren Sie die Erfolgsbeschriftung, stellen Sie sicher, dass der Stil **tecwriter_Erfolgsbeschriftung** ausgewählt ist und tragen Sie den folgenden Text ein: „Richtig - Klicken Sie auf eine beliebige Stelle, um fortzufahren."

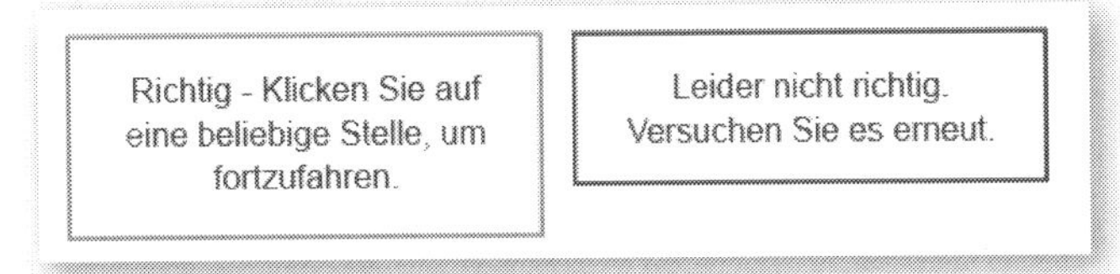

13 Testen Sie das Projekt in der Vorschau.

Sie wissen nun, wie Sie mit den integrierten Status von Drag-&-Drop-Objekten arbeiten können.

10

Quizanwendungen

In Adobe Captivate steht Ihnen eine sehr vielseitige Quizfunktion mit einer Vielzahl an Fragentypen zur Verfügung. Mehr dazu in diesem Kapitel.

Themenübersicht

Überblick

Im Rahmen dieses Kapitels möchte ich Ihnen die grundlegenden Möglichkeiten und Optionen im Bereich Quiz vorstellen. Wie Sie die entsprechenden Optionen einstellen, erfahren Sie in den folgenden Kapiteln *Quizeigenschaften* sowie *Quizvoreinstellungen*.

Quizformen im Überblick

In Captivate stehen Ihnen verschiedene Formen von Quiz zur Verfügung. Dabei können Sie:

- Vortestfragen erstellen (über **Quiz > Vortestfragenfolie**), um das Vorwissen des Lerners zum Thema abzufragen und z. B. fortgeschrittenen Lernern die Möglichkeit zu geben, Grundlagen zu überspringen.
- Wissensüberprüfungsfragen (über **Quiz > Folie für Wissensüberprüfung**) erstellen, um dem Lerner während des Kurses Übungsfragen zu stellen, die nicht in die Bewertung einfließen.
- Bewertete Fragen (über **Quiz > Fragenfolie**, Aufklappliste **Bewertet**) erstellen, um z. B. am Ende des Lernmoduls Testfragen zu stellen, die ausgewertet werden und zum Bestehen des Kurses eine erforderliche Mindestpunktzahl hinterlegen.
- Umfragen (über **Quiz > Fragenfolie**, Aufklappliste **Umfrage**) erstellen, um dem Lerner Fragen zu stellen, die weder als richtig noch falsch gewertet werden, z. B. um Freitext-Fragen zu erstellen oder das Feedback des Lerners einzuholen.

Auswertung von Umfragen

Umfragen sind i. d. R. nur in Kombination mit Lernplattformen sinnvoll, da dieser Weg es Ihnen einfach ermöglicht, die Benutzereingaben zu speichern und auszuwerten. Mehr dazu in Kapitel 15 (▶ *Seite 389*).

Fragentypen

Die Standardfragentypen

In Captivate stehen Ihnen verschiedene Fragentypen zur Verfügung.

Multiple-Choice: Mehrere Antwortmöglichkeiten, wovon auf Wunsch eine oder mehrere richtig sein können.	Multiple-Choice Welche der folgenden Tiere leben in Südamerika? A) Kaninchen B) Gleithörnchen C) Jaguare
Wahr/Falsch: Zwei Antwortmöglichkeiten, von denen genau eine richtig ist.	Wahr/Falsch Faultiere schlafen zwischen 15 und 20 Stunden am Tag. A) Wahr B) Falsch

Übersichtsdatei Fragentypen

Um einen ersten Überblick zu erhalten, empfehle ich Ihnen einen Blick in die Übersichtsdatei *00_Quiz_Uebersicht.cptx* im Ordner *10_Quizanwendungen*.

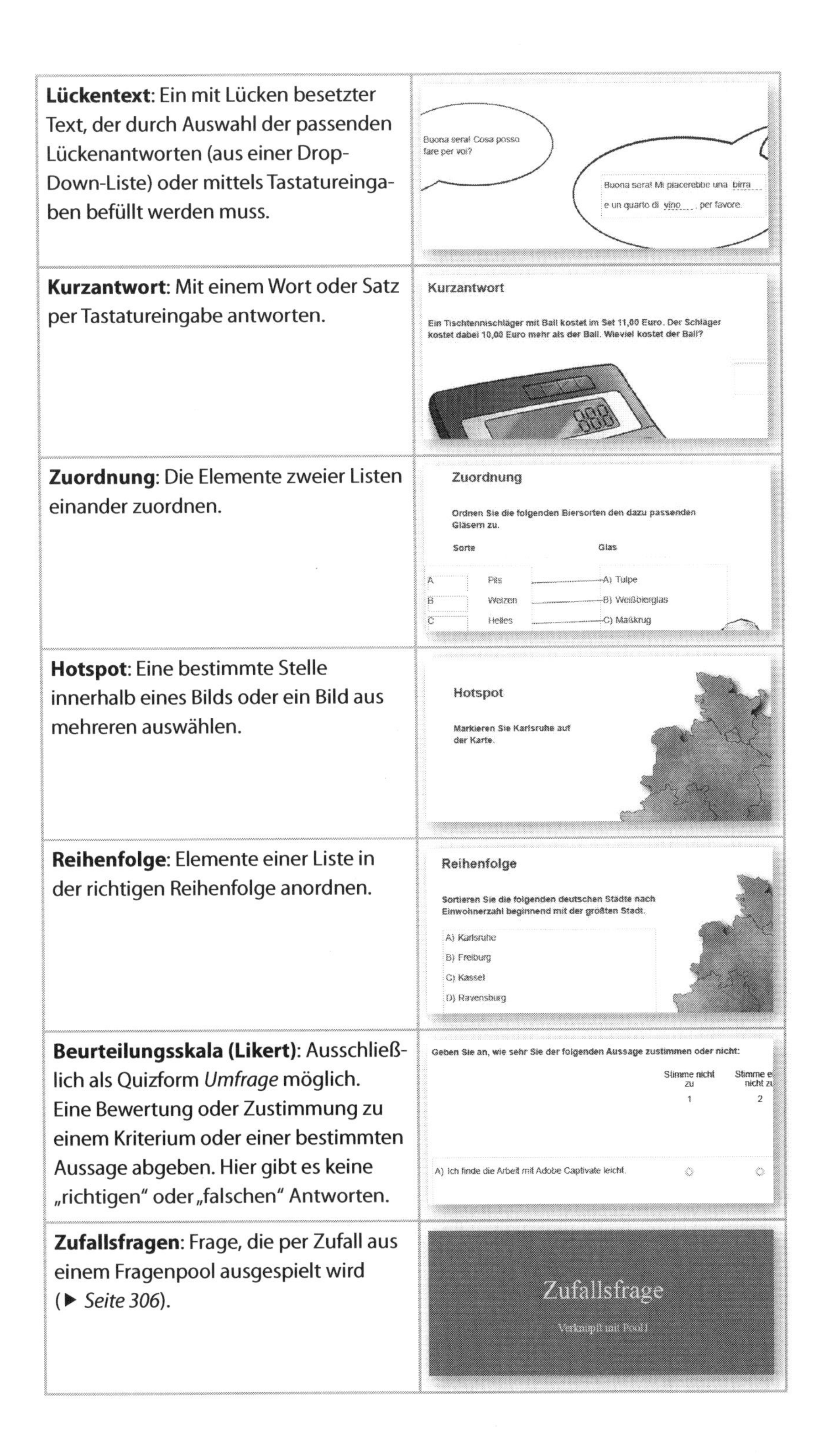

Lückentext: Ein mit Lücken besetzter Text, der durch Auswahl der passenden Lückenantworten (aus einer Drop-Down-Liste) oder mittels Tastatureingaben befüllt werden muss.	
Kurzantwort: Mit einem Wort oder Satz per Tastatureingabe antworten.	
Zuordnung: Die Elemente zweier Listen einander zuordnen.	
Hotspot: Eine bestimmte Stelle innerhalb eines Bilds oder ein Bild aus mehreren auswählen.	
Reihenfolge: Elemente einer Liste in der richtigen Reihenfolge anordnen.	
Beurteilungsskala (Likert): Ausschließlich als Quizform *Umfrage* möglich. Eine Bewertung oder Zustimmung zu einem Kriterium oder einer bestimmten Aussage abgeben. Hier gibt es keine „richtigen" oder „falschen" Antworten.	
Zufallsfragen: Frage, die per Zufall aus einem Fragenpool ausgespielt wird (▶ *Seite 306*).	

Drag-&-Drop und eigene Fragen / Interaktionen in das Quiz einbeziehen

Bei Drag-&-Drop-Fragen sowie fast allen anderen interaktiven Objekten finden Sie in den *Eigenschaften* im Tab *Aktionen* den Bereich *Weitergabe*. Hier können Sie eine Interaktion in das Quiz einbeziehen, Punkte vergeben und zur Gesamtsumme addieren sowie auch die Eingaben an eine Lernplattform weitergeben (*Antworten weitergeben*).

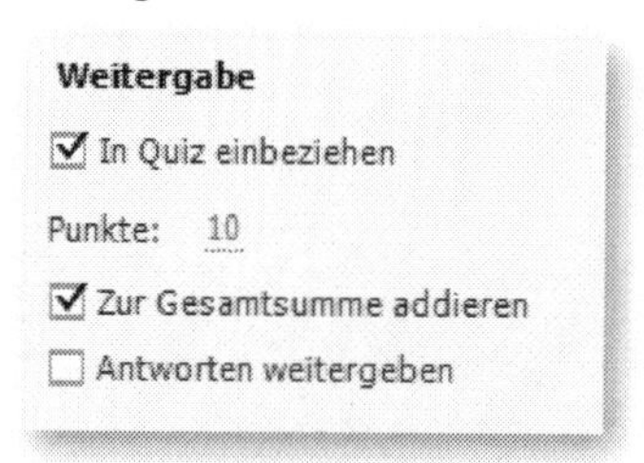

Dies ermöglicht es Ihnen, auch Drag-&-Drop-Fragen sowie eigene Fragen zu entwickeln (▶ *Seite 295*), mit in die Bewertung zu nehmen sowie dem Lerner auch für diese Fragen den Überprüfungsmodus anzubieten.

Quizformen im Vergleich

	Vortestfrage	**Wissensüberprüfungsfrage**	**Bewertete Frage / Umfrage**
Frage erstellen	**Quiz > Vortestfragenfolie**	**Quiz > Folie für Wissensüberprüfung**	**Quiz > Fragenfolie**
Darstellung in Captivate	*Typ* **Vortest** QUIZ Multiple-Choice Typ Vortest	Bezeichnung „KC-Folie" QUIZ Reihenfolge (KC-Folie) Hutsymbol im Filmstreifen	*Typ* **Bewertet / Umfrage** QUIZ Multiple-Choice Typ Bewertet ✔ Bewertet Umfrage Vortest
Verzweigung nach / zwischen Frage(n)	keine	Für jede Frage kann separat eine Aktion für die erfolgreiche oder die falsche Beantwortung (nach Erreichen der eingestellten Versuchszahl) hinterlegt werden	

Verzweigung nach Quiz	Verzweigung über Erweiterte Aktion *CPPretestAction*	Keine Verzweigung, da jede Frage separat behandelt wird	Nach Bestehen oder nach Nichtbestehen des Kurses kann jeweils eine separate Aktion ausgeführt werden
Weitergabe der Antworten an Lernplattform	Ja, optional	Nein	Ja, optional
Bewertung & Auswertung über Lernplattform	Fragen sind bewertet, Punkte werden jedoch nicht zum Gesamtergebnis gezählt, sondern nur für die Auswertung des Vortests über die erweiterte Aktion *CPPretest-Action*	Fragen sind unbewertet	Fragen sind bewertet oder unbewertet (Umfrage). Wenn bewertet, werden sie zum Gesamtergebnis des Kurses gezählt
Ergebnisfolie (▶ *Seite 294*)	Keine		Ja, optional
Alles senden	Nein		Ja, optional
Quizbereich-Sperre (▶ *Seite 295*)	Ja	Nein, Fragen können unbegrenzt häufig wiederholt werden	Ja
Überprüfungsmodus / Lerner kann Lösungen einsehen (▶ *Seite 296*)	Nein		Ja, optional
Fragen können per Zufall gestellt werden	Nein		Ja, optional

Alles senden

Die Funktion **Alles senden** ermöglicht es dem Lerner, zuerst alle Fragen zu beantworten, seine Antworten beliebig zu korrigieren, abschließend einzureichen und erst am Ende die Auswertung zu erhalten. Wenn diese Funktion deaktiviert ist (Standard), beantwortet der Lerner jede Frage einzeln und erhält sofort das Feedback (Richtig / Falsch). Statt jede Frage einzeln zu beantworten und direkt ein Feedback zu erhalten, muss der Lerner zuerst alle Fragen beantworten, um seine Antworten einreichen zu können.

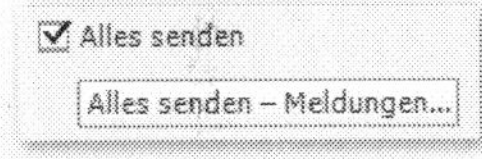

Fragen per Zufall ausspielen

Sie können bewertete Fragen und Umfragen auch per Zufall ausspielen. Mehr dazu erfahren Sie hier: ▶ *Seite 306*.

Schaltflächen & Navigation bei Quizfragen

Bei Quizfragen stehen Ihnen (optional) eine Vielzahl an Schaltflächen zur Verfügung, die Sie über die Quizeigenschaften und Quizvoreinstellungen auf Fragenfolien platzieren können.

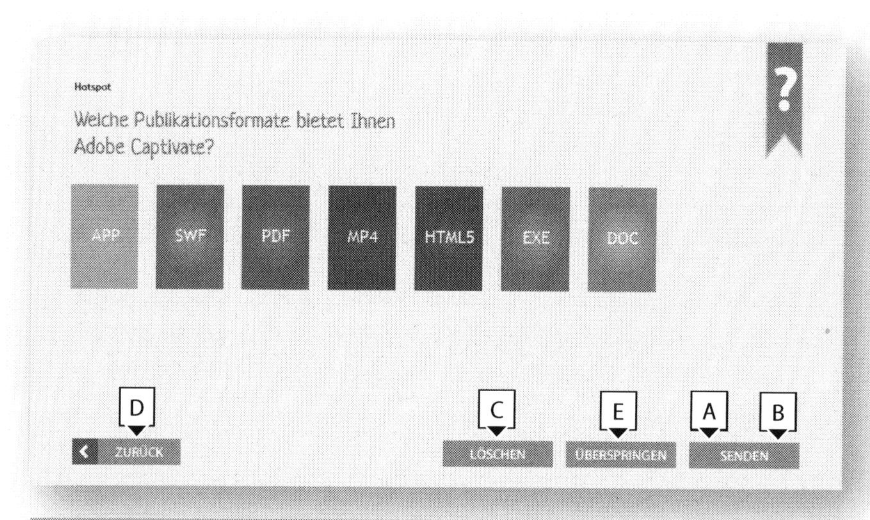

	Bezeichnung	Einfügen über ...	Beschreibung	Verfügbarkeit
A	„Senden"	Obligatorisch, nicht ausblendbar; Wahl, ob *Senden* oder *Alles senden* in den *Quizvoreinstellungen*, Kategorie *Quiz > Einstellungen*, **Alles senden**	Reicht die Frage zur Auswertung ein	Alle Quizformen
B	„Alles senden"		Reicht alle Fragen zur Auswertung ein	Nur bei bewerteten Fragen & Umfragen
C	„Löschen"	Selektiv im Bedienfeld *Quizeigenschaften* einer Frage oder zentral für alle Fragen in den *Quizvoreinstellungen*, Kategorie *Quiz > Einstellungen*	Setzt alle Eingaben zurück	Alle Quizformen
D	„Zurück" (im Bedienfeld *Eigenschaften* „Rückwärts")		Springt eine Folie zurück	
E	„Übergehen" (im Bedienfeld *Eigenschaften* „Weiter")		Überspringt die Frage	

Überspringen von Fragen ermöglichen / unterbinden

Sie können zentral in den Quizvoreinstellungen definieren, ob bewertete Fragen oder Umfragen übersprungen werden können oder beantwortet werden müssen. Wenn Sie z. B. in den Quizvoreinstellungen (**Quiz > Quizvoreinstellungen**) in der Kategorie *Quiz > Einstellungen* unter *Erforderlich* **Alle beantworten** definieren, ist der Übergehen-Knopf u. U. zwar sichtbar, aber nicht aktiv und der Lerner kann die Frage nicht überspringen.

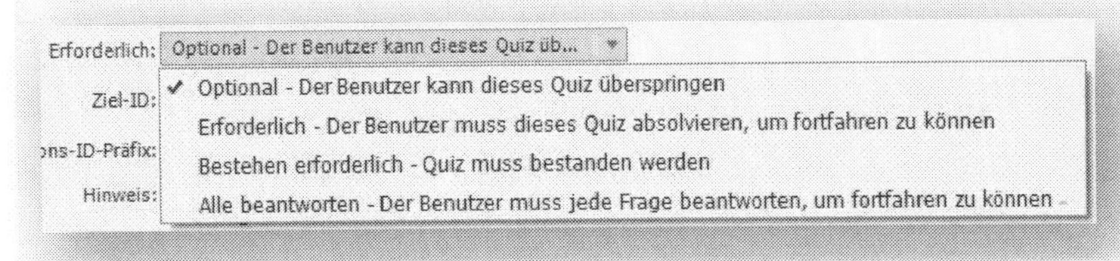

Empfohlene Schaltflächen je Quizform

Die freie Kombinationsmöglichkeit, die Schaltflächen einer Quizfrage flexibel zu wählen, scheint auf den ersten Blick sehr nützlich, kann jedoch auch dazu führen, dass der Lerner ungewollt in einer Frage gefangen ist. *Beispiel*: Sie erstellen eine bewertete Frage und bieten nur die Schaltflächen *Senden* und *Zurück* an, jedoch nicht *Übergehen/Weiter* (und haben auch die Wiedergabeleiste und sonstige individuelle Navigation ausgeblendet). Wenn der Lerner nun z. B. von Frage 3 auf Frage 2 über die Schaltfläche *Zurück* springt, hat er keine Möglichkeit mehr, auf Frage 3 zurückzugelangen, da die Schaltfläche *Senden* auf Frage 2 blockiert ist (siehe Quizbereich-Sperre). Daher sollten Sie stets sorgfältig planen, welche Schaltflächen auf einer Frage verfügbar sind und welche nicht.

Tipp: Schaltflächen individuell beschriften

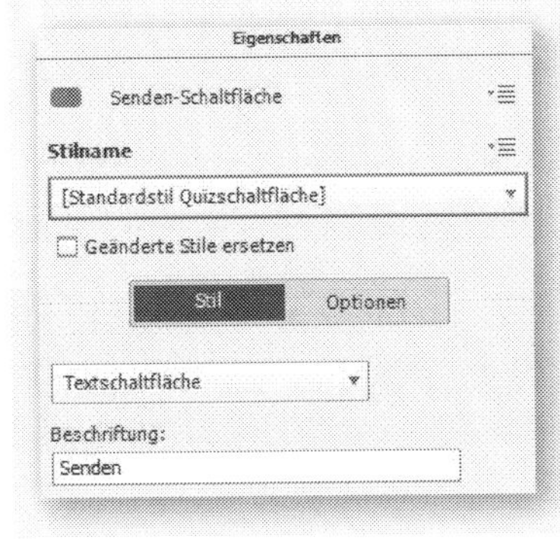

Darüber hinaus sollten Sie abhängig von Quizform und Schaltflächenfunktion die Möglichkeit nutzen, die Beschriftung der Schaltflächen über die Eigenschaften einer Schaltfläche frei zu wählen.

Quizform	Empfohlene Schaltflächen	
Bewertete Frage / Umfrage (Standard) sowie Vortestfrage	**Obligatorisch**: *Senden* **Optional**: *Löschen* **Bei bewerteter Frage / Umfrage, wenn Überprüfungsmodus aktiv** (▶ *Seite 296*): *‚Zurück'/‚Weiter' für Reviewmodus*	*Empfehlung*: *Zurück*, *Übergehen* und Wiedergabeleiste / Sonstige Navigation deaktivieren. Wenn Sie stattdessen das Navigieren ermöglichen möchten, sollten Sie aufgrund der Quizbereich-Sperre eine Übergehen-Schaltfläche anbieten.
Bewertete Frage / Umfrage mit Option **Alles senden**	**Obligatorisch**: *Alles senden / Zurück / Weiter (Übergehen)* **Optional**: *Löschen* **Wenn Überprüfungsmodus aktiv**: *‚Zurück'/‚Weiter' für Reviewmodus*	
Wissensüberprüfungsfrage	Da keine Quizbereich-Sperre greift (▶ *Seite 295*): Schaltflächen frei wählbar	

Quizeigenschaften

In diesem Kapitel möchten wir uns den Aufbau von Fragenfolien sowie das Bedienfeld *Quizeigenschaften* der einzelnen Fragentypen sowie Quizformen anschauen.

So ist eine Fragenfolie typischerweise aufgebaut

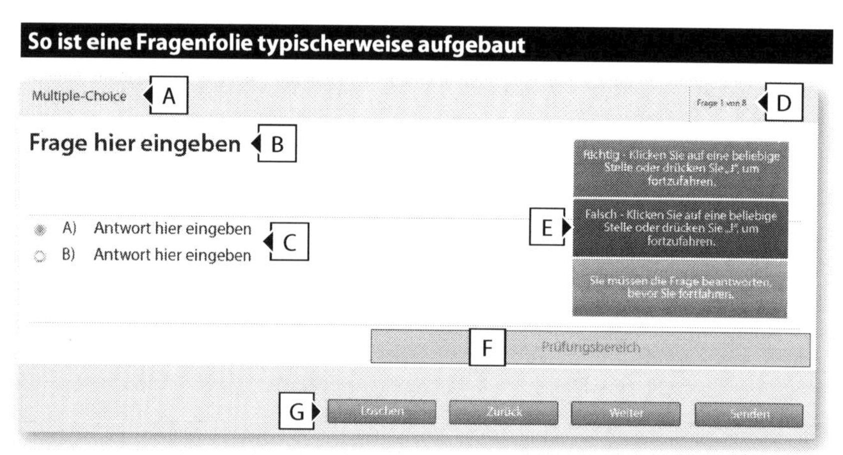

A Fragentitel

B Platzhalter für Fragentext

C Platzhalter für Antwortmöglichkeiten

D Fortschrittsverlauf (▶ *Seite 292*)

E Feedbackmeldungen (bei *Reihenfolge* kein *Unvollständig*, bei *Likert* ausschließlich *Unvollständig* aktivierbar) (▶ *Seite 200*)

F Nur im Überprüfungsmodus: Zeigt dem Benutzer eine vordefinierte Meldung an (▶ *Seite 296*)

G Quizschaltflächen (▶ *Seite 280*)

Objektstatus und Feedbackmeldungen

Sie können Feedbackmeldungen zwar keine weiteren Status hinterlegen, jedoch können Sie im Normal-Status weitere Objekte hinterlegen. Dadurch können Sie das Feedback für Ihre Lerner weiter individualisieren. Sie können z. B. Trainerfiguren einfügen oder Lösungshinweise geben. Mehr dazu erfahren Sie hier:
▶ *Weblink 10.1, Seite 12.*

Der obere Bereich der Quizeigenschaften

Die folgenden Optionen finden Sie im oberen Bereich der Quizeigenschaften der meisten Fragentypen:

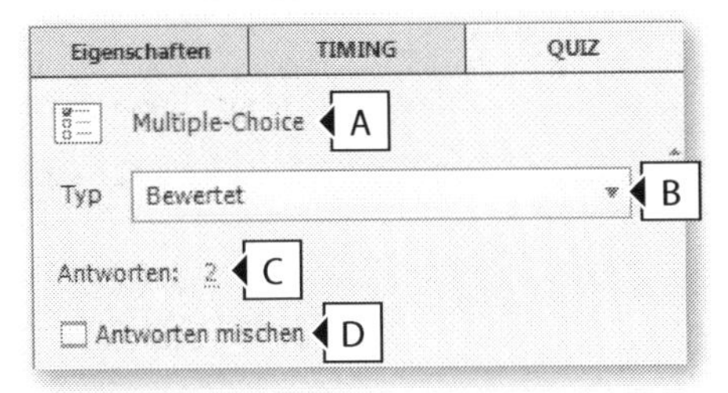

A Fragentyp

B Nur bei bewerteten Fragen / Umfragen: Wechsel der Quizform

C Anzahl der Antwortmöglichkeiten

D Antworten in zufälliger Reihenfolge anzeigen

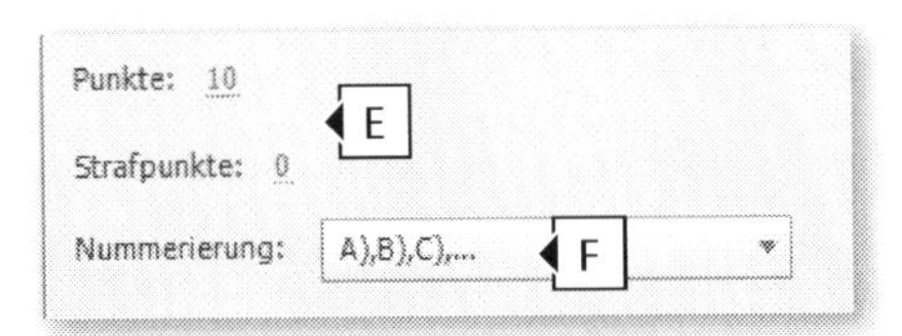

E Alle Quizformen außer Wissensüberprüfungsfragen: Punkte bei richtiger und (optional) Strafpunkte bei falscher Antwort

F Alle Fragentypen außer Lückentext, Kurzantwort, Hotspot: Nummerierungsstil der Antwortmöglichkeiten / Nummerierung deaktivieren (**Keine**)

Besonderheiten einer Multiple-Choice-Frage

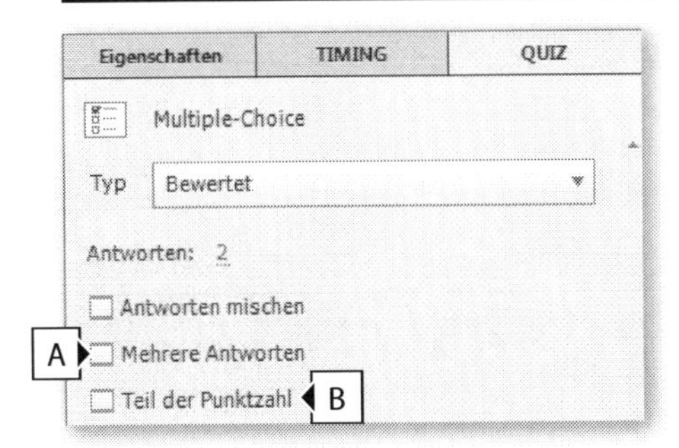

A Eine oder mehrere richtige Antworten aktivieren / deaktivieren: Dadurch erhalten Sie die Möglichkeit, die Option *Teil der Punktzahl* zu aktivieren

B Jeder richtigen Antwort einen Teil der Punktzahl zuweisen: Die Teilpunkte können Sie in den Eigenschaften einer Antwort unter dem Tab *Optionen* einstellen

„Teil der Punktzahl" in Kombination mit „Strafpunkten" in der Praxis

Wenn Sie Teilpunkte (nur bei Multiple-Choice-Fragen möglich) vergeben, sollten Sie weiterhin auch Strafpunkte vergeben, da der Lerner andernfalls einfach alle Antwortmöglichkeiten markieren kann und – trotz falscher Antwort – die volle Punktzahl erhält. Das Problem bei Strafpunkten jedoch: Die Beantwortung einer Frage mit Strafpunkten kann auch ein negatives Punkteergebnis zur Folge haben. Wenn z. B. bei 3 Antwortmöglichkeiten Antwort A falsch, B und C richtig sind und Sie für A minus 10 Punkte sowie für B und C jeweils plus 5 Punkte vergeben, würde der Lerner insgesamt minus 10 Punkte erhalten, wenn er die Frage mit A falsch beantwortet. Ideal wäre jedoch eine Begrenzung auf maximal 0 Punkte. Dies ist aktuell leider nicht möglich. Meine Empfehlung daher: Verwenden Sie weder Teil- noch Strafpunkte und setzen Sie stattdessen auf eine höhere Anzahl an Fragen bei gleichzeitig weniger Antwortmöglichkeiten. Wenn Sie trotzdem Teilpunkte verwenden möchten: Sie können alternativ auch eigene Fragen mittels erweiterter Aktionen entwickeln.

Die Lückengröße anpassen

Bei Lückentext-Fragen passt Captivate die Lücke an die erste Antwortoption an. Standardmäßig ist die Lücke jedoch zu klein und berücksichtigt nicht die Größe des Pfeils der Drop-Down-Liste. Auch werden längere Antwortoptionen nicht berücksichtigt und nach der Auswahl leider nicht vollständig angezeigt. Um dieses Problem zu lösen, klicken Sie hinter die erste Antwortoption und fügen Sie so viele Leerzeichen ein, bis alle Antwortoptionen vollständig angezeigt werden.

Besonderheiten einer Lückentext-Frage

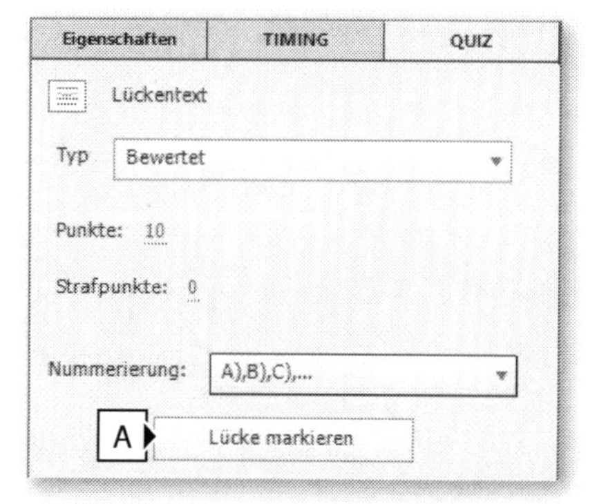

A Textauswahl als Lücke markieren / Markierung aufheben

Besonderheiten einer Kurzantwort-Frage

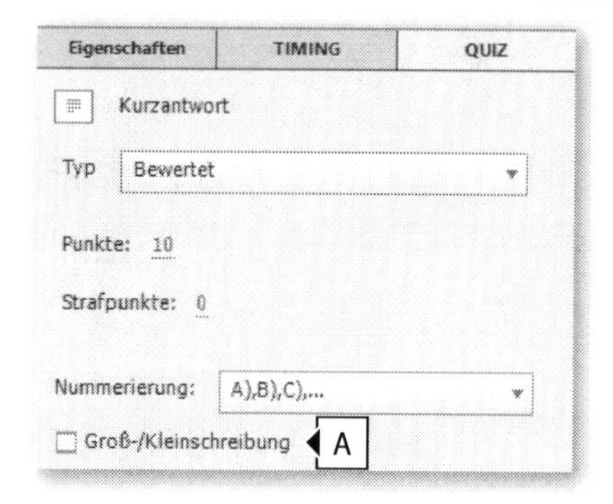

A Groß- und Kleinschreibung bei der Eingabe der Antwort berücksichtigen

Besonderheiten einer Zuordnungsfrage

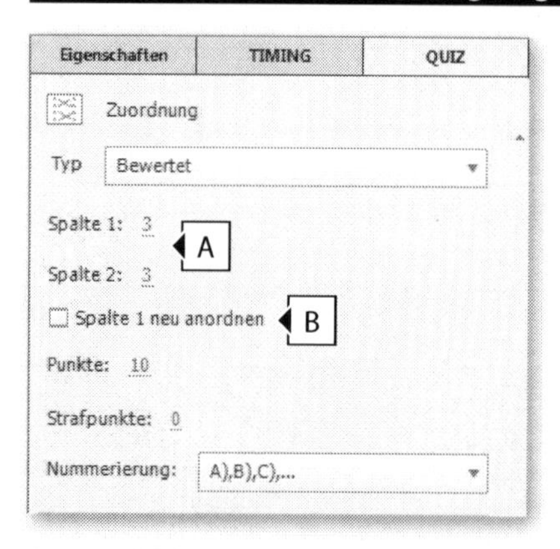

A Anzahl der Antwortmöglichkeiten der linken und rechten Spalte

B Antwortmöglichkeiten von Spalte 1 in zufälliger Reihenfolge anzeigen

Zuordnungsfragen mit Bildern

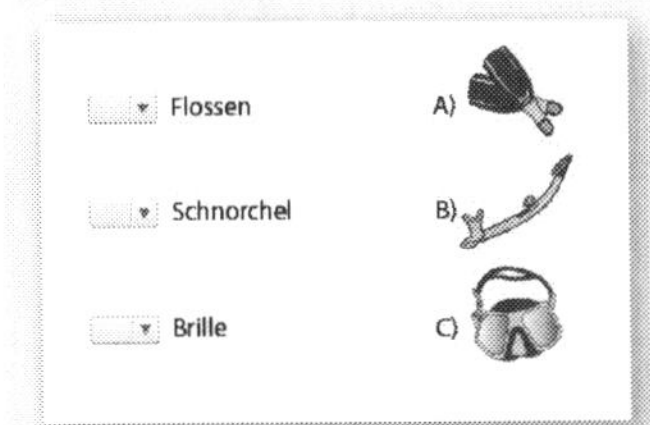

Zuordnungsfragen können standardmäßig nur mit Text befüllt werden. Wenn Sie stattdessen Bilder verwenden möchten: Fügen Sie in die rechte Spalte der Zuordnungsfrage leere Antwortmöglichkeiten ein. Fügen Sie dann jeweils ein passendes Bild manuell ein (**Einfügen > Bild**). Weisen Sie anschließend die Antwortspalten einander zu. Sie können übrigens auch beide Spalten mit Bildern befüllen, allerdings sollten Sie dann sicherstellen, dass die Option **Spalte 1 neu anordnen** deaktiviert ist. Alternativ können Sie die Frage auch mittels einer Drag-&-Drop-Interaktion abbilden (▶ *Seite 251*).

Besonderheiten einer Hotspot-Frage

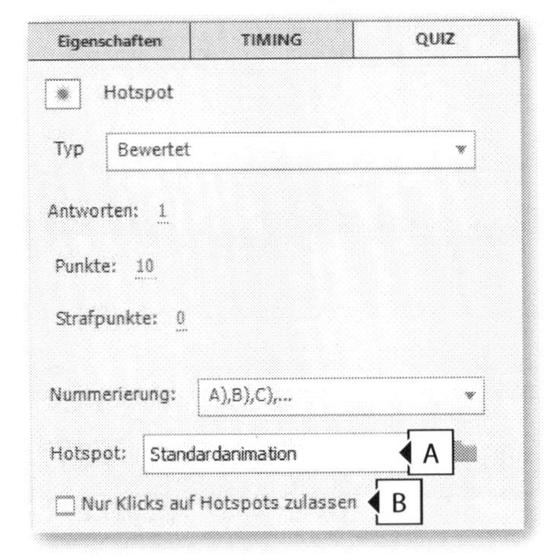

A Animation, welche den / die angeklickten Bereich(e) markiert

B Mausklicks nur innerhalb der / des Hotspots ermöglichen

Richtige / falsche Antwortoptionen bei Hotspot-Fragen einstellen

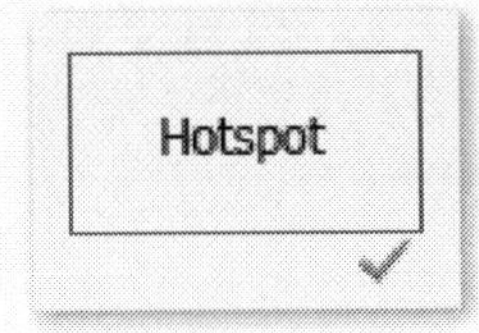

Bei Hotspot-Fragen sehen Sie auf der Fragenfolie unterhalb des Hotspots einen blauen Haken. Dieser zeigt an, dass diese Antwortoption richtig ist. Wenn Sie einen Hotspot als falsch markieren möchten: Markieren Sie den Hotspot und deaktivieren Sie in den *Eigenschaften* im Tab *Stil* die Option **Richtige Antwort**.

Besonderheiten einer Reihenfolge-Frage

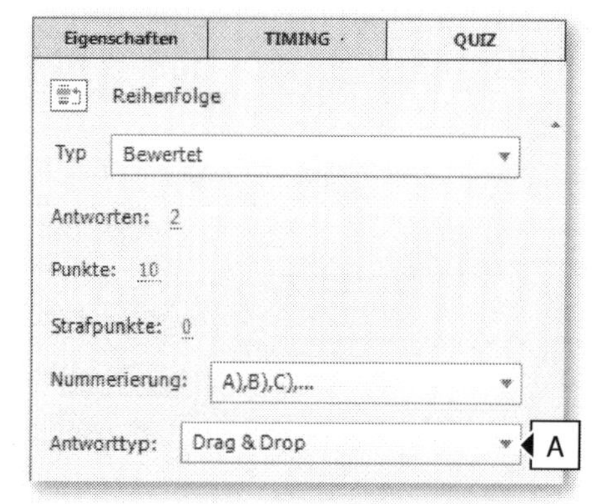

A Antworten per *Drag-&-Drop* oder mithilfe einer *Drop-Down*-Liste ordnen

Besonderheiten einer Beurteilungsskala

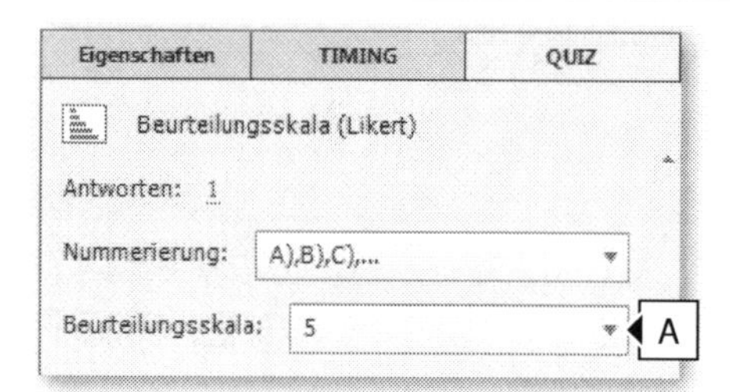

A Bereich der Beurteilungsskala (2-5)

Die Bereiche Beschriftungen und Schaltflächen

? Bei bewerteten Fragen / Umfragen: Die Bereiche *Beschriftungen*, *Schaltflächen* und *Aktionen* sind nur einstellbar, wenn in den *Quiz-Voreinstellungen* die Option **Alles senden** deaktiviert ist.

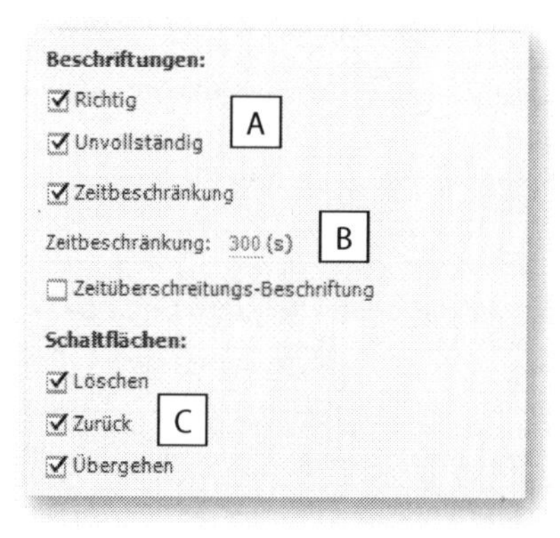

A Meldungen ausgeben, wenn die Frage richtig oder unvollständig beantwortet wird

B Optional Zeit vorgeben, in der der Benutzer die Frage beantworten muss sowie optional Zeitüberschreitungsmeldung ausgeben, wenn der Benutzer die Frage nicht in der vorgesehenen Zeit beantwortet

C Quizschaltflächen (▶ *Seite 280*)

Der Bereich Aktionen einer bewerteten Frage / Wissensüberprüfungsfrage

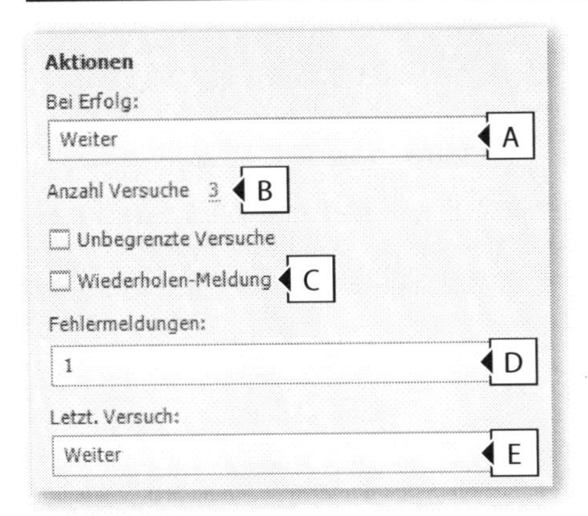

A Erfolgsaktion

B Anzahl an Versuchen, die der Benutzer hat

C Meldung ausgeben, wenn der Benutzer nach einer falschen Antwort noch weitere Versuche hat

D Angeben, wie viele verschiedene Fehlermeldungen es geben soll (Keine bis 3)

E Aktion, die nach dem letzten fehlgeschlagenen Versuch ausgeführt werden soll

Wiederholen-Meldung & Fehlermeldungen richtig einstellen

Sobald Sie mehr als einen Versuch zulassen, müssen Sie darauf achten, die Meldungen für das falsche Beantworten einer Frage korrekt einzustellen. Andernfalls kann es sein, dass der Lerner nach einem Versuch keine Rückmeldung erhält.

Wenn Sie zwei Versuche zulassen: Aktivieren Sie nur die **Wiederholen-Meldung**. Diese wird dann nach beiden Versuchen angezeigt. *Alternative 1*: Aktivieren Sie nur **eine Fehlermeldung**. Diese wird dann nach dem ersten sowie dem letzten (hier dem zweiten) Versuch angezeigt. *Alternative 2*: Aktivieren Sie die **Wiederholen-Meldung** und **eine Fehlermeldung**. Nach dem ersten Versuch wird die Wiederholen-Meldung, nach dem zweiten die Fehlermeldung angezeigt. *Alternative 3*: Aktivieren Sie **zwei Fehlermeldungen**.

Wenn Sie drei bis vier Versuche zulassen: Aktivieren Sie dieselbe Anzahl an Fehlermeldungen oder maximal eine Meldung weniger als die eingestellte Versuchszahl (die letzte Meldung wird dann zweimal eingeblendet). Andernfalls erhält der Lerner zwischendurch keine Meldung. *Beispiel*: Bei **3 Versuchen** entweder **drei** oder **zwei Fehlermeldungen**.

Bei unbegrenzten Versuchen: Deaktivieren Sie alle Fehlermeldungen und aktivieren Sie nur die **Wiederholen-Meldung**. Diese lässt sich unbegrenzt oft anzeigen. Andernfalls erhält der Lerner nach spätesten 3 Versuchen (und 3 Fehlermeldungen) keine Meldung mehr (auch keine vierte, da es bei unbegrenzten Versuchen keinen „Letzten Versuch" gibt).

Übrigens – um auf der Folie die Meldungen unterscheiden zu können: Fahren Sie mit der Maus über die Meldung. Die Statusleiste (ganz unten) zeigt Ihnen links, um welche Meldung es sich handelt.

Der Bereich Aktionen einer Umfrage

A Aktion hinterlegen, welche ausgeführt wird, sobald der Lerner die Umfrage beendet hat

Der Bereich Aktionen einer Vortest-Frage

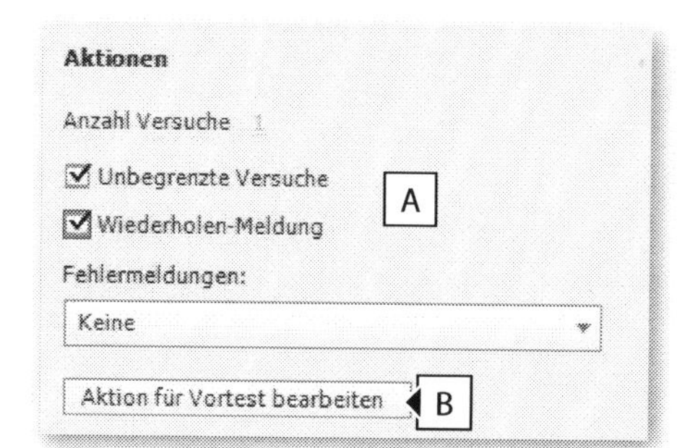

A Einstellungen zu Versuchen & Meldungen (wie bei bewerteten Fragen)

B Bereits voreingestellte erweiterte Aktion verwenden und anpassen

Der Bereich Weitergabe einer bewerteten / Vortest- / Umfrage

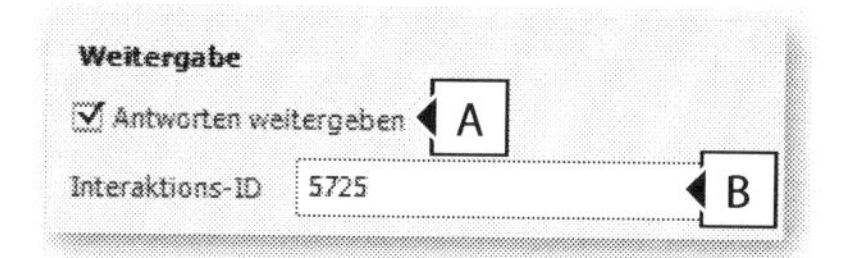

A Interaktionsdaten an LMS übermitteln

B Eindeutige ID der Frage

Aktion für Vortest

Hinter der Aktion für Vortest (**D**) verbirgt sich eine bedingte erweiterte Aktion (▶ *Seite 445*). Mittels dieser Wenn-Dann-Bedingung, die die Variable *cpQuizInfoPretestScorePercentage* abfragt, können Sie z. B. definieren, ab welcher Punktzahl (in Prozent) der Vortest bestanden ist und was dann genau geschehen soll.

Quizvoreinstellungen

Die Quizeinstellungen werden zentral in den Voreinstellungen definiert. Dort legen Sie u. a. folgende Eigenschaften fest: Soll es eine Mindestpunktzahl für das Bestehen des Quiz geben? Müssen alle Fragen beantwortet oder dürfen Fragen übersprungen werden?

Die Kategorie Quiz > Einstellungen

Bearbeiten > Voreinstellungen (Win) / Adobe Captivate > Voreinstellungen (Mac)

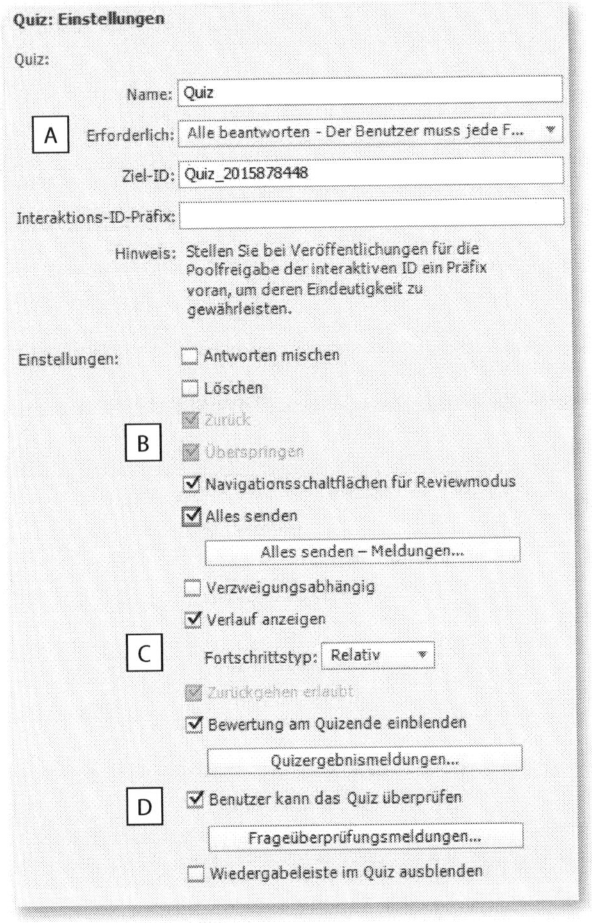

Quiz: Einstellungen
Quiz:
Name: Quiz
A
Erforderlich: Alle beantworten - Der Benutzer muss jede F...
Ziel-ID: Quiz_2015878448
Interaktions-ID-Präfix:
Hinweis: Stellen Sie bei Veröffentlichungen für die Poolfreigabe der interaktiven ID ein Präfix voran, um deren Eindeutigkeit zu gewährleisten.
Einstellungen: Antworten mischen
Löschen
Zurück
B
Überspringen
Navigationsschaltflächen für Reviewmodus
Alles senden
Alles senden – Meldungen...
Verzweigungsabhängig
Verlauf anzeigen
C
Fortschrittstyp: Relativ
Zurückgehen erlaubt
Bewertung am Quizende einblenden
Quizergebnismeldungen...
D
Benutzer kann das Quiz überprüfen
Frageüberprüfungsmeldungen...
Wiedergabeleiste im Quiz ausblenden

A Allgemeine Einstellungen (▶ *Seite 291*)

B Einstellungen zu den Antworten (▶ *Seite 291*)

C Einstellungen zur Navigation innerhalb des Quiz (▶ *Seite 292*)

D Weitere Einstellmöglichkeiten (▶ *Seite 293*)

Allgemeine Einstellungen zum Quiz

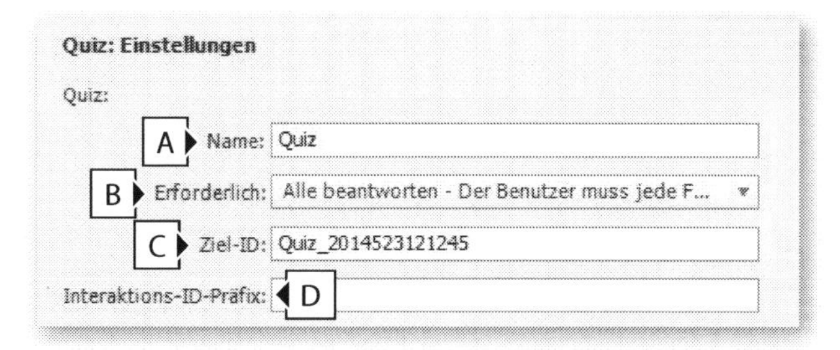

A Name des Quiz

B Quiztyp, entweder ...

- **a** kann es übersprungen oder
- **b** muss es absolviert (mindestens eine Frage beantwortet) oder
- **c** muss es bestanden oder
- **d** müssen alle Fragen beantwortet werden

C Ziel-ID, um die Eindeutigkeit des Quiz zu sichern

D *Optional*: Allen Interaktions-IDs des Moduls einen bestimmten Präfix voranstellen

IDs im LMS

Die IDs in Captivate sind relevant, wenn Sie eine Lernplattform einsetzen. Dort helfen diese Ihnen, im Rahmen der Auswertung einzelne Quiz-Interaktionen einfacher nachzuvollziehen. Wenn Sie mehr darüber erfahren möchten: Die Interaktions-IDs sehen Sie live im Einsatz, wenn Sie das Projekt z. B. über die Funktion **Vorschau in SCORM-Cloud** testen (▶ *Seite 393*).

Einstellungen zu den Antworten

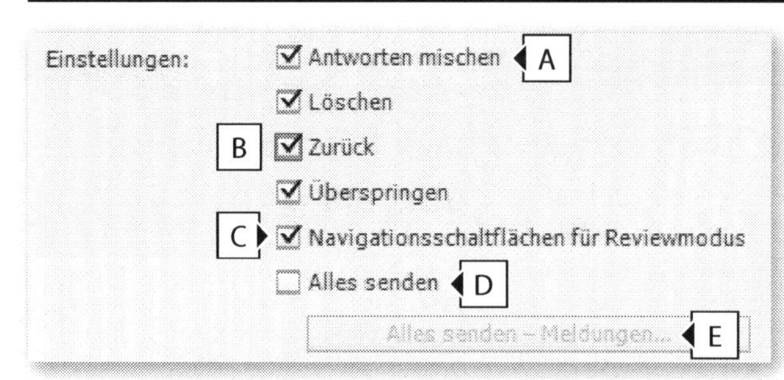

A Antwortmöglichkeiten aller Fragen mischen oder in der vorgegebenen Reihenfolge präsentieren

B Die Schaltflächen Löschen, Zurück und Überspringen für alle Quizfolien gesammelt ein- oder ausblenden

C Weiter- und Zurück-Schaltflächen für den Überprüfungsmodus ein- oder ausblenden (▶ *Seite 296*)

D Alles senden: Statt jede einzelne Frage zu beantworten und direkt ein Feedback zu erhalten, muss der Lerner zuerst alle Fragen beantworten, um seine Antworten einreichen zu können

E Wenn **D** aktiv: Meldungen einstellen, die angezeigt werden, wenn Fragen vom Benutzer (un-)vollständig beantwortet werden

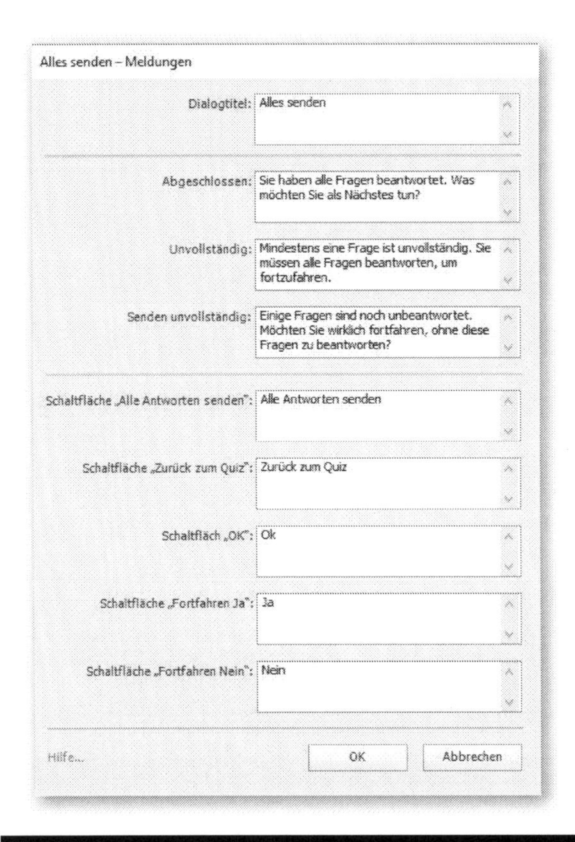

Einstellungen zur Navigation

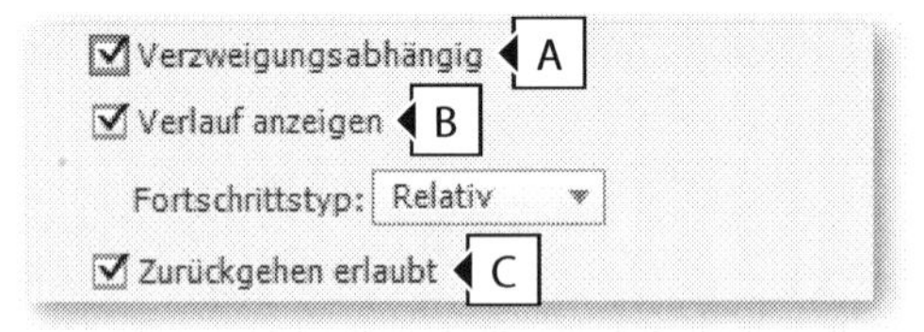

A Sicherstellen, dass ein Lerner das Quiz besteht und die volle Punktzahl erhält, auch wenn er verzweigungsabhängig bestimmte Teile und damit auch Quizfragen eines Projekts überspringt und damit nicht absolviert

B Fortschritt anzeigen, relativ (aktuelle Fragennummer und die Gesamtzahl der Fragen) oder absolut (lediglich die aktuelle Fragennummer)

C Dem Benutzer (optional) ermöglichen, bereits beantwortete Folien erneut aufzurufen, jedoch nicht noch einmal zu bearbeiten (automatisch aktiv, wenn **Alles Senden** eingestellt ist)

Weitere Einstellmöglichkeiten

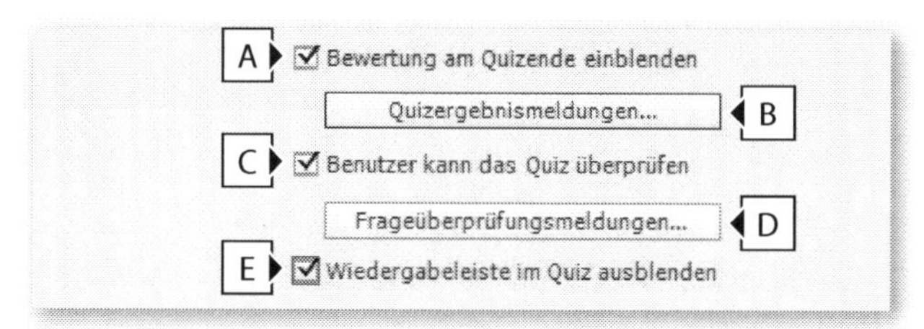

A Quizergebnis am Ende auf einer Auswertungsfolie anzeigen (▶ *Seite 294*)

B Wenn **A** aktiv: Quizergebnismeldungen einstellen

C Wenn **A** aktiv: Benutzer kann seine Antworten im Quiz überprüfen (und so nachvollziehen, welche seiner Antworten richtig oder falsch waren) (▶ *Seite 296*)

D Wenn **C** aktiv: Frageüberprüfungsmeldungen einstellen

E Wiedergabeleiste auf Quizfolien nicht anzeigen: Dies ist z. B. sinnvoll, wenn Sie eine Demonstration und ein Quiz mischen möchten. Im Demoteil steht dem Benutzer dann die Wiedergabeleiste zur Navigation zur Verfügung und im Quizteil ist diese ausgeblendet

Die Kategorie Quiz > Bestehen / Nichtbestehen

Bearbeiten > Voreinstellungen (Win) / Adobe Captivate > Voreinstellungen (Mac)

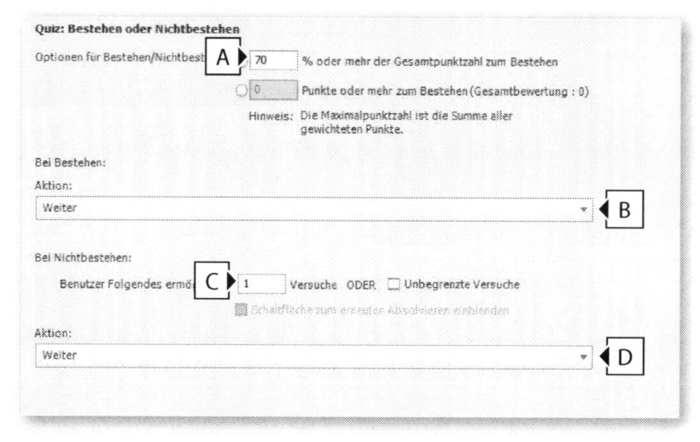

A Prozentsatz oder Punktzahl zum Bestehen des Quiz

B Aktion, die bei Bestehen des Quiz ausgeführt wird

C Anzahl an Versuchen

D Wenn die Anzahl an Versuchen begrenzt ist: Aktion, die beim Nichtbestehen des Quiz ausgeführt wird

Quiz erneut absolvieren

Wenn Sie die Versuche auf >1 festlegen (**C**): Sie können optional die **Schaltfläche zum erneuten Absolvieren einblenden**, über die der Benutzer das Quiz wiederholen kann.

Verhalten bei Änderungen der Standardtexte

Die Einstellungen dieses Dialogs wirken sich nur auf neu eingefügte Fragen aus. Bestehende Fragen werden nicht automatisch aktualisiert.

Die Kategorie Quiz > Standardbeschriftungen

Bearbeiten > Voreinstellungen (Win) / Adobe Captivate > Voreinstellungen (Mac)

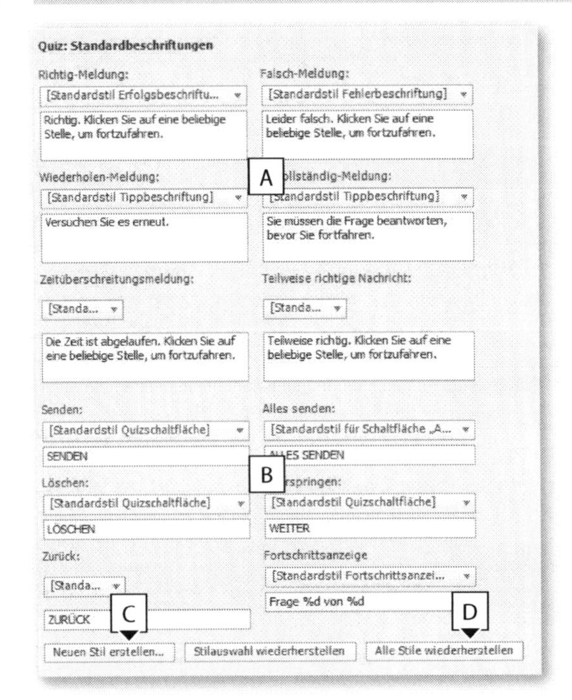

A Standard-Meldungen und zugewiesene Objektstile, die beim Bearbeiten des Quiz ausgegeben werden

B Standard-Schaltflächenbeschriftungen und zugewiesene Objektstile für alle Fragenfolien

C Neuen Stil über den Objektstil-Manager erstellen

D Stil-Standards zurücksetzen

Auswertung & Ergebnisfolie

In einem Captivate-Projekt gibt es standardmäßig bis zu zwei „Punktekonten“: ein Konto für alle Vortestfragen sowie ein Konto für alle bewerteten Fragen. Hier werden alle erreichten Punkte eingebucht. Das Ergebnis aller bewerteten Fragen wird auf der – von Captivate automatisch eingefügten – Ergebnisfolie angezeigt, optional können Sie diese auch ausblenden. Weitere Punktekonten oder Ergebnisfolien sind standardmäßig nicht möglich.

Fortgeschrittene Workarounds für weitere Punktekonten / Ergebnisfolien

Mittels erweiterter Aktionen (▶ *Seite 445*) können Sie fortgeschrittene Workarounds entwickeln, um weitere Punktekonten oder (Zwischen-)Ergebnisfolien abzubilden. Beispiele:

- Wenn Sie mehrere Punktekonten benötigen: Sie können für jede Frage eine benutzerdefinierte Variable anlegen und diese bei erfolgreicher Beantwortung per Aktion in den Quizeigenschaften mit dem Wert 1 befüllen. Daraufhin können Sie beliebige Punktekonten als weitere benutzerdefinierte Variablen anlegen, deren Ergebnis Sie per erweiterter Aktion errechnen.
- Über die Systemvariablen der Kategorie *Erstellen von Quizanwendungen* können Sie z. B. die bisher erreichten Punkte auf einer frei gestalteten Zwischenergebnisfolie ausgeben lassen.

Quizbereich-Sperre („Quiz scope")

Bei Vortest-, bewerteten Fragen und Umfragen wird die Antwort des Lerners nach Einreichung gesperrt, sodass er z. B. nach dem Feedback nicht zurückgehen und die Antwort abändern (bzw. „schummeln") kann. Diese Sperre gilt, solange sich der Lerner im Quizbereich befindet. Der Quizbereich beginnt mit der ersten Fragenfolie und endet entweder mit der Ergebnisfolie oder (wenn es keine gibt) mit der letzten Frage eines bewerteten Quiz, Vortests oder einer Umfrage.

Möglichkeiten, Fragen zu entsperren:

- Wenn Sie bei einem Quiz mehrere Versuche einstellen und der Lerner die Ergebnisfolie erreicht hat, kann er einen neuen Versuch starten und die Fragen werden wieder entsperrt.
- Wenn der Lerner alle Versuche einer Frage aufgebraucht hat, können Sie über die Aktion **Zurück zum Quiz** die Frage wieder entsperren. *Beispiel*: Der Lerner hat alle Versuche einer Frage aufgebraucht. Als Aktion bei *Letzt. Versuch* ist eingestellt, dass der Lerner daraufhin auf eine bestimmte Erklärungsfolie gelangt (**Zu Folie springen**). Auf dieser Folie befindet sich eine Schaltfläche mit eingestellter Aktion **Zurück zum Quiz**, über die der Lerner zurück zu dieser Frage gelangt und sie erneut beantworten kann.

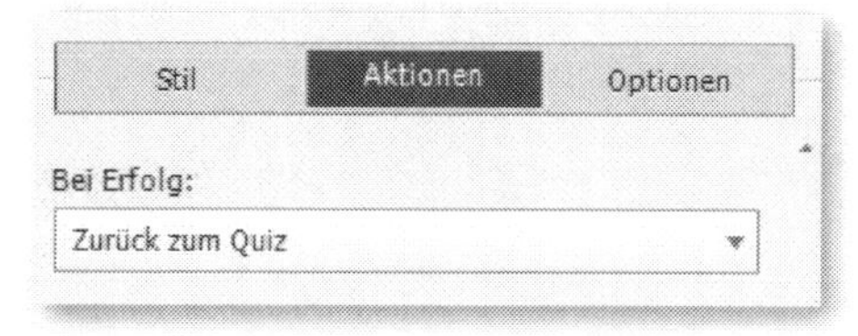

Ausnahmen:

- Wenn in den Voreinstellungen in der *Kategorie* **Quiz > Einstellungen** die Funktion **Alles senden** aktiviert ist, kann der Lerner seine Eingaben noch so lange ändern, bis er seine Fragen zur Auswertung einreicht.

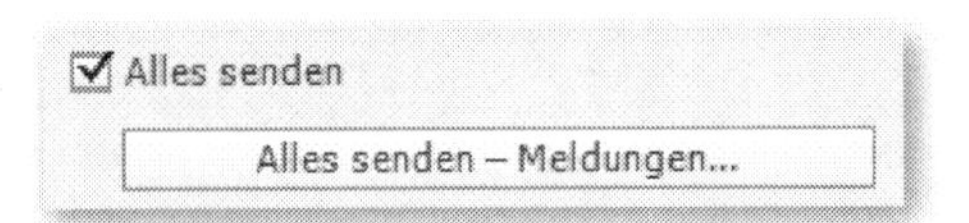

- Bei Wissensüberprüfungsfragen gibt es keine Quizbereich-Sperre. Diese Fragen können beliebig oft neu gestartet und beantwortet werden.

Beispieldatei Überprüfungsmodus

Für ein beispielhaftes Projekt, mit dem Sie die folgenden Funktionen testen können, öffnen Sie aus dem Ordner *10_Quizanwendungen* die Datei *Beispielprojekt_Ueberpruefungsmodus.cptx*.

Überprüfungsmodus

Bei bewerteten Fragen sowie Umfragen können Sie es dem Benutzer ermöglichen, nach Abschluss des Quiz über die Schaltfläche *Überprüfen* auf der Ergebnisfolie die Auswertung seines Versuchs einzusehen.

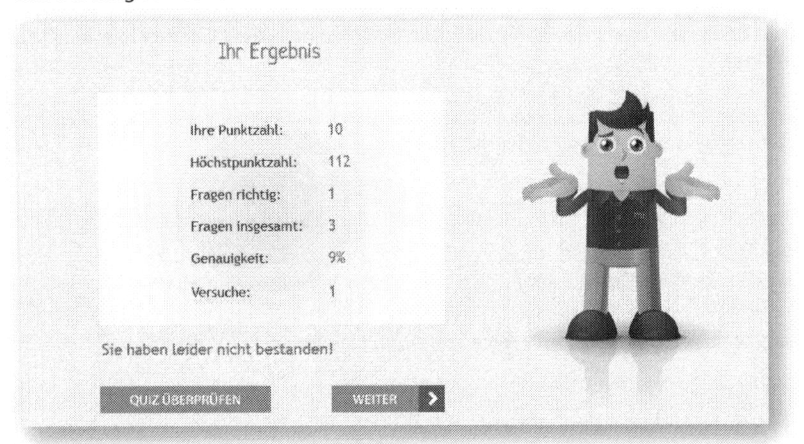

Der Lerner kann daraufhin durch alle Fragen des Quiz über die Schaltflächen **‚Zurück'/‚Weiter' für Reviewmodus** navigieren und seine eingereichten Antworten sowie die jeweils korrekten Lösungen einsehen.

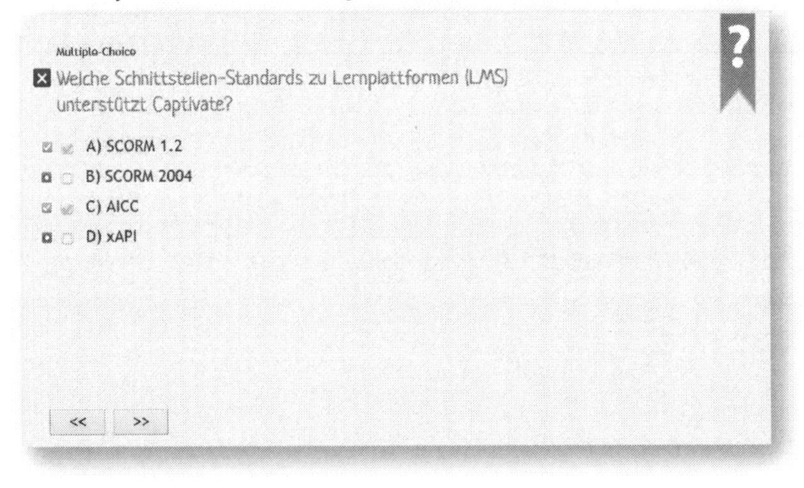

So aktivieren Sie den Überprüfungsmodus

1. Wählen Sie in der Menüleiste **Quiz > Quizvoreinstellungen**.
2. Stellen Sie sicher, dass die Optionen **Navigationsschaltflächen für Reviewmodus** sowie **Bewertung am Quizende einblenden** aktiviert sind.
3. Aktivieren Sie in der Kategorie *Quiz > Einstellungen* die Option **Benutzer kann das Quiz überprüfen**.

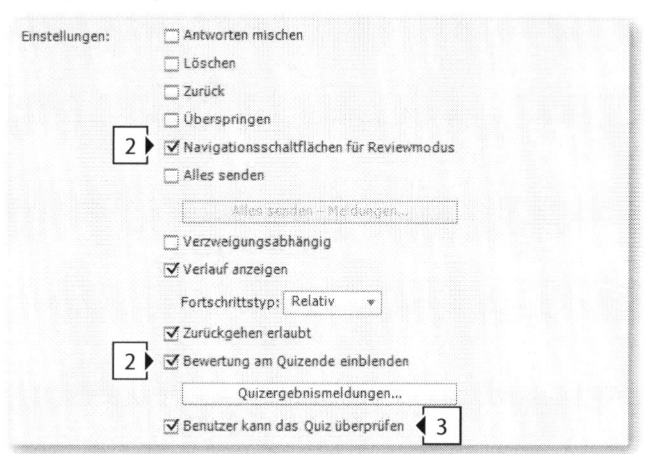

4. Klicken Sie auf **OK**.

Sie wissen nun, wie Sie den Überprüfungsmodus aktivieren können.

?

Beachten Sie: Sobald ein Lerner einmal den Überprüfungsmodus gestartet hat, ist es ihm nicht mehr möglich, das Quiz noch einmal zu wiederholen. Diese Funktionsweise wird dann problematisch, wenn Sie Ihr Projekt auf einer Lernplattform veröffentlichen möchten (▶ *Seite 389*). Da der Lernfortschritt Ihrer Lerner auf einer Lernplattform standardmäßig gespeichert wird, wäre der Lerner in diesem Fall sozusagen im Überprüfungsmodus „gefangen".

Ich empfehle Ihnen daher, das Speichern des Lernfortschritts in den LMS-Einstellungen zu deaktivieren, wenn Sie den Überprüfungsmodus verwenden möchten. Klicken Sie dazu in den *Quizvoreinstellungen* (**Quiz > Quizvoreinstellungen**) in der Kategorie *Quiz > Weitergabe* auf **Erweitert**. Aktivieren Sie dort die Option **Nie Fortsetzungsdaten senden** (**A**).

Erweiterte LMS-Einstellungen
Daten von jeder Folie senden
A
Nie Fortsetzungsdaten senden
Version und Sitzungs-ID URL-kodieren
Folgende Zeichen nicht URL-kodieren:

Kombination Überprüfungsmodus & mehrere Versuche

Angenommen, Sie verwenden den Überprüfungsmodus und möchten gleichzeitig einstellen, dass dem Nutzer mehrere Versuche zum Absolvieren des Quiz zur Verfügung stehen (▶ *Seite 293*). Hier müssen Sie Folgendes beachten, damit Sie das gewünschte Ergebnis erhalten.

Um zunächst mehrere Versuche zu aktivieren, tragen Sie in den *Quizvoreinstellungen* in der Kategorie *Quiz > Bestehen/Nichtbestehen* die gewünschte Anzahl der Versuche ein bzw. aktivieren Sie die Option **Unbegrenzte Versuche**. Aktivieren Sie zudem die Option **Schaltfläche zum erneuten Absolvieren einblenden**.

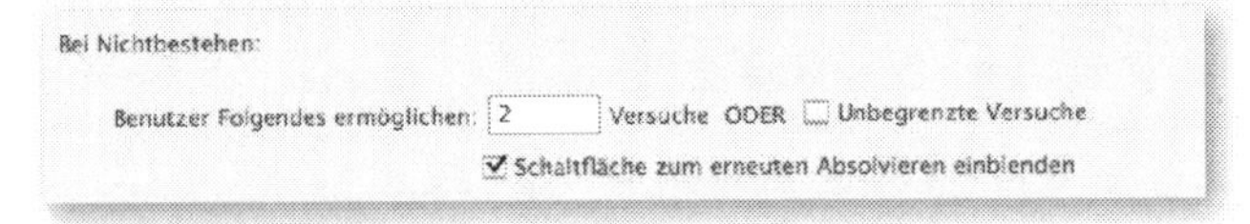

Auf Ihrer Ergebnisfolie befinden sich nun sowohl eine Überprüfen-Schaltfläche als auch eine Wiederholen-Schaltfläche, um das Quiz erneut zu absolvieren.

Nun kann es passieren, dass der Lerner über die Überprüfen-Schaltfläche in den Überprüfungsmodus wechselt. Dadurch würde die Schaltfläche zum Wiederholen automatisch ausgeblendet, er könnte das Quiz nicht mehr von vorne starten und seine restlichen Versuche würden verfallen. Um das zu verhindern, verschieben Sie einfach die Wiederholen-Schaltfläche über die Überprüfen-Schaltfläche. Dadurch, dass die Wiederholen-Schaltfläche in der Ebenenreihenfolge eine Ebene höher liegt, überdeckt und blockiert sie so die Überprüfen-Schaltfläche so lange, wie dem Lerner noch Versuche zur Verfügung stehen.

Übung: Quiz erstellen

Im Rahmen dieser Übung werden wir uns drei der verschiedenen Fragentypen näher anschauen. Danach sind Sie bereit, auch die anderen Fragentypen zu erkunden.

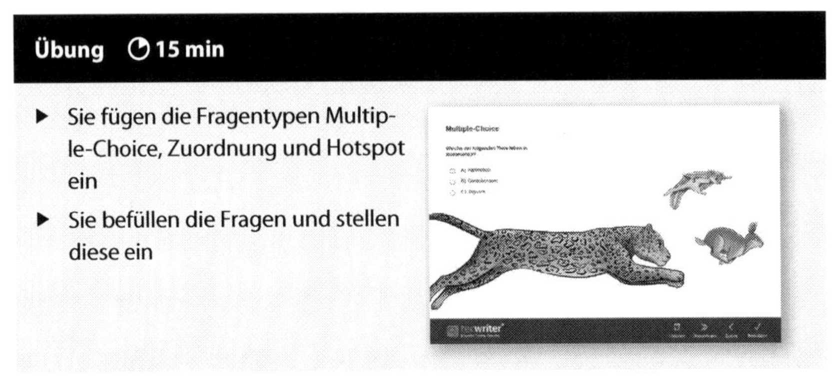

Übung 15 min
▶ Sie fügen die Fragentypen Multiple-Choice, Zuordnung und Hotspot ein
▶ Sie befüllen die Fragen und stellen diese ein
Multiple-Choice

1 Öffnen Sie aus dem Ordner *10_Quizanwendungen* die Datei *00_Quiz_Uebersicht.cptx* und betrachten Sie das Projekt in der Vorschau (▶ *Seite 12*).

Sie sehen ein Projekt mit Quizfragen sowie einer abschließenden Auswertungsfolie. Im Rahmen dieser Übung möchten wir drei dieser Fragen erstellen.

2 Öffnen Sie aus dem Ordner *10_Quizanwendungen* die Datei *Quiz_erstellen_Ausgang.cptx*.

3 Wählen Sie in der *Menüleiste* **Quiz > Fragenfolie**.

Das Fenster *Fragen einfügen* öffnet sich.

4 Fügen Sie drei unterschiedliche Fragentypen ein:

a Wählen Sie die Fragentypen **Multiple-Choice**, **Zuordnung** und **Hotspot**.

b Stellen Sie sicher, dass jeweils die Anzahl mit **1** angegeben ist.

c Stellen Sie sicher, dass alle Fragen als **bewertet** eingefügt werden.

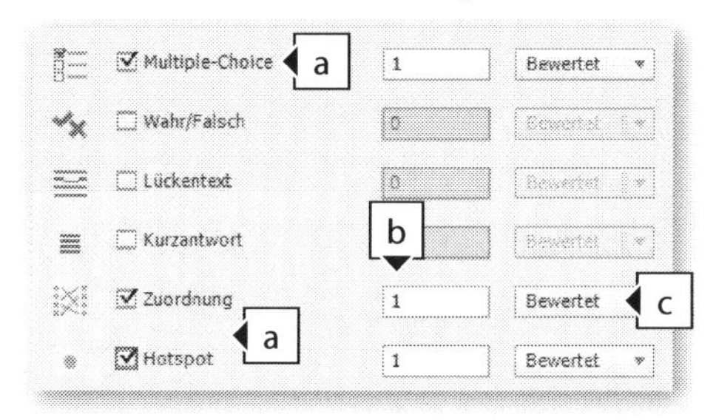

d Klicken Sie auf **OK**.

Sie sehen, dass Ihrem Projekt jeweils eine der ausgewählten Fragenfolien hinzugefügt wird.

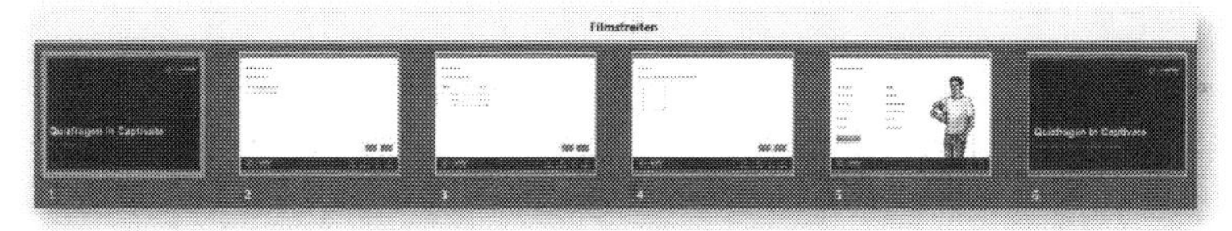

Hinweis zum Formatieren von Quizfolien

Wenn Sie Quizfolien formatieren möchten: Nehmen Sie die entsprechenden Einstellungen möglichst immer direkt auf den Folienmastern vor, sodass die Einstellungen zentral auf alle Fragen übertragen werden.

5 Passen Sie im Bedienfeld *Quiz* die Punkte-, Beschriftungs-, Schaltflächen- und Aktionseinstellungen der Fragen an:

a Markieren Sie die drei Fragenfolien mit gedrückter Taste ⇧.

b Stellen Sie sicher, dass die Anzahl der *Punkte* auf **10** eingestellt ist. Der Lerner erhält dadurch 10 Punkte je Frage (aktuell somit insgesamt maximal 30 Punkte).

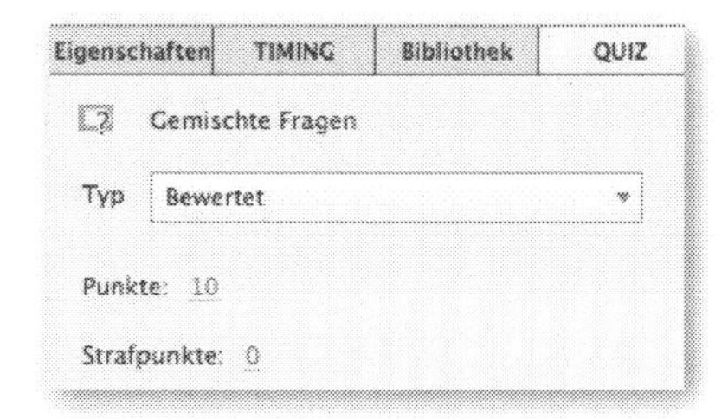

c Stellen Sie sicher, dass im Bereich *Beschriftungen* die Optionen **Richtig** und **Unvollständig** aktiviert sind.

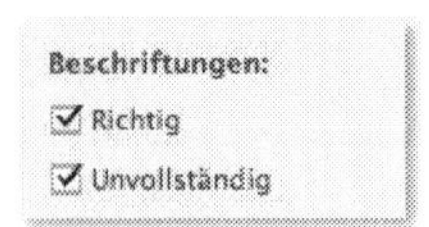

d Stellen Sie sicher, dass im Bereich *Schaltflächen* die Optionen **Löschen**, **Zurück** und **Übergehen** aktiviert sind.

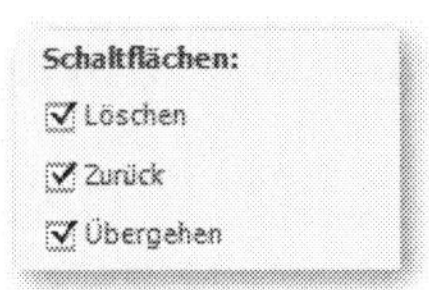

Stellen Sie sicher, dass im Bereich *Aktionen* die *Anzahl Versuche* auf **1** eingestellt ist und die Anzahl an *Fehlermeldungen* ebenfalls **1** beträgt.

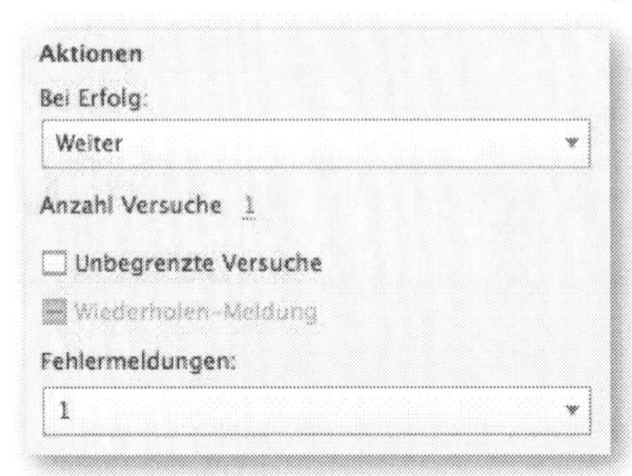

6 Wählen Sie die Multiple-Choice-Frage (Folie 2) und nehmen Sie folgende Einstellungen im Bedienfeld *Quiz* vor:

a Erhöhen Sie im oberen Bereich die Anzahl der *Antworten* auf **3**.

b Stellen Sie sicher, dass Sie die Option **Antworten mischen** aktiviert ist und aktivieren Sie die Option **Mehrere Antworten**.

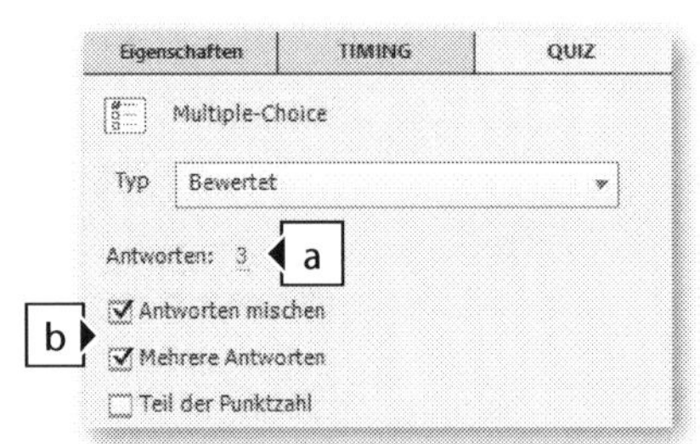

Die Multiple-Choice-Frage umfasst nun drei Antwortmöglichkeiten, die in neuer Reihenfolge präsentiert werden, wenn der Benutzer die Frage wiederholt.

7 Befüllen Sie die Multiple-Choice-Frage: Doppelklicken Sie in das jeweilige Objekt und ersetzen Sie den Standardtext durch die folgenden Inhalte:

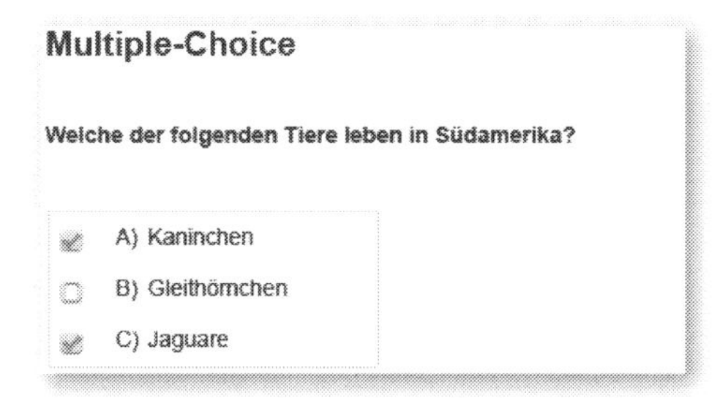

8 Legen Sie die richtigen Antworten fest, indem Sie die folgenden Antworten direkt auf der Folie aktivieren:

9 Wählen Sie die Zuordnungs-Frage (Folie 3) und nehmen Sie folgende Einstellungen im Bedienfeld *Quiz* vor:

a Stellen Sie sicher, dass im oberen Bereich die Anzahl der *Spalten 1* und *2* jeweils auf **3** eingestellt ist.

b Stellen Sie sicher, dass die Aktion **Spalte 1 neu anordnen** aktiviert ist.

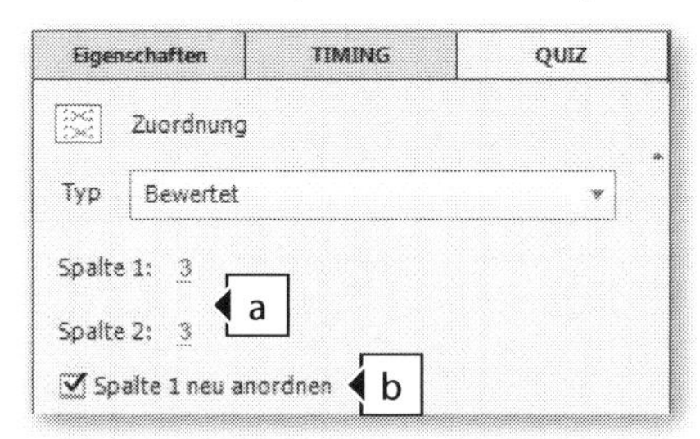

c Befüllen Sie die Zuordnungs-Frage: Doppelklicken Sie in das jeweilige Objekt und ersetzen Sie den Standardtext mit den folgenden Inhalten:

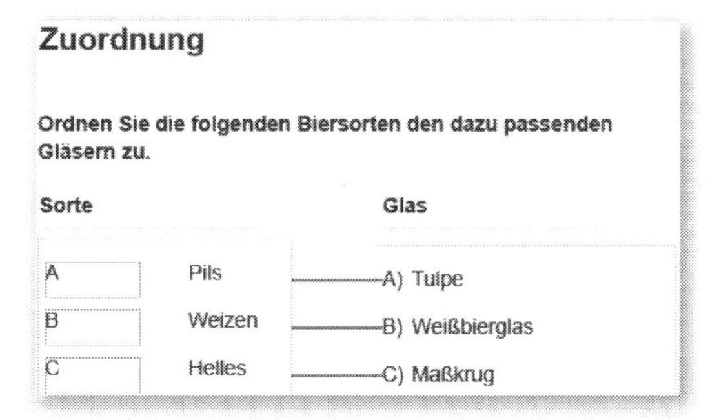

Zuordnung ändern

Wenn Sie eine neue Zuordnung festlegen möchten: Klicken Sie in das entsprechende *Fragenelement* und wählen Sie aus dem Aufklappmenü die passende Antwort.

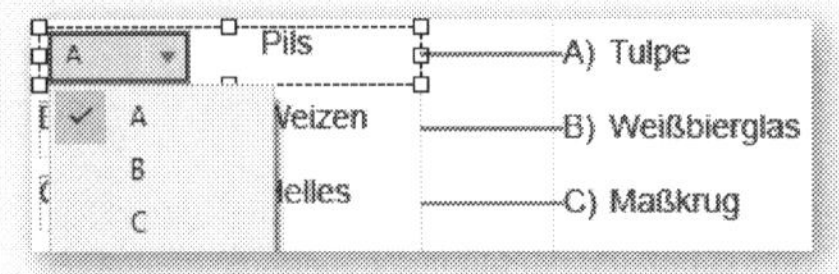

10 Wählen Sie die Hotspot-Frage (Folie 4) und nehmen Sie folgende Einstellungen im Bedienfeld *Quiz* vor:

a Stellen Sie sicher, dass im oberen Bereich die Anzahl der *Antworten* auf **1** eingestellt und die Option **Nur Klicks auf Hotspots zulassen** deaktiviert ist.

b Befüllen Sie die Hotspot-Frage: Doppelklicken Sie in das Platzhalterobjekt und ersetzen Sie den Standardtext mit dem folgenden Inhalt:

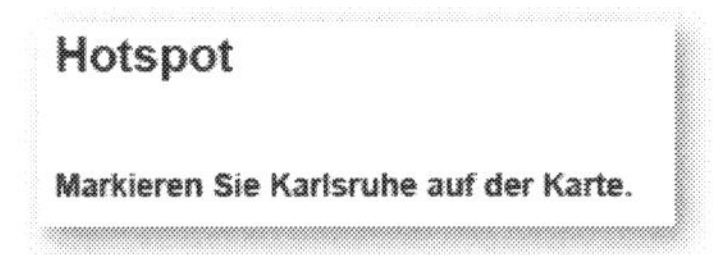

c Wählen Sie in der Werkzeugleiste **Medien > Bild**.

d Öffnen Sie aus dem Ordner *00_Assets\Bilder* die Datei *Deutschlandkarte.png*.

Das Bild wird auf der Folie eingefügt.

e Wählen Sie im Bedienfeld *Eigenschaften* unter *Stil* **An Bühne anpassen**, um die Größe des Bildes an die Folie anzupassen.

f Passen Sie die Größe des Hotspot-Objekts an und positionieren Sie Bild und Hotspot-Objekt folgendermaßen:

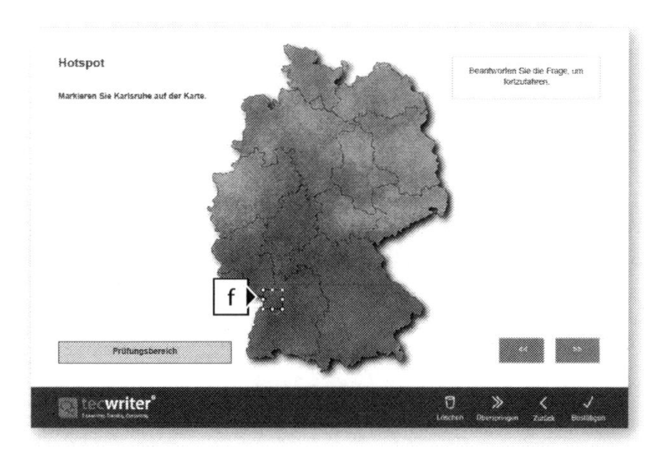

11 *Optional:* Fügen Sie den Fragenfolien aus dem Ordner *00_Assets\Bilder* passende Bilder hinzu und positionieren Sie sie entsprechend der Zieldatei.

12 Testen Sie das Projekt in der Vorschau.

13 Speichern Sie Ihr Projekt für die folgende Transferübung.

Sie haben nun ein bestehendes Projekt mit einem Quiz angereichert und die Fragentypen Multiple-Choice, Zuordnung und Hotspot genauer kennengelernt.

Transferübung: Weitere Fragenfolien erstellen

In der vorangegangenen Übung haben Sie Schritt für Schritt eine Multiple-Choice-, eine Zuordnungs- sowie eine Hotspot-Frage erstellt. Im Rahmen dieser Transferübung möchten wir nun die restlichen bewerteten Fragentypen einfügen (Wahr/Falsch, Lückentext, Kurzantwort und Reihenfolge).

Transferübung 15 min

Sie sollten die vorige Übung dieses Kapitels bereits bearbeitet haben. Eine Beschreibung zu den Fragentypen finden Sie hier: ▶ *Seite 276*. Die allgemeinen sowie besonderen Eigenschaften von Quizfragen sind hier beschrieben: ▶ *Seite 282*.

1 Erweitern Sie das Projekt aus der vorangegangenen Übung um die restlichen bewerteten Fragentypen:

a **Wahr/Falsch**.

b **Lückentext**.

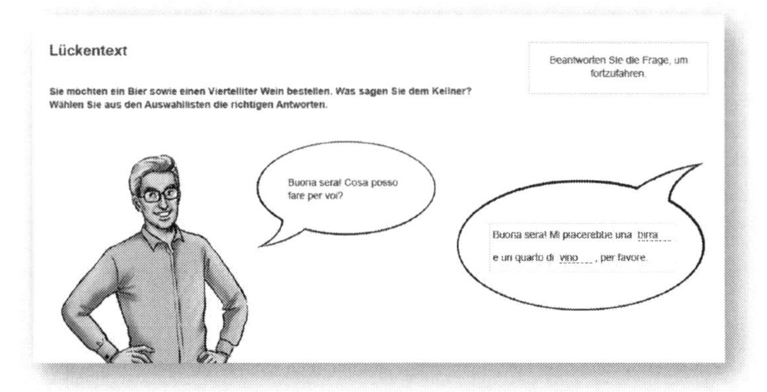

Lücken erstellen und bearbeiten

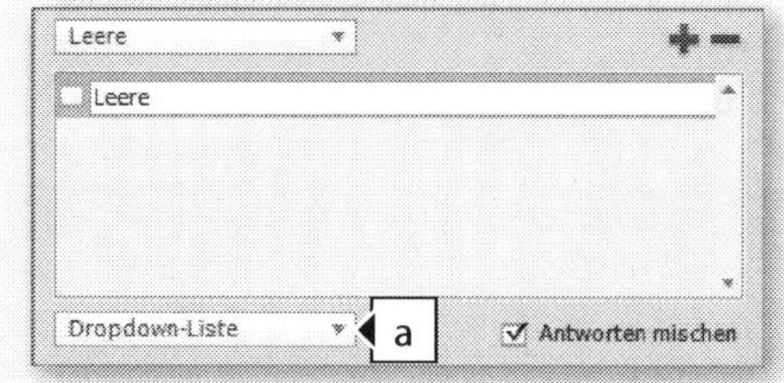

Wenn Sie Text für eine Lücke festlegen möchten: Markieren Sie den entsprechenden Text auf der Folie und klicken Sie im Bedienfeld *Quiz* im oberen Bereich auf **Lücke markieren**. Der Text wird anschließend unterstrichen. Wenn Sie weitere Einstellungen vornehmen möchten: Doppelklicken Sie in den Lückentext und klicken Sie auf die markierte Lücke. Es öffnet sich ein Fenster, in dem Sie z. B. Antwortmöglichkeiten über eine **Drop-Down-Liste** (**a**) vorgeben können.

c **Kurzantwort**.

d **Reihenfolge**.

2 Befüllen Sie die Fragen und passen Sie die Eigenschaften der Fragenfolien auf Ihre Wünsche an.

Sie haben nun alle Fragentypen kennengelernt.

Fragenpools & Zufallsfragen

Mithilfe von Fragenpools können Sie Fragen gruppieren und dann per Zufall ausspielen lassen. Dies ermöglicht Quizanwendungen, die nach jedem Neustart oder jedem Lerner eine andere Konstellation von Fragen stellen.

Das Bedienfeld Fragenpool

Fenster > Fragenpool

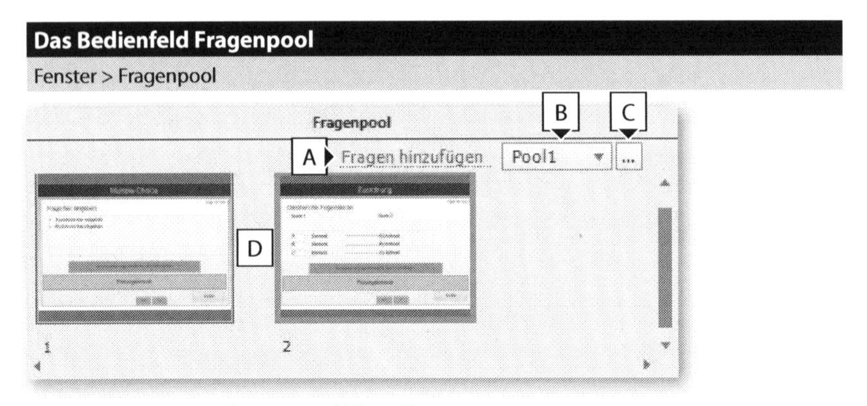

A Neue Frage zum Fragenpool hinzufügen

B Fragenpool auswählen

C Fragenpool-Manager

D Im Fragenpool vorhandene Fragen

Übung: Quiz mit Zufallsfragen erstellen

Im Rahmen dieser Übung erweitern wir das zuvor erstellte Quiz um einen Fragenpool, um daraus Zufallsfragen zu generieren.

Übung 5 min

- Sie erstellen einen Fragenpool
- Sie ordnen dem Fragenpool bestehende Fragen zu
- Sie lassen die zugeordneten Fragen zufällig ausspielen

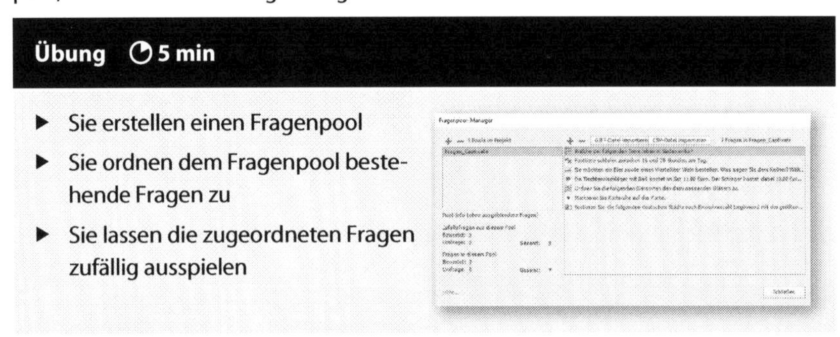

1 Öffnen Sie aus dem Ordner *10_Quizanwendungen* die Datei *00_Quiz_Uebersicht_Zufallsfragen.cptx* (▶ *Seite 12*).

Sie sehen das Projekt aus der vorherigen Übung. Allerdings werden die Fragen in zufälliger Reihenfolge ausgespielt. Betrachten Sie das Projekt mehrmals hintereinander in der Vorschau, um dies auszuprobieren.

2 Öffnen Sie aus dem Ordner *10_Quizanwendungen* die Datei *00_Quiz_Uebersicht.cptx*.

3 Wählen Sie in der *Menüleiste* **Quiz > Fragenpool-Manager**.

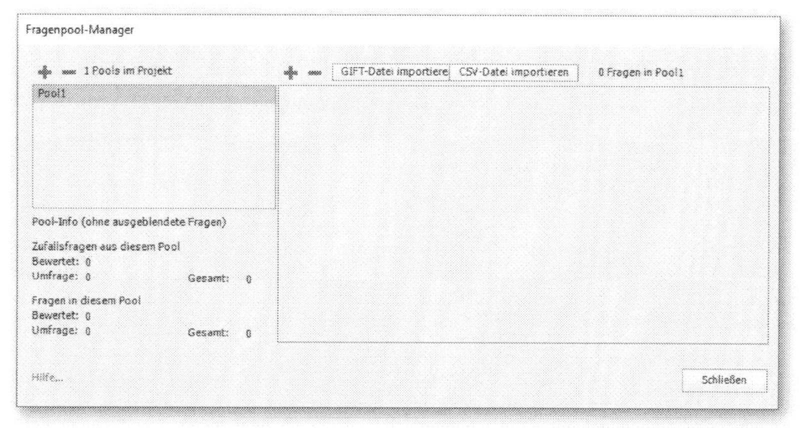

Fragenpools importieren

Wenn Sie Fragenpools aus anderen Projekten importieren möchten: Wählen Sie in der *Menüleiste* **Datei > Importieren > Fragenpools**.

Im Fragenpool-Manager können Sie auf der linken Seite beliebig viele Fragenpools erstellen sowie auf der rechten Seite Fragen neu erstellen / in die Pools importieren. Auf der linken Seite sehen Sie bereits standardmäßig einen Fragenpool mit der Bezeichnung „Pool1".

4 Doppelklicken Sie auf **Pool1** und benennen Sie den Fragenpool in „Fragen_Captivate" um.

5 Klicken Sie auf **Schließen**.

Sie haben einen Fragenpool erstellt. Nun möchten wir dem Fragenpool entsprechende Fragen zuordnen.

6 Markieren Sie im *Filmstreifen* die **Folien 2-8** mit gedrückter Taste ⇧.

7 Rechtsklicken Sie auf eine der markierten Folien und wählen Sie **Frage verschieben nach > Fragen_Captivate**.

Das Bedienfeld *Fragenpool* öffnet sich im unteren Bereich.

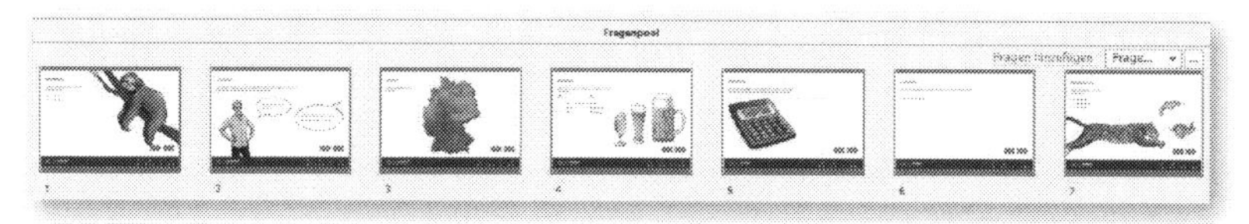

Sie sehen, dass die Fragen in den Fragenpool *Fragen_Captivate* verschoben wurden. Diese können Sie nun ausschließlich über das Bedienfeld *Fragenpool* erreichen.

Verhalten von Fragen im Hauptprojekt / Fragenpool & Verschieben von Fragen

Alle Fragen, die sich im Filmstreifen (Hauptprojekt) befinden, werden fix gestellt. Fragen, die sich in einem Fragenpool befinden, können nur gestellt werden, wenn sie über eine Zufallsfragenfolie (per Zufall) selektiert werden. Wenn Sie eine Frage aus dem Hauptprojekt (Filmstreifen) in einen Fragenpool oder umgekehrt (zurück-)verschieben möchten: Rechtsklicken Sie auf die Folie (im Filmstreifen oder Fragenpool) und wählen Sie im Kontextmenü **Frage verschieben nach > Hauptprojekt** bzw. Ihr gewünschter Fragenpool.

Fragenpool wechseln

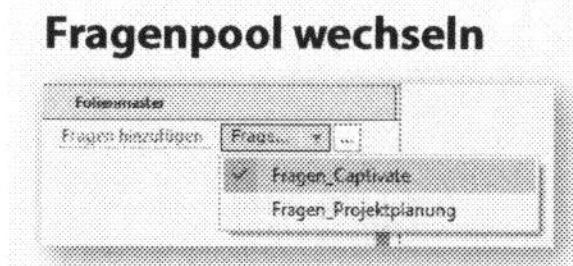

Über den Umschalter im rechten Teil des Bedienfelds *Fragenpool* können Sie, falls vorhanden, zwischen den Fragenpools wechseln.

Nun möchten wir diese Fragen zufällig ausspielen lassen.

8 Wechseln Sie in die *Filmstreifenansicht* und wählen Sie **Folie 1**.

9 Wählen Sie in der *Menüleiste* **Quiz > Zufallsfragenfolie**.

Eine neue Folie *Zufallsfrage* wird in Ihr Projekt eingefügt. Im Bedienfeld *Quiz* sehen Sie im oberen Bereich unter *Fragenpool* den zugeordneten Fragenpool.

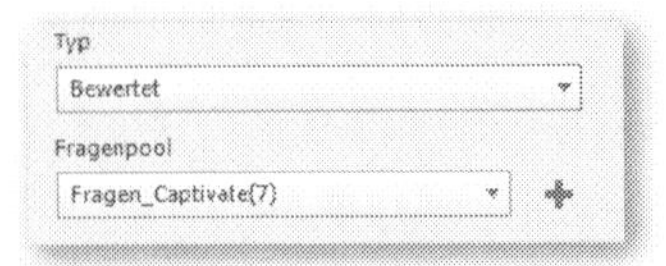

10 Fügen Sie 2 weitere Zufallsfragenfolien ein.

11 Testen Sie das Projekt in der Vorschau.

12 Testen Sie das Projekt ein zweites Mal in der Vorschau.

Sie sehen, dass nun andere Fragen erscheinen (falls die gleichen Fragen erscheinen sollten, ist dies reiner Zufall – versuchen Sie es dann noch ein drittes Mal).

Sie wissen nun, wie Sie Fragen per Zufall stellen können.

Kodierung UTF-8

Wenn Sie eine neue Textdatei im GIFT-Format anlegen: Speichern Sie die Datei mithilfe eines Texteditors (z. B. Notepad) und wählen Sie als Kodierung **UTF-8**. Andernfalls werden die Umlaute nicht übernommen und es kann zu Problemen beim Import kommen.

Fragen im GIFT- oder CSV-Format

Sie haben in Captivate die Möglichkeit, Quizfragen über das GIFT-Format zu importieren. GIFT steht für „General Import Format Technology" und wurde von der Moodle-Community entwickelt. Neben dem GIFT-Format können Sie Fragen auch über das CSV-Format („Comma-seperated values") importieren. Bei beiden Formaten werden die Fragentypen Multiple-Choice, Kurzantwort, Wahr-Falsch sowie Zuordnung unterstützt, beim CSV-Fomat zusätzlich der Fragentyp Lückentext. Insbesondere, wenn Sie viele Fragen halbautomatisiert erstellen möchten, bietet sich dieses Vorgehen an.

```
::Multiple-Choice::Welche der folgenden Tiere leben in Südamerika? {
=Kaninchen
=Faultiere
=Jaguare
~Gleithörnchen
}

::Wahr-Falsch::Männliche Fliegen mögen Alkohol.{T}

::Lückentext::Die Hauptstadt von Kroatien ist ... {=Zagreb}

::Kurzantwort::Ein Tischtennisschläger mit Ball kostet im Set 11,00 Euro. Der Schläger
kostet dabei 10,00 Euro mehr als der Ball. Wieviel kostet der Ball? {=0,50 =0,50 Euro}

::Zuordnung::Ordnen Sie folgenden Biersorten ihren zugehörigen Gläsern zu. {
=Pils -> Tulpe
=Weizen -> Weißbierglas
=Helles -> Maßkrug
}
```

So importieren Sie Fragen im GIFT-/CSV-Format

Wählen Sie in der *Menüleiste* Quiz > GIFT-Formatdatei importieren bzw. CSV-Formatdatei importieren.

1 Markieren Sie im erscheinenden Dialogfenster die Textdatei, welche die Fragen im gewünschten Format enthält.

2 Klicken Sie auf **Öffnen**.

   Ihre Fragen werden in Captivate importiert.

3 Sie sollten noch einmal alle Fragen durchgehen und bei Bedarf die Formatierung oder Feldgrößen anpassen.

Sie wissen nun, wie Sie Quizfragen über das GIFT-Format bzw. CSV-Format importieren können.

Beispieldateien (GIFT und CSV)

Beispielhafte Dateien mit Fragen im GIFT-Format und CSV-Format finden Sie im Ordner *00_Assets: Fragen_GIFT.txt* bzw. *Fragen_CSV.csv*. Eine Vorlage zur Erstellung der Quiz-CSV-Dateien finden Sie im Ordner *Gallery\Quiz* des Programmverzeichnisses von Captivate. Mehr Informationen zu den Importformaten GIFT und CSV finden Sie außerdem unter:

- ▶ *Weblink 10.2, Seite 12*
- ▶ *Weblink 10.3, Seite 12*

Vertonung

11

In diesem Kapitel lernen Sie die verschiedenen Möglichkeiten kennen, Ihre Projekte zu vertonen. Sie lernen nicht nur Sprecher, Musik und Geräusche einzubringen, sondern auch, wie Sie einen Text in eine elektronische Stimme verwandeln können.

Themenübersicht

Aktion Audio abspielen

Vergleichbar mit der Ebene Objektaudio ist die Aktion **Audio abspielen**. Mittels dieser Aktion kann z. B. nach einem Klick auf eine Schaltfläche ein Audio abgespielt werden. Alternativ kann natürlich auch im Rahmen einer erweiterten Aktion eine Kombination von Ereignissen dazu führen, dass eine bestimmte Audiodatei abgespielt wird (z. B. nur, wenn eine bestimmte Punktzahl erreicht wurde).

Audioformen

Sie können mit Captivate Audio live während einer Bildschirmaufnahme aufzeichnen (Kommentare und / oder Systemaudio), Audio-Elemente (nachträglich) einfügen oder gezielt (nachträglich) aufnehmen – ob pro Folie oder folienübergreifend. Zusätzlich haben Sie die Möglichkeit, einzelne Objekte mit Geräuschen zu versehen oder das ganze Projekt mit einer Hintergrundmusik zu untermalen.

Dabei unterscheiden wir in Captivate zwischen den folgenden Ebenen:

- Objektaudio: Ein Audio-Element, welches an ein einzelnes Objekt, z. B. die Fehlerbeschriftung eines Klickfelds, gebunden ist und mit Erscheinen des Objekts ertönt. Diese Form wird i. d. R. für Geräusche oder Sprecher eingesetzt. Je Objekt kann maximal ein Objektaudio hinterlegt werden.

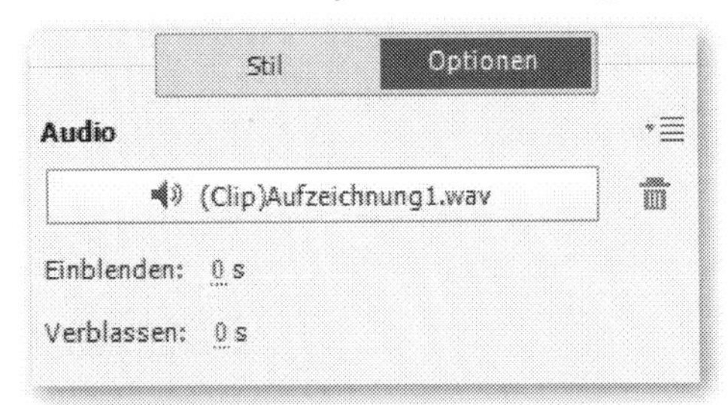

- Hintergrundaudio: Ein Audio-Element, das während der gesamten Projektdauer abgespielt wird. Auf den ersten Blick für Hintergrundmusik geeignet – allerdings in der Praxis oft nicht einsetzbar, da eine saubere Synchronisierung mit den Inhalten nicht möglich ist. Daher beschränkt sich der Einsatz i. d. R. auf Diashows oder Projekte, in denen eine Synchronisierung der Inhalte mit der Hintergrundmusik nicht nötig ist. Je Projekt kann maximal ein Hintergrundaudio hinterlegt werden.
- Folienaudio: Ein Audio-Element, das in der Zeitleiste einer Folie angezeigt wird. Eignet sich bestens für die Sprachspur, da Sie es mit dem Geschehen auf einer Folie synchronisieren können. Auch Systemaudio, welches Sie während einer Aufnahme mit aufzeichnen (▶ *Seite 318*), wird als Folienaudio eingebunden und auf einer separaten Tonspur angezeigt. Je Folie können maximal zwei Folienaudios hinterlegt werden (Kommentar und Systemaudio).

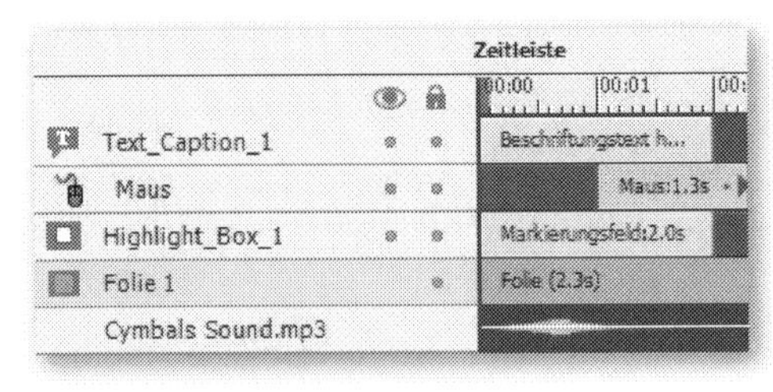

Audio importieren

Audio > Importieren nach

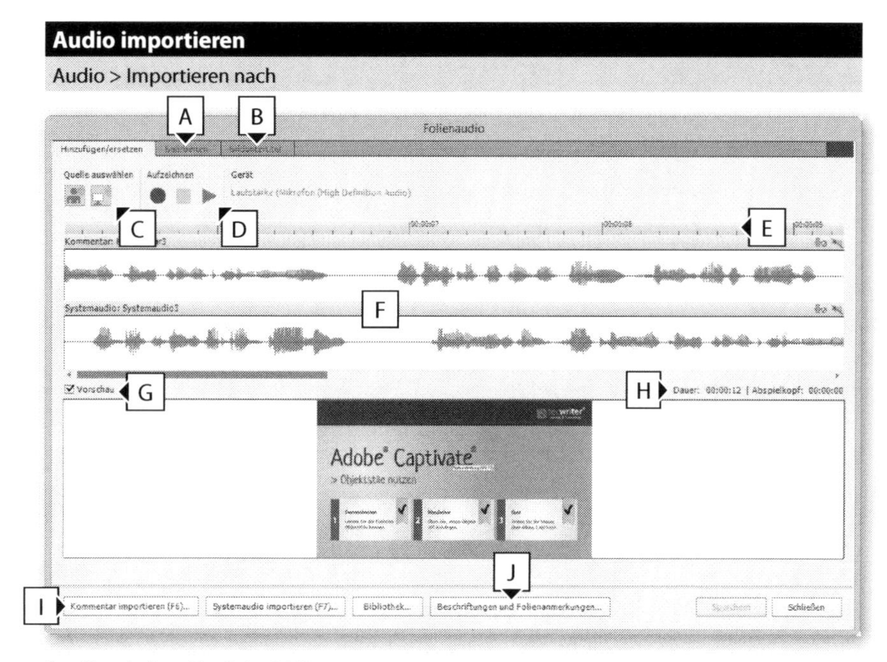

A *Bearbeiten* (▶ *Seite 319*)

B Nur für Folienaudio: *Bilduntertitel* (▶ *Seite 356*)

C Audioquelle: Kommentar-/Systemaudio

D Audio aufzeichnen / stoppen / abspielen

E Zeitleiste

F Audiospuren: Kommentar-/Systemaudio

G Nur für Folienaudio: Vorschau der aktuellen Folie

H Informationen zur aktuellen Dauer des Audio-Elements und der Position des Abspielkopfs

I Audio-Element importieren / aus Bibliothek auswählen

J Nur für Folienaudio: Beschriftungen und Folienanmerkungen anzeigen

Audiospur bearbeiten

Wenn Ihre Folie sowohl Kommentare als auch Systemaudio enthält: Die Audio-Objekte werden jeweils auf einer separaten Spur dargestellt. Diese können Sie getrennt voneinander bearbeiten. Wählen Sie dazu im Fenster *Folienaudio* im Tab *Bearbeiten* unter *Quelle auswählen* die zu bearbeitende Spur.

Passende Bitrate wählen

Je nach Ziel sollten Sie unterschiedliche Bitraten wählen: Für Projekte, die reines Sprecheraudio enthalten je nach Mikrofon und Qualität: mind. 64 kbit / max. 128 kbit. Mit Musik untermalte Projekte: mind. 96 kbit / max. 192 kbit.

Das Fenster Audioeinstellungen

Audio > Einstellungen

Wenn Sie einen Sprecher für Ihr Projekt aufzeichnen möchten, sollten Sie vorab die Audioeingabe Ihres Systems einstellen und kalibrieren (▶ *Seite 321*).

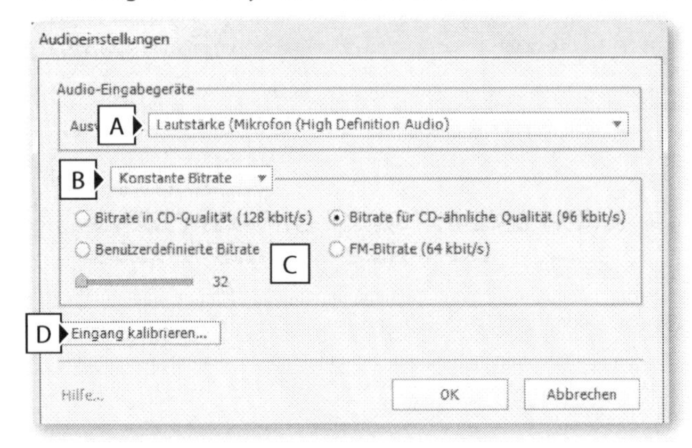

A Audio-Eingabegerät auswählen

B Bitrate zur Audiokodierung (konstante oder variable Bitrate)

C Optionen zur Einstellung der Bitrate

D Audioeingabe kalibrieren: Optimalen Aufzeichnungspegel ermitteln

Beispieldatei Objektaudio

Ein Beispiel zum Thema Objektaudio finden Sie in der Datei *\11_Vertonung\00_Objektaudio.cptx*.

Objektaudio

Insbesondere Geräusche als Objektaudio eignen sich bestens als Feedback-Medium. Sie können damit z. B. einen Hinweis, Tipp oder eine Fehlermeldung untermalen. Allerdings gilt auch hier: Weniger ist oftmals mehr.

Tastengeräusch anpassen

Sie können das Tastengeräusch für aufgezeichnete Tastatureingaben nicht innerhalb von Captivate ändern. Lösung: Navigieren Sie zum Verzeichnis *\Programme\Adobe\Adobe Captivate 2019 x64\Gallery\SoundEffects* (Win) bzw. */Programme/Adobe Captivate 2019/Gallery/SoundEffects* (Mac). Dort liegt die Datei *KeyClick.mp3*. Sichern Sie sich diese Datei und überschreiben Sie sie mit einem von Ihnen gewünschten Geräusch.

Der Bereich Audio im Bedienfeld Eigenschaften eines Objekts

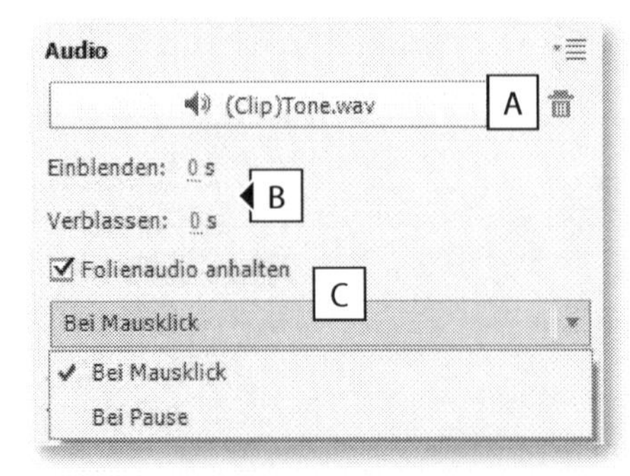

A Objektaudio bearbeiten / entfernen

B Ein- & Ausblendeeffekt für Audio einstellen

C Nur bei Klickfeldern und Schaltflächen: Bei Mausklick und / oder bei Pause Folienaudio anhalten

So hinterlegen Sie Objekten Audio

1 Markieren Sie das Objekt in der Zeitleiste.

2 Klicken Sie im Bedienfeld *Eigenschaften* im Tab *Optionen* im Bereich *Audio* auf die Schaltfläche **Audio hinzufügen**.

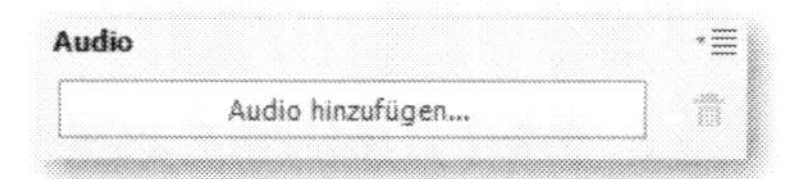

3 Klicken Sie auf die Schaltfläche **Importieren**.

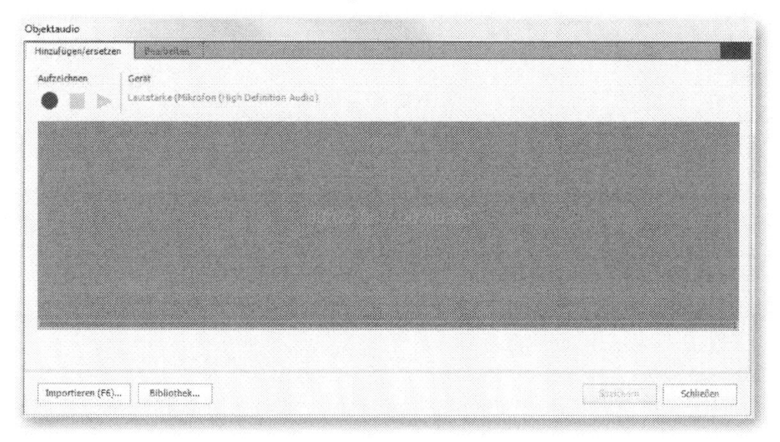

4 Navigieren Sie zur Audiodatei, die Sie importieren möchten.

5 Klicken Sie auf **Öffnen**.

Die Audiodatei wird importiert.

6 Klicken Sie auf **Speichern** und **Schließen**.

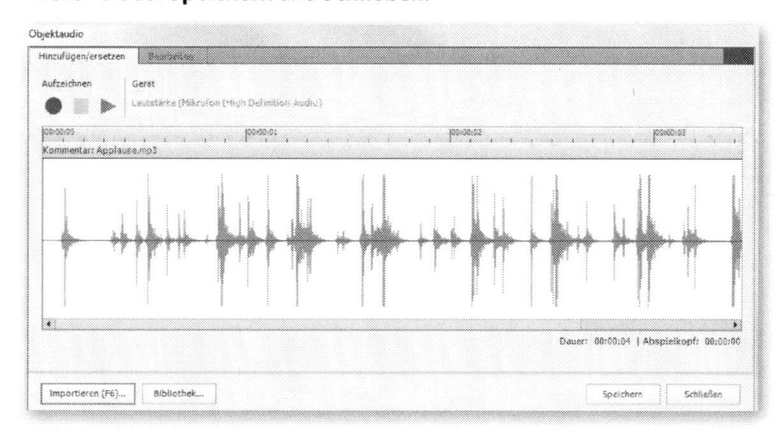

Sie haben dem Objekt Audio hinterlegt.

Audio bei richtiger oder falscher Eingabe oder Antwort abspielen

Wenn Sie eine Schaltfläche oder ein Klickfeld mit einem Geräusch bei Erfolg oder Fehler unterlegen möchten: Aktivieren Sie die Erfolgsbeschriftung (bzw. Fehlerbeschriftung) und hinterlegen Sie diesem Objekt Ihr gewünschtes Objektaudio. Zusätzlich können Sie den *Beschriftungstyp* auf **transparent** setzen (bzw. bei einer Smartform die Füll- und Rahmenfarbe auf transparent schalten) und den Textinhalt entfernen, um nur das Audio auszugeben und dabei kein Objekt anzuzeigen.

Beispieldatei Hintergrundaudio

Ein Beispiel einer Bild-Diashow mit Hintergrundmusik finden Sie in der Datei *\11_Vertonung\00_Hintergrundaudio.cptx*.

Titelmusik für E-Learnings

Da Sie die Ebene Hintergrundaudio nicht synchron mit den Inhalten halten können, sollten Sie diese Audioform in den meisten Fällen nicht verwenden, um den Beginn eines E-Learnings musikalisch zu untermalen. Verwenden Sie stattdessen Folienaudio auf der Titelfolie.

Wenn Sie mehr als zwei Audiospuren benötigen

Duplizieren Sie die Folie und verteilen Sie Ihr Audio über mehrere Folien. Alternativ können Sie auch Objektaudio verwenden und unsichtbaren Objekten hinterlegen. Somit können Sie beliebig viele Spuren auf die gleiche Folie bringen. Oder: Verwenden Sie einen Audio-Editor, um die Audio-Objekte zusammenzufügen, z. B. den in Captivate integrierten, ein Freeware-Tool (z. B. *Audacity*) oder ein kommerzielles Werkzeug (z. B. *Adobe Audition*).

Hintergrundaudio

Hintergrundaudio wird in den Einstellungen eines Projekts definiert. Es kann während eines gesamten Captivate-Projekts abgespielt werden oder nur so lange, wie das Audio-Objekt tatsächlich dauert.

Diese Audio-Form kann sinnvoll sein, um z. B. Demofilme oder Diashows mit Musik zu untermalen. Während der Phase der Wissensvermittlung in E-Learning-Projekten sollten Sie allerdings auf diese Option verzichten, da sie sich negativ auf den Lernerfolg auswirkt.

Der Bereich Optionen im Fenster Hintergrundaudio

Audio > Importieren nach > Hintergrund

Optionen:
Einblenden: 0 s Verblassen: 0 s A
Audio in Schleife abspielen Audio am Projektende anhalten B
Hintergrundlautstärke für Folien mit Audioelementen einstellen: 50 % C

A Ein- und / oder Ausblendeeffekt des Audios

B Audio-Element endlos abspielen und / oder am Projektende anhalten

C Hintergrundaudiolautstärke auf Folien mit Folien- oder Objektaudio reduzieren

Folienaudio

Als Folienaudio werden sowohl Kommentare als auch Systemaudios (▶ *Seite 318*) bezeichnet. Folienaudio eignet sich sehr gut, um Sprecher zu hinterlegen, aber beispielsweise auch, um den Start oder das Ende einer Lerneinheit mit einer Musik einzuläuten. Sie können Folienaudio direkt für eine oder mehrere Folien aufnehmen, aber auch importieren. Danach erscheint es in der Zeitleiste. Von hier aus können Sie es ideal mit dem Geschehen auf einer Folie synchronisieren.

Beachten Sie, dass Sie pro Folie jeweils nur ein Kommentaraudio sowie ein Systemaudio in der Zeitleiste hinterlegen können. Wenn Sie eine Audiodatei auf die Folie ziehen oder über **Audio > Importieren nach > Folie** importieren, wird stets die Spur Kommentaraudio aktualisiert. In die Spur Systemaudio können Sie ausschließlich über das Fenster *Folienaudio* importieren.

Das Fenster Audioimport-Optionen

Wenn Sie einen Kommentar auf eine Folie importieren, welcher länger als die Foliendauer ist, erscheint das Fenster *Audioimport-Optionen*:

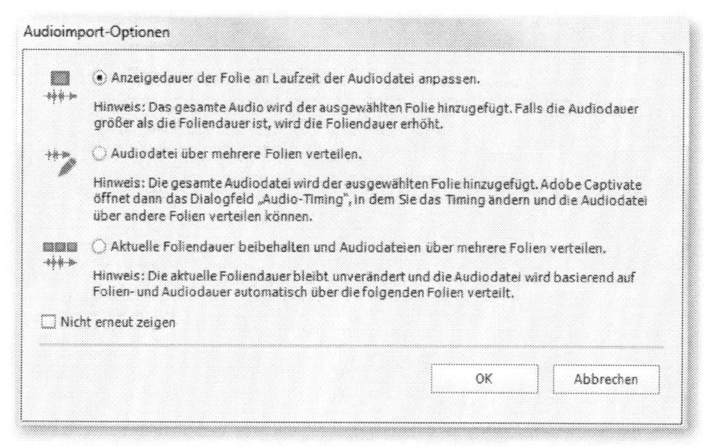

Option	Verwendung
Anzeigedauer der Folie an Laufzeit der Audiodatei anpassen	Wenn der Sprecher sich nur auf diese Folie bezieht. Captivate passt die Foliendauer automatisch an die Länge des Sprechers an.
Audiodatei über mehrere Folien verteilen	Wenn der Sprecher sich auf mehrere Folien bezieht und Sie ihn selbst verteilen möchten. Sie definieren im Fenster *Folienaudio* im Tab *Bearbeiten* die Aufteilung.
Aktuelle Foliendauer beibehalten und Audiodateien über mehrere Folien verteilen	Wenn der Sprecher sich auf mehrere Folien bezieht und Sie ihn automatisch von Captivate verteilen lassen möchten. Captivate verändert die Folienlängen dabei nicht. I. d. R. nur einsetzbar, wenn Sie das Projekt zuvor bereits synchronisiert hatten und das Audio zum Feintuning über ein separates Tool noch einmal ex- und importieren möchten.

Separate Audiospur

Captivate erstellt für Systemsounds automatisch eine zweite Audiospur zur Bearbeitung. Diese Spur können Sie auch verwenden, um z. B. mit zwei Sprechern auf derselben Folie oder einem Sprecher und mit musikalischer Untermalung zu arbeiten.

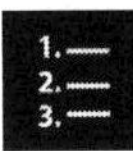

So zeichnen Sie Systemsounds auf

Als Systemsounds werden die Audio-Elemente bezeichnet, die über die Lautsprecher Ihres Computers ausgegeben werden, z. B. Mausklicks, Sounds bei Benachrichtigungen oder aber auch Videotelefonate. Im Folgenden erfahren Sie, wie Sie Systemsounds während einer Bildschirmaufnahme aufzeichnen:

Wenn Sie mit Mac OS arbeiten: Installieren Sie den kostenfreien Audiotreiber *Soundflower*. Andernfalls ist die Aufzeichnung von Systemsounds nicht möglich. Wie Sie Soundflower installieren und einrichten: ▶ *Weblink 11.1, Seite 12.*

1 Öffnen Sie zum Test eine beliebige Audiodatei im Standardmusikplayer Ihres Systems, z. B. dem Mediaplayer.

2 Starten Sie Adobe Captivate.

3 Zeichnen Sie z. B. eine folienbasierte Bildschirmaufnahme auf: Wählen Sie **Datei > Neu aufnehmen > Softwaresimulation**.

Das Aufzeichnungsfenster öffnet sich.

4 Aktivieren Sie die Option **Systemaudio** und starten Sie die Aufzeichnung.

5 Während Sie aufzeichnen: Spielen Sie z. B. eine Audiodatei mit Ihrem Standardmediaplayer ab.

6 Beenden Sie die Aufzeichnung.

7 Testen Sie das Projekt in der Vorschau.

Sie sehen (bzw. hören), dass Ihre Demonstration das während der Aufzeichnung abgespielte Audio enthält.

Audiobearbeitung

In Captivate können Sie Ihre Audio-Elemente auch nachbearbeiten – unabhängig davon, ob Sie diese selbst aufgenommen, importiert oder über die Text-to-Speech-Funktion eingebracht haben.

- Wenn Sie das Audio eines bestimmten Objekts bearbeiten möchten: Wählen Sie **Audio > Bearbeiten > Objekt**.
- Wenn Sie das Hintergrundaudio bearbeiten möchten: Wählen Sie **Audio > Bearbeiten > Hintergrund**.
- Wenn Sie das Folienaudio (Kommentar oder Systemaudio) einer bestimmten Folie bearbeiten möchten: Wählen Sie **Audio > Bearbeiten > Folie**.
- Wenn Sie das Kommentaraudio für das gesamte Projekt sowie die Verteilung über die einzelnen Folien bearbeiten möchten: Wählen Sie **Audio > Bearbeiten > Projekt** und bestätigen Sie die Abfrage.

> **!** Wenn Sie bereits Bilduntertitel in Ihr Projekt eingefügt haben und Audio Ihres Projekts (**Audio > Bearbeiten > Projekt**) aktualisieren / bearbeiten möchten: Die Bilduntertitel werden automatisch deaktiviert. Sie müssen diese dann anschließend erneut prüfen und aktivieren.

Der Tab Bearbeiten

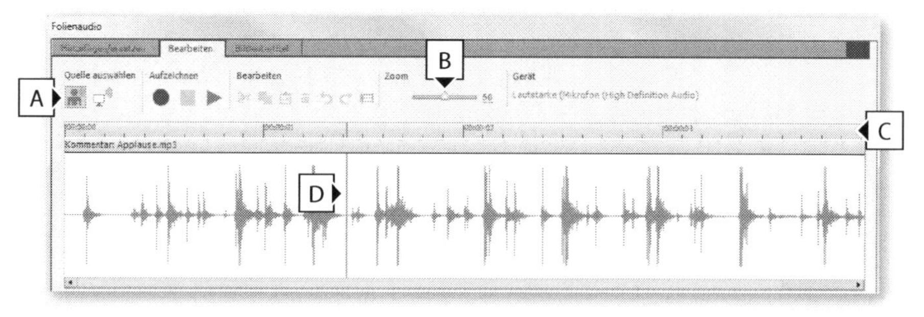

A Werkzeugleiste (▶ *Seite 320*)

B Zeitleiste zoomen

C Zeitleiste

D Abspielkopf

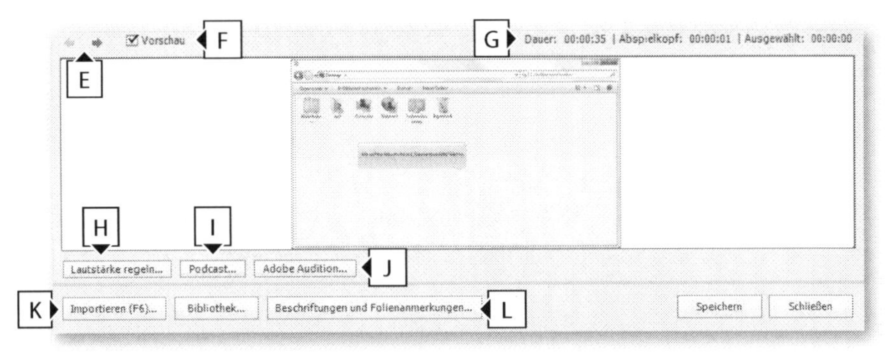

E Nur für **Audio > Bearbeiten > Projekt**: Zwischen den Folien navigieren

F Nur für **Audio > Bearbeiten > Folie / Audio > Bearbeiten > Projekt**: Folienvorschau ein-/ausblenden

G Informationen zur aktuellen Dauer des Objektaudios und der Position des Abspielkopfs

H Lautstärke einstellen

I Audio wahlweise als WAV- oder MP3-Datei exportieren

J Nur wenn Adobe Audition installiert ist: Audio mit dem „Tonstudio" Audition bearbeiten

K Ein Audio-Element an der aktuellen Position aus dem Dateisystem / der Bibliothek importieren

L Nur für **Audio > Bearbeiten > Folie / Audio > Bearbeiten > Projekt**: Beschriftungen und Folienanmerkungen öffnen

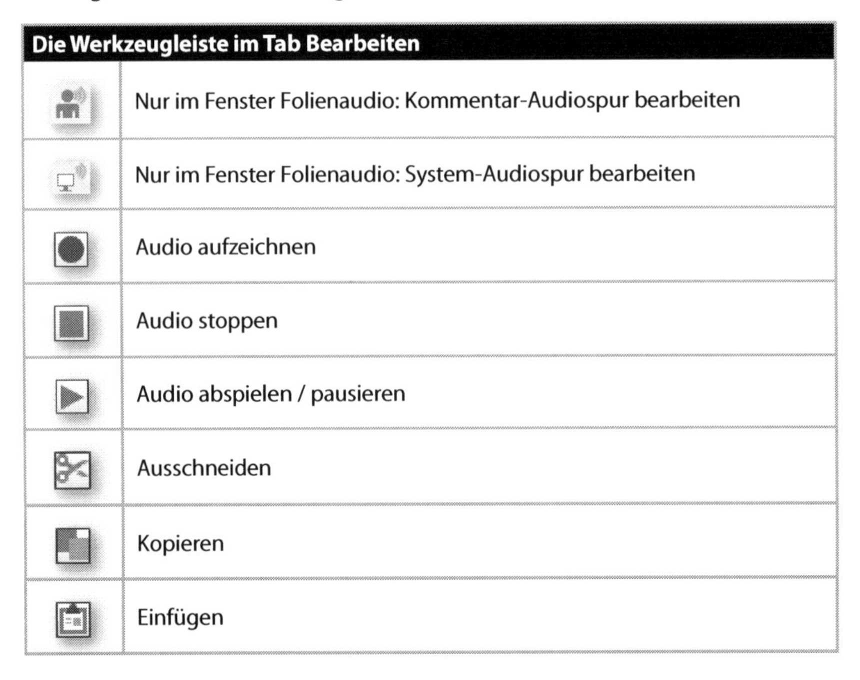

Die Werkzeugleiste im Tab Bearbeiten	
	Nur im Fenster Folienaudio: Kommentar-Audiospur bearbeiten
	Nur im Fenster Folienaudio: System-Audiospur bearbeiten
	Audio aufzeichnen
	Audio stoppen
	Audio abspielen / pausieren
	Ausschneiden
	Kopieren
	Einfügen

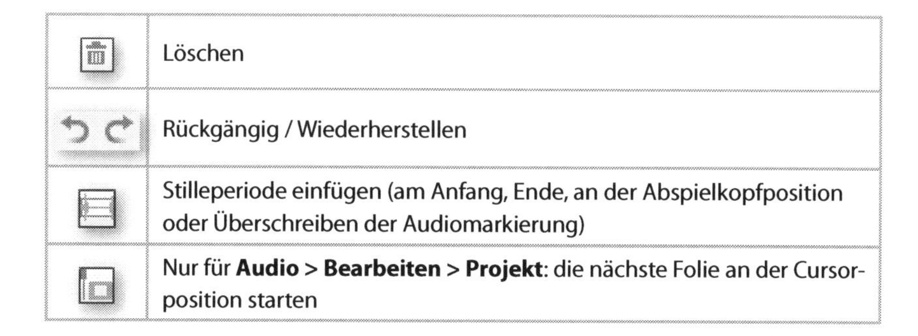

	Löschen
	Rückgängig / Wiederherstellen
	Stilleperiode einfügen (am Anfang, Ende, an der Abspielkopfposition oder Überschreiben der Audiomarkierung)
	Nur für **Audio > Bearbeiten > Projekt**: die nächste Folie an der Cursorposition starten

Übung: Demonstration vertonen

Im Rahmen dieser Übung werden wir eine Demonstration mit verschiedenen Audioformen vertonen. Diese Übung besteht aus zwei Teilen. Zu Beginn werden Sie Sprecheraudio selbst aufzeichnen. Im Anschluss importieren Sie extern aufgezeichnetes Sprecheraudio in das gleiche Projekt.

Übung 20 min

- Sie kalibrieren Ihr Mikrofon
- Sie zeichnen Kommentare auf
- Sie importieren Audio

1 Öffnen Sie aus dem Ordner *11_Vertonung* die Datei *Demonstration_Sprecheraudio_Ziel.cptx* (▶ *Seite 12*).

2 Schalten Sie Ihre Lautsprecher ein und spielen Sie das Projekt in der Vorschau ab.

Sie hören eine vertonte Demonstration. Im Rahmen dieser Übung zeichnen wir einen Kommentar für die einzelnen Folien auf. Anschließend werden wir das Audio wieder entfernen und von einer externen Quelle (z. B. zugeliefert von einem Sprecher) importieren und mit dem Projekt synchronisieren.

3 Öffnen Sie aus dem Ordner *11_Vertonung* die Datei *Demonstration_Sprecheraudio_Ausgang.cptx*.

Die nächsten Schritte setzen voraus, dass Sie ein Mikrofon zur Verfügung haben. Falls nicht: Fahren Sie mit **Schritt 11** fort.

4 Stellen Sie das Mikrofon ein:

a Wählen Sie in der *Menüleiste* **Audio > Einstellungen**.

Das Fenster *Audioeinstellungen* öffnet sich.

b Wählen Sie unter *Audio-Eingabegeräte* das Mikrofon, mit dem Sie aufzeichnen möchten und verändern Sie optional die **Bitrate**.

c Klicken Sie auf **Eingang kalibrieren**.

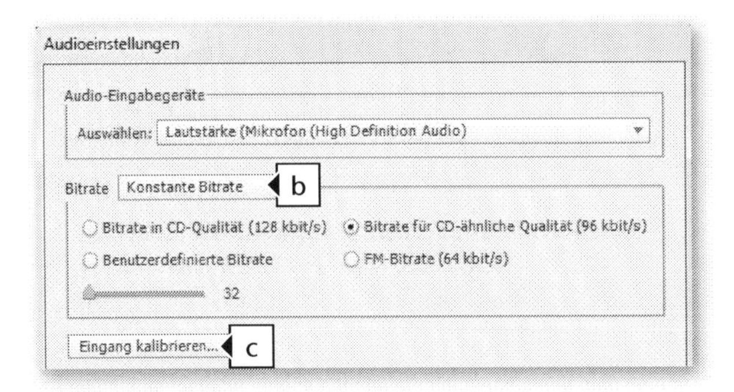

Das Fenster *Audioeingabe kalibrieren* öffnet sich.

d Klicken Sie auf **Aufzeichnen** und sprechen Sie folgenden Satz: „Ich teste den Eingangspegel."

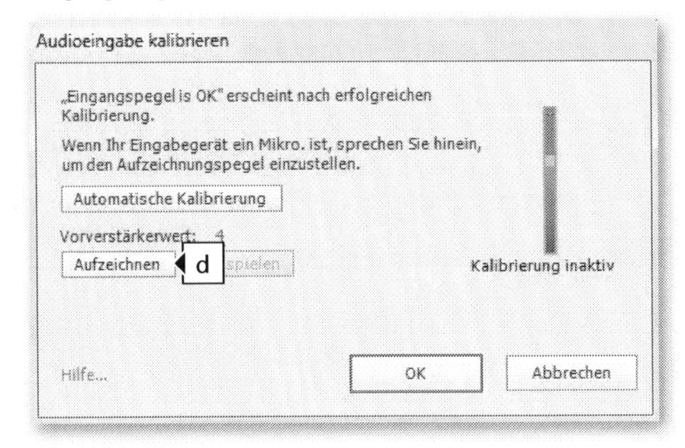

Rechts sehen Sie die Pegelanzeige. Diese sollte sich während des Sprechens möglichst überwiegend im grünen bis hin zum gelben Bereich befinden, jedoch nie den roten Bereich erreichen. Andernfalls übersteuert das Mikrofon, was zu schlechten Aufnahmeergebnissen führt.

Vorverstärkerwert

Ein *Vorverstärkerwert* von „1" entspricht einer Verstärkung von 0. Der Mindestwert beträgt „0,1". Der Maximalwert beträgt „100".

e Klicken Sie auf **Stoppen**.

f Stellen Sie, wenn nötig, einen anderen *Vorverstärkerwert* ein und wiederholen Sie **Schritt 4d**:

Wenn die Pegelanzeige bis in den roten Bereich reicht: Tragen Sie eine niedrigere Zahl ein.

Wenn die Pegelanzeige nicht bis in den gelben Bereich reicht: Tragen Sie eine höhere Zahl ein.

Vorverstärkerwert notieren

Wenn Sie den Pegel eingestellt haben: Notieren Sie sich den Wert für künftige Projekte mit diesem Mikrofon.

g Klicken Sie zweimal auf **OK**.

5 Bereiten Sie die Aufnahme vor:

a Wählen Sie **Folie 1**.

b Wählen Sie **Fenster > Folienanmerkungen**.

Das Bedienfeld *Folienanmerkungen* öffnet sich im unteren Bereich. Sie sehen, dass die Folienanmerkungen zu jeder Folie bereits befüllt sind. Dies ist der Sprechertext, auf dessen Basis wir nun vertonen möchten.

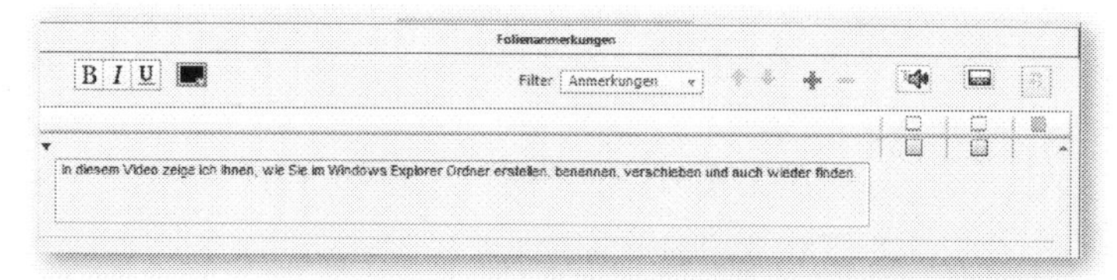

c Wählen Sie in der *Menüleiste* **Audio** > **Aufzeichnen in** > **Folien** und klicken Sie auf **OK**.

Das Fenster *Folienaudio* öffnet sich.

d Klicken Sie im unteren Bereich auf **Beschriftungen und Folienanmerkungen**.

Es öffnet sich ein Fenster, das die hinterlegten Folienanmerkungen enthält.

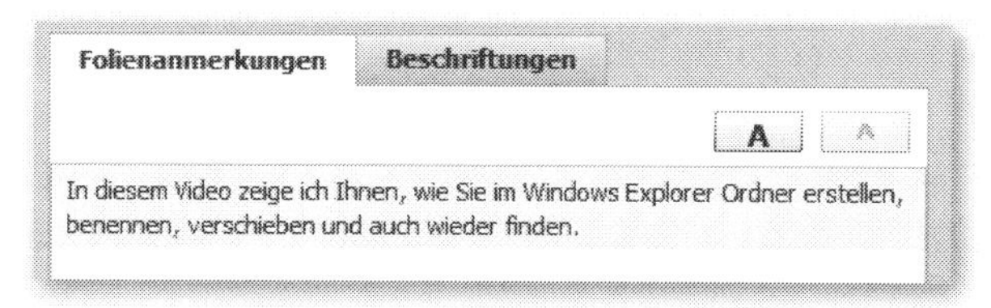

e Verschieben Sie das (neu erschienene) Fenster auf die Seite.

f Sprechen Sie den Text zumindest einmal „trocken" durch.

6 Zeichnen Sie das Sprecheraudio für Folie 1 auf:

a Klicken Sie (im Fenster *Folienaudio*) auf **Audio aufzeichnen** und sprechen Sie den Text auf.

b **Stoppen** Sie anschließend die Aufnahme.

Sie haben jetzt Folie 1 mit Sprecheraudio versehen.

7 Zeichnen Sie das Sprecheraudio für die restlichen Folien des Projekts auf:

a Klicken Sie jeweils auf **Nächste Folie**.

Sie sehen, dass die Folienanmerkungen immer entsprechend der ausgewählten Folie angezeigt werden. Sollte eine Folie keinen Text enthalten, gehen Sie einfach zur nächsten Folie.

b Wiederholen Sie jeweils **Schritt 6**.

8 Klicken Sie auf **Speichern** und dann auf **Schließen**.

9 Testen Sie das Ergebnis in der Vorschau.

Sie wissen jetzt, wie Sie einen Sprecher aufzeichnen. Nun möchten wir das erstellte Sprecheraudio entfernen, um im Anschluss eine Audiodatei eines externen Sprechers in das Projekt zu importieren.

10 Löschen Sie das aufgenommene Sprecheraudio aus dem Projekt:

a Wählen Sie **Audio > Audioverwaltung**.

Das Fenster *Erweiterte Audioverwaltung* öffnet sich. Hier haben Sie eine Übersicht über alle Folien- und Objektaudios des gesamten Projekts.

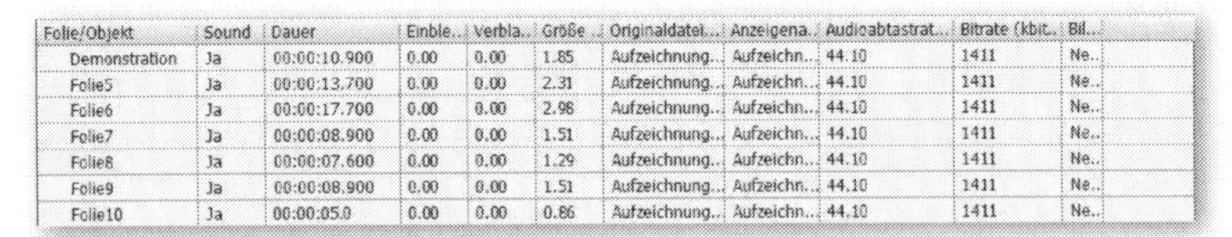

Folie/Objekt	Sound	Dauer	Einble...	Verbla...	Größe ...	Originaldatei...	Anzeigena...	Audioabtastrat...	Bitrate (kbit...	Bil...
Demonstration	Ja	00:00:10.900	0.00	0.00	1.85	Aufzeichnung...	Aufzeichn...	44.10	1411	Ne...
Folie5	Ja	00:00:13.700	0.00	0.00	2.31	Aufzeichnung...	Aufzeichn...	44.10	1411	Ne...
Folie6	Ja	00:00:17.700	0.00	0.00	2.98	Aufzeichnung...	Aufzeichn...	44.10	1411	Ne...
Folie7	Ja	00:00:08.900	0.00	0.00	1.51	Aufzeichnung...	Aufzeichn...	44.10	1411	Ne...
Folie8	Ja	00:00:07.600	0.00	0.00	1.29	Aufzeichnung...	Aufzeichn...	44.10	1411	Ne...
Folie9	Ja	00:00:08.900	0.00	0.00	1.51	Aufzeichnung...	Aufzeichn...	44.10	1411	Ne...
Folie10	Ja	00:00:05.0	0.00	0.00	0.86	Aufzeichnung...	Aufzeichn...	44.10	1411	Ne...

b Klicken Sie in die Tabelle und markieren Sie mit gedrückter Taste ⇧ alle Zeilen.

c Klicken Sie auf **Entfernen**.

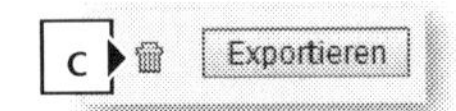

d Bestätigen Sie die Abfrage mit **Ja**.

Das Sprecheraudio wird von allen Folien entfernt.

e Klicken Sie auf **OK**.

11 Importieren Sie eine Audiodatei eines externen Sprechers:

a Wählen Sie **Folie 1**.

b Wählen Sie in der *Menüleiste* **Audio > Importieren nach > Folie**.

c Öffnen Sie die Datei *Sprecheraudio.mp3* aus dem Verzeichnis *00_Assets\Audiodateien*.

Das Fenster *Audioimport-Optionen* öffnet sich, da das Audio länger als die aktuelle Foliendauer ist.

d Wählen Sie **Audiodatei über mehrere Folien verteilen** und klicken Sie auf **OK**.

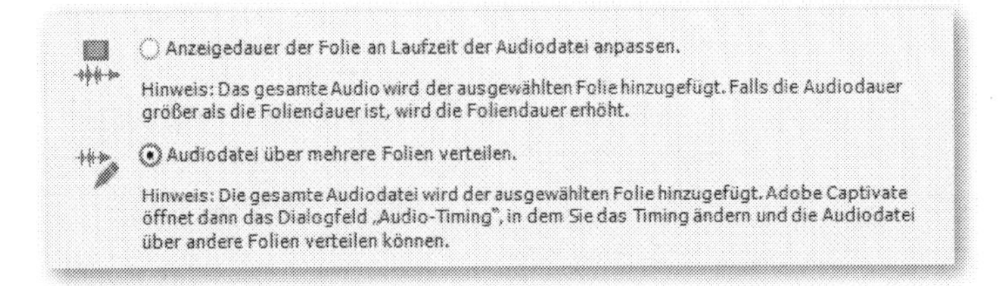

Der Tab *Bearbeiten* im Fenster *Folienaudio* öffnet sich, in dem Sie das Audio verteilen können.

e Blenden Sie die Folienanmerkungen ein: Klicken Sie auf **Beschriftungen und Folienanmerkungen**.

f Spielen Sie das Audio ab.

Audio nachbearbeiten

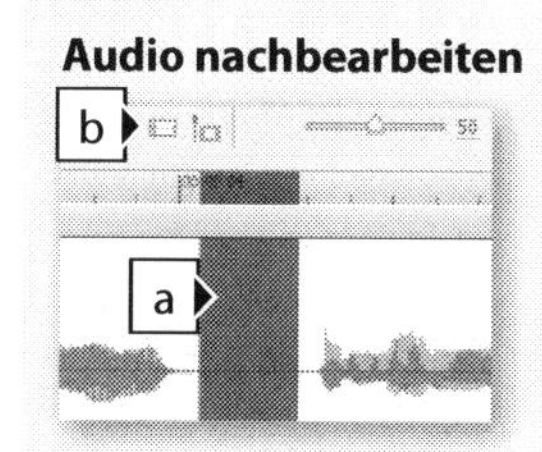

Wenn Sie eine Audiodatei nachbearbeiten möchten, um diese z. B. von störenden Hintergrundgeräuschen zu befreien: Markieren Sie das entsprechende Audiostück (**a**). Klicken Sie anschließend auf **Stilleperiode einfügen (b)**.

g Halten Sie an der Position **9 s** an und klicken Sie auf **Wenn möglich, die nächste Folie an der Cursorposition starten**.

Ein Marker wird eingefügt, welcher den Start von Folie 2 markiert.

Folienanmerkungen & die Option Vorschau

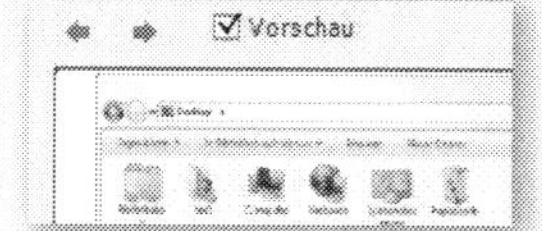

In der Praxis können Sie sich im Idealfall direkt nach den Folienanmerkungen Ihres Projekts richten und so das Sprecheraudio zügig und sauber verteilen.

Übrigens: Über die Option **Vorschau** können Sie eine Vorschau der aktuellen Folie in das Fenster laden.

h Lassen Sie bei den Positionen **18,5 s, 21,5 s, 26 s, 37 s, 49 s, 56 s, 1:01 min, 1:04 min** jeweils die nächste Folie anzeigen.

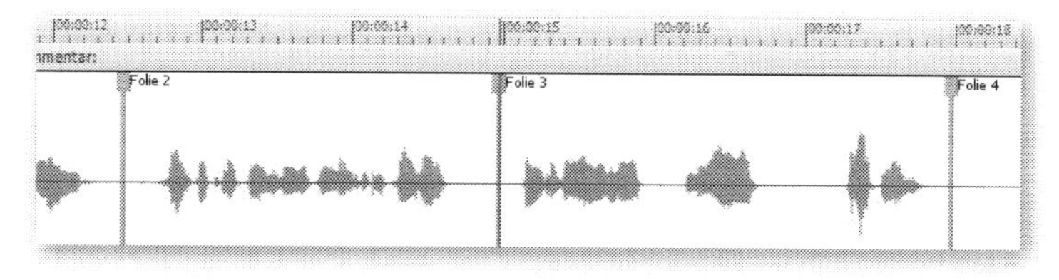

i Klicken Sie auf **Speichern** und dann auf **Schließen**.

Sie haben die Mindestanzeigedauer erreicht

Wenn Sie beim Verteilen der Marker die Meldung erhalten *Sie haben die Mindestanzeigedauer erreicht* und feststellen, dass Sie einen Marker nicht mehr weiter in die gewünschte Richtung verschieben können: Der Grund hierfür ist, dass Objekte auf der jeweiligen Folie eine Mindestdauer für die Folie vorgeben, die durch die Marker nicht unterschritten werden kann.

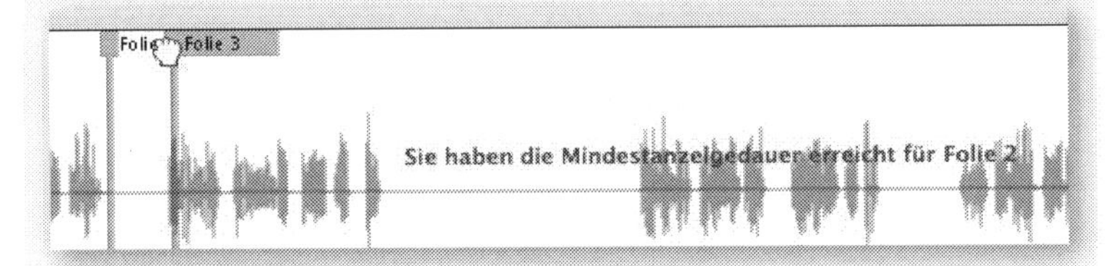

Lösung:

Setzen Sie den roten Abspielkopf auf eine Stillephase vor oder nach dem betreffenden Marker und klicken Sie in der Werkzeugleiste auf **Stilleperiode einfügen**. Fügen Sie dann eine Stille von ein paar Sekunden ein.

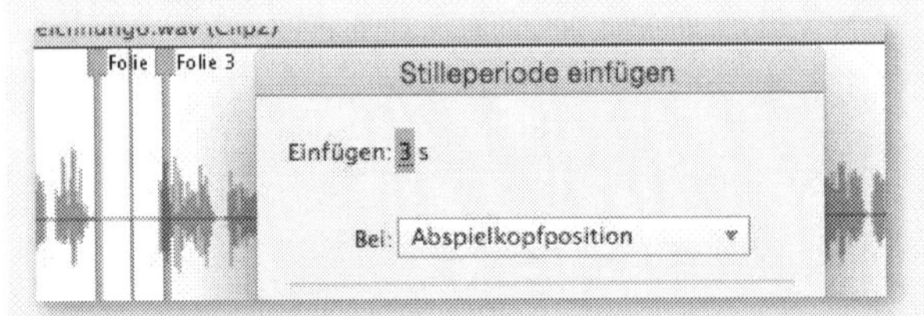

Anschließend sollten Sie den Marker wie gewünscht positionieren können. Falls nicht: Fügen Sie weitere Sekunden Stille ein.

12 Testen Sie das Projekt in der Vorschau.

13 Optimieren Sie ggf. das Maustiming sowie die Texteingaben auf den einzelnen Folien.

Sie wissen nun, wie Sie einen Sprecher aufzeichnen, alternativ einen externen Sprecher importieren und mit dem Projekt synchronisieren können.

Text-to-Speech – Text-zu-Sprache

Mithilfe von *Text-to-Speech* verwandelt Captivate eingegebenen Text in einen weiblichen oder männlichen Sprecher. Dies beherrscht Captivate mit der mitgelieferten Engine *NeoSpeech* standardmäßig in den folgenden Sprachen:

- Amerikanisches Englisch (Julie, Kate, Paul & James)
- Britisches Englisch (Bridget)
- Französisch (Chloe)
- Koreanisch (Yumi)

Die Text-to-Speech-Funktion muss separat installiert werden. Im folgenden Abschnitt erfahren Sie, wie Sie die Engine herunterladen und installieren.

Weitere TTS-Engines

Darüber hinaus stehen Ihnen automatisch auch die Text-to-Speech-Engines Ihres Betriebssystems zur Verfügung. Sie können dadurch auch TTS-Engines weiterer Hersteller nutzen, insofern diese systemweit zur Verfügung stehen. *Übrigens*: Wie Sie eine deutsche Systemstimme unter Mac OS installieren, zeige ich Ihnen in diesem Artikel: ▶ *Weblink 11.2, Seite 12.*

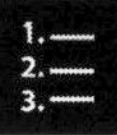

So laden Sie die Text-to-Speech-Engine herunter

1. Wählen Sie in Captivate in der *Menüleiste* **Audio > Sprachverwaltung**.
2. Klicken Sie auf den Link unten (**Klicken Sie hier zum Herunterladen**).

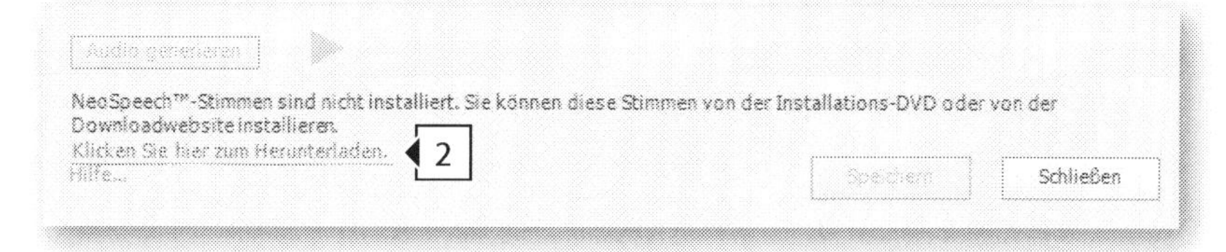

Die Datei wird automatisch über Ihren Standard-Webbrowser heruntergeladen und in dessen eingestelltem Download-Verzeichnis abgelegt: Unter Windows / Mac OS i. d. R. im Ordner *Downloads* Ihres Benutzerverzeichnisses.

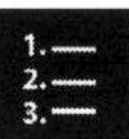

So installieren Sie die Text-to-Speech-Funktion (Win)

1. Doppelklicken Sie auf die Installationsdatei (z. B. *Captivate_2019_x64_Neo_Content_LS21.exe*).

   Das Fenster *Adobe Captivate Voices-Installationsprogramm* öffnet sich.
2. Klicken Sie auf **Weiter**.

3. Schließen Sie das Fenster.

Die NeoSpeech-Engine ist nun installiert.

So installieren Sie die Text-to-Speech-Funktion (Mac)

1 Doppelklicken Sie auf die Image-Datei *Captivate_2019_Neo_Content_LS21.dmg*.

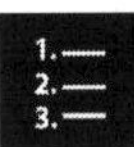

2 Doppelklicken Sie auf die Datei **Install** und bestätigen Sie die ggf. erscheinende Meldung mit **Öffnen**.

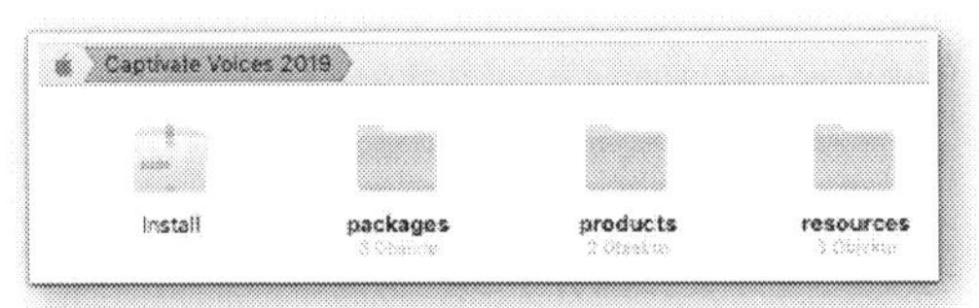

Der Installer wird initialisiert.

3 Klicken Sie auf **Weiter**.

Adobe Captivate Voices 2019 wird installiert.

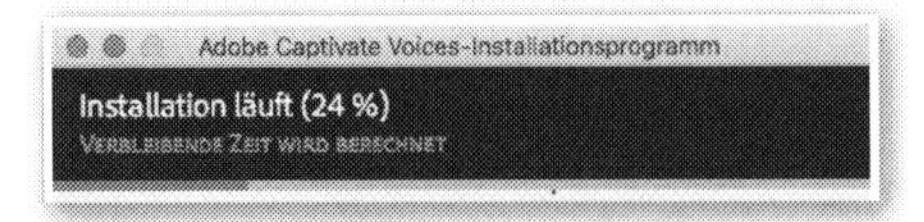

4 Wenn die Installation abgeschlossen ist: Schließen Sie das Fenster.

Die NeoSpeech-Engine ist nun installiert.

Die Sprachverwaltung

Audio > Sprachverwaltung

Die Sprachverwaltung gibt Ihnen einen Überblick über den Einsatz von Text-to-Speech im gesamten Projekt. Außerdem können Sie hier die Texte und Stimmen anpassen.

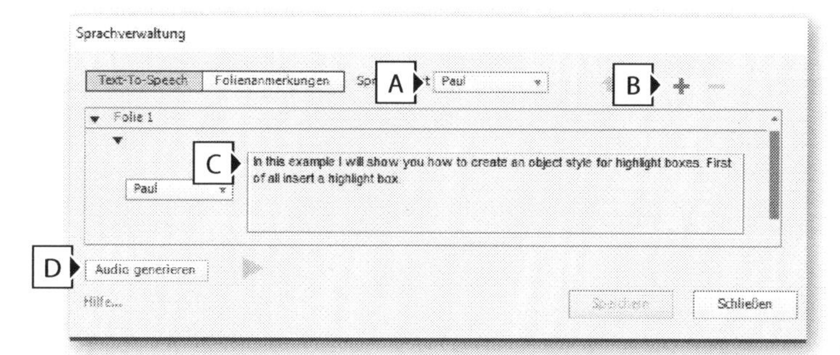

A Sprecherwahl

B Sprechertext zur Folie hinzufügen / von der Folie entfernen

C Inhalt des Sprechertexts anpassen

D Sprache generieren

Sprachagenten werden nicht angezeigt?

Falls Ihnen die Sprachagenten nicht angezeigt werden, Sie diese aber bereits korrekt installiert haben: Starten Sie Captivate neu.

Übung: Demonstration mit Text-to-Speech anreichern

Im Rahmen dieser Übung möchten wir eine Demonstration über die Text-to-Speech-Funktion mit einer elektronischen Stimme vertonen.

Übung 5 min

Die nächsten Schritte setzen voraus, dass Sie die Sprachagenten installiert und Captivate neu gestartet haben (▶ *Seite 327*).

1 Öffnen Sie aus dem Ordner *11_Vertonung* die Datei *TTS_Ausgang.cptx* (▶ *Seite 12*).

   Es öffnet sich ein englischsprachiges Projekt, dem bereits Folienanmerkungen hinterlegt sind. Dieses möchten wir mithilfe von TTS vertonen.

2 Blenden Sie die Folienanmerkungen ein: Wählen Sie **Fenster > Folienanmerkungen**.

3 Vertonen Sie Folie 1 mit Text-to-Speech:

   a Klicken Sie in den Folienanmerkungen in den Spaltenkopf **TTS**.

   b Klicken Sie im rechten Bereich auf **Text-to-Speech* (**der Stern (*) signalisiert, dass ein neuer oder aktualisierter Text gewählt, aber noch nicht in Sprache umgewandelt wurde.).

Das Fenster *Sprachverwaltung* öffnet sich.

Sprachagent wechseln

Falls Sie eine andere Stimme wählen möchten: Markieren Sie zuerst die entsprechende Zeile. Klicken Sie dazu direkt auf den Sprechernamen. Mehrere Zeilen können Sie auf die gleiche Weise mit gedrückter Taste ⇧ auswählen. Wählen Sie dann unter *Sprachagent* die gewünschte Stimme.

c Stellen Sie sicher, dass der Sprachagent **Paul** für die Zeile gewählt ist.

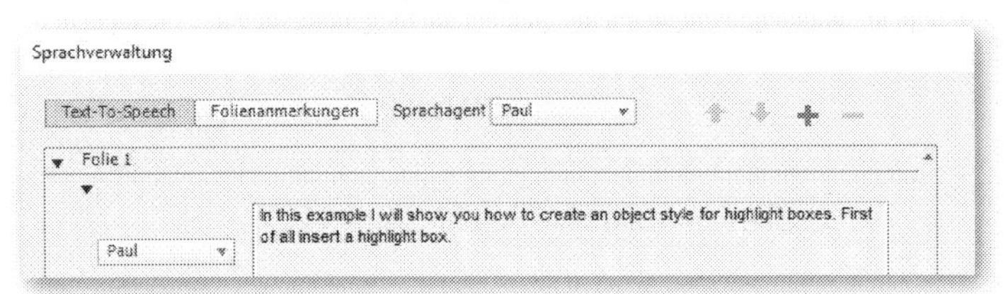

d Klicken Sie auf **Audio generieren**.

Der Sprecher wird generiert.

e Klicken Sie auf **Schließen**.

f Testen Sie den aktuellen Stand in der Vorschau: Wählen Sie **Vorschau** > **Nächste 5 Folien**.

Sie hören den generierten Sprecher.

4 Vertonen Sie die restlichen Folien:

a Aktivieren Sie auf jeder Folie, die Folienanmerkungen enthält, die Spalte **TTS** in den *Folienanmerkungen*.

b Wählen Sie **Audio** > **Sprachverwaltung**.

c Stellen Sie sicher, dass der Sprachagent **Paul** allen weiteren Sprecherpassagen auf allen Folien zugewiesen ist.

d Klicken Sie auf **Audio generieren**.

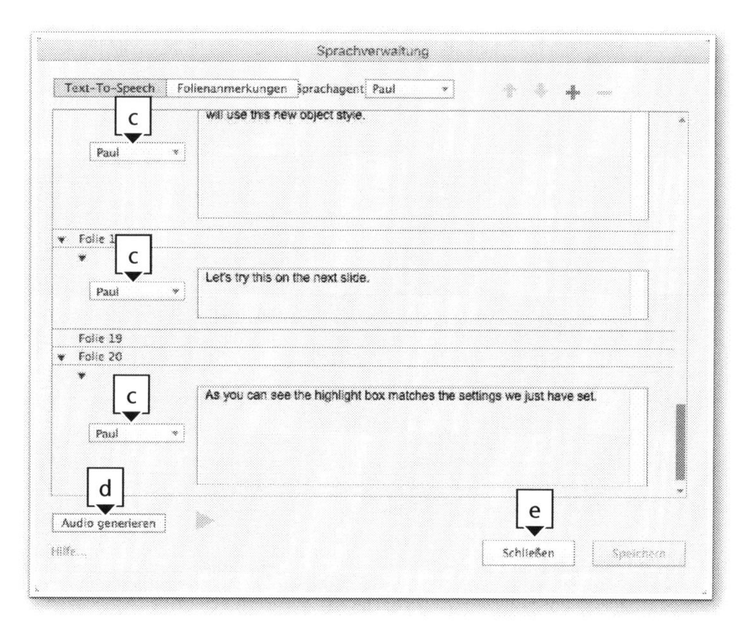

Der Sprecher für die restlichen Folien wird generiert.

e Klicken Sie auf **Schließen**.

5 Testen Sie das Projekt in der Vorschau.

Ihr Projekt ist nun mit Text-to-Speech vertont. Eine mögliche Lösung finden Sie in der Datei *\11_Vertonung\TTS_Ziel_Paul.cptx*.

Text-to-Speech optimieren

Unter folgenden Weblinks finden Sie weitere Tipps, wie Sie Ihre Text-to-Speech-Ausgabe optimieren können:

- *Weblink 11.3, Seite 12*
- *Weblink 11.4, Seite 12*

12

Strukturierung

Dieses Kapitel widmet sich den Strukturierungsmöglichkeiten in Captivate-Projekten. Sie lernen, Folien zu gruppieren, die Wiedergabeleiste anzupassen, mit Inhaltsverzeichnissen und Menüs zu arbeiten sowie Ihre Projekte zu verzweigen.

Themenübersicht

Foliengruppen

Sobald Sie mehrere Kapitel in einem Projekt vereinen und damit die Folienanzahl steigt, ist es hilfreich, mit Foliengruppen zu arbeiten. Denn so können Sie Folien thematisch gruppieren und behalten den Überblick im Filmstreifen. Diese Gruppen können Sie dann nach Bedarf auf- und zuklappen sowie auch farblich und mit Beschriftungen kennzeichnen.

Wenn Sie eine Foliengruppe erstellen möchten: Markieren Sie einfach die gewünschten Folien im Filmstreifen, rechtsklicken und wählen Sie **Gruppieren > Erstellen**.

Übrigens: Foliengruppen haben (bis auf die Möglichkeit, die Gruppierung in das Inhaltsverzeichnis zu übernehmen) keine direkte technische Auswirkung auf die Veröffentlichung, sondern sind rein für Sie als Captivate-Autor ein Hilfsmittel.

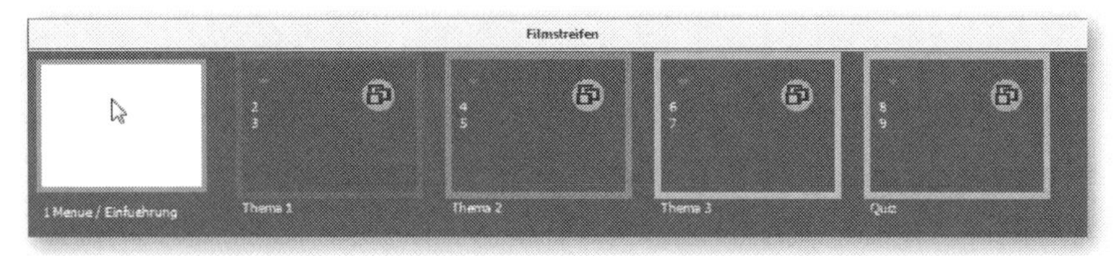

Verzweigungen

Verzweigungen dienen dazu, dem Benutzer - abhängig von seinen Eingaben - unterschiedliche Lernpfade anzubieten. Standardmäßig laufen alle Projekte linear ab. Das bedeutet, dass die einzelnen Folien aufeinander folgen. Wenn Sie z. B. zwei Schaltflächen auf einer Folie platzieren, die unterschiedliche Aktionen auslösen, haben Sie eine Verzweigung geschaffen. Die Verzweigungen eines Projekts können Sie in der Verzweigungsansicht übersichtlich einsehen.

Das Bedienfeld Verzweigung

Fenster > Verzweigungsansicht

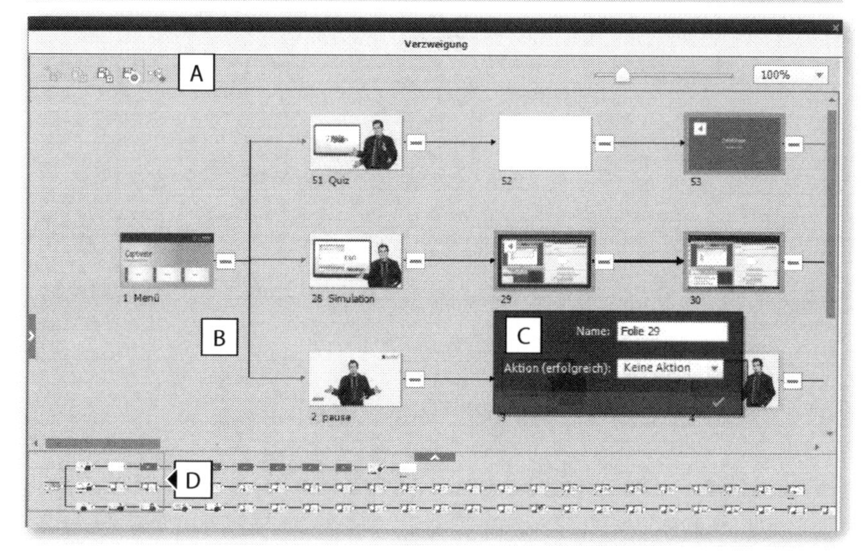

A Werkzeugleiste (▶ *Tabelle unten*)

B Grafische Darstellung aller Verzweigungen

C Eigenschaften des ausgewählten Objekts (Folie, Interaktionsobjekt, Verzweigung)

D Aktuell sichtbarer Abschnitt des gesamten Projekts

Die Werkzeugleiste des Bedienfelds Verzweigung	
	Foliengruppe erstellen
	Foliengruppe erweitern
	Foliengruppe reduzieren
	Foliengruppe entfernen
	Verzweigungsansicht als Bild exportieren
	Verzweigungsansicht vergrößern / verkleinern (zoomen)

Übung: Projekt über Menüfolie verzweigen

In dieser Übung erstellen Sie ein verzweigtes Projekt. Der Benutzer soll über eine Menüfolie verschiedene Themen aufrufen können und am Ende eines Abschnitts wieder automatisch zur Menüfolie zurückgelangen. Die folgende Grafik veranschaulicht dies:

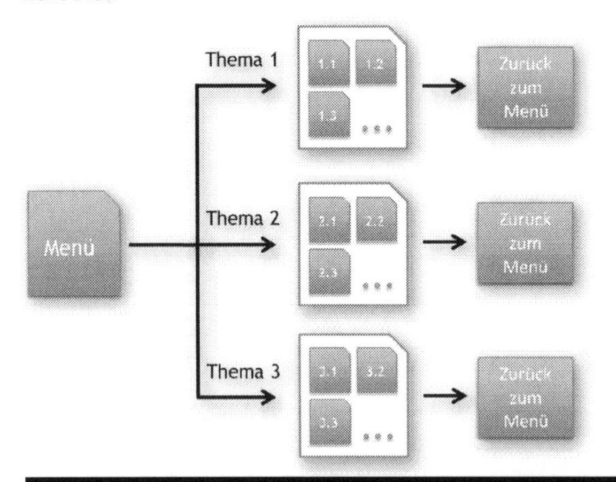

Übung ◔ 15 min

- Sie legen Foliengruppen an und benennen diese
- Sie fügen Bildschaltflächen ein
- Sie verlinken von der Menüfolie aus auf die jeweiligen Themenbereiche
- Sie verlinken am Ende eines Themas zurück auf die Menüfolie

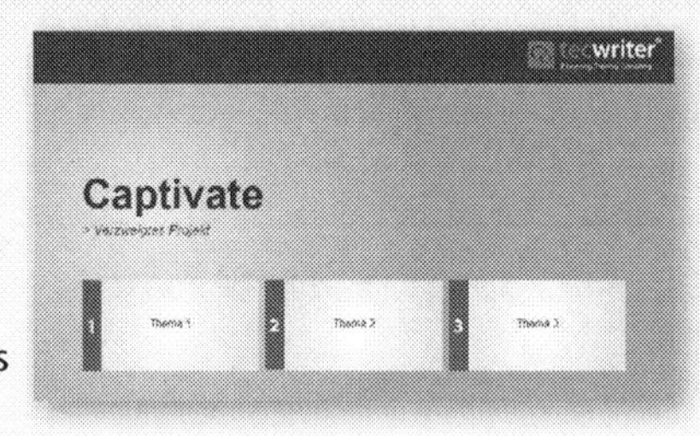

1 Öffnen Sie aus dem Ordner *12_Strukturierung* die Datei *Projekt_verzweigen_Menuefolie_Ziel.cptx* (▶ *Seite 12*).

   Sie sehen im Filmstreifen, dass das Projekt mithilfe von Foliengruppen übersichtlich strukturiert ist. Wenn Sie das Projekt in der Vorschau abspielen, können Sie über die Menüfolie zu drei verschiedenen Themenbereichen navigieren, nach deren Abschluss Sie automatisch wieder zur Menüfolie zurückgelangen. Diese Struktur möchten wir in dieser Übung selbst erstellen.

2 Öffnen Sie aus dem Ordner *12_Strukturierung* die Datei *Projekt_verzweigen_Menuefolie_Ausgang.cptx*.

3 Erstellen Sie eine Foliengruppe:

   a Markieren Sie mit gedrückter Taste ⇧ die Folien **2** und **3** im *Filmstreifen*.

   b Rechtsklicken Sie auf die markierten Folien und wählen Sie **Gruppieren > Erstellen**.

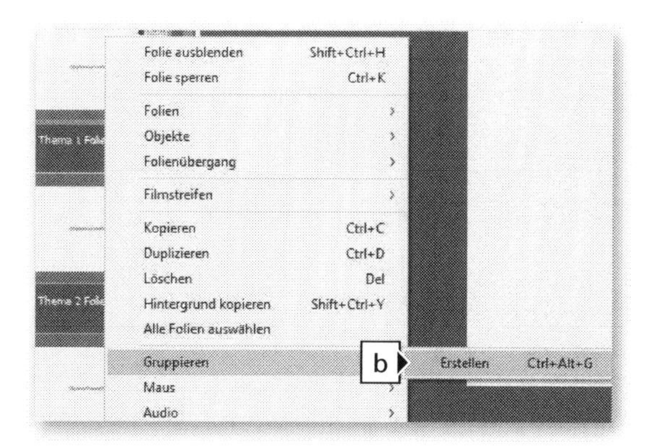

Sie haben die Folien zu einer Foliengruppe zusammengefasst.

Foliengruppen auf-/zuklappen

Über das Dreieck im linken oberen Bereich einer Foliengruppe können Sie diese reduzieren / erweitern.

4 Wiederholen Sie **Schritt 3** für die Folien 4 und 5.

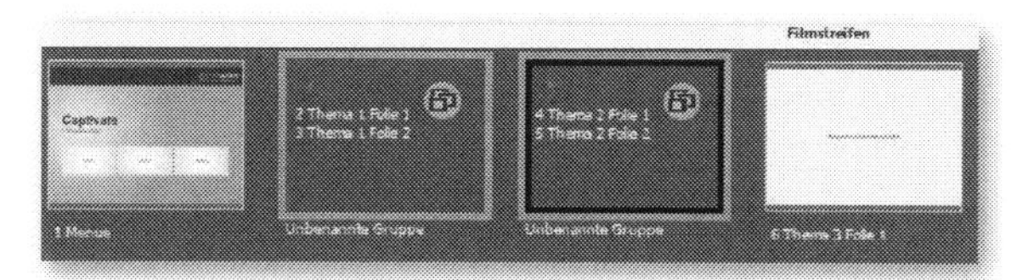

5 Wiederholen Sie **Schritt 3** für die Folien 6 und 7.

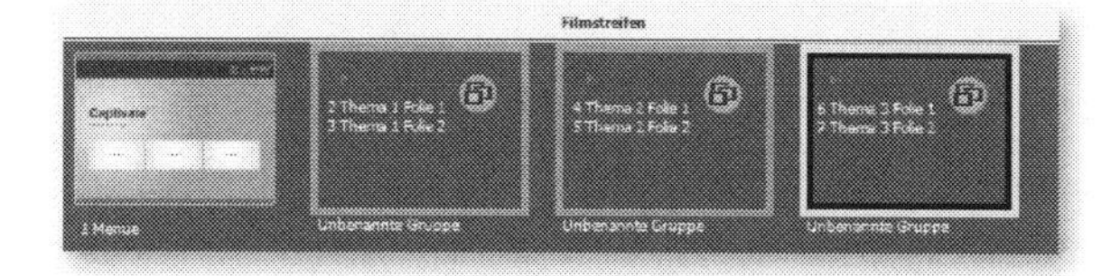

Sie haben drei Foliengruppen erstellt und das Projekt strukturiert.

6 Benennen Sie die Foliengruppen thematisch:

a Markieren Sie die erste Foliengruppe und tragen Sie in den *Eigenschaften* unter *Titel* den Text „Thema 1" ein.

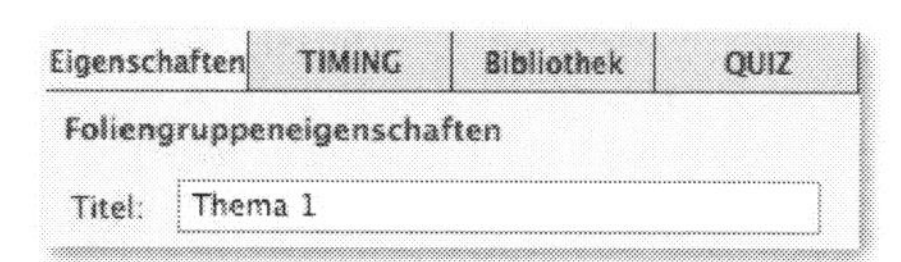

b Benennen Sie die zweite Foliengruppe mit „Thema 2" und die dritte Foliengruppe mit „Thema 3".

Foliengruppen übersichtlich gestalten

Wenn Sie mehrere Foliengruppen in einem Projekt erstellen: Sie können diese durch Farben voneinander abgrenzen. Wählen Sie hierfür im Bedienfeld *Eigenschaften* einer Foliengruppe eine *Farbe*.

7 Wählen Sie im Filmstreifen Folie **1 Menue**.

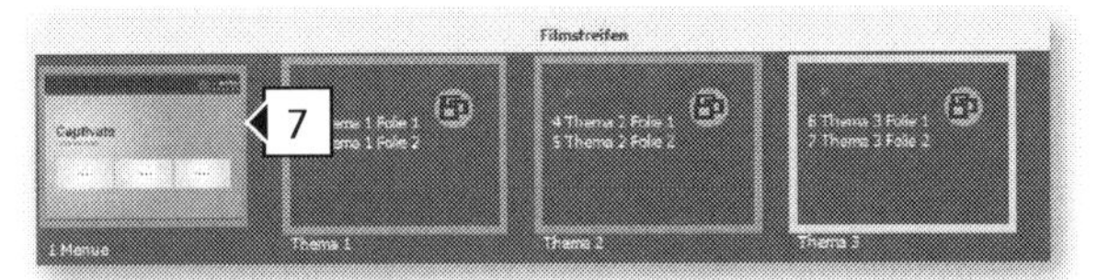

Wir möchten dem Benutzer nun ermöglichen, von dieser Menüfolie aus direkt in die entsprechenden Kapitel zu navigieren.

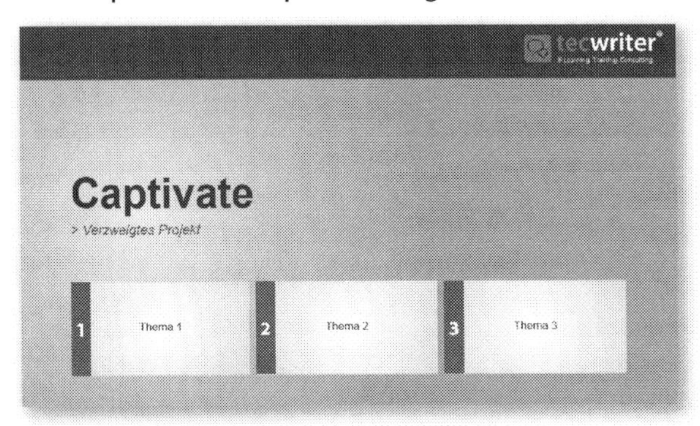

8 Fügen Sie eine Bildschaltfläche ein:

a Wählen Sie **Interaktionen > Schaltfläche**.

b Wählen Sie in den *Eigenschaften* der Schaltfläche im Tab *Stil* die Option **Bildschaltfläche**.

c Klicken Sie auf **Ändern** und öffnen Sie aus dem Verzeichnis *00_Assets\Bilder* die Datei *1_up.png*.

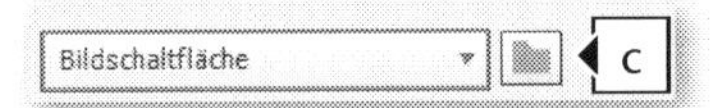

d Platzieren Sie die Schaltfläche auf der Folie über dem Bereich Thema 1.

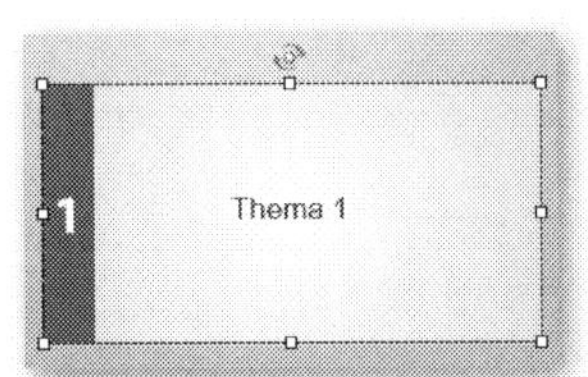

9 Fügen Sie zwei weitere Bildschaltflächen (*2_up.png* und *3_up.png*) ein. Wiederholen Sie dazu jeweils **Schritt 8** und platzieren Sie die Bildschaltflächen auf der Folie (wie im folgenden Bildschirmfoto gezeigt).

10 Verlinken Sie die erste Bildschaltfläche mit dem *Thema 1*:

a Markieren Sie die erste Schaltfläche auf der Menüfolie.

b Wählen Sie in den *Eigenschaften* im Tab *Aktionen* unter *Bei Erfolg* **Zu Folie springen** und unter *Folie* **2 Thema 1 Folie 1**.

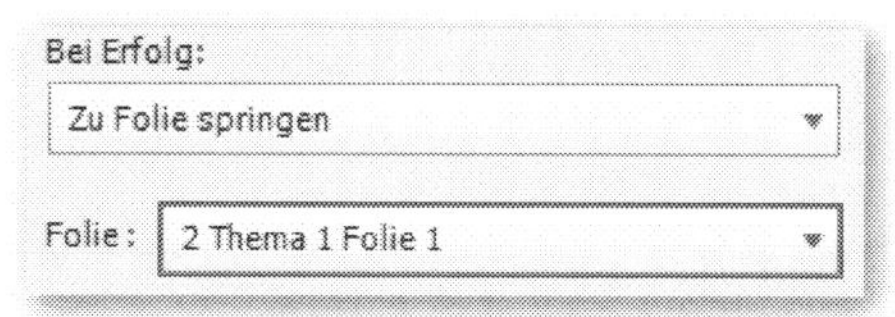

11 Verlinken Sie auf die gleiche Weise die beiden weiteren Schaltfläche mit den Themenbereichen *Thema 2* (*Folie* **4 Thema 2 Folie 1**) und *Thema 3* (*Folie* **6 Thema 3 Folie 1**).

Der Benutzer gelangt nun, sobald er auf eine der Schaltflächen klickt, auf die erste Folie eines Themenbereichs. Nun möchten wir, dass das Projekt am Ende eines Themas automatisch wieder zurück auf die Menüfolie springt.

12 Markieren Sie jeweils die letzte Folie eines Themas (Folie **3**, **5** bzw. **7**) und wählen Sie nacheinander in den *Folieneigenschaften* im Tab *Aktionen* unter *Beim Verlassen* **Zu Folie springen** und unter *Folie* **1 Menue**.

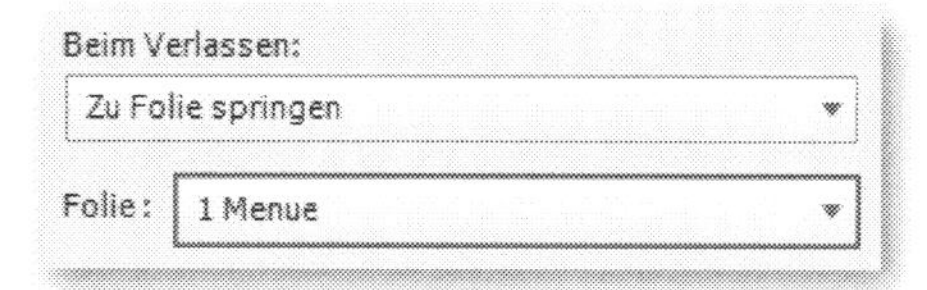

13 Testen Sie das Projekt in der Vorschau.

Sie haben Ihr Projekt über eine Menüfolie verzweigt. Der Benutzer kann direkt in die gewünschten Themenbereiche navigieren und gelangt nach Abschluss des Themas automatisch zurück auf die Menüfolie.

Folien benennen

In den *Eigenschaften* einer Folie können Sie diese mit einer Beschriftung versehen. Dies ist gerade bei der Arbeit mit Verzweigungen besonders wichtig, da Sie so gezielt bestimmte Folien ansteuern können. Nebenbei behalten Sie im Filmstreifen den Überblick und können die Foliennamen optional auch in ein Inhaltsverzeichnis übernehmen (▶ *Seite 342*).

Projektstart & -ende

Sie können festlegen, wie ein Projekt beginnen oder enden soll. So können Sie z. B. einen Ladebildschirm oder ein Standbild einstellen oder Ihre Projekte mit einem Kennwortschutz oder Ablaufdatum versehen.

Die Kategorie Projekt > Start und Ende in den Voreinstellungen

Bearbeiten > Voreinstellungen (Win) / Adobe Captivate > Voreinstellungen (Mac)

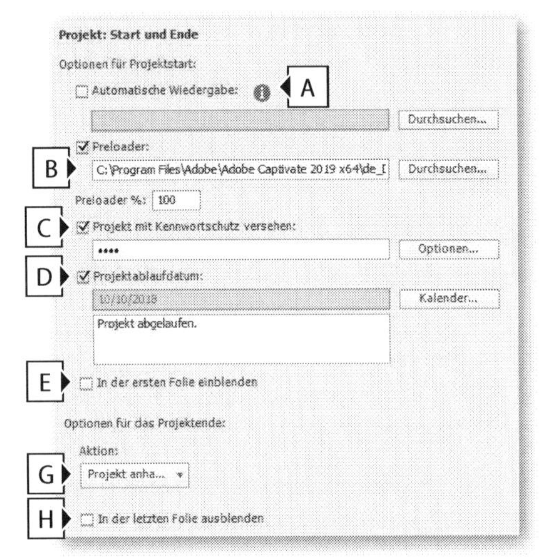

Automatische Wiedergabe

Beachten Sie: Die Funktion **Automatische Wiedergabe** wird von mobilen Browsern sowie auch von aktuellen Desktop-Browsern nicht mehr berücksichtigt und ist damit unbrauchbar geworden. *Tipp:* Nutzen Sie die Möglichkeit, über **Durchsuchen** ein ansprechendes Standbild zu hinterlegen.

A Projekt automatisch wiedergeben oder ein Standbild anzeigen (*Optional:* Eine Bilddatei als Standbild festlegen)

B Preloader, nur SWF (▶ *Seite 13*)

C Kennwortschutz sowie weitere Optionen (z. B. Meldungen, die bei Eingabe eines richtigen und falschen Kennworts angezeigt werden)

D Ablaufdatum einstellen (wenn es sich z. B. um schnelllebige Informationen handelt) sowie Meldung, die beim Ablauf des Projekts angezeigt werden soll

E Projekt mit Einblendeeffekt starten

F Aktion nach Projektende (▶ *Seite 198*)

G Projekt mit Ausblendeeffekt beenden

Wiedergabeleiste & Rahmen

Captivate liefert eine Auswahl an Wiedergabeleisten mit, deren Aussehen Sie auf Ihre Wünsche anpassen können.

Der Bereich Wiedergabesteuerung des Skin-Editors

Projekt > Skin-Editor

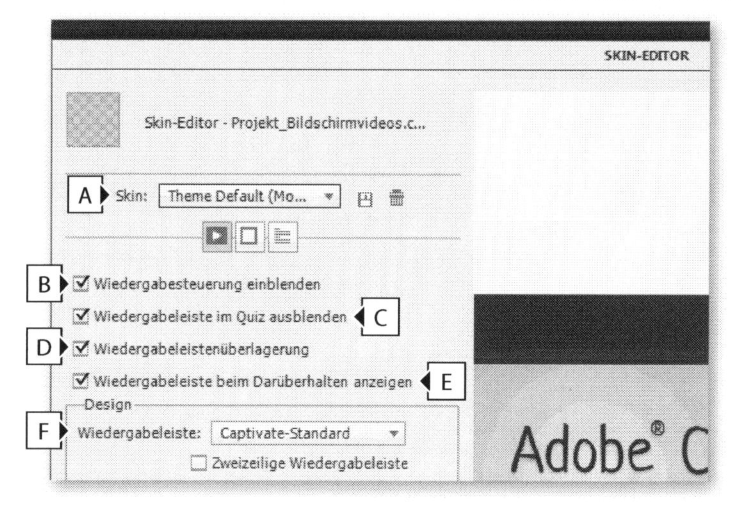

A Wahl des Skins (Design für Wiedergabesteuerung, Rahmen und Inhaltsverzeichnis)

B Wiedergabesteuerung anzeigen / ausblenden

C Falls Fragenfolien im Projekt vorhanden sind: Wiedergabeleiste im Quiz ausblenden

D Wiedergabeleiste auf das Projekt legen, statt es unter-, oberhalb oder daneben zu platzieren

E Wenn **D** aktiv: Wiedergabeleiste beim Überfahren des Projekts mit der Maus einblenden

F Wiedergabeleistendesign

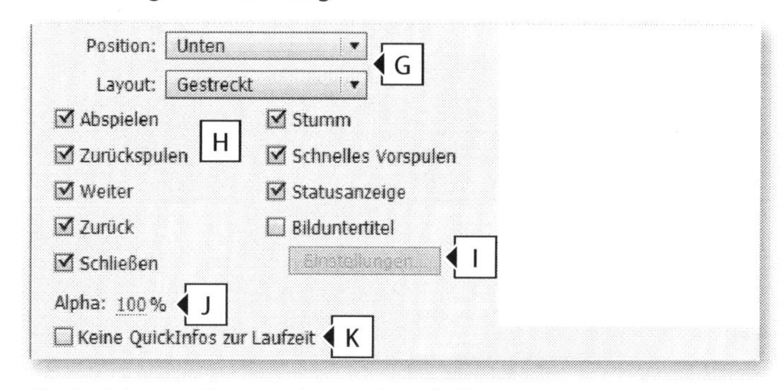

G Position und Layout der Wiedergabeleiste

H Schaltflächen, die die Wiedergabeleiste enthalten soll

I Einstellungen für Bilduntertitel (z. B. Schriftart und Schriftfarbe)

J Transparenz der Wiedergabeleiste in Prozent

K Tooltips der Schaltflächen auf der Wiedergabeleiste aktivieren / deaktivieren

Der Bereich Rahmen des Skin-Editors

Projekt > Skin-Editor

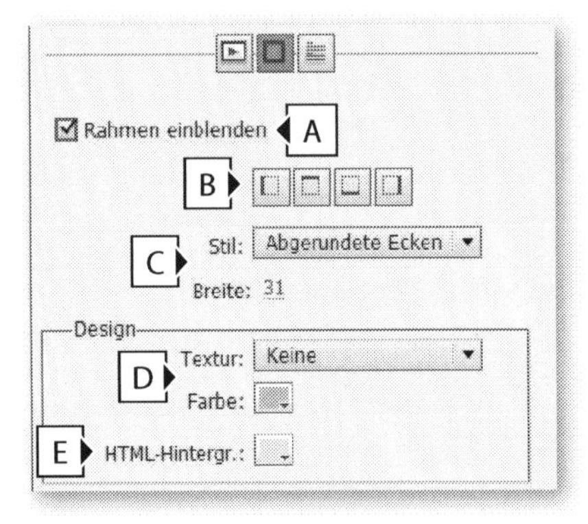

A Rahmen anzeigen / ausblenden

B Rahmenseite(n)

C Rahmenstil & -breite

D Rahmentextur oder -farbe

E Hintergrundfarbe der veröffentlichten HTML-Seite

Abschnitte des Inhaltsverzeichnisses benennen

Sie können die Abschnitte direkt mit einem Doppelklick in die Spalte *Titel* beschriften, einzelne Folien vom Inhaltsverzeichnis ein-/ausblenden oder mit der Maus per Drag-&-Drop verschieben. Beachten Sie jedoch: Wenn Sie nachträglich die Foliennamen in den Folieneinstellungen verändern, werden diese im Inhaltsverzeichnis nicht automatisch aktualisiert. Sie müssen das Inhaltsverzeichnis dann über die Schaltfläche **TOC zurücksetzen** aktualisieren. Dadurch werden alle Ihre manuellen Änderungen am Inhaltsverzeichnis ebenfalls zurückgesetzt. Deshalb sollten Sie Inhaltsverzeichniseinträge stets über die Foliennamen steuern und nicht manuell im Skin-Editor eintragen.

Inhaltsverzeichnisse

Mithilfe eines Inhaltsverzeichnisses (in Captivate auch als TOC abgekürzt) können Sie Ihre Projekte untergliedern. Dieses Inhaltsverzeichnis können Sie ebenfalls auf Ihre Wünsche einstellen und designen.

Der Bereich TOC des Skin-Editors

Projekt > Inhaltsverzeichnis

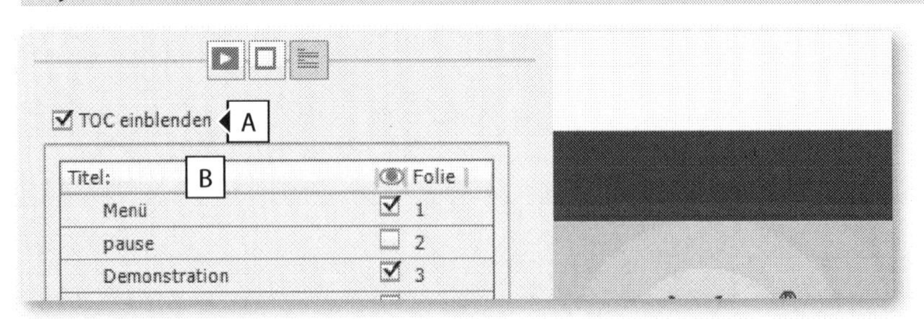

A Inhaltsverzeichnis anzeigen / ausblenden

B Auflistung der verfügbaren und im Inhaltsverzeichnis sichtbaren Folien bzw. Abschnitte (die Titel werden automatisch von evtl. bestehenden Foliennamen übernommen)

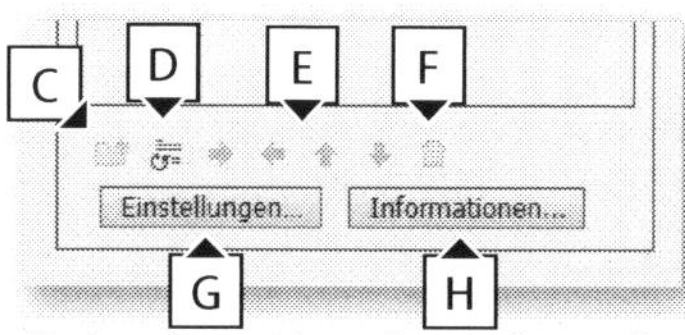

C Ordner bzw. Hauptkapitel erstellen, dem einzelne Abschnitte untergeordnet werden können

Titel:	👁	Folie
Startfolie	☑	1
Überblick	☑	2
▾ Kapitel 1	☑	
Inhalt 1_1	☑	3
Inhalt 1_2	☑	4
▾ Kapitel 2	☑	
Inhalt 2_1	☑	5
Inhalt 2_2	☑	6

D Inhaltsverzeichnis zurücksetzen und aktuelle Foliennamen laden

E Markierten Abschnitt nach rechts / links / oben / unten verschieben

F Markierten Eintrag löschen

G TOC-Einstellungen öffnen (▶ *siehe unten*)

H TOC-Informationen öffnen, um zusätzliche Informationen im Inhaltsverzeichnis darzustellen (▶ *siehe unten*)

Das Fenster TOC-Einstellungen

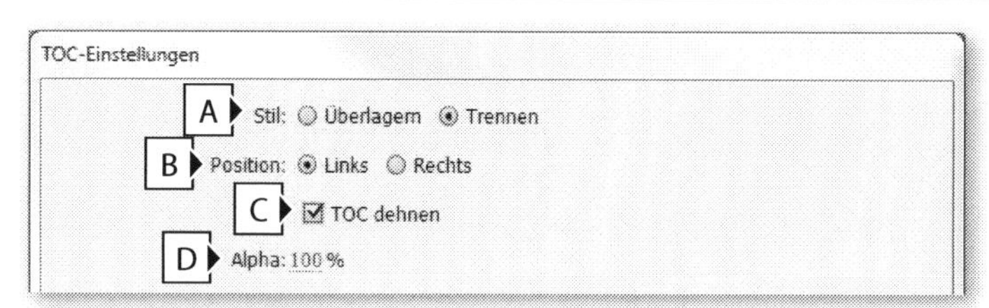

A Inhaltsverzeichnis ein- und ausblendbar (**Überlagern**) machen oder fest positionieren (**Trennen**)

B Position des Inhaltsverzeichnisses

C Wenn unter **A** die Option **Trennen** aktiv: Inhaltsverzeichnis an die Höhe des Projekts (inklusive Wiedergabesteuerung) anpassen

D Transparenzeinstellungen des Inhaltsverzeichnisses

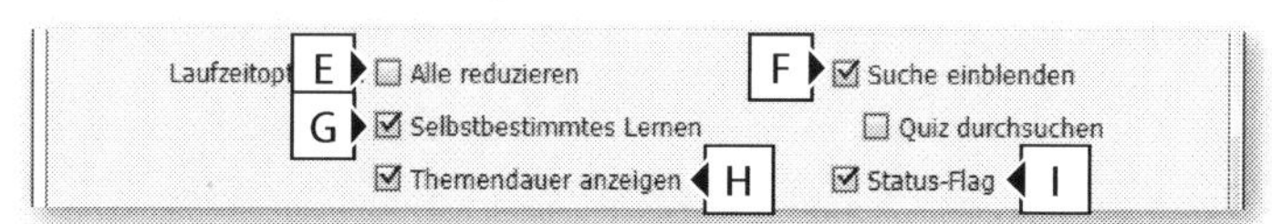

E Unterkapitel in einem untergliederten Inhaltsverzeichnis automatisch ausblenden

F Suche anzeigen; optional die Suche in Fragenfolien ermöglichen

Suchfunktion

Die Suchfunktion greift nicht nur auf die Namen der einzelnen Abschnitte zu, sondern durchsucht auch die Inhalte der einzelnen Folien.

G Projekt bei erneutem Öffnen auf Wunsch an der Stelle fortsetzen, an der der Benutzer zuvor unterbrochen hatte

H Dauer der einzelnen Abschnitte anzeigen

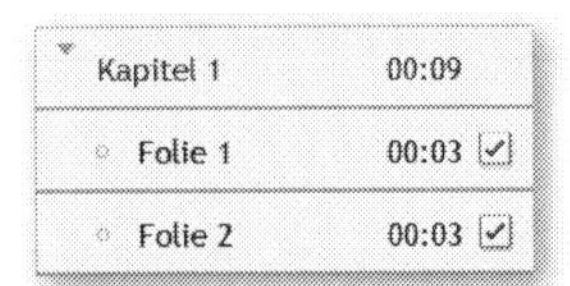

I Status-Flags anzeigen, die bereits gesehenen Abschnitte abhaken; optional Löschen-Schaltfläche anzeigen, über die die Status-Flags entfernt werden können

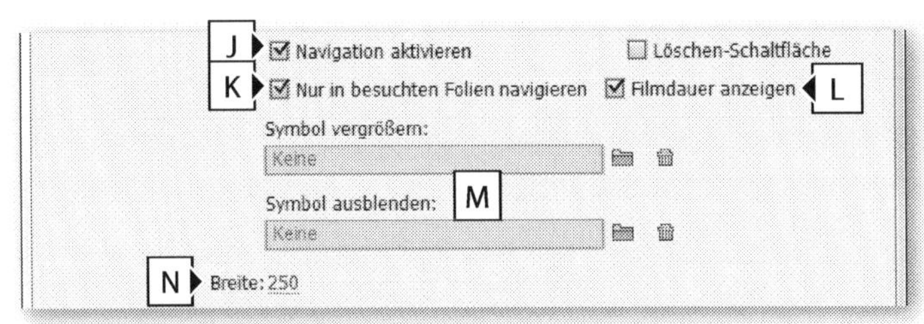

J Inhaltsverzeichnis navigierbar machen, damit der Benutzer Kapitel gezielt ansteuern kann

K Navigation nur in Folien erlauben, die bereits bearbeitet wurden

L Gesamtdauer des Projekts anzeigen

M Symbole für das Ein- und Ausblenden des Inhaltsverzeichnisses hinterlegen

N Breite des Inhaltsverzeichnisses (zwischen 250 und 500 px)

Nur in besuchten Folien navigieren

Wenn Sie ein Projekt z. B. so aufbauen möchten, dass Ihren Benutzern weitere Themen / Kapitel erst dann freigeschaltet werden, wenn ein bestimmtes Thema / Kapitel bearbeitet wurde, sollten Sie sicherstellen, dass Ihre Benutzer die freizuschaltenden Themen nicht frühzeitig über Inhaltsverzeichniseinträge auswählen können. Hierbei hilft die Option **Nur in besuchten Folien navigieren**.

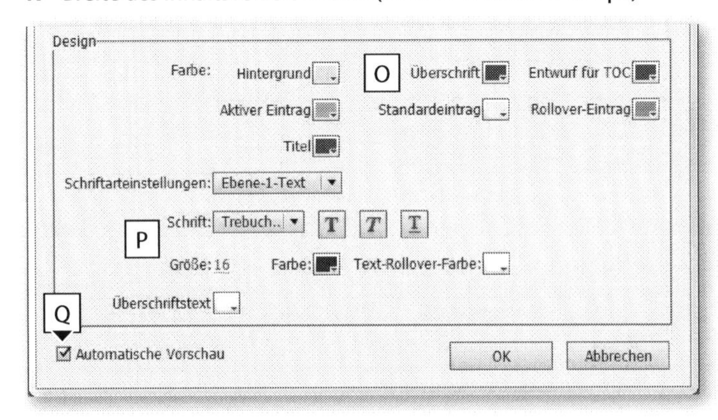

O Farbeinstellungen

P Schriftformatierung für die einzelnen Gliederungsebenen im Inhaltsverzeichnis

Q Vorschau dieser Einstellungen live im *Skin-Editor* anzeigen

Das Fenster TOC-Informationen des Skin-Editors

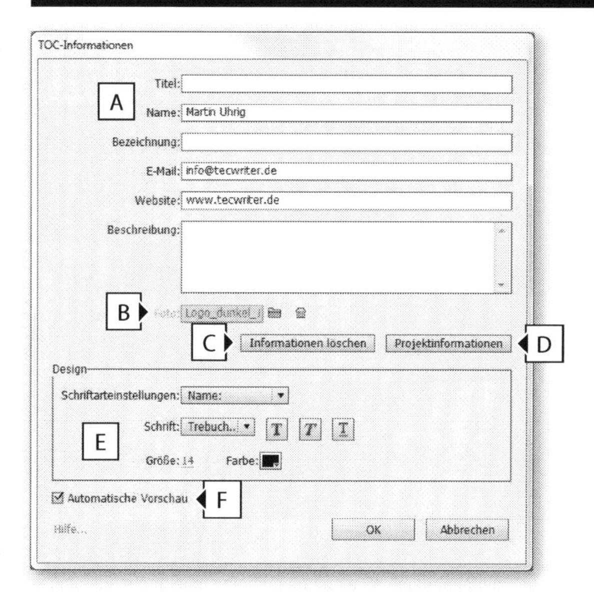

A Optionale Informationen, die im Inhaltsverzeichnis ausgegeben werden

B Ein Foto / Bild (z. B. Firmenlogo) anzeigen

C Alle Felder leeren

D Projektinformationen aus den Voreinstellungen (Kategorie **Projekt > Informationen**) übernehmen

E Schriftformatierung der einzelnen Informationen

F Vorschau dieser Einstellungen live im Skin-Editor anzeigen

Foliengruppen können nicht angesprungen werden

Wenn Sie Folien zu einer Gruppe zusammengefasst haben, lassen sich nur Folien innerhalb der Gruppe und nicht die Gruppe selbst über das Inhaltsverzeichnis aufrufen. Blenden Sie nur die Foliengruppe ein, so erscheint nur der Foliengruppenname (ohne Verlinkung) im Inhaltsverzeichnis.

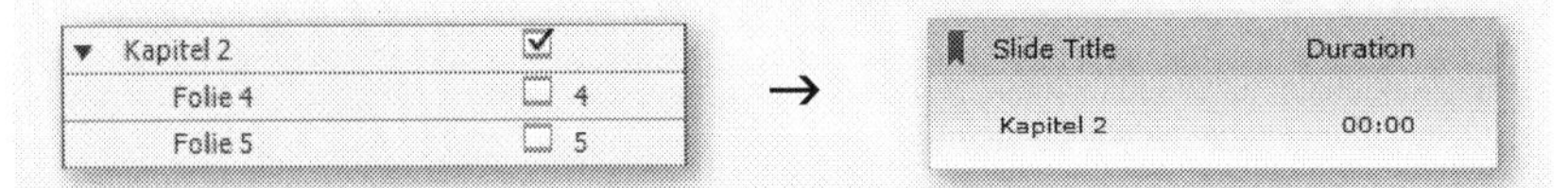

Möchten Sie dennoch die gesamte Gruppe aufrufbar gestalten, so empfiehlt es sich, eine Folie vor die entsprechende Gruppe als Ansprungspunkt einzufügen.

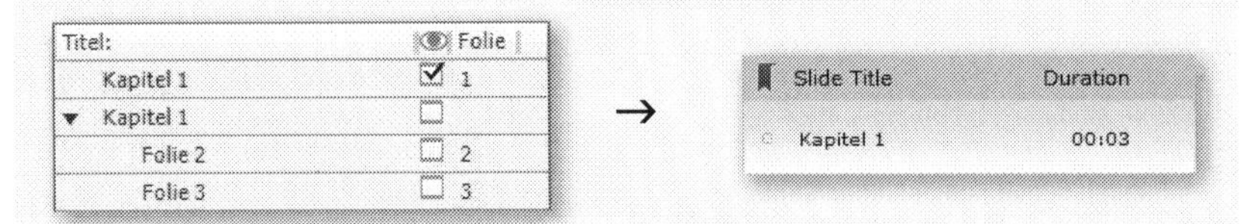

Möchten Sie mindestens zwei Folien innerhalb der Gruppe aufrufbar gestalten: Markieren Sie die Gruppe sowie die entsprechenden Folien. Dadurch werden die Folien im Inhaltsverzeichnis in einem Aufklappmenü angezeigt.

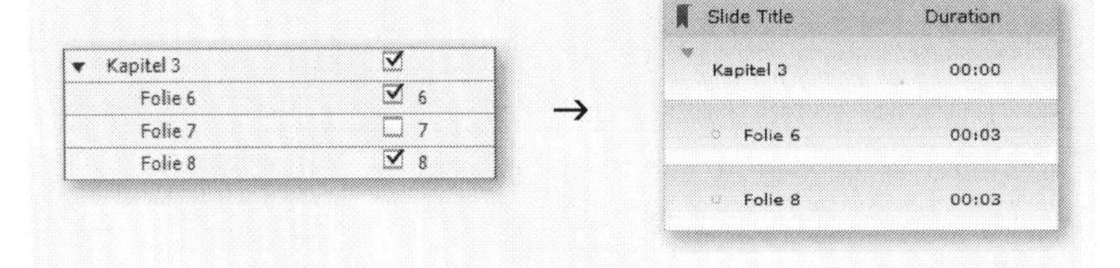

Übung: Skin formatieren und Inhaltsverzeichnis erstellen

Im Rahmen dieser Übung passen wir das Skin (Design der Wiedergabeleiste des Rahmens und des Inhaltsverzeichnisses) an und erstellen ein individuelles Inhaltsverzeichnis.

Übung 10 min

- Sie vergeben Foliennamen
- Sie erstellen ein Inhaltsverzeichnis
- Sie passen die Wiedergabesteuerung an
- Sie blenden den Rahmen aus

1 Öffnen Sie aus dem Ordner *12_Strukturierung* die Datei *Skin_IHVZ_Ziel.cptx* und spielen Sie das Projekt in der Vorschau ab (▶ *Seite 12*).

2 Blenden Sie das Inhaltsverzeichnis ein.

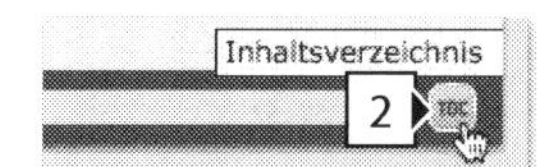

Sie sehen, dass das Inhaltsverzeichnis in 5 Kapitel unterteilt ist. Über das Inhaltsverzeichnis können Sie direkt zu den einzelnen Kapiteln springen. Im Rahmen dieser Übung werden wir ein Inhaltsverzeichnis erstellen und die Wiedergabeleiste anpassen.

3 Öffnen Sie aus dem Ordner *12_Strukturierung* die Datei *Skin_IHVZ_Ausgang.cptx*.

4 Vergeben Sie Namen für die Folien, die in das Inhaltsverzeichnis als Einträge aufgenommen werden sollen:

a Markieren Sie Folie **1** und tragen Sie im Bedienfeld *Eigenschaften* den Text „Einführung“ ein.

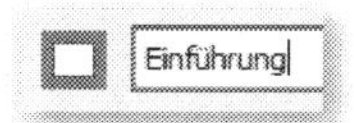

b Benennen Sie Folie **6** mit „Objekt einfügen“.

c Benennen Sie Folie **12** mit „Objekt formatieren“.

d Benennen Sie Folie **18** mit „Neuen Objektstil speichern“.

e Benennen Sie Folie **22** mit „Als Standardstil festlegen“.

Diese Namen werden bei der Erstellung oder Aktualisierung des Inhaltsverzeichnisses automatisch übernommen.

5 Fügen Sie ein Inhaltsverzeichnis ein:

a Wählen Sie in der *Menüleiste* **Projekt > Inhaltsverzeichnis**.

Das Fenster *Skin-Editor* öffnet sich.

b Aktivieren Sie die Option **TOC einblenden**.

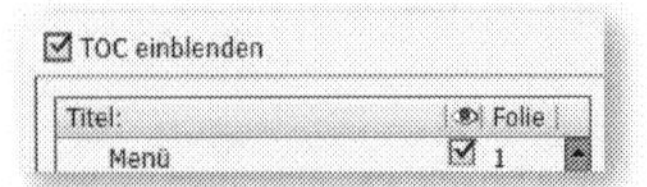

c Setzen Sie das Inhaltsverzeichnis zurück: Klicken Sie im unteren Bereich des Skin-Editors auf **TOC zurücksetzen**.

Falls zuvor Einstellungen am Inhaltsverzeichnis vorgenommen wurden, werden diese nun durch die aktuellen Einstellungen überschrieben.

Folien im Inhaltsverzeichnis ein-/ausblenden

Wenn Sie schnell mehrere Folien im Inhaltsverzeichnis ein-/ausblenden möchten: Markieren Sie die entsprechenden Folien mit ⇧ und / oder wählen Sie einzelne Folien mit Strg (Win) / ⌘ (Mac) hinzu / ab. Klicken Sie dann auf das Auge im Spaltenkopf.

d Klicken Sie auf **TOC-Einträge ein-/ausblenden** (**Auge** im Spaltenkopf).

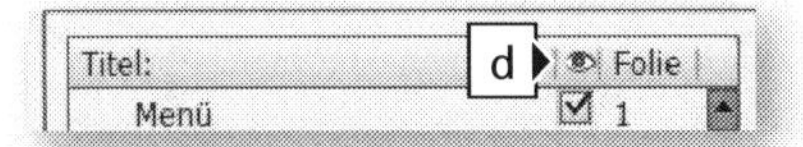

Sie haben alle Folien abgewählt. Jetzt möchten wir lediglich die zuvor benannten Folien im Inhaltsverzeichnis anzeigen lassen.

e Aktivieren Sie die Einträge **Einführung**, **Objekt einfügen**, **Objekt formatieren**, **Neuen Objektstil speichern** und **Als Standardstil festlegen**.

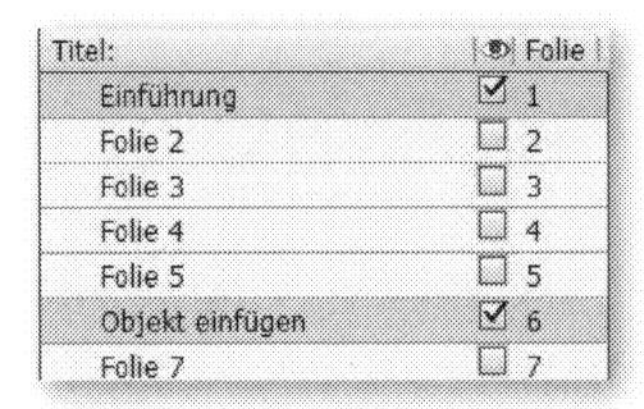

Im Inhaltsverzeichnis werden nun lediglich die benannten Folien angezeigt.

Design des Inhaltsverzeichnisses ändern

Wenn Sie das Design Ihres Inhaltsverzeichnisses ändern möchten: Wählen Sie im oberen Bereich des Skin-Editors unter *Skin* das gewünschte Design.

6 Formatieren Sie das Inhaltsverzeichnis:

a Klicken Sie im unteren Bereich des *Skin-Editors* auf **Einstellungen**.

Das Fenster *TOC-Einstellungen* öffnet sich.

b Stellen Sie sicher, dass unter *Stil* die Option **Überlagern** und unter *Position* die Option **Rechts** gewählt ist.

Das Inhaltsverzeichnis ist nun ein- und ausblendbar und wird im rechten Bereich des Projekts angezeigt.

Zusätzlich möchten wir dem Benutzer ermöglichen, die E-Learning-Einheit zu unterbrechen und später an der Stelle fortzusetzen, an der er zuvor unterbrochen hatte.

c Aktivieren Sie die Option **Selbstbestimmtes Lernen**.

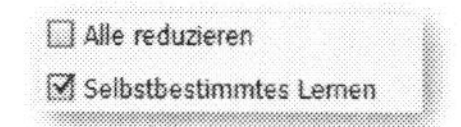

d Klicken Sie auf **OK**.

Nun möchten wir noch die Wiedergabesteuerung und den Rahmen anpassen.

7 Wechseln Sie in den Bereich **Wiedergabesteuerung** des *Skin-Editors*.

8 Wählen Sie die folgenden Einstellungen für die Wiedergabesteuerung:

a Die Option **Wiedergabesteuerung einblenden**.

b Die Option **Wiedergabeleistenüberlagerung**.

Die Wiedergabeleiste wird über dem Inhalt Ihres Projekts platziert und benötigt somit keinen zusätzlichen Platz.

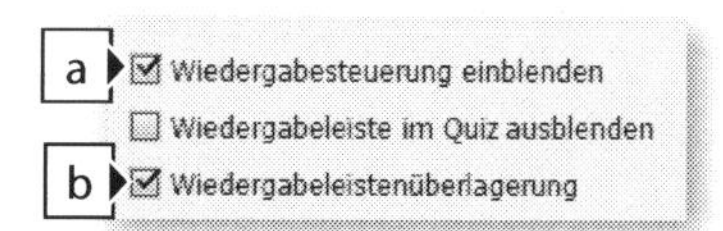

c Deaktivieren Sie die Optionen **Schließen** und **Schnelles Vorspulen**.

d Stellen Sie sicher, dass alle weiteren Optionen aktiviert sind.

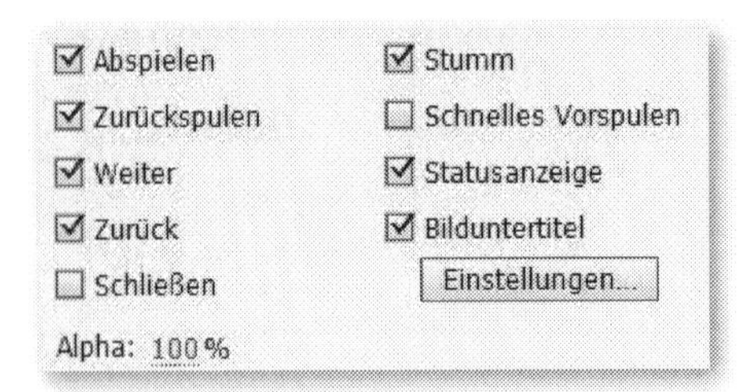

9 Wechseln Sie in den Bereich **Rahmen** des *Skin-Editors*.

10 Deaktivieren Sie die Option **Rahmen einblenden**.

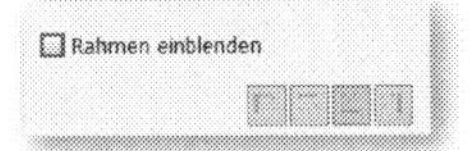

11 Schließen Sie den *Skin-Editor*.

12 Testen Sie das Projekt in der Vorschau.

Sie wissen nun, wie Sie ein individuelles Inhaltsverzeichnis erstellen sowie das Skin anpassen können.

13

Qualitätssicherung & Finalisierung

Dieses Kapitel widmet sich den Themen Barrierefreiheit, Review und Finalisierung Ihrer Projekte, um diese optimal auf die Veröffentlichung vorzubereiten.

Themenübersicht

Größe & Qualität

Einstellungen zur Folienqualität nur für SWF

Die Einstellungen, die Sie hinsichtlich der Folienqualität in Captivate vornehmen können, betreffen das Publikationsformat SWF (▶ *Seite 13*) und haben für das Format HTML5 keine Auswirkung. Dies betrifft sowohl die Funktion **Qualität** in den *Eigenschaften* einer Folie als auch die Kategorie *Projekt > Größe und Qualität* in den *Voreinstellungen*.

Optimierung der Größe

Im Folgenden ein paar Tipps, um die Größe Ihrer späteren Veröffentlichungen zu verringern:

- Wenn Sie Softwaresimulationen aufzeichnen: Verzichten Sie möglichst auf Full-Motion-Aufzeichnungen. Diese benötigen mit Abstand den größten Speicherplatz und haben auch noch andere Nachteile (▶ *Seite 88*).
- Achten Sie auf eine korrekte Dimensionierung Ihrer Projektauflösung: Je kleiner die Auflösung, desto kleiner die veröffentlichte Datei (▶ *Seite 19*).
- Verwenden Sie möglichst modulare Projekte: Abhängig von Ihren Zielgeräten, der verfügbaren Bandbreite sowie dem gewünschten Veröffentlichungsweg sollten Sie eine Aufteilung in mehrere Projekte in Erwägung ziehen (▶ *Seite 154*).
- Optimieren Sie die Größe und Auflösung von Grafiken und Fotos bereits bevor Sie diese in Captivate importieren. Importieren Sie in Captivate möglichst nur die Auflösungsgröße, die Sie später auch verwenden.
- Wenn Sie Audio verwenden: Sie können über **Audio > Einstellungen** die Qualität reduzieren (▶ *Seite 314*).
- Wenn Sie Videos verwenden: Stellen Sie sicher, dass die Auflösung und Qualität des Videos der in Ihrem Projekt verwendeten Größe entspricht. Komprimieren Sie dazu das Video mit einem Videobearbeitungsprogramm oder z. B. dem mit Adobe Captivate mitgelieferten Adobe Media Encoder. Denn: Captivate komprimiert Videos nicht von selbst. *Beispiel*: Wenn Sie eine Projektauflösung von 960 x 540 px haben, sollte die Auflösung des Videos diese Größe i. d. R. nicht übersteigen. Ausnahme: Sie möchten z. B. erreichen, dass das Video auf einem hochauflösenden Display oder bei einer HTML5-Veröffentlichung auf dem Tablet in hoher Qualität betrachtet werden kann. Denn andernfalls kann ein Betrachter von einer höheren Auflösung nicht profitieren.
- Stellen Sie sicher, dass keine Metadaten für Adobe Connect veröffentlicht werden: Wählen Sie **Datei > Veröffentlichungseinstellungen**. Deaktivieren Sie die Option **Adobe Connect-Metadaten veröffentlichen**.

Barrierefreiheit

Captivate ermöglicht die Erstellung barrierefreier Projekte nach den Web Content Accessibility Guidelines (WCAG) 2.0 und der Section 508 des „Workforce Rehabilitation Acts", einem amerikanischen Gesetz. Dieses beschreibt die Mindestanforderungen der Barrierefreiheit in der Informationstechnik und sollte berücksichtigt werden – auch wenn es nicht verpflichtend ist. Stellen Sie sich vor, Sie wären gehörlos. Würden Sie sich nicht auch freuen, wenn der Sprecher untertitelt wäre?

Nicht nur für Gehörlose macht die Untertitelung Sinn. Was ist, wenn Ihr Betrachter gerade keine Möglichkeit zur Audio-Ausgabe hat? Mit einer Untertitelung würde auch er nichts verpassen.

Umfassende Barrierefreiheit

Wenn Sie als Zielgruppe gezielt Menschen mit Behinderung ansprechen möchten, sollten Sie weitere Literatur zum Thema heranziehen und Ihre Captivate-Projekte voll auf diese Zielgruppe ausrichten. Hier gilt es innerhalb von Captivate dann auch möglicherweise, weitere Vorkehrungen zu treffen, z. B. eine doppelte Mausgröße einzusetzen oder auf Animationen zu verzichten.

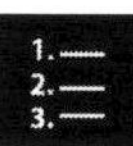

So aktivieren Sie die Barrierefreiheit für ein Projekt

1 Wählen Sie **Datei > Veröffentlichungseinstellungen**.

Das Fenster *Voreinstellungen* öffnet sich.

2 Stellen Sie sicher, dass die Option **Barrierefreiheit aktivieren** aktiv ist.

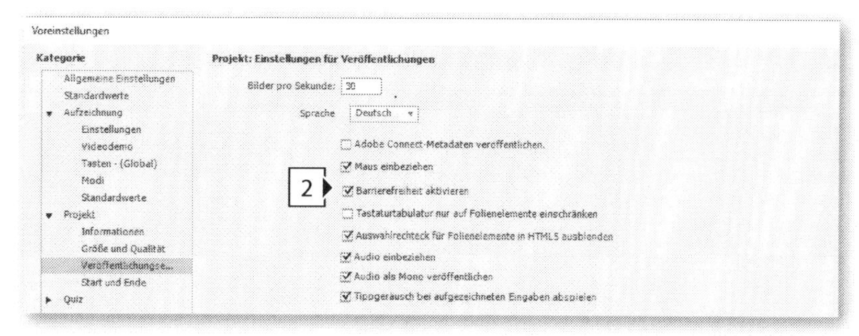

3 Klicken Sie auf **OK**.

Wenn Sie dieses Projekt nun veröffentlichen, dann ist der Webbrowser darauf sensibilisiert, Funktionen zur Barrierefreiheit bereitzustellen.

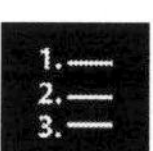

So texten Sie für Bildschirmleseprogramme

Beim Texten für Bildschirmleseprogramme hinterlegen Sie für jede Folie und optional jedes Objekt, welcher Text vorgelesen werden soll. Die meisten Objekte, wie z. B. Beschriftungen, Smartformen und Schaltflächen, enthalten bereits standardmäßig deren Inhalt als barrierefreien Text.

1 Wählen Sie eine Folie im Filmstreifen.

2 Wählen Sie im Bedienfeld *Eigenschaften* oben rechts im *Aufklappmenü* **Barrierefreiheit**.

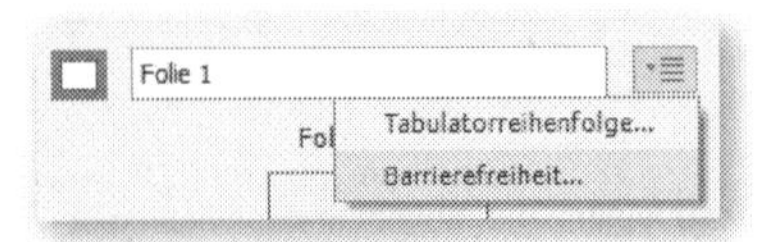

Das Fenster *Barrierefreiheit* öffnet sich.

3 Wenn Sie Folienanmerkungen hinterlegt haben, die das Bildschirmleseprogramm vorlesen soll: Klicken Sie auf **Folienanmerkungen importieren**.

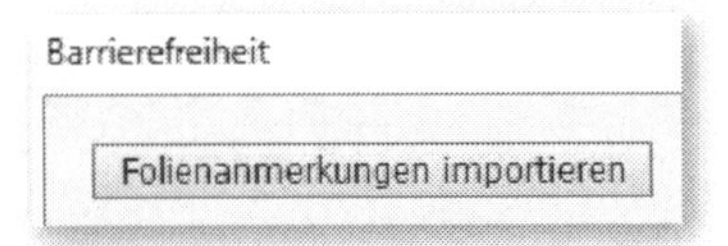

Die hinterlegten Folienanmerkungen werden im Fenster *Barrierefreiheit* angezeigt.

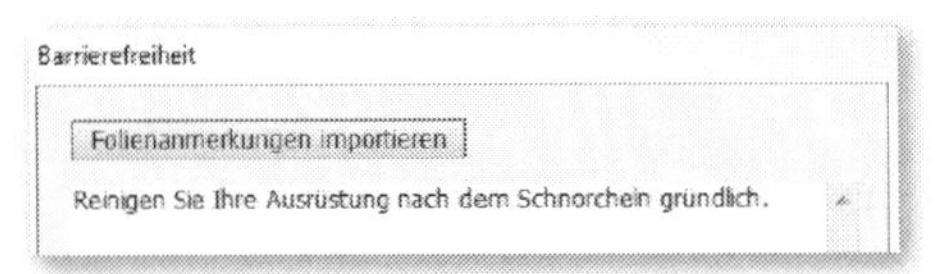

4 Geben Sie optional zusätzlichen Text im Fenster *Barrierefreiheit* ein.

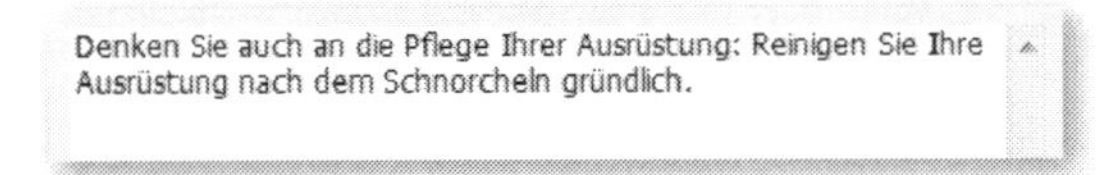

5 Klicken Sie auf **OK**.

6 Führen Sie diese Schritte auch für die restlichen Folien und ggf. den Rest des Projekts durch.

7 Legen Sie abschließend noch die Sprache (bzw. den Sprachakzent) fest, in der das Bildschirmleseprogramm den Text vorlesen soll:

a Wählen Sie in der *Menüleiste* **Datei > Veröffentlichungseinstellungen**.

Das Fenster *Voreinstellungen* öffnet sich.

b Wählen Sie unter *Sprache* die gewünschte Sprache.

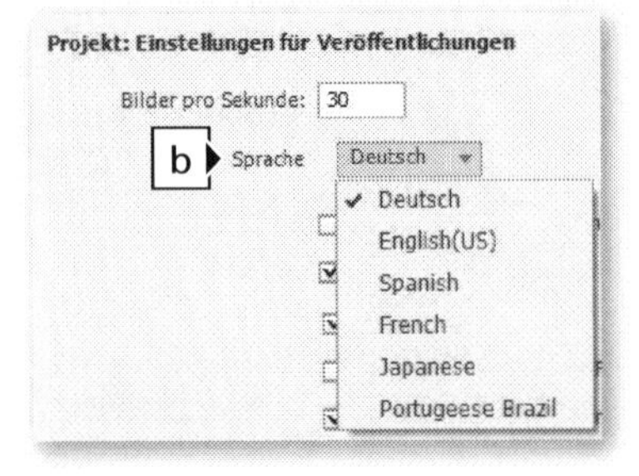

Wie Sie gesehen haben, ist es ziemlich einfach, „Futter" für Bildschirmleseprogramme zu liefern.

Barrierefreiheit von Objekten

Wenn Sie einem Objekt eigenen Text hinterlegen möchten: Klicken Sie in den Eigenschaften des Objekts auf **Barrierefreiheit**. Deaktivieren Sie im Fenster *Barrierefreiheit von Objekt* die Option **Automatische Beschriftung** und vergeben Sie individuell *Namen* und *Beschreibung*.

Tabulatorreihenfolge

Über die Option **Tabulatorreihenfolge** (▶ *Seite 122*) können Sie zusätzlich festlegen, in welcher Reihenfolge der Lerner mittels Taste ⇥ auf der Tastatur durch die interaktiven Bildschirmobjekte navigieren kann.

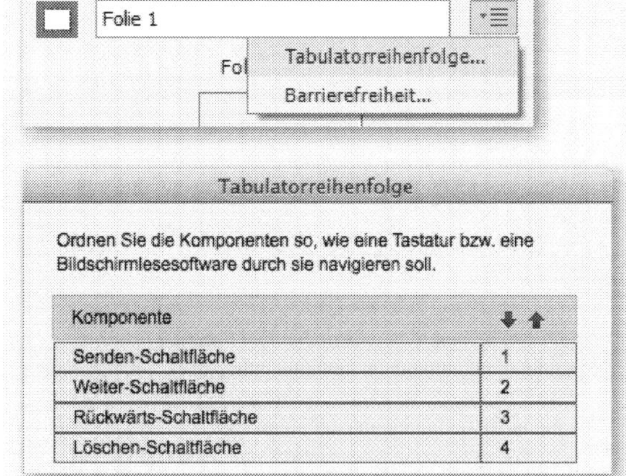

Über die Pfeiltasten können Sie hier die markierten Komponenten in der Reihenfolge verschieben und neu anordnen.

Bilduntertitelung

Für vertonte Projekte bietet es sich in vielen Fällen an, eine Bilduntertitelungsfunktion (in Captivate auch „CC" bzw. „Closed Captions") zu verwenden, nicht nur um auch gehörlose Lerner zu erreichen.

Das Fenster CC-Einstellungen

Folienanmerkungen > Bilduntertitel > CC-Einstellungen

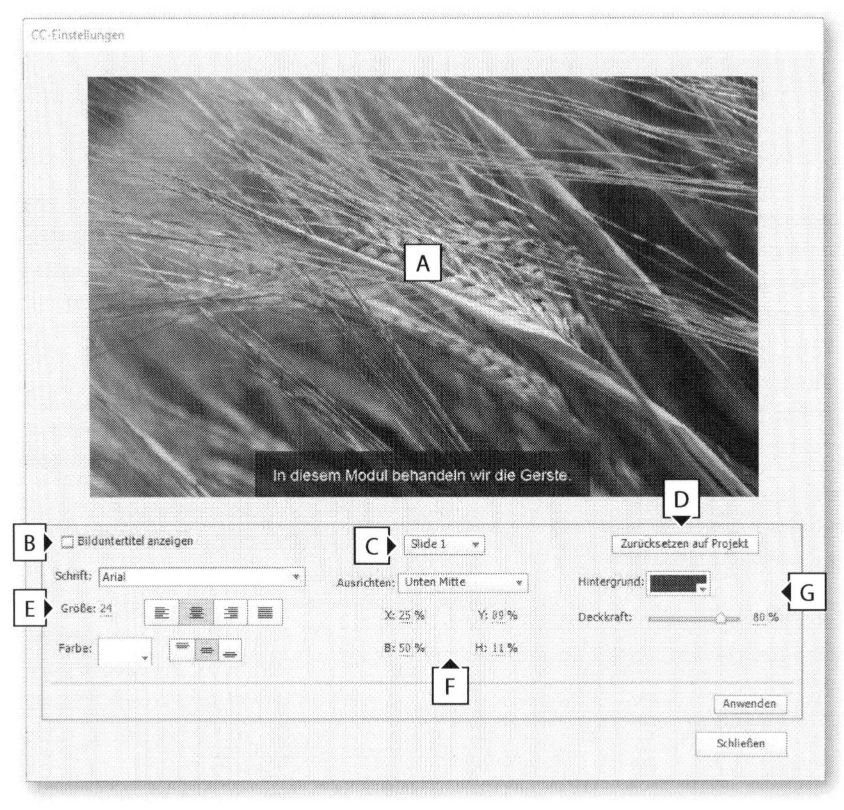

Verschieben von Bilduntertiteln

Im Fenster CC-Einstellungen können Sie Bilduntertitel im Vorschaubild folienweise oder projektweit per Drag-&-Drop verschieben.

A Vorschaubild

B Bilduntertitel standardmäßig automatisch einblenden / ausblenden

C Einstellungen für einzelne Folien oder für ganzes Projekt anpassen

D Falls eine Folie ausgewählt ist: Einstellungen der Folie auf Projekteinstellungen zurücksetzen

E Schriftart / Größe / Farbe / Ausrichtung der Bilduntertitel-Texte

F Ausrichtung / Größe der Bilduntertitel-Textbox

G Hintergrundfarbe / Deckkraft der Bilduntertitel-Textbox

Mithilfe der CC-Einstellungen können Sie Bilduntertitel projektweit oder je Folie positionieren, skalieren und formatieren. Projekteinstellungen greifen dabei solange, bis Einzelfolien bearbeitet und damit abgekoppelt werden. Um einzeln bearbeitete Folien wieder mit den Projekteinstellungen zu verknüpfen, wählen Sie

Zurücksetzen auf Projekt (D) oder setzen Sie in den Projekteinstellungen unten links ein Häkchen bei **Einstellungen für Folienebene durch Projekteinstellungen überschreiben**.

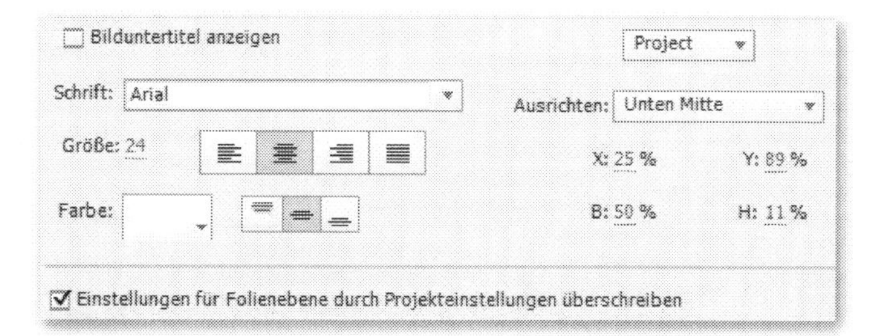

Beachten Sie: Die CC-Einstellung „Schriftfarbe" greift nur, wenn Sie den Text nicht bereits in den *Folienanmerkungen* oder im Fenster *Folienaudio* formatiert haben. Durch Auswahl der Farbe Schwarz setzen Sie einen vorformatierten Text zurück und können ihn so in den *CC-Einstellungen* wieder bearbeiten.

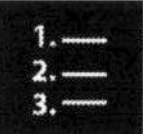

So texten Sie Bilduntertitel

Beim Texten von Bilduntertiteln hinterlegen Sie für Folien mit Audioinhalt Text, der dem Benutzer während der Wiedergabe des Projekts angezeigt wird.

Die Folien in Ihrem Projekt sind bereits vertont. Andernfalls können Sie die Bilduntertitelungsfunktion nicht verwenden.

1 Blenden Sie die *Folienanmerkungen* ein: Wählen Sie **Fenster > Folienanmerkungen**.

2 Klicken Sie auf **Bilduntertitel**.

Der Tab *Bilduntertitel* im Fenster *Folienaudio* öffnet sich.

3 Klicken Sie auf das **Plus-Symbol**.

Eine neue Bilduntertitelzeile wird hinzugefügt.

4 Tragen Sie im Bereich *Geben Sie den Untertiteltext ein* den Bilduntertiteltext ein und formatieren Sie diesen bei Bedarf (fett / kursiv / unterstrichen / Schriftfarbe). Klicken Sie auf das Zahnrad-Symbol, um das Fenster *CC-Einstellungen* (▶ *Seite 356)* zu öffnen und weitere Formatierungs- und Positionierungseinstellungen vorzunehmen.

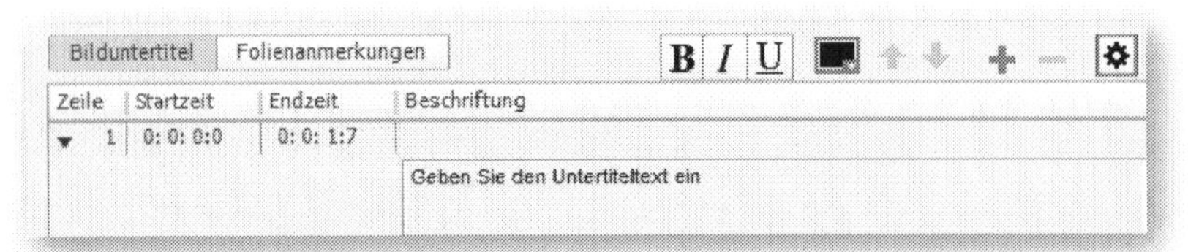

5 Klicken Sie auf **Speichern**.

6 Schließen Sie das Fenster *Folienaudio*.

7 Testen Sie das Projekt in der Vorschau.

8 Klicken Sie (in der Vorschau) auf das Symbol **CC** in der Wiedergabeleiste.

X-Symbol ausblenden

Sie können das X-Symbol, welches im Rahmen der Vorschau zur Ausblendung von Bilduntertiteln erscheint, bei Bedarf entfernen. Löschen Sie dazu die Datei *ccClose.png* im Programmverzeichnis *Adobe Captivate 2019\HTML\assets\htmlimages*.

? Wenn die Wiedergabeleiste und / oder die Schaltfläche **CC** nicht angezeigt wird: Schließen Sie die Vorschau und wählen Sie **Projekt > Skin-Editor**. Aktivieren Sie im Tab *Wiedergabesteuerung* die Optionen **Wiedergabesteuerung einblenden** und **Bilduntertitel**. *Optional*: Über die Schaltfläche **Einstellungen** können Sie das Erscheinungsbild des Untertitels formatieren.

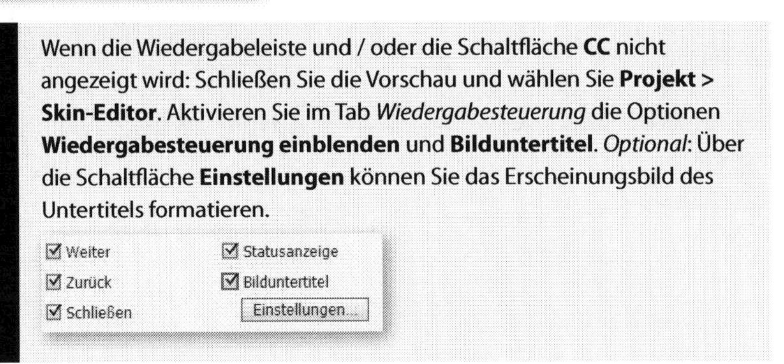

Sie haben Ihr Projekt nun mit Bilduntertiteln versehen, die optional hinzugeschaltet werden können.

Der Tab Bilduntertitel im Fenster Folienaudio

Standardmäßig gilt eine Bilduntertitelungszeile für die gesamte Dauer einer Folie. Wenn Sie längere Sprecherpassagen auf einer Folie haben, können Sie die Bilduntertitelzeilen zeitgesteuert umschalten lassen (z. B. über die Schaltfläche **Bilduntertitel** in den *Folienanmerkungen*).

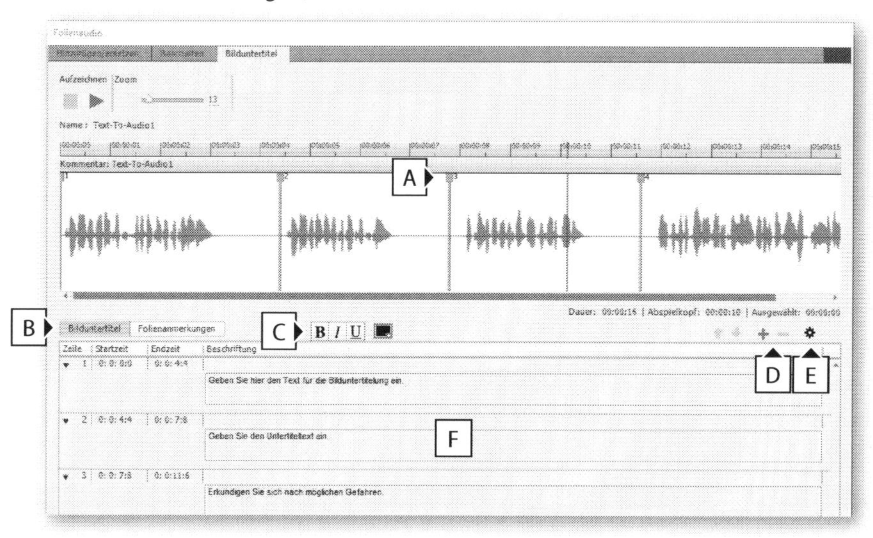

A Startmarkierung der entsprechenden Untertitelzeile

B Zwischen Bilduntertiteln und Folienanmerkungen wechseln

C Textformatierungen

D Untertitel hinzufügen / löschen

E CC-Einstellungen (▶ *Seite 356*)

F Untertitelzeilen der aktuellen Folie mit Start- und Endzeit

Rechtschreibprüfung

Vor der Veröffentlichung eines Projekts sollten Sie es mit der integrierten Rechtschreibprüfung von Adobe Captivate überprüfen.

Stellen Sie sicher, dass in den *Voreinstellungen* im Tab *Standardwerte* die Option **Beschriftungsanzeigedauer berechnen** deaktiviert ist. Ansonsten kann es sein, dass Captivate bei einer Rechtschreibkorrektur z. B. die Anzeigedauer einer Textbeschriftung automatisch verlängert. Diese Einstellung ist oft nicht gewünscht, da bei längeren Texten Interaktionsobjekte zur Pausierung sinnvoller sind.

Gehen Sie dazu wie folgt vor: Wählen Sie **Bearbeiten > Voreinstellungen** (Win) / **Adobe Captivate > Voreinstellungen** (Mac). Wählen Sie die *Kategorie* **Standardwerte**. Deaktivieren Sie im rechten Bereich unter *Allgemein* die Option **Beschriftungsanzeigedauer berechnen**.

Das Fenster Rechtschreibung

Projekt > Rechtschreibprüfung

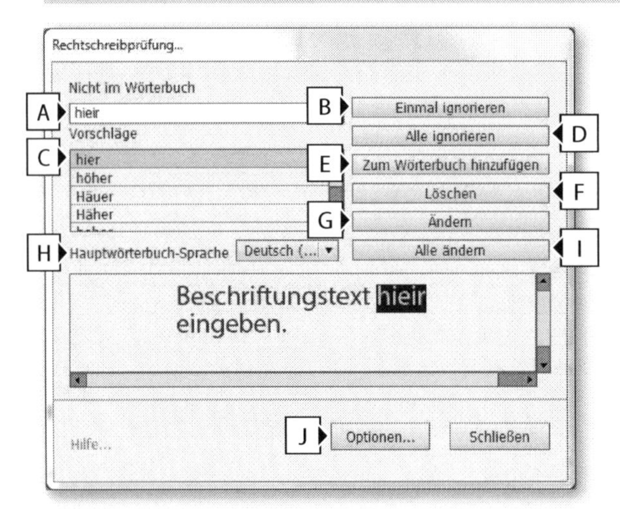

A Zeigt das Wort an, welches nicht im Wörterbuch enthalten ist

B Ignoriert den aktuellen Fehler einmal

C Zeigt alle Korrekturvorschläge an, wobei das aktuell markierte Wort als Änderungsvorschlag gilt

D Ignoriert das aktuelle Wort im gesamten Projekt

E Fügt das aktuelle Wort dem Wörterbuch hinzu

F Löscht das aktuelle Wort

G Ändert das aktuelle Wort entsprechend des gewählten Vorschlags

H Auswahl der Wörterbuchsprache

I Ändert alle gleichartigen Wörter entsprechend des gewählten Vorschlags

J Öffnet zusätzliche Optionen, um die Rechtschreibprüfung zu justieren

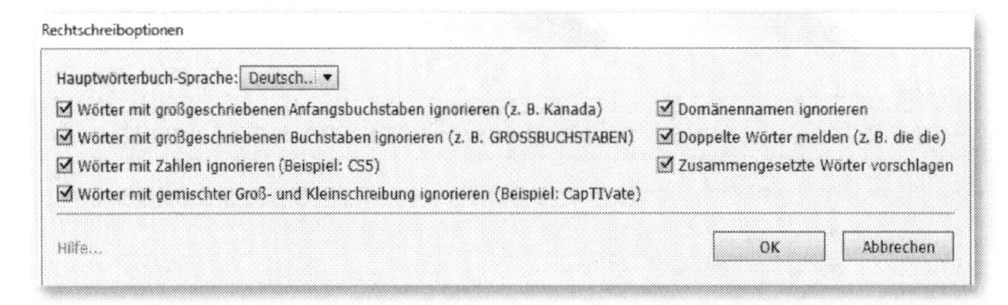

Suchen und Ersetzen

Über das Bedienfeld *Suchen und Ersetzen* können Sie Ihre Projekte inhaltlich konsistent gestalten. Sie können z. B. Ihr Projekt auf eine einheitliche Terminologie überprüfen oder nach Objekten und Objektstilen suchen.

Die Funktion Suchen und Ersetzen in der Praxis

Mit der Funktion *Suchen und Ersetzen* können Sie nicht nur Text suchen und Änderungen an mehreren Stellen im Projekt schnell und einfach durchführen. Sie können damit auch Direktformatierungen ermitteln sowie nicht verwendete Objektstile leicht auffinden (▶ *Weblink 13.1, Seite 12*).

Das Bedienfeld Suchen und Ersetzen

Bearbeiten > Suchen und Ersetzen

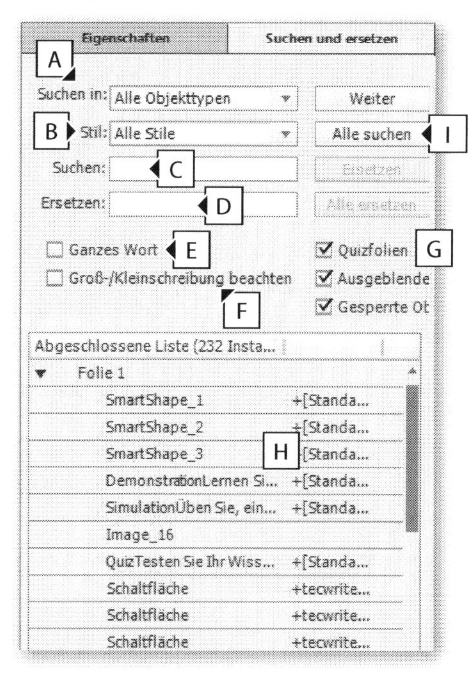

A Suche auf alle Objekte anwenden, auf einen bestimmten Objekttyp oder Folienanmerkungen / Bilduntertitel / Text-to-Speech begrenzen

B Alle Stile in die Suche einbeziehen oder auf bestimmte Objektstile begrenzen

C Nach Textbestandteilen suchen

D Gesuchten Text ersetzen durch

E Wenn nach Text gesucht wird: Nur nach ganzem Wort suchen

F Wenn nach Text gesucht wird: Groß-/Kleinschreibung in die Suche einbeziehen

G Quizfolien, ausgeblendete oder gesperrte Objekte in die Suche einbeziehen

H Suchergebnisse

I Suche starten und Ergebnisse in Liste anzeigen (**H**)

So suchen Sie nach der Verwendung von Objektstilen

1 Wählen Sie **Fenster > Suchen und Ersetzen**.

Das Bedienfeld *Suchen und Ersetzen* öffnet sich.

2 Wählen Sie unter *Suchen in* **Alle Objekttypen**.

3 Geben Sie unter *Stil* den Objektstil an, nach dem Sie suchen möchten.

4 Klicken Sie auf **Alle suchen**.

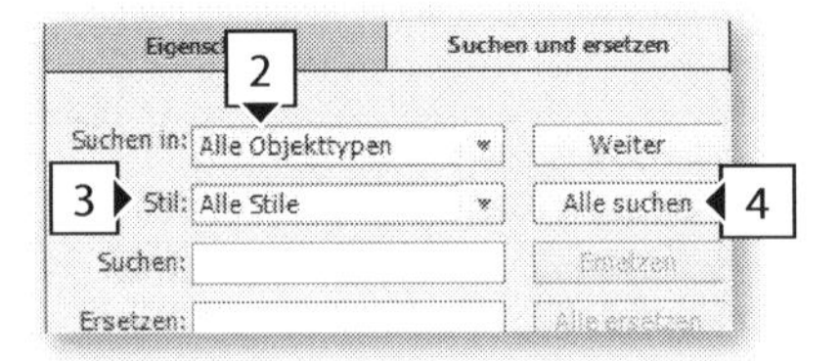

Captivate listet alle Objekte auf, die den gesuchten Objektstil verwenden. Auf diese Weise können Sie auch ganz einfach prüfen, ob Objektstile richtig zugewiesen wurden.

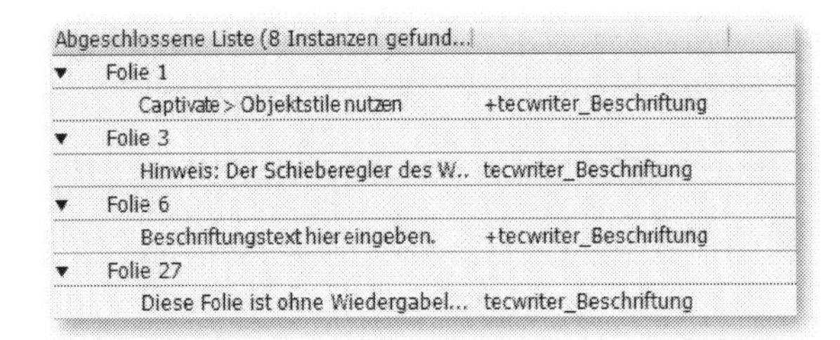

Adobe Captivate Reviewer

Mithilfe des Adobe Captivate Reviewers können Sie Ihre Projekte auch von Kollegen bzw. Teammitgliedern über einen zentralen Server oder im Austausch per E-Mail kommentieren lassen. Diese Kommentare können Sie dann zurück nach Captivate importieren und gezielt abarbeiten.

Um mit dem Adobe Captivate Reviewer zu arbeiten, müssen Sie als Kommentator unter Windows über Administratorrechte verfügen. Andernfalls können Sie den Reviewer leider nicht verwenden. Dies macht diese mächtige Funktion leider für die meisten Unternehmen unbrauchbar, weshalb ich hier den Weg über ein Word-Handout empfehle (siehe Infobox rechts).

Für den Überprüfungsworkflow können Sie optional zwei Dateien versenden: Eine Überprüfungsdatei (.crev) und den Adobe Captivate Reviewer. Hinter dem Adobe Captivate Reviewer verbirgt sich eine Adobe-AIR-Anwendung. Mit dieser Anwendung kann die Überprüfungsdatei auch ohne bestehende Captivate-Installation geöffnet, betrachtet und kommentiert werden.

Word-Handout

Sie können Ihre Projekte auch als Word-Handout (▶ *Seite 369*) veröffentlichen und anschließend über Word mittels der Funktion **Änderungen nachverfolgen** kommentieren lassen. Alternative: Sie können auch aus der Word-Datei ein PDF generieren, sodass Ihre Reviewer ein PDF kommentieren können.

!

Sie sollten ein Projekt erst zur Überprüfung veröffentlichen, wenn Sie (vorerst) nicht mehr an diesem Projekt arbeiten werden. Falls Sie beispielsweise nachträglich, vor dem Ende des Kommentarlaufs, Folien entfernen oder das Timing der Folien anpassen, werden Kommentare beim Reimport in Captivate u. U. nicht an deren vorgesehener Position angezeigt.

Der Adobe Captivate Reviewer

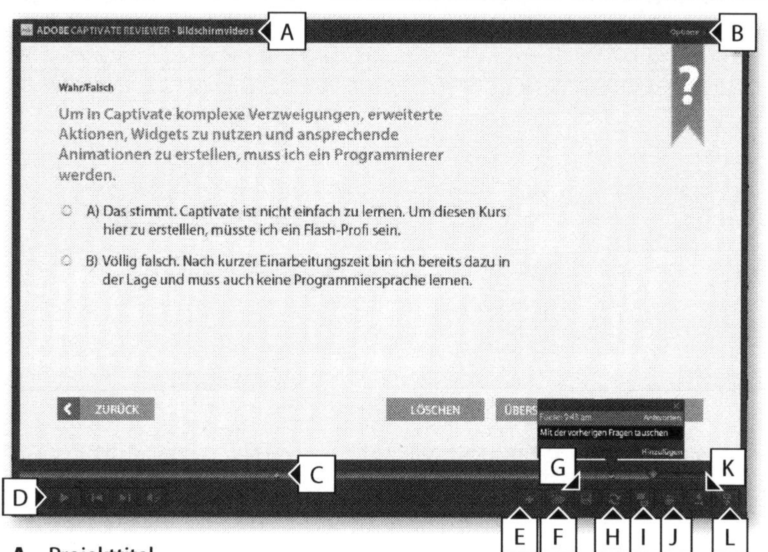

A Projekttitel

B Zusätzliche Optionen (z. B. Projekt in der tatsächlichen Projektgröße anzeigen)

C Abspielzeitleiste mit aktuellem Verlauf und allen Kommentarpositionen in Form von Punkten (insofern Kommentare erstellt wurden)

D Projekt von Anfang wiederholen / Abspielen / Zurückspringen / Vorspringen / Audio ein / aus

E Kommentar an aktueller Abspielposition hinzufügen

Kommentar über die Abspielleiste hinzufügen

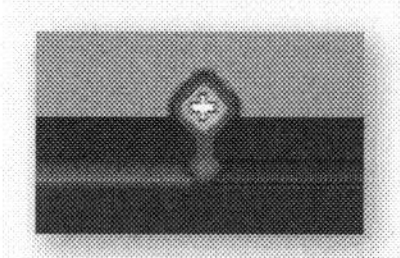

Sie können alternativ direkt über die Abspielleiste einen Kommentar hinzufügen: Fahren Sie mit der Maus über die Leiste und klicken Sie auf das erscheinende **Plus-Symbol.**

F Andere CREV-Datei öffnen

G Aktuelle Kommentare speichern

H Falls zeitgleich mehrere Personen am gleichen Projekt kommentieren und die Kommentare an einem zentralen Speicherort abgelegt werden: Kommentare aktualisieren

I Alle im Projekt vorhandenen Kommentare einblenden

J Kommentare nach Personen filtern

K Kommentar-XML-Datei importieren

L Eigene Kommentare als XML-Datei exportieren

So verhält sich die Kommentar-Schnittstelle

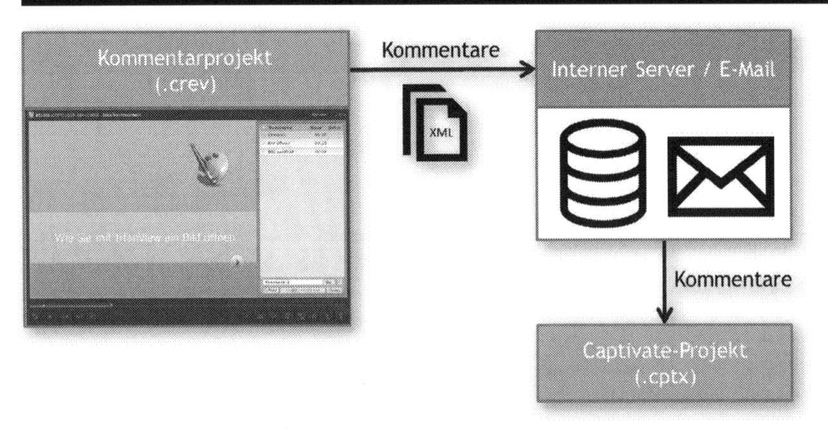

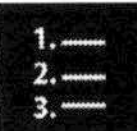

So erzeugen Sie ein kommentierbares Adobe-AIR-Projekt

1 Öffnen Sie ein Projekt, welches Sie zur Überprüfung freigeben möchten.

2 Wählen Sie in der *Menüleiste* **Datei > Versenden zur freigegebenen Überprüfung**.

Das Fenster *Versenden zur freigegebenen Überprüfung* öffnet sich.

3 Tragen Sie unter *Name* den Dateinamen ein.

4 Klicken Sie auf **Weiter**.

5 Wählen Sie einen *Veröffentlichungsordner*. In diesen Ordner wird die Überprüfungsdatei bzw. das Captivate-Projekt veröffentlicht.

6 Wählen Sie einen *Projektkommentarordner*. In diesem Ordner werden die Kommentare in Form von XML-Dateien standardmäßig abgelegt und Captivate greift automatisch auf diesen Ordner zu.

Projektkommentarordner manuell festlegen

Wenn Sie keinen *Projektkommentarordner* definieren, kann der Kommentator den Speicherort der Kommentare manuell angeben. Dies kann z. B. sinnvoll sein, wenn Sie nicht über ein Firmennetzwerk mit gemeinsamem Zugriff auf ein Netzlaufwerk verbunden sind. In diesem Fall können Sie die Kommentar-XML-Datei per E-Mail austauschen.

Veröffentlichungsordner: C:\Users\tec5\Desktop Durchsuc...
Projektkommentarordner: C:\Users\tec5\Desktop\Bildschirmvideos Thu Jun 14 2012 09.37 Durchsuc...
E-Mail senden
Reviewdatei (.crev) anhängen
„Adobe Captivate-Reviewer" anfügen

Per E-Mail senden

Wenn Sie die Überprüfungsdatei und den Adobe Captivate Reviewer (das zugehörige Abspielprogramm) per E-Mail versenden möchten: Stellen Sie sicher, dass die Option **E-Mail senden** sowie die beiden Unteroptionen aktiviert sind.

E-Mail senden
Reviewdatei (.crev) anhängen
„Adobe Captivate-Reviewer" anfügen

7 Klicken Sie auf **Veröffentlichen**.

8 Speichern Sie das Captivate-Projekt anschließend, andernfalls können Sie die Kommentare nicht zurückimportieren.

Das Projekt wird generiert.

Wenn Sie eine Überprüfungsdatei abspielen möchten: Auf dem Zielsystem müssen *Adobe AIR* sowie der *Adobe Captivate Reviewer* installiert sein. Bei einer vorhandenen Captivate-Installation sind beide Komponenten bereits installiert.

Wenn Sie das Projekt per E-Mail an ein System ohne Captivate-Installation versenden: Der Kommentator erhält eine E-Mail mit dem Adobe Captivate Reviewer sowie einen Weblink zur aktuellen Version von Adobe AIR.

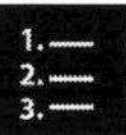

So kommentieren Sie ein Projekt

1 Öffnen Sie den **Adobe Captivate Reviewer 2019** aus dem Verzeichnis *\Program Files (x86)\Adobe\Adobe Captivate Reviewer 2019* (Win) / *Programme/ Adobe/* (Mac OS).

Starten Sie den Adobe Captivate Reviewer mit Administratorrechten: Rechtsklicken Sie auf die Anwendung *Adobe Captivate Reviewer* und wählen Sie im Kontextmenü die Option **Als Administrator ausführen**. Wenn Sie keine Administratorrechte besitzen, können Sie das Programm leider nicht verwenden.

2 Geben Sie Ihren Namen sowie Ihre E-Mail-Adresse ein und klicken Sie anschließend auf **Anmeldung**.

Diesen Angaben werden Ihre Kommentare zugeordnet.

3 Klicken Sie auf **Adobe-Captivate-Film laden (.crev, .swf** oder **.zip)** und öffnen Sie die betreffende CREV-Datei.

Wenn Sie unter Mac beim Laden der CREV-Datei eine Fehlermeldung wegen fehlender Rechte erhalten: Kopieren Sie die App **Adobe Captivate Reviewer 2019** aus dem Programmverzeichnis (siehe **Schritt 1**) auf den *Desktop*. Starten Sie den Reviewer dann erneut.

Der Speicherort für Kommentare ist nicht festgelegt

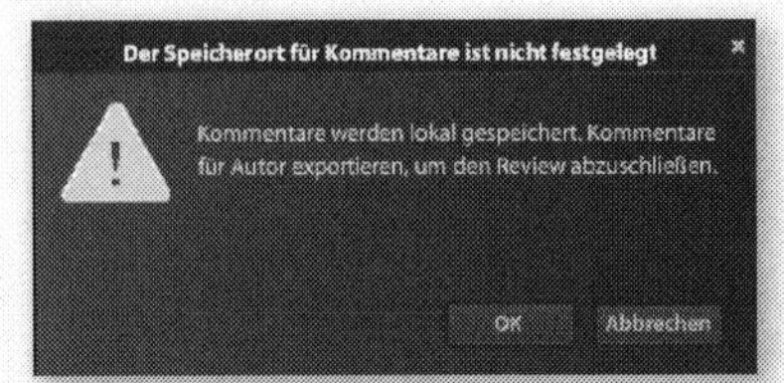

Wenn der *Projektkommentarordner* vom Ersteller des Projekts nicht definiert wurde: Es erscheint die Meldung *Der Speicherort für Kommentare ist nicht festgelegt*. Bestätigen Sie mit **OK**. Die Kommentare werden dann lokal auf Ihrem System gespeichert. Zur Weitergabe müssen Sie die XML-Datei dann exportieren und manuell weiterreichen (z. B. per E-Mail) - siehe **Schritt 8b**.

4 Klicken Sie auf **Abspielen**.

5 Stoppen Sie das Projekt an der Stelle, an der Sie einen Kommentar hinzufügen möchten: Klicken Sie in der Wiedergabeleiste auf **Pause**.

6 Fügen Sie einen Kommentar hinzu:

a Klicken Sie auf **Kommentar hinzufügen**.

Der Kommentarbereich *Kommentar hinzufügen* öffnet sich.

b Geben Sie Ihren Kommentar ein.

c Klicken Sie anschließend auf **Hinzufügen**.

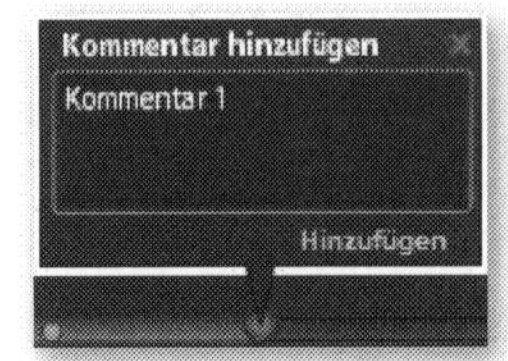

7 Fügen Sie beim ersten Test zumindest noch 2-3 weitere Kommentare ein.

8 **Speichern** (**a**) und / oder **exportieren** (**b**) Sie Ihre Kommentare.

Sie wissen nun, wie Sie ein Projekt kommentieren können.

Das Bedienfeld Kommentare in Captivate

Fenster > Kommentare

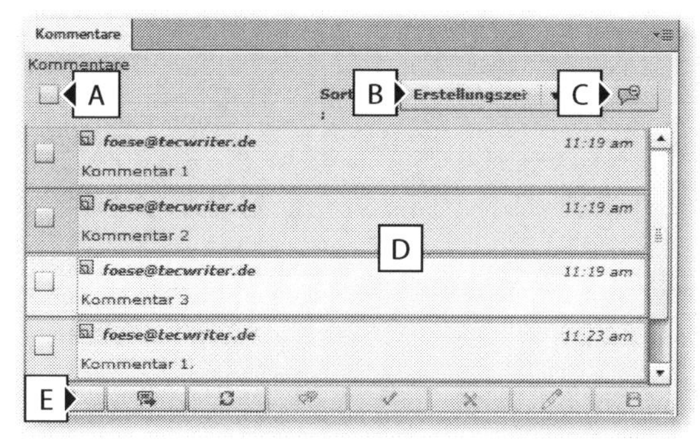

A Alle Kommentare markieren

B Kommentare sortieren nach Erstellungszeit, Überprüfername oder Status (*Neu*, *Akzeptiert* oder *Zurückgewiesen*)

C Review beenden, alle Kommentare löschen

Über die Schaltfläche **Review beenden** löschen Sie alle Kommentare dauerhaft! Diese Aktion können Sie nicht rückgängig machen!

D Kommentare: Ein markierter Kommentar wird direkt in der Zeitleiste angezeigt

E Kommentarwerkzeugleiste (siehe Tabelle)

Die Werkzeugleiste im Bedienfeld Kommentare	
	Kommentare aus XML-Datei importieren
	Kommentare in XML-Datei exportieren
	Kommentare aktualisieren
	Auf markierten Kommentar antworten
	Markierte(n) Kommentar(e) akzeptieren (Status: Akzeptiert)
	Markierte(n) Kommentar(e) ablehnen (Status: Zurückgewiesen)
	Eigenen Antwortkommentar bearbeiten
	Kommentare speichern

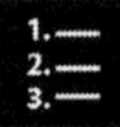

So importieren Sie Kommentare zurück nach Captivate

1 Öffnen Sie das Projekt, aus dem Sie eine Überprüfungsdatei veröffentlicht haben.

2 Wählen Sie **Fenster > Kommentare**.

Das Bedienfeld *Kommentare* öffnet sich.

3 Wenn Sie bei der Veröffentlichung einen *Projektkommentarordner* definiert haben und in diesem Ordner bereits Kommentare abgelegt wurden: Klicken Sie auf **Kommentare aktualisieren**.

Wenn Sie keine Kommentare sehen oder weitere Kommentare importieren möchten: Klicken Sie auf **Kommentare importieren** und öffnen Sie die entsprechende Kommentar-XML-Datei, die Sie z. B. per E-Mail erhalten haben.

Sie sind nun auch mit der Kommentarfunktion von Captivate vertraut.

Word-Handout: Sprecherskripte & Review-Werkzeug

Word-Handouts mit Text und Folienbild sind sehr sinnvoll, wenn Sie Ihre Projekte am Ende durch einen Sprecher vertonen lassen möchten. Sie können ein Projekt zuerst komplett fertig entwickeln und dann ein Word-Handout für Ihren Sprecher publizieren. Auf der anderen Seite ist es z. B. auch denkbar, aus einem Captivate-Projekt Input für Schulungsunterlagen oder Software-Hilfen zu liefern. Nicht zuletzt ist das Word-Handout das wichtigste Dokument im Review-Prozess, wenn Sie z. B. den Adobe Captivate Reviewer (▶ *Seite 362*) nicht einsetzen (können).

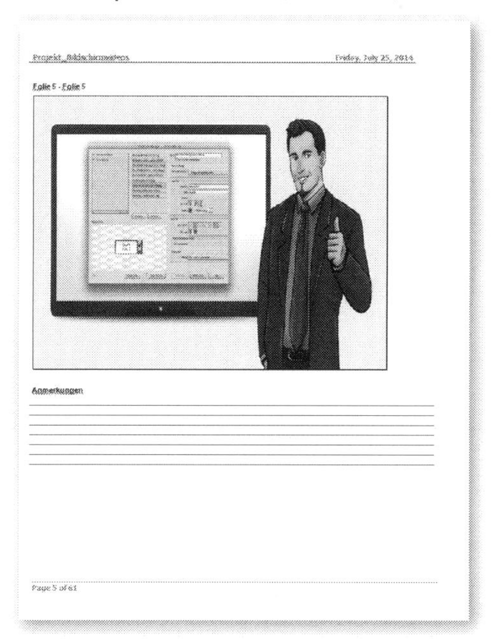

Verzerrung von Bildern in Word-Handouts

Wenn Ihre Projektauflösung andere Proportionen als 4:3 aufweist, werden die exportieren Folienbilder u. U. verzerrt (siehe Beispielbild). Sie können diese Bilder jedoch nachträglich in Word wieder auf die korrekten Proportionen einstellen (manuell oder per Makro).

Wenn die Publikation nach Word fehlschlägt

Leider funktioniert das Zusammenspiel zwischen Word und Captivate nicht immer einwandfrei. Wenn der Export nicht klappt, können folgende Schritte helfen.

Allgemein: Prüfen Sie, ob das Problem nur mit dem aktuellen Projekt besteht, indem Sie ein leeres Projekt probeweise veröffentlichen. Falls ja, können Sie das Problem eingrenzen, indem Sie Ihr Projekt aufgeteilt als Handout veröffentlichen (z. B. in Schritten von 10 Folien). Möglicherweise blockiert eine Folie oder ein Objekt die Veröffentlichung.

Windows: Starten Sie Captivate als Administrator. Veröffentlichen Sie dann erneut.

Mac: Öffnen Sie Word vorab, schließen Sie jedoch alle geöffneten Dokumente. Veröffentlichen Sie dann erneut.

Wenn die obigen Schritte nicht helfen, löst möglicherweise eine Neuinstallation von Word das Problem.

Eigene Word-Vorlage verwenden

Sie können die Veröffentlichungsvorlagen anpassen oder eine eigene Vorlage wählen. Klicken Sie dazu im Bereich *Typ* auf **Durchsuchen**. Die Vorlagen erreichen Sie außerdem über das Verzeichnis *Adobe Captivate 2019\Gallery\PrintOutput*.

Das Fenster Drucken

Datei > Drucken

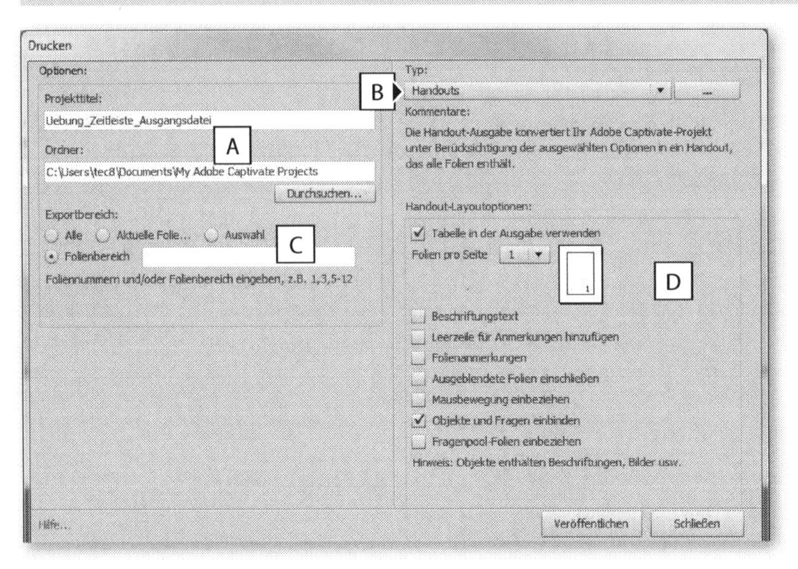

A Dateiname und -speicherort

B Veröffentlichungsvorlage: *Handouts*, *Lesson*, *Step by Step* oder *Storyboard*

C Alle Folien, markierte Folien oder Folienbereich exportieren

D Optionen der gewählten Vorlage: bei Handouts z. B. Anzahl der *Folien pro Seite*, *Beschriftungstext* anzeigen, *Folienanmerkungen* anzeigen oder *Objekte und Fragen einbinden*

Skalierung der Projektgröße

Sie können die Projektgröße Ihrer Captivate-Projekte auch im Nachhinein verändern – ohne alles neu aufnehmen oder erstellen zu müssen.

Das Fenster Projekt neu skalieren

Modifizieren > Projekt neu skalieren

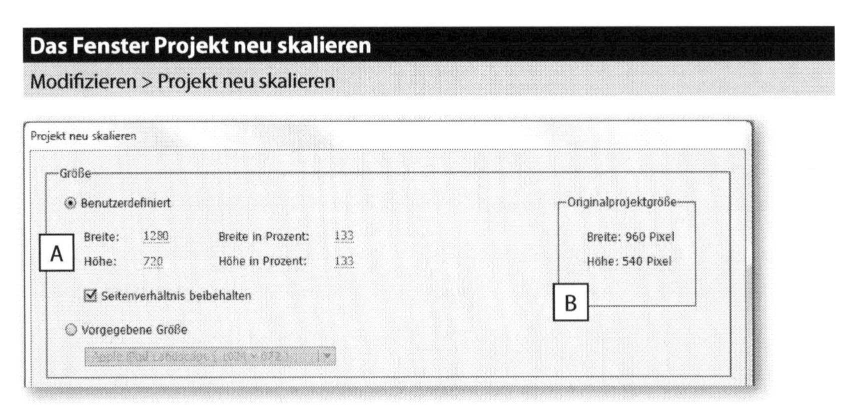

A Wahl einer benutzerdefinierten oder voreingestellten Auflösung

B Aktuelle Auflösung des Projekts

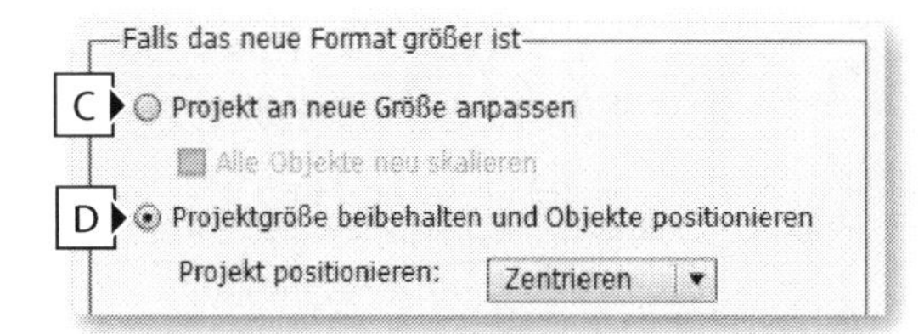

C Falls die eingestellte Auflösung höher als die aktuelle ist: Projekt skalieren und optional auch Beschriftungen, Markierungsfeld und andere Objekte vergrößern

D Falls die eingestellte Auflösung höher als die aktuelle ist: Projekt unverändert lassen und Projekt an einer bestimmten Stelle positionieren

Bildschirmaufnahmen skalieren

Wenn Sie eine Bildschirmaufnahme neu skalieren: Sie sollten diese Option nur einsetzen, wenn Sie keine andere Möglichkeit sehen. In den meisten Fällen ist es besser, bereits die Aufnahme in der Endgröße durchzuführen.

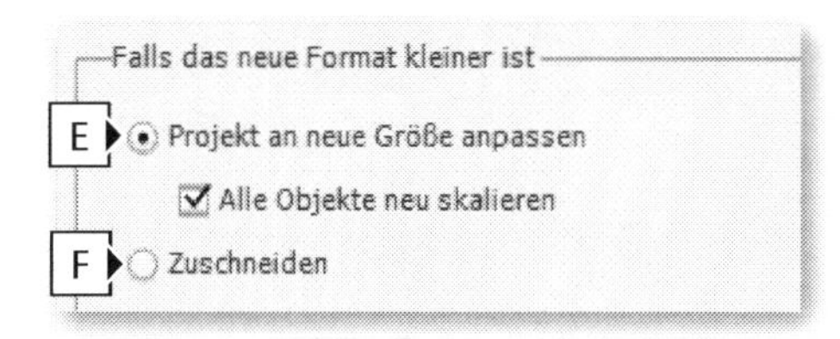

E Falls die eingestellte Auflösung geringer als die aktuelle ist: Projekt skalieren und optional auch Beschriftungen, Markierungsfelder und andere Objekte verkleinern

F Falls die eingestellte Auflösung geringer als die aktuelle ist: Projekt zuschneiden

Zuschneidepositionen definieren

Wenn Sie die Option **Zuschneiden** wählen: Klicken Sie auf **Weiter**. Sie gelangen zu einem Dialog, über den Sie die Zuschneidepositionen definieren können:

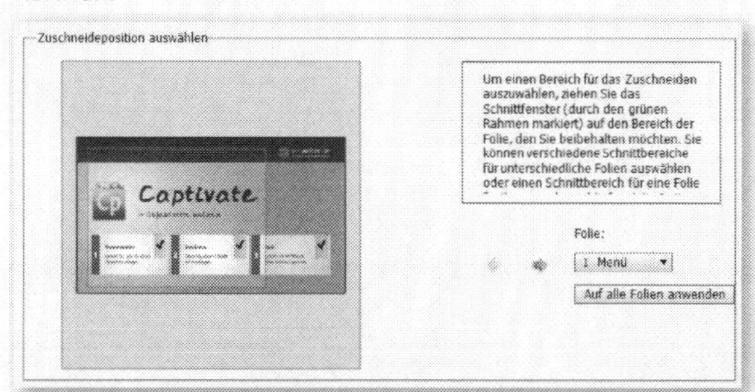

Verschieben Sie im linken Bereich den Zuschnitt an die gewünschte Stelle. Wenn Sie den Zuschnitt für jede Folie manuell einstellen möchten: Klicken Sie auf die Pfeil-Schaltfläche und stellen Sie den Zuschnitt für alle Folien des Projekts manuell ein. Wenn Sie den aktuellen Zuschnitt auf alle Folien anwenden möchten: Klicken Sie auf **Auf alle Folien anwenden**.

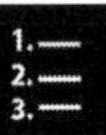

So skalieren Sie ein Projekt

1 Wählen Sie in der *Menüleiste* **Modifizieren > Projekt neu skalieren**.

Das Fenster *Projekt neu skalieren* öffnet sich.

2 Deaktivieren Sie im Bereich *Größe* die Option **Seitenverhältnis beibehalten** und tragen Sie unter *Breite* und unter *Höhe* die gewünschten Werte ein.

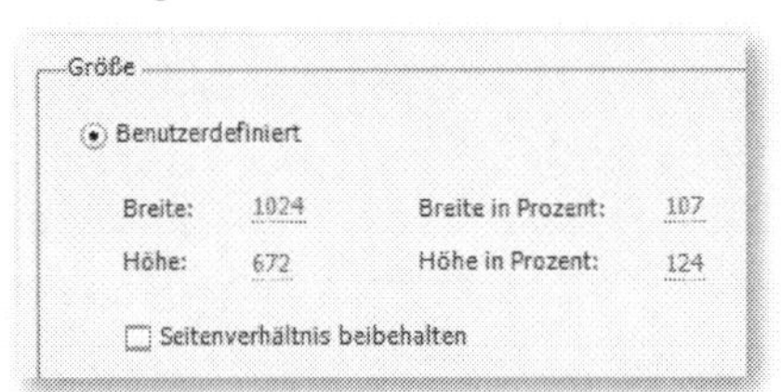

3 Passen Sie ggf. die Einstellungen für das Skalierungsverhalten an.

4 Klicken Sie auf **Fertigstellen** und bestätigen Sie die Abfrage mit **OK**.

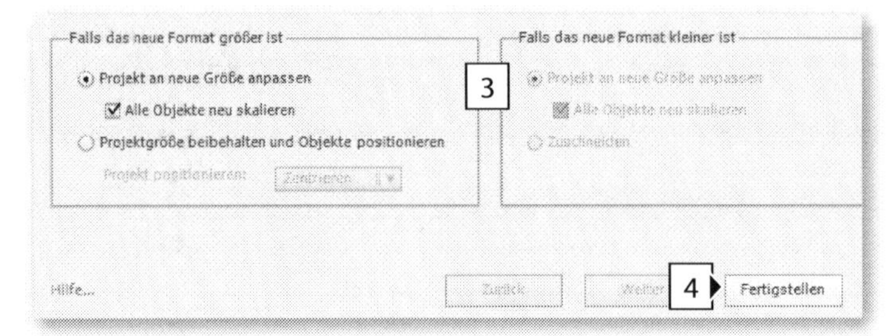

14

Veröffentlichung & HTML5

Mit Captivate haben Sie die Möglichkeit, für nahezu jede Zielplattform das passende Ausgabeformat zu wählen. In diesem Kapitel erfahren Sie, wie Sie Ihre Projekte für Desktop-Systeme bereitstellen.

MP4 für nicht-interaktive Projekte

Wenn Ihre Projekte nicht interaktiv sind (z. B. eine Software-Demonstration), können Sie diese alternativ als MP4 veröffentlichen und so plattformübergreifend einfach bereitstellen (▶ *Seite 382*).

Themenübersicht

Veröffentlichung als HTML5

Bei der Veröffentlichung Ihrer Projekte empfiehlt sich in den meisten Fällen das Format HTML5. Mittels dieses Formats können Sie Ihre Inhalte nicht nur auf Desktops und Laptops, sondern auch auf mobilen Endgeräten darstellen. Vorteil ist auch, dass kein zusätzliches Plugin wie der Flash-Player benötigt wird. Einzige Voraussetzung: ein aktueller Browser.

Browserunterstützung bei HTML5-Veröffentlichung

Folgende Browser unterstützen aktuell die HTML5-Ausgabe aus Captivate:

Windows	▶ Internet Explorer 9, 10 oder 11 ▶ Microsoft Edge ▶ Chrome 67 (oder höher) ▶ FireFox 60 (oder höher)
Mac	▶ Safari 11.1.1 (oder höher) ▶ Chrome 67 (oder höher) ▶ FireFox 60 (oder höher)
iOS 11 (oder höher)	▶ Safari (aktuelle Version)
Android 6.0 (oder höher)	▶ Chrome 67 (oder höher)

Gemäß dieser allgemeinen offiziellen Angaben, die Sie auch in der Hilfe von Captivate finden, sollte die HTML5-Ausgabe alle aktuellen Browser unterstützen. Aufgrund der vielfältigen interaktiven und multimedialen Möglichkeiten in Captivate sowie der sehr unterschiedlichen Interpretationen durch die verschiedenen Webbrowser empfehle ich Ihnen jedoch, Ihre Projekte selbst auf allen Browsern sowie Endgeräten intensiv zu testen; zumindest auf den Browsern, die Sie unterstützen möchten oder bei Ihrer Zielgruppe als Standard gesetzt sind. Nur so können Sie sicherstellen, dass Ihre HTML5-Inhalte korrekt angezeigt werden und lauffähig sind.

Aktuell nicht unterstützte Objekte / Funktionen bei der HTML5-Ausgabe

Auch bei der Veröffentlichung in HTML5 steht Ihnen (fast) die volle Bandbreite der Möglichkeiten von Captivate zur Verfügung. Allerdings gibt es Funktionen und Objekte, die aktuell (sowie teilweise auch künftig) generell nicht unterstützt werden (Stand: Captivate 11.0.1.266).

Generell werden nicht unterstützt:	Alle auf dem Format Flash (SWF) basierende Inhalte sowie Funktionen: z. B. importierte SWF-Animationen, SWF-Widgets sowie Text-, Mausklick- und Folienübergangsanimationen
Je nach Endgerät / Browser werden nicht unterstützt oder führen zu Problemen:	Alle Rollover-Objekte wie Rollover-Beschriftungen, -Bilder, -Minifolien, -Smartformen

Bitte beachten Sie, dass diese Liste nicht abschließend ist und u. U. auch andere spezielle Objekte / Funktionen je nach Zielsystem nicht unterstützt werden. So ist es beispielsweise nicht möglich, mittels der Systemvariablen *cpCmndMute* Folienaudio auf iOS-Geräten stummzuschalten (Objektaudio hingegen schon).

Der HTML5-Tracker

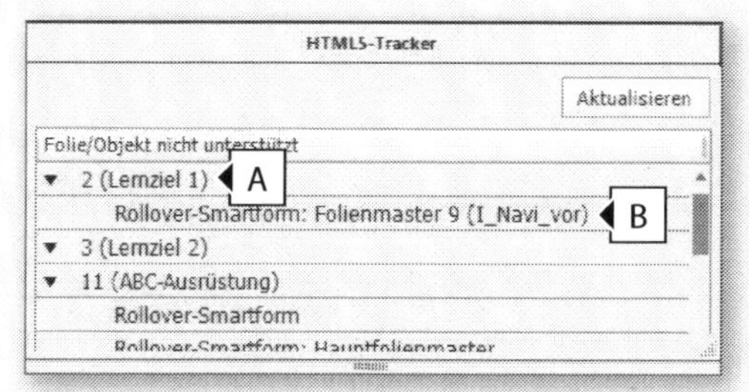

Unterstützend zeigt Ihnen der HTML5-Tracker (**Projekt > HTML5-Tracker**) auf welchen Folien (**A**) nicht unterstützte Objekte oder Funktionen (**B**) verwendet werden. Sie können das Projekt jedoch trotzdem jederzeit als HTML5-Veröffentlichung publizieren. Die hier aufgelisteten Objekte werden dann nur u. U. nicht oder andersartig dargestellt.

Navigation über den HTML5-Tracker

Sie können über den HTML5-Tracker sowohl zur Folie als auch direkt zu den nicht-unterstützten Objekten navigieren: Markieren Sie dazu die entsprechende Zeile. Das Objekt wird dann direkt auf der Bühne markiert angezeigt.

Rollover-Objekte unter HTML5

Rollover-Objekte werden unter HTML5 offiziell nicht unterstützt – der HTML5-Tracker wird Sie bei der Publikation in HTML5 darauf hinweisen. Wenn Sie dies jedoch ignorieren, werden Sie feststellen, dass die Rollover-Objekte oft dennoch in HTML5 funktionieren – sogar auf dem iPad (wenn Sie den Finger länger auf dem Rollover-Bereich halten). Die bisherige Praxiserfahrung zeigt jedoch, dass es gerade in Kombination mit anderen interaktiven Objekten unter HTML5 zu unvorhersehbaren Problemen führen kann, Rollover-Objekte einzusetzen. Daher lautet meine Empfehlung: Vermeiden Sie Rollover-Objekte, wenn Sie in HTML5 publizieren. Verwenden Sie stattdessen die in Kapitel 8 vorgestellte Möglichkeit, eigene Pop-ups / Lightboxen zu erstellen.

Lauffähigkeit von HTML5-Veröffentlichungen optimieren

Über die zuvor genannten Einschränkungen hinaus sollten Sie bei einer Veröffentlichung im Format HTML5 folgende allgemeine Tipps beachten:

- Alle Tipps zur Reduzierung der Dateigröße (▶ *Seite 352*).
- Möglichst wenige Objekte auf einer Folie platzieren und stattdessen mehrere Folien einsetzen.
- HTML5-Veröffentlichungen unbedingt unter realen Bedingungen testen. *Beispiel*: Wenn Sie das Projekt später in einer Lernplattform für Tablets veröffentlichen möchten, dann testen Sie dies möglichst frühzeitig. Denn hier treten u. U. Probleme auf, die Sie lokal am Desktop nicht erhalten.
- Websichere Schriften verwenden (▶ *Seite 468*).
- Für Smartphones / Tablets: Platzieren Sie Texteingabefelder möglichst auf der oberen Bildschirmhälfte, da die aufklappende Bildschirmtastatur die untere Bildschirmhälfte verdeckt.

Skalierbarer HTML5-Inhalt

Die Funktion **Skalierbarer HTML5-Inhalt** passt das Projekt automatisch an die Auflösung des Browserfensters des Zielgeräts an und skaliert das Projekt entsprechend hoch- oder herunter. Die Skalierung erfolgt immer proportional und ohne Anpassung der Inhalte (im Gegensatz zu responsiven Projekten). Beachten Sie hierbei, dass die Darstellungsqualität in beide Skalierungsrichtungen suboptimal sein kann.

Skalierung nachträglich aktivieren

Sie können die Skalierung auch nach der Publikation noch aktivieren:
▶ *Weblink 14.1, Seite 12.*

Das Ausgabeformat HTML5 im Veröffentlichen-Fenster

Veröffentlichen > Auf Computer veröffentlichen > HTML5/SWF

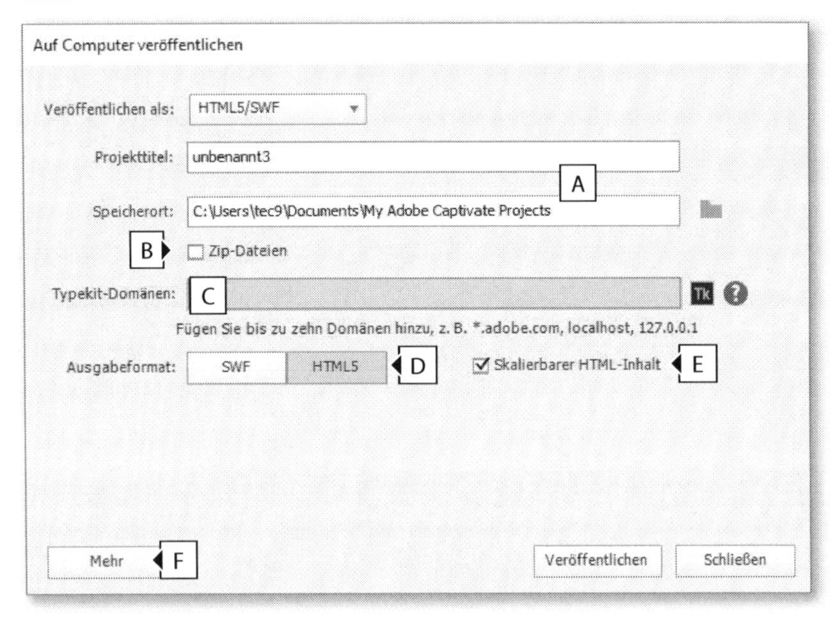

A Dateiname & -speicherort

B Datei als ZIP komprimieren

C Einbindung von Typekit-Domänen (▶ *Seite 471*)

D Ausgabeformat (im Bild nur HTML5 aktiv): SWF (▶ *Seite 13*) und/oder HTML5

E Skalierbarer HTML-Inhalt

F Veröffentlichungseinstellungen (▶ *Seite 386*)

Der Dateiname darf weder Leerzeichen, Umlaute noch Sonderzeichen wie z. B. Eszetts („ß“) enthalten. Verwenden Sie statt des Leerzeichens beispielsweise den Unterstrich. Andernfalls kann dies bei Veröffentlichungen im Web zu Verlinkungsproblemen führen.

Ordnerstruktur einer reinen HTML5-Veröffentlichung

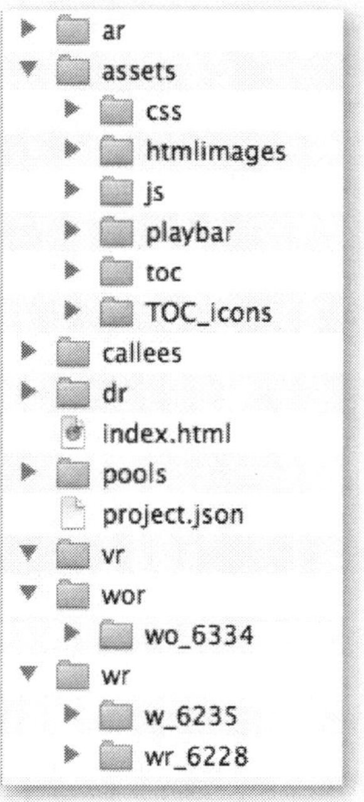

Bei der Publikation Ihres Projekts als HTML5-Projekt besteht Ihr E-Learning wie eine Webseite aus einer Vielzahl einzelner Bilder, Audio-Dateien, Videos, JavaScript-, HTML- und CSS-Dateien. Darunter im Detail (je nach Ausgestaltung des Projekts sind in Ihrem Fall nicht alle Ordner enthalten):

- *ar*: Audio-Dateien
- *assets*: Standarddateien, u. a. zu Fragenfolien, Wiedergabeleiste und Inhaltsverzeichnis
- *callees*: I. d. R. leer; wenn Sie Ihr Projekt modularisieren und auf Unterprojekte verlinken möchten, können Sie hier Ihre Untermodule ablegen
- *dr*: Bilder, Grafiken, Schaltflächen, Meldungsboxen und Texte Ihres Projekts in Form von json-Dateien (welche Texte als Bilder gespeichert werden, erfahren Sie im Kapitel Webschriften (▶ *Seite 468*))
- *pools*: Fragenpools
- *vr*: Videos im MP4-Format
- *wor*: HTML5-Animationen
- *wr*: Lerninteraktionen
- *index.html*: Startet das E-Learning

Standard-Dateien der HTML5-Veröffentlichung

Sie können beim „offenen" Format HTML5 manuell Anpassungen vornehmen, die Ihnen die Oberfläche von Captivate nicht direkt ermöglicht (z. B. die Symbole von der Wiedergabeleiste oder dem Inhaltsverzeichnis auszutauschen). Wenn Sie solche Anpassungen durchführen, sollten Sie dies möglichst standardisieren. Vorteil: Sie müssen die Dateien so nicht nach jeder Veröffentlichung anpassen, sondern Ihre Anpassungen werden bei der Veröffentlichung automatisch berücksichtigt. Die Standard-Dateien der HTML5-Veröffentlichung finden Sie im Verzeichnis *Adobe Captivate 2019\HTML* Ihres Programme-Ordners.

Native App je Projekt vs. Native LMS-App

Einige Lernplattformen liefern selbst eine native App mit, über die die Lerninhalte (z. B. ein „gewöhnliches" in HTML5 veröffentlichtes SCORM-Paket - eine Web-App) auf das Endgerät geladen und lokal gespeichert werden können. Das Paket kann dann auch offline bearbeitet werden und die Lernstände werden übertragen, sobald wieder eine Internetverbindung besteht. Dies hat enorme Vorteile gegenüber der Einzelveröffentlichung als native App, da dies den Veröffentlichungsprozess nicht nur vereinfacht, sondern auch kein eigener App Store benötigt wird (insofern die Inhalte ausschließlich unternehmensintern zugänglich sein sollen).

Native Apps über die PhoneGap-Schnittstelle

Sie können Ihre Captivate-HTML5-Publikationen über die direkte PhoneGap-Schnittstelle als native App veröffentlichen (in der *Werkzeugleiste* **Veröffentlichen > Für Geräte (App) veröffentlichen**).

Die Erstellung und Ausgabe als native App ist jedoch mit zusätzlichem Aufwand und je nach Zielplattform auch mit weiteren Kosten verbunden. Für die Plattform iOS benötigen Sie z. B. eine kostenpflichtige Entwicklerlizenz. Die genauen Voraussetzungen können Sie der Webseite von Adobe PhoneGap Build unter *build.phonegap.com* entnehmen. Unter dem Navigationspunkt „Docs" finden Sie eine umfangreiche Dokumentation zur App-Erstellung mit PhoneGap Build.

Übrigens: Wenn Sie einen Account bei Adobe besitzen, können Sie diesen direkt nutzen, um sich bei PhoneGap Build einzuloggen.

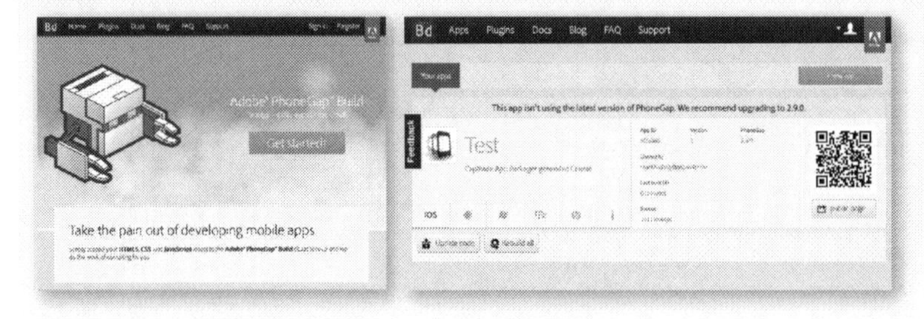

Übung: Projekt als HTML5 veröffentlichen

Im Rahmen dieser Übung lernen Sie, ein Projekt im Format HTML5 zu veröffentlichen.

Übung 10 min

1. Öffnen Sie aus dem Ordner *07_Interaktive_Objekte_Objektstatus* die Datei *Lerner_persoenlich_ansprechen_Ziel.cptx* (▶ *Seite 12*).

   Diese Datei möchten wir in den folgenden Schritten im Format HTML5 veröffentlichen.

2. Wählen Sie in der *Menüleiste* **Datei > Veröffentlichen**.
3. Wählen Sie unter *Veröffentlichen als* die Option **HTML5/SWF**.

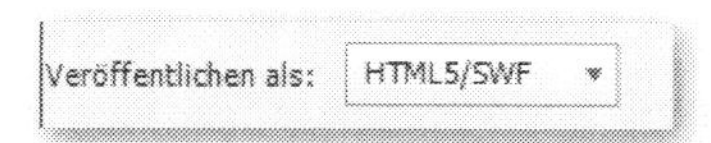

4 Tragen Sie unter *Projekttitel* den Dateinamen „Veroeffentlichen" ein und geben Sie unter *Speicherort* einen Speicherort an.

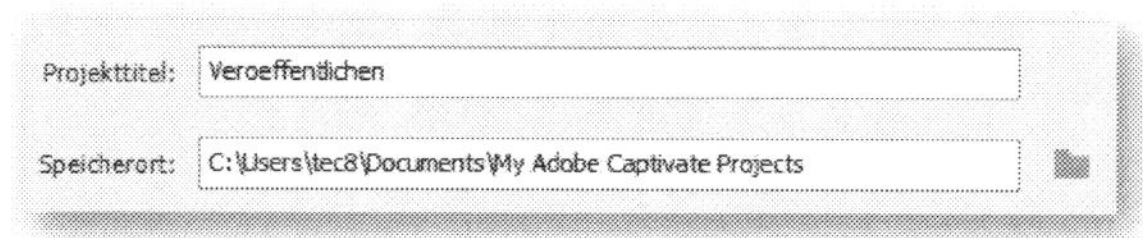

5 Aktivieren Sie unter *Ausgabeformat* die Option **HTML5** und stellen Sie sicher, dass **SWF** deaktiviert ist.

6 Klicken Sie auf **Veröffentlichen**.

7 Bestätigen Sie die erscheinende Meldung mit **Nein**.

Der Ordner *Veroeffentlichen* wird am gewählten Speicherort angelegt und enthält die folgenden Dateien:

8 Testen Sie die Veröffentlichung im Webbrowser: Starten Sie die Datei *index.html*.

Sie wissen nun, wie Sie ein Projekt im Format HTML5 veröffentlichen können.

Veröffentlichung als PDF, EXE oder APP

Neben dem (browserbasierten) Hauptformat HTML5 können Sie Ihre Projekte auch (außerhalb eines Browsers) als interaktives PDF oder als ausführbare Datei im Format EXE oder APP veröffentlichen.

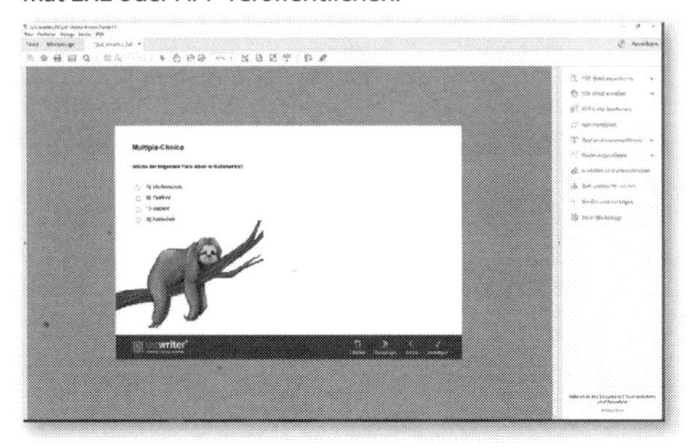

Beachten Sie: Diese Formate basieren auf Adobe Flash (SWF) (▶ *Seite 13*) und können ausschließlich auf Desktop-Systemen abgespielt werden. Dies bedeutet auch, dass bestimmte Funktionen/Inhalte ggü. der HTML5-Publikation nicht (z. B. HTML5-Animationen) oder abweichend (z. B. Quizfragen und Lerninteraktionen) dargestellt werden.

Weitere Voraussetzungen der Formate:

- Ein interaktives PDF benötigt den (originalen) Adobe Reader ab Version 9. Ein alternativer PDF-Reader kann das Projekt nicht darstellen.
- Die Standalone-Formate (ausführbaren Dateien) EXE sowie APP benötigen weder Browser noch Adobe Reader, allerdings müssen Sie sich hier bei Ihren Zielsystemen zwischen Windows (EXE) und Mac (APP) entscheiden oder zwei Publikationen veröffentlichen.

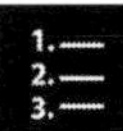

So veröffentlichen Sie Ihr Projekt als PDF

1 Wählen Sie in der *Menüleiste* **Datei > Veröffentlichen**.

2 Wählen Sie unter *Veröffentlichen als* die Option **HTML5/SWF**.

3 Vergeben Sie unter *Projekttitel* Ihren gewünschten Dateinamen sowie unter *Speicherort* einen Speicherort.

4 Aktivieren Sie die Option **Veröffentlichung in Ordner**.

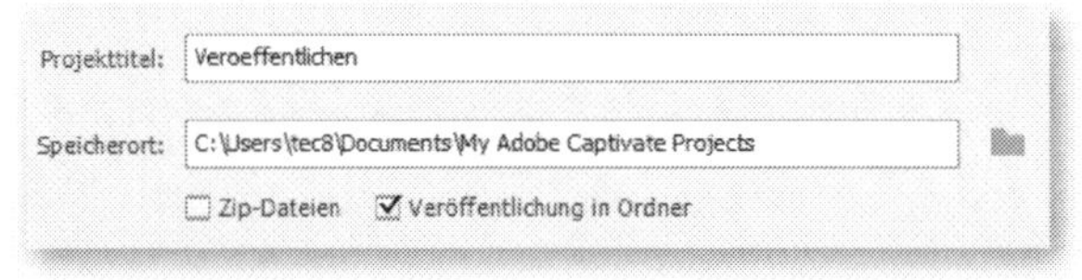

5 Aktivieren Sie unter *Ausgabeformat* die Option **SWF** und stellen Sie sicher, dass **HTML5** deaktiviert ist.

6 Aktivieren Sie die Optionen **PDF exportieren** und **Neuveröffentlichung aller Folien erzwingen**. Stellen Sie sicher, dass die anderen Optionen deaktiviert sind.

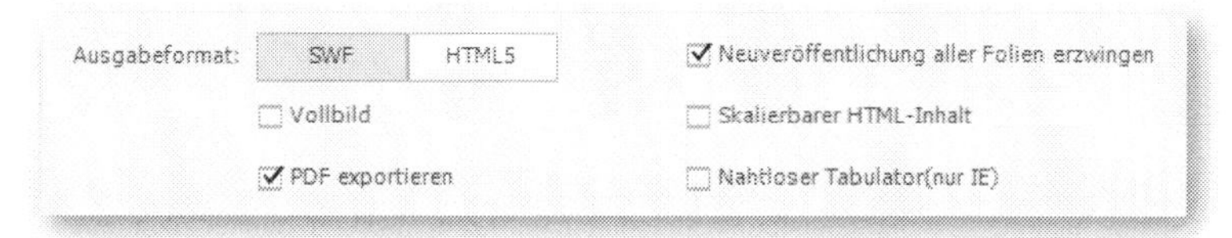

7 Klicken Sie auf **Veröffentlichen**.

Ihr Projekt wird als SWF-Datei (▶ *Seite 13*) sowie als interaktive PDF-Datei veröffentlicht.

8 Öffnen Sie abschließend das Verzeichnis und löschen Sie alle Dateien bis auf die PDF-Datei.

Das Ausgabeformat Ausführbare Datei (EXE / APP) im Veröffentlichen-Fenster

Datei > Veröffentlichen

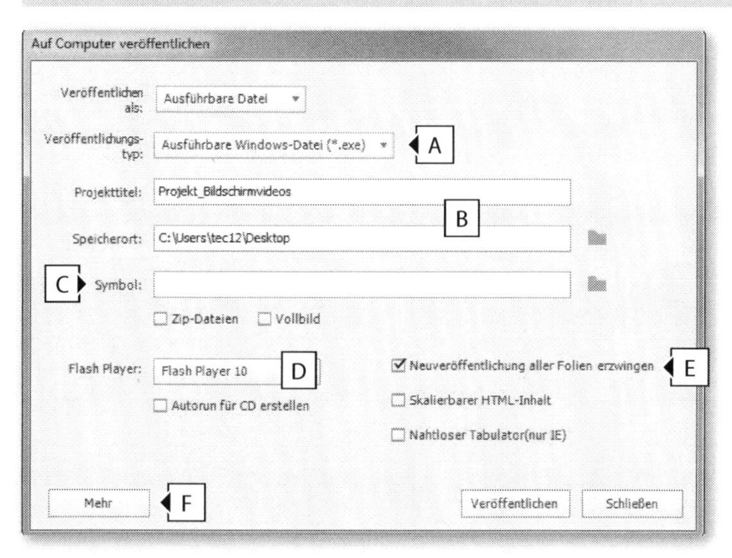

A Veröffentlichungstyp: *EXE* oder *APP*

B Dateiname und -speicherort

Vollbildmodus bei EXE

Mittels der Vollbildfunktion wird ein veröffentlichtes EXE-Projekt „richtig" im Vollbildmodus gestartet (keine anderen Fenster oder Leisten sind dann mehr sichtbar). Beachten Sie, dass der Benutzer die Möglichkeit haben sollte, das Fenster wieder zu schließen. Dies ermöglichen Sie z. B. über einen Schließen-Knopf in der Wiedergabeleiste (**Projekt > Skin-Editor**) oder die Aktion **Beenden** in Kombination mit einer Schaltfläche. Alternativer Trick: Mithilfe der Taste Esc kann der Vollbildmodus ebenfalls beendet werden.

C Benutzerdefinierte Symboldatei hinterlegen: .ico (Win) / .icns (Mac)

D Ausgabeoptionen, nur bei EXE: Datei komprimieren, im Vollbild öffnen, Datei automatisch von CD starten

E Alle Folien neu veröffentlichen

Diese Option sollten Sie stets wählen, wenn Sie ein unerwartetes Ergebnis erhalten, z. B. bereits gelöschte Objekte oder Folien angezeigt werden; außerdem auch immer, wenn Sie ein Projekt final veröffentlichen.

F Veröffentlichungseinstellungen (▶ *Seite 374*)

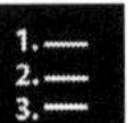

So veröffentlichen Sie Ihr Projekt als EXE / APP

1. Wählen Sie in der *Menüleiste* **Datei** > **Veröffentlichen.**
2. Wählen Sie unter *Veröffentlichen als* die Option **Ausführbare Datei.**
3. Wählen Sie unter *Veröffentlichungstyp* die Option **Ausführbare Windows-Datei (*.exe)** oder **MAC ausführbar (*.app)**.
4. Vergeben Sie unter *Projekttitel* Ihren gewünschten Dateinamen sowie unter *Speicherort* einen Speicherort.
5. Hinterlegen Sie optional unter *Symbol* Ihr gewünschtes Symbol (.ico (Win) / .icns (Mac).
6. Nur bei EXE: Stellen Sie die Ausgabe optional auf **Vollbild**.

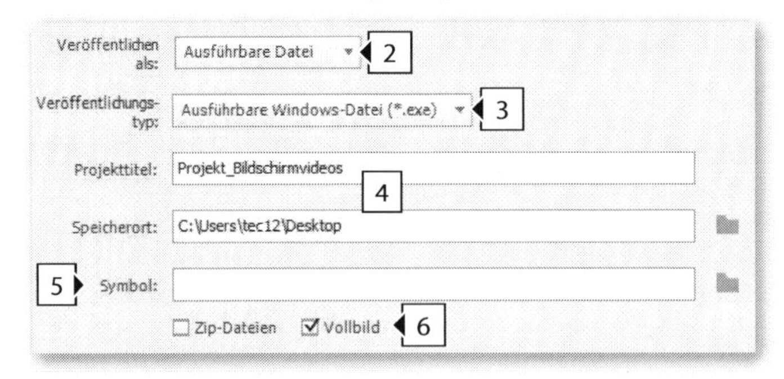

7. Klicken Sie auf **Veröffentlichen**.

Ihr Projekt wird als ausführbare EXE- bzw. APP-Datei veröffentlicht.

Veröffentlichung als MP4

Das Format MP4 eignet sich für alle nicht-interaktiven Projekte, z. B. Demonstrationen. Der Vorteil hier: Ihre Veröffentlichung kann auch auf mobilen Endgeräten, wie z. B. iPhone und iPad dargestellt werden. Ihr Video können Sie dann z. B. auch bei einem Onlineportal wie YouTube veröffentlichen.

Keine Interaktivität bei MP4

Ihre Projekte können Sie über diesen Weg zwar auf mobilen Endgeräten wie iPhone, iPad oder anderen Smartphones wiedergeben, interaktive Objekte verlieren jedoch ihre Funktion. Wenn Sie die Interaktivität für mobile Projekte erhalten möchten, können Sie Ihre Projekte als HTML5 veröffentlichen (▶ *Seite 374*).

Das Ausgabeformat Video (MP4) im Veröffentlichen-Fenster

Datei > Veröffentlichen

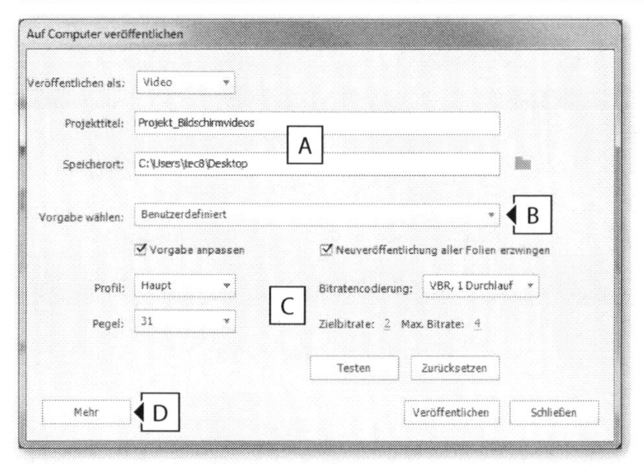

A Dateiname und -speicherort

B Einstellungen zur Videoqualität

C Vorgabewerte anpassen

D Veröffentlichungseinstellungen (▶ *Seite 374*)

Vorgaben anpassen

Captivate bietet bereits optimierte Vorgaben zur Auswahl an (z. B. YouTube Widescreen HD). Diese Einstellungen können Sie außerdem an Ihre Wünsche anpassen (**Vorgabe anpassen**).

Video öffnen / auf YouTube veröffentlichen

Wenn Sie Ihr veröffentlichtes Projekt nun ansehen möchten: Wählen Sie **Veröffentlichtes Video öffnen**.
Wenn Sie Ihr Projekt direkt über YouTube bereitstellen möchten: Wählen Sie **Auf YouTube veröffentlichen** (▸ *Seite 387*).

So veröffentlichen Sie Ihr Projekt als MP4

1 Wählen Sie in der *Menüleiste* **Datei** > **Veröffentlichen.**

2 Wählen Sie unter *Veröffentlichen als* die Option **Video.**

3 Vergeben Sie unter *Projekttitel* Ihren gewünschten Dateinamen sowie unter *Speicherort* einen Speicherort.

4 Wählen Sie unter *Vorgabe wählen* Ihre gewünschte Qualitätsstufe, z. B. **YouTube Widescreen HD**.

5 Klicken Sie auf **Veröffentlichen**.

6 Der *Adobe Captivate Video Publisher* öffnet sich und die Videodatei wird generiert.

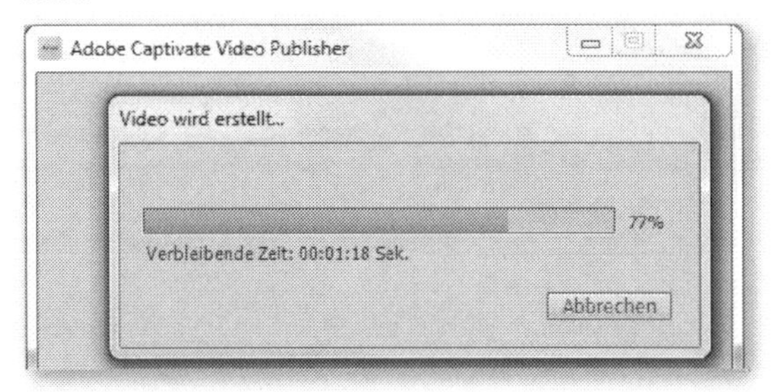

7 Sobald die Videodatei fertiggestellt ist, erscheint im *Adobe Captivate Video Publisher* eine entsprechende Meldung.

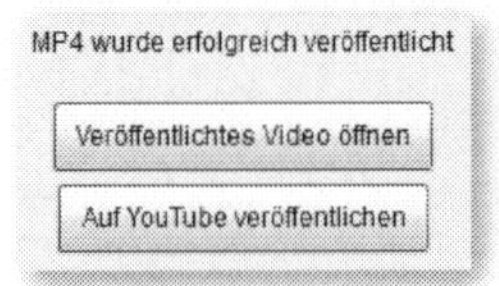

Sie haben Ihr Projekt im MP4-Format veröffentlicht.

Projektauflösung ändern

Wenn Sie die Auflösung Ihres Projekts ändern möchten: Wählen Sie in der *Menüleiste* **Modifizieren > Projekt neu skalieren** (▸ *Seite 370*).

Allgemeine Veröffentlichungseinstellungen

Im Veröffentlichen-Fenster finden Sie unter dem Punkt **Mehr** verschiedene Einstellungen sowie eine Kurzübersicht zur Veröffentlichung. Weiterhin gibt es in den *Voreinstellungen* die Kategorie **Projekt > Veröffentlichungseinstellungen**, welche neben den bisher beschriebenen Einstellungen weitere Anpassungsmöglichkeiten für die Publikation enthält.

Der Bereich Mehr im Veröffentlichen-Fenster: Allgemein

Datei > Veröffentlichen > Mehr

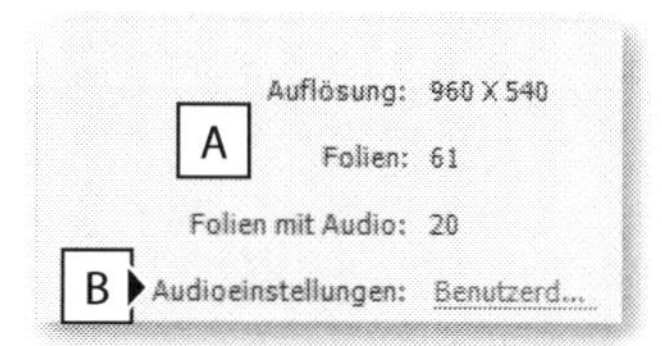

A Projektinformationen: Projektauflösung, Folienanzahl, Anzahl der Folien mit Audio-Elementen

B Audioeinstellungen (▶ *Seite 314*)

Der Bereich Mehr im Veröffentlichen-Fenster: Nur bei HTML5/SWF

Datei > Veröffentlichen > Mehr

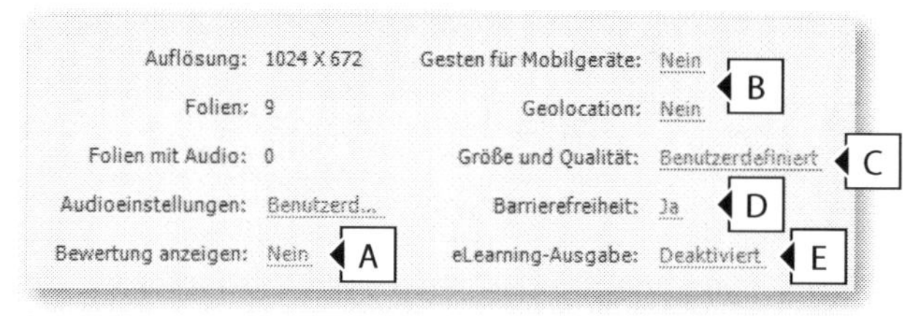

A Ob am Ende eines Quiz eine Ergebnisfolie angezeigt wird

B Bei Veröffentlichung als HTML5: Gesten für Mobilgeräte (▶ *Seite 473*) und / oder Geolocation verwenden (▶ *Seite 474*)

C Nur bei SWF: Qualitätseinstellungen (▶ *Seite 13*)

D Barrierefreiheit (▶ *Seite 353*)

E Weitergabeeinstellungen (▶ *Seite 391*): Ob Daten an ein LMS weitergegeben werden und welches Format verwendet wird, z. B. SCORM 2004

Projektgröße gering halten

Wenn Sie die Adobe-Connect-Metadaten mitveröffentlichen (**B**), nimmt die Größe Ihrer Projektdatei zu. Stellen Sie daher sicher, dass diese Option deaktiviert ist, wenn Sie das Projekt nicht mit Adobe Connect verwenden möchten.

Tabulator auf Folienobjekte beschränken

Wenn Sie die Option (**F**) aktivieren: Das Inhaltsverzeichnis und die Wiedergabeleiste des Projekts werden bei der Navigation über die Taste [Tab] übersprungen und ausschließlich die Objekte auf der Folie berücksichtigt. Bei der Ausgabe im HTML5-Format wird allerdings immer auch die Adressleiste des Browsers berücksichtigt.

Veröffentlichungseinstellungen

Datei > Veröffentlichungseinstellungen

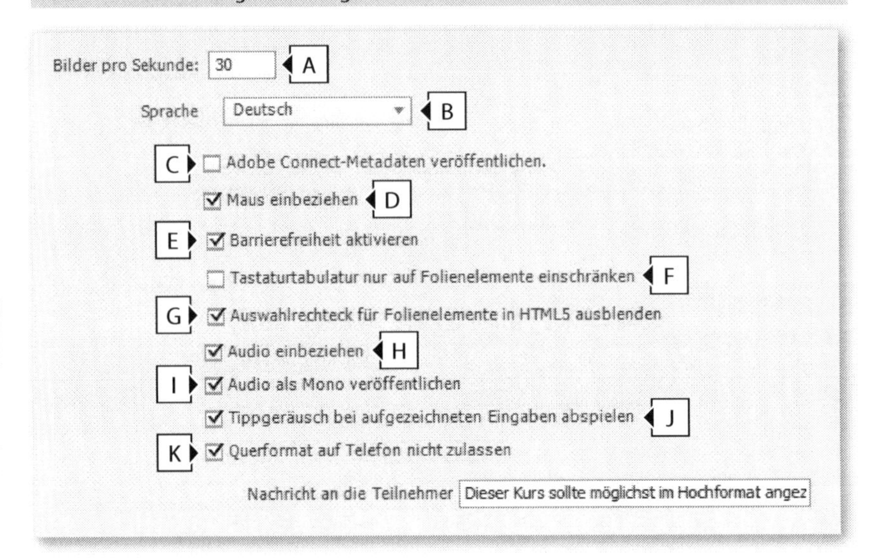

A Bilder pro Sekunde: Anzahl der Bilder, die pro Sekunde angezeigt werden

B Barrierefreiheit: Sprache für Bildschirmleseprogramme festlegen (▶ *Seite 353*)

C Metadaten zur Integration in Adobe Connect hinzufügen

D Maus ein-/ausblenden

E Barrierefreiheit aktivieren / deaktivieren

F Wenn Benutzer zur Navigation die Taste [Tab] verwenden: Navigation auf die Folienobjekte beschränken

G Rechtecke in der HTML5-Ausgabe deaktivieren, die beim Auswählen von Objekten angezeigt werden

H Audio-Elemente in die Veröffentlichung einbeziehen

I Audio als Mono / Stereo veröffentlichen

J Tippgeräusch von Eingabeanimationen aktivieren / deaktivieren

K Nur bei responsiven Projekten und VR-Projekten: Anzeige im Querformat bei Smartphones nicht zulassen / Bei klassischen Projekten stattdessen: Ressourcen bei SWF-Publikation externalisieren (▶ *Seite 13*)

YouTube-Schnittstelle

Über die YouTube-Schnittstelle können Sie Ihre Projekte mit einem Klick über Ihr YouTube-Konto veröffentlichen.

Wenn Sie noch kein YouTube-Konto besitzen: Legen Sie dieses auf *www.youtube.com* kostenfrei an.

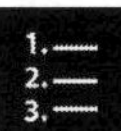

So stellen Sie Ihre Projekte über YouTube bereit

1. Öffnen Sie ein beliebiges Projekt.
2. Veröffentlichen Sie Ihr Projekt als MP4 (siehe vorherige Übung) und wählen Sie bei der abschließenden Meldung **Auf Youtube veröffentlichen**.

   Das Fenster *Auf YouTube veröffentlichen* öffnet sich.
3. Melden Sie sich über Ihr YouTube-Konto an:
   a Geben Sie die Zugangsdaten zu Ihrem YouTube-Konto ein.
   b Klicken Sie auf **Zulassen**.

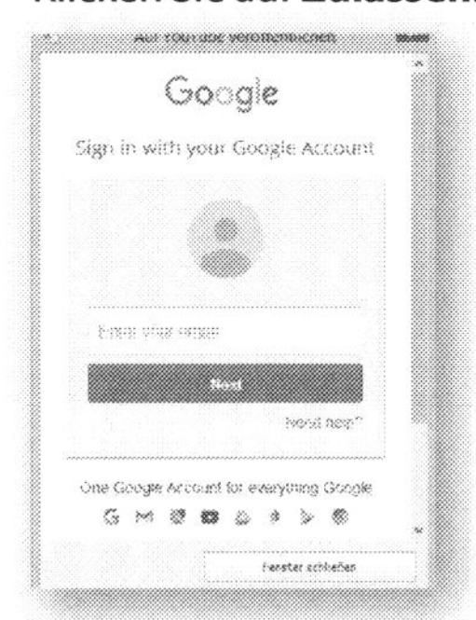

4. Tragen Sie *Titel* und *Beschreibung* Ihres Projekts ein.
5. Wählen Sie, ob Ihr Video **Öffentlich, Privat** oder **Nicht in Liste** bereitgestellt werden soll.
6. Lesen Sie die *Nutzungsbedingungen* und aktivieren Sie die Option **Ich habe die Nutzungsbedingungen gelesen**.
7. Klicken Sie anschließend auf **Hochladen**.

Öffentlich vs. Privat vs. Nicht in Liste

Nicht alle Videos, die Sie bei YouTube hochladen, sind automatisch für jeden sichtbar. Sie können dies gezielt steuern:

- Öffentlich: Das Video ist für jeden sichtbar, kann über die Suche und Suchmaschinen gefunden werden.
- Privat: Das Video ist nur für Sie sichtbar und wird nicht veröffentlicht. Ideal, wenn Sie das Projekt testen möchten.
- Nicht in Liste: Das Video wird zwar veröffentlicht, ist jedoch nur über den direkten Link erreichbar, erscheint nicht in Ihrem YouTube-Kanal und kann nicht über die Suche gefunden werden. Ideal, wenn Sie das Video nur einem bestimmten Nutzerkreis zur Verfügung stellen möchten.

Videoqualität

Wenn Sie ein Video in HD-Qualität hochladen: Es kann sein, dass Ihr Video temporär nur in mäßiger Qualität verfügbar ist. In diesem Fall hat YouTube Ihr Video zunächst in geringerer Auflösung gerendert, um Ihr Projekt schnellstmöglich bereitzustellen. Die HD-Version wird automatisch hinzugefügt, sobald sie fertiggestellt ist.

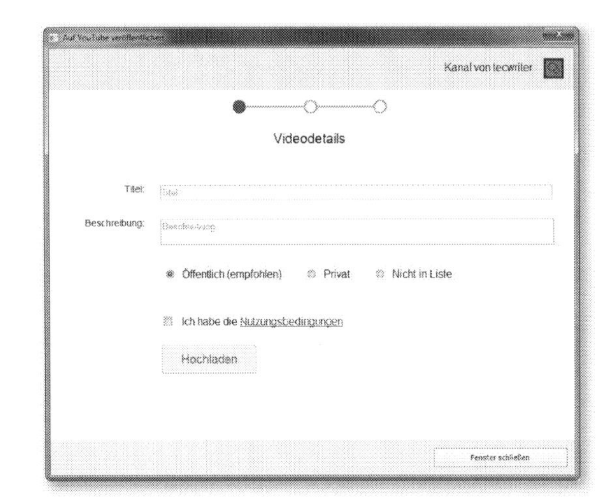

Ihr Projekt wird veröffentlicht und direkt auf YouTube hochgeladen.

Veröffentlichtes Video in Webseite einbinden

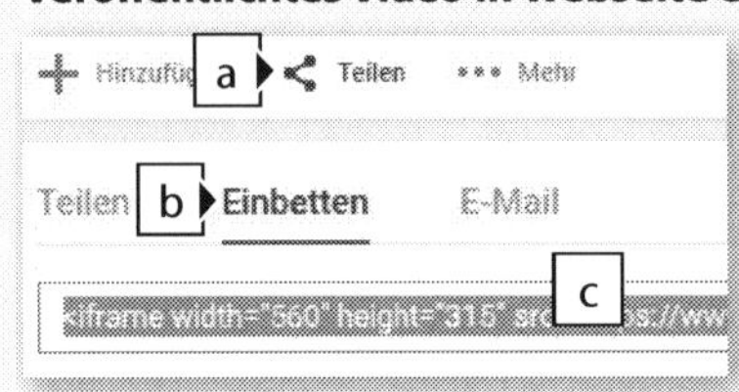

Wenn Sie Ihr auf YouTube veröffentlichtes Video in eine Webseite einbinden möchten: Klicken Sie auf **Teilen** (**a**) und anschließend auf **Einbetten** (**b**). Kopieren Sie den dort angezeigten HTML-Code in Ihre Webseite (**c**).

15

Lernplattformen: LMS & SCORM

In diesem Kapitel erhalten Sie eine praktische Einführung in das Thema Learning-Management-Systeme. Sie erfahren, wie Sie ein Lernpaket erstellen und in der SCORM-Cloud testen können.

Themenübersicht

Überblick: Learning-Management-Systeme

Zuerst möchten wir ein paar Begriffe zum Thema definieren:

- *Learning-Management-System* (*LMS*) oder *Learning-Content-Management-System* (*LCMS*): Ein *LMS* verwaltet den Lehr- und Lernprozess und unterstützt das Veranstaltungsmanagement (z. B. Noten, Stundenpläne, Statistiken). Ein *LCMS* hingegen unterstützt die Verwaltung des Contents bzw. der Inhalte (z. B. Texte, Bilder, Videos; ähnlich wie ein *Web-CMS*). In der Praxis ist die Abgrenzung zwischen LMS und LCMS nicht ganz einfach. Das ist jedoch kein Problem, denn in den gängigen Systemen verschwimmen die Grenzen zwischen den beiden Welten: Der Anwender sieht einfach nur ein Webportal, über das er alle Funktionen erreicht. Wir werden im Rahmen dieses Buchs zur Vereinfachung von LMS sprechen, auch wenn wir teilweise die Funktionalitäten einer LCMS-Komponente meinen.
- *SCORM* steht für *S*harable *C*ontent *O*bject *R*eference *M*odel und ist ein weitverbreitetes Standard-Containerformat für E-Learning-Module (bzw. *SCOs* – *S*harable *C*ontent *O*bjects). Das Ziel ist, dass diese wiederverwendbar, auf unterschiedlichen Lernplattformen einsetzbar und jederzeit zugänglich sein sollen. Gängig sind die beiden Versionen SCORM 1.2 (von 2001) und SCORM 2004.
- *xAPI* (oder *Tin Can API*) ist die neueste SCORM-Generation. Über xAPI werden alle Interaktionen eines Lerners in einem einheitlichen Format gespeichert und in einem LRS (Learning Record Store) gesammelt. Während SCORM und andere E-Learning-Standards nur bestimmte Interaktionen abspeichern, kann mit xAPI nahezu alles „getrackt" werden. Die großen Vorteile dieses Formats: Es ist kein Browser erforderlich, die Daten werden auch offline „getrackt" und können z. B. vom PC auf ein Tablet übertragen werden, auch Apps können „getrackt" werden.
- *Manifestdateien*: In Captivate erstellen Sie sog. *SCORM-Manifestdateien* (auf XML-Basis), in denen Sie die SCORM-Version definieren, Informationen zum Kurs und zum E-Learning-Modul (*SCO*) eintragen.
- AICC steht für *Aviation Industry Computer-Based-Training Committee* und ist ein älteres Austauschformat, welches heute jedoch nur noch selten zum Einsatz kommt.

Ein LMS bietet Ihnen z. B. folgende Möglichkeiten:

- Sie können verschiedenen Benutzergruppen passende Rechte erteilen: Der Lehrer / Trainer soll beispielsweise Lerninhalte anlegen, der Lerner diese jedoch nur abrufen können.
- Sie können den Lerner dazu bringen, erst einen Test bestehen zu müssen, um weitere Module bearbeiten zu dürfen.
- Sie können verschiedene Web-2.0-Funktionalitäten anbinden (z. B. Wikis, Chats, Foren oder Kalender).
- Sie können Ihre Kurse auswerten und dadurch beispielsweise feststellen, wie viele Lerner teilgenommen, wie viele bestanden und wie viel Zeit sie benötigt haben.

Es gibt eine breite Auswahl an LMS. Im Folgenden möchte ich nur ein paar bekannte Open-Source-Systeme aufzählen:

- *ILIAS* (www.ilias.de)
- *Moodle* (www.moodle.de)
- *OLAT* (www.olat.org)

Projekte ohne LMS auswerten

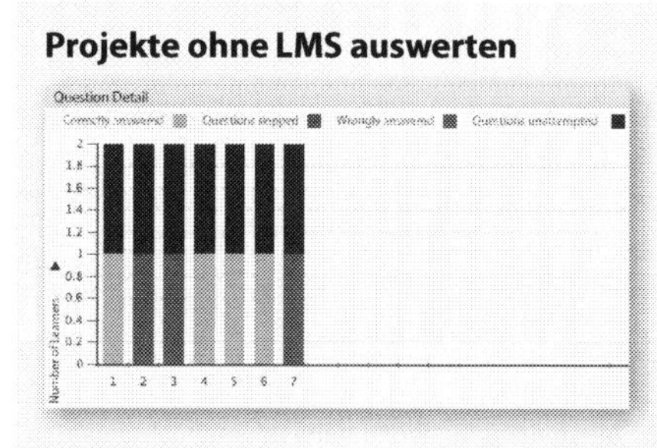

Mithilfe der Werkzeuge *Adobe Captivate Quiz Results Analyzer* sowie *Course Companion* können Sie Projekte auch ohne eine eigene Lernplattform auswerten. Wie Sie diese einsetzen:

- *Weblink 15.1, Seite 12.*
- *Weblink 15.2, Seite 12.*

Die Kategorie Quiz > Weitergabe

Quiz > Quizvoreinstellungen

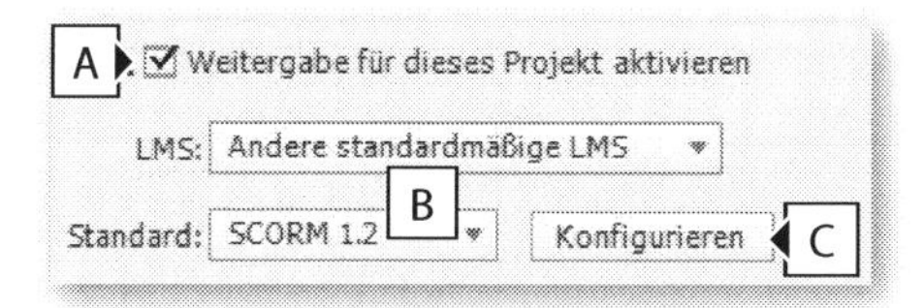

A Weitergabe aktivieren / deaktivieren

B Angabe des Learning-Management-Systems / Austauschformats oder -servers

C Optionen für die SCORM-Manifestdatei definieren / Einstellungen des Austauschformats oder –servers festlegen

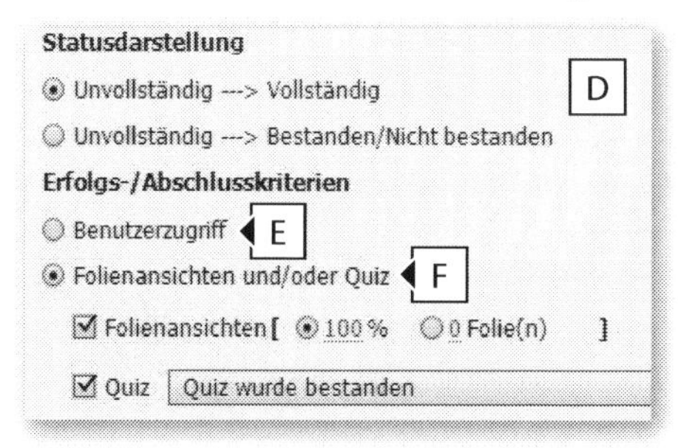

D Wenn unter **B** die Option **AICC** oder **SCORM 1.2** gewählt ist: Statusdarstellung definieren

E Der Kurs gilt als erfolgreich abgeschlossen, sobald der Benutzer den Kurs vom LMS aus startet

Statusdarstellung: AICC & SCORM 1.2 vs. SCORM 2004 & xAPI

Bei SCORM 2004 & xAPI können Sie sowohl ein Kriterium für den erfolgreichen Abschluss eines Kurses (z. B. der Lerner hat 80 % der Folien bearbeitet), als auch für das Bestehen des Kurses (er muss dabei z. B. auch 75 % der Fragen korrekt beantworten) definieren.
Bei AICC & SCORM 1.2 gibt es diese Differenzierung nicht. Daher können Sie unter dem Punkt *Statusdarstellung* definieren, ob am Ende der Kurs als **Vollständig** oder **Bestanden/Nicht bestanden** dargestellt werden soll, sobald das definierte Erfolgs-/Abschlusskriterium (**E** bzw. **F**) erfüllt wurde.

F Der Kurs gilt als (erfolgreich) abgeschlossen, sobald der Benutzer einen festgelegten Anteil (Prozent, Folienanzahl) des Kurses und / oder den Quizteil des Kurses (erfolgreich) bearbeitet hat

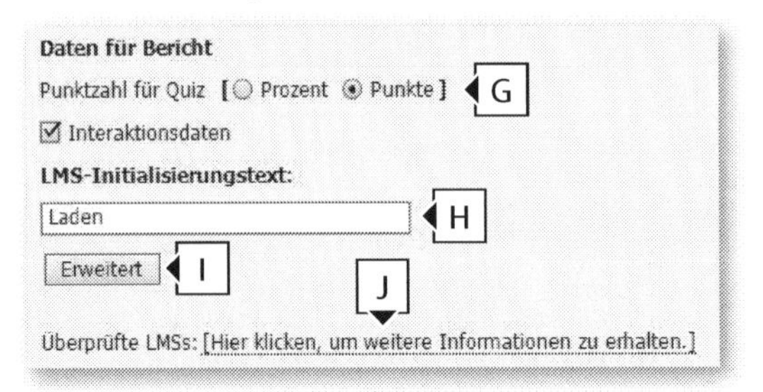

G Die zu übermittelnden Berichtsdaten (Quizergebnis als Punktzahl oder Prozentsatz und / oder Interaktionsdaten an LMS senden)

H Text, der beim Laden des Projekts im Webbrowser angezeigt werden soll

I Erweiterte LMS-Einstellungen

J Liste aller von Adobe offiziell geprüften und unterstützten LMS

Adobe Captivate Prime

Adobe Captivate Prime ist ein cloud-basiertes LMS. Innerhalb von Captivate haben Sie die Möglichkeit, Ihre Lernmodule direkt in Captivate Prime hochzuladen (**Veröffentlichen > Auf Adobe Captivate Prime veröffentlichen**). Die (gebührenpflichtige) Lernplattform bietet eine intuitive, moderne Oberfläche und wartet mit interessanten Funktionen auf; u. a. auch einer mobilen App für Android und iOS, die es ermöglicht, Lernmodule herunterzuladen, offline zu bearbeiten und den Lernstand automatisch abzugleichen, sobald wieder Internetverbindung besteht.

Interaktionsdaten

Wofür steht die Option Interaktionsdaten (**G**) genau? Wenn der Lerner bspw. eine Quizfrage beantwortet, wird dadurch nicht nur das Ergebnis, sondern auch die jeweils gewählte Antwort gespeichert und im LMS verfolgt. Dadurch kann ein Trainer u. a. nachvollziehen, weshalb eine Frage besonders häufig falsch beantwortet wird.

Lernstand speichern = Fortsetzungsdaten senden

In den Erweiterten LMS-Einstellungen (**I**) können Sie definieren, ob der Lernstand des Benutzers gespeichert werden soll oder nicht. Das bedeutet, dass der Kurs immer an der zuletzt gesehenen Folie fortsetzt, wenn der Benutzer den Kurs abbricht und zu einem späteren Zeitpunkt aufruft. In Captivate wird dies als „Fortsetzungsdaten" bezeichnet. Standardmäßig ist die Option **Nie Fortsetzungsdaten senden** deaktiviert. Sprich: Der Lernstand wird standardmäßig gespeichert.

Quiz wurde bestanden

Die Bestehensgrenze für das Quiz definieren Sie über die Kategorie *Bestehen/Nichtbestehen* unter dem Punkt *Optionen für Bestehen/Nichtbestehen*. Hier können Sie entweder einen Mindest-Prozentwert oder eine Mindest-Punktzahl angeben, die der Lerner zum Bestehen erreicht haben muss.

Vorschau in SCORM-Cloud

Sie können Ihre Projekte in der SCORM-Cloud als Vorschau betrachten. Dadurch können Sie testen, wie Ihr Projekt später in einer Lernplattform dargestellt wird und wie Projekt und Plattform miteinander kommunizieren.

Das Fenster LMS-Vorschau

Vorschau > Vorschau in SCORM-Cloud

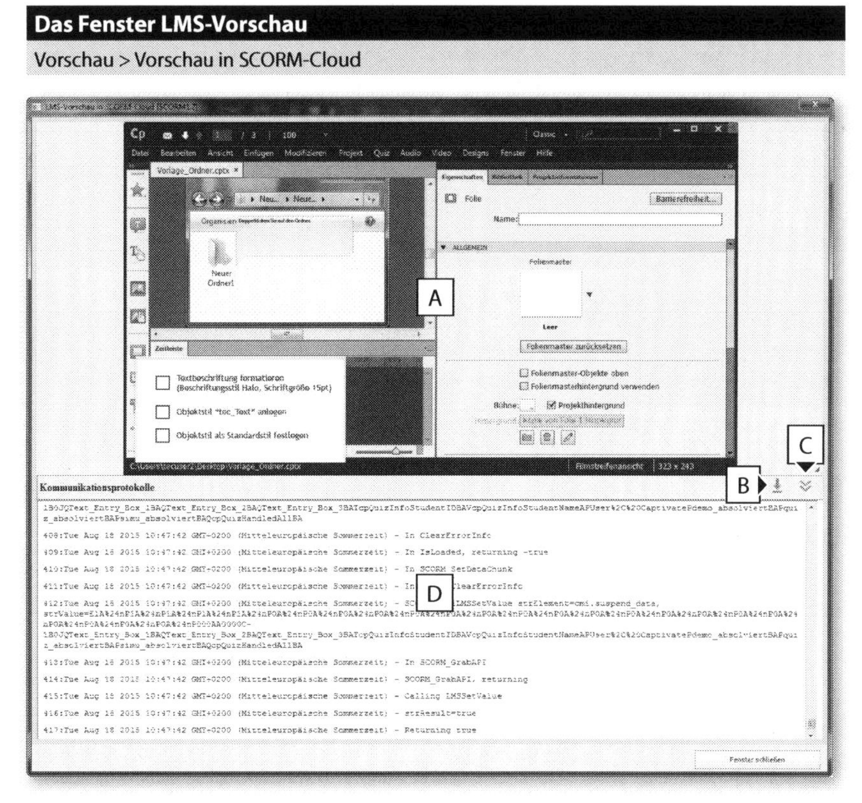

A SCORM-Vorschau

B Kommunikationsdaten herunterladen

C Kommunikationsdaten anzeigen / ausblenden

D Kommunikationsdaten

Datenschutz

Bitte beachten Sie, dass die Daten auf Server in den USA übertragen werden.

Vorschau erneut starten

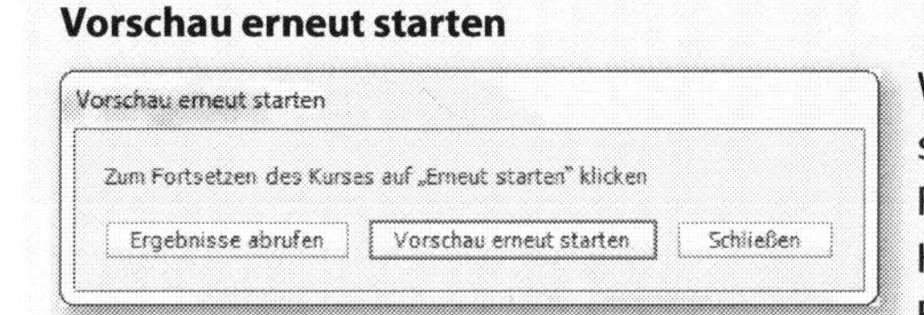

Wenn Sie das Vorschau-Fenster schließen, öffnet sich das Fenster *Vorschau erneut starten*. Hier können Sie entweder die Ergebnisse des Kurses aufrufen, die Vorschau erneut starten oder das Fenster schließen. Wenn Sie das Fenster schließen, werden die Daten aus der SCORM-Cloud gelöscht.

Praxistipp: Fehlersuche vereinfachen

In der Praxis kommt es häufiger vor, dass Captivate und LMS nicht die gleiche Sprache sprechen. Dies liegt daran, dass jedes System den SCORM-Standard ein wenig anders interpretiert (stellen Sie sich hier als Metapher die verschiedenen Dialekte im Deutschen vor). Um nun herauszufinden, ob das Autorensystem oder doch eher das LMS Verständnisprobleme haben, bietet sich in der Praxis der Weg über einen unabhängigen Sachverständigen an - in anderen Worten: ein anderes LMS. Hier kann Ihnen die (kostenfreie) Möglichkeit helfen, Ihr Lernpaket über die SCORM-Cloud zu testen und so dem Fehler auf die Schliche zu kommen.

Ergebnisse abrufen

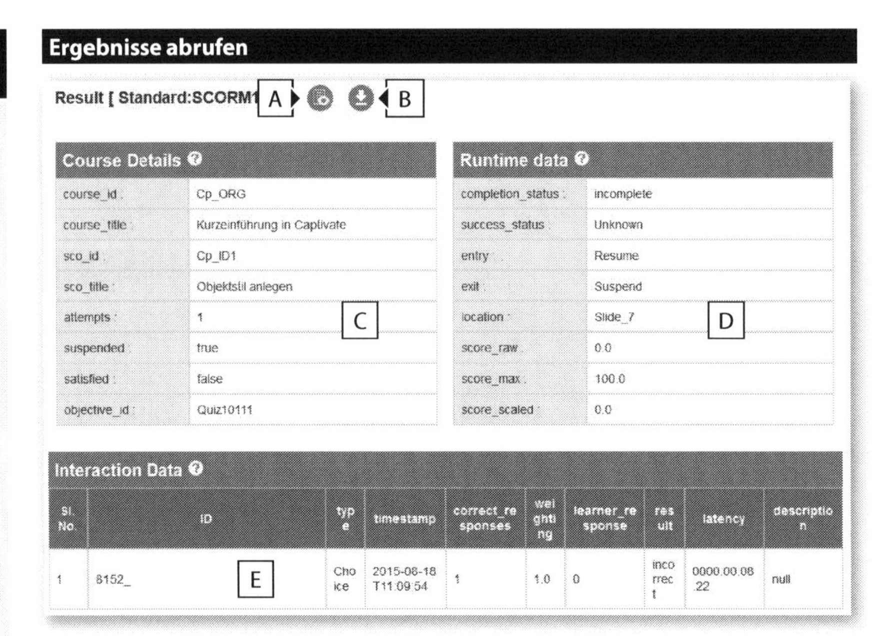

A Ergebnisse als XML anzeigen

B Ergebnisse als XML-Datei herunterladen

C Kursdetails: Informationen zu Manifestdaten, Status, Quizversuchen etc.

D Laufzeitdaten: Informationen zu Fortschritt, Versuchen, erreichter Punktzahl, etc.

E Interaktionsdaten: Informationen zu den einzelnen Interaktionen

ID

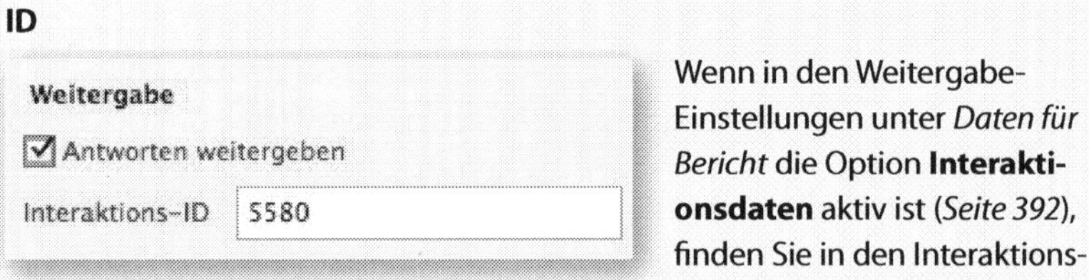

Wenn in den Weitergabe-Einstellungen unter *Daten für Bericht* die Option **Interaktionsdaten** aktiv ist (*Seite 392*), finden Sie in den Interaktionsdaten (**E**) in der Spalte *ID* einer Interaktion die Interaktions-ID, die Captivate automatisch vergibt. Alle Quiz-Fragen sowie Interaktionen mit eingestellter Option **Antworten weitergeben** haben eine Interaktions-ID, die Sie optional manuell anpassen können. So können Sie eindeutig nachvollziehen, was der Lerner bei welcher Interaktion gewählt hat.

Übung: Lernpaket erstellen

Learning-Management-Systeme müssen mit Lernpaketen gefüttert werden. Diese Übung zeigt Ihnen, wie Sie Ihr Projekt auf die Übermittlung an ein LMS vorbereiten und ein solches Paket schnüren.

Übung Teil 1 – SCORM-Einstellungen vornehmen ◔ 10 min

▶ Sie definieren die Reporting-Einstellungen im Format SCORM 1.2

1 Öffnen Sie aus dem Ordner *15_Lernplattformen* die Datei *LMS_Ausgang.cptx* (▶*Seite 12*).

2 Wählen Sie **Quiz > Quizvoreinstellungen**.

3 Nehmen Sie folgende Einstellungen vor:

a Wählen Sie die Option **Weitergabe für dieses Projekt aktivieren**.

b *LMS* **Andere standardmäßige LMS**.

c *Standard* **SCORM 1.2**.

d *Statusdarstellung* **Unvollständig ---> Bestanden/Nicht bestanden**.

e *Erfolgs-/Abschlusskriterien* unter *Folienansichten und / oder Quiz* die Option **Quiz wurde bestanden** (**Folienansichten** deaktiviert).

f *Daten für Bericht Punktzahl für Quiz* in **Prozent** sowie **Interaktionsdaten**.

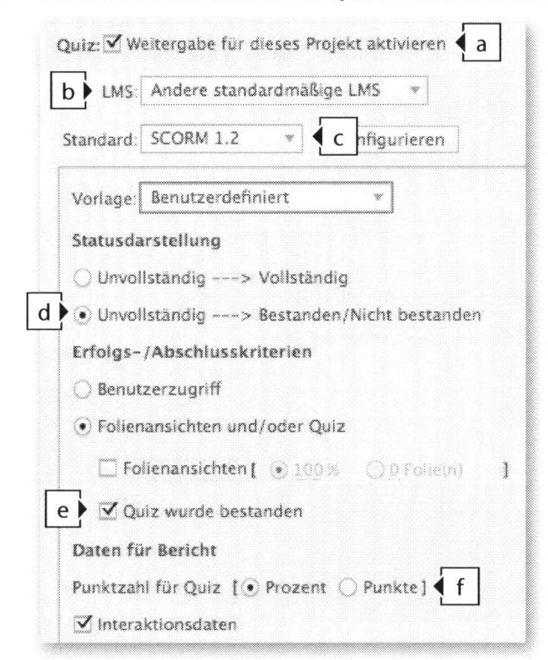

4 Klicken Sie oben auf **Konfigurieren**.

Das Fenster *Manifest* öffnet sich. Sie definieren hier die Optionen für die SCORM-Manifestdatei.

Verwenden Sie für den *Bezeichner* von **Kurs** und **SCO**, wie bei Web-Veröffentlichungen, weder Leerzeichen, Umlaute noch Sonderzeichen.

5 Stellen Sie im Bereich *Kurs* Folgendes ein:

a *Bezeichner*: „Cp". Hier definieren Sie die Bezeichnung des Kurses im System.

b *Titel*: „Kurzeinführung in Captivate". Hier definieren Sie den Titel, den die Kursteilnehmer sehen.

c Version: „1.0".

Beschreibung, Dauer und Schlüsselwörter

Beschreibung, *Dauer* und *Schlüsselwörter* sind optionale Felder, die nicht definiert werden müssen. Die *Beschreibung* definiert den Kurs näher und wird, je nach LMS, dem Kursteilnehmer präsentiert. *Dauer* zeigt an, wie lange es dauert, diesen Kurs zu bearbeiten. *Schlüsselwörter* ermöglicht die Eingabe von Schlagwörtern zum Kurs, die Suchmaschinen nutzen können.

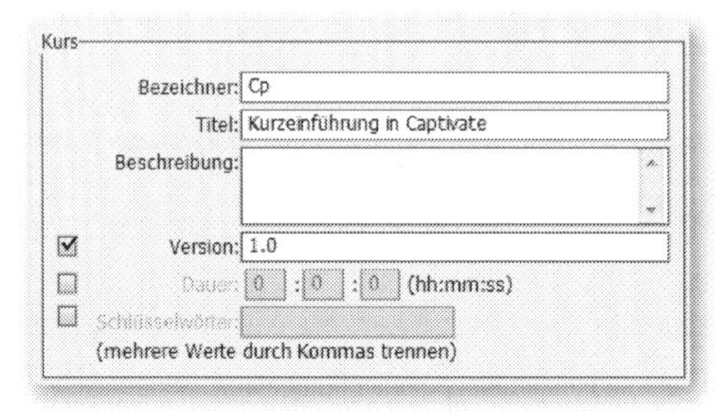

6 Stellen Sie im Bereich *SCO* Folgendes ein:

a *Bezeichner*: „Cp_ID1". Hier definieren Sie die Bezeichnung der unterschiedlichen Module des Kurses.

b *Titel*: „Objektstil anlegen". Hier definieren Sie den Titel des *SCOs*, den die Kursteilnehmer sehen.

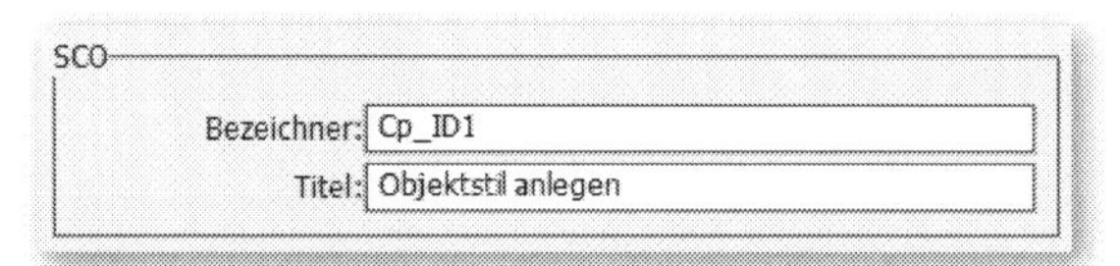

7 Klicken Sie zweimal auf **OK**.

Die Voreinstellungen sind definiert.

8 Wählen Sie in der *Menüleiste* **Projekt > Erweiterte Interaktion**.

Das Fenster *Erweiterte Interaktion* öffnet sich. Hier erhalten Sie einen Überblick über alle interaktiven Objekte des Projekts. Über diesen Weg möchten wir jedem Interaktionsobjekt der Simulation einen Punkt für die richtige Ausführung vergeben.

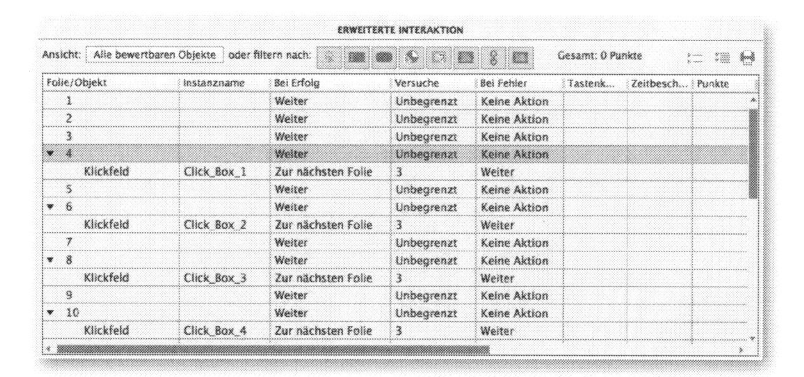

ERWEITERTE INTERAKTION

Ansicht: Alle bewertbaren Objekte oder filtern nach: Gesamt: 0 Punkte

Folie/Objekt	Instanzname	Bei Erfolg	Versuche	Bei Fehler	Tastenk...	Zeitbesch...	Punkte
1		Weiter	Unbegrenzt	Keine Aktion			
2		Weiter	Unbegrenzt	Keine Aktion			
3		Weiter	Unbegrenzt	Keine Aktion			
4		Weiter	Unbegrenzt	Keine Aktion			
Klickfeld	Click_Box_1	Zur nächsten Folie	3	Weiter			
5		Weiter	Unbegrenzt	Keine Aktion			
6		Weiter	Unbegrenzt	Keine Aktion			
Klickfeld	Click_Box_2	Zur nächsten Folie	3	Weiter			
7		Weiter	Unbegrenzt	Keine Aktion			
8		Weiter	Unbegrenzt	Keine Aktion			
Klickfeld	Click_Box_3	Zur nächsten Folie	3	Weiter			
9		Weiter	Unbegrenzt	Keine Aktion			
10		Weiter	Unbegrenzt	Keine Aktion			
Klickfeld	Click_Box_4	Zur nächsten Folie	3	Weiter			

9 Wählen Sie das Klickfeld von Folie 4 und aktivieren Sie im Bedienfeld *Eigenschaften* im Tab *Aktionen* unter *Weitergabe* die Option **In Quiz einbeziehen**.

10 Stellen Sie sicher, dass die Optionen **Zur Gesamtsumme addieren** und **Antwort weitergeben** gewählt sind und als Punktzahl der Wert **1** eingetragen ist.

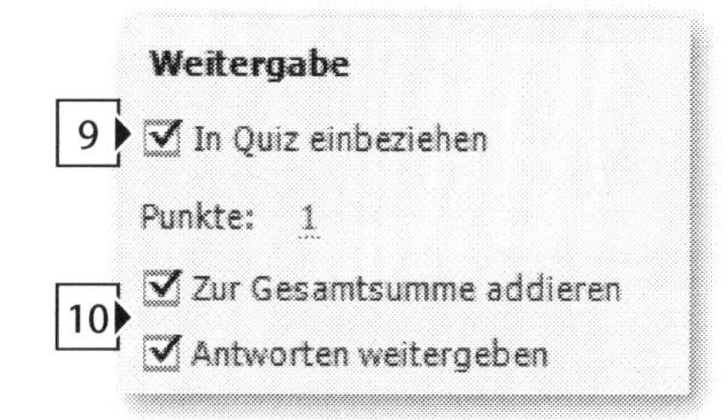

11 Wiederholen Sie die **Schritte 9** und **10** für alle Klickfelder sowie die beiden Texteingabefelder.

12 Schließen Sie das Fenster *Erweiterte Interaktion*.

13 Speichern Sie das Projekt.

Der Benutzer erhält nun für jeden richtigen Klick und jede richtige Texteingabe einen Punkt. Per Standardeinstellung (*Voreinstellungen*, Kategorie *Quiz > Bestehen/Nichtbestehen*) muss der Benutzer 80 % richtig lösen.

Sie wissen nun, welche Einstellungen für die Übermittlung für ein LMS notwendig sind. Eine mögliche Lösung finden Sie in der Datei *LMS_Ziel.cptx*.

Übung Teil 2 – Vorschau in der SCORM-Cloud ⏱ 5 min

▸ Sie testen Ihr Projekt in der SCORM-Cloud.

1 Wählen Sie in der Werkzeugleiste **Vorschau > Vorschau in SCORM-Cloud**.

2 Akzeptieren Sie die Nutzungsbedingungen.

   Das Fenster *LMS-Vorschau* erscheint und Ihr Projekt wird in die SCORM-Cloud hochgeladen.

3 Testen Sie Ihr Projekt:

   a Klicken Sie eine Folie weiter, absolvieren Sie die erste Interaktion und wählen Sie dann **Fenster schließen**.

   b Wählen Sie im Fenster *Vorschau erneut starten* **Ergebnisse abrufen**.

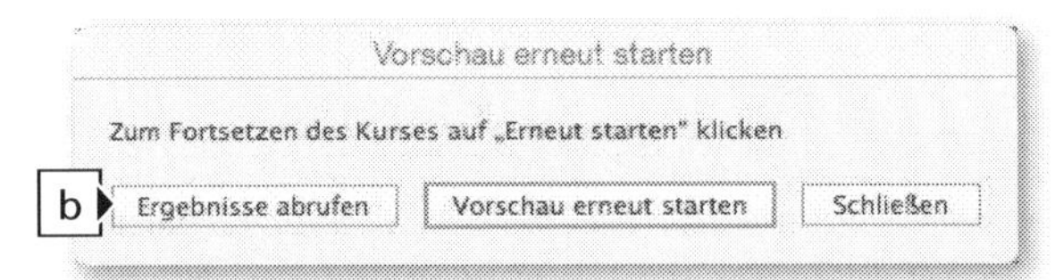

   Hier sehen Sie das aktuelle Zwischenergebnis: Unter *Runtime data*, dass der Kursabschluss noch Unvollständig (*incomplete*) ist und wir bisher 10 % der Punkte erreicht haben (*score_raw*). Im Bereich *Interaction Data* können wir nachvollziehen, bei welcher Interaktion wir im Rahmen dieser Simulation korrekt gehandelt haben. Bei einer Quizfrage würden Sie hier z. B. genau sehen, welche der Antwortoptionen gewählt wurde.

   c Schließen Sie das Browserfenster und wählen Sie im Fenster *Vorschau erneut starten* **Vorschau erneut starten**.

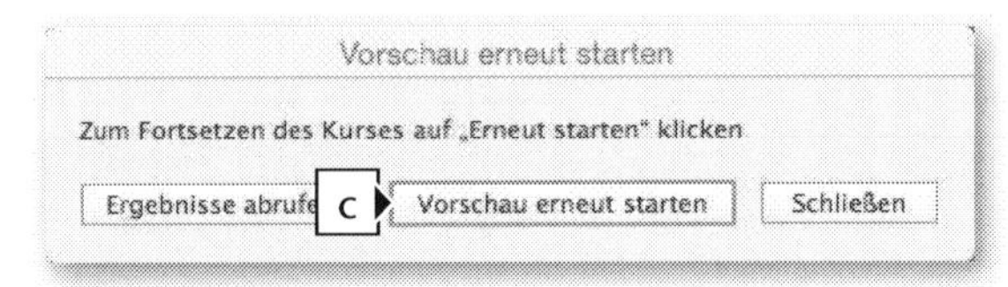

Wie Sie sehen, setzen Sie standardmäßig (Fortsetzungsdaten) an der zuletzt gesehenen Stelle fort.

d Absolvieren Sie nun den kompletten Kurs und schließen Sie das Fenster, sobald die Meldung „Prima! Sie haben die Aufgabe erfolgreich gelöst." erscheint.

e Wählen Sie abschließend noch einmal im Fenster *Vorschau erneut starten* **Ergebnisse abrufen**.

Hier sehen Sie Ihr Endergebnis: Unter *Runtime data*, dass der Kursabschluss nun Abgeschlossen (*complete*) und Bestanden (*passed*) ist (wenn Sie mind. 80 % erreicht haben) und wie viel Prozent der Punkte Sie erreicht haben (*score_raw*).

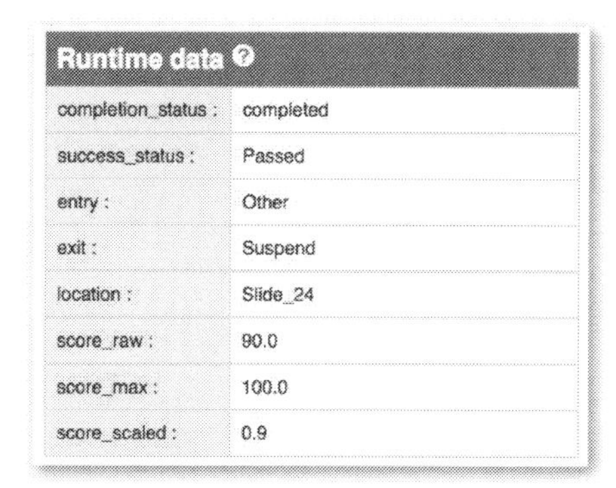

Runtime data	
completion_status :	completed
success_status :	Passed
entry :	Other
exit :	Suspend
location :	Slide_24
score_raw :	90.0
score_max :	100.0
score_scaled :	0.9

f Schließen Sie das Browserfenster und wählen Sie im *Fenster Vorschau erneut starten* **Schließen**.

Damit wird der Kurs wieder aus der SCORM Cloud gelöscht.

Sie wissen nun, wie Sie Ihr Projekt in der SCORM-Cloud testen können.

Übung Teil 3 – Veröffentlichung des Projekts ⏱ 5 min

- Sie veröffentlichen Ihr Projekt als gezipptes SCORM-Paket im Format HTML5.

1 Veröffentlichen Sie das Projekt (**Datei > Veröffentlichen**).

2 Wählen Sie die Veröffentlichung als **HTML5** und stellen Sie Folgendes ein (wie im folgenden Bildschirmfoto gezeigt):

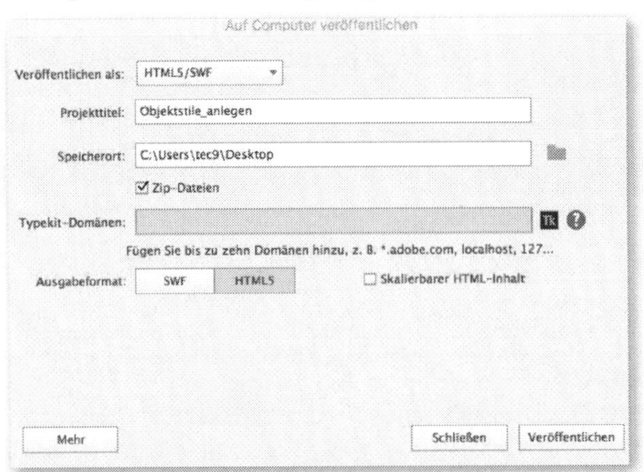

3 Klicken Sie auf **Veröffentlichen** und auf **Schließen**.

4 Speichern und schließen Sie das Projekt.

Sie haben das Captivate-Projekt für ein LMS verpackt.

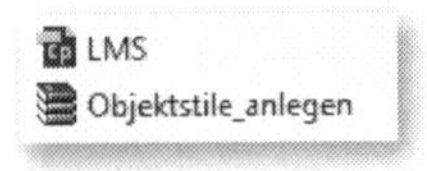

Sie wissen nun, wie Sie ein Projekt für ein LMS veröffentlichen. Ein fertig geschnürtes Paket befindet sich im gleichen Verzeichnis unter dem Namen *Objektstile_anlegen.zip*.

Adobe Multi SCO Packager

Mit dem *Multi SCO Packager* können Sie mehrere Lernpakete, sogar aus unterschiedlichen Anwendungen (z. B. Captivate, Presenter) kombinieren. Der *Multi SCO Packager* bietet drei Formen des Kursaufbaus: Kurs aus mehreren Modulen ohne Test, Kurs aus mehreren Modulen mit jeweils einem Abschlusstest, Kurs aus mehreren Modulen mit Vor- und Abschlusstest.

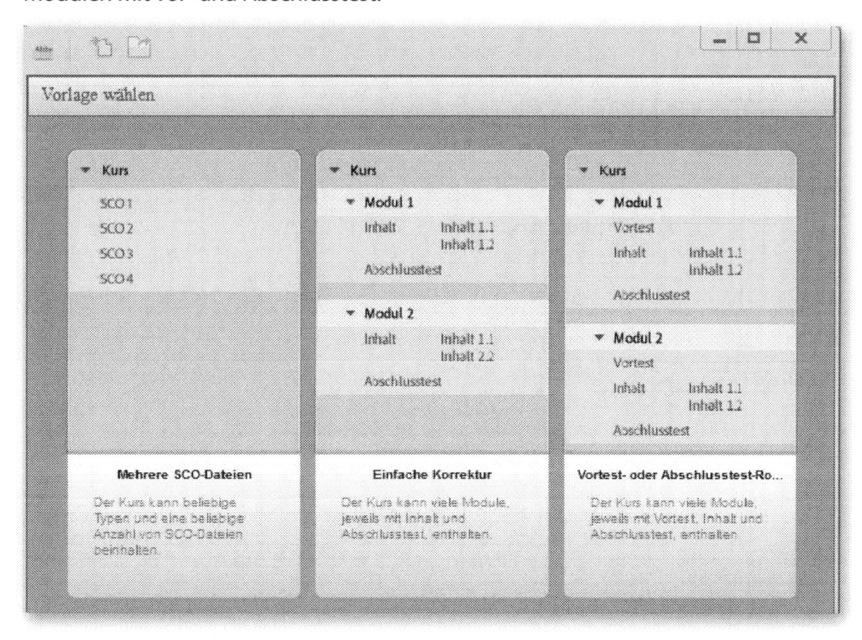

So kombinieren Sie Lernpakete über den Multi SCO Packager

1 Öffnen Sie den *Adobe Multi SCO Packager*: Wählen Sie in der *Menüleiste* **Datei > Neues Projekt > Multi-SCORM-Paket**.

2 Wählen Sie aus einer der drei Vorlagen Ihre gewünschte Struktur, z. B. die *Vorlage* **Mehrere SCO-Dateien**.

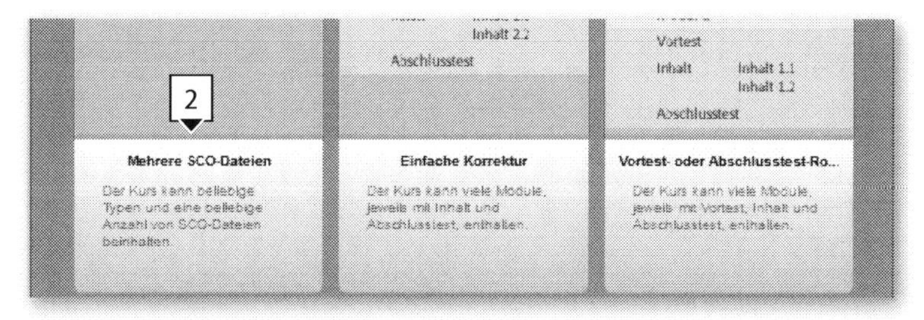

Das Fenster *Kursmanifestdetails* öffnet sich.

3 Geben Sie die Manifestdetails an:

a Wählen Sie, basierend auf Ihren zu verbindenden SCORM-Modulen, die entsprechende SCORM-Version. Beachten Sie dabei, dass Sie nur Module der gleichen SCORM-Version miteinander verbinden können.

b Vergeben Sie Werte für *Bezeichner* und *Titel*.

c Klicken Sie auf **OK**.

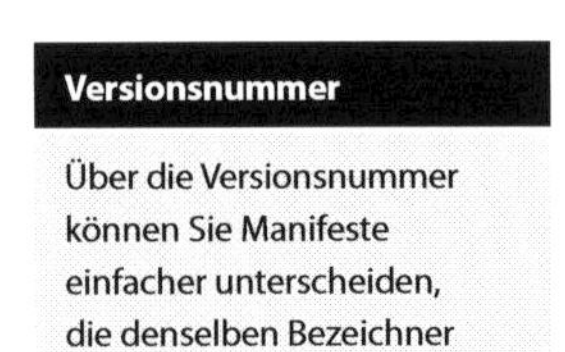
Versionsnummer

Über die Versionsnummer können Sie Manifeste einfacher unterscheiden, die denselben Bezeichner verwenden.

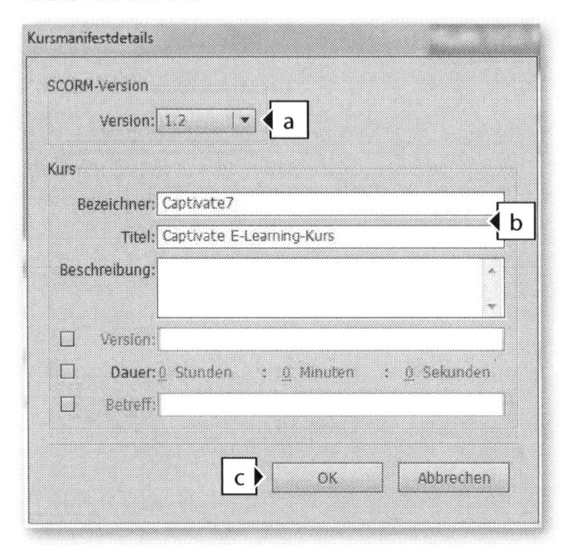

4 Klicken Sie im rechten oberen Bereich des *Multi SCO Packagers* auf **Dateien hinzufügen** und öffnen Sie die gewünschten Lernpakete.

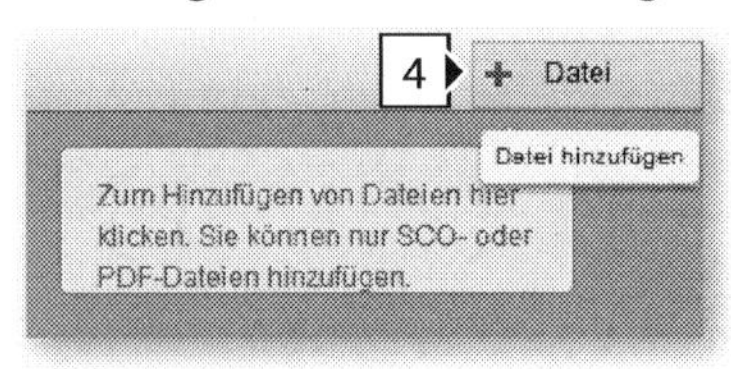

Die Kurse werden unter dem zuvor definierten Titel im *Multi SCO Packager* angezeigt.

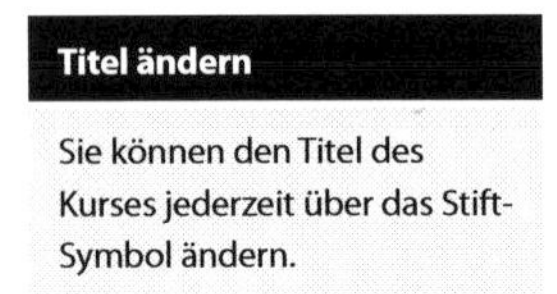
Titel ändern

Sie können den Titel des Kurses jederzeit über das Stift-Symbol ändern.

5 Publizieren Sie das Multi-SCORM-Paket:

a Klicken Sie auf **Kurs veröffentlichen**.

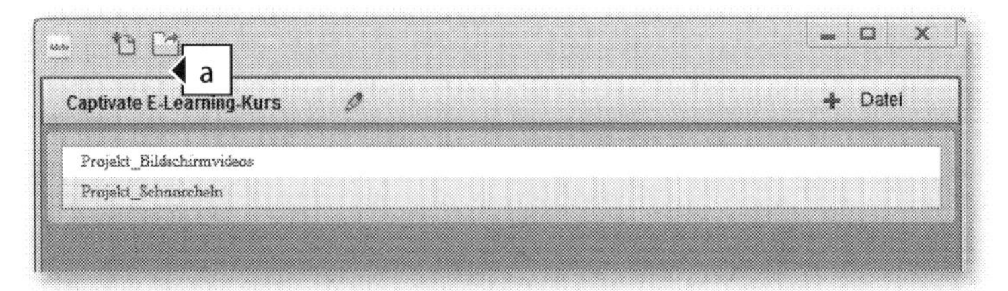

Das Fenster *SCO-Paket veröffentlichen* öffnet sich.

b Geben Sie *Projekttitel* sowie *Speicherort* an.

c Klicken Sie auf **Veröffentlichen** und bestätigen Sie die Meldung mit **OK**.

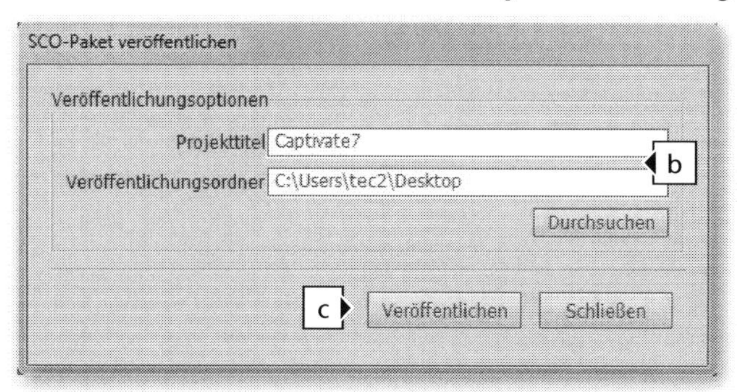

Nun können Sie das fertige Paket in Ihr LMS hochladen.

16

Lerninteraktionen & Assets

Neben den Objekten und Funktionen innerhalb von Captivate haben Sie die Möglichkeit, Ihre Projekte durch interaktive Lerninteraktionen und Assets zu erweitern.

Themenübersicht

Lerninteraktionen in responsiven Projekten

Wenn Sie Lerninteraktionen in responsiven Projekten verwenden möchten: Für die mit der Fußnote „Option *Scale for responsive projects* verfügbar" gekennzeichneten Lerninteraktionen können Sie die Texte in der Tablet- und Mobilgeräte-Ansicht automatisch skalieren lassen. Aktivieren Sie dazu in den Einstellungen der Lerninteraktion unter *Benutzerdefiniert* die Option **Scale text for responsive projects**.

Lerninteraktionen

Unter dem Begriff *Lerninteraktionen* finden Sie in Captivate vordefinierte interaktive Bausteine, Funktionen und Wissensspiele. Mit wenigen Klicks können Sie hier z. B. ein Glossar oder Wortsuchspiel einfügen und in beschränktem Maße auch hinsichtlich des Designs anpassen.

Diese Lerninteraktionen gibt es

Interaktionen > Lerninteraktionen

Interaktion	Beschreibung	
Accordion [1]	Inhalte über ein Aufklappmenü darstellen, z. B. Aufzählungen.	
Tabs [1]	Inhalte entsprechend des gewählten Reiters in einem festgelegten Bereich anzeigen.	
Process Circle [1]	Teile eines Prozesses darstellen und beschreiben.	
Pyramid Stack [1]	Aufeinander aufbauende Inhalte darstellen. Jeweils ein Eintrag pro Ebene.	
Timeline [1]	Zeitlich aufeinanderfolgende Inhalte darstellen.	

[1] Option *Scale for responsive projects* verfügbar

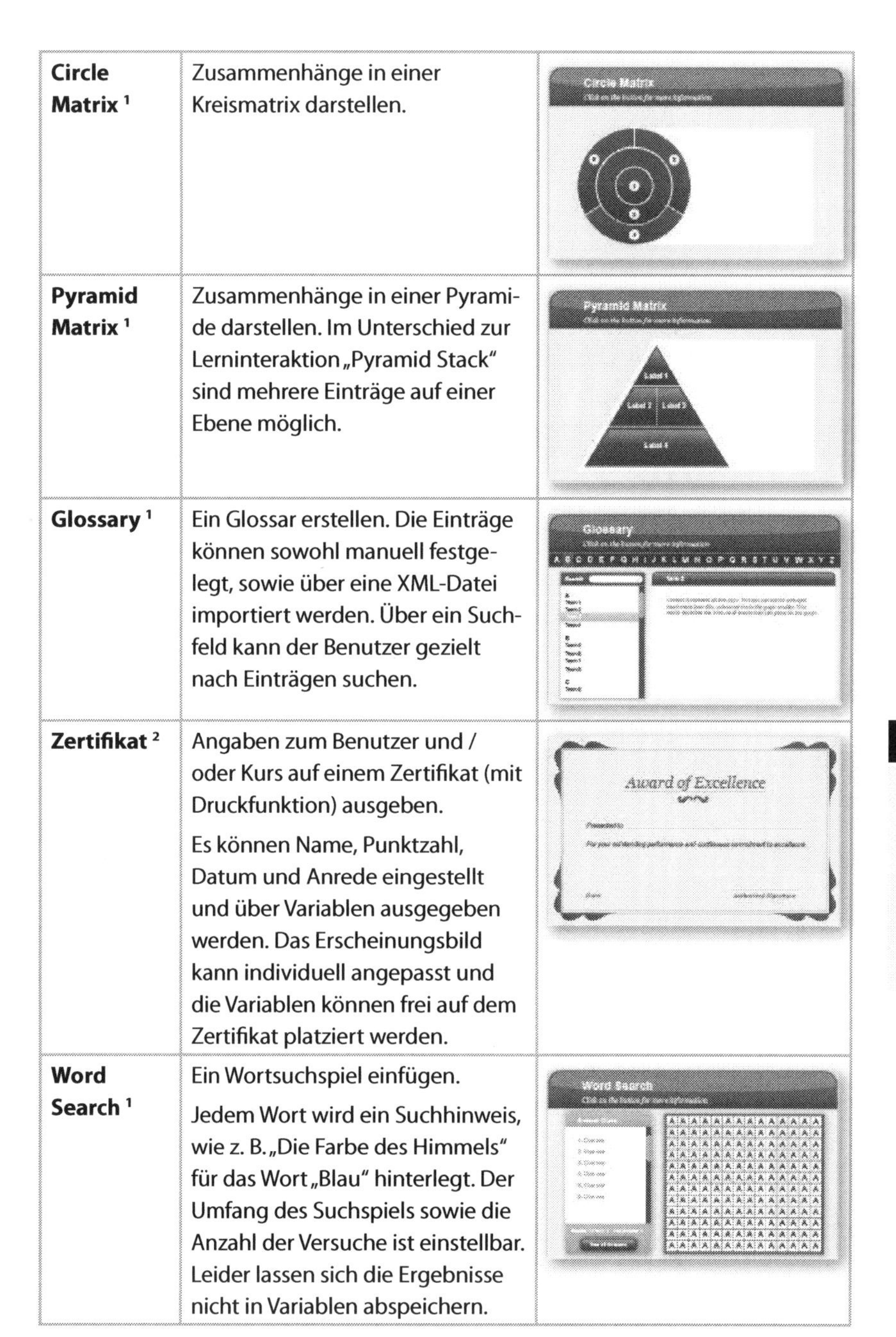

Circle Matrix [1]	Zusammenhänge in einer Kreismatrix darstellen.	
Pyramid Matrix [1]	Zusammenhänge in einer Pyramide darstellen. Im Unterschied zur Lerninteraktion „Pyramid Stack" sind mehrere Einträge auf einer Ebene möglich.	
Glossary [1]	Ein Glossar erstellen. Die Einträge können sowohl manuell festgelegt, sowie über eine XML-Datei importiert werden. Über ein Suchfeld kann der Benutzer gezielt nach Einträgen suchen.	
Zertifikat [2]	Angaben zum Benutzer und / oder Kurs auf einem Zertifikat (mit Druckfunktion) ausgeben. Es können Name, Punktzahl, Datum und Anrede eingestellt und über Variablen ausgegeben werden. Das Erscheinungsbild kann individuell angepasst und die Variablen können frei auf dem Zertifikat platziert werden.	
Word Search [1]	Ein Wortsuchspiel einfügen. Jedem Wort wird ein Suchhinweis, wie z. B. „Die Farbe des Himmels" für das Wort „Blau" hinterlegt. Der Umfang des Suchspiels sowie die Anzahl der Versuche ist einstellbar. Leider lassen sich die Ergebnisse nicht in Variablen abspeichern.	

Variable anlegen

Um die Auswahl bzw. das Ergebnis in einer Variable speichern zu können, müssen Sie diese zuvor manuell anlegen. Wählen Sie dazu **Projekt > Variablen** und klicken Sie dann auf **Neu hinzufügen**.

[1] Option *Scale for responsive projects* verfügbar

[2] Auswahl / Ergebnis kann in Variable gespeichert werden

Bookmark

Wenn Sie die Lerninteraktion Bookmark genauer kennenlernen möchten:
▶ *Weblink 16.1, Seite 12.*

Carousel

Wenn Sie die Lerninteraktion Carousel genauer kennenlernen möchten:
▶ *Weblink 16.2, Seite 12.*

Catch AlphaNums

Wenn Sie die Lerninteraktion Catch AlphaNums genauer kennenlernen möchten:
▶ *Weblink 16.3, Seite 12.*

Bookmark	Funktion, über die der Lerner bestimmte Folien als Lesezeichen hinterlegen und diese später schnell und einfach wieder aufrufen kann.	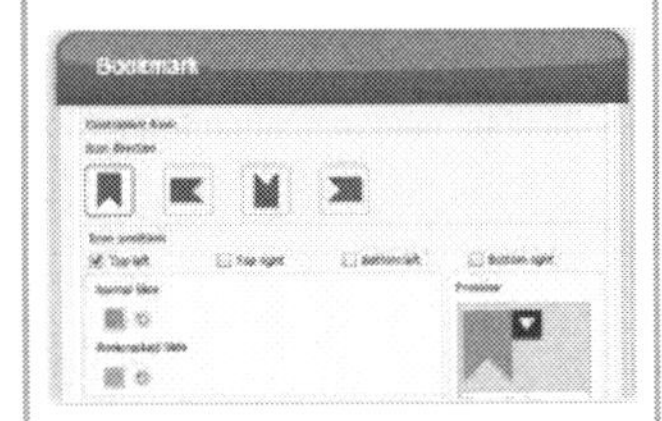
Bulletin	Eine Funktion, über die der Lerner Zusatzinformationen (Texte / Bilder / Audio) in Form einer Liste aufrufen kann. Sie können die Interaktion z. B. für das restliche Projekt anzeigen lassen und wahlweise einzelne Listenpunkte bestimmten Folien zuordnen. Der Lerner kann dann über den Tab *Project Bullets* alle Listenpunkte aufrufen oder über den Tab *Slide Bullets* nur Einträge, die passend zur Folie sind.	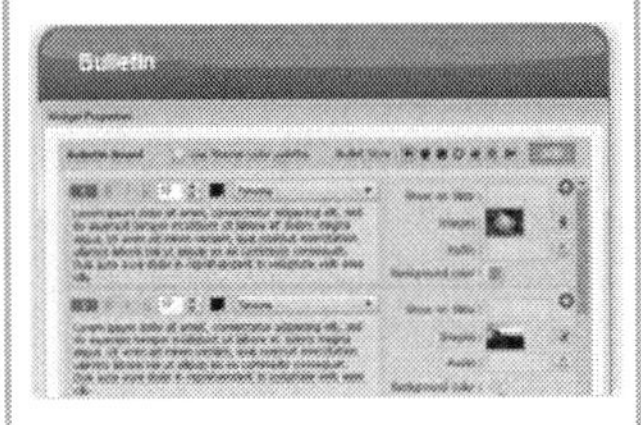
Carousel	Slideshow, die Sie mit Bildern oder Videos befüllen können.	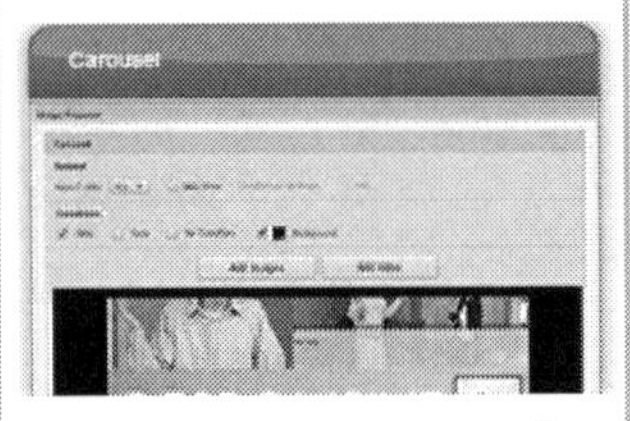
Catch AlphaNums [1,2]	Spiel, in dem der Lerner zur Lösung einer gesuchten Antwort fehlende Buchstaben oder Zahlen fangen soll. Es können mehrere Fragen & Antworten hintereinander gestellt sowie mit unterschiedlichen Punkten gewichtet bewertet werden. Der Lerner steuert die Lerninteraktion am PC / Mac mittels Tastatur und (bei Publikation als HTML5) am Smartphone / Tablet mittels Bewegung des Geräts (Beschleunigungssensor).	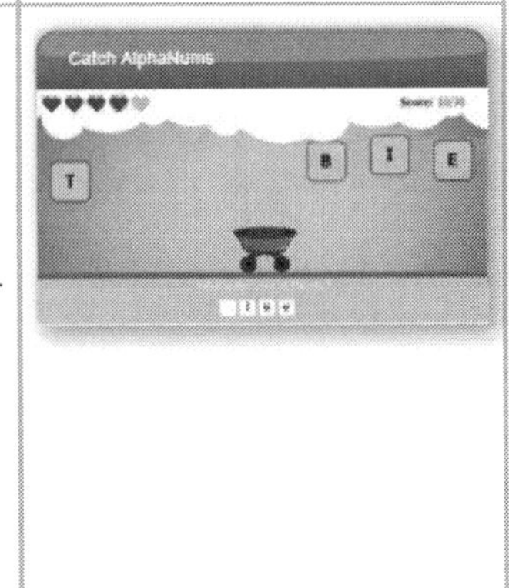

[1] Auswahl / Ergebnis kann in Variable gespeichert werden

[2] Ergebnis kann an Quiz des Projekts weitergegeben und damit auch an ein LMS übermittelt werden

Checkbox [1]	Kontrollkästchen einfügen.	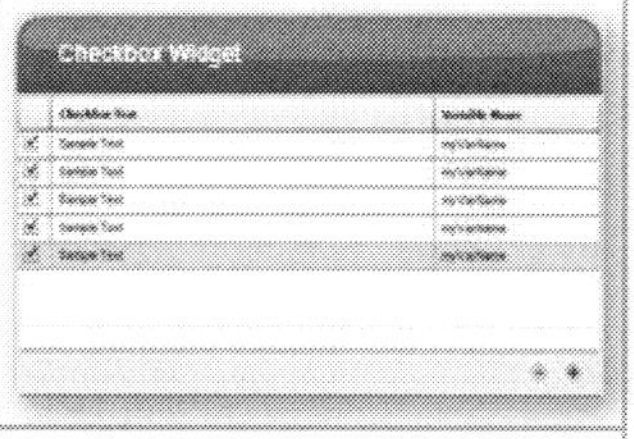
Timer / Hourglass [1,2]	Projekte mit einem Timer versehen, der eine vorgegebene Zeitspanne herunterzählt. Die abgelaufene Zeit kann in einer Variablen gespeichert werden (die Zeit wird hochgezählt). *Timer* und *Hourglass* unterscheiden sich lediglich im Erscheinungsbild.	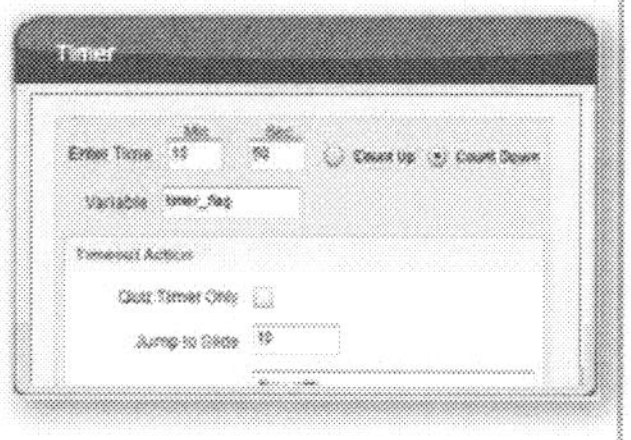
Drop Down [1]	Auswahllisten mit beliebig vielen Einträgen erstellen.	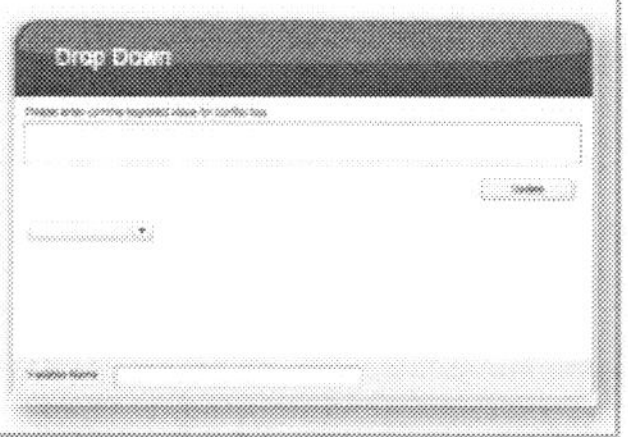
Hangman [1,2,3]	Ein Galgenmännchenspiel einfügen.	
Image Zoom	Benutzerdefiniertes Bild mit Zoomfunktion ausstatten.	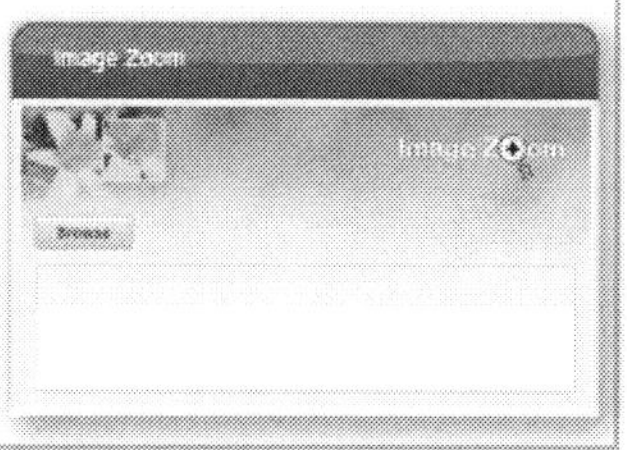

[1] Auswahl / Ergebnis kann in Variable gespeichert werden

[2] Erscheinungsbild leider nicht anpassbar

[3] Ergebnis kann an Quiz des Projekts weitergegeben und damit auch an ein LMS übermittelt werden

Jeopardy [1,2]	Jeopardy-Spiel einfügen. Spiel, in dem der Lerner Fragen aus verschiedenen Kategorien wählen kann. Jeder Frage ist ein Wert zugeordnet, welcher bei richtiger Antwort dem Gesamtpunktestand hinzugefügt und bei falscher Antwort abgezogen wird.	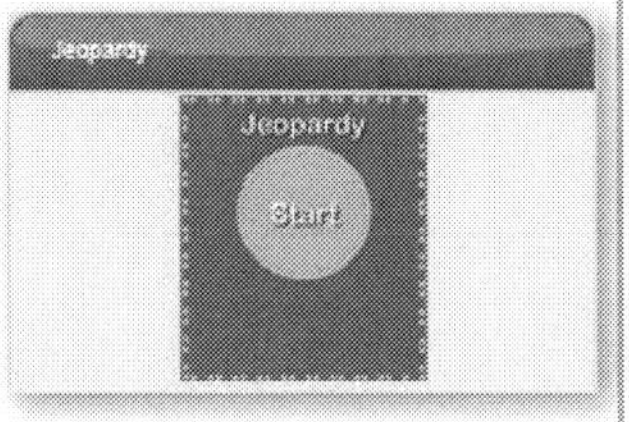
Jigsaw Puzzle [1,2,3]	Ein benutzerdefiniertes Bild als Puzzle darstellen.	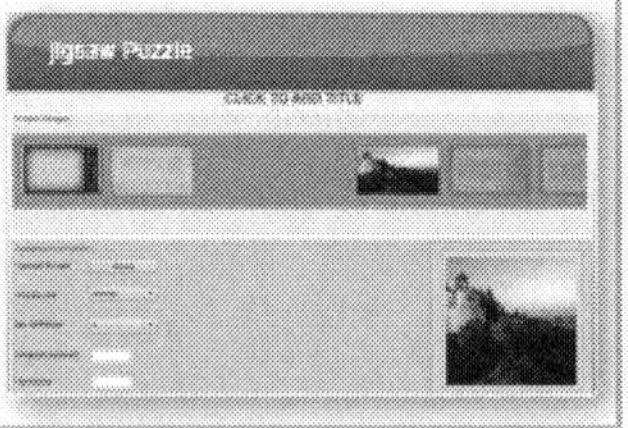
List [1]	Listenfunktion einfügen.	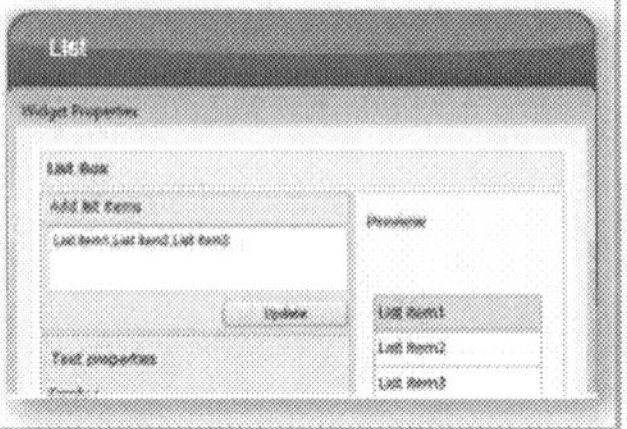
Memory Game [1,2]	Memory-Spiel mit benutzerdefinierten Bildern.	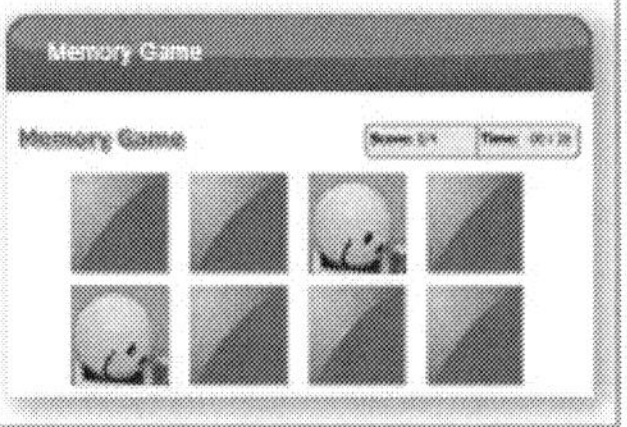
Who wants to be a Millionaire? [1,2]	„Wer wird Millionär?"-Spiel einfügen.	

Memory Game

Wenn Sie die Lerninteraktion Memory Game genauer kennenlernen möchten:
▶ *Weblink 16.4, Seite 12.*

[1] Auswahl / Ergebnis kann in Variable gespeichert werden

[2] Ergebnis kann an Quiz des Projekts weitergegeben und damit auch an ein LMS übermittelt werden

[3] Erscheinungsbild leider nicht anpassbar

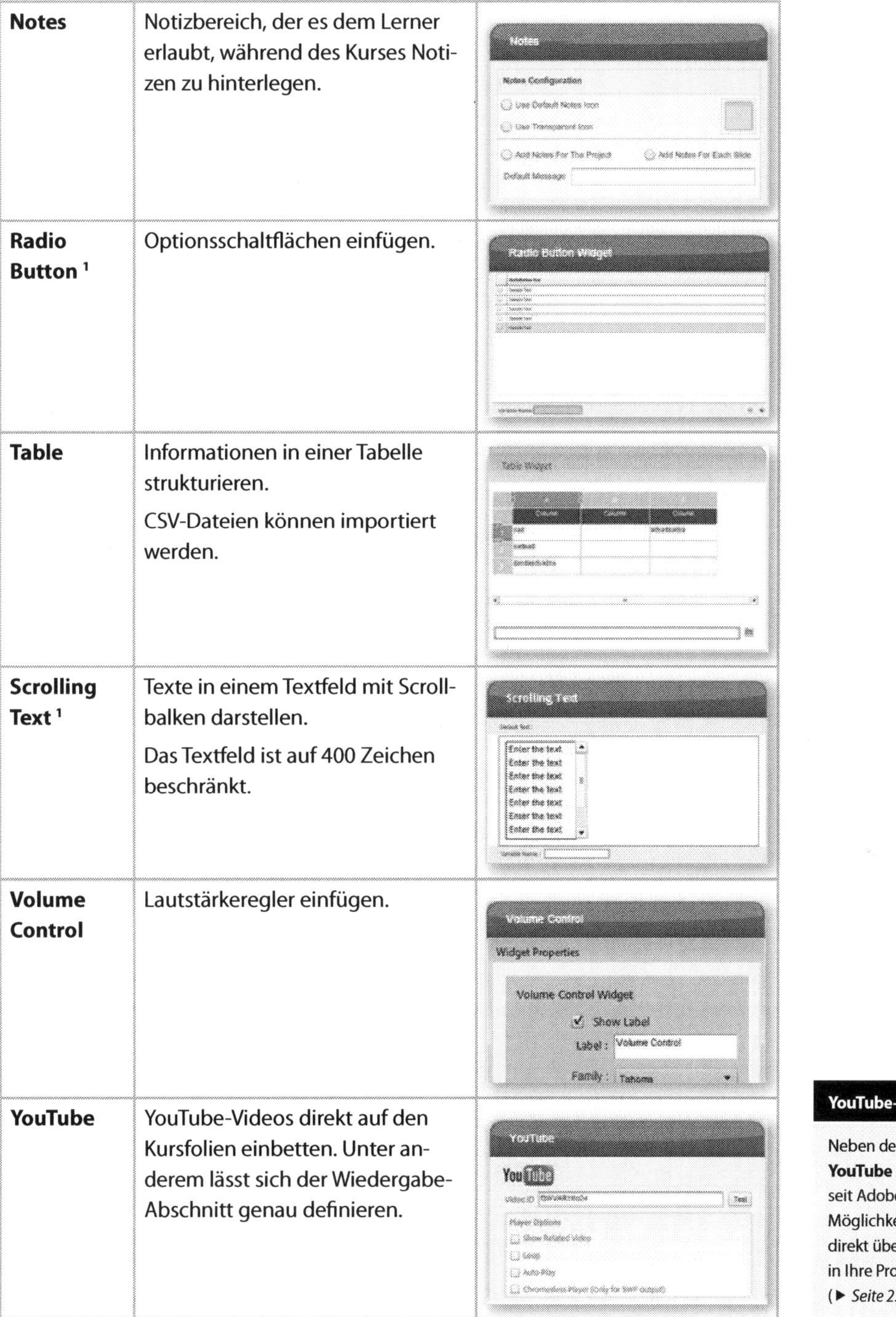

Notes	Notizbereich, der es dem Lerner erlaubt, während des Kurses Notizen zu hinterlegen.	
Radio Button [1]	Optionsschaltflächen einfügen.	
Table	Informationen in einer Tabelle strukturieren. CSV-Dateien können importiert werden.	
Scrolling Text [1]	Texte in einem Textfeld mit Scrollbalken darstellen. Das Textfeld ist auf 400 Zeichen beschränkt.	
Volume Control	Lautstärkeregler einfügen.	
YouTube	YouTube-Videos direkt auf den Kursfolien einbetten. Unter anderem lässt sich der Wiedergabe-Abschnitt genau definieren.	

YouTube-Videos einbinden

Neben der Lerninteraktion **YouTube** haben Sie zudem seit Adobe Captivate 2019 die Möglichkeit, YouTube-Videos direkt über **Medien > Video** in Ihre Projekte einzubinden (▶ *Seite 235*).

[1] Auswahl / Ergebnis kann in Variable gespeichert werden

? Wenn Sie in Captivate eine Lerninteraktion vermissen sollten: Wählen Sie in der *Menüleiste* **Einfügen > Widget**, navigieren Sie zum Programmverzeichnis von Adobe Captivate und in das Unterverzeichnis *\Gallery\Interactions*.

(C:) > Programme > Adobe > Adobe Captivate 2019 x64 > Gallery > Interactions

02_Process Tabs.wdgt | 03_Process Circle.wdgt | 04_Pyramid Stack.wdgt | 05_Timeline.wdgt | 06_Circle Matrix.wdgt

Das Fenster Lerninteraktion konfigurieren (am Beispiel der Interaktion Tabs)

Interaktionen > Lerninteraktionen

Bestehende Lerninteraktion bearbeiten

Wenn Sie eine bereits auf einer Folie eingefügte Lerninteraktion bearbeiten möchten: Doppelklicken Sie auf der Bühne auf die Lerninteraktion. Dies öffnet direkt das Fenster *Interaktion konfigurieren*.

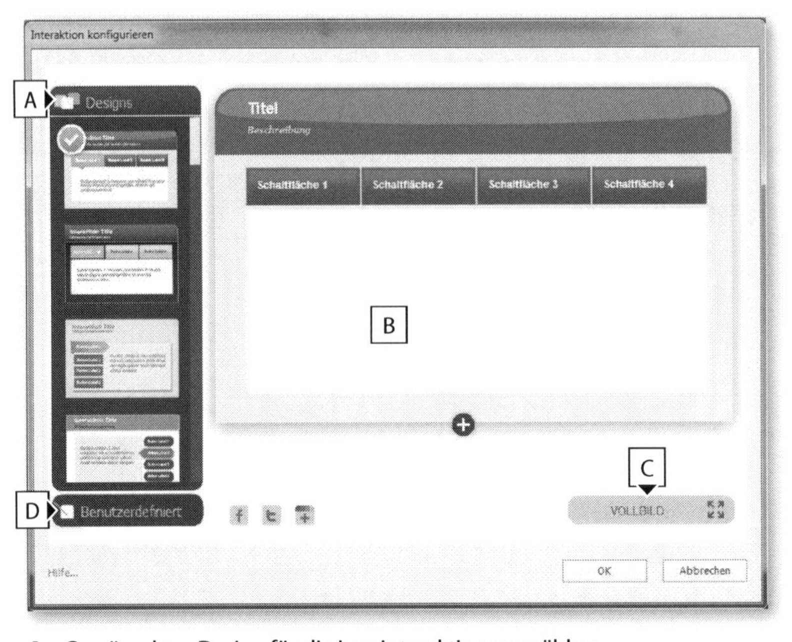

A Gewünschtes Design für die Lerninteraktion auswählen

B Inhalte der Lerninteraktion erstellen / bearbeiten

C Bearbeitungsbereich vergrößern

D Design der Lerninteraktion anpassen

So erstellen Sie eine Lerninteraktion

1 Wählen Sie **Interaktionen > Lerninteraktionen.**

Das Fenster *Interaktion auswählen* öffnet sich.

2 Wählen Sie die gewünschte Lerninteraktion und klicken Sie auf **Einfügen**.

Das Fenster *Interaktion konfigurieren* öffnet sich.

3 Konfigurieren Sie die Lerninteraktion und klicken Sie auf **OK**.

Lerninteraktionen

Eine Übung zur Erstellung der Lerninteraktion „Wortsuchrätsel" finden Sie hier:
▶ *Weblink 16.5, Seite 12.*

Assets

Captivate bietet eine Auswahl an Assets (Personen, Medien, Projekte und Designs), mit denen Sie Ihre E-Learning-Inhalte noch interessanter gestalten können.

Das Werkzeugleistenmenü Assets

Unter *Meine Assets* können Sie die gewünschten Assets auswählen. Um zusätzlich zu den mitgelieferten Assets weitere herunterzuladen und zu verwenden, wählen Sie *Adobe Stock-Assets abrufen* oder *Kostenlose eLearning-Assets abrufen*.

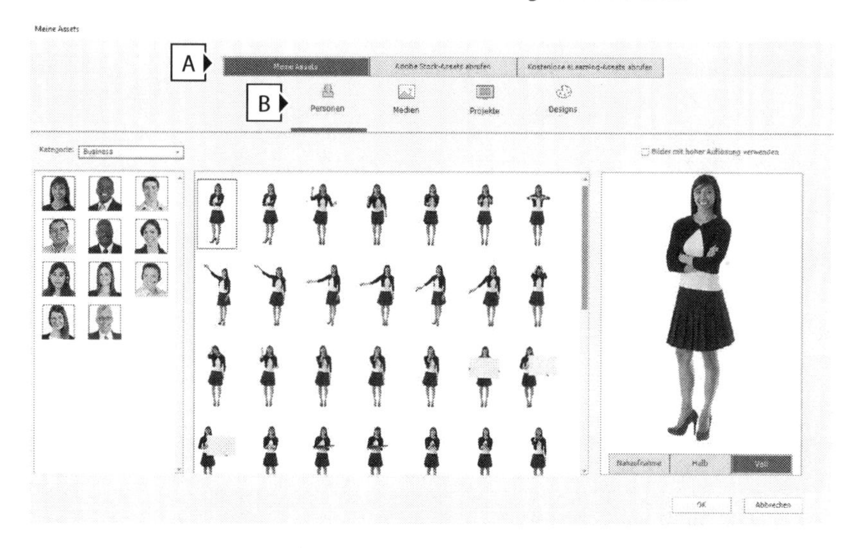

A Quelle auswählen (Festplatte, Adobe Stock oder eLearning Brothers)

B Art des Assets auswählen (Personen, Medien, Projekte oder Designs)

Personen (Darsteller)

Ob als virtueller Lernbegleiter oder um eine Story zu erzählen, Personen vermitteln Ihre Lerninhalte motivierend und nachhaltig.

Das Fenster Personen

Medien > Personen

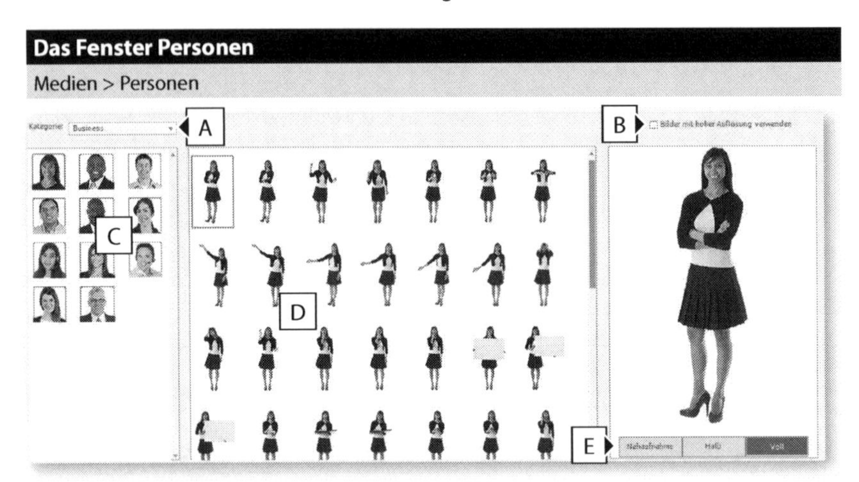

A Kategorie, z. B. Freizeit oder Medizin

B Gewähltes Bild in hoher Auflösung einfügen

C Auswahl an Personen

D Gesten der gewählten Person

E Gewählte Person in Portrait-, Oberkörper- oder Ganzkörperansicht einfügen

Personen (eLearning Assets) installieren

Um die mit Captivate ausgelieferten Personen einsetzen zu können, müssen Sie vorab die „Adobe eLearning Assets" installieren.

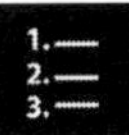

So laden Sie die eLearning Assets herunter

1. Öffnen Sie ein leeres oder bestehendes Projekt in Captivate.
2. Wählen Sie **Medien > Personen**.
3. Wählen Sie die Kategorie **Business**.
4. Wählen Sie die dritte Geste einer beliebigen Person aus.

Es erscheint eine Meldung, die Sie darauf hinweist, dass dieses Bild nicht vorhanden wäre.

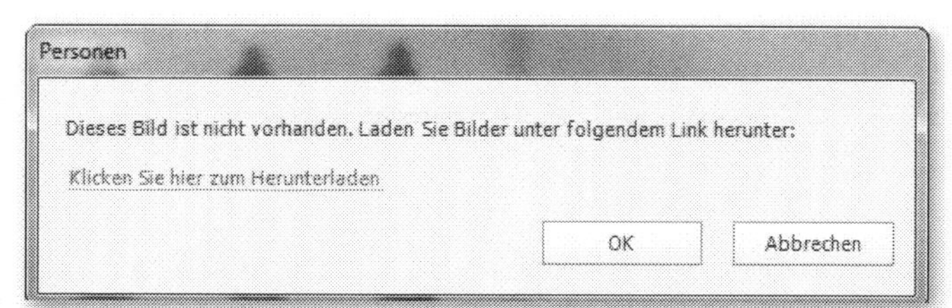

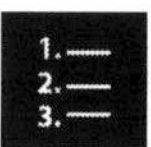

Wenn diese Meldung nicht erscheint, sondern Sie die Geste auswählen können, sind die eLearning Assets bereits korrekt auf Ihrem System installiert.

5 Klicken Sie auf den Download-Link.

Daraufhin werden die Adobe eLearning Assets über Ihren Standardbrowser heruntergeladen und im Standard-Downloadverzeichnis Ihres Betriebssystems abgelegt.

So installieren Sie die eLearning Assets (Win)

1 Doppelklicken Sie auf die Datei *Adobe_eLearning_Asset.exe*.

2 Klicken Sie auf **Ausführen**.

3 Geben Sie einen Speicherort an, in den die Assetsdateien extrahiert werden sollen und klicken Sie auf **Weiter**.

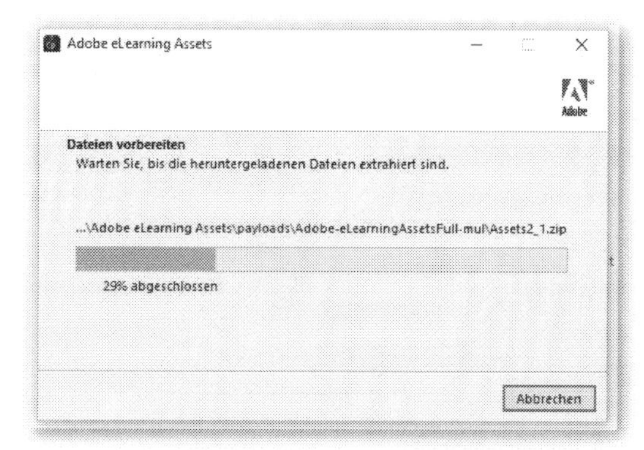

Das Installationsprogramm wird initialisiert.

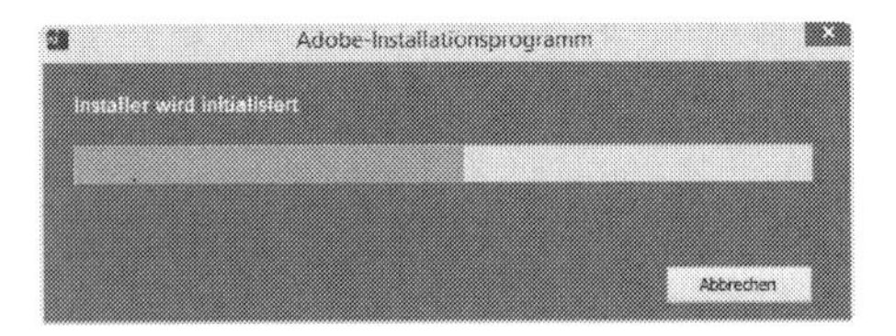

Nach einigen Sekunden öffnet sich das Fenster *Adobe eLearning Assets All.*

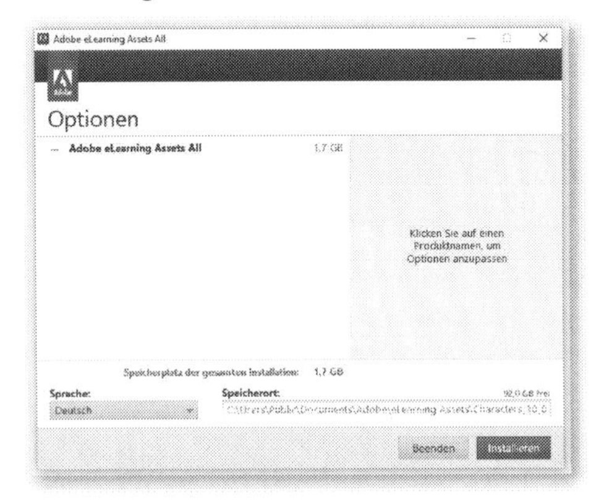

4 Klicken Sie auf **Installieren** und bestätigen Sie die Meldung mit **Ja**.

5 Klicken Sie nach Abschluss der Installation auf **Schließen**.

1 Doppelklicken Sie auf die Datei *Adobe_eLearning_Asset.dmg.*

2 Öffnen Sie das Verzeichnis **Adobe eLearning Assets**.

3 Doppelklicken Sie auf die Datei **Install** und bestätigen Sie die erscheinende Meldung mit **Öffnen**.

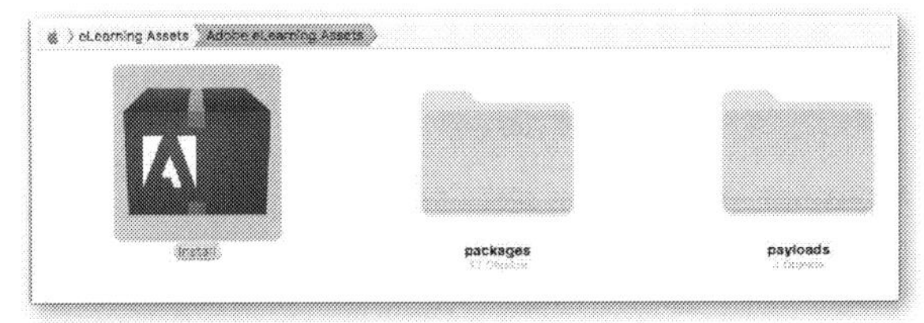

Der Installer wird initialisiert.

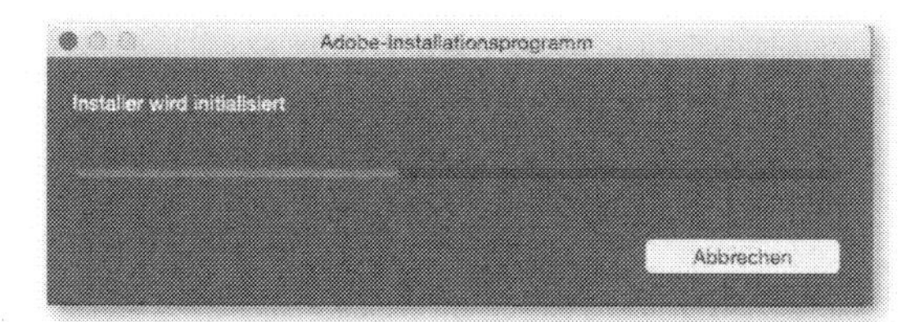

Nach einigen Sekunden öffnet sich das Fenster *Adobe eLearning Assets All.*

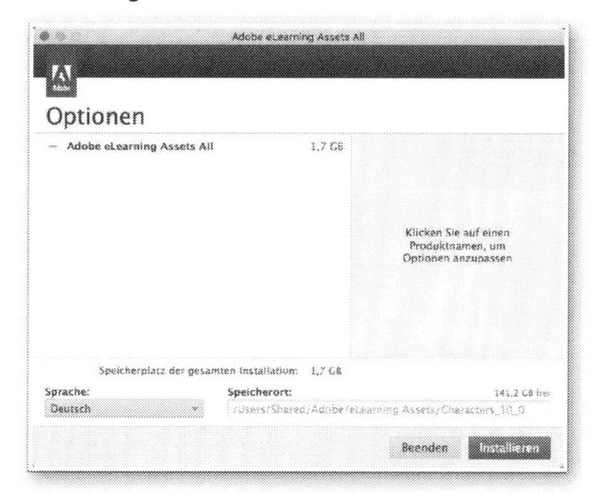

4 Klicken Sie auf **Installieren**.

Die eLearning Assets werden installiert.

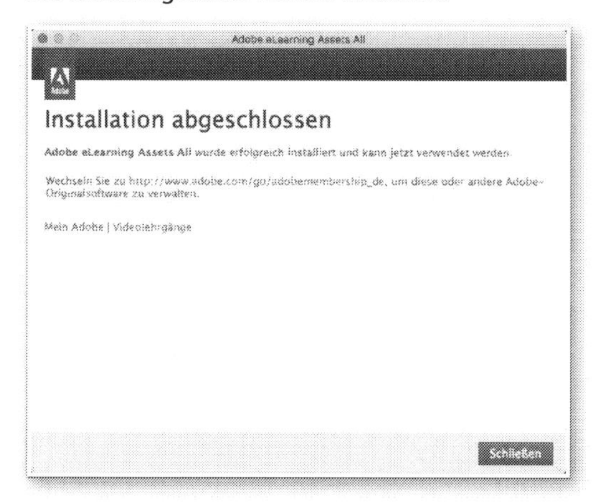

5 Wenn die Installation abgeschlossen ist: Klicken Sie auf **Schließen**.

Sie haben die eLearning Assets erfolgreich installiert und können nun auf die komplette Auswahl an Personen zurückgreifen.

Personen bearbeiten

Personen sind Bildobjekte. Ihnen stehen damit dieselben Einstellungen und Bearbeitungsmöglichkeiten wie bei Bildern zur Verfügung (▶ *Seite 170*).

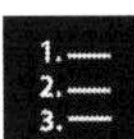

So setzen Sie einen virtuellen Lernbegleiter ein

1 Wählen Sie **Medien > Personen**.

Das Fenster *Personen* öffnet sich.

2 Wählen Sie unter *Kategorie* eine beliebige Kategorie.

3 Aktivieren Sie die Option **Bilder mit hoher Auflösung verwenden**.

4 Markieren Sie Ihre gewünschte Person.

Wenn Sie die Meldung erhalten, dass dieses Bild nicht vorhanden ist, klicken Sie auf **Klicken Sie hier zum Herunterladen**, um die eLearning Assets herunterzuladen und zu installieren (▶ *Seite 414*).

5 Wählen Sie eine Geste.

6 Wählen Sie den Bildausschnitt, z. B. **Voll**.

7 Klicken Sie auf **OK**.

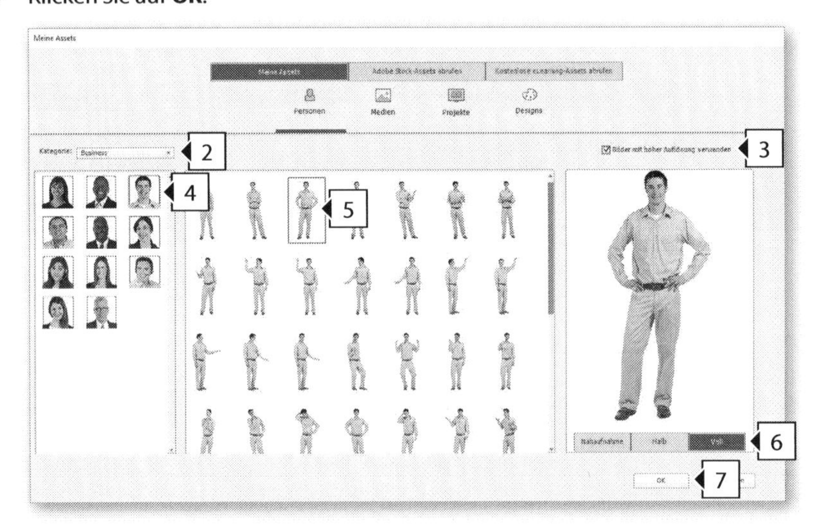

8 Passen Sie die Größe und Position der Person an: Markieren Sie einen beliebigen Eck-Anfasser und ziehen Sie das Bild mit gedrückter [⇧] (Win) / [⌘] (Mac) auf die gewünschte Größe auf. Positionieren Sie das Bild anschließend.

Sie wissen nun, wie Sie Ihre Projekte mit Personen anreichern können.

Weitere Assets herunterladen

Über den Werkzeugleisten-Eintrag **Assets** haben Sie die Möglichkeit, weitere Assets bzw. Medien über den Drittanbieter eLearning Brothers kostenfrei zu beziehen und in Ihren E-Learning-Projekten zu verwenden. Über Ihre Capitvate-Lizenz erhalten Sie Zugriff auf eine Vielzahl weiterer Assets, u. a. Personen, Lernspiele und Interaktionen. Interessant ist hier v. a., dass Sie in den meisten Fällen jeweils zwischen einer responsiven und einer nicht-responsiven (bzw. klassischen) Captivate-Vorlage wählen können. In der folgenden Tabelle erhalten Sie eine Übersicht über die verschiedenen Medien, die Sie hier finden:

Diese Assets gibt es		
Asset	**Beschreibung**	**Beispiel**
Buttons	Schaltflächen für Ihre Projekte, u. a. in Form von Smartformen mit Füllgrafik	
Course Starters	Projektvorlagen (*siehe Layouts*), inkl. bereits angelegter Inhaltsseiten, u. a. Intro, Lernzielangabe sowie vorkonfigurierten Interaktionen	Safety Captivate Course Starter
Characters	Personen (Trainer- bzw. Leitfiguren) in unterschiedlichen Posen (▶ *Seite 414*)	Brandon
Games	Umfassende Vorlagen für Lernspiele verschiedener Art	Race For Treasure Captivate Game

Interactions	Vorkonfigurierte Drag-&-Drop- sowie Klick-Interaktionen, u. a. Übungen, Fragen, Tab-Strukturen, die Sie in Captivate frei konfigurieren und weiterentwickeln können	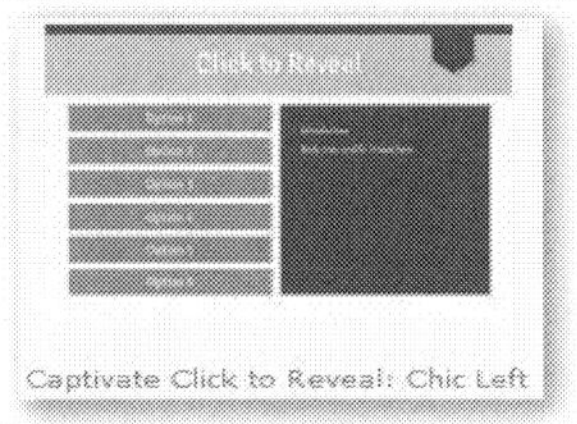 Captivate Click to Reveal: Chic Left
Intros	Animierte Intro-Folien	 TITLE HERE Click to see a live preview of this template
Layouts	Projektvorlagen mit u. a. vordefinierten Folienmastern und Objektstilen (▶ *Seite 140*)	 School Captivate Layout
Navigation Players	Mittels Smartform-Schaltflächen gestaltete Navigations- bzw. Wiedergabeleisten sowie Wiedergabeleisten-Widgets	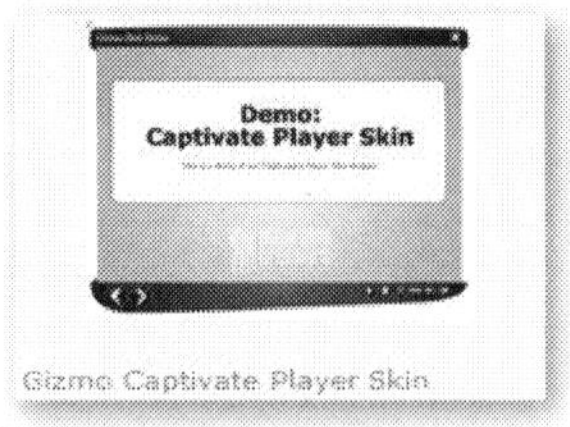 Demo: Captivate Player Skin Gizmo Captivate Player Skin
Scenarios	Vorlagen für szenariobasierte Projekte, in denen der Lerner je nach gewählter Antwort einen anderen Lernweg einschlägt	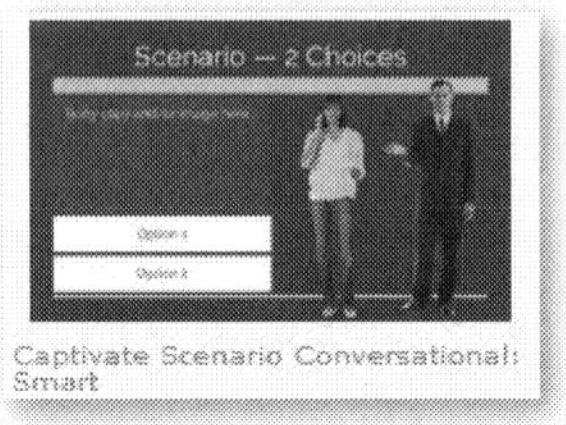 Scenario — 2 Choices Captivate Scenario Conversational: Smart
Themes	Designs mit u. a. vordefinierten Folienmastern und Objektstilen (▶ *Seite 140*)	 Title Text Goes Here Captivate Theme: Chic

Themes vs. Layouts

Inhaltlich sind die Unterschiede zwischen diesen verfügbaren *Themes* und *Layouts* marginal. Technisch besteht der Unterschied darin, dass *Themes* über den Menüpunkt **Designs** auf bestehende Projekte angewandt werden können; *Layouts* hingegen sind hier leere Projektvorlagen, mittels derer Sie neue Projekte anlegen können. Sie können die *Themes* jedoch auch auf leere neue Projekte anwenden sowie aus den Layouts *Designs* speichern und somit beide Asset-Typen für dieselben Zwecke verwenden - ein neues Projekt anzulegen oder ein bestehendes Projekt zu aktualisieren. **Achtung**: Dies bedeutet nicht, dass Captivate-Designs und Captivate-Projektvorlagen funktional dasselbe sind. Projektvorlagen können darüber hinaus u. a. Voreinstellungen, Inhaltsseiten sowie erweiterte Aktionen enthalten (siehe z. B. die Assets der Kategorie *Course Starters*). Mehr über Projektvorlagen und die technischen Details erfahren Sie in Kapitel 5 (▶ *Seite 117*).

So beziehen Sie Assets über eLearning Brothers

Im Folgenden exemplarisch eine Anleitung, wie Sie Lernspiele (Games) herunterladen und verwenden können.

1. Wählen Sie in der *Werkzeugleiste* **Assets**.
2. Wechseln Sie in den Tab *Kostenlose eLearning-Assets abrufen*.

3. Fahren Sie mit der Maus über *Templates* und wählen Sie im Drop-Down-Menü **Games**.

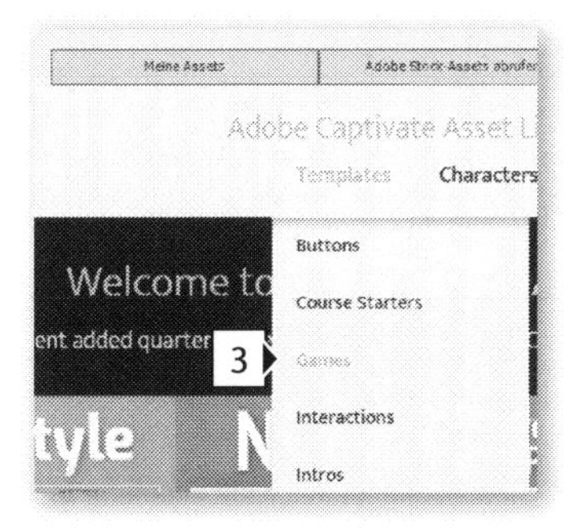

Die Übersicht über die Lernspiele erscheint.

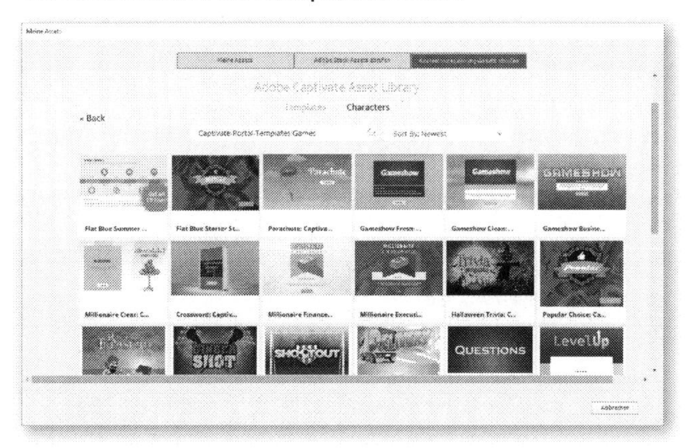

4. Klicken Sie auf das gewünschte Lernspiel.
5. Klicken Sie neben der gewünschten Vorlage auf die Schaltfläche **Download** und schließen Sie die Meldung mit **Fenster schließen.**
6. Klicken Sie auf **Abbrechen**.

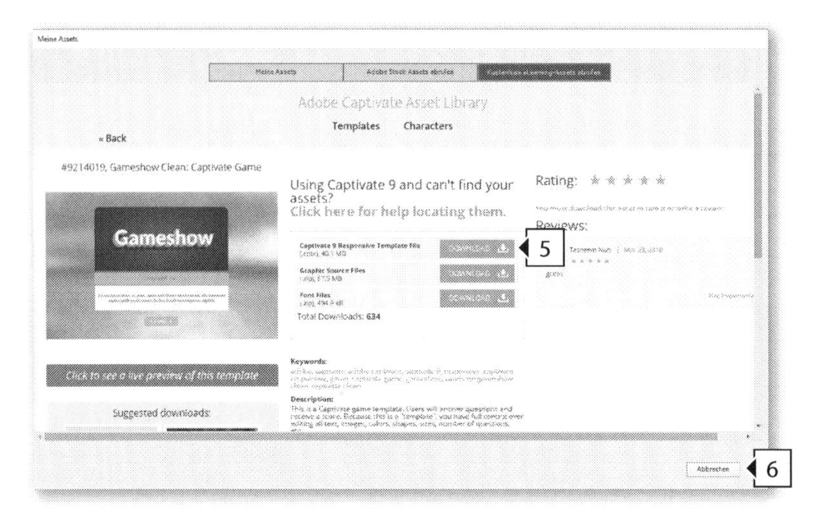

7 Öffnen Sie die Datei:

a Wählen Sie **Datei > Öffnen**.

b Navigieren Sie in das Verzeichnis *C:\Users\Public\Documents\Adobe\eLearning Assets\SampleProjects* (Win) / */Users/Benutzername/Documents/My Adobe Captivate Projects/SampleProjects/* (Mac).

c Wählen Sie das soeben heruntergeladene Lernspiel.

d Klicken Sie auf **Öffnen**.

Das Lernspiel öffnet sich.

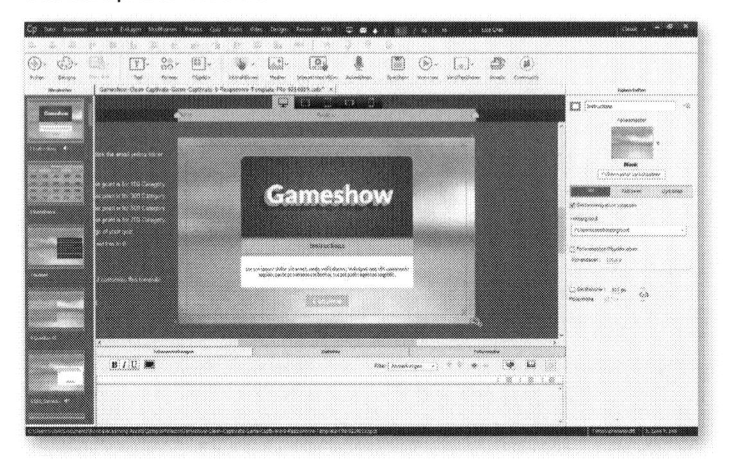

Auf diese Weise können Sie die verschiedenen Assets herunterladen und in Ihren Projekten verwenden.

Ablageorte der Assets

Assets, die Sie z. B. über eLearning Brothers heruntergeladen haben, finden Sie über die folgenden Menüs in Captivate bzw. über die folgenden Programmverzeichnisse.

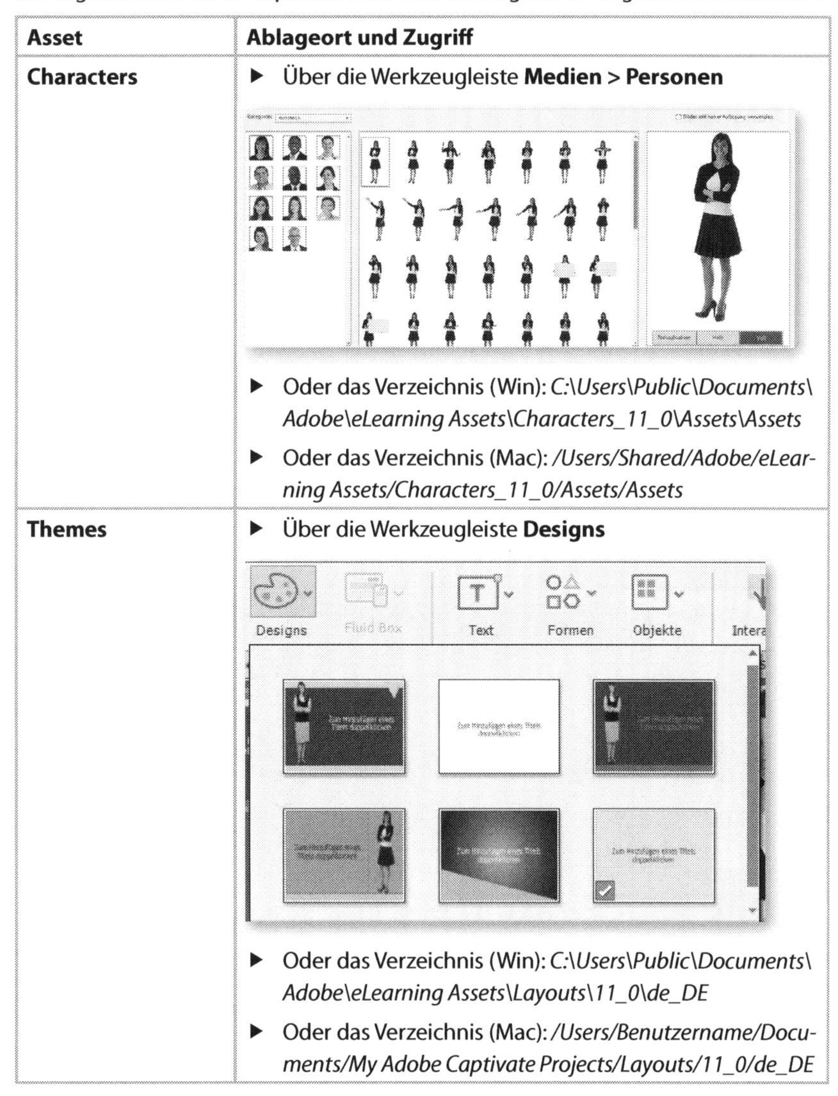

Asset	Ablageort und Zugriff
Characters	▶ Über die Werkzeugleiste **Medien > Personen** ▶ Oder das Verzeichnis (Win): *C:\Users\Public\Documents\Adobe\eLearning Assets\Characters_11_0\Assets\Assets* ▶ Oder das Verzeichnis (Mac): */Users/Shared/Adobe/eLearning Assets/Characters_11_0/Assets/Assets*
Themes	▶ Über die Werkzeugleiste **Designs** ▶ Oder das Verzeichnis (Win): *C:\Users\Public\Documents\Adobe\eLearning Assets\Layouts\11_0\de_DE* ▶ Oder das Verzeichnis (Mac): */Users/Benutzername/Documents/My Adobe Captivate Projects/Layouts/11_0/de_DE*

Sample Projects **Layouts** **Interactions** **Scenarios** **Games** **Course Starters** **Intros** **Buttons** **Navigation Players (Smartform-Schaltflächen)**	▶ Über **Ressourcen** (**A**) im *Willkommensbildschirm* ▶ Oder das Verzeichnis (Win): *C:\Users\Public\Documents\Adobe\eLearning Assets\SampleProjects* ▶ Oder das Verzeichnis (Mac): */Users/Benutzername/Documents/My Adobe Captivate Projects/SampleProjects*
Navigation Players (Wiedergabeleisten-Widgets)	▶ Über das Verzeichnis (Win): *C:\Users\Public\Documents\Adobe\eLearning Assets\Others* ▶ Über das Verzeichnis (Mac): */Users/Benutzername/Documents/My Adobe Captivate Projects/Others*

17

Schnittstellen

Wie Sie in den letzten Kapiteln erfahren haben, bietet Captivate eine Vielzahl an Möglichkeiten, Bilder, Grafiken, Videos und Audio in Captivate zu importieren und über die Bibliothek mit frei wählbaren externen Werkzeugen nachzubearbeiten. Darüber hinaus stehen Ihnen direkte Schnittstellen zu spezifischen Programmen wie z. B. PowerPoint oder Photoshop zur Verfügung. Mehr dazu sowie über das Programmverzeichnis von Captivate erfahren Sie in diesem Kapitel.

Themenübersicht

PowerPoint-Schnittstelle

In Captivate können Sie bestehende PowerPoint-Folien importieren und in Ihre Lerneinheiten integrieren. Dabei werden die meisten Animationseffekte übernommen, die zuvor in PowerPoint definiert wurden. Die importierten Folien können Sie dabei jederzeit über die Schnittstelle weiter nachbearbeiten. Je nachdem, wie weit Sie die Schnittstelle nutzen möchten, muss PowerPoint auf Ihrem System installiert sein:

Arbeitsschritt	**Erforderliche PowerPoint-Version**
Importieren einer PPT-Datei	Kein PowerPoint erforderlich
Importieren einer PPTX-Datei (Win)	Microsoft PowerPoint ab 2007; Microsoft PowerPoint 2003 mit Office Service Pack 3 (oder höher) und Office Compatibility Pack
Importieren einer PPTX-Datei (Mac)	Microsoft PowerPoint ab 2008; Microsoft PowerPoint 2004 mit Office 2004-Update (11.5 oder höher) und Open XML Converter (Compatibility Pack für Office 2008)
Bearbeiten einer PPT-Datei (Win)	Microsoft PowerPoint ab 2003
Bearbeiten einer PPT-Datei (Mac)	Microsoft PowerPoint ab 2004
Bearbeiten einer PPTX-Datei (Win)	Microsoft PowerPoint ab 2007; Microsoft PowerPoint 2003 mit Office Service Pack 3 (oder höher) und Office Compatibility Pack
Bearbeiten einer PPTX-Datei (Mac)	Microsoft PowerPoint ab 2008; Microsoft PowerPoint 2004 mit Office 2004-Update (11.5 oder höher) und Open XML Converter (Compatibility Pack für Office 2008)

Das Fenster Microsoft PowerPoint-Präsentationen konvertieren

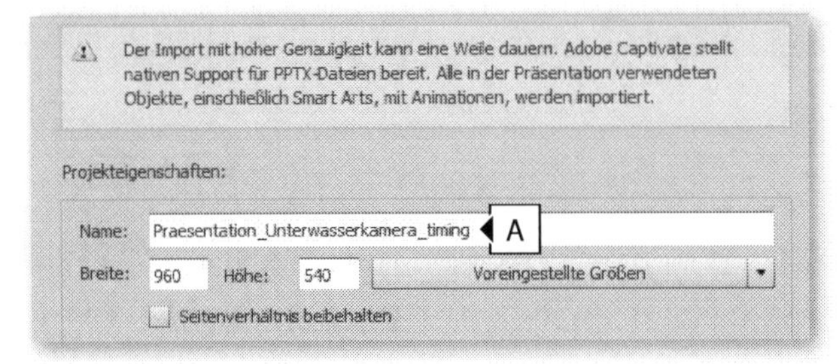

A Nur verfügbar, wenn Sie ein neues Projekt auf Basis einer PowerPoint-Datei erstellen und die PowerPoint-Datei nicht in ein bestehendes Projekt importieren: Projektname und Auflösung sowie Seitenverhältnis einstellen

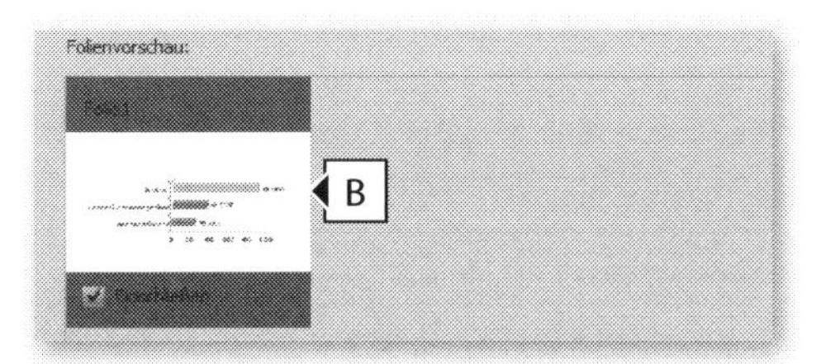

B Folien wählen (einschließen), die importiert werden sollen

PowerPoint-Einstellung „Bei Klicken beginnen"

Die Animationseinstellungen einzelner Objekte, die in der PowerPoint-Datei definiert sind, bleiben von der Option (**C**) unberührt. Wenn in PowerPoint z. B. definiert ist, dass einzelne Objekte erst nach einem Mausklick erscheinen, wird dies auch in Captivate übernommen.

C Folienablauf: **Bei Mausklick** legt ein Klickfeld über jede Folie, sodass auch der Übergang zwischen den Folien (wie standardmäßig auch in einer PowerPoint-Präsentation) per Mausklick erfolgt. Bei der Option **Automatisch** läuft die Präsentation (zwischen den Folien) von alleine ab

D Alle Folien auswählen oder abwählen

E **Win** Hohe Genauigkeit: Die PPTX wird direkt importiert (statt diese in eine PPT umzuwandeln). Dadurch werden Animationen und Smart Arts besser unterstützt

F Captivate-Projekt mit PowerPoint-Datei verknüpfen: Änderungen in Captivate werden dadurch automatisch in die PowerPoint-Datei zurückgeschrieben

Vermeiden Sie es, verknüpfte Captivate- und PowerPoint-Dateien parallel zu bearbeiten. Dies kann zu unvorhersehbaren Ergebnissen führen.

G **Win** Wenn **E** aktiv ist, Foliendauer aus der PowerPoint übernehmen

PowerPoint-Dateien ohne Verknüpfung komprimieren

Wenn Sie PowerPoint-Folien ohne Verknüpfung importieren (**F** deaktiviert), wird die Präsentation (alle Folien) in Ihr Projekt eingebettet. Zur Reduzierung der Projektgröße können Sie die nicht verwendeten Folien aus der Präsentation über die *Bibliothek* löschen: Rechtsklicken Sie dazu auf die Präsentation und wählen Sie **Komprimieren**.

So verhält sich die PowerPoint-Schnittstelle

Die PowerPoint-Schnittstelle ermöglicht es Ihnen nicht nur, PowerPoint-Folien zu importieren, sondern auch jederzeit über die Schnittstelle zu aktualisieren. Je nachdem, ob die PowerPoint verknüpft ist (siehe **F** oben), verhält sich die Schnittstelle wie folgt:

- Bei einer eingebetteten (nicht verknüpften) PowerPoint-Datei werden Änderungen über Captivate nicht in die originale PowerPoint übernommen. Umgekehrt werden Änderungen an der originalen PowerPoint damit auch in Captivate nicht berücksichtigt.

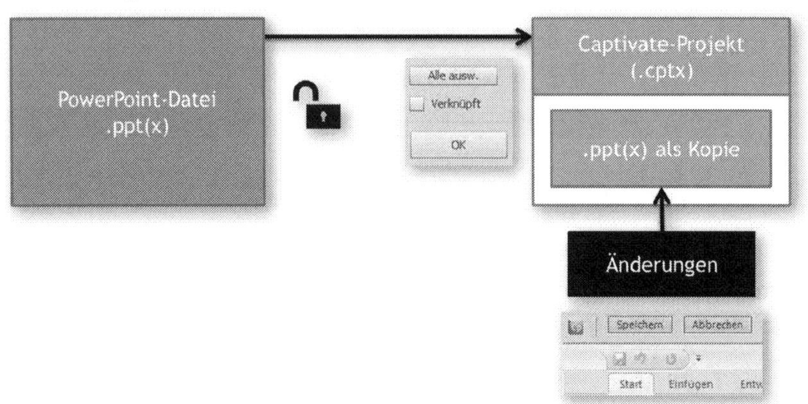

- Bei einer verknüpften PowerPoint-Datei werden Änderungen über Captivate direkt in die Originaldatei zurückgeschrieben.

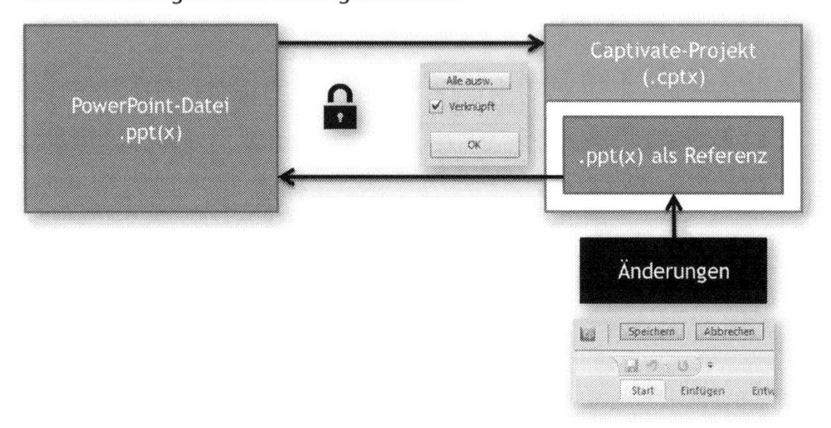

- Bei einer verknüpften PowerPoint-Datei werden Änderungen an der Originaldatei nicht automatisch in Captivate übernommen, sondern müssen manuell bestätigt werden.

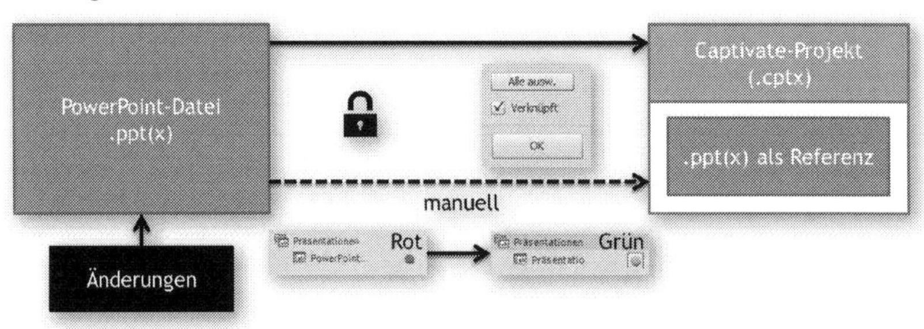

Verzerrung des PowerPoint-Imports verhindern

Beim Import in Captivate ist es wichtig, dass das Seitenverhältnis der PowerPoint passend zum Seitenverhältnis des Captivate-Projekts ist. Andernfalls werden die importierten PowerPoint-Folien verzerrt dargestellt.

Wenn Sie ein neues Captivate-Projekt auf Basis der PowerPoint erstellen und die Auflösung ändern möchten, sollten Sie sicherstellen, dass die Option **Seitenverhältnis beibehalten** aktiv ist.

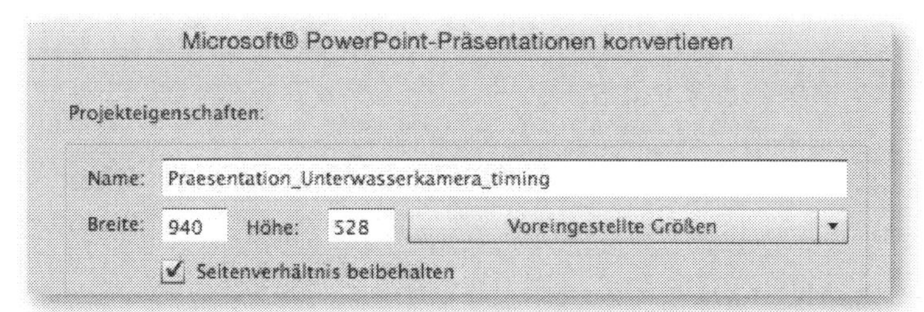

Wenn Sie ein anderes Seitenverhältnis verwenden möchten oder PowerPoints in Ihr bestehendes Captivate-Projekt importieren möchten: PowerPoint-Präsentationen liegen i. d. R. im Seitenverhältnis 4:3 oder 16:9 vor. Wenn Ihre (gewünschte) Projektauflösung von diesem Seitenverhältnis abweicht, müssen Sie entweder die PowerPoint oder das (bereits bestehende) Captivate-Projekt anpassen. Wie Sie das Captivate-Projekt neu skalieren: ▶ *Seite 370.*

So passen Sie die Auflösung in PowerPoint an

Schritt 3 beschreibt exemplarisch die Vorgehensweise in PowerPoint 2013. Je nach PowerPoint-Version können die Schritte abweichen. Das Grundprinzip bleibt jedoch dasselbe.

1 Ermitteln Sie die Auflösung Ihrer Captivate-Folien über **Datei > Projektinformationen**.

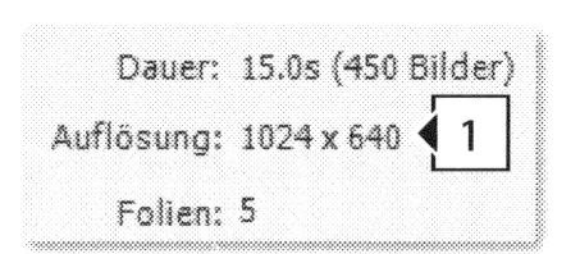

2 Rechnen Sie die Auflösung der Captivate-Folien von px in cm um (alternativ finden Sie Internet über den Suchbegriff „pixel in cm" verschiedene Umrechnungstools):
Breite in cm = Pixelanzahl in der Breite x 2,54 cm/i : 96 dpi
Höhe in cm = Pixelanzahl in der Höhe x 2,54 cm/i : 96 dpi

Beispiel: Breite = 1024 px x 2,54 cm/i : 96 dpi = 27,09 cm

3 Passen Sie die Größe der PowerPoint-Folien an:

a Wählen Sie in der *Menüleiste* **Entwurf > Foliengröße > Benutzerdefinierte Foliengröße**.

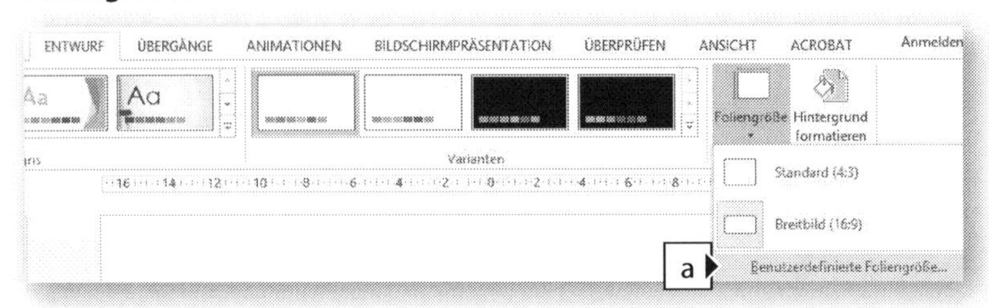

Das Fenster *Foliengröße* öffnet sich.

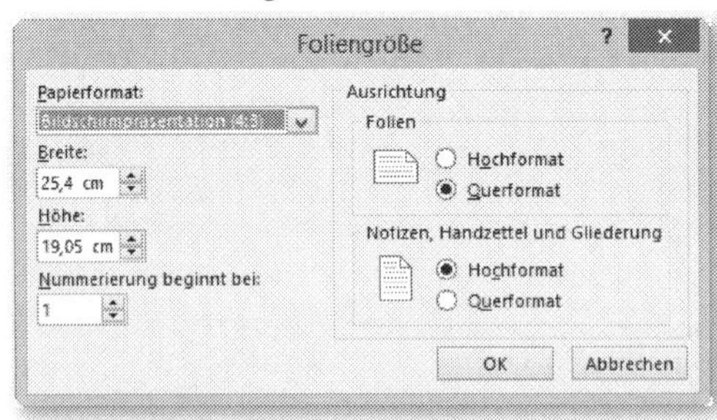

b Geben Sie unter *Breite* und *Höhe* die Werte aus **Schritt 2** ein.

c Klicken Sie auf **OK.**

Je nach PowerPoint-Version werden die Inhalte daraufhin automatisch skaliert (u. U. verzerrt) oder Sie haben die Wahl, wie die Inhalte skaliert werden sollen.

PowerPoints vertonen

Wenn Sie PowerPoint-basierte Projekte vertonen: Stellen Sie sicher, dass die Animationen der PowerPoint-Präsentation zeit- und nicht klickbasiert sind, um diese passend zum Audio synchronisieren zu können.

So importieren und bearbeiten Sie PowerPoint-Folien

Stellen Sie sicher, dass die PowerPoint-Folien, welche Sie importieren möchten, der Auflösung Ihres Captivate-Projektes entsprechen (wie zuvor beschrieben).

1 Wählen Sie **Folien > PowerPoint-Folie**.

Das Fenster *Folien importieren und nach der ausgewählten Folie einfügen* öffnet sich.

2 Wählen Sie eine beliebige Folie und klicken Sie auf **OK**.

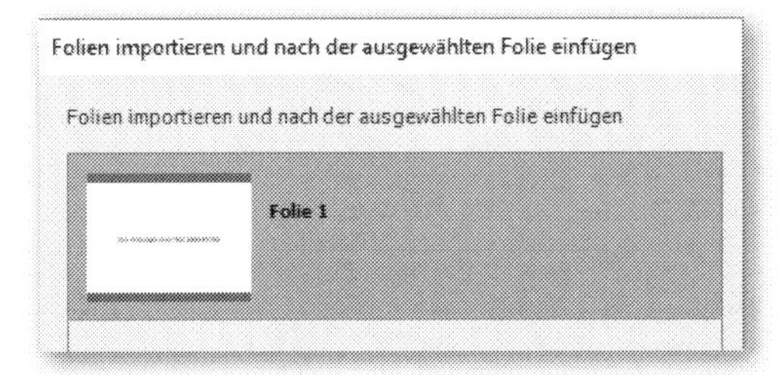

3 Öffnen Sie die gewünschte PowerPoint-Datei.

   Das Fenster *Microsoft PowerPoint-Präsentationen konvertieren* öffnet sich.

4 Wählen Sie die Folie(n), die Sie importieren möchten.

5 Wählen Sie unter *Nächste Folie* die Option **Automatisch** (andernfalls wird auf jeder Folie ein Klickfeld platziert, welches die Folie anhält, bis der Lerner klickt).

6 Wenn Sie Captivate-Projekt und PowerPoint-Datei verknüpfen möchten: Aktivieren Sie die Option Verknüpft.

7 **Win** Aktivieren Sie die Optionen **Hohe Genauigkeit** sowie optional **Foliendauer**.

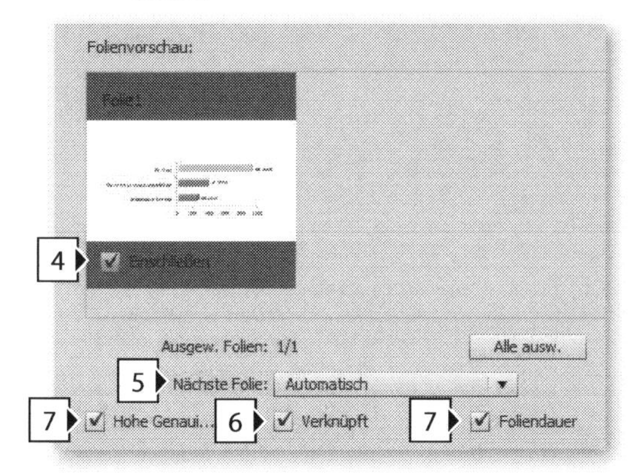

8 Klicken Sie auf **OK**.

? Falls eine Meldung bezüglich der Abmessungen erscheint, obwohl Sie die Auflösung von PowerPoint und Captivate-Projekt abgeglichen haben: Bestätigen Sie diese mit **Ja.** Aufgrund von „Umrechnungsverlusten" von cm in px erscheint diese Meldung.

Adobe Captivate (PPT_Ausgang.cptx)

Höhe und Breite der Microsoft PowerPoint-Präsentation und des ausgewählten Adobe Captivate-Projekts sind nicht identisch. Dies kann sich auf die Auflösung der importierten Folien in Adobe Captivate auswirken. Die Qualität wird bei der Veröffentlichung allerdings größtenteils wiederhergestellt. Weiter?

Nein | Ja

Die PowerPoint-Folie wird eingefügt.

9 Um die PowerPoint-Datei über die Schnittstelle zu bearbeiten, rechtsklicken Sie auf eine beliebige Folie und wählen Sie **Mit Microsoft PowerPoint bearbeiten > Präsentation bearbeiten**.

PPT-Objekte in Captivate einfügen

Sie können auch die Design-Funktionalitäten von PowerPoint verwenden und Objekte aus PowerPoint über Strg+C (Win) / ⌘+C (Mac) und Strg+V (Win) / ⌘+V (Mac) in Ihre Captivate-Projekte einfügen. Alternativ können Sie Objekte in PowerPoint per Rechtsklick **als Bild speichern** und anschließend in Captivate einfügen.

Überblick behalten

Wenn Sie mehrere PowerPoint-Dateien importiert haben und ermitteln möchten, zu welcher die aktuelle Folie gehört: Rechtsklicken Sie auf die Folie und wählen Sie **Präsentation in Bibliothek suchen**.

Import von Folienanmerkungen

Wenn Ihre PowerPoint-Folien Folienanmerkungen enthalten, werden diese beim Import ebenfalls in Captivate übernommen (**Fenster > Folienanmerkungen**).

Die PowerPoint-Datei öffnet sich in einem PowerPoint-Plugin, welches direkt in Captivate eingebettet ist (Win) / in PowerPoint direkt (Mac). Wenn Sie nun Änderungen an der Datei vornehmen, werden diese in Captivate übernommen. Wenn Sie in **Schritt 6** die Verknüpfung aktiviert haben, werden Ihre Änderungen außerdem auch in die Originaldatei zurückgeschrieben.

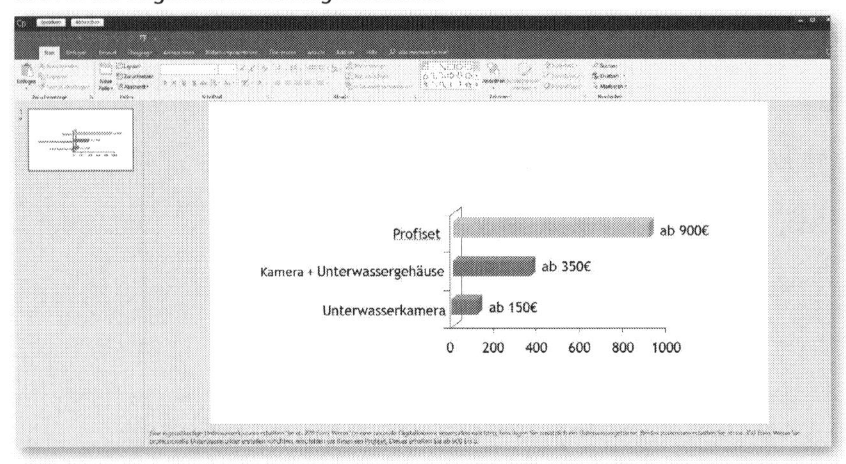

Verknüpfung lösen

Wenn Sie möchten, dass Änderungen an der Captivate-Datei nicht mehr in die originale PowerPoint-Datei zurückgeschrieben werden: Rechtsklicken Sie in der *Bibliothek* (**Fenster > Bibliothek**) auf die Präsentation, wählen Sie **Ändern zu „Eingebettet"** und bestätigen Sie die Meldung mit **OK**.

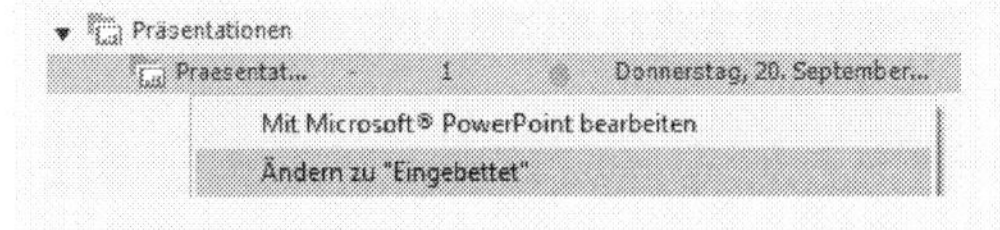

Aktualisierungen in Captivate übernehmen

Wenn Sie die Originaldatei direkt mit PowerPoint bearbeiten, werden Änderungen nicht automatisch in die Captivate-Datei übernommen.

Wenn Sie die Änderungen übernehmen möchten: Rechtsklicken Sie in der *Bibliothek* auf die Präsentation und wählen Sie **Aktualisieren**.

Photoshop-Schnittstelle

Mit der Photoshop-Schnittstelle können Sie Ihre Photoshop-Dateien direkt in Captivate importieren und dabei auch bestehende Ebenen erhalten. Wenn Sie eine aktuelle Version von Photoshop installiert haben, können Sie direkt aus Captivate heraus die Originaldatei modifizieren und die Änderungen mit einem Knopfdruck in Captivate übernehmen.

Auch ohne installiertes Photoshop interessant

Um die Photoshop-Schnittstelle nutzen zu können, muss kein Photoshop auf Ihrem System installiert sein. Sie können jederzeit PSD-Dateien in Ihre Projekte importieren. Nur wenn Sie diese auch anpassen möchten, benötigen Sie Photoshop.

Das Fenster Importieren

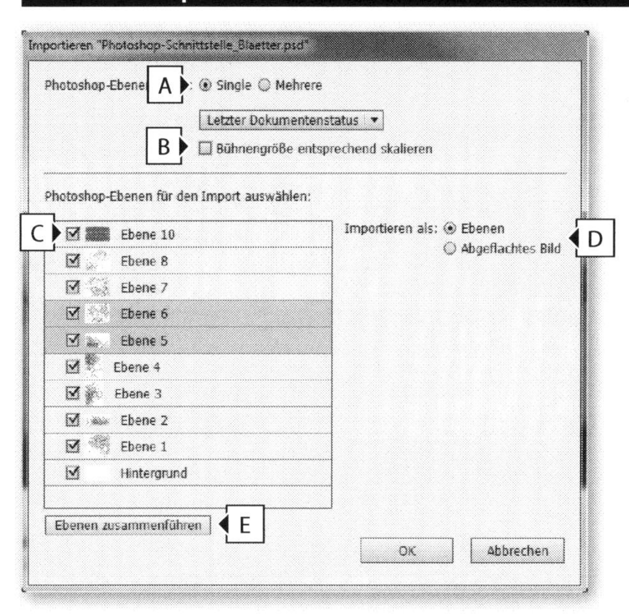

A Wenn in der Photoshop-Datei mehrere Ebenenkompositionen erstellt wurden: Wahl der Ebenenkomposition

B Bild(er) auf die Auflösung des Projekts skalieren

C Ebenen, die importiert werden sollen

D Jede Ebene als einzelnes Bild oder alle Ebenen auf ein Bild reduziert importieren

E Markierte Ebenen auf eine Ebene bzw. ein Bild reduzieren

Photoshop-Schnittstelle in Kombination mit anderen Programmen verwenden

Sie können die Photoshop-Schnittstelle auch in Kombination mit anderen Programmen verwenden, die in das Format PSD exportieren können. *Beispiel*: Sie können auch direkt aus Adobe Illustrator PSD-Dateien generieren und so samt Ebenen in Captivate übernehmen.

So verhält sich die Photoshop-Schnittstelle

- Änderungen an der Photoshop-Datei aus Captivate heraus werden direkt an der Originaldatei durchgeführt und wirken sich sogleich auf das Captivate-Projekt aus.

- Direkte Änderungen an der Originaldatei werden nicht automatisch in das Captivate-Projekt übernommen. Diese müssen Sie manuell über die *Bibliothek* freischalten.

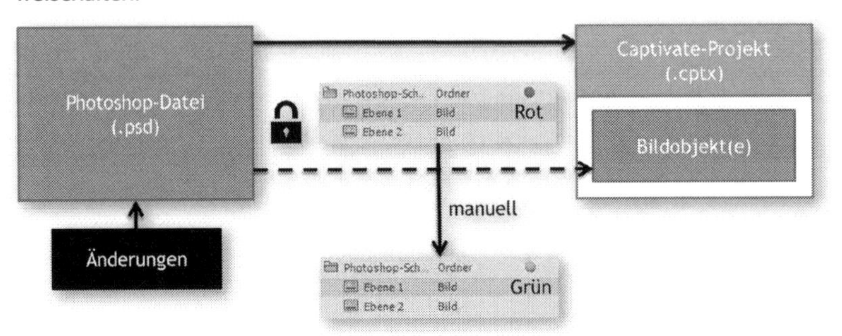

So importieren Sie eine Photoshop-Datei

1. Wählen Sie **Datei** > **Importieren** > **Photoshop-Datei**.
2. Öffnen Sie die gewünschte Datei.
3. Wählen Sie die gewünschten Import-Einstellungen (z. B. Skalierung, die Ebenen und ob diese separat oder zu einem Bild verbunden importiert werden sollen).

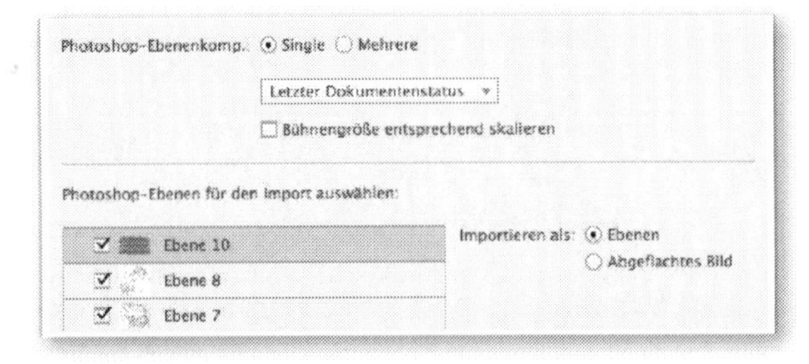

4. Klicken Sie auf **OK**.

Sie haben nun die gewählten Ebenen aus der Photoshop-Datei in Ihr Projekt importiert. Die Photoshop-Datei sowie die Ebenen (je nach gewählter Import-Einstellung einzeln oder verbunden) sind in der Bibliothek gesondert dargestellt.

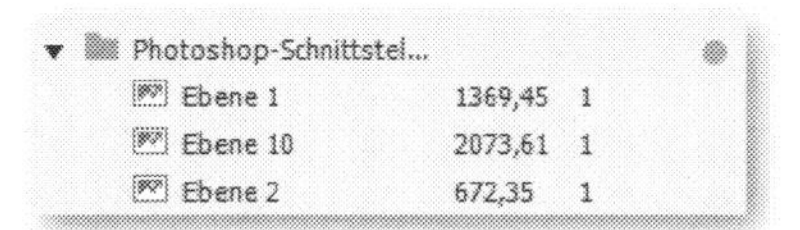

Photoshop-Datei bearbeiten

Wenn Sie eine aktuelle Version von Photoshop auf Ihrem System installiert haben, können Sie die Photoshop-Datei direkt von Captivate aus in Photoshop öffnen und bearbeiten. Rechtsklicken Sie dazu in der *Bibliothek* (**Fenster > Bibliothek**) auf den Ordner der Photoshop-Datei und wählen Sie im Kontextmenü **PSD-Quelldatei bearbeiten**.

Das Programmverzeichnis von Captivate

Neben den bereits beschriebenen Ablageorten für Assets (▶ *Seite 423*) finden Sie im Programmverzeichnis von Captivate *\Programme\Adobe\Adobe Captivate 2019 x64* (Win) / */Programme/Adobe Captivate 2019* (Mac) verschiedene weitere Vorlagen. Im Folgenden ein Überblick über die wichtigsten Ablageorte:

Datei	Ablageort und Zugriff
Eine Beispiel-CSV sowie das Makro für den CSV-Import von Quizfragen	*\Gallery\Quiz*
Die Symbole, die im Quiz-Überprüfungsmodus angezeigt werden	*\Gallery\Quiz\QuizReviewAssets*
Smartformen auf XML-Basis sowie deren Vorschaubilder als PNG	*\Gallery\AutoShape*
Textbeschriftungsstile (bestehend i. d. R. aus je 5 Bildern, die den Textbeschriftungstyp in verschiedenen Ausprägungen (z. B. mit/ohne Pfeil) darstellen)	*\Gallery\Captions*
Die Effekte (des Bedienfelds Timing) in Form von XML-Dateien	*\Gallery\Effects*
Von Adobe Stock heruntergeladene Fotos und Grafiken	*\Gallery\Stock*
Beispielgrafiken	*\Gallery\StockImages*
	\Gallery\ThreeDHotspotIcons
Die Standard-Mausklicktöne für einen einfachen Klick (*Mouse.mp3* - ebenfalls verwendet für den Klickton bei Schaltflächen und Klickfeldern) sowie Doppelklick (*dblmouse.mp3*)	*\Gallery\Sound*
Hintergrundmusik und Geräusche für Ihre Projekte	*\Gallery\SoundEffects*

Eigene Textbeschriftungsstile erstellen

Wie Sie eigene Textbeschriftungsstile erstellen und in Captivate verwenden können: ▶ *Weblink 17.1, Seite 12.*

Eigene Bildschaltflächen erstellen

Sie können mit einem Grafik-Programm wie z. B. Illustrator oder Fireworks Ihre eigenen Schaltflächen erstellen und dann als PNG-Datei (*.png) samt Transparenzen speichern. Wie Sie externe Schaltflächen in Ihre Projekte einfügen: ▶ *Seite 336.*

Ablageort der Designs

Im Ordner *Gallery* finden Sie nur die von Captivate mitgelieferten Designs sowie Designfarben (Ordner *Layouts*). Die aktuell von Captivate verwendeten Designs und Designfarben sind allerdings in Ihrem Benutzerverzeichnis gespeichert:

Unter Windows: *Benutzer\Öffentlich\Öffentliche Dokumente\Adobe\eLearning Assets\Layouts\11_0*

Unter Mac: */Benutzer/Ihr Benutzername/Dokumente/My Adobe Captivate Projects/Layouts/11_0/*

Bildschaltflächen	*\Gallery\Buttons*
	\Gallery\ThemeButtons
Die mit Captivate mitgelieferten Interaktionen in Form von Widget-Dateien (WDGT)	*\Gallery\Interactions*
Die mitgelieferten Standarddesigns als CPTM-Datei sowie im Unterverzeichnis ThemeColors die Designfarben in Form von XML-Dateien	*\Gallery\Layouts*
Wiedergabeleisten, die für die Publikation in HTML5 verwendet werden (in Deutsch lokalisiert)	*\de_DE\Gallery\Playbars\HTML*
Verschiedene Wiedergabeleisten-Widgets	*\Gallery\PlayBars*
Die Konfigurationsdateien für die einzelnen Skins im Skin-Editor	*\Gallery\Themes*
Verschiedene mitgelieferte Beispielprojekte	*\Gallery\SampleProjects*
	\Gallery\Tutorials\de_DE\Fluid-BoxDemo
Standard-Arbeitsbereiche	*\Gallery\Workspace*
Standard-Dateien für die HTML5-Publikation	*\HTML*
Die Vorlagen Adobe Captivate (= Handouts), Lesson, Step by Step und Storyboard für die Veröffentlichung als Word-Handout	*\Gallery\PrintOutput*
Verschiedene 360-Grad-Beispielfotos	*\Gallery\360BGAssets*
Die Standard-Hotspots als PNG- sowie SVG-Dateien	*\Gallery\HotspotShapes*

18

Variablen & Erweiterte Aktionen

In Captivate eröffnen Ihnen Variablen und erweiterte Aktionen eine Vielzahl an Möglichkeiten, Informationen dynamisch auszugeben, das Projekt zu steuern und intelligente Logiken einzubringen.

Themenübersicht

Übersichtsdatei Systemvariablen

Einen Überblick über die Systemvariablen in Captivate erhalten Sie in der Übersichtsdatei *\18_Variablen_Erweiterte_Aktionen\00_Systemvariablen.cptx*.

Systemvariablen

Mittels Systemvariablen können Sie das Projekt steuern und Informationen über das Projekt oder ein Quiz ausgeben lassen. Außerdem können Sie auch Informationen auslesen, die das Betriebssystem bereitstellt (z. B. Datum oder Uhrzeit).

Die verfügbaren Systemvariablen sind in Captivate in folgende Gruppen unterteilt:

- *Filmsteuerung*: Variablen, um das Captivate-Projekt zu steuern (z. B. *Anhalten*, *Fortsetzen*, *Vorherige Folie* und *Nächste Folie*)
- *Filminformationen*: Informationen aus dem Captivate-Projekt (z. B. die aktuelle Foliennummer oder die Gesamtfolienzahl des Projekts)
- *Film-Metadaten*: Projektinformationen, die Sie über die Voreinstellungen in der Kategorie *Projekt > Informationen* hinterlegen können (z. B. Ihre E-Mail-Adresse)
- *Systeminformationen*: Zeit- und Datumsinformationen, die das Betriebssystem bereitstellt (z. B. das aktuelle Jahr)
- *Erstellen von Quizanwendungen*: Informationen aus einem Quiz (z. B. das Ergebnis der letzten Frage oder die Gesamtpunktzahl)
- *Mobil*: ▶ *Seite 474*

Variablenkatalog

Eine Tabelle aller in Captivate verfügbaren Variablen finden Sie hier:
▶ *Weblink 18.1, Seite 12.*

Variablen

Projekt > Variablen

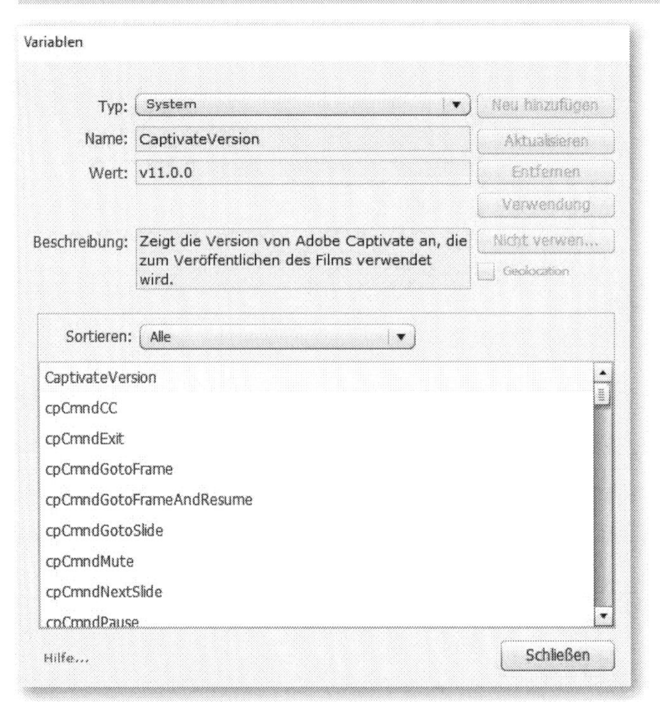

Übung: Mit Systemvariablen einen Folienzähler erstellen

Im Rahmen dieser Übung nutzen wir Systemvariablen, um einen Folienzähler zu erstellen.

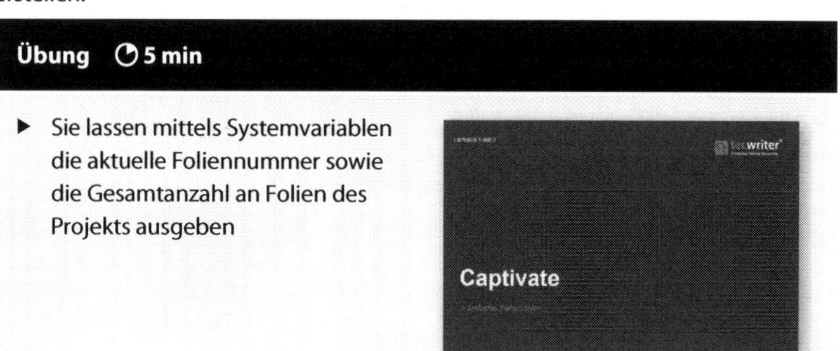

Übung 5 min
Sie lassen mittels Systemvariablen die aktuelle Foliennummer sowie die Gesamtanzahl an Folien des Projekts ausgeben
Captivate

1 Öffnen Sie aus dem Ordner *18_Variablen_Erweiterte_Aktionen* die Datei *Systemvariablen_Folienzaehler_Ziel.cptx* und betrachten Sie die Datei in der Vorschau (▸ *Seite 12*).

   Sie sehen oben links einen Folienzähler, der anzeigt, wie viele Lernseiten es gibt und auf welcher Seite Sie sich befinden. Dies möchten wir nun selbst realisieren.

2 Öffnen Sie aus dem Ordner *\18_Variablen_Erweiterte_Aktionen* die Datei *Systemvariablen_Folienzaehler_Ausgang.cptx.*

3 Markieren Sie **Folie 1** im Filmstreifen.

   In der bestehenden Textbeschriftung oben links möchten wir nun die Nummer der aktuellen Folie sowie die Gesamtzahl der Folien des Projekts ausgeben lassen.

4 Doppelklicken Sie in die Textbeschriftung und platzieren Sie den Cursor zwischen „Lernseite" und „von".

5 Klicken Sie in den *Eigenschaften* im Bereich *Zeichen* auf **Variable einfügen**.

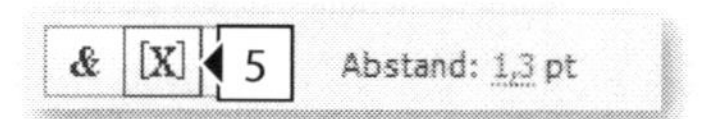

   Das Fenster *Variable einfügen* öffnet sich.

6 Wählen Sie den *Variablentyp* **System**.

7 Wählen Sie unter *Variablen* die Systemvariable **cpInfoCurrentSlide** (aktuelle Foliennummer).

8 Stellen Sie die *Maximale Länge* auf **3** ein. Dies ist die Anzahl an Zeichen, die gespeichert wird (in unserem Fall bis 999).

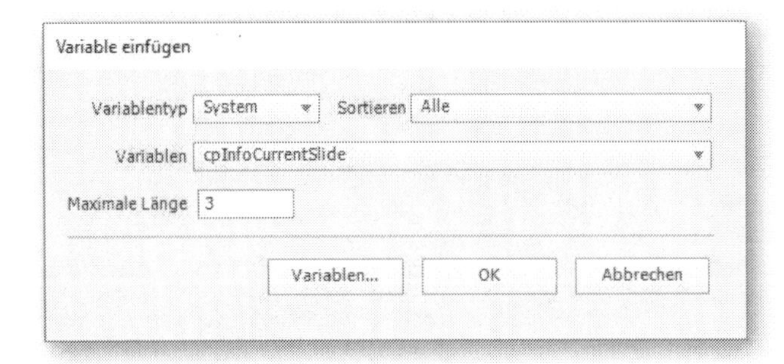

9 Klicken Sie auf **OK**.

In die Textbeschriftung wird nun die Systemvariable nach dem Schema „$$Variablenname$$" eingefügt.

Lernseite $$cpInfoCurrentSlide$$ von

10 Fügen Sie nach dem gleichen Prinzip die Systemvariable **cpInfoSlideCount** hinter „von" in die Textbeschriftung ein.

Lernseite $$cpInfoCurrentSlide$$ von $$cpInfoSlideCount$$

11 Lassen Sie den Folienzähler für die gesamte Dauer des Projekts anzeigen: Wählen Sie im Bedienfeld *Timing* bei *Anzeigen für* die Option **Restliches Projekt** und aktivieren Sie die Einstellung **Objekt oben platzieren**.

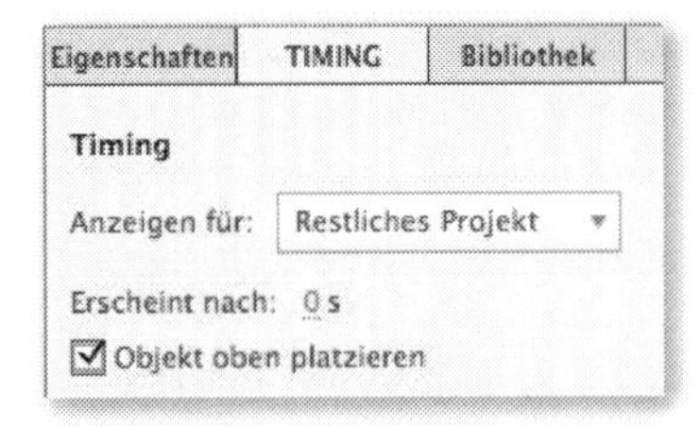

12 Testen Sie das Projekt in der Vorschau.

Sie haben nun einen Folienzähler mithilfe von Systemvariablen erstellt.

Benutzerdefinierte Variablen

Benutzerdefinierte Variablen können Sie beispielsweise zur Werteberechnung verwenden oder um Informationen innerhalb eines Projekts zur Wiederverwendung abzulegen. Diese Art von Variablen ist besonders in Kombination mit erweiterten Aktionen interessant, da sich Ihr Projekt so z. B. das Verhalten des Lerners merken und daraufhin bestimmte Aktionen auslösen kann (z. B. Kapitel 3 freischalten, nachdem Kapitel 1 und 2 bearbeitet wurden).

Liste der reservierten Variablennamen

Eine Auflistung aller vom System exklusiv reservierten und damit nicht nutzbaren Variablennamen finden Sie hier:
▶ *Weblink 18.2, Seite 12.*

Das Fenster Variablen

Projekt > Variablen

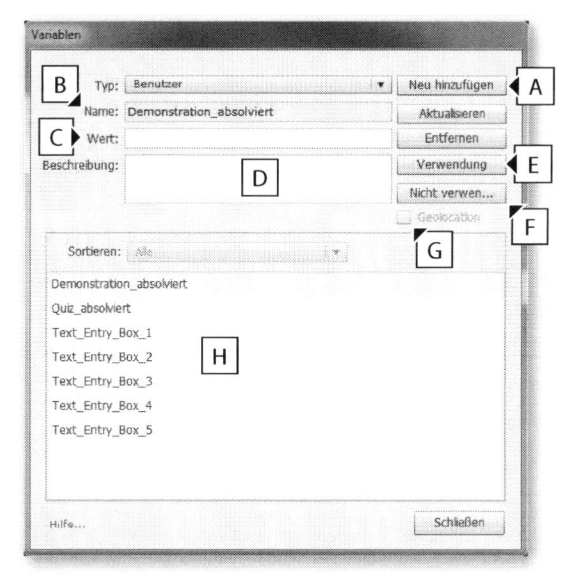

A Neue benutzerdefinierte Variable anlegen

B Variablenname

C Wert der Variable

D Interne Beschreibung der Variable

E Verwendung der Variable anzeigen

F Nicht verwendete Variablen markieren

G Neue benutzerdefinierte Variable als Geolocation markieren (▶ *Seite 474*)

H Liste aller benutzerdefinierten Variablen im Projekt

Nicht verwendete Variablen löschen

Wenn Sie Ihr Projekt von nicht verwendeten Variablen bereinigen möchten, klicken Sie im Fenster *Variablen* auf **Nicht verwendete Elemente**. Dadurch werden alle nicht verwendeten Variablen markiert. Um die Variablen zu löschen, klicken Sie anschließend auf **Entfernen**.

Einsatz benutzerdefinierter Variablen

Sie können benutzerdefinierte Variablen nicht projektübergreifend verwenden, sondern stets nur innerhalb eines Projekts.

Übung: Texte mehrfach verwenden

Im Rahmen dieser Übung werden wir eine benutzerdefinierte Variable anlegen und diese an verschiedenen Stellen eines Projekts einsetzen.

Übung 10 min

- Sie legen eine benutzerdefinierte Variable an
- Sie geben die benutzerdefinierte Variable aus
- Sie ändern den Wert der Variable

1 Öffnen Sie aus dem Ordner *18_Variablen_Erweiterte_Aktionen* die Datei *Benutzerdefinierte_Variablen _Ziel.cptx* (▸ *Seite 12*).

   Der Kurstitel wurde in einer benutzerdefinierten Variable abgespeichert und wird sowohl im Untertitel der Titelfolie als auch in einer Textbeschriftung auf der zweiten Folie ausgegeben. Im Rahmen dieser Übung möchten wir dies ebenfalls erstellen.

2 Öffnen Sie aus dem Ordner *18_Variablen_Erweiterte_Aktionen* die Datei *Benutzerdefinierte_Variablen _Ausgang.cptx.*

3 Legen Sie eine benutzerdefinierte Variable an:

   a Wählen Sie in der *Menüleiste* **Projekt > Variablen**.

      Das Fenster *Variablen* öffnet sich.

   b Stellen Sie sicher, dass unter *Typ* die Option **Benutzer** gewählt ist und klicken Sie auf **Neu hinzufügen**.

   c Tragen Sie unter *Name* „Kurstitel" und unter *Wert* „Benutzerdefinierte Variablen" ein.

   d Klicken Sie auf **Speichern**.

   e Klicken Sie auf **Schließen**.

   Sie haben nun eine benutzerdefinierte Variable angelegt.

4 Doppelklicken Sie in die Textbeschriftung auf Folie 1 und platzieren Sie den Cursor hinter dem Aufzählungszeichen.

5 Geben Sie die neu erstellte benutzerdefinierte Variable aus:

a Klicken Sie im Bedienfeld *Eigenschaften* unter *Zeichen* auf **Variable einfügen**.

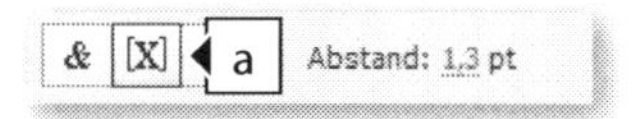

Das Fenster *Variable einfügen* öffnet sich.

b Stellen Sie sicher, dass unter *Variablentyp* die Option **Benutzer** gewählt ist und wählen Sie unter *Variablen* **Kurstitel**.

c Tragen Sie unter *Maximale Länge* den Wert **30** ein.

d Klicken Sie auf **OK**.

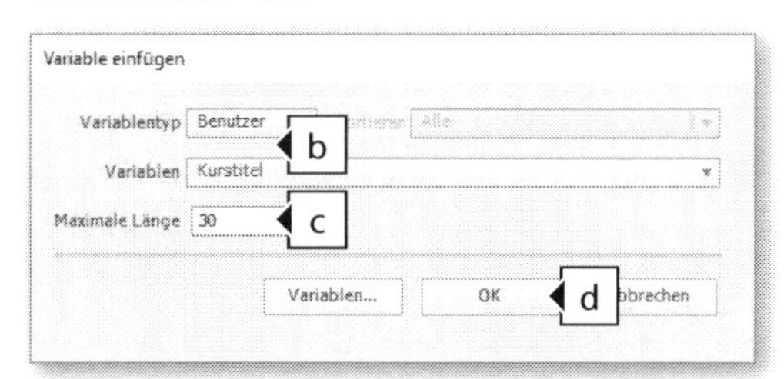

In die Textbeschriftung wird die benutzerdefinierte Variable „$$Kurstitel$$" eingefügt.

6 Doppelklicken Sie in die Textbeschriftung auf Folie 2 und platzieren Sie den Cursor zwischen den Anführungszeichen.

7 Fügen Sie erneut die benutzerdefinierte Variable *Kurstitel* ein.

Maximale Länge

Die *Maximale Länge* steht für die Anzahl an Zeichen, die maximal in der Variablen hinterlegt und ausgegeben werden. Wenn Sie längere Texte als benutzerdefinierte Variablen hinterlegen, müssen Sie diesen Wert entsprechend erhöhen. Andernfalls werden nicht alle Informationen ausgegeben.

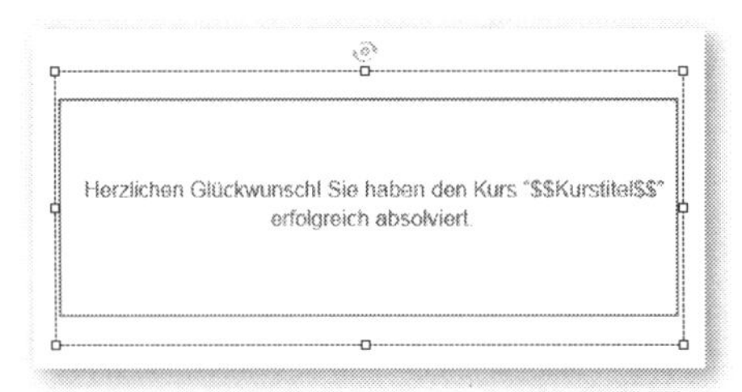

Herzlichen Glückwunsch! Sie haben den Kurs "$$Kurstitel$$"
erfolgreich absolviert.

8 Testen Sie das Projekt in der Vorschau (**Vorschau** > **Projekt**).

9 Verändern Sie den Wert der Variable *Kurstitel*:

- **a** Wählen Sie **Projekt** > **Variablen**.
- **b** Stellen Sie sicher, dass unter *Typ* **Benutzer** gewählt ist.
- **c** Wählen Sie die Variable **Kurstitel** aus.
- **d** Ersetzen Sie den bestehenden *Wert* gegen den Text „Texte mehrfach verwenden".
- **e** Klicken Sie auf **Aktualisieren** und schließen Sie das Fenster.

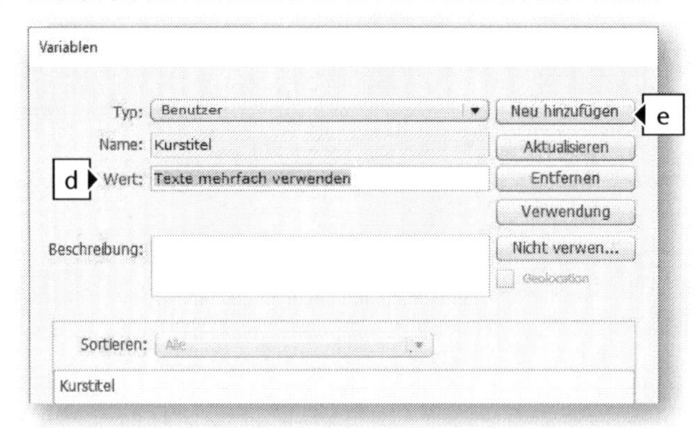

10 Testen Sie das Projekt erneut in der Vorschau.

Der Text wurde in allen Textbeschriftungen geändert, in denen die Variable verwendet wird.

Erweiterte Aktionen

Mithilfe von erweiterten Aktionen können Sie komplexere Logiken in Ihr Projekt einbringen und z. B. mehrere Aktionen kombinieren oder bedingte Aktionen (wenn X eintritt, führe Y aus) erstellen. So können Sie z. B. eine Funktion erzeugen, die bereits bearbeitete Themen in einem Menü abhakt oder dem Benutzer neue Kapitel freischaltet. Anschließend bietet Ihnen Captivate auch die Möglichkeit, diese erweiterten Aktionen als freigegebene Aktionen zu speichern (▶ *Seite 455*). Freigegebene Aktionen können Sie dann als Vorlage wiederverwenden oder zwischen Projekten ex- und importieren.

Erweiterte Aktionen
Projekt > Erweiterte Aktionen

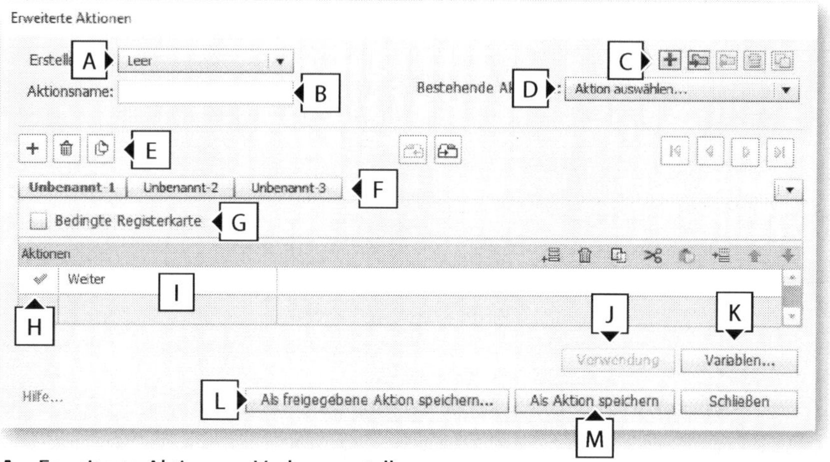

A Erweiterte Aktion aus Vorlage erstellen

B Name der erweiterten Aktion

C Erweiterte Aktion erstellen / importieren / exportieren / löschen / duplizieren

D Liste der bestehenden erweiterten Aktionen

E (Aktions-)Registerkarte einfügen / löschen / duplizieren

F (Aktions-)Registerkarten

G (Aktions-)Registerkarte mit Bedingung versehen (Wenn-Dann-Bedingung oder While-Schleife) (▶ *Seite 447*)

H Gültigkeit des Aktionscodes

I Aktion(en), die ausgeführt werden soll(en) (▶ *Seite 198*)

J Anzeigen, welche Folien oder Objekte die erweiterte Aktion verwenden

K Das Fenster Variablen öffnen (▶ *Seite 441*)

L Erweiterte Aktion als freigegebene Aktion speichern (▶ *Seite 455*)

M Erstellte erweiterte Aktion speichern

So erstellen Sie eine erweiterte Standardaktion

1 Öffnen Sie **Projekt > Erweiterte Aktionen**.

Das Fenster *Erweiterte Aktionen* öffnet sich.

2 Erstellen Sie eine neue Aktion (**Leer**) oder - optional, falls vorhanden - erstellen Sie eine Aktion aus einer Vorlage.

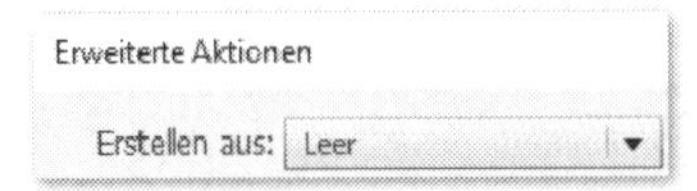

3 Geben Sie der Aktion im Feld *Aktionsname* eine Bezeichnung.

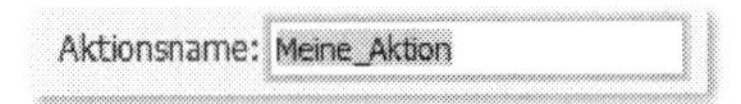

4 Wählen Sie im Aktionsfenster per Doppelklick die gewünschten Aktionen aus.

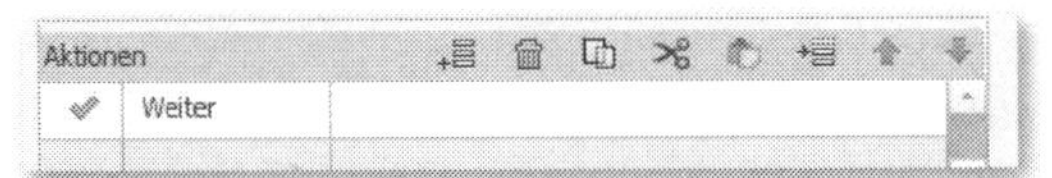

5 Klicken Sie auf **Als Aktion speichern** und bestätigen Sie mit **OK**.

6 Schließen Sie das Fenster *Erweiterte Aktionen*.

Definieren Sie, wodurch die erweiterte Aktion ausgelöst werden soll. Im Falle einer Schaltfläche wählen Sie im Bedienfeld *Eigenschaften* im Tab *Aktionen* unter *Bei Erfolg* **Erweiterte Aktionen ausführen** und unter *Skript* Ihre soeben erstellte erweiterte Aktion.

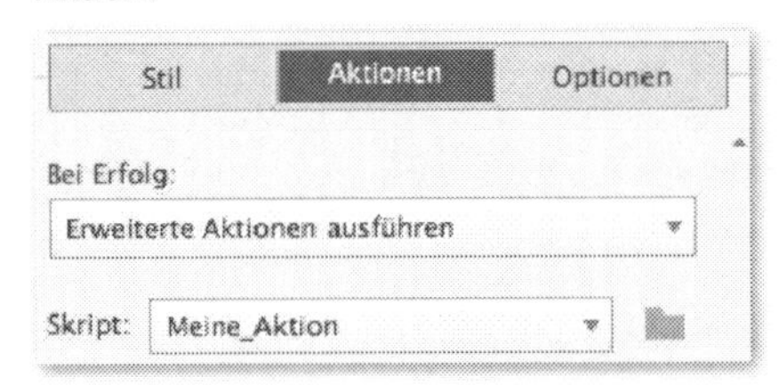

So erstellen Sie eine bedingte erweiterte Aktion

1 Führen Sie die **Schritte 1 bis 3** der Schrittanleitung „So erstellen Sie eine erweiterte Standardaktion" durch.

2 Aktivieren Sie das Feld **Bedingte Registerkarte**.

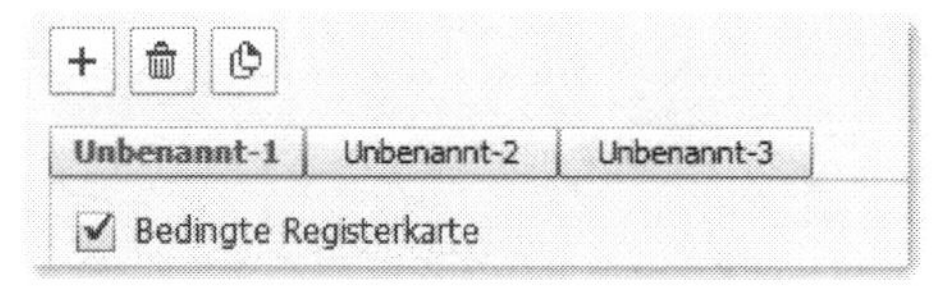

3 Wählen Sie im Feld *Aktionen*

a **If**, wenn die gewünschten Aktionen immer dann eintreten sollen, wenn eine bestimmte Bedingung erfüllt ist.

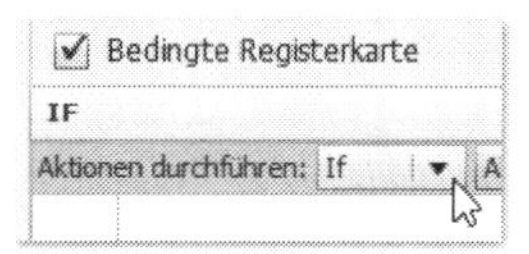

b **While**, wenn die gewünschten Aktionen so lange eintreten sollen, wie eine bestimmte Bedingung zutrifft.

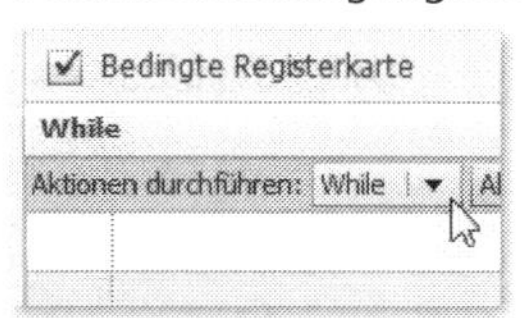

4 Wählen Sie das gewünschte Bedingungsmuster (z. B. **Alle Bedingungen erfüllt**) und tragen Sie die vordefinierten Variablen (z. B. **1**) sowie den gewünschten Vergleichsoperator (z. B. **ist gleich**) in die Registerkarte ein.

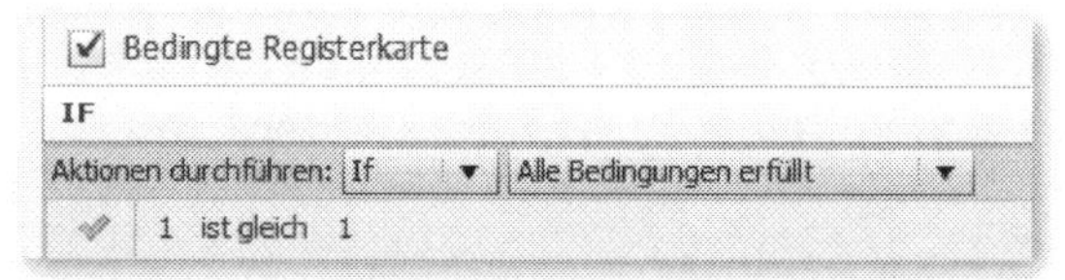

5 Teilen Sie der gewählten Bedingung im Fenster *Aktionen* die gewünschte(n) Aktion(en) zu. Für If-Bedingungen gilt: Wenn Sie im Falle einer Nichterfüllung der Bedingung andere Aktionen ausführen möchten, teilen Sie diese weiter unten im Abschnitt **Else** zu.

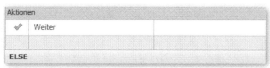

6 Fahren Sie mit **Schritt 5 bis 7** der Schrittanleitung „So erstellen Sie eine erweiterte Standardaktion" fort.

Übung: Menü mit Kapitelabschlussanzeige anreichern

In dieser Übung werden wir das Menü aus der Übung *Projekte verzweigen* (▶ *Seite 336*) erweitern, sodass visualisiert wird, welche Themen vom Benutzer bereits bearbeitet wurden.

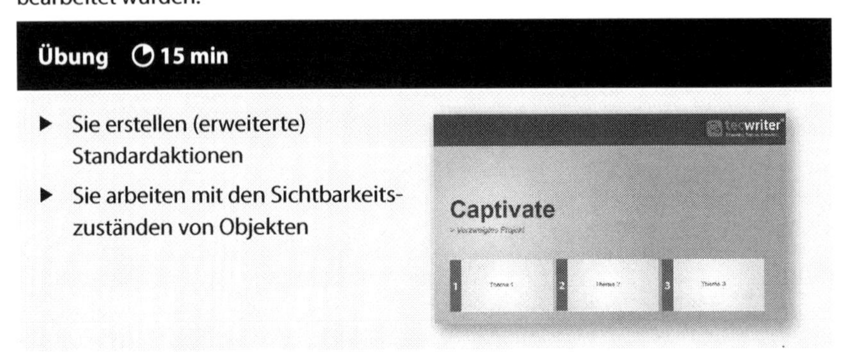

Übung 15 min
▶ Sie erstellen (erweiterte) Standardaktionen
▶ Sie arbeiten mit den Sichtbarkeitszuständen von Objekten
tecwriter
Captivate
1
2
3

1. Öffnen Sie aus dem Ordner *18_Variablen_Erweiterte_Aktionen* die Datei *Erweiterte_Aktionen_abhaken_Ziel.cptx* und spielen Sie das Projekt in der Vorschau ab (▸ *Seite 12*).

   Sie sehen ein verzweigtes Projekt. Wenn Sie ein Kapitel abgeschlossen haben, gelangen Sie zurück auf die Menüfolie und das Kapitel wird mit einem Haken gekennzeichnet.

2. Öffnen Sie aus dem Ordner *18_Variablen_Erweiterte_Aktionen* die Datei *Erweiterte_Aktionen_abhaken_Ausgang.cptx.*

3. Benennen Sie die drei Bilder (Haken) auf Folie **1 Menue** jeweils in den *Eigenschaften* mit „Thema1_fertig", „Thema2_fertig" sowie „Thema3_fertig".

   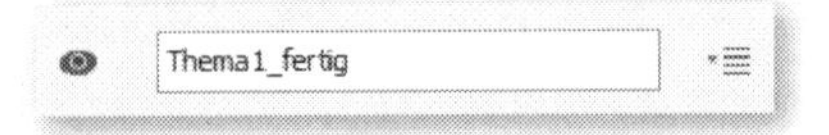

   Sie haben den drei Bildern einen eindeutigen Namen im Projekt zugewiesen. Diese Namen werden auch in der Zeitleiste angezeigt.

   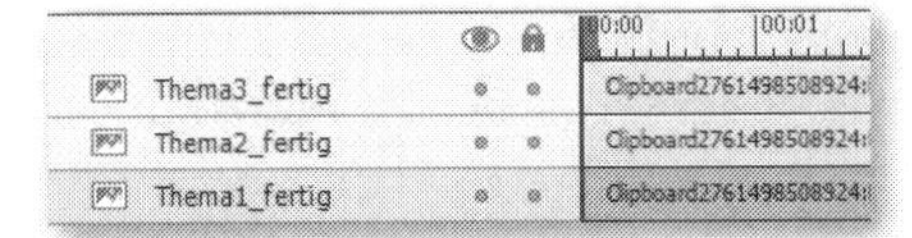

4. Nun stellen wir die Grafiken so ein, dass sie zu Beginn ausgeblendet sind: Deaktivieren Sie jeweils in den *Eigenschaften* der Bilder links neben dem Objektnamen die Option **In Ausgabe sichtbar**.

5. Nachdem die Bildobjekte vorbereitet sind, können wir jetzt die Logik definieren: Wählen Sie **Projekt** > **Erweiterte Aktionen**.

6 Tragen Sie unter *Aktionsname* „thema1_abgeschlossen" ein.

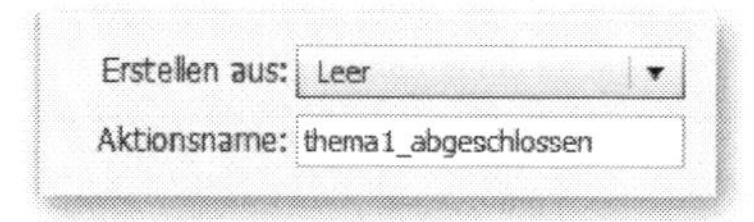

7 Erstellen Sie das Skript:

a Doppelklicken Sie in den Bereich *Aktionen*.

b Wählen Sie unter *Aktion auswählen* die Option **Einblenden**.

c Wählen Sie aus dem erscheinenden Aufklappmenü das Objekt **Thema1_fertig**.

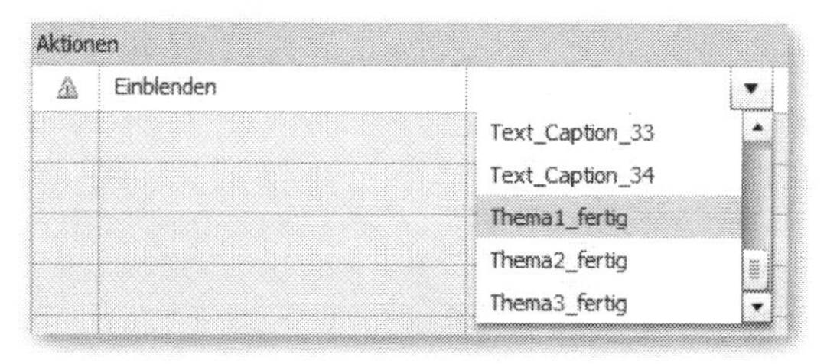

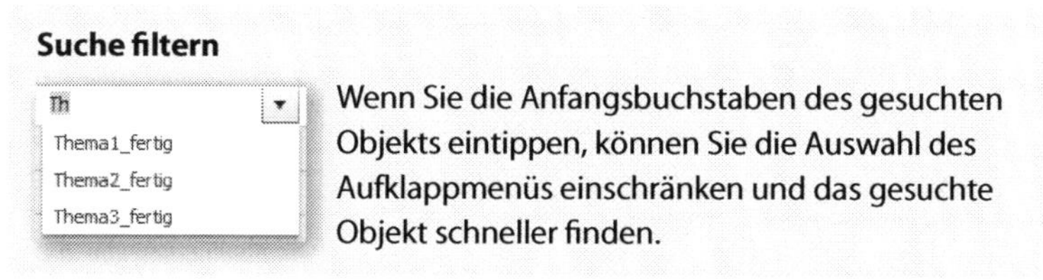

Suche filtern

Wenn Sie die Anfangsbuchstaben des gesuchten Objekts eintippen, können Sie die Auswahl des Aufklappmenüs einschränken und das gesuchte Objekt schneller finden.

Nun möchten wir eine zweite Aktion hinzufügen.

d Klicken Sie auf das Symbol **Hinzufügen**.

e Wählen Sie unter *Aktion auswählen* die Option **Gehe zu Folie**.

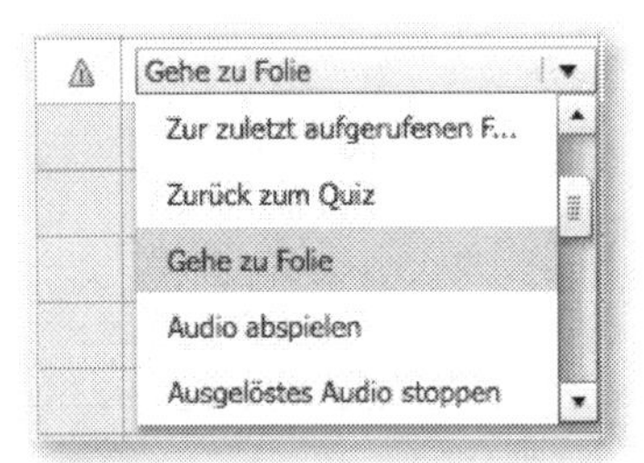

f Wählen Sie aus dem erscheinenden Aufklappmenü die Folie **1 Menue**.

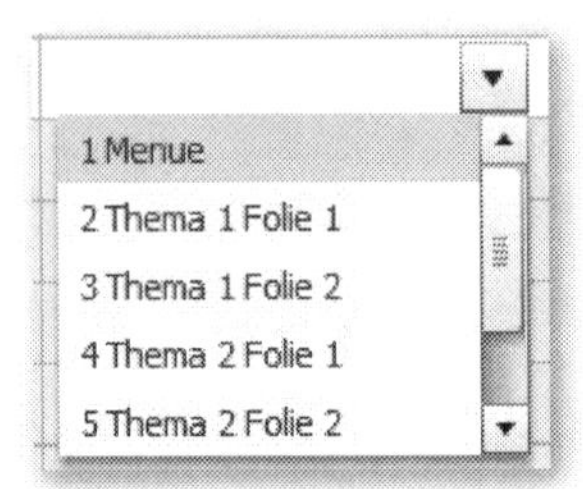

8 Klicken Sie im unteren Bereich des Fensters auf **Als Aktion speichern** und bestätigen Sie die Meldung mit **OK**.

Sie haben jetzt das erste Skript erstellt. Die Aktion *Einblenden* blendet das Bild „thema1_fertig" auf der Menüfolie ein. Über die Aktion *Gehe zu Folie* gelangt der Benutzer nach Abschluss des Themenbereichs zurück auf die Menüfolie.

9 Erstellen Sie für die zwei weiteren Kapitel ebenfalls erweiterte Aktionen:

a Stellen Sie sicher, dass unter *Bestehende Aktionen* die Aktion **thema1_abgeschlossen** gewählt ist.

b Klicken Sie auf das Symbol **Aktion duplizieren**.

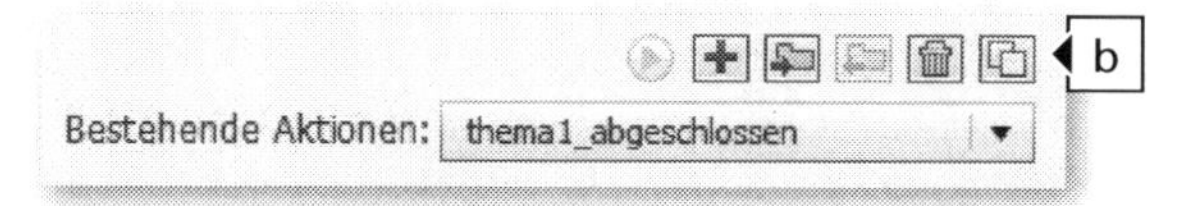

c Benennen Sie die Aktion unter *Aktionsname* mit „thema2_abgeschlossen".

d Doppelklicken Sie im Bereich *Aktionen* auf das Objekt *Thema1_fertig* und wählen Sie das Bild **Thema2_fertig**.

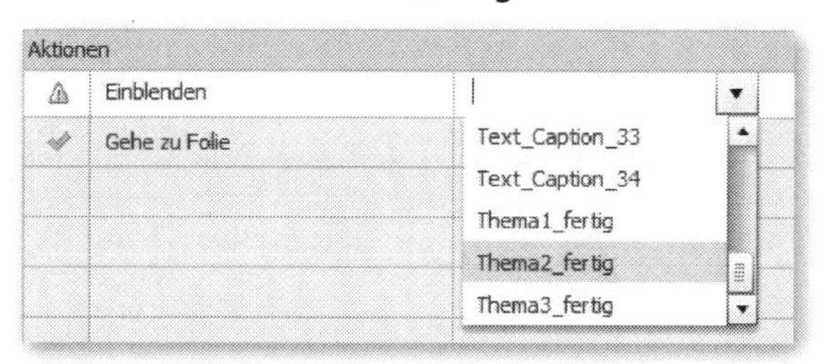

e Klicken Sie im unteren Bereich auf **Aktion aktualisieren** und bestätigen Sie die Meldung mit **OK**.

Sie haben nun eine zweite erweiterte Aktion erstellt.

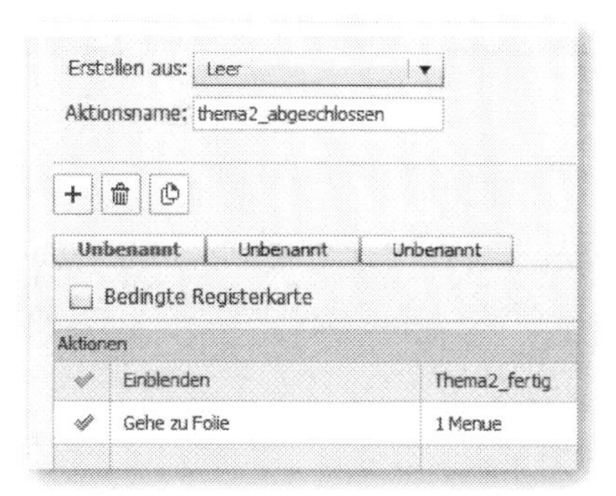

f Erstellen Sie auf die gleiche Weise die erweiterte Aktion „thema3_abgeschlossen", welche das Objekt **Thema3_fertig** einblendet.

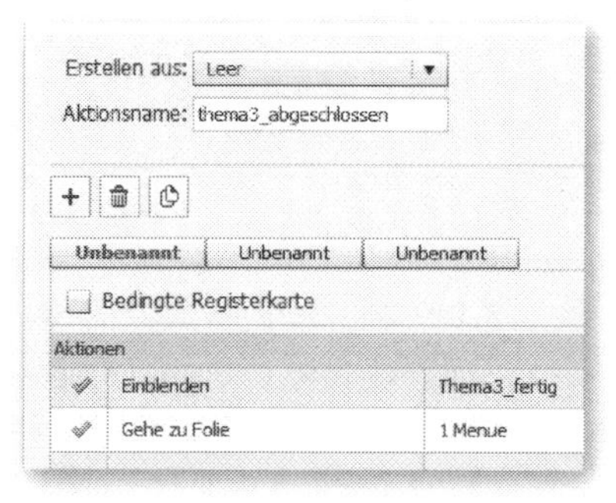

g Klicken Sie auf **Schließen**.

Zustand im LMS speichern

Der Zustand der Haken wird über die (vereinfachte) Umsetzung der Abhakfunktion im Rahmen dieser Übung in einer Lernplattform nicht gespeichert. Grund ist, dass die Zustände von Objekten bei einem Neuaufruf des Moduls immer zurückgesetzt werden (und damit auch alle Haken ausgeblendet). Wenn Sie den Bearbeitungszustand zuverlässig speichern möchten, müssen Sie die Abschlüsse der einzelnen Kapitel in jeweils einer benutzerdefinierten Variablen zwischenspeichern und die Variablen dann mit Start des Menüs per Wenn-Dann-Bedingung abfragen lassen. Im Rahmen der nächsten Übung lernen Sie bedingte erweiterte Aktionen und damit den entscheidenden Lösungsansatz kennen. Eine mögliche Lösung finden Sie im Ordner *18_Variablen_Erweiterte_Aktionen* in der Datei *Erweiterte_Aktionen_abhaken_Ziel_LMS.cptx.*

10 Weisen Sie die erweiterten Aktionen den jeweils letzten Folien einer Foliengruppe zu:

- **a** Markieren Sie im Filmstreifen **Folie 3**.
- **b** Wählen Sie im Bedienfeld *Eigenschaften* im Tab *Aktionen* unter *Beim Verlassen* die Option **Erweiterte Aktionen ausführen**.
- **c** Wählen Sie unter *Skript* **thema1_abgeschlossen**.

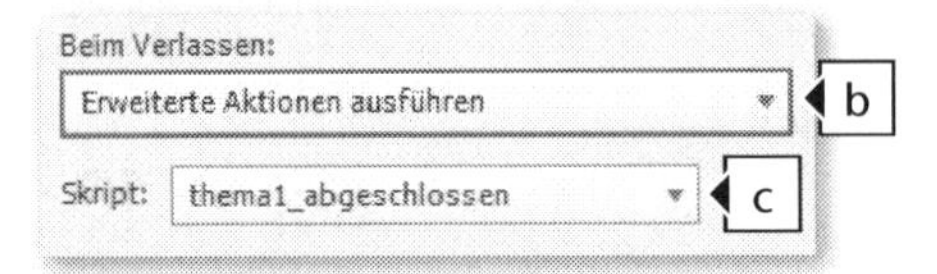

- **d** Weisen Sie auch Folie 5 und Folie 7 die entsprechenden erweiterten Aktionen **thema2_abgeschlossen** und **thema3_abgeschlossen** zu.

11 Testen Sie das Projekt in der Vorschau.

Nach Abschluss eines Themenbereichs wird nun bei Rückkehr zum Menü das jeweilige Kapitel mit einem Haken versehen.

Übung: Individuelles Feedback definieren

Im Rahmen dieser Übung erstellen Sie mithilfe einer erweiterten Aktion ein individuelles Feedback auf der Quizergebnisfolie, je nachdem, ob der Benutzer bestanden hat oder nicht. Mithilfe von bedingten Aktionen blenden Sie hier, je nach Ergebnis, eine andere Figur ein.

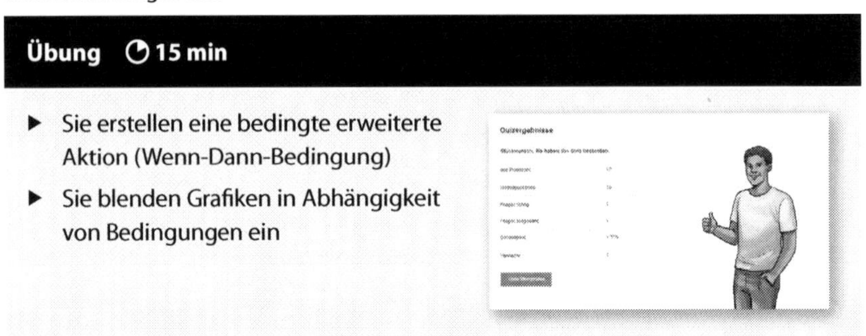

Übung 15 min
Sie erstellen eine bedingte erweiterte Aktion (Wenn-Dann-Bedingung)
Sie blenden Grafiken in Abhängigkeit von Bedingungen ein

1 Öffnen Sie aus dem Ordner *10_Quizanwendungen* die Datei *00_Quiz_Uebersicht.cptx* (▸ *Seite 12*).

2 Markieren Sie **Folie 8** im Filmstreifen und wählen Sie **Vorschau > Ab dieser Folie**.

Abhängig davon, ob Sie die Frage richtig oder falsch beantworten (und damit in dieser verkürzten Vorschau das Quiz bestehen oder nicht), zeigt die Figur auf der Ergebnisfolie eine andere Geste. In den folgenden Schritten möchten wir dies gemeinsam umsetzen.

3 Öffnen Sie aus dem Ordner *18_Variablen_Erweiterte_Aktionen* die Datei *Individuelles_Feedback_Ausgang.cptx*.

4 Markieren Sie **Folie 9 Ergebnisfolie**.

Auf dieser Folie sind 2 Bilder platziert, die jeweils mit „Bestanden" sowie „Nicht_bestanden" bezeichnet sind.

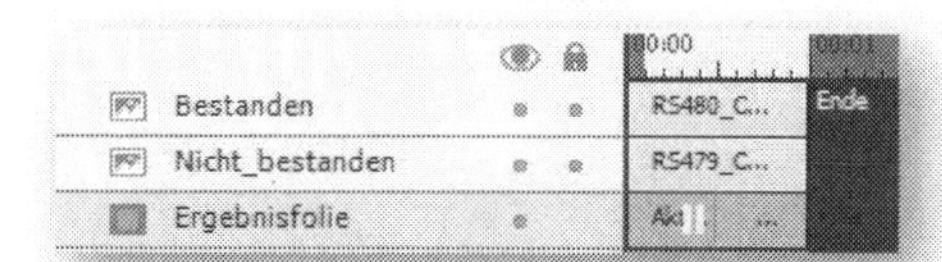

5 Markieren Sie die Bilder und stellen Sie sicher, dass in den *Eigenschaften* im oberen Bereich die Option **In Ausgabe sichtbar** deaktiviert ist.

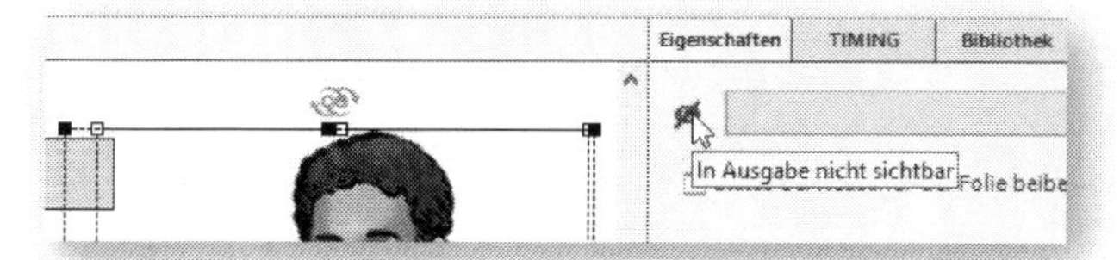

6 Erstellen Sie eine bedingte Aktion:

a Wählen Sie in der *Menüleiste* **Projekt > Erweiterte Aktionen**.

Das Fenster *Erweiterte Aktionen* öffnet sich.

b Tragen Sie unter *Aktionsname* „Ergebnis_visualisieren" ein.

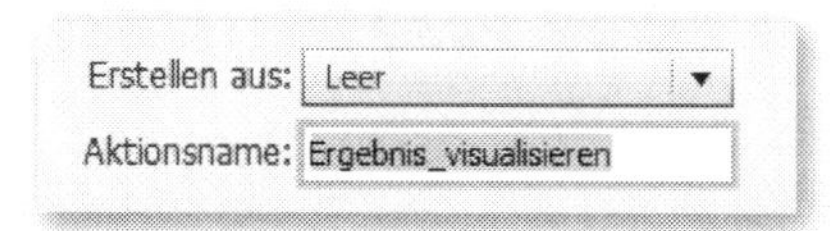

c Aktivieren Sie die Option **Bedingte Registerkarte**.

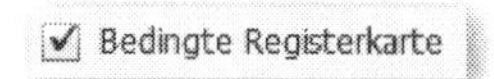

d Doppelklicken Sie unter *IF* in den Bereich unterhalb von *Aktion durchführen*.

Die Aufklappmenüs *Variable*, *Vergleichsoperator auswählen* und *Variable* werden angezeigt.

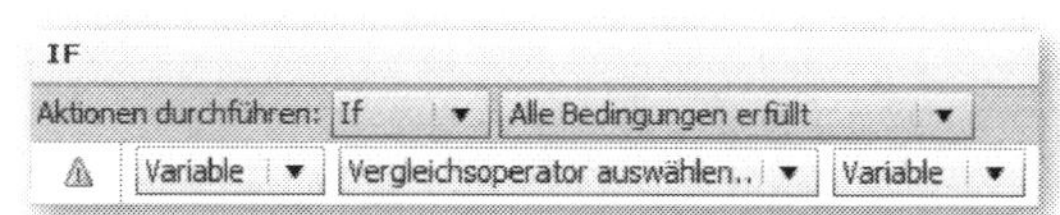

e Wählen Sie unter *Variable* die Option **Variable**.

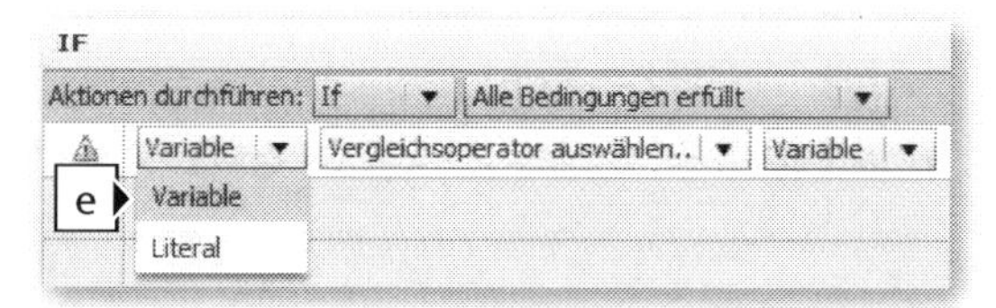

f Wählen Sie aus dem erscheinenden Aufklappmenü die Variable **cpQuizInfoPassFail**.

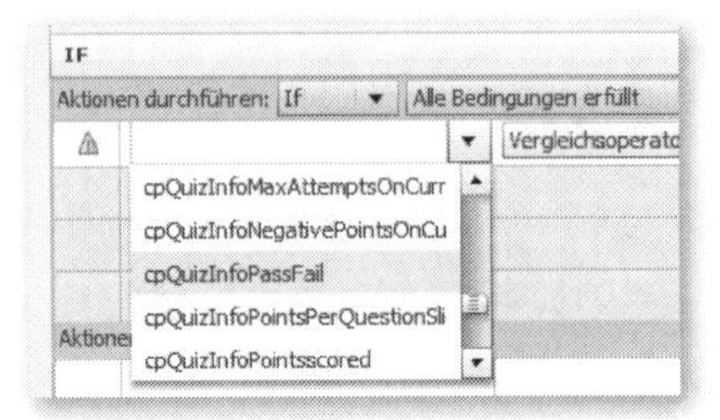

g Wählen Sie aus dem Aufklappmenü *Vergleichsoperator auswählen* die Option **ist gleich**.

h Wählen Sie aus dem hinteren Aufklappmenü *Variable* die Option **Literal**, tragen Sie den Wert **1** ein und bestätigen Sie mit der Taste [↵].

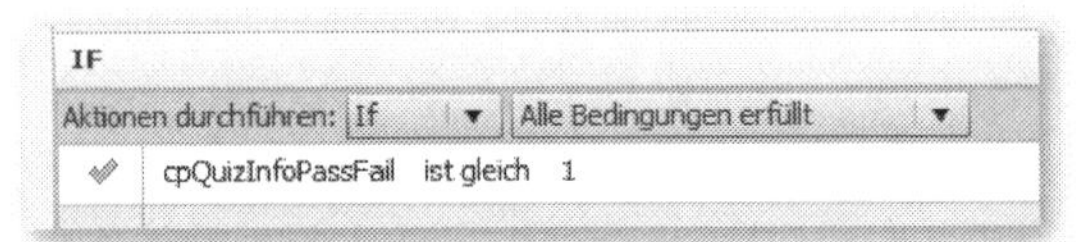

Vor der Zeile erscheint nun ein grüner Haken, der signalisiert, dass die Bedingung fehlerfrei ist. Bei der Variable **cpQuizInfoPassFail** bedeutet **1**, dass das Quiz bestanden wurde und **0**, dass es nicht bestanden wurde. Hiernach bauen wir jetzt die gewünschten Aktionen bei **IF** sowie bei **ELSE** auf.

i Doppelklicken Sie in den Bereich unterhalb von *Aktionen*.

j Wählen Sie aus dem erscheinenden Aufklappmenü *Aktion auswählen* **Einblenden**.

k Wählen Sie aus dem erscheinenden Aufklappmenü *Objekt auswählen* **Bestanden**.

l Klicken Sie im unteren Bereich des Fensters auf den Eintrag *ELSE*.

Hier stellen wir nun die Aktionen ein, die ausgeführt werden sollen, wenn das Quiz nicht bestanden wurde.

m Doppelklicken Sie in den Bereich unterhalb von *Aktionen* und wählen Sie unter *Aktion auswählen* **Einblenden** und unter *Objekt auswählen* **Nicht_bestanden**.

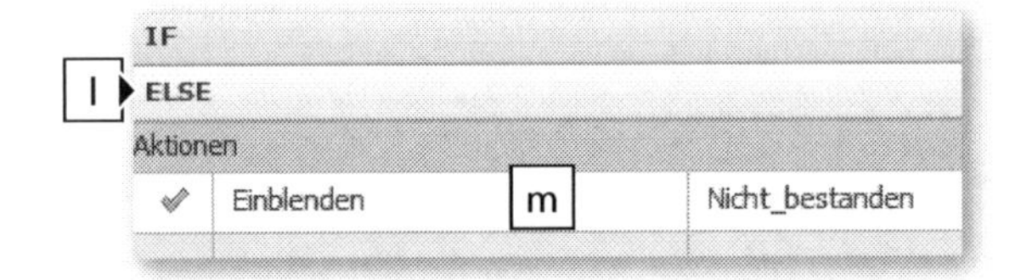

n Klicken Sie im unteren Bereich des Fensters auf **Als Aktion speichern** und bestätigen Sie die Meldung mit **OK**.

o **Schließen** Sie das Fenster *Erweiterte Aktionen*.

7 Weisen Sie die bedingte Aktion „Ergebnis_visualisieren" zu, sodass diese automatisch ausgeführt wird, sobald der Lerner die Ergebnisfolie erreicht:

a Markieren Sie im Filmstreifen **Folie 9 Ergebnisfolie**.

b Wählen Sie im Bedienfeld *Eigenschaften* im Tab *Aktionen* unter *Beim Erreichen* die Aktion **Erweiterte Aktionen ausführen** und unter *Skript* **Ergebnis_visualisieren**.

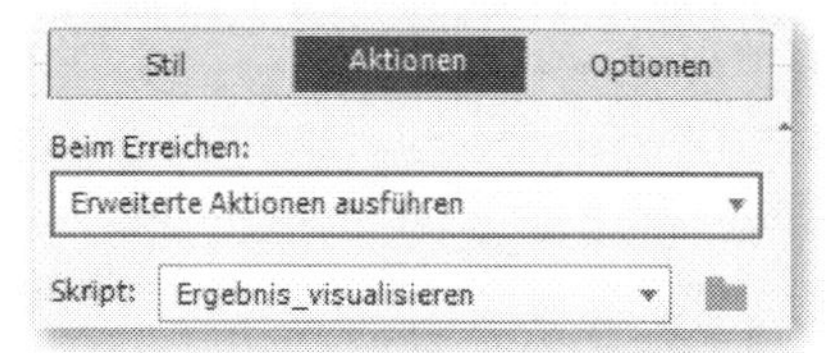

8 Testen Sie Ihr Projekt in der Vorschau (abgekürzt ab Folie 8).

Sie wissen nun, wie Sie bedingte erweiterte Aktionen in Ihre Projekte einbringen.

Freigegebene Aktionen

Mittels freigegebener Aktionen können Sie einfache Vorlagen für erweiterte Aktionen erstellen und so z. B. Captivate-Einsteigern die Verwendung erweiterter Aktionen erleichtern. Weiterhin sind freigegebene Aktionen auch ideal, um erweiterte Aktionen zwischen Projekten auszutauschen. Freigegebene Aktionen tragen die Dateiendung **.cpaa*.

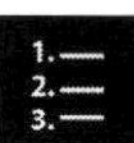

So exportieren Sie eine freigegebene Aktion

1 Öffnen Sie ein beliebiges Projekt, welches die erweiterte Aktion enthält, die Sie exportieren möchten.

2 Wählen Sie in der *Menüleiste* **Projekt > Erweiterte Aktionen**.

Das Fenster *Erweiterte Aktionen* öffnet sich.

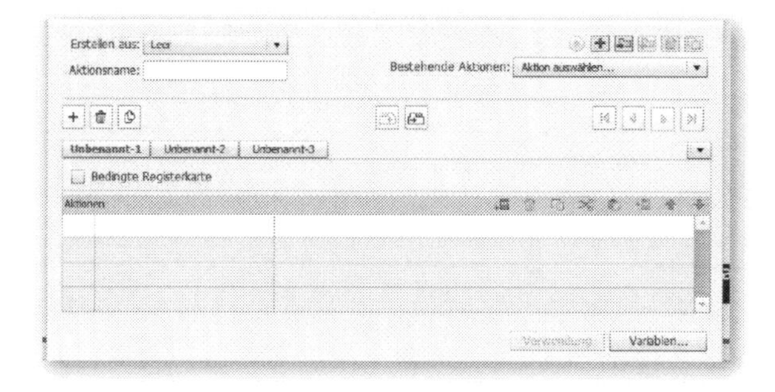

Bestehende Aktionen wiederverwenden

Sie können mittels dieser Funktion jederzeit bestehende Projekte öffnen und die darin enthaltenen erweiterten Aktionen in freigegebene Aktionen umwandeln.

3 Wählen Sie unter *Bestehende Aktionen* die erweiterte Aktion, die Sie exportieren möchten.

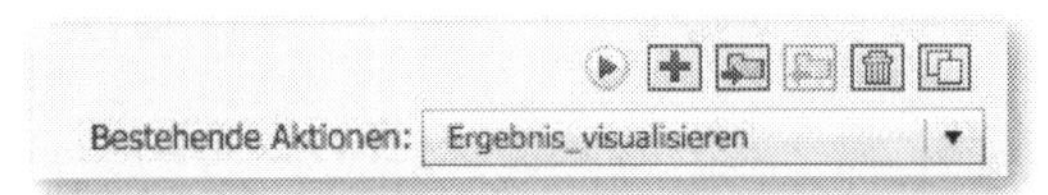

4 Klicken Sie auf **Als freigegebene Aktion speichern**.

Das Fenster *Als freigegebene Aktion speichern* öffnet sich.

5 Geben Sie der freigegebenen Aktion einen eindeutigen Namen und hinterlegen Sie optional eine Beschreibung.

6 Tragen Sie in der Spalte *Parameterbeschreibung* jeweils einen Kommentar ein, der näher beschreibt, was der Benutzer dieser freigegebenen Aktion jeweils hinterlegen / einstellen soll, um das Skript zu vervollständigen. Die Spalte ganz links zeigt Ihnen, wo Sie die Beschreibung noch befüllen müssen. Die Checkbox in der Spalte *Parameterbeschreibung* zeigt Ihnen optional zusätzliche Einträge, die Sie aktivieren können – insofern Sie möchten, dass diese Werte vom Benutzer ebenfalls modifiziert werden sollen. Im Beispiel unten sehen Sie, dass wir nicht möchten, dass die Parameter **cpQuizInfoPassFail** sowie **1** verändert werden.

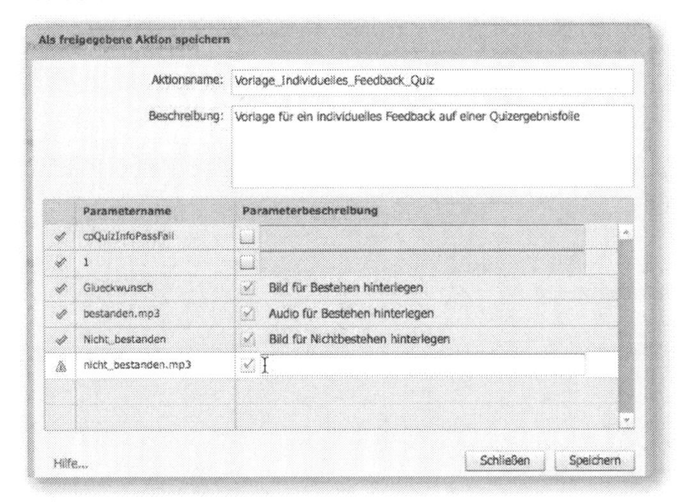

7 Klicken Sie auf **Speichern**.

Es erscheint die Meldung, dass die Vorlage erfolgreich gespeichert wurde.

8 Bestätigen Sie die Meldung mit **OK**.

9 Klicken Sie im Fenster *Erweiterte Aktionen* auf **Exportieren**.

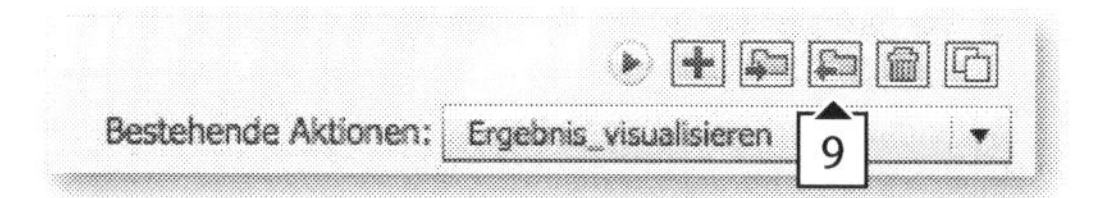

Das Fenster *Freigegebene Aktion exportieren* öffnet sich.

10 Wählen Sie unter *Aktionsname* die erstellte Vorlage.

11 Definieren Sie den *Speicherort* und klicken Sie auf **Exportieren**.

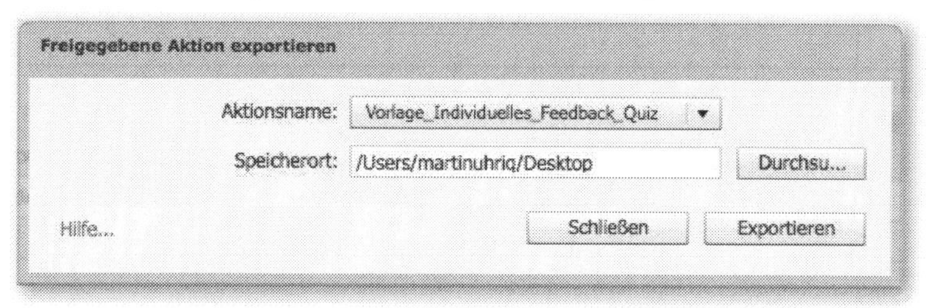

Es erscheint die Meldung, dass die Vorlage exportiert wurde.

12 Klicken Sie auf **OK**.

Sie haben die erweiterte Aktion als Vorlage gespeichert und als CPAA-Datei exportiert.

Mehrere Aktionen gleichzeitig exportieren

Um mehrere freigegebene Aktionen gleichzeitig zu exportieren: Markieren Sie im Bedienfeld *Bibliothek* unter *Freigegebene Aktionen* mit gedrückter Taste ⇧ (Win) / ⌘ (Mac) alle freigegebenen Aktionen, die Sie exportieren möchten. Rechtsklicken Sie anschließend und wählen Sie **Exportieren**.

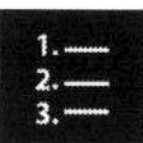

So importieren und verwenden Sie eine freigegebene Aktion

1 Importieren Sie eine freigegebene Aktion in Ihr Projekt:

a Öffnen Sie ein beliebiges Projekt.

b Wählen Sie in der *Menüleiste* **Projekt > Erweiterte Aktionen**.

Das Fenster *Erweiterte Aktionen* öffnet sich.

c Klicken Sie im oberen Bereich des Fensters auf **Importieren**.

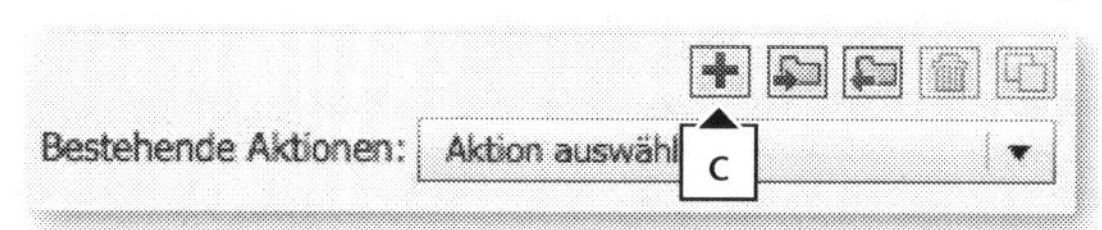

d Wählen Sie die CPAA-Datei und klicken Sie auf **Öffnen**.

Es erscheint die Meldung, dass die freigegebene Aktion erfolgreich importiert wurde.

e Bestätigen Sie die Meldung mit **OK**.

Sie haben die erweiterte Aktion importiert und können diese nun in Ihrem Projekt verwenden.

Mehrere freigegebene Aktionen importieren

Um mehrere freigegebene Aktionen gleichzeitig zu importieren: Rechtsklicken Sie im Bedienfeld *Bibliothek* auf den Ordner *Freigegebene Aktionen* und wählen Sie **Importieren**. Markieren Sie die gewünschten freigegebenen Aktionen mit gedrückter Taste ⇧ (Win) / ⌘ (Mac) und bestätigen Sie mit **Öffnen**.

Aktion per Drag-&-Drop zuweisen

Sie können eine freigegebene Aktion auch einfach per Drag-&-Drop aus der Bibliothek auf eine Schaltfläche ziehen und über diesen Weg zuweisen.

Beispiel einer freigegebenen Aktion

Im Ordner *18_Variablen_Erweiterte_Aktionen* finden Sie beispielhaft die freigegebene Aktion *Vorlage_Individuelles_Feedback_Quiz.cpaa*. Diese freigegebene Aktion wurde aus dem Projekt *00_Quiz_Uebersicht.cptx* exportiert. Sie können diese z. B. auf das Projekt *Individuelles_Feedback_Ausgang.cptx* (siehe *Übung: Individuelles Feedback definieren auf Seite 452*) anwenden, um die dort nötige erweiterte Aktion auf Basis einer Vorlage vereinfacht anzulegen.

2 Weisen Sie die freigegebene Aktion zu:

a Markieren Sie auf der Bühne das Objekt (den Auslöser der Aktion), dem Sie die freigegebene Aktion zuweisen möchten (z. B. eine Folie oder eine Schaltfläche).

b Wählen Sie im Bedienfeld *Eigenschaften* im Tab *Aktionen* z. B. unter *Beim Erreichen* oder *Bei Erfolg* die Aktion **Freigegebene Aktion ausführen**.

c Wählen Sie unter *Freigegebene Aktion* die zuvor importierte freigegebene Aktion.

d Klicken Sie auf die Schaltfläche **Aktionsparameter**.

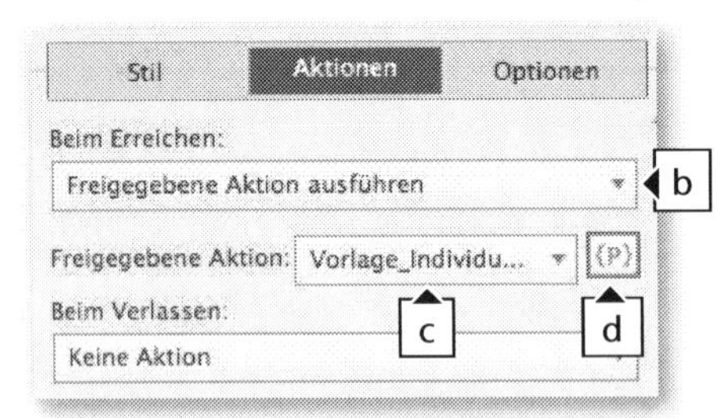

Das Fenster *Parameter der freigegebenen Aktion* öffnet sich.

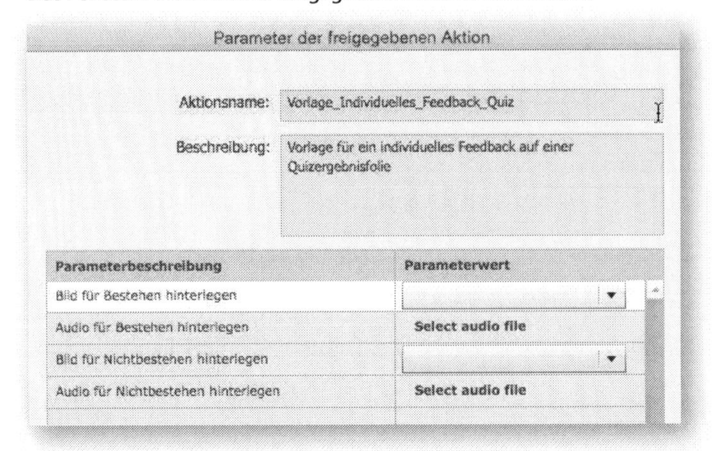

e Weisen Sie den *Parameterbeschreibungen* die gewünschten *Parameterwerte* (Objekte) zu.

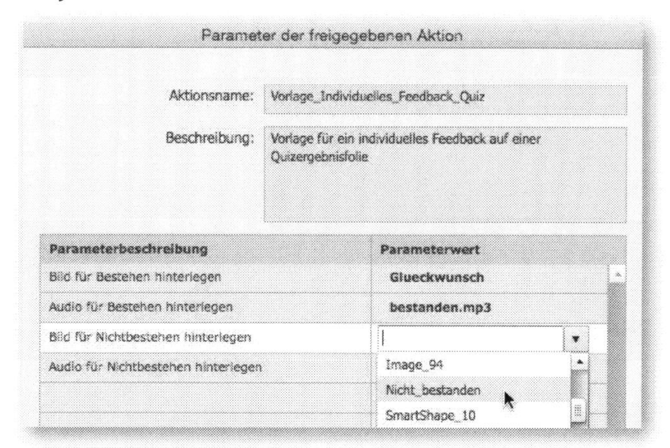

f Bestätigen Sie Ihre Eingaben mit **Speichern**.

Sie wissen nun, wie Sie erweiterte Aktionen projektübergreifend verwenden können.

Übung: Counter mittels While-Schleife erstellen

Im Rahmen dieser Übung erstellen Sie mithilfe einer erweiterten Aktion und einer While-Bedingung einen Counter.

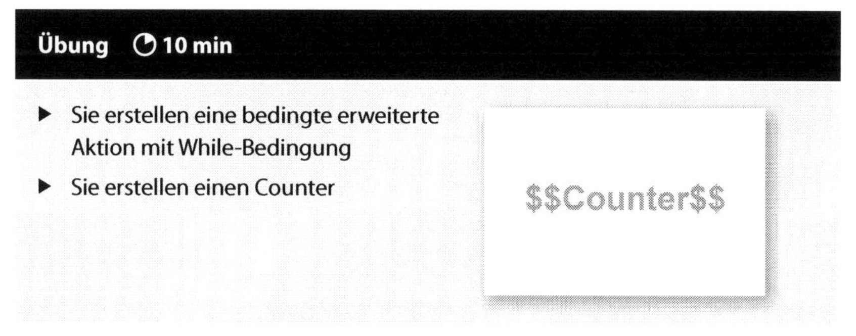

1. Öffnen Sie aus dem Ordner *18_Variablen_Erweiterte_Aktionen* die Datei *While_Ziel_Einfach.cptx* (▸ *Seite 12*).
2. Betrachten Sie das Projekt in der Vorschau.

   Sie sehen einen Counter, der von 3 bis 1 herunterzählt und anschließend durch Klick auf die Schaltfläche „Restart" erneut ausgelöst werden kann. In den folgenden Schritten möchten wir dies gemeinsam umsetzen.
3. Öffnen Sie aus dem Ordner *18_Variablen_Erweiterte_Aktionen* die Datei *While_Ausgang.cptx*.

   Ein Projekt mit 2 Folien öffnet sich. Die benutzerdefinierte Variable „Counter" mit dem Wert 0 ist bereits angelegt und wird auf Folie 1 ausgegeben.

4 Erstellen Sie eine erweiterte Standardaktion:

a Wählen Sie in der *Menüleiste* **Projekt > Erweiterte Aktionen**.

Das Fenster *Erweiterte Aktionen* öffnet sich.

b Tragen Sie unter *Aktionsname* „Counter_animiert" ein.

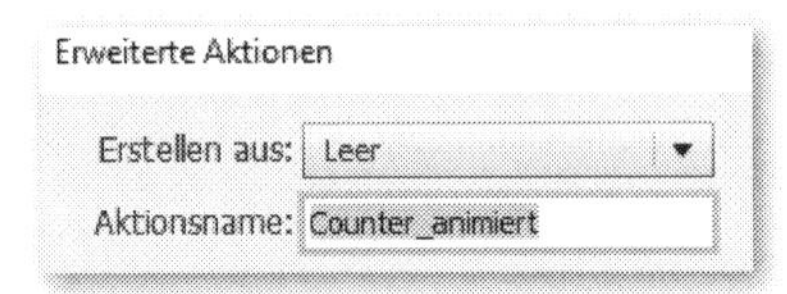

c Doppelklicken Sie auf die Registerkarte „Unbenannt-1", geben Sie den Namen „Reset" ein und bestätigen Sie mit der Taste ↵.

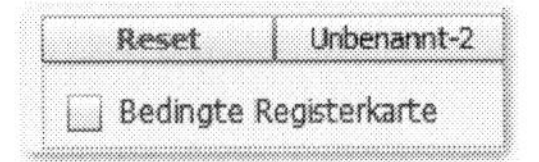

d Doppelklicken Sie in den Bereich *Aktionen*.

e Wählen Sie aus dem erscheinenden Aufklappmenü **Zuweisen**.

f Wählen Sie aus dem erscheinenden Aufklappmenü **Counter**.

g Wählen Sie aus dem hinteren Aufklappmenü die Option **Literal**, tragen Sie den Wert **4** ein und bestätigen Sie mit der Taste ↵.

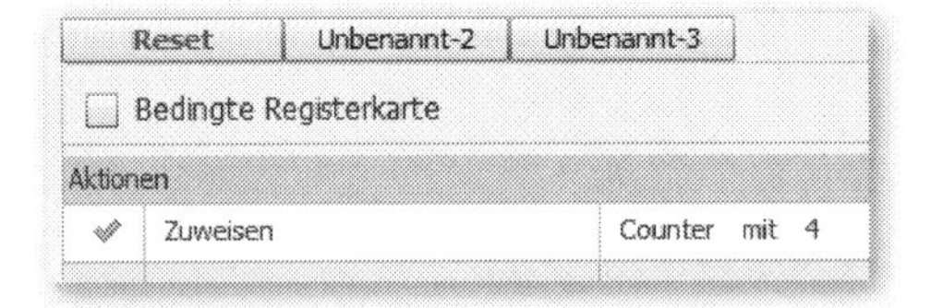

Mit dieser Anweisung wird der Counter später immer zurückgesetzt, sobald wir die Folie neu starten. Statt 3 verwenden wir hier den Wert 4, da die Schleife sofort startet und den Wert für den Betrachter nicht sichtbar auf 3 verringert.

5 Erstellen Sie eine bedingte erweiterte Aktion:

a Doppelklicken Sie auf die Registerkarte „Unbenannt-2", geben Sie den Namen „Countdown" ein und bestätigen Sie mit der Taste ↵.

b Aktivieren Sie **Bedingte Registerkarte**.

c Wählen Sie unter *Aktionen durchführen* aus dem Aufklappmenü **While**.

d Stellen Sie sicher, dass aus dem hinteren Aufklappmenü die Option **Alle Bedingungen erfüllt** ausgewählt ist.

e Doppelklicken Sie unter *While* in den Bereich *Aktionen durchführen*.

f Wählen Sie aus dem erscheinenden Aufklappmenü zuerst die Option **Variable** und anschließend **Counter**.

g Wählen Sie aus dem Aufklappmenü *Vergleichsoperator auswählen* die Option **nicht gleich**.

h Wählen Sie aus dem hinteren Aufklappmenü *Variable* die Option **Literal**, tragen Sie den Wert **1** ein und bestätigen Sie mit der Taste ⏎.

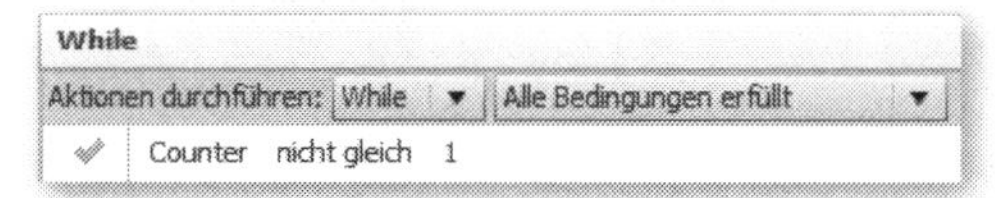

i Doppelklicken Sie in den Bereich *Aktionen*.

j Wählen Sie aus dem erscheinenden Aufklappmenü **Verringern**.

k Wählen Sie aus dem erscheinenden Aufklappmenü **Counter**.

l Tragen Sie im hinteren Aufklappmenü den Wert **1** ein und bestätigen Sie mit der Taste ⏎.

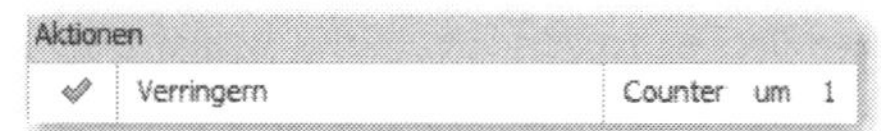

m Klicken Sie im unteren Bereich des Fensters auf **Als Aktion speichern** und bestätigen Sie die Meldung mit **OK**.

n **Schließen** Sie das Fenster *Erweiterte Aktionen*.

6 Weisen Sie die bedingte Aktion „Counter_animiert" zu.

a Markieren Sie im Filmstreifen **Folie 1 Counter**.

b Wählen Sie im Bedienfeld *Eigenschaften* im Tab *Aktionen* unter *Beim Erreichen* die Aktion **Erweiterte Aktionen ausführen** und unter *Skript* **Counter_animiert**.

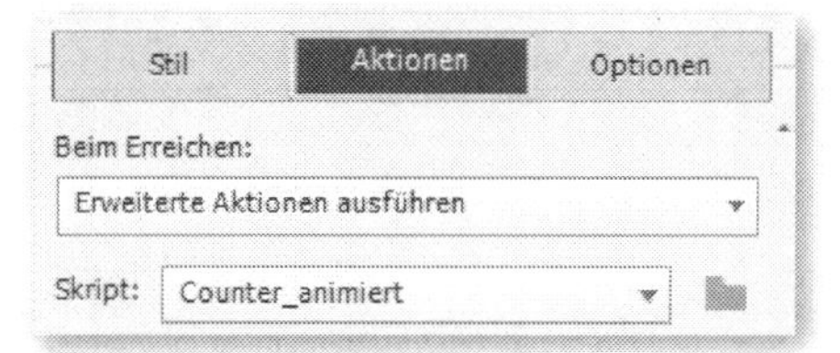

7 Testen Sie Ihr Projekt in der Vorschau.

Sie wissen nun, wie Sie einen Counter mittels While-Schleife erstellen.

Verzögerung der Schleifen-Wiederholung

Sie haben sich vielleicht schon gefragt, weshalb wir in dieser Übung die Aktion **Nächste Aktionen verzögern um** nicht verwenden. Zum Hintergrund: Nach dem Ausführen eines Schleifen-Durchgangs wartet Captivate genau eine Sekunde und führt dann den nächsten Durchgang aus. Dadurch zählt die Zahl im Abstand von genau einer Sekunde herunter. Diese eingebaute Verzögerung können Sie übrigens nicht beeinflussen - sprich zumindest nicht reduzieren (jedoch optional durch Ergänzen der Aktion **Nächste Aktionen verzögern um** verlängern).

Erweiterte Lösung zu While-Schleifen

Im Übungsordner zu diesem Kapitel finden Sie unter dem Dateinamen *While_Ziel_Animiert* eine erweiterte Lösung dieser Übung mit zusätzlicher Animation, die Sie erkunden und nachvollziehen können.

Transferübung: Vortest erstellen

Im Rahmen dieser Übung werden Sie nun die Kenntnisse aus den Bereichen Quiz und erweiterte Aktionen anwenden und einen Vortest erstellen, der das Vorwissen der Lerner abprüft und daraufhin eine individuelle Lernempfehlung gibt.

Um diese Übung bearbeiten zu können, sollten Sie die Kapitel *Quizanwendungen* und *Variablen & Erweiterte Aktionen* vollständig bearbeitet haben.

Fragenfolien in Vortestfragen umwandeln?

Sie können bestehende bewertete / nicht bewertete Fragenfolien leider nicht in eine Vortest-Frage umwandeln, sondern müssen diese neu erstellen.

Transferübung 10 min

- Sie erstellen 2 Vortestfragen
- Sie stellen die erweiterte Aktion ein, welche bei Bestehen / Nichtbestehen des Vortests jeweils eine bestimmte Folie aufruft

1 Öffnen Sie aus dem Ordner *18_Variablen_Erweiterte_Aktionen* die Datei *Vortest_Ziel.cptx* und betrachten Sie das Projekt in der Vorschau (▸ *Seite 12*).

   Nach einer Titelfolie werden Sie zum Vortest geleitet. Wenn Sie beide Vortestfragen richtig beantworten, gelangen Sie zur Folie *Vortest bestanden* und können wahlweise mit Kapitel 1 oder Kapitel 2 fortfahren. Wenn Sie nur eine oder keine Vortestfrage richtig beantworten, gelangen Sie zur Folie *Vortest nicht bestanden.* Hier haben Sie nur die Option mit Kapitel 1 fortzufahren. Dies möchten wir nun umsetzen.

2 Öffnen Sie aus dem Ordner *18_Variablen_Erweiterte_Aktionen* die Datei *Vortest_Ausgang.cptx.*

3 Fügen Sie nach Folie **1 Titel** zwei Multiple-Choice-Vortestfragenfolie ein (**Quiz** > **Vortestfragenfolie**).

4 Wenden Sie einen anderen Folienmaster auf die Vortestfragenfolien an:

   a Markieren Sie mit gedrückter Taste Strg (Win) / ⌘ (Mac) beide Vortestfragenfolien.

   b Wählen Sie im Bedienfeld *Eigenschaften* den Folienmaster **Vortest**.

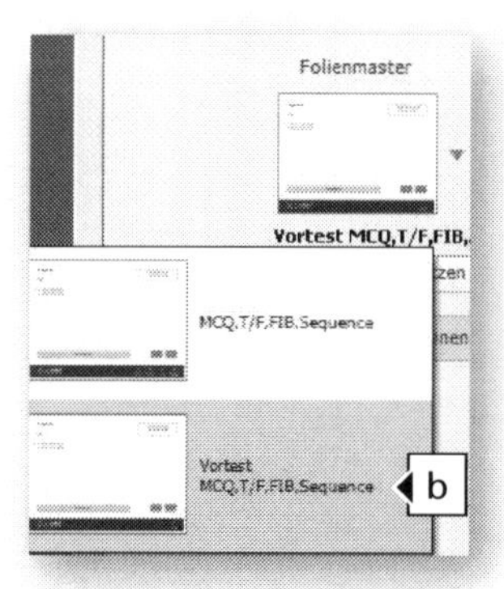

Der Folienmaster wird auf beide Folien angewendet.

5 Passen Sie die Vortestfragenfolien im Bedienfeld *Quiz* an:

a Erhöhen Sie die Anzahl der Antworten auf **5** , stellen Sie sicher dass die Option **Antworten mischen** aktiviert ist und aktivieren Sie die Option **Mehrere Antworten.**

b Aktivieren Sie unter *Beschriftungen* die Option **Richtig** und stellen Sie sicher, dass die Option **Unvollständig** aktiviert ist.

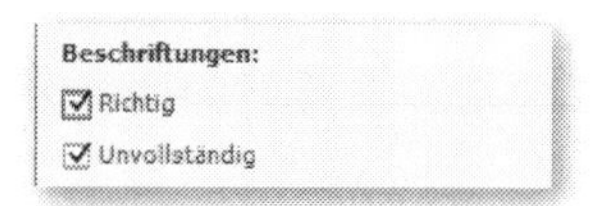

c Deaktivieren Sie unter *Schaltflächen* die Optionen **Löschen**, **Zurück** und **Übergehen**.

d Stellen Sie sicher, dass im Bereich *Aktionen* die Anzahl der Versuche auf **1** eingestellt ist und wählen Sie unter *Fehlermeldungen* **1**.

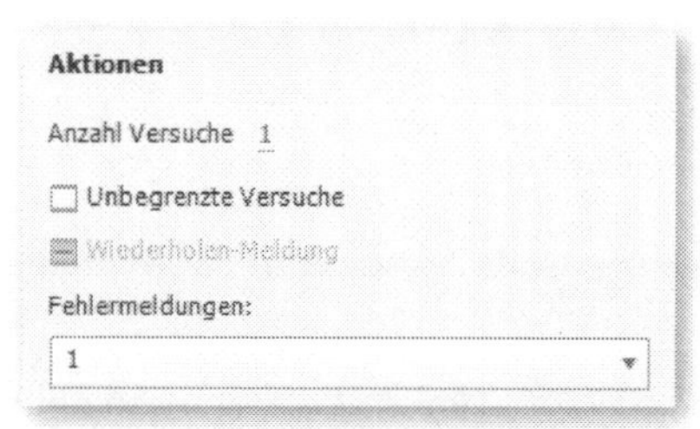

6 Befüllen Sie die Fragen mit folgenden Inhalten und markieren Sie die richtigen Antworten wie im Folgenden gezeigt:

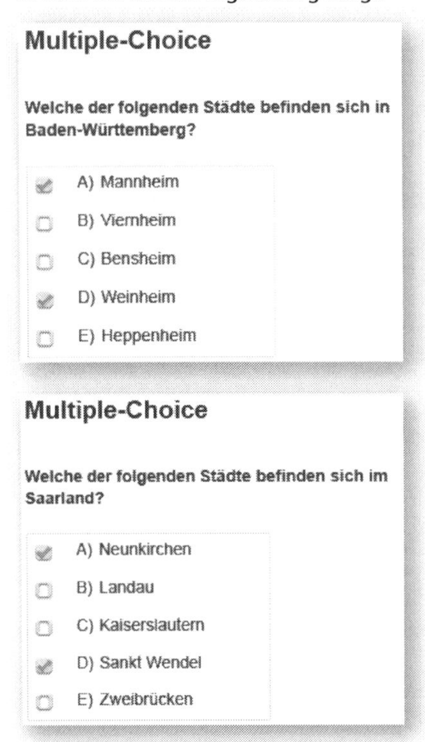

7 Wählen Sie in der *Menüleiste* **Projekt** > **Erweiterte Aktionen**.

Das Fenster *Erweiterte Aktionen* öffnet sich.

CPPretestAction

Die Aktion *CPPretestAction* legt Captivate automatisch an, sobald Sie einen Vortest einfügen. Sie ist mit der Bedingung *IF* **cpQuizInfoPretestScorePercentage ist größer als 50** und der *Aktion* **Weiter** voreingestellt.

8 Wählen Sie unter *Bestehende Aktionen* **CPPretestAction**.

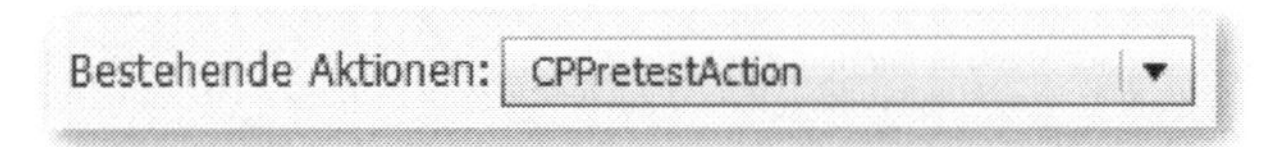

9 Stellen Sie unter *IF* die Bedingung **cpQuizInfoPretestScorePercentage ist gleich 100** ein.

10 Stellen Sie unter *Aktionen* die Aktion **Gehe zu Folie 4 Vortest bestanden** ein.

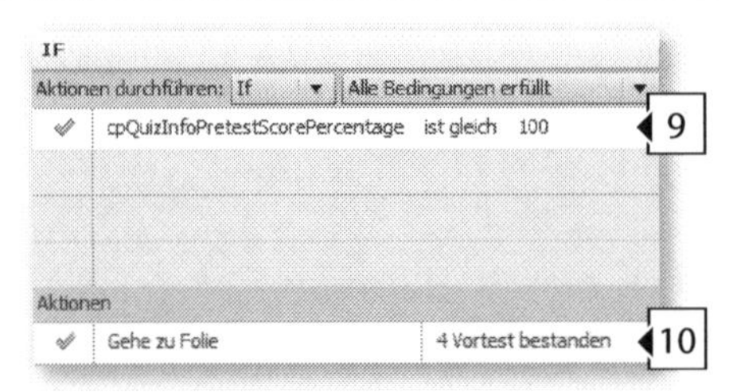

11 Klicken Sie im unteren Bereich des Fensters auf den Eintrag *ELSE*.

12 Stellen Sie die Aktion **Gehe zu Folie 5 Vortest nicht bestanden** ein.

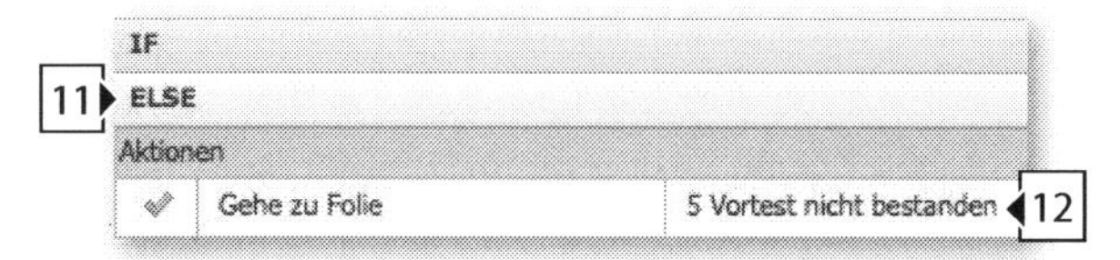

13 Klicken Sie auf **Aktion aktualisieren** und bestätigen Sie die Meldung mit **OK**.

14 **Schließen** Sie das Fenster *Erweiterte Aktionen*.

15 Testen Sie Ihr Projekt in der Vorschau.

Sie wissen nun, wie Sie den Lerner, abhängig vom Ergebnis des Vortests, auf unterschiedliche Folien führen können.

19

Webschriften & Mobile-Learning

In diesem Kapitel behandeln wir die Themen Webfonts & Adobe Typekit sowie die „Mobilpalette" von Adobe Captivate. Sie erfahren hier nicht nur, wie Sie Texte geräteübergreifend hochauflösend darstellen können, sondern lernen auch Funktionen wie Gestensteuerung, Geolocation & Geräteerkennung kennen.

Themenübersicht

Webschriften

Aktuell werden in Captivate bei der Publikation in HTML5 Textinhalte entweder als Bild exportiert oder im HTML-Code hinterlegt. Letzteres ist stets bei dynamischen Texten sowie im Rahmen responsiver Projekte der Fall. Je nachdem, welche Schriftarten Sie in Ihrem Projekt einsetzen, kann dies bedeuten, dass auf dem darstellenden Zielsystem eine andere Schrift angezeigt wird, da die von Ihnen eingesetzte Schrift nicht installiert ist. In der folgenden Tabelle erhalten Sie eine Übersicht, in welchem Fall ein Bild und wann HTML-Code verwendet wird.

Wann Texte als Bilder oder HTML-Code ausgegeben werden

Textinhalte	Klassische Projekte	Responsive Projekte
Schaltflächen	Bild	HTML-Code
Smartformen		
Textbeschriftungen		
Quizobjekte		
Ausgegebene Variableninhalte	HTML-Code	
Fortschrittsanzeige		
Inhaltsverzeichnis		
Lerninteraktionen		
Textanimationen		
Quizergebnisse		
Bilduntertitel		

Im Falle eines dynamischen Texts oder im Rahmen responsiver Projekte sollten Sie daher auf websichere Schriften zurückgreifen.

Hierzu erhalten Sie im Bedienfeld *Eigenschaften* eines textdarstellenden Objekts im Bereich *Zeichen* über das Aufklappmenü eine Übersicht über die **Websicheren Schriftarten**.

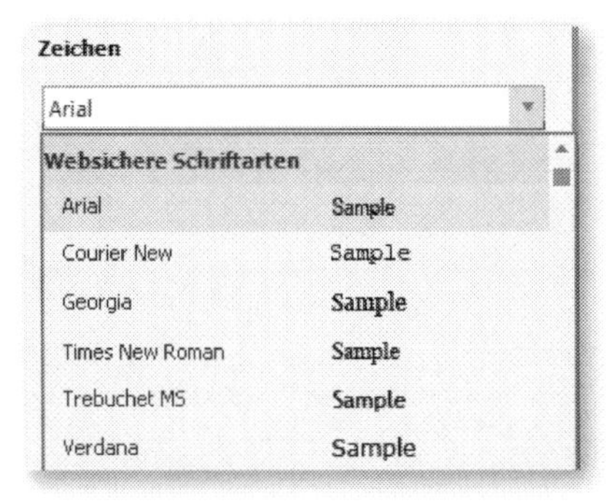

Wenn Sie andere als die in Captivate verfügbaren websicheren Schriften verwenden möchten, können Sie entweder Adobe Typekit (▶ *Seite 471*) oder andere Webfont-Dienste nutzen, z. B. das kostenfreie Angebot von Google Fonts (▶ *Seite 469*).

Vorteile & Nachteile von Text als Bild / als HTML-Code

	Vorteile	Nachteile
Text als Bild	Die Schrift wird 1:1 so dargestellt, wie in Captivate definiert - gleich welche Schriftart oder Ausrichtung Sie verwenden oder auf welchem Browser der Text dargestellt wird.	Die Qualität der Schrift ist nicht optimal. Gerade auf hochauflösenden Displays wirkt die Schrift unscharf.
Text als HTML-Code	Der Text ist stets scharf, auch auf hochauflösenden Displays. Dadurch, dass der Text ressourcenschonend in den Code integriert ist, erhöht dies die Performanz des Projekts.	Sie müssen eine Standard-Webschrift oder Adobe Typekit verwenden oder eine eigene Webschrift in den Code integrieren. Je nach Browser kann die Schrift andere Laufweiten haben und damit anders umbrechen sowie auch andere Abstände haben.

Texte geräteübergreifend hochauflösend darstellen

Mittels eines kleinen Workarounds können Sie Captivate dazu bringen, Texte immer als HTML-Code und damit hochauflösend auszugeben: Wenn Sie in einem Objekt, welches Variableninhalte anzeigen kann, eine Variable einfügen, dann wird der gesamte Text nicht mehr als Bild, sondern als HTML-Code ausgegeben. Wenn Sie also z. B. erzwingen möchten, dass der Text bei einer Textbeschriftung in einem klassischen Projekt als HTML-Code ausgegeben wird, müssen Sie nur eine benutzerdefinierte Variable (ohne Inhalt) anlegen und diese z. B. am Ende des Texts verwenden (▶ *Seite 441*). Wie Sie hier genau vorgehen, habe ich auch in einem Blogartikel ausführlich beschrieben (▶ *Weblink 19.1, Seite 12*). Sie finden dort ergänzend einige Tipps und Tricks, wie Sie die Darstellung optimieren und welche Einschränkungen es im Detail gibt.

Google Fonts und manuelle Einbindung von Webschriften

Bei Google Fonts stehen Ihnen eine Vielzahl an kostenfreien Schriften zur Verfügung, die Sie für die Produktion in Captivate herunterladen und lokal nutzen können.

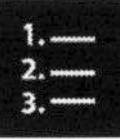

So erweitern Sie Ihre Projekte um websichere Schriften

1 Öffnen Sie die Internetseite *https://fonts.google.com/* und wählen Sie eine für Ihr Projekt passende Schrift.

2 Klicken Sie bei der gewählten Schrift auf das **Plus-Symbol**.

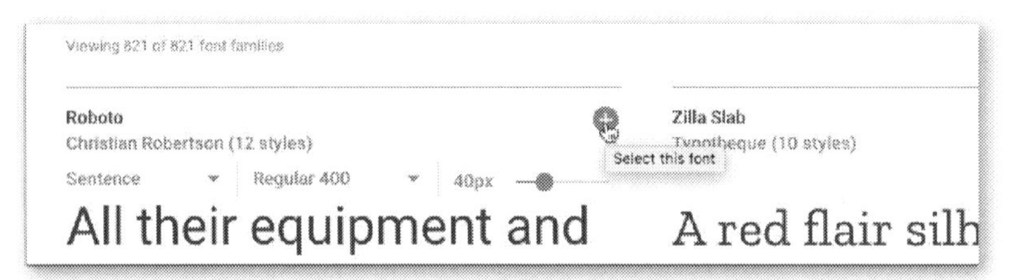

3 Klicken Sie im unteren Bereich auf **1 Family Selected**.

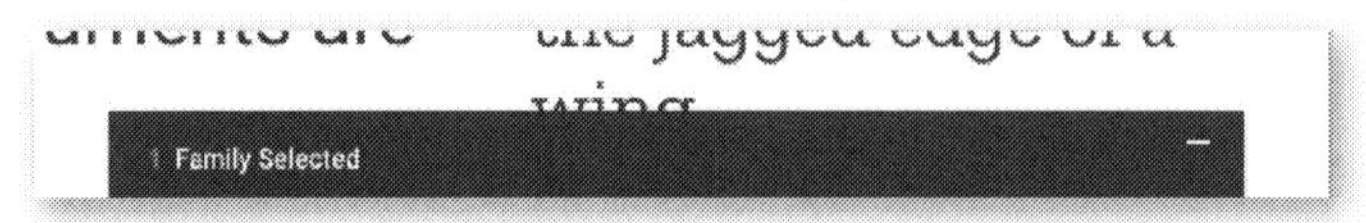

4 Klicken Sie auf das **Download-Symbol**.

Die Schrift wird heruntergeladen.

5 Installieren Sie die Schrift auf Ihrem System: Entpacken Sie die ZIP-Datei und doppelklicken Sie auf die TTF-Datei(en).

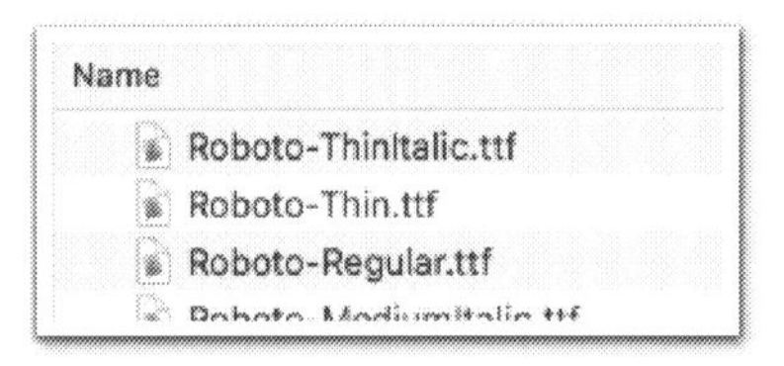

6 Starten Sie Captivate neu.

Sie können die Schrift nun in Ihrem Captivate-Projekt verwenden.

7 Verwenden Sie die Schrift in Ihrem Captivate-Projekt und veröffentlichen Sie dieses.

8 Fügen Sie den Code der verwendeten Schrift in die Index-Datei Ihres veröffentlichten Captivate-Projekts ein:

   a Öffnen Sie das Pop-up (**1 Family Selected**) der verwendeten Schriftart erneut (siehe **Schritt 3**).

   b Kopieren Sie den Code unter *Embed Font* in die Zwischenablage.

Standard-Index-Datei modizieren

Statt die *index.html* nach jeder Veröffentlichung zu modifizieren können Sie auch die Standard-Datei im Programmverzeichnis von Captivate modifizieren. Sie finden diese *index.html* im Unterordner *HTML*.

Embed Font

To embed your selected fonts into a webpage, copy this code into the <head> of your HTML document.

STANDARD @IMPORT

c Öffnen Sie die Datei *index.html* Ihres veröffentlichten Captivate-Projekts mit einem Texteditor, z. B. *Notepad* (Win) / *TextEdit* (Mac).

d Fügen Sie den Code als erstes Element innerhalb des Knotens **<head>** Ihrer *index.html* ein.

```
<html lang="de">
<head>
<link href='http://fonts.googleapis.com/css?family=Roboto' rel='stylesheet' type='text/css'>
<meta name='viewport' content='initial-scale = 1, minimum-scale = 1, maximum-scale = 1'/>
<meta http-equiv="Content-Type" content="text/html; charset=utf-8" />
```

d

e Speichern Sie die Datei ab.

Wenn Ihnen die definierte Schriftart angezeigt wird, ist die Schrift korrekt implementiert.

Adobe-Typekit-Integration

Wenn Sie andere Schriftarten als die wenigen vorhandenen websicheren Schriften verwenden möchten, ohne nachträglich Änderungen im Code vornehmen zu müssen, bietet Captivate eine weitere Möglichkeit: Die Integration von Schriften über Adobe Typekit. So können Sie fast jede Schrift in Ihren E-Learning-Einheiten verwenden und gleichzeitig sicherstellen, dass Ihre individuellen Schriften korrekt und hochauflösend auf den Zielgeräten angezeigt werden.

Was ist Adobe Typekit?

Adobe Typekit ist eine Schriftenbibliothek, auf die Sie über die Adobe Creative Cloud per Abonnement zugreifen können. Sie können zwischen einem freien („Gratis") und zwei kostenpflichtigen Abo-Modellen („Portfolio" und „Performance") mit einer unterschiedlichen Anzahl nutzbarer Schriften wählen.

Typekit-Synchronisation

Beachten Sie: Bevor Sie Ihr Projekt an mehreren Rechnern bearbeiten, stellen Sie sicher, dass alle Systeme bei Typekit angemeldet und die von Ihnen verwendeten Schriften lokal synchronisiert sind. Testen Sie dies am besten vorab mit einem leeren Projekt. Andernfalls werden die Schriften in Captivate nicht korrekt und i. d. R. mit der alternativen Schriftart Myriad Pro angezeigt.

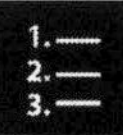

So integrieren Sie Typekit-Schriften in Captivate

1 Klicken Sie im Bedienfeld *Eigenschaften* eines textdarstellenden Objekts im Bereich *Zeichen* neben der Auswahl der Schriftart auf das Typekit-Symbol.

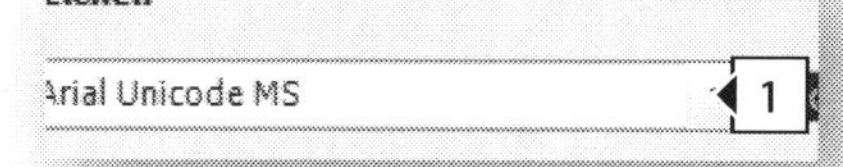

Die Typekit-Seite öffnet sich in Ihrem Standard-Webbrowser.

2. Melden Sie sich mit Ihrer Adobe-ID an.

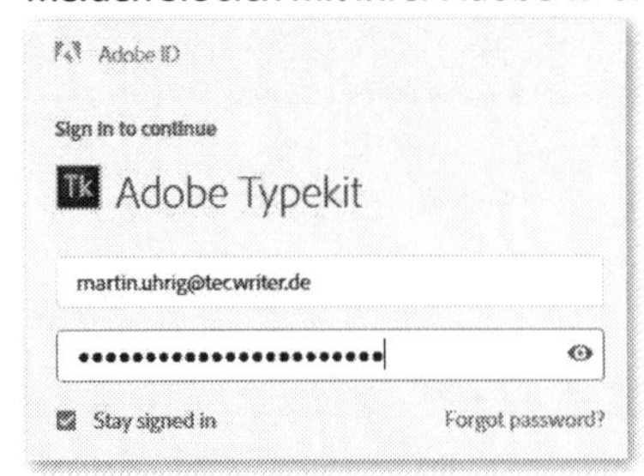

3. Suchen Sie die gewünschte Schrift aus.
4. Wählen Sie Synchronisieren, um die Schrift auf Ihrem Rechner verfügbar zu machen.

   SYNCHRONISIEREN

Die gewählte Schrift ist nun synchronisiert und in Captivate verfügbar.

Veröffentlichung von Projekten mit Typekit-Schriften

Bei der Veröffentlichung von Projekten mit Typekit-Schriften finden Sie im Veröffentlichungsfenster das Feld *Typekit Domänen*. Tragen Sie hier die Webdomains ein, über die Ihr Projekt veröffentlicht werden soll. Subdomänen werden mit dem Zeichen „*" notiert. *Beispiel:* „*.tecwriter.de". Um das Projekt vorab auf Ihrem Rechner zu testen, tragen Sie als Domäne „localhost" ein.

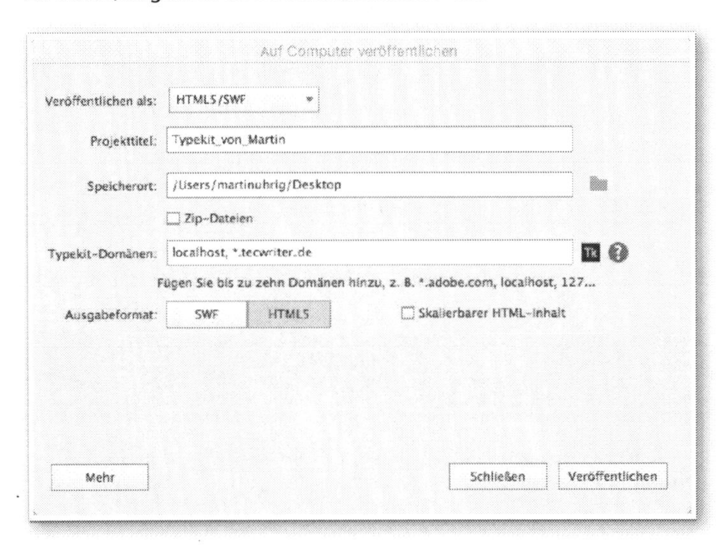

> **!** Sie müssen sicherstellen, dass alle Domains hinterlegt sind, über die Sie Ihr Projekt verteilen möchten. Tragen Sie diese also ggf. nach und veröffentlichen Sie das Projekt erneut. Falls das Projekt über eine nicht eingetragene Domain verteilt wird, werden die Typekit-Schriften nicht verwendet und die entsprechenden Texte stattdessen in der Schriftart Times New Roman dargestellt.

Gestensteuerung, Geolocation & Geräteerkennung

Mittels der Optionen **Gestenkonfiguration** und **Geolocation** können Sie die Möglichkeiten mobiler Endgeräte stärker in Ihre E-Learning-Projekte einbeziehen.

Gestenkonfiguration und Geolocation

Fenster > Mobilpalette

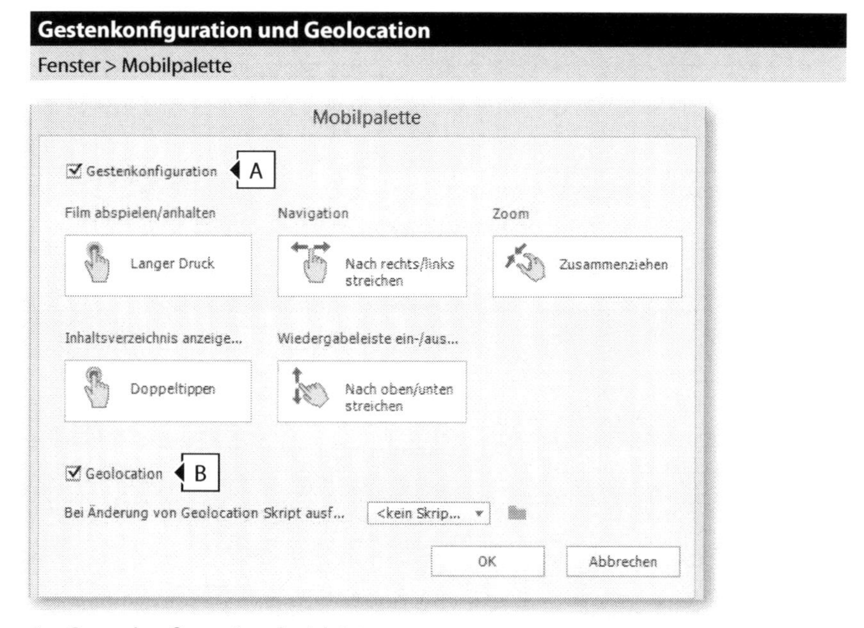

A Gestenkonfiguration de-/aktivieren

B Geolocation de-/aktivieren

Geräteerkennung / Betriebssystemerkennung (Device Awareness)

Mithilfe der Systemvariable (▶ *Seite 443*) *cpInfoMobileOS* (Rubrik *Systeminformationen*) können Sie die Betriebssystemversion des aktuellen Zielgeräts ermitteln und mittels bedingter erweiterter Aktion z. B. für PC/Mac-Nutzer andere Objekte einblenden lassen als für iOS-/Android-Anwender.

Gestensteuerung

Mit aktiver Gestensteuerung kann der Lerner u. a. durch Tippen und Wischen (Streichen) durch die Lerneinheit navigieren. Um die Gestensteuerung generell zu aktivieren, öffnen Sie die Mobilpalette (**Fenster > Mobilpalette**) und aktivieren Sie die Funktion **Gestenkonfiguration**.

Beachten Sie jedoch: Die Gestenkonfiguration ist damit auf allen Folien aktiv. Das bedeutet, dass der Lerner z. B. durch Wischen nach links immer eine Folie weiter springen kann. Dies ist jedoch gerade in verzweigten Projekten nicht gewünscht, da der Lerner ggf. abhängig von seinen Eingaben auf einer bestimmten (und nicht auf der nächsten) Folie landen soll.

Die Lösung: Sie können die Gestennavigation auf einzelnen Folien deaktivieren: Wählen Sie dazu die entsprechende Folie im Filmstreifen und aktivieren oder deaktivieren Sie im Bedienfeld *Eigenschaften* im Tab *Stil* die Funktion **Gestennavigation zulassen**.

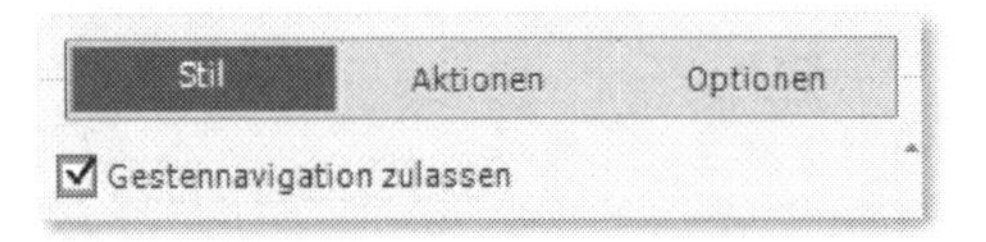

Folienaktion „Beim Erreichen" vs. „Beim Verlassen"

Im nebenstehenden Beispiel habe ich vereinfachend den Weg über „Beim Verlassen" beschrieben. Normalerweise würden wir die Aktion nicht „Beim Verlassen" der Folie, sondern „Beim Erreichen" der Folie auslösen. Allerdings können Sie „Beim Erreichen" der Folie nicht einstellen, dass automatisch auf eine andere Folie gesprungen werden soll. Wenn Sie allerdings eine erweiterte Aktion erstellen, können Sie dieses Springen auf eine andere Folie (sowie zusätzliche Aktionen wie Wechseln eines Objektstatus, Setzen einer Variable etc.) auch direkt „Beim Erreichen" einer Folie auslösen und so absolut sicherstellen, dass die Aktion sofort und ohne Verzögerung (von 0,1 Sekunden) ausgelöst wird.

Eine weitere Möglichkeit, die Gestennavigation zu beeinflussen, ist es, mit leeren Folien zu arbeiten, die beim Aufruf automatisch eine Aktion auslösen. *Beispiel*: Sie haben ein verzweigtes Projekt mit 20 Folien, aufgeteilt auf 2 Kapitel, verbunden durch ein Menü auf Folie 1. Nach Kapitel 1 (Folie 10 ist die letzte Folie) soll der Lerner mit einer Wischgeste nach rechts nicht direkt in das nächste Kapitel (Folie 11), sondern zurück zum Menü auf Folie 1 gelangen.

Wählen Sie die entsprechende Folie im Filmstreifen und fügen Sie dahinter eine leere Folie mit einer Dauer von 0,1 Sekunden ein. Stellen Sie anschließend im Bedienfeld *Eigenschaften* der Folie im Tab *Aktionen* unter *Beim Verlassen* die Aktion **Zu Folie springen** und die gewünschte Folie ein. Sobald der Lerner nun auf diese Folie gelangt, wird automatisch die eingestellte Aktion ausgelöst.

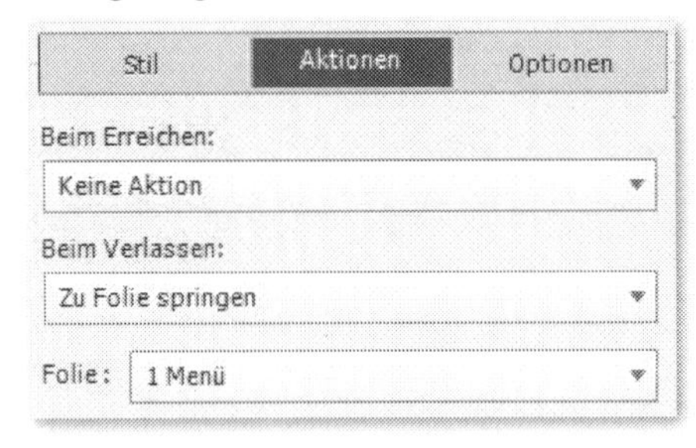

Gestensteuerung auf Tablet / Smartphone

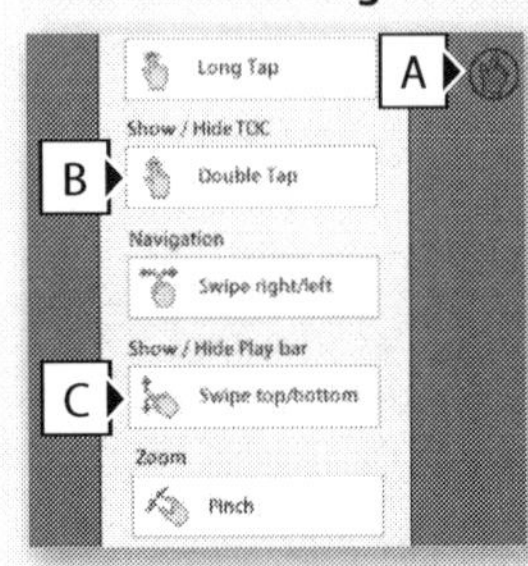

Wenn Sie ein Projekt mit aktiver Gestensteuerung auf einem Tablet oder Smartphone abspielen, wird Ihnen zu Beginn rechts oben ein **Hand-Symbol** (**A**) angezeigt. Tippen Sie darauf und Sie erhalten eine Beschreibung der Gestensteuerung.

Hinweis: Die Funktionen Inhaltsverzeichnis (**B**) sowie Wiedergabeleiste (**C**) sind nur aktiv, wenn Sie diese im Projekt aktiviert haben.

Geolocation

Wenn Sie Ihre Inhalte standortabhängig präsentieren möchten, bietet sich die Funktion **Geolocation** an. Damit können Sie Ihre Projekte so gestalten, dass Ihre Lerner je nach Kontinent, Land, Region, Ort, Gebäude oder gar Raum – natürlich abhängig von der GPS-Genauigkeit – angepasste Inhalte erhalten.

In diesem Zusammenhang tun sich unzählige Ideen auf, Beispiele:

- Sie könnten je nach Kulturkreis angepasste Bildinhalte, z. B. eine andere Trainerfigur verwenden
- Sie könnten die voreingestellte Sprache ändern oder Inhalte darstellen, die im Rahmen des jeweiligen lokalen Tochterunternehmens eines Konzerns relevant sind
- Je nach Abteilung oder Arbeitsumfeld könnten bestimmte Inhalte (nicht) relevant sein und somit automatisch ein- oder ausgeblendet werden

Der technische Hintergrund in Kürze: Der aktuelle Standort des Lerners wird mithilfe einer Systemvariable bestimmt (▶ *Seite 438*) und kann dann mittels einer Erweiterten Aktion (▶ *Seite 445*) mit einer oder mehreren benutzerdefinierten Variablen (▶ *Seite 441*), in denen die von Ihnen definierten Standorte / Regionen gespeichert sind, abgeglichen werden.

Um Geolocation zu aktivieren, öffnen Sie die Mobilpalette (**Fenster > Mobilpalette**) und aktivieren Sie die Funktion **Geolocation**. Den Variablenwert können Sie anschließend durch Eingabe der Längen- und Breitengrade des Standorts oder mithilfe der Schnittstelle zu Google Maps festlegen.

Beachten Sie, dass die Funktion Geolocation voraussetzt, dass der Lerner auf seinem Endgerät der Verwendung seines Orts bzw. seiner aktuellen Position zustimmt. Dies ist eine Sicherheitsfunktion, die aus Gründen des Datenschutzes nicht umgangen werden kann. In anderen Worten: Wenn der Lerner nicht zustimmt, dann werden Ihre definierten Funktionen hinsichtlich der Ortsabhängigkeit nicht ausgeführt.

Übung: Ortsbestimmung und Geräteerkennung

Im Rahmen dieser Übung lernen Sie, wie sie über die Systemvariable *cpInfoGeolocation* den individuellen Standort des Lerners abfragen und standortabhängig unterschiedliche Inhalte einblenden können.

Übung ◷ 15 min

1 Öffnen Sie den folgenden Link: *https://www.tecwriter.de/wp-content/uploads/Projekte/Geolocation-Bsp* (▶ *Seite 12*) und bestätigen Sie die Browsermeldung mit **OK** bzw. **Zulassen**.

   Falls Sie sich am tecwriter-Standort in Ettlingen befinden, wird Ihnen der Text *„Herzlich willkommen am Standort Ettlingen"* angezeigt. Befinden Sie sich außerhalb von Ettlingen, sehen Sie den Text *„Herzlich willkommen in einer unserer Nebenstellen"*. Diese Standortabfrage möchten wir im Rahmen dieser Übung selbst erstellen.

2 Öffnen Sie aus dem Ordner *19_Webschriften_Mobile-Learning* die Datei *Geolocation_Ausgang.cptx*.

Geolocation in der Praxis

Beachten Sie bei der Verwendung von Geolocation: die Endgeräte Ihrer Lerner müssen eine GPS-Funktion haben, diese muss aktiv sein und der einzelne Lerner muss aktiv Zugriff auf seinen Standort gewähren. *Tipp*: Platzieren Sie hierzu einen Hinweis sowie eine Anleitung auf Ihrer (Lern-)Plattform oder auf der ersten Seite Ihres Captivate-Projekts.

Die Captivate-Datei enthält eine Folie mit zwei unterschiedlichen Sprechblasen, welche in der Ausgabe zunächst nicht sichtbar sind.

3 Aktivieren Sie die Funktion Geolocation: Wählen Sie **Fenster** > **Mobilpalette** und aktivieren Sie die Option **Geolocation**.

Ihr Projekt kann nun Geolocation-Daten auswerten.

4 Klicken Sie auf das **Ordner-Symbol**.

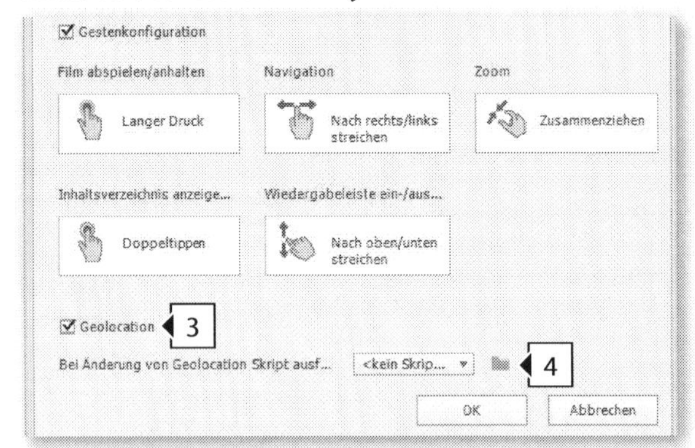

Das Fenster *Erweiterte Aktionen* öffnet sich.

5 Erstellen Sie zuerst eine neue benutzerdefinierte Variable:

a Klicken Sie unten auf die Schaltfläche **Variablen**.

Das Fenster *Variablen* öffnet sich.

b Stellen Sie sicher, dass unter *Typ* **Benutzer** ausgewählt ist.

c Klicken Sie auf **Neu hinzufügen**.

d Tragen Sie unter *Name* „Ettlingen" und unter *Beschreibung* „Standort tecwriter in Ettlingen, Umkreis 100 m" ein.

e Aktivieren Sie die Option **Geolocation**.

Die Optionen *Breitengrad*, *Längengrad*, *Genauigkeit* und *Aus der Karte wählen* erscheinen.

f Klicken Sie bei *Aus der Karte wählen* auf das **Weltkugel-Symbol**.

g Suchen Sie nach der Adresse „Pforzheimer Str. 176, Ettlingen".

h Klicken Sie auf **Senden**.

Der Breiten- und Längengrad des Standorts tecwriter werden der Variable zugewiesen.

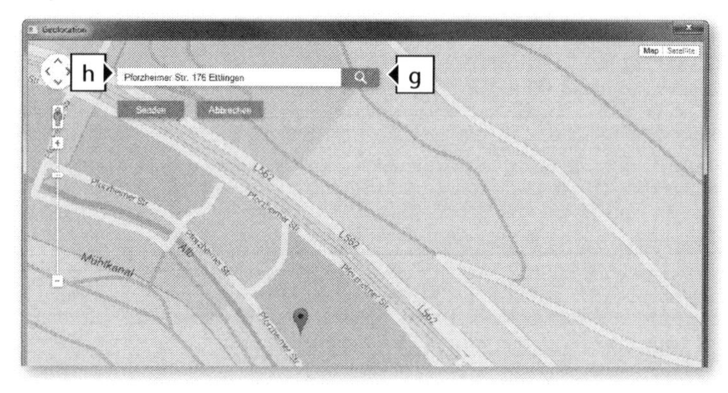

i Tragen Sie unter *Genauigkeit* **100** ein.

j Speichern Sie Ihre Variable und schließen Sie dann das Variablen-Fenster.

Wie genau ist der GPS-Empfang eines Smartphones?

Viele Geräte sind metergenau, allerdings können Sie sich darauf nicht immer verlassen. Die GPS-Genauigkeit hängt von einigen Faktoren ab, wie z. B. der Qualität des Empfangsgeräts, den Umgebungsbedingungen oder dem Wetter.

6 Erstellen Sie eine erweiterte Aktion, die je nach Standort eine andere Sprechblase anzeigt:

a Vergeben Sie den *Aktionsnamen* **Standort_prüfen**.

b Aktivieren Sie die Option **Bedingte Registerkarte**.

c Doppelklicken Sie unter *IF* in den Bereich unterhalb von *Aktionen durchführen*. Wählen Sie unter *Variable* die Option **Variable** und dann aus dem erscheinenden Aufklappmenü die Variable **cpInfoGeoLocation**.

d Wählen Sie unter *Vergleichsoperator wählen* **ist gleich**.

e Wählen Sie aus dem hinteren Aufklappmenü *Variable* die Option **Variable** und dann die soeben erstellte benutzerdefinierte Variable **Ettlingen**.

f Doppelklicken Sie in den Bereich unterhalb von *Aktionen* und wählen Sie **Einblenden** > **Sprechblase_Ettlingen**.

g Doppelklicken Sie in die nächste Zeile unter *Aktionen* und wählen Sie **Ausblenden > Sprechblase_ausserhalb**.

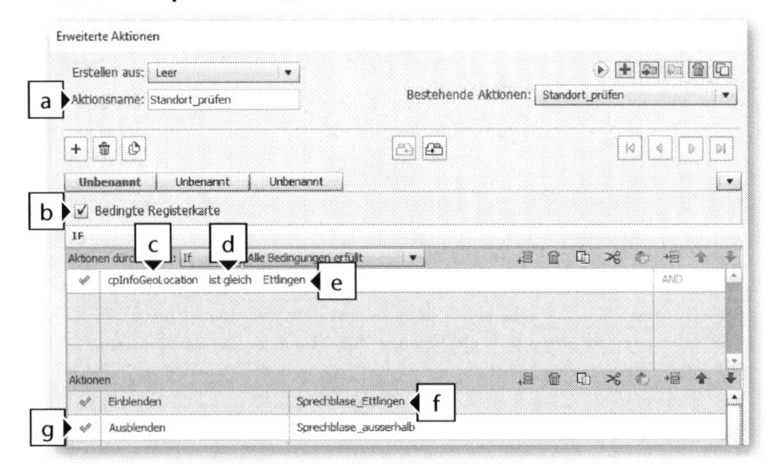

h Öffnen Sie den ELSE-Zweig, doppelklicken und wählen Sie unter *ELSE* **Einblenden** > **Sprechblase_ausserhalb**.

i Doppelklicken Sie in die nächste Zeile unter *Aktionen* und wählen Sie **Ausblenden** > **Sprechblase_Ettlingen.**

j Klicken Sie auf **Als Aktion speichern,** bestätigen Sie mit **OK** und **Schließen** Sie das Fenster *Erweiterte Aktionen*.

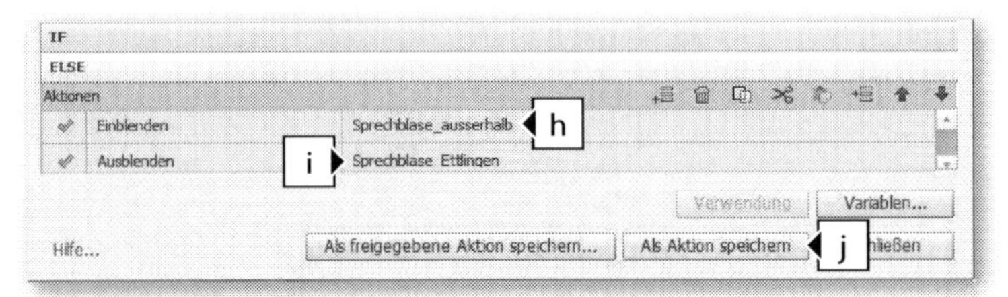

7 Wählen Sie in der *Mobilpalette* bei *Bei Änderung von Geolocation Skript ausführen* die soeben erstellte Aktion und bestätigen Sie mit **OK**.

Standort auf einer Folie abfragen

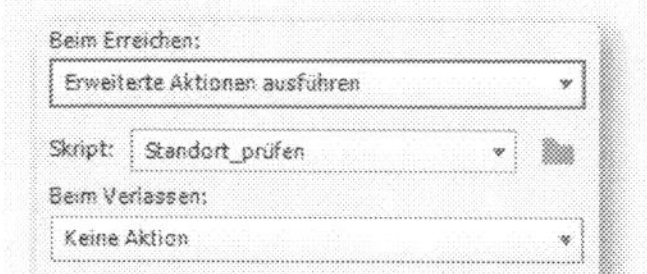

Wenn Sie die Standortabfrage in der *Mobilpalette* hinterlegen, ist diese Einstellung über das ganze Projekt gültig. Alternativ können Sie die Standortabfrage auch nur für bestimmte Folien hinterlegen.
Wählen Sie dazu im Bedienfeld *Eigenschaften* der entsprechenden Folien im Tab *Aktionen Beim Erreichen* **Erweiterte Aktion ausführen** das *Skript* **Standort_prüfen**.

8 Testen Sie das Projekt in der Vorschau: **Vorschau > HTML5 im Browser**.

Über das Aufklappmenü *Geolocation emulieren* können Sie die verschiedenen Standortansichten simulieren („<nirgendwo>“ oder „Ettlingen“).

Nun wissen Sie, wie Sie Ihre Projekte mithilfe der Funktion Geolocation standortabhängig machen können. Eine mögliche Lösung finden Sie in der Datei *19_Webschriften_Mobile-Learning\Geolocation_Ziel.cptx*.

20

Übersetzung

Sie haben sich vielleicht schon gefragt, wie Sie Ihre Captivate-Projekte in andere Sprachen übertragen können. Die Antwort darauf erhalten Sie in diesem Kapitel.

Themenübersicht

Sprechertext

Wenn Sie Audio verwenden (egal ob Realsprecher, Text-to-Speech oder eine Bilduntertitelung): Hinterlegen Sie stets den Sprechertext als Folienanmerkung. So können Sie diesen gemeinsam mit den Oberflächentexten in einem Rutsch mittels XML-Schnittstelle übersetzen lassen.

Übersicht

Folgende Bereiche sollten Sie bei der Übersetzung eines Projekts beachten:

- Wenn Sie Bildschirmaufnahmen erstellen: Die Sprache der Software-Oberfläche, die Sie aufzeichnen sowie die Sprache der Standardbeschriftungen, die automatisch erstellt werden
- Die Sprache aller (manuell) erstellten Texte
- Die Sprache eines optionalen Inhaltsverzeichnisses oder Menüs
- Die Sprache der Wiedergabeleistentooltips
- Wenn Sie einen Sprecher einsetzen: Den Sprecher selbst sowie eine optionale Bilduntertitelung
- Weiterhin natürlich auch die Sprache aller multimedialen Objekte, die Sie im Projekt verwenden, z. B. Bilder, Grafiken, Animationen oder Videos
- Quizfragen, Antwortoptionen und Feedbackmeldungen

Videobasierte Bildschirmaufnahmen

Videobasierte Bildschirmaufnahmen können nicht übersetzt werden. Hier führt kein Weg um eine Neuaufzeichnung herum.

Übersetzung von Bildschirmaufnahmen

Erfahrungsgemäß dauert die Phase der Postproduktion in den meisten Projekten wesentlich länger als die eigentliche Aufnahme. Die Aufnahmen müssen bereinigt, optimiert, um Markierungen und Objekte ergänzt sowie abschließend ordentlich getimed werden. Hier wäre es sehr aufwendig, diese Fülle an Aufgaben für eine zweite Sprachfassung von Grund auf erneut durchzuführen. Bei einer Übersetzung einer folienbasierten Aufnahme empfehle ich also stets wie folgt vorzugehen:

- Zeichnen Sie alle Aufnahmeschritte in der Zielsprache neu auf
- Erstellen Sie eine Kopie des Projekts der Ausgangssprache und speichern Sie dieses unter einem anderen Namen ab
- Übersetzen Sie das (kopierte) Projekt in die Zielsprache (z. B. Hintergründe tauschen, Textinhalte übersetzen, Sprecher, usw.)

Bilduntertitelungen deaktivieren

Deaktivieren Sie vor dem Export in XML alle Bilduntertitelungen, andernfalls werden die Folienanmerkungen doppelt exportiert – einmal als Folienanmerkung und einmal als Bilduntertitelung.

Übersetzung von Textinhalten

Captivate bietet für die Übersetzung Ihrer Texte zwei Export-Formate an: Word (*.doc) oder XML (XLIFF-Format). Letzteres Format kann Ihr Übersetzer direkt in sein Translation-Memory-System (Übersetzungsspeicher) einlesen und übersetzen. Außerdem exportiert die XML-Schnittstelle wesentlich mehr Inhalte, wie z. B. Foliennamen oder Inhaltsverzeichniseinträge. Beide Formate können Sie nach dem Übersetzungsvorgang wieder importieren. Die Texte werden dann automatisch aktualisiert.

Überprüfen Sie vor dem Import in den Voreinstellungen (**Bearbeiten > Voreinstellungen**) unter *Standardwerte* die Optionen **Schaltflächengröße automatisch anpassen** sowie **Beschriftungsgröße automatisch anpassen**. Wenn diese aktiv sind, werden die Objekte automatisch in der Größe angepasst. Da dies zu unerwünschten Ergebnissen führen kann, empfehle ich Ihnen diese Optionen zu deaktivieren, die Objekte zu prüfen und ggf. manuell anzupassen.

!

Für eine reibungslose und effiziente Übersetzung sollten Sie Folgendes beachten:

- Wenn Sie Fragenpools für Zufallsfragen verwenden: Verschieben Sie während des Übersetzungsprozesses alle Fragenfolien vorübergehend in den Filmstreifen. Andernfalls werden diese Inhalte nicht exportiert.
- Texte in Textanimationen, Widgets oder Lücken in Lückentextfragen werden ebenfalls nicht exportiert. *Workaround*: Temporär können Sie die Texte aus Textanimationen, Widgets oder Lücken für die Übersetzung auch in Textbeschriftungen einfügen und anschließend manuell aktualisieren.
- Ausgeblendete Folien werden ebenfalls mit für die Übersetzung exportiert. Sie sollten diese daher zuvor aus dem Projekt löschen.

Übung: Projekt übersetzen

Im Rahmen dieser Übung übersetzen wir eine Bildschirmaufnahme in die Zielsprache Englisch. Dafür tauschen Sie im ersten Teil der Übung die (deutschen) Hintergründe der Aufnahme gegen die Hintergründe der Zielsprache. Im zweiten Teil übersetzen wir außerdem die Folienanmerkungen in die Zielsprache, um einen englischen Sprecher per Text-to-Speech zu generieren.

Übung Teil 1 ⏱ 15 min

- Sie tauschen Hintergrundbilder und Full-Motion-Aufnahmen
- Sie übersetzen die Folienanmerkungen per XML
- Sie erzeugen mittels Text-to-Speech einen englischen Sprecher

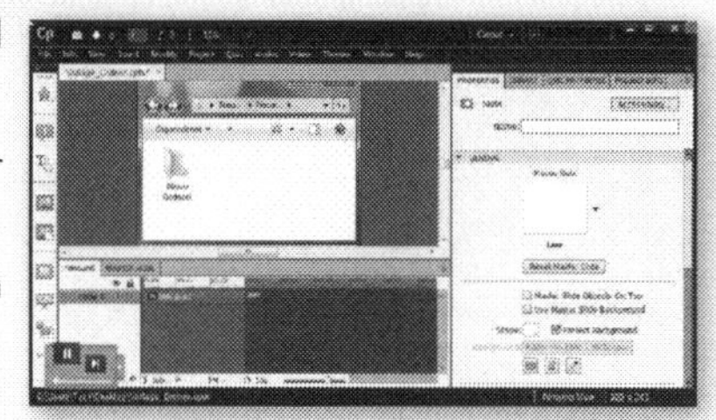

1 Öffnen Sie *aus dem Ordner 20_Uebersetzung* die Datei *EN_Uebersetzung.cptx* (▸ *Seite 12*).

Sie sehen eine Demonstration in der Ausgangssprache Deutsch. Dieses Projekt möchten wir in die Zielsprache Englisch übersetzen. Zu Beginn tauschen wir die Hintergründe der deutschen Aufnahme gegen die Hintergründe der englischen Version.

2 Öffnen Sie parallel aus dem Ordner *20_Uebersetzung* die englische Bildschirmaufnahme *Englische_Rohaufnahme.cptx*.

Sie sehen, dass diese Aufnahme die gleichen Aufnahmeschritte zeigt, jedoch in der englischen Programmversion.

3. Tauschen Sie die Hintergründe der deutschen Version gegen die Hintergründe aus der englischen Aufnahme:

   a. Rechtsklicken Sie auf Folie 1 des Projekts *Englische_Rohaufnahme.cptx* und wählen Sie **Hintergrund kopieren**.

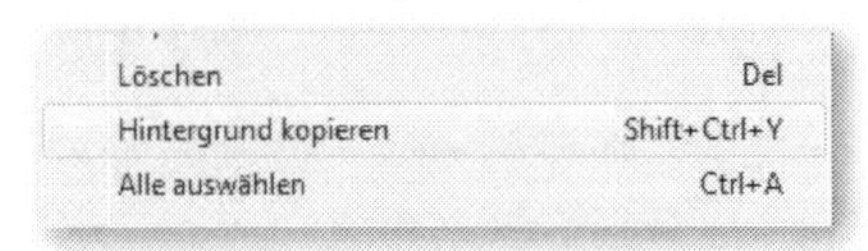

   b. Wechseln Sie zum Projekt *EN_Uebersetzung.cptx* und markieren Sie die entsprechende Folie (**Folie 1**).

   c. Rechtsklicken Sie auf die Folie und wählen Sie **Als Hintergrund einfügen**.

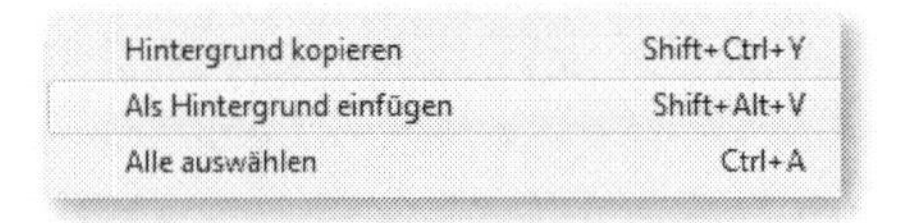

   d. Bestätigen Sie die Meldung mit **Ja**.

4. Wiederholen Sie **Schritt 3** auch für die Folien 2, 4, 5, und 7 bis 20 mit den jeweiligen englischen Hintergrundbildern.

   Sie haben die Hintergrundbilder Ihres Projekts getauscht. Nun möchten wir noch die Full-Motion-Aufzeichnungen auf Folie 3 und 6 in die Zielsprache übersetzen.

5. Tauschen Sie die deutsche Full-Motion-Aufzeichnung auf Folie 3 gegen die entsprechende englische Aufzeichnung aus:

   a. Löschen Sie **Folie 3** im Projekt *EN_Uebersetzung.cptx*.

   b. Kopieren Sie **Folie 3** aus dem Projekt *Englische_Rohaufnahme.cptx*: Drücken Sie Strg+C (Win) / ⌘+C (Mac).

   c. Wechseln Sie zum Projekt *EN_Uebersetzung.cptx*, markieren Sie **Folie 2** und drücken Sie Strg+V (Win) / ⌘+V (Mac).

   d. Stellen Sie den *Folienmaster* **Grau_Demo_Navi** für die Folie ein.

6. Wiederholen Sie **Schritt 5** auch für die Full-Motion-Aufzeichnung auf Folie 6 mit der entsprechenden englischen Aufzeichnung.

7. Testen Sie das Projekt in der Vorschau.

   Ihnen wird auffallen, dass die bereits vorhandenen Mausobjekte und Markierungsfelder nicht an der exakten Position stehen.

8. Bearbeiten Sie die Aufnahme so nach, dass alle Objekte optimal positioniert sind.

9. Testen Sie das Projekt in der Vorschau.

Sie haben Ihr Projekt nun visuell in die englische Sprache übersetzt. Im nächsten Teil der Übung übersetzen wir noch die Folienanmerkungen und generieren einen englischen Sprecher. Eine mögliche Lösung finden Sie in der Datei *20_Uebersetzung\Englische_Uebersetzung.cptx*.

Übung Teil 2 10 min

Im Rahmen dieser Übung werden wir die XML-Datei händisch übersetzen. Denn dies ist ohne spezielle Programme möglich. Nebenbei lernen Sie die Struktur der Datei kennen. In der Praxis wird der professionelle Übersetzer so natürlich nicht vorgehen. Sein Translation-Memory-System blendet alle nicht relevanten XML-Tags für die Übersetzung aus, sodass der Übersetzer sich auf die zu übersetzenden Inhalte fokussieren kann.

Word-Schnittstelle

Wenn Sie die Folienanmerkungen gleichzeitig als Bilduntertitel verwenden: Sie können diese auch über die Word-Schnittstelle exportieren, übersetzen und importieren: Wählen Sie **Datei > Exportieren > Projektbeschriftungen und Bilduntertitel**.

1 Öffnen Sie aus dem Ordner *20_Uebersetzung* die Datei *Englische_Uebersetzung_deutsche_Folienanmerkungen.cptx* (▶ *Seite 12*).

Sie sehen das nachbearbeitete Projekt aus der vorherigen Übung. Nun möchten wir noch die Sprechertexte übersetzen.

2 Wählen Sie **Datei > Exportieren > In XML**.

3 Speichern Sie die Datei unter dem Namen *Translate.xml* ab.

4 Bestätigen Sie die Meldung mit **Nein**.

5 Navigieren Sie zur XML-Datei und öffnen Sie diese mit einem Editor, z. B. Dreamweaver oder Notepad (Win) / TextEdit (Mac).

<source> -Knoten

Für eine Übersetzung relevante Textinhalte finden Sie jeweils in den Knoten *<source>* der XML-Datei.

6 Navigieren Sie zur ersten Folienanmerkung (Zeile 271). Nutzen Sie dazu ggf. die Suchfunktion des Editors, meist über die Tastenkombination Strg+F (Win) / ⌘+F (Mac) und suchen Sie nach „In diesem".

```
<trans-unit id="6722-2074">
    <source>In diesem Beispiel zeige ich Ihnen, wie Sie einen Objektstil für Markierungsfelder anlege
    zuerst einmal ein Markierungsfeld ein.</source>
</trans-unit>
```

7 Ersetzen Sie den Text innerhalb des Knotens <source> durch die Übersetzung des Texts. Übersetzungsvorschlag: „In this example I will show you how to create an object style for highlight boxes. First of all insert a highlight box."

```
<trans-unit id="6722-2074">
    <source>In this example I will show you how to create an object style for highlight boxes. First
    highlight box.</source>
</trans-unit>
```

8 *Optional*: Übersetzen Sie auch die restlichen Folienanmerkungen. Einen Übersetzungsvorschlag finden Sie im Dokument *Folienanmerkungen_uebersetzt.doc* im Ordner *00_Assets\Textdateien*.

9 Speichern Sie die Datei ab.

Probleme beim XML-Import

U. U. kann der Importvorgang einer XML-Datei länger dauern, ohne dass das System eine Rückmeldung gibt. Auch wenn es sehr lange dauert – je nach Projektgröße ist dies normal. Falls Fehler beim Import auftreten:
▶ *Weblink 20.1, Seite 12.*

10 Wechseln Sie zu Captivate.

11 Wählen Sie **Datei > Importieren > Aus XML** und öffnen Sie die aktualisierte XML-Datei.

Die Folienanmerkungen wurden importiert. Sie erhalten die Meldung, dass der Import erfolgreich war.

12 Bestätigen Sie die Meldung mit **OK**.

Sie sehen in den Folienanmerkungen die Texte in der Zielsprache.

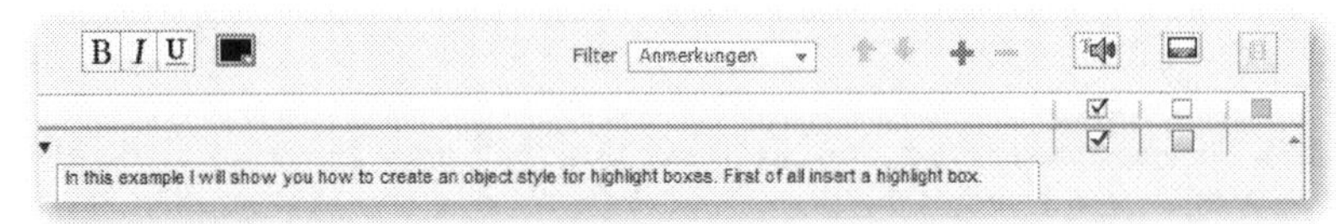

13 Erzeugen Sie mittels Text-to-Speech einen englischen Sprecher. Wie Sie Text-to-Speech erzeugen können: ▶ *Seite 327*.

14 Testen Sie das Projekt in der Vorschau.

Sie haben nun neben den Hintergründen auch die hinterlegten Folienanmerkungen in die Zielsprache übersetzt und einen englischen Sprecher generiert. Eine mögliche Lösung finden Sie in der Datei *\20_Uebersetzung\Englische_Uebersetzung.cptx*.

Formulierungsstil der deutschen Standardtexte

In den deutschen Standardbeschriftungen sind standardmäßig Texte wie „Auf Schaltfläche xy klicken" hinterlegt. Ich empfehle in diesem Fall stattdessen aber „Klicken Sie auf die Schaltfläche xy" zu verwenden, da hier der Lerner im Imperativ aktiv und direkt angesprochen wird.

Eigene Standardbeschriftungen verwenden

Wenn Sie Bildschirmaufnahmen mit Captivate erstellen und automatische Beschriftungen erzeugen lassen möchten, dann haben Sie sich bestimmt schon gefragt, wie Sie diese Texte anpassen können. Standardmäßig bietet Captivate in den Aufzeichnungseinstellungen die Wahl zwischen verschiedenen Zielsprachen an, z. B. Deutsch, Englisch, Französisch, Italienisch.

Captivate speichert die Standardbeschriftungen in RDL-Dateien (XML-Basis). Diese liegen zentral im Programmverzeichnis von Captivate und können einfach mit einem Texteditor bearbeitet werden.

So verwenden Sie eigene Standardbeschriftungen

1 Navigieren Sie in das Programmverzeichnis von *Adobe Captivate 2019*.

2 Kopieren Sie eine der *CaptureTextTemplates_-Dateien* vorübergehend auf Ihren Desktop (z. B. *CaptureTextTemplates_German.rdl* für die deutschen Texte).

3 Öffnen Sie die Datei mit einem Texteditor, z. B. *Notepad* (Win) / *TextEdit* (Mac).

Beachten Sie, dass alle Standardbeschriftungen den Präfix *CaptureTextTemplates_* im Dateinamen tragen müssen.

4 Speichern Sie die Datei unter anderem Dateinamen, z. B. *CaptureTextTemplates_German_angepasst.rdl.*

Sie können in dieser Datei die Inhalte anpassen, die sich in den Anführungszeichen hinter den Attributen *DefaultTemplate* und *Template* befinden. Sie müssen nur beachten, dass Sie die Variable *%s* nicht löschen dürfen. Diese steht z. B. für Menü- und Fensternamen, die Captivate aus dem aufzunehmenden Programm ausliest. Verändern Sie nichts, was sich außerhalb der Anführungszeichen von den Attributen *DefaultTemplate* und *Template* befindet.

```
<!-- Win & Mac-->
<Object Name="Unknown" DefaultTemplate="%s auswählen">
  <Event Name="LeftDBClick" Template="Auf „%s" doppelklicken"/>
  <Event Name="RightClick" Template="Mit rechter Maustaste auf „%s" klicken"/>
  <Event Name="RightDBClick" Template="Auf „%s" doppelklicken"/>
```

5 Übersetzen / Passen Sie die Inhalte (an), z. B. in Zeile 608 den Knoten *<Event>*. Dieser hat ein *Name*-Attribut mit dem Inhalt *RightClick*. Ändern Sie hier den Inhalt des *Template*-Attributs von *„Mit rechter Maustaste auf das Element „%s" klicken"* in *„Rechtsklicken Sie auf das Element „%s"."*.

```
608    <Event Name="RightClick" Template="Mit rechter Maustaste auf das Element „%s" klicken"/>
```

6 Speichern und schließen Sie die Datei.

Wählen Sie beim Speichervorgang als Codierung immer UTF-8.

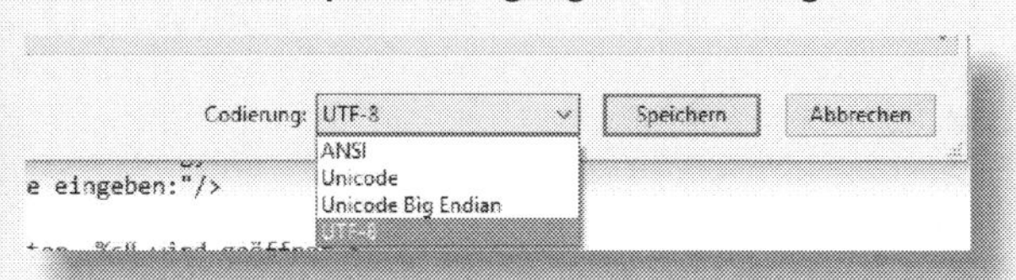

7 Verschieben Sie die Datei wieder in das Programmverzeichnis von Adobe Captivate 2019.

Unter Windows müssen Sie i. d. R. Administratorrechte besitzen, um die Datei in diesem Verzeichnis speichern zu können.

8 Starten Sie Captivate neu.

9 Stellen Sie die neue / geänderte Sprache für die Aufnahme ein (**Bearbeiten > Voreinstellungen > Aufzeichnung > Einstellungen > Beschriftungen erstellen in > Ihre neue / angepasste Sprache**)

10 Zeichnen Sie probeweise eine Demonstration auf. Unserem Beispiel nach sollten Sie zumindest einen Rechtsklick durchführen, um die neue Beschriftung zu erhalten.

Sie wissen nun, wie Sie Ihre eigenen Standardbeschriftungen kreieren.

Wiedergabeleisten-Tooltips

Die Wiedergabeleiste liegt standardmäßig in der Sprachversion von Captivate vor. Wenn Sie eine englische Version von Captivate besitzen, sind die Tooltips Ihrer Wiedergabeleisten auf Englisch, bei einer deutschen Version auf Deutsch eingestellt.

Die einfachste Lösung ist, die Wiedergabeleisten-Tooltips sprachneutral zu halten, sprich gänzlich auf diese zu verzichten. Wählen Sie hierzu **Projekt > Skin-Editor** und aktivieren Sie unten die Option **Keine Quickinfos zur Laufzeit** (**A**).

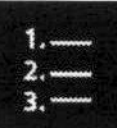

So übersetzen Sie Wiedergabeleisten-Tooltips für HTML5

1 Navigieren Sie im Programmverzeichnis von Adobe Captivate zum Ordner *\de_DE\Gallery\Playbars\HTML*.

2 Öffnen Sie den Unterordner Ihrer gewählten Wiedergabeleiste, z. B. *Aluminium*.

3 Öffnen Sie hier die Datei *playbarScript.js* mit einem Texteditor.

4 Übersetzen Sie die in Anführungszeichen gekennzeichneten Tooltip-Texte.

```
32  cp.playbarTooltips =
33 ▾ {
34      AudioOff : "Audio an ",
35      AudioOn : "Audio aus ",
36      Backward : "Zurück ",
37      CC : "Bilduntertitel ",
38      Exit : "Beenden ",
39      FastForward : "Zweifache Vorspulgeschwindigkeit ",
40      FastForward1 : "Vierfache Vorspulgeschwindigkeit ",
41      FastForward2 : "Normale Geschwindigkeit ",
42      Forward : "Weiter ",
43      Play : "Abspielen ",
44      Pause : "Anhalten ",
45      Rewind : "Zurückspulen ",
46      TOC : "Inhaltsverzeichnis ",
47      Info : "Informationen ",
48      Print : "Drucken "
49  };
```

5 Speichern Sie die Datei - ggf. müssen Sie diese zuerst an einem anderen Ort speichern und nachträglich mit Administrator-Rechten im Programmverzeichnis von Captivate ersetzen.

Sie haben damit nun die Standards ersetzt. Captivate wird diese nun für jede HTML5-Veröffentlichung von diesem System berücksichtigen. Falls Sie also im Team arbeiten, sollten Sie diese Datei mit allen Projektbeteiligten teilen.

Sie können sich natürlich auch mehrere Sprachversionen dieser JavaScript-Datei für Ihre Übersetzungen anlegen und diese erst nach der HTML5-Veröffentlichung Ihres Projekts ersetzen. Nach Veröffentlichung finden Sie die Datei *playbarScript.js* im Verzeichnis *\assets\playbar* Ihres Veröffentlichungsordners.

Umgang mit mehreren Sprachen & Ersetzen nach Veröffentlichung

Sie können sich natürlich auch mehrere Sprachversionen dieser JavaScript-Datei für Ihre Übersetzungen anlegen und diese erst nach der HTML5-Veröffentlichung Ihres Projekts ersetzen. Nach Veröffentlichung finden Sie die Datei *playbarScript.js* im Verzeichnis *\assets\playbar* Ihres Veröffentlichungsordners.

Inhaltsverzeichnisbeschriftungen

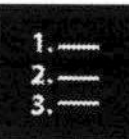

So übersetzen Sie Inhaltsverzeichnisbeschriftungen

1 Kopieren Sie aus dem Ordner *00_Assets* die Datei *TOCStrings.ini* in das Programmverzeichnis von Adobe Captivate. Überschreiben Sie eine ggf. bereits bestehende Datei.

2 Öffnen Sie die Datei in einem Texteditor, z. B. *Notepad* (Win) / *TextEdit* (Mac).

3 Wenn Sie die Datei anpassen/übersetzen möchten: Verändern Sie alle deutschen Inhalte (die Texte hinter den Gleichheitszeichen =) dieser Datei in die Zielsprache bzw. gewünschte Terminologie und speichern Sie die Datei ab.

```
SlideTitle=Modulname
Duration=Dauer
MoreInfo=Infos
ClearToolTip=Status zurÝcksetzen
Go=Suchen
BookMarkToolTip=Lesezeichen
setzen
NoMatchesFound=Nichts gefunden
CurrTime=min
```

4 Wechseln Sie in Captivate in den *Skin-Editor*, blenden Sie im Tab *Inhaltsverzeichnis* das Inhaltsverzeichnis aus und anschließend wieder ein (**TOC einblenden**).

Das Inhaltsverzeichnis zeigt nun die in der *TOCStrings.ini* hinterlegten Beschriftungen.

5 Der Titel des Inhaltsverzeichnisses (oben) ist jedoch projektabhängig. Diesen können/müssen Sie direkt in Captivate anpassen:

a Klicken Sie im *Skin-Editor* (Tab *Inhaltsverzeichnis*) auf **Informationen**.

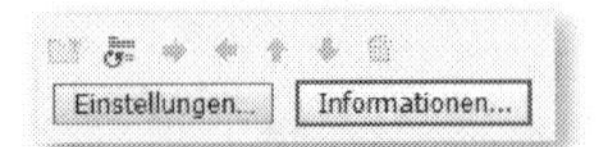

Das Fenster *TOC-Informationen* öffnet sich.

b Tragen Sie den gewünschten *Titel* ein und klicken Sie auf **OK**.

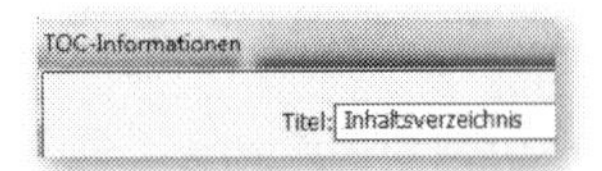

Der neue Titel wird nun in der Vorschau angezeigt.

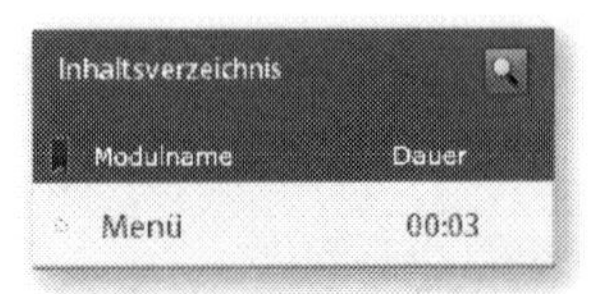

Sie wissen nun, wie Sie auch die Beschriftungen eines Inhaltsverzeichnisses übersetzen.

21

Projekte mit automatischer Anpassung – Responsives Design

In diesem Kapitel lernen Sie Projekte mit automatischer Anpassung (responsive Projekte) und deren Besonderheiten gegenüber klassischen Projekten kennen.

Themenübersicht

Video-Tutorials zum Thema auf Youtube

Um Ihnen den Einstieg in das Thema responsive Projekte zu erleichtern, habe ich für Sie mehrere Video-Tutorials aufgenommen. Sie finden diese in unserem Youtube-Kanal: ▶ *Weblink 21.1, Seite 12.*

Responsive Projekte wiedererkennen

Da die Dateiendung von responsiven und klassischen Projekten identisch ist, können Sie, ohne ein Projekt zu öffnen, nicht erkennen, um welche Projektart es sich handelt. Daher ist zu empfehlen, dem Dateinamen ein kennzeichnendes Kürzel hinzuzufügen.

Übersicht

Im Gegensatz zu klassischen (im Layout fixierten) Projekten passen sich responsive Projekte automatisch an das jeweilige Endgerät an. Sie können so ein Projekt schaffen, dessen Layout sich nicht nur der Bildschirmauflösung des jeweiligen Endgeräts (Desktop, Tablet oder Smartphone) anpasst, sondern auch der Drehung des Geräts ins Hoch- oder Querformat.

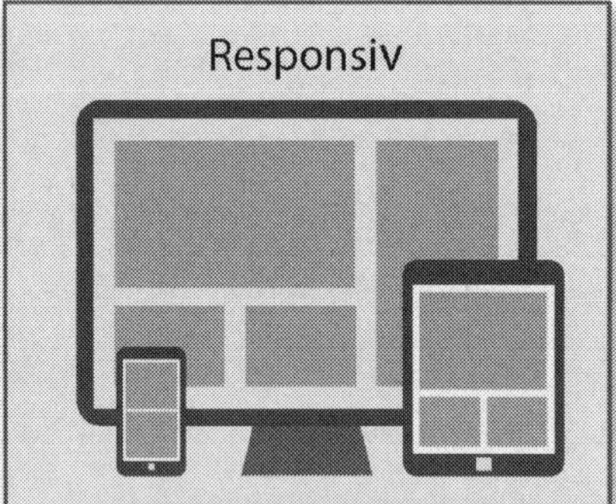

In responsiven Projekten gibt es kein statisches, sondern vielmehr ein dynamisches (oder fluides) Layout, dessen Darstellung je nach Zielgerät abweicht. Je nach Einstellung und Projekttyp können hierbei Inhalte in Größe und Position flexibel oder auch optional und nur für bestimmte Größen sichtbar sein. Je nach Projekttyp können sich wahlweise Layout und Inhalte auch vollständig zwischen verschiedenen Endgeräten unterscheiden.

Begriffserklärungen

Adobe Captivate selbst bezeichnet diese Art von Projekten in der deutschen Version als „Projekte mit automatischer Anpassung". In diesem Buch werden wir hauptsächlich die Benennungen „responsives Projekt", „responsives E-Learning" und „responsives E-Learning-Projekt" verwenden.

Begriff	Definition
Klassisches Projekt	Ein „normales" folienbasiertes (nicht-responsives) Projekt mit fest definierter Auflösung und damit fixiertem Layout. Auf kleineren Displays wird dieses je nach Einstellung skaliert oder ist nur teilweise sichtbar.
Responsives Projekt	Ein „Projekt mit automatischer Anpassung", welches (im Gegensatz zu klassischen Captivate-Projekten) keine fest definierte Auflösung und damit ein flexibles Layout hat. Je nach Zielgerät können Inhalte kleiner angezeigt, abweichend angeordnet oder ausgeblendet werden, um den verfügbaren Platz optimal auszunutzen.

Fluid-Box-Modus	Ein mit Captivate 2017 eingeführter responsiver Modus und Standard in Captivate, bei dem flexible Container (Fluid Boxes) das Layout bestimmen. Eine Folie kann in beliebig viele Fluid Boxes unterteilt und verschachtelt werden. Fluid Boxes können dabei mit einem oder mehreren Inhaltsobjekten gefüllt werden. Je nach Auflösung (Höhe und/oder Breite) des Browsers des Zielgeräts ändern Fluid Boxes ihre Maße und ggf. auch Anordnung. Inhaltsfluss, Umbruchverhalten und Ausrichtung der Fluid Boxes sowie deren enthaltene Objekte können individuell festgelegt werden.
Breakpoint-Modus (Haltepunktmodus)	Ein mit Captivate 8 eingeführter responsiver Layout-Modus, bei dem sogenannte Breakpoints definieren, ab welcher Auflösungsbreite des Browsers des Zielgeräts in Pixeln das nächsthöhere oder -tiefere Foliendesign angezeigt wird. In Captivate gibt es standardmäßig drei Breakpoints. Optional können zwei weitere Breakpoints aktiviert werden. Je Breakpoint kann sich das Layout auf Wunsch vollständig ändern.

Eigenschaften responsiver Projekte

Einsatzgebiet	Immer, wenn ein möglichst flexibles Layout gefordert ist (vom Smartphone über das Tablet bis zum Desktop-System)
Erstellungsaufwand	Aufwendigere Projekterstellung, erhöhter Konzeptionsaufwand im Hinblick auf die Positionierung/Verschachtelung/Festlegung der Eigenschaften von Fluid Boxes (im Fluid-Box-Modus) bzw. die saubere Positionierung aller Folienobjekte über alle Breakpoints hinweg (im Breakpoint-Modus), aufwendigere Qualitätssicherung
Publikationsformat	Ausschließlich HTML5
Maximale Auflösung	3840 x 2160 px (Fluid-Box-Modus), 1280 x 5000 px (Breakpoint-Modus)

Fazit: Responsive Projekte eignen sich besonders, wenn die Zielgeräte höchstmögliche Flexibilität in Sachen Auflösung fordern. In klassischen Projekten wäre zur Unterstützung von Smartphones hingegen i. d. R. ein zweites Projekt erforderlich. Im Umkehrschluss bedeutet dies jedoch nur geringe bis keine Vorteile für responsive Projekte, wenn Sie nur Desktop-Systeme, Notebooks und (bestimmte) Tablets unterstützen möchten. Die genauen Anforderungen sollten Sie regelmäßig vor Projektstart prüfen, da klassische Projekte zeit- und kosteneffizienter realisierbar sind.

In den Breakpoint-Modus wechseln

Falls Sie neue responsive Projekte im bisherigen Breakpoint-Modus erstellen möchten, können Sie auch dies jederzeit tun. Erstellen Sie dazu einfach ein neues responsives Projekt (oder öffnen Sie ein bestehendes) und wählen Sie **Projekt > In Haltepunktmodus wechseln**.
Aber Achtung: Sie können nicht beliebig zwischen Breakpoint- und Fluid-Box-Modus hin- und herwechseln. Einmal in den Breakpoint-Modus gewechselt, kommen Sie nicht mehr zurück in den Fluid-Box-Modus.

Desktop- vs. Mobile-first

In vielen responsiven Projekten ist es hilfreich, zunächst das Layout des Mobilgeräts zu erarbeiten, um sicherzustellen, dass alle relevanten Inhalte sinnvoll dargestellt werden. Eine Vererbung der Layouteigenschaften von kleineren auf größere Endgeräte ist im Breakpoint-Modus nicht möglich, so dass hier nach dem Prinzip „Desktop-first" vorgegangen werden muss. Im Rahmen von Fluid-Box-Projekten bietet Captivate die Möglichkeit, nicht nur bei der Drehbucherstellung, sondern auch bei der Projektumsetzung nach dem „Mobile-first"-Prinzip zu arbeiten und auf größeren Endgeräten optionale Inhalte hinzuzufügen.

Projektarten im Vergleich: Fluid Boxes vs. Breakpoints

Mit Captivate 2017 führte Adobe den responsiven Fluid-Box-Modus ein, auf den wir in diesem Buch hauptsächlich eingehen möchten. Wir werden dabei für Fluid Box auch die Abkürzung „FB" verwenden. Der in früheren Captivate-Versionen behandelte Breakpoint-Modus ist trotzdem nach wie vor unverändert nutzbar (das komplette 43-seitige Kapitel zum Breakpoint-Modus aus meinem Buch zu Captivate 9 finden Sie inkl. der zugehörigen Übungsdateien hier kostenfrei zum Download: ▶ *Weblink 21.2, Seite 12*).

Selbstverständlich können Sie auch bestehende responsive Projekte aus Captivate 8 oder Captivate 9 weiter mit Captivate 2019 bearbeiten.

	Breakpoints	**Fluid Boxes**
Responsivität	Breakpoints definieren, ab welcher Auflösungsbreite das nächsthöhere oder -tiefere Foliendesign angezeigt wird (zwischen 3 und 5 Breakpoints möglich)	Flexible intelligente Container (im Bereich HTML & CSS auch als „Flexbox" bekannt) passen sich bei Veränderung der Projektauflösung nach festgelegtem Muster an das jeweilige Endgerät an (Fluid Boxes können dabei horizontal und vertikal unterteilt, verschachtelt und mit Inhalten befüllt werden)
Layout-/Objektstil-Eigenschaften	▶ Individuelles Layout auf verschiedenen Endgeräten möglich ▶ Individuelle Objektstil-Definitionen pro Breakpoint möglich ▶ Nahezu alle Objekte können genutzt werden	▶ Individuelles Layout auf verschiedenen Endgeräten nur begrenzt möglich (per Funktion **Optional**) ▶ Objektstil-Definitionen wie bei klassischen Projekten ▶ Nicht alle Objekte werden unterstützt
Zeitaufwand	Größer durch aufwendigere manuelle Layoutgestaltung (u. U. je Endgerät)	Geringer durch flexiblere und automatisierte Umbruchoptionen sowie beschleunigte Layout-Testmöglichkeiten
Scrolling	Vertikal nicht vermeidbar	Horizontal und vertikal vermeidbar
Workflow „Mobile-first"	Nicht praktikabel umsetzbar, da der Vererbungsmechanismus von Desktop zu Mobil verläuft	Möglich, da Änderungen in mobilen Layouts auch auf größere bzw. das Desktop-Layout wirken und Inhalte ergänzt werden können, die nur bei ausreichendem Platz dargestellt werden sollen (**Optional**)

Verhalten unterschiedlicher Projektarten

In allen Projekttypen (klassisch, responsiver Fluid-Box- oder Breakpoint-Modus) wird Ihr Projekt in der eingestellten Projektgröße angezeigt (Ausnahme: Skalierungsmodus bei klassischem Projekt ist aktiv). Doch was passiert jeweils, wenn die Anzeigeauflösung (Displaygröße) kleiner wird und so nicht mehr ausreichend Platz zur Verfügung steht? Im Folgenden erfahren Sie, wie sich die einzelnen Projekttypen bei Änderung der Displaygröße verhalten.

Klassisches Projekt	Falls Skalierungsfunktion deaktiviert: Die Größe des Projekts und der dargestellten Objekte ändert sich nicht, so dass der Lerner gezwungen ist, zu scrollen (vertikal und ggf. auch horizontal). Falls Skalierungsfunktion aktiv: Das Projekt skaliert proportional kleiner/größer und Scrollen wird vermieden. Auf Smartphones können Inhalte ggf. nicht mehr gelesen oder bedient werden.
Responsives Projekt (Breakpoint-Modus)	Das Projekt passt sich ausschließlich in der Breite an die Verkleinerung der Projektauflösung an. In der Höhe sind Breakpoint-Projekte nicht responsiv, so dass der Lerner u. U. vertikal scrollen muss. Durch die Breakpoints kann der zur Verfügung stehende Platz optimal ausgenutzt werden. So können Ihre Inhalte auch auf kleineren Displays gelesen und bedient werden.
Responsives Projekt (Fluid-Box-Modus)	Das Projekt verhindert Scrollen um jeden Preis und passt sich vollständig in Höhe und Breite an das jeweilige Display an. Die Voraussetzung für die Verwendung des Fluid-Box-Modus ist, dass sich mindestens eine Fluid Box auf der Folie befindet, andernfalls verhält sich das Projekt bei Änderung der Displaygröße wie im Breakpoint-Modus. Durch die Breakpoints kann der zur Verfügung stehende Platz optimal ausgenutzt werden. So können Ihre Inhalte auch auf kleineren Displays gelesen und bedient werden.

Übung: Projektarten vergleichen

Im Rahmen dieser Übung lernen Sie die verschiedenen Projektarten kennen.

Übung 5 min

- Sie erkunden ein klassisches Projekt (mit und ohne Skalierung) sowie zwei responsive Projekte (Breakpoint- und Fluid-Box-Modus) als Veröffentlichung in Ihrem Browserfenster
- Sie vergleichen das Layout-Verhalten

1 Erkunden Sie das klassische Projekt ohne Skalierung:

   a Öffnen Sie aus dem Ordner *21_Responsive_Projekte\Beispiel_Titelseite_Klassisch_ohne_Skalierung* die Datei *index.html* (▶ *Seite 12*).

   b Verkleinern Sie das Browserfenster nach Belieben, z. B. bis es in etwa die Größe eines Smartphone-Displays hat.

Sie stellen fest, dass sich die Größe des Projekts und der dargestellten Objekte nicht ändert und Sie gezwungen sind, vertikal und horizontal zu scrollen.

2 Erkunden Sie das klassische Projekt mit Skalierung:

   a Öffnen Sie aus dem Ordner *21_Responsive_Projekte\Beispiel_Titelseite_Klassisch_mit_Skalierung* die Datei *index.html*.

   b Skalieren Sie das Browserfenster.

Sie stellen fest, dass sich das Projekt immer weiter verkleinert und dabei das Seitenverhältnis beibehält. Sie sind nicht gezwungen, zu scrollen, Inhalte können jedoch je nach Größe des Browserfensters/Displays unlesbar werden.

3 Erkunden Sie das responsive Projekt im Breakpoint-Modus:

  a Öffnen Sie aus dem Ordner *21_Responsive_Projekte\Beispiel_Titelseite_Responsive_Breakpoint* die Datei *index.html*.

  b Skalieren Sie das Browserfenster.

Sie stellen fest, dass sich Ihr Projekt in der Breite an die kleinere Auflösung anpasst, Sie jedoch vertikal u. U. scrollen müssen.

4 Erkunden Sie das responsive Projekt im Fluid-Box-Modus:

  a Öffnen Sie aus dem Ordner *21_Responsive_Projekte\Beispiel_Titelseite_Responsive_Fluid_Box* die Datei *index.html*.

  b Skalieren Sie das Browserfenster.

Sie stellen fest, dass sich Ihr Projekt vollständig an die kleinere Auflösung anpasst und sie nicht mehr scrollen müssen.

Sie wissen nun, wie sich die unterschiedlichen Projektarten in der Praxis verhalten.

Fluid-Box-Workflow

Sie definieren die (maximale) Projektauflösung (Größe Ihres Projekts). 1280 x 720
Sie legen ein Testlayout in Ihrer definierten Projektauflösung an (▶ *Seite 501*). Ggf. legen Sie zusätzliche Layouts in der Auflösung weiterer Endgeräte an.
Sie legen Fluid Boxes an (▶ *Seite 506*).
Sie definieren die Größe(n) der Fluix Box(es).
Sie verschachteln Ihr Layout im gewünschten Detailgrad.

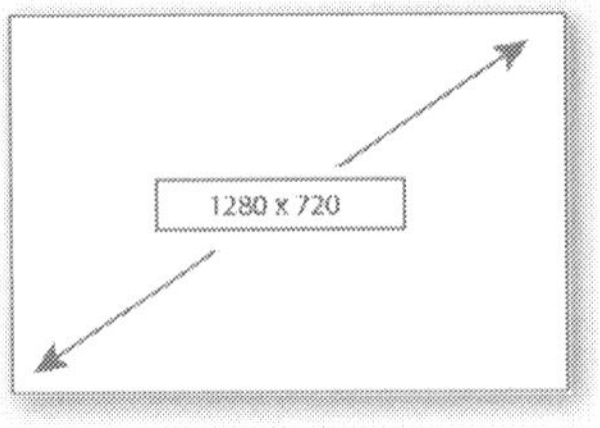

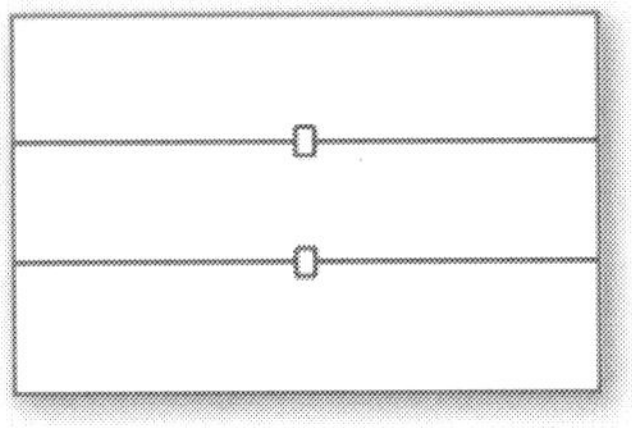

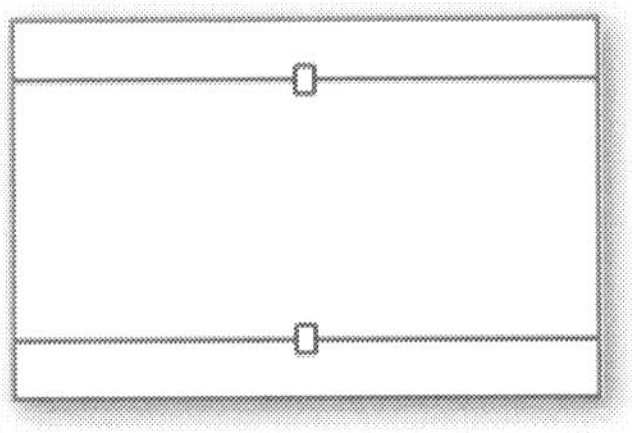

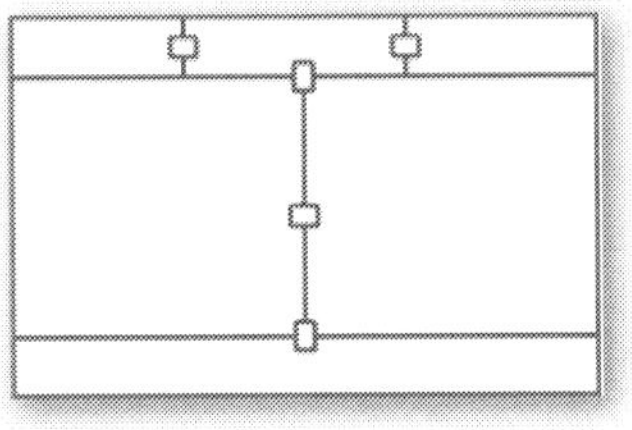

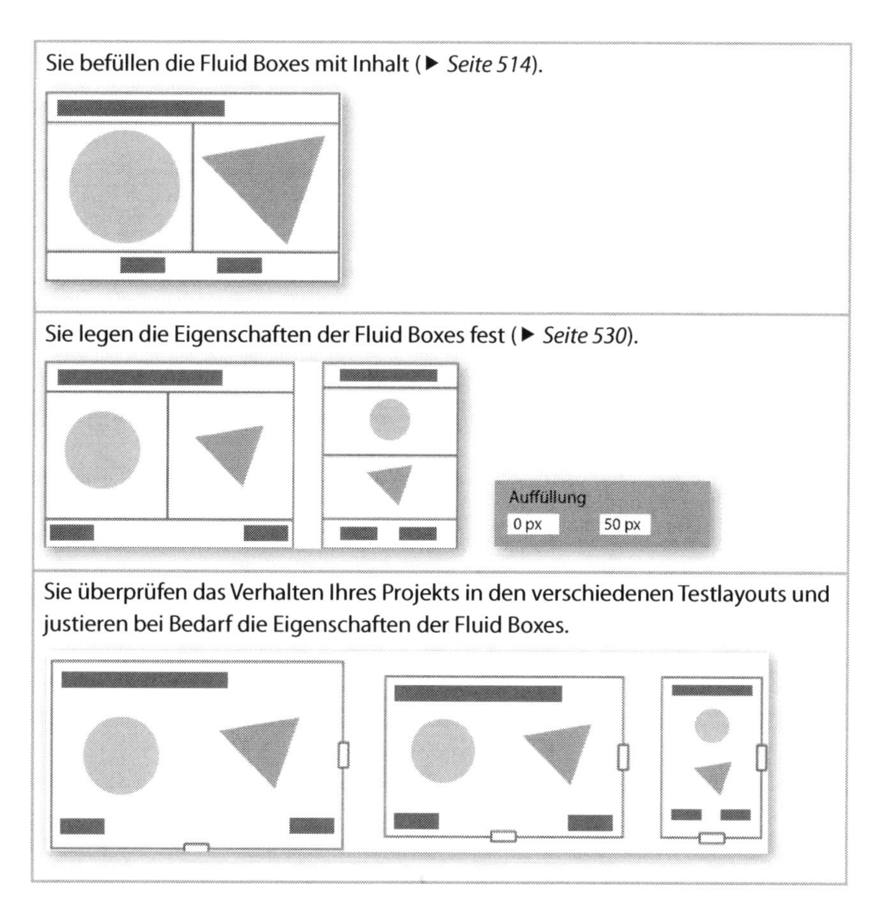

Sie befüllen die Fluid Boxes mit Inhalt (▶ *Seite 514*).
Sie legen die Eigenschaften der Fluid Boxes fest (▶ *Seite 530*).
Auffüllung
0 px
50 px
Sie überprüfen das Verhalten Ihres Projekts in den verschiedenen Testlayouts und justieren bei Bedarf die Eigenschaften der Fluid Boxes.

Anlegen eines Fluid-Box-Projekts

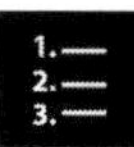

So erstellen Sie ein responsives Projekt im Fluid-Box-Modus

Um ein neues responsives Projekt anzulegen, doppelklicken Sie im Startbildschirm im Tab *Neu* auf das Miniaturbild **Projekt mit automatischer Anpassung (A)**. Alternativ wählen Sie **Datei** > **Neues Projekt** > **Projekt mit automatischer Anpassung**.

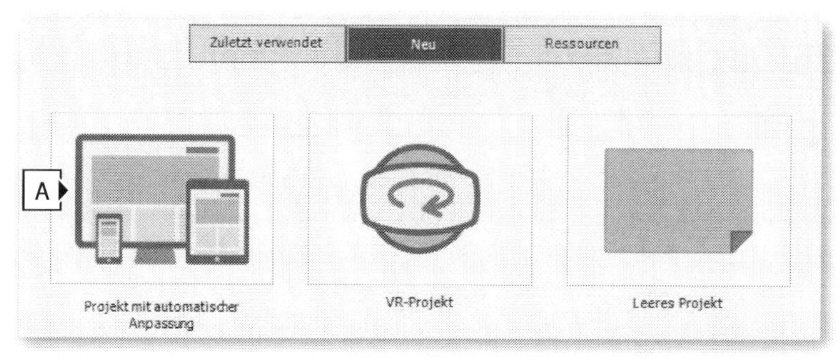

Um die Standard-Projektgröße (1024 x 627) zu ändern und eine eigene Projektgröße zu definieren, wählen Sie **Modifizieren > Projekt neu skalieren** (▶ *Seite 370*).

Sie wissen nun, wie Sie ein responsives Fluid-Box-Projekt erstellen können.

Bestehende responsive Projekte aus Captivate 8 und 9

Bestehende responsive Projekte aus Captivate 8 bzw. Captivate 9 können nicht in den neuen Fluid-Box-Modus umgewandelt werden, da Captivate 2017 und 2019 nur die Umwandlung vom Fluid-Box- in den Breakpoint-Modus, nicht aber umgekehrt, erlauben.
Tipp: Um ein responsives Captivate 8- bzw. 9-Projekt in den Fluid-Box-Modus zu migrieren, legen Sie in Captivate 2019 ein neues Fluid-Box-Projekt an und kopieren Sie anschließend die Folien manuell in das neue Projekt.

So speichern Sie ein klassisches als responsives Projekt

Prüfen Sie vorab, ob sich Objekte in Ihrem Projekt befinden, die in HTML5 nicht unterstützt werden. Wählen Sie dazu **Projekt > HTML5-Tracker** (▶ *Seite 373*).

Um das Projekt anschließend in ein responsives umzuwandeln, wählen Sie **Datei > Speichern als Responsive**. Die nun folgende Meldung erscheint immer, auch wenn ausschließlich unterstützte Elemente verwendet werden. Klicken Sie auf **Speichern**.

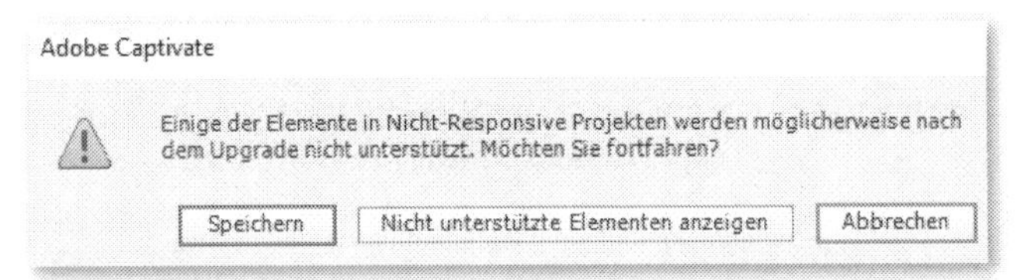
Adobe Captivate
Einige der Elemente in Nicht-Responsive Projekten werden möglicherweise nach dem Upgrade nicht unterstützt. Möchten Sie fortfahren?
Speichern
Nicht unterstützte Elementen anzeigen
Abbrechen

Sie wissen nun, wie Sie ein klassisches als responsives Projekt speichern können.

Fluid Boxes von Captivate vorschlagen lassen

Sie können nun Fluid Boxes manuell anlegen oder sich von Captivate bezogen auf Ihre Inhalte Fluid Boxes vorschlagen lassen (**Fluid Boxes vorschlagen** in den Eigenschaften einer Folie). Wenn Sie die Möglichkeit nutzen möchten, sich von Captivate Fluid Boxes vorschlagen zu lassen: Berücksichtigen Sie, dass normale Fluid Boxes 2-dimensional sind und keine sich überlappenden Objekte enthalten können. Wenn Sie überlappende Objekte (z. B. ein Text auf einer Grafik platziert) auf der Folie haben, wird Captivate diese in statischen Fluid Boxes platzieren. Dies gilt auch für Objekte, die ungewollt überlappen (z. B. eine transparente Textbeschriftung, die größer als der sichtbare Inhalt ist). Um dies zu überprüfen: Sie können mit Strg+A alle Objekte auf einer Folie markieren und sehen so direkt, welche Objekte überlapppen.

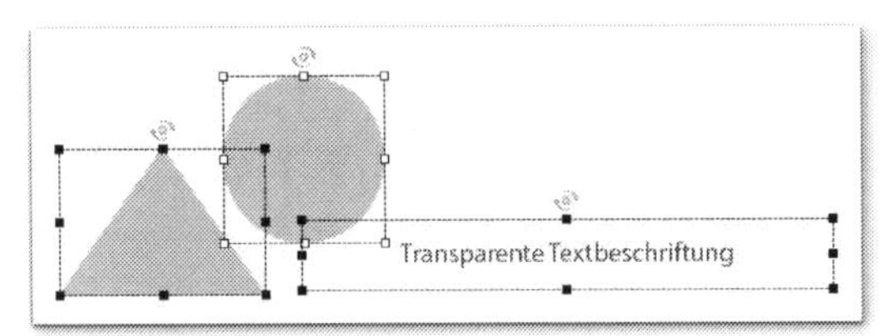
Transparente Textbeschriftung

Prüfen Sie im Vorfeld Ihre Folien und lösen Sie ggf. (unnötige) Überlappungen auf (z. B. eine gefüllte Smartform mit Textinhalt verwenden, statt eine Smartform mit darauf platzierter Textbeschriftung). Hier gilt: Je weniger Objekte sich auf einer Folie befinden, desto besser.

Nachdem Sie alle Folien geprüft und optimiert haben, können Sie die Funktion **Fluid Boxes vorschlagen** ausprobieren. Falls sich nicht das gewünschte Ergebnis einstellt, machen Sie den Schritt rückgängig (Strg+Z) und optimieren Sie die Folie weiter - oder erstellen Sie die Fluid Boxes je nach Situation manuell.

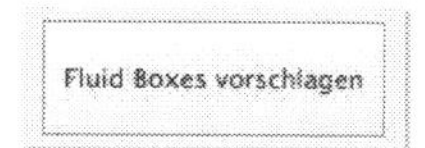

Anlegen von Testlayouts

Mittels des Schiebereglers oberhalb einer Folie können Sie Ihr responsives Layout direkt testen, ohne die Vorschau starten zu müssen. Im Gegensatz zum Breakpoint-Modus können Sie den Schieberegler bedenkenlos verschieben und das Verhalten Ihres Projekts prüfen – dieser Regler hat keine Auswirkungen auf das Layout oder die Inhalte. Sie können Ihr gewünschtes Testlayout hier auch numerisch in Breite und Höhe eingeben sowie über das **Plus-Symbol** beliebig viele Layouts speichern. Dadurch stehen Ihnen diese Testlayouts über die Auswahlliste schnell zur Verfügung.

Sollte Ihre Projektauflösung nicht (mehr) der Voreinstellung „Desktop" (1024 x 627 px) entsprechen, ist es ratsam, zunächst eine Ansicht in der gewählten Projektbreite und -höhe zu definieren und zu speichern.

Tipp: Verlassen Sie sich nicht allein auf die Vorschau im Bearbeitungsmodus. Prüfen Sie ihr Layout immer wieder in der Projektvorschau und durch Veröffentlichung. So stellen Sie sicher, dass auch Eigenschaften wie die Textskalierung, die im Bearbeitungsmodus nicht korrekt angezeigt wird, sich am Ende wie gewünscht verhalten.

Play-Symbol in der Layout-Vorschau / im Bedienfeld Eigenschaften

Mittels des **Play-Symbols** in der Layout-Vorschau (sowie auch in den *Eigenschaften* einer Fluid Box) können Sie Ihr Design „automatisiert" die verschiedenen Breitenzustände zwischen 320 px und Ihrer maximal definierten Projektbreite durchlaufen lassen und an gewünschter Stelle pausieren.

Trotz dieser netten Funktion sollten Sie nicht vergessen, dass die Höhe natürlich auch variieren – und damit das Layout stark verändern – kann, weshalb weiterhin Pflicht ist, die verschiedenen Auflösungen manuell zu testen.

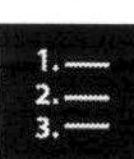

So erstellen Sie ein Testlayout

Um selbst erstellte Testlayouts global (projektübergreifend) abspeichern und so auch nach einem Neustart von Captivate verwenden zu können, müssen Sie Captivate im Administrator-Modus starten. Navigieren Sie dazu zum Verzeichnis *Programme\Adobe\Adobe Captivate 2019 x64*. Rechtsklicken Sie auf die Anwendung *Adobe Captivate* und wählen Sie die Option **Als Administrator ausführen**.

Tablet im Hochformat

Da die Vorschauhöhe nicht höher eingestellt werden kann als die Projekthöhe, können Sie kein entsprechendes Testlayout anlegen. Denken Sie daher daran, dieses Format ebenfalls zu testen, indem Sie das Projekt veröffentlichen und im Browser überprüfen.

1. Geben Sie in der *Layout-Vorschau-Leiste* die gewünschte Breite und Höhe ein.
2. Klicken Sie auf das **Plus-Symbol**.
3. Geben Sie Ihrem Layout einen Namen und bestätigen Sie mit **OK**.

Sie wissen nun, wie Sie ein Testlayout definieren und finden Ihr abgespeichertes Layout in der Liste der Testlayouts.

Hinweis: Ich empfehle Ihnen, neben Desktop, Tablet und Smartphone auch ein Testlayout mit verhältnismäßig kleinem Querformat anzulegen, um im Rahmen der Projektvorschau die wichtigsten Umbruchmuster der Fluid Boxes überprüfen zu können.

Layouts editieren in XML

Sie können auch über das XML-Dokument *DeviceList* im Programmverzeichnis von Captivate bestehende Testlayouts bearbeiten und neue Layouts anlegen. Dazu benötigen Sie u. U. Admin-Rechte. Kopieren Sie dazu das XML-Dokument auf Ihren Desktop und öffnen Sie es mit einem XML-Editor. Nun können Sie Name, Breite und Höhe der Layouts manuell verändern oder durch Copy-and-paste neue Layouts hinzufügen. Über den Zahlenwert im Feld „candelete" können Sie steuern, ob ein Layout in Captivate gelöscht werden kann oder nicht (0 = löschen nicht möglich, 1 = löschen möglich).

```
<?xml version="1.0" encoding="UTF-8"?>
<devicelist>
<device name="Desktop" width="1024" height="627"
candelete="1"/>
<device name="iPhone6" width="375" height="559"
candelete="1"/>
<device name="iPhone7 Plus" width="414" height="628"
candelete="1"/>
<device name="iPad" width="768" height="960" candelete="1"/>
<device name="Google Pixel" width="412" height="604"
candelete="1"/>
<device name="Galaxy S6" width="360" height="560"
candelete="1"/>
</devicelist>
```

Verschieben Sie das XML-Dokument anschließend zurück ins Programmverzeichnis und ersetzen Sie die ursprüngliche Datei.

Übung: Fluid-Box-Projekt erkunden

Im Rahmen dieser Übung erkunden Sie ein responsives Projekt im Fluid-Box-Modus und prüfen das Layout in einem selbst erstellten Testlayout.

Übung 10 min

Um selbst erstellte Testlayouts global (projektübergreifend) abspeichern und so auch nach einem Neustart von Captivate verwenden zu können, müssen Sie Captivate im Administrator-Modus starten. Navigieren Sie dazu zum Verzeichnis *Programme\Adobe\Adobe Captivate 2019 x64*. Rechtsklicken Sie auf die Anwendung *Adobe Captivate* und wählen Sie die Option **Als Administrator ausführen**.

1. Öffnen Sie aus dem Ordner *21_Responsive_Projekte* die Datei *Fluid_Boxes_Ziel.cptx* (▶ *Seite 12*).
   Sie sehen ein responsives Projekt im Fluid-Box-Modus mit 5 Folien.
2. Erkunden und testen Sie das Projekt:

a Wählen Sie im Bedienfeld *Filmstreifen* nacheinander alle Folien aus und schauen Sie sich an, wie diese aufgebaut sind (Fluid Boxes, Objekte etc.).

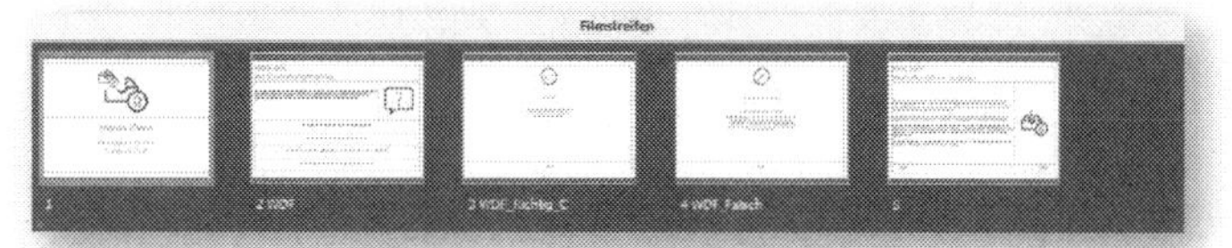

b Wählen Sie aus der Liste der Testlayouts in der Vorschauleiste mehrere Layouts nacheinander aus und testen Sie, wie sich das Layout des Projekts jeweils verändert.

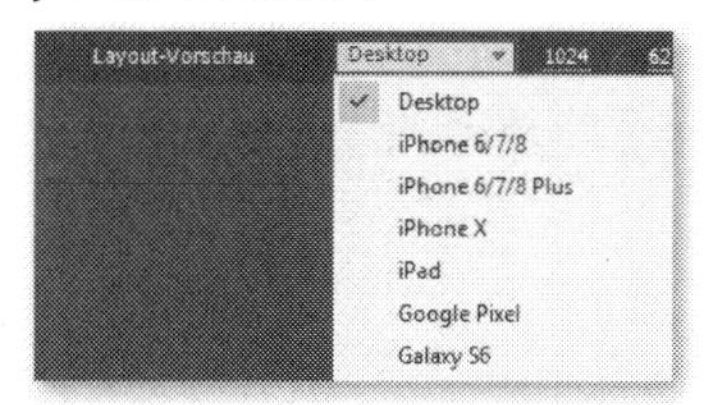

c Veröffentlichen Sie das Projekt (**Datei > Veröffentlichen**) und skalieren Sie es im Browserfenster, um das responsive Verhalten des Projekts zu erkunden.

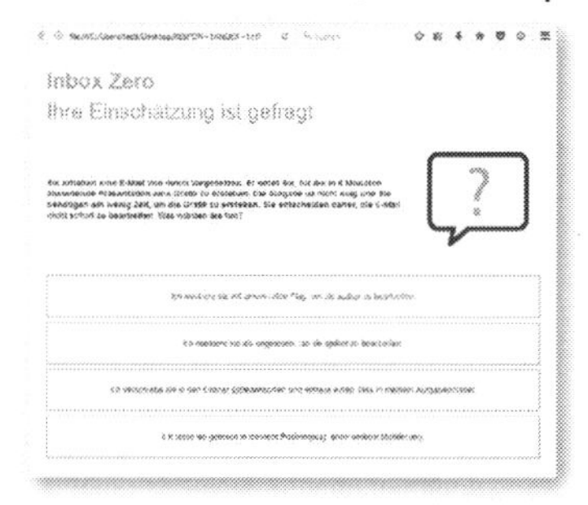

d Beantworten Sie die Quizfrage.
Sie erfahren, ob Sie die Frage richtig oder falsch beantwortet haben.

e Klicken Sie auf **Weiter**.
Sie gelangen zur Contentfolie „Inbox Zero - Verarbeiten statt nur zu sichten".

f Schließen Sie das Browserfenster und kehren Sie zum Captivate-Projekt zurück.

3 Erstellen Sie ein eigenes Vorschau-Layout:

a Geben Sie in der Vorschauleiste die gewünschte Breite und Höhe Ihres Vorschau-Layouts ein (z. B. **400 x 600 px**). Alternativ können Sie die Breite des Layouts auch mittels Schieberegler einstellen.

a Klicken Sie auf das **Plus-Symbol**.

b Geben Sie einen Namen für Ihr Layout ein und bestätigen Sie mit **OK**.

Ihr erstelltes Layout erscheint nun in der Liste der Testlayouts und kann wie in **Schritt 2b** beschrieben in der Bearbeitungsansicht direkt getestet werden.

Sie wissen nun, wie ein responsives Projekt im Fluid-Box-Modus aufgebaut ist und wie Sie ein Testlayout erstellen.

Arbeiten mit Fluid Boxes

Wir verwenden in diesem Buch folgende Bezeichnungen für Fluid Boxes in einer Verschachtelungsbeziehung:

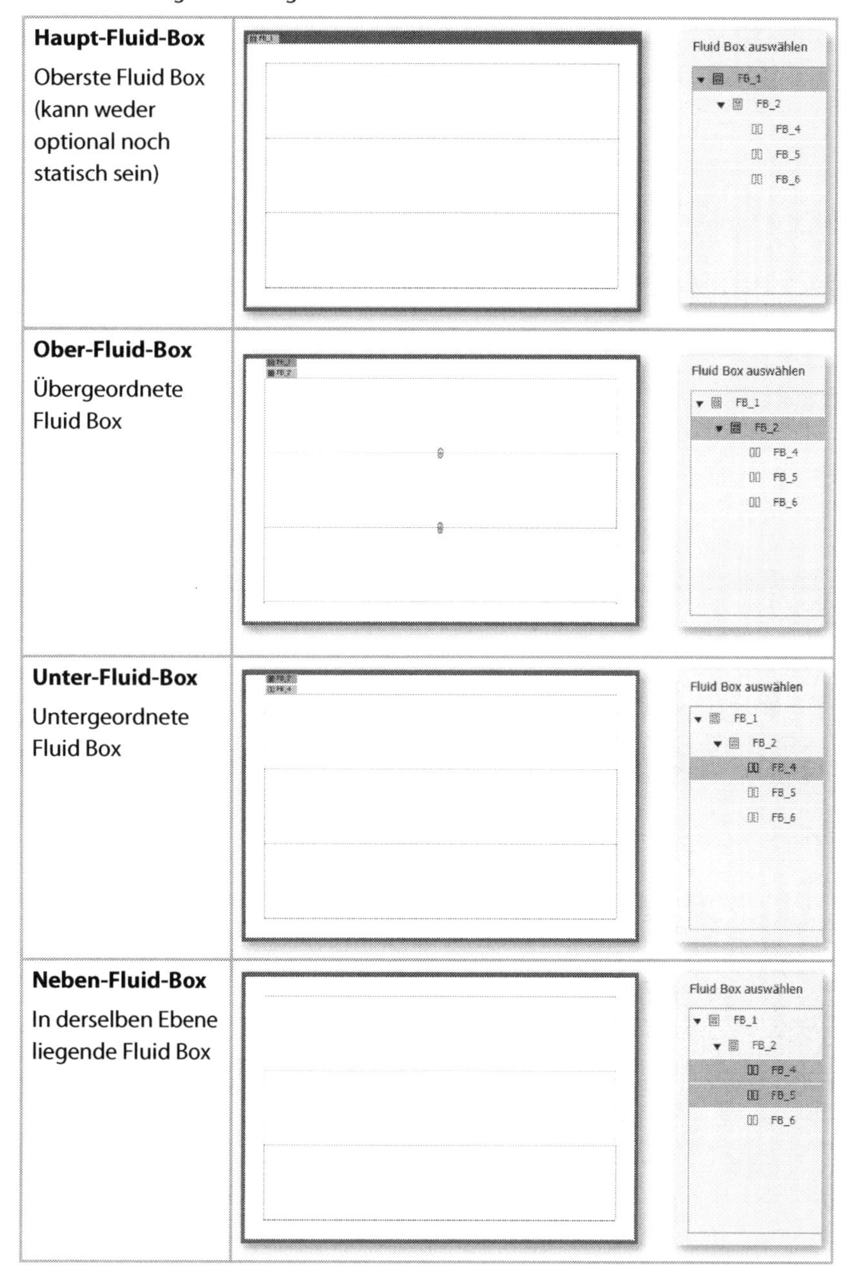

Haupt-Fluid-Box	Oberste Fluid Box (kann weder optional noch statisch sein)
Ober-Fluid-Box	Übergeordnete Fluid Box
Unter-Fluid-Box	Untergeordnete Fluid Box
Neben-Fluid-Box	In derselben Ebene liegende Fluid Box

Planung des Layouts

Bevor Sie eine Folie mit Fluid Boxes erstellen, sollten Sie sich das gewünschte Layout-Raster vorher auf Papier vorzeichnen, um eine grobe Vorstellung von der Anordnung Ihrer Fluid Boxes zu bekommen. So ersparen Sie sich, die Struktur der Fluid Boxes mehrfach ändern zu müssen.

Fluid Boxes auf Folienmastern

Sie können Fluid Boxes auf Folienmastern platzieren, sollten dabei jedoch beachten, dass Sie diese Fluid Boxes bei der weiteren Bearbeitung der Folie nicht löschen können (das Hinzufügen weiterer Fluid Boxes ist immer möglich). Sie erkennen Folienmaster-Fluid-Boxes in der Fluid-Box-Auswahl an der Bezeichnung „FB_MS...".

So arbeiten Sie mit Fluid Boxes

Fluid Box einfügen

1 Wählen Sie in der Werkzeugleiste **Fluid Box**.

2 Wählen Sie zwischen horizontaler und vertikaler Fluid Box.

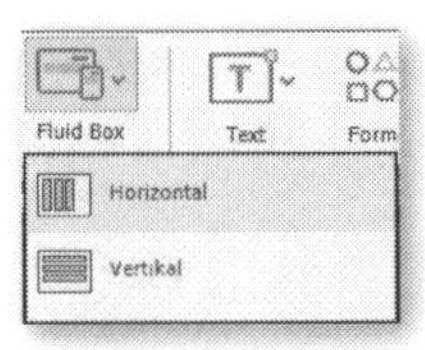

3 Legen Sie die Anzahl der Spalten/Zeilen (Unter-FBs) fest.

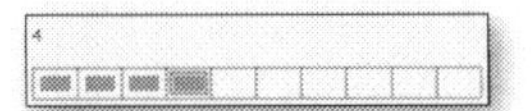

Beachten Sie: Wenn sich ein Objekt in der Fluid Box befindet, ist der Eintrag **Fluid Box** in der Werkzeugleiste ausgegraut und Sie können keine Unter-FB einfügen.

Entfernen oder lösen Sie in diesem Fall alle vorhandenen Objekte (Option **Von Fluidbox sperren** im Bedienfeld *Eigenschaften* des/der Objekte(s)).

Alternative Möglichkeiten: Sie können die „blockierenden" Objekte vorübergehend in eine andere Fluid Box verschieben. Oder Sie markieren alle in einer Fluid Box enthaltenen Objekte, schneiden diese mittels Strg+X aus, erstellen die Unter-FBs und fügen die Objekte mittels Strg+V in die gewünschte Unter-FB ein.

Wenn Sie hingegen weitere Fluid Boxes auf derselben Ebene (Neben-FBs) hinzufügen möchten, ist dies auch dann möglich, wenn sich Objekte in den bestehenden Neben-FBs befinden.

Fluid Box über Bühne auswählen	Bewegen Sie den Mauszeiger über einen leeren Bereich innerhalb der Fluid Box. Die Fluid Box wird grün hervorgehoben und Sie können sie durch Klicken auswählen. 
Fluid Box über Inhalte auswählen	Wenn eine Fluid Box Inhalte (Objekte oder Unter-FBs) enthält: Markieren Sie den Inhalt der Fluid Box und bewegen Sie den Mauszeiger über die orangefarbene Fluid-Box-Beschriftung. Die übergeordnete Fluid Box wird grün hervorgehoben und Sie können sie durch Klicken auswählen. 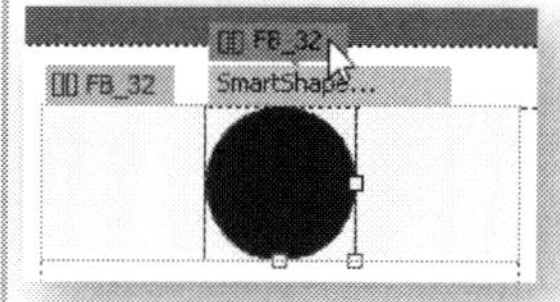
Fluid Box über Fluid-Box-Auswahl auswählen	Wählen Sie die gewünschte Fluid Box in der Fluid-Box-Auswahl im Bedienfeld Eigenschaften aus. *Beachten Sie:* Die Fluid-Box-Auswahl erscheint nur, wenn vorher bereits eine beliebige Fluid Box ausgewählt wurde. 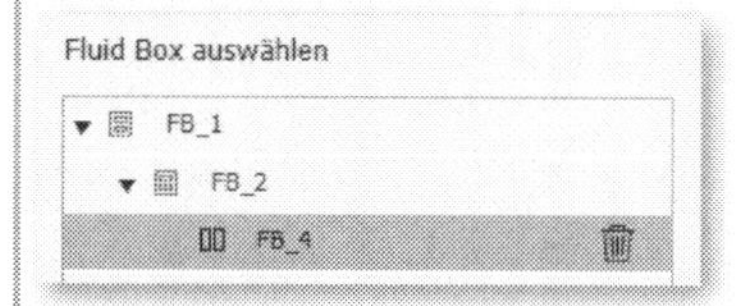
Fluid-Box-Größe per Schieberegler anpassen	**1** Wählen Sie die Ober-FB der zu skalierenden Fluid Box aus. **2** Ändern Sie die Größe der gewünschten Fluid Box mithilfe des Schiebereglers. 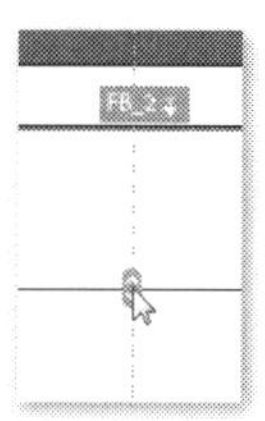 **3** Wählen Sie die fertig skalierte Fluid Box aus, um die Größe in der Statusleiste (links unten) oder in den *Positionseigenschaften* (**Fenster > Positionseigenschaften**) zu überprüfen.

Fluid-Box-Beschriftungen werden nicht angezeigt?

Beachten Sie, dass in Captivate in der aktuell vorliegenden Version (11.0.1.266) die Fluid-Box-Beschriftungen nicht angezeigt werden, wenn Sie die Bühne auf 50 % oder kleiner gezoomt haben. Um die Beschriftungen wieder anzuzeigen, zoomen Sie auf 66 % oder höher.

Fluid-Box-Namen

Sie können die Namen von Fluid Boxes im Bedienfeld *Eigenschaften* frei verändern. Wie bei Objektnamen und Variablen kann dabei jeder Fluid-Box-Name nur einmal existieren.

Größen von Fluid Boxes vereinheitlichen

Der Schieberegler rastet bei Hilfslinien nicht ein. Dies führt vor allem bei der Vereinheitlichung von Folien zu Problemen. Daher sollten Sie die Möglichkeit nutzen, die Größe der Fluid Boxes numerisch einstellen zu können.

Weiterhin können Sie Fluid Boxes einer Folie auch kopieren und auf anderen Folien einfügen, auch auf Folienmastern. Die Fluid Boxes behalten hier die Größe bei, was v.a. für Navigations- und Titelbereiche interessant ist, die auf allen Seiten dieselbe Größe haben sollen.

Fluid-Box-Größe numerisch anpassen	1 Markieren Sie die zu skalierende Fluid Box. 2 Öffnen Sie das Bedienfeld *Position* (**Fenster** > **Positionseigenschaften**). 3 Wählen Sie bei *Breite* bzw. *Höhe* über das Drop-Down-Menü **Pixel** oder **Prozent** und geben Sie den gewünschten Wert ein. 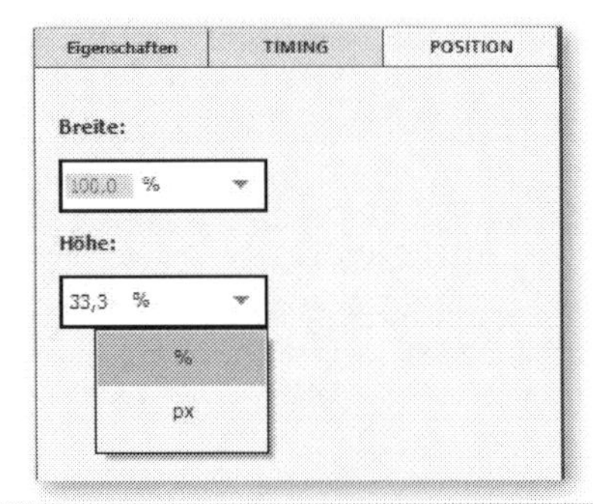
Fluid Box duplizieren **(Eigenschaften und enthaltene Fluid Boxes / Objekte werden mitkopiert)**	1 Markieren Sie die gewünschte Fluid Box. 2 Drücken Sie Strg+D oder rechtsklicken Sie auf die markierte Fluid Box und wählen Sie **Duplizieren**. 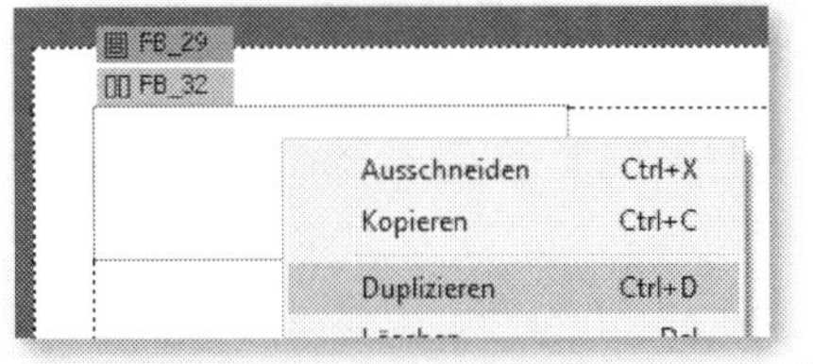
Fluid Box löschen **(Enthaltene Fluid Boxes / Objekte werden ebenfalls gelöscht)**	1 Markieren Sie die gewünschte Fluid Box. 2 Drücken Sie die Taste Entf oder rechtsklicken Sie auf die markierte Fluid Box und wählen Sie **Löschen**. 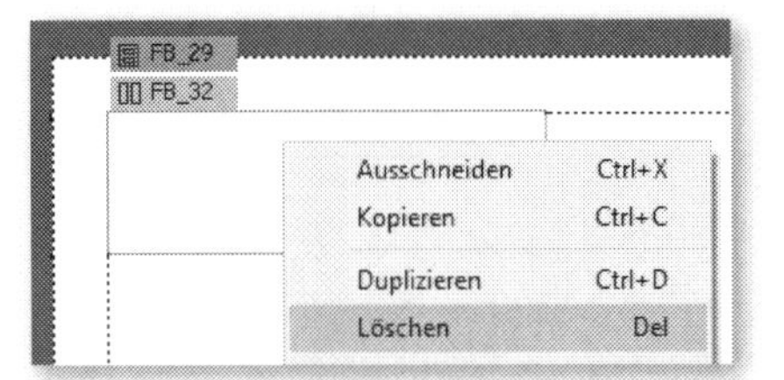 Alternativ können Sie eine Fluid Box auch über die Fluid-Box-Auswahl im Bedienfeld *Eigenschaften* mittels des **Papierkorb-Symbols** löschen. 

Alle Fluid Boxes entfernen

Um schnell alle Fluid Boxes einer Folie zu entfernen, ohne dabei die darin enthaltenen Objekte zu löschen, klicken Sie in den Eigenschaften der Folie auf die Schaltfläche **Fluid Boxes entfernen**.

Fluid Boxes entfernen

Fluid Box verschieben	*Voraussetzung*: Die Ziel-Fluid-Box enthält keine Objekte. **1** Markieren Sie die gewünschte Fluid Box. **2** Ziehen Sie die ausgewählte Fluid Box per Drag-&-Drop in eine andere Fluid Box. 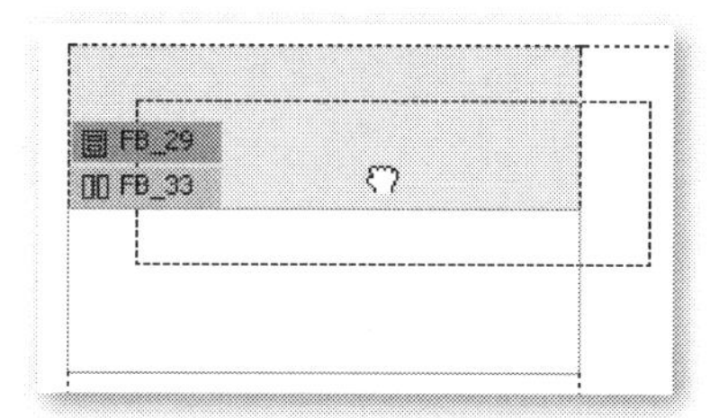
Hintergrund einer Fluid Box befüllen	**1** Wählen Sie die gewünschte Fluid Box. **2** Wählen Sie im Bedienfeld *Eigenschaften* im Bereich *Füllung* Art, Farbe sowie Deckkraft der Füllung.  *Tipp*: Da Objekte in einer normalen (nicht-statischen) Fluid Box nicht überlappend angeordnet werden können, kann die Hintergrundfüllung einer Fluid Box hilfreich sein, z. B. wenn Sie Schaltflächen auf einer Navigationsleiste zusammen mit einer Hintergrundfläche einfügen möchten.

Anordnung von Unter-FBs

In der bei Redaktionsschluss vorliegenden Version von Captivate 2019 ist es nicht möglich, die Anordnung/Reihenfolge mehrerer Unter-FBs innerhalb einer Ober-FB per Drag-&-Drop zu ändern. Sie können Fluid Boxes mit dieser Methode aktuell also nur eine Ebene nach unten verschieben.

Kombination aus transparenten Hintergründen

Wenn Ober- und Unter-FB verschiedene Hintergründe bei transparenter Deckkraft haben, erscheint eine Kombination aus beiden Hintergründen.

Freie Objektpositionierung (ohne Fluid Boxes)

Um zu verstehen, welche Auswirkungen Fluid Boxes auf darin enthaltene Objekte haben, ist es wichtig, zunächst die freie Objektpositionierung ohne Fluid Boxes kennenzulernen. Dieses Wissen ist speziell für die Arbeit mit statischen Fluid Boxes von Bedeutung (▶ *Seite 529*).

Objektgrößen in Pixel schnell ermitteln

Wenn Sie in responsiven Projekten schnell die aktuelle Pixelgröße eines Objekts ermitteln möchten, fahren Sie einfach mit der Maus auf das gewünschte Objekt. Wenn Sie nun einen Blick nach links unten in die Statusleiste werfen, sehen Sie hinter dem Objektnamen die Pixelgröße.

Das Bedienfeld Position

Fenster > Positionseigenschaften

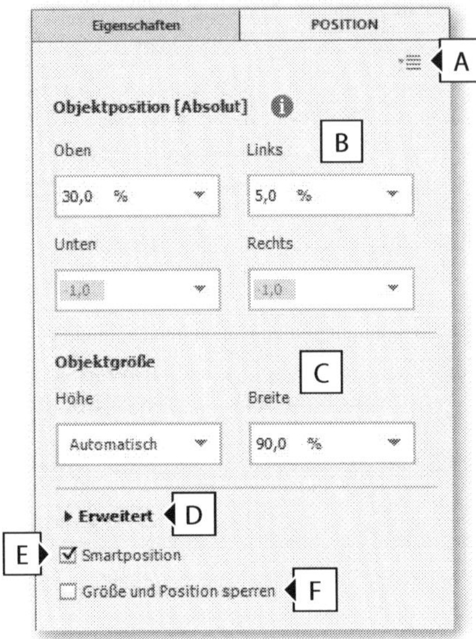

A Positions- und Größeneigenschaften auf alle Objekte dieses Typs / des gleichen Stils anwenden

B Objektposition

C Objektgröße

D Erweiterte Positionseigenschaften (Angabe von minimaler/maximaler Objekt-Höhe/-Breite sowie die Einstellungen horizontales/vertikales Zentrieren des Objekts zur Folie)

E Smartposition de-/aktivieren

F Größe und Position des Objekts sperren

Smartposition

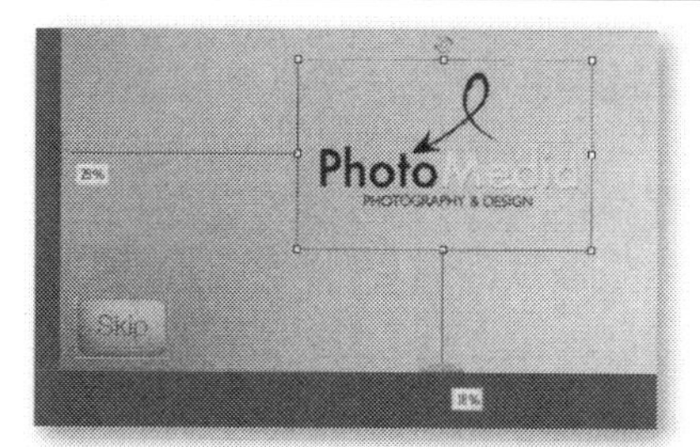

Über die Option **Smartposition** im Bedienfeld *Position* können Sie sich anzeigen lassen, womit ein Objekt verankert ist. Standardmäßig ist jedes Objekt mit der Bühne von links und von oben verankert. Sie können die Verankerung über die Smartposition-Anker frei verändern und somit an anderen Kanten der Bühne (z. B. rechts oder unten) oder auch an den Kanten anderer Objekte andocken.

Relative & absolute Maße

In den Positionseigenschaften finden Sie neben der aus klassischen Projekten bekannten Größe „Pixel" folgende Positions- und Größeneinstellungen:

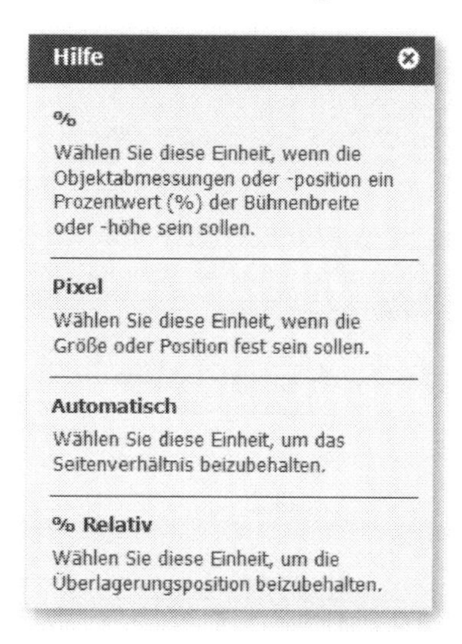

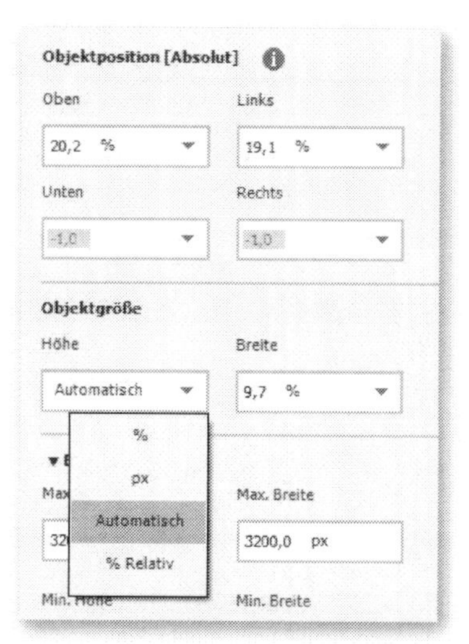

%	Objektposition/-größe skaliert prozentual in Abhängigkeit zur Folienhöhe oder -breite
Pixel	Feste Objektposition/-größe, die stets unabhängig der Skalierung beibehalten wird
Automatisch	Objektgröße skaliert unter Berücksichtigung des eigenen Objekt-Seitenverhältnisses
% Relativ	Objektposition/-größe skaliert prozentual zum Seitenverhältnis der Folie oder eines anderen Objekts

Objektpositionierung

Mit den *Positionseigenschaften* können Sie Objekte frei auf Folien platzieren und z. B. mittels der Funktion **Smartposition** mit anderen Objekten oder im Verhältnis zur Folie verankern. Eine Überlappung von Objekten ist bei freier Positionierung möglich. Sobald sich jedoch mindestens eine Fluid Box auf einer Folie befindet, ist freie Objektpositionierung nur noch möglich, wenn Sie das entsprechende Objekt von der Fluid Box abkoppeln (▶ *Seite 516*).

So legen Sie ein Beispielprojekt an, um die Erläuterungen nachzuvollziehen

1 Erstellen Sie ein neues responsives Projekt (**Projekt mit automatischer Anpassung**).

2 Legen Sie folgende drei Testlayouts an: **1000 x 600 px, 800 x 480 px, 400 x 480 px**. Diese Layouts sind gezielt so gewählt, dass die Auswirkungen der verschiedenen Positionseinstellungen klarer hervortreten (z. B. durch die halbierte Breite von Tablet- auf Mobilgeräte-Ansicht).

Objektposition
Oben
180,0 px
Links
0,0 %
Objektgröße
Höhe
240,0 px
Breite
100,0 %

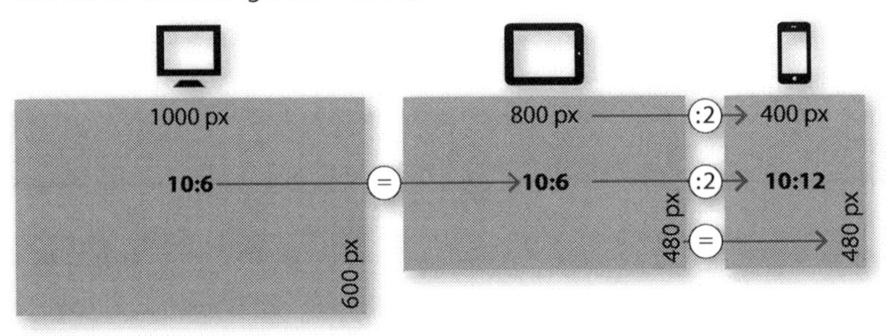

3 Fügen Sie eine Smartform des Typs **Rechteck** ein und vergeben Sie in den *Positionseigenschaften* die Werte wie in der Marginalienspalte gezeigt.

4 Stellen Sie die weiteren bzw. teilweise neuen Werte wie jeweils im Beispiel gezeigt ein.

5 Testen Sie anschließend die Einstellungen in den Testlayouts und schieben Sie ergänzend den Schieberegler nach links und rechts, um die Auswirkungen nachzuvollziehen.

Objektgröße

Beispiel 1 - Höhe: Prozent, Breite: Prozent

Die Objekthöhe beträgt immer 40 % der Folienhöhe.

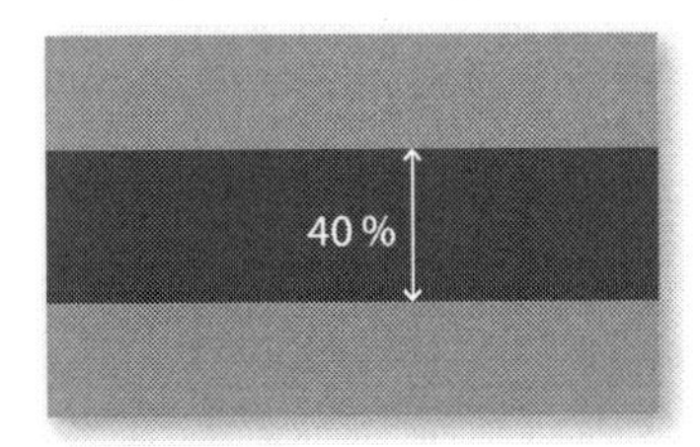

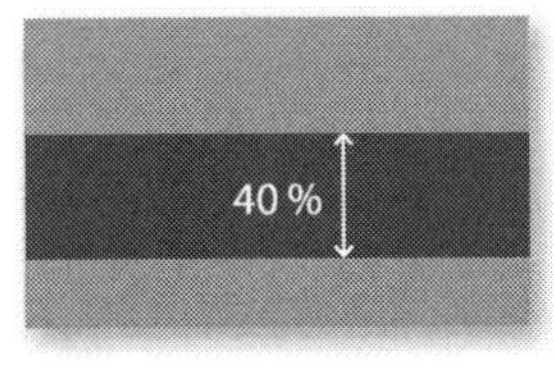

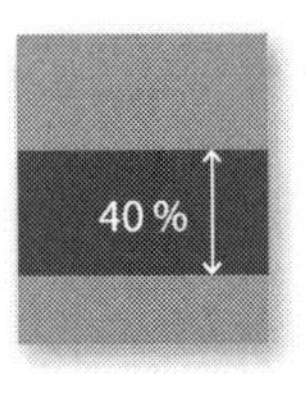

Beispiel 2 - Höhe: Pixel, Breite: Prozent

Die Objekthöhe beträgt immer 240 px.

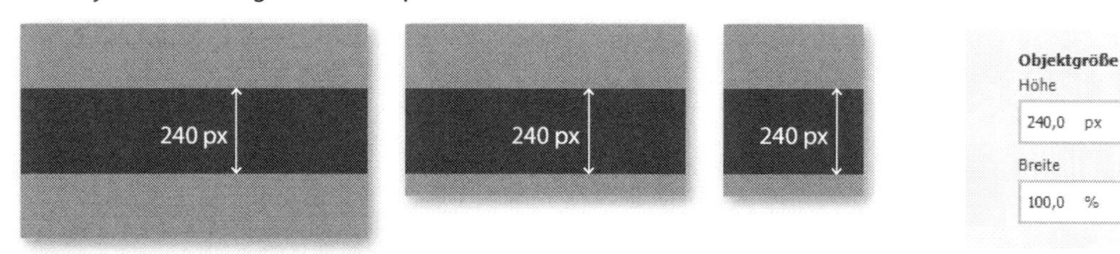

Beispiel 3 - Höhe: Automatisch, Breite: Prozent

Die Objekthöhe skaliert proportional zur Objektbreite. Beispiel bei einer Ausgangsbreite von 1000 x 240 px: Bei 800 px Breite beträgt die Höhe 192 px sowie bei 400 px Breite 96 px.

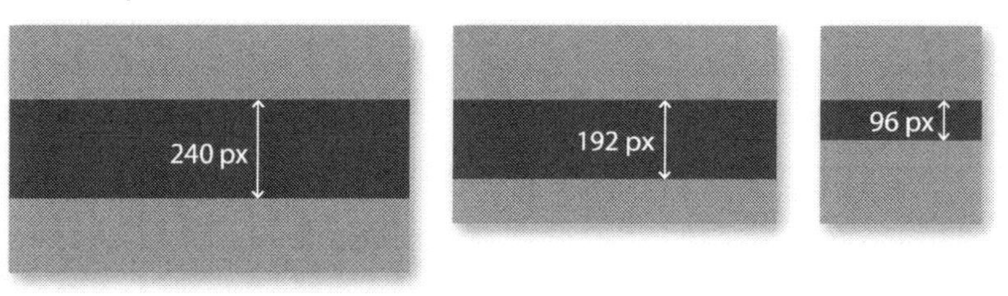

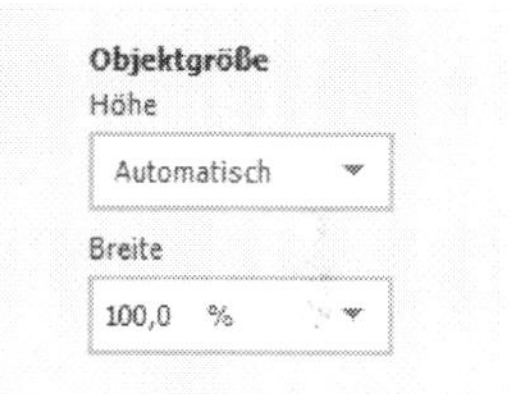

Beispiel 4 - Höhe: Prozent, Breite: Automatisch

Die Objektbreite skaliert proportional zur Objekthöhe. Solange sich Breite und Höhe der Anzeige proportional verringern, ist das Objekt vollständig sichtbar. Wenn die Anzeige schmaler wird, wird das Objekt abgeschnitten.

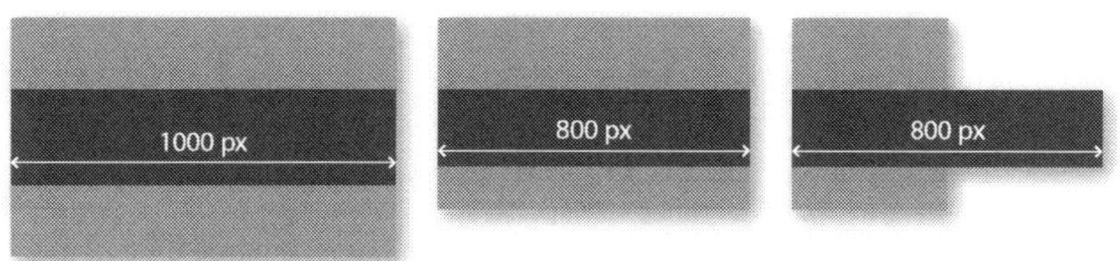

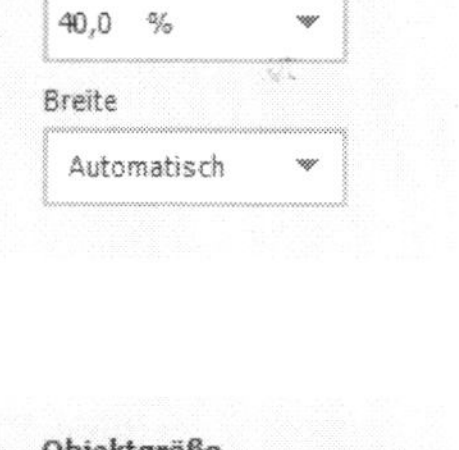

Beispiel 5 - Höhe: Automatisch, Breite: Pixel / Höhe: Pixel, Breite: Automatisch

Das Objekt hat immer dieselbe Größe.

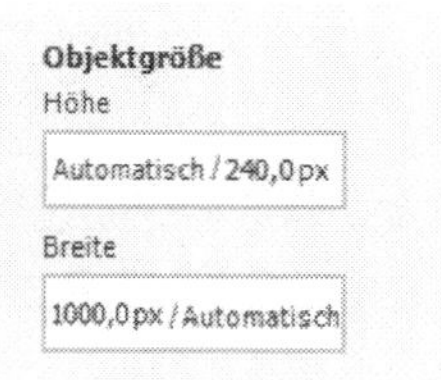

Beispiel 6 - Höhe: % Relativ, Breite: Beliebig

Die Objekthöhe ändert sich automatisch mit dem Seitenverhältnis: Bei gleichem Seitenverhältnis bleibt der Wert bei 40 %. Halbiert sich bspw. die Breite gegenüber der Höhe, halbiert sich auch die Höhe auf 20 %.

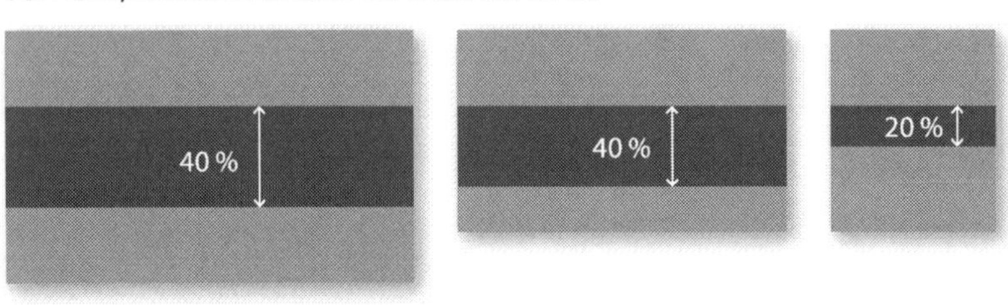

Beispiel 7 - Höhe: Beliebig, Breite: % Relativ

Die Objektbreite ändert sich automatisch mit dem Seitenverhältnis: Bei gleichem Seitenverhältnis bleibt der Wert bei 100 %. Halbiert sich bspw. die Breite gegenüber der Höhe, verdoppelt sich die Breite auf 200 %. Die Einstellung % Relativ verhält sich also bei der Verwendung in der Objektbreite umgekehrt wie bei der Verwendung in der Objekthöhe.

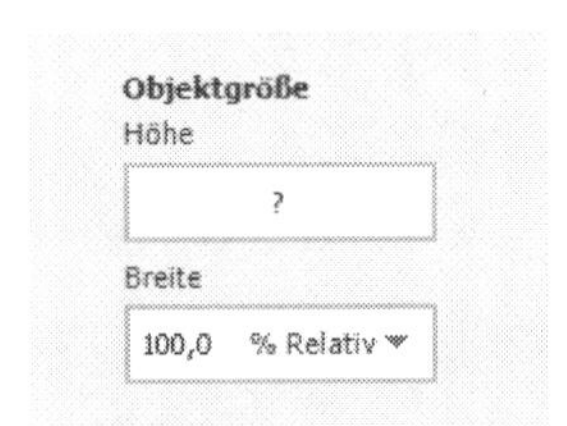

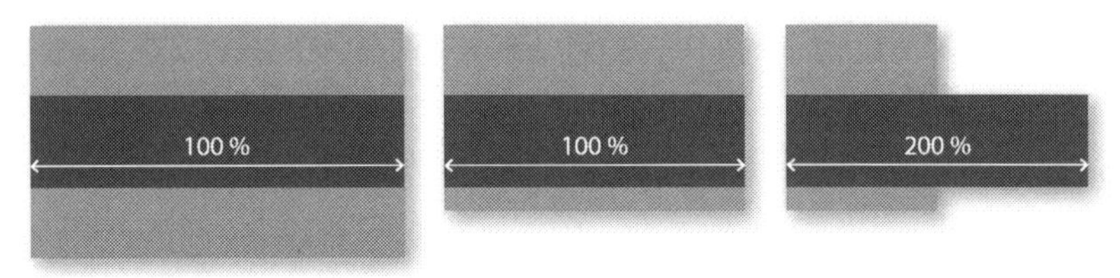

Von Fluid Box (ent)sperren

In der deutschen Version von Captivate 2019 wurde die Funktion **Unlock from Fluid Box** mit „Von Fluid Box sperren" übersetzt statt mit „entsperren". Damit es zu keinen Irritationen kommt, verwende ich hier im Buch parallel dazu den Ausdruck „von einer Fluid Box abkoppeln".

Überlappung von Objekten

Eine Überlappung von Objekten ist nur bei freier Objektpositionierung (▶ *Seite 510*) oder in einer statischen Fluid Box möglich (▶ *Seite 529*).

Objektpositionierung in Fluid Boxes

Die Positionseigenschaften von Objekten in einer (nicht-statischen) Fluid Box können nicht individuell verändert werden, sondern werden von der Fluid Box gesteuert. Durch entsprechende Auswahl im Bedienfeld *Eigenschaften* können Sie steuern, ob Objekte ihr **Seitenverhältnis beibehalten** und/oder diese bei Bedarf **Optional** (▶ *Seite 530*) sein sollen. Außerdem können Sie Objekte von einer Fluid Box abkoppeln (**Von Fluid Box sperren,** ▶ *Seite 516*).

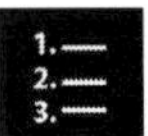

So platzieren Sie Objekte in einer Fluid Box

Variante 1: Markieren Sie die Fluid Box und fügen Sie das gewünschte Objekt über die Werkzeugleiste ein. Das Objekt wird automatisch in der Fluid Box platziert.

Variante 2: Fügen Sie (ohne vorherige Markierung) das gewünschte Objekt über die Werkzeugleiste ein und ziehen es per Drag-&-Drop in die gewünschte Fluid Box.

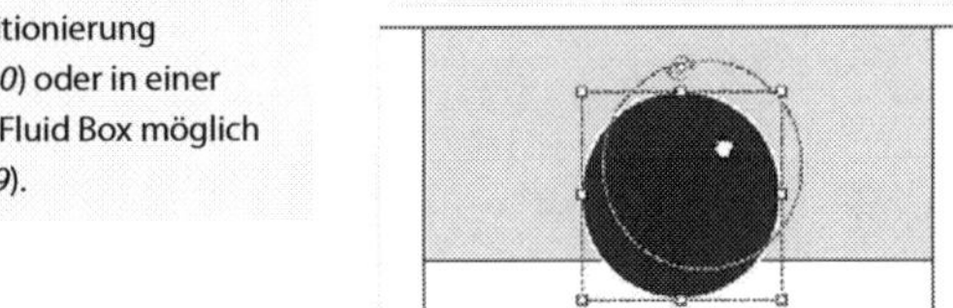

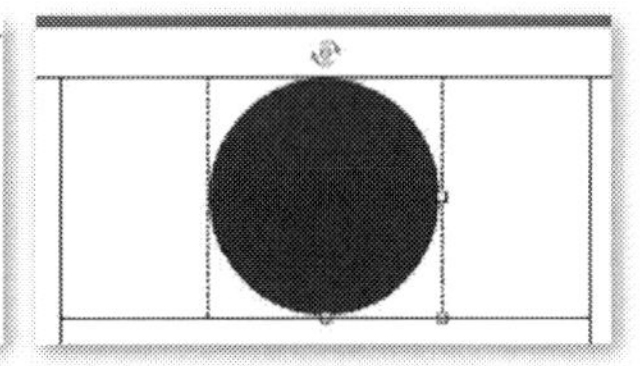

Sie wissen nun, wie Sie Objekte in einer Fluid Box platzieren können. Wenn Sie mehrere Objekte in eine Fluid Box eingefügt haben, können Sie deren Reihenfolge auch per Drag-&-Drop ändern.

Gesperrte / nicht unterstützte Objekte

Lässt sich ein Objekt nicht in eine Fluid Box einfügen, ist möglicherweise in dessen *Eigenschaften* **Von Fluid Box sperren** ausgewählt oder es handelt sich um ein nicht-unterstütztes Objekt.

Objektgröße innerhalb einer Fluid Box

Wenn Sie ein Objekt in einer Fluid Box platzieren, ist die Einstellung **Seitenverhältnis beibehalten** im Bedienfeld *Eigenschaften* je nach Objekt standardmäßig aktiviert oder deaktiviert (Beispiel: Smartformen/Bilder = aktiviert, Textbeschriftungen = deaktiviert). Ist **Seitenverhältnis beibehalten** aktiviert, behält das Objekt immer die Proportionen bei, die es bereits außerhalb der Fluid Box hatte.

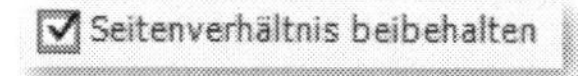

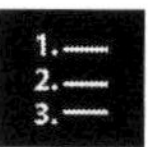

So passen Sie die Objektgröße innerhalb einer Fluid Box an

Nehmen wir an, Sie haben eine Smartform (z. B. Rechteck mit Textinhalt) erstellt und möchten, dass diese nicht proportional skaliert, sondern sich nach den Eigenschaften der Fluid Box richtet (dies kann je nach Fall zu einer unerwünschten Verzerrung führen). Gehen Sie dazu wie folgt vor:

1 Markieren Sie die Smartform.

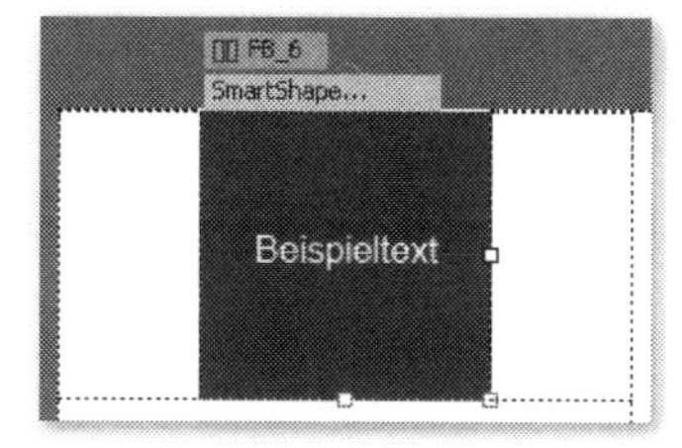

2 Deaktivieren Sie im Bedienfeld *Eigenschaften* die Option **Seitenverhältnis beibehalten**.

Sie sehen, dass die Smartform die Fluid Box nun komplett ausfüllt.

3 Testen Sie das responsive Verhalten mittels Schieberegler.

Wenn die Smartform proportional skalieren soll oder Sie die Smartform je nach Einstellung der Fluid Box manuell in Breite oder Höhe verzerren möchten, gehen Sie dazu wie folgt vor:

1 Markieren Sie das Objekt.

2 Aktivieren Sie im Bedienfeld *Eigenschaften* die Option **Seitenverhältnis beibehalten**.

3 Skalieren Sie das Objekt manuell mittels der weißen Anfasser oder numerisch über das Bedienfeld *Position* (**Fenster** > **Positionseigenschaften**).

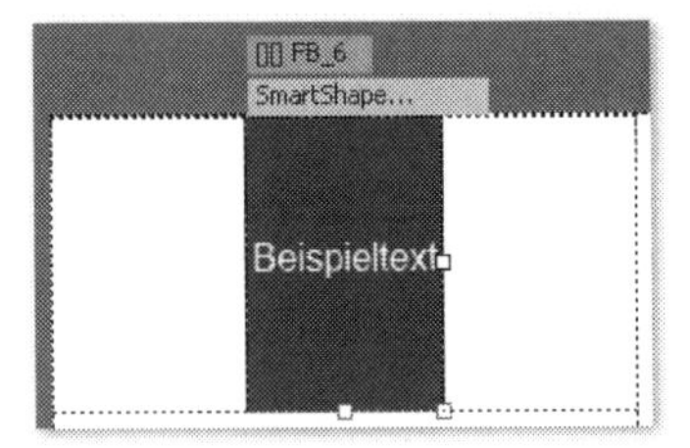

4 Testen Sie das responsive Verhalten mittels Schieberegler.

Sie wissen nun, wie Sie die Objektgröße innerhalb einer Fluid Box anpassen können.

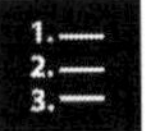

So sperren Sie Objekte von einer Fluid Box

Wenn Sie ein Objekt von einer Fluid Box abkoppeln möchten:

1 Markieren Sie das gewünschte Objekt.

2 Aktivieren Sie im Bedienfeld *Eigenschaften* **Von Fluid Box sperren.**

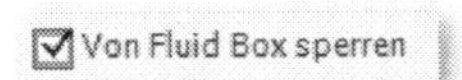

3 Sie können das Objekt nun frei auf der Folie positionieren (▶ *Seite 510*).

Übung: Fluid-Box-Projekt erstellen

Im Rahmen dieser Übung bauen Sie ein einfaches Fluid-Box-Layout auf und befüllen es mit Inhalt.

Übung 10 min

Folie auf Fluid-Boxes-Grid reduzieren

Um schnell und einfach den Fluid-Boxes-Aufbau einer Folie überschauen zu können, blenden Sie einfach in der Zeitleiste alle Objekte aus.

1 Öffnen Sie aus dem Ordner *21_Responsive_Projekte* die Datei *Fluid_Boxes_Titel_Ziel.cptx* (▶ *Seite 12*).
Sie sehen die Titelseite eines Projekts, das mithilfe von Fluid Boxes gelayoutet wurde. Veröffentlichen Sie das Projekt und skalieren Sie es im Browserfenster, um das responsive Verhalten des Projekts zu erkunden. In den folgenden Schritten möchten wir dieses Layout gemeinsam umsetzen, welches der im folgenden Bildschirmfoto gezeigten Fluid-Box-Struktur entspricht.

2 Öffnen Sie aus dem Ordner *21_Responsive_Projekte* die Datei *Fluid_Boxes_Titel_Ausgang.cptx*.

3 Wählen Sie in der Werkzeugleiste **Fluid Box** und fügen Sie eine Haupt-FB mit 2 vertikalen Unter-FBs ein.

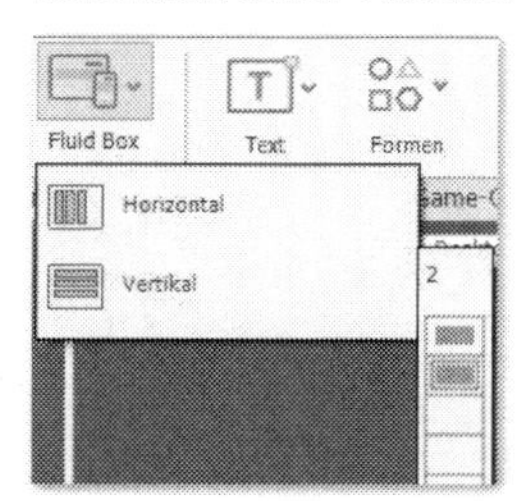

Da wir keine Fluid Box mit nur einer Unter-FB einfügen können, wählen wir den Umweg über 2 Unter-FBs, von denen wir eine wieder löschen.

4 Markieren Sie eine der beiden Unter-FBs und löschen Sie diese über das **Papierkorb-Symbol** in der Fluid Box-Auswahl im Bedienfeld *Eigenschaften*.

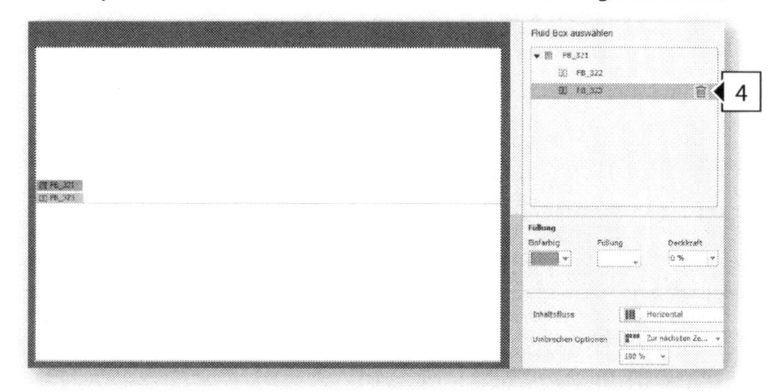

Ihr Layout besteht nun aus einer Haupt-FB mit einer Unter-FB, die beide die Maße der Folie haben (dies können Sie bei markierter FB über das Bedienfeld *Eigenschaften* in der Fluid Box-Auswahl nachvollziehen). Die Haupt-FB verwenden wir, um den Rand des Layouts einzustellen, während wir die Unter-FB mit weiteren Fluid Boxes füllen.

5 Um einen Rand um die Unter-FB zu definieren, markieren Sie die Haupt-FB (z. B. im Bedienfeld *Eigenschaften* über die Fluid-Box-Auswahl) und wählen Sie unter *Auffüllung* bei *Horizontal* und *Vertikal* jeweils den Wert **30 px**.

Sie haben verschiedene Möglichkeiten Fluid Boxes auszuwählen und deren Eigenschaften aufzurufen (▶ *Seite 506*).

6 Markieren Sie die Unter-FB der Haupt-FB (z. B. indem Sie auf die sichtbare Fluid Box auf der Bühne klicken), wählen Sie in der Werkzeugleiste **Fluid Box** und fügen Sie 2 vertikale Unter-FBs ein.

7 Ziehen Sie die SVG, die sich außerhalb der Folie befindet, per Drag-&-Drop in die obere der beiden Fluid Boxes auf unterster Ebene.

8 Ziehen Sie die beiden Textobjekte, die sich außerhalb der Folie befinden, per Drag-&-Drop in die untere der beiden Fluid Boxes auf unterster Ebene.

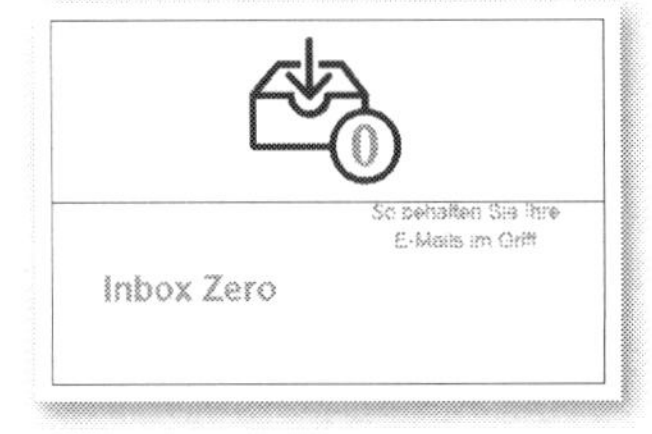

9 Markieren Sie die obere der beiden Fluid Boxes auf unterster Ebene und wählen Sie in den *Eigenschaften* unter *Auffüllung* bei *Vertikal* den Wert **20 px**.

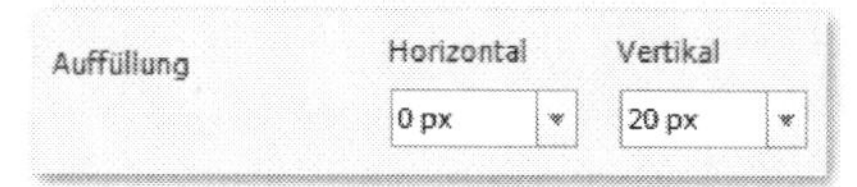

Sie sehen, dass sich die SVG verkleinert.

10 Markieren Sie die untere der beiden Fluid Boxes auf unterster Ebene und wählen Sie im Bedienfeld *Eigenschaften* unter *Inhaltsfluss* über das Aufklappmenü **Vertikal** sowie unter *Umbruchsoptionen* über das Aufklappmenü **In Spalte komprimieren**.

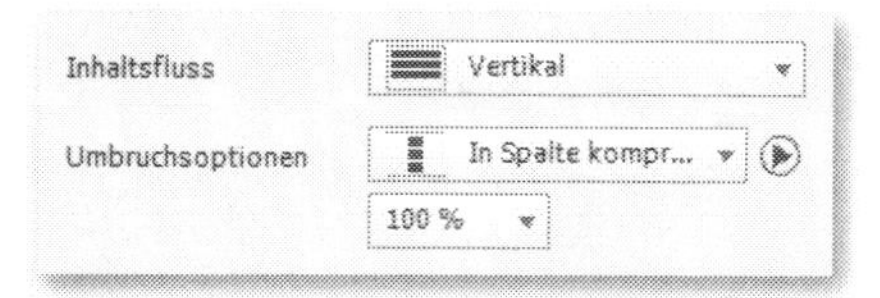

11 Veröffentlichen Sie Ihr Projekt und testen Sie es im Webbrowser.

Sie wissen nun, wie Sie ein Fluid-Box-Layout anlegen und mit Inhalt befüllen.

Fluid-Box-Eigenschaften

Die Eigenschaften einer Fluid Box ermöglichen Ihnen, frei zu definieren, wie sich eine Fluid Box sowie darin enthaltene Objekte oder darin verschachtelte Fluid Boxes verhalten sollen, wenn sich das Layout ändert.

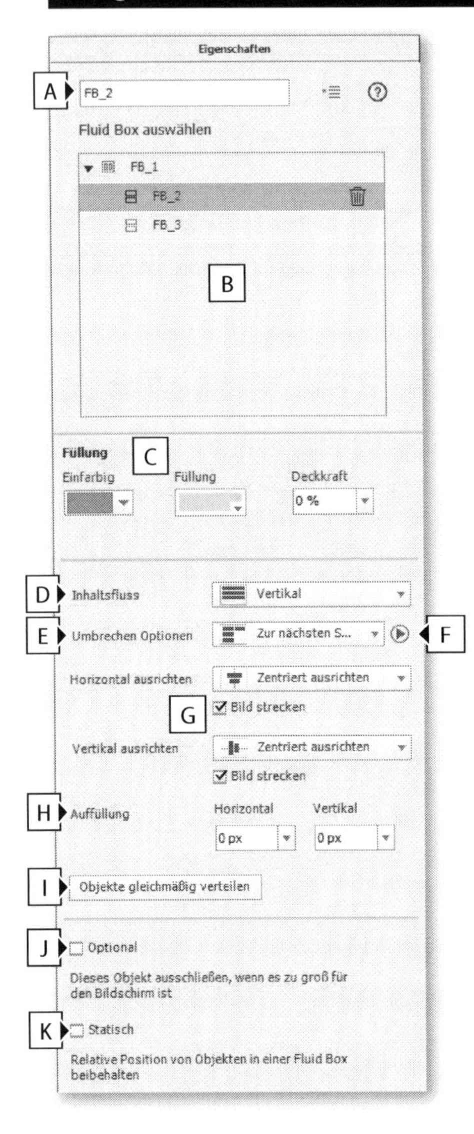

A Fluid-Box-Name

B Fluid-Box-Auswahl

C Füllung (▶ *Seite 65*)

D Flussrichtung enthaltener Objekte/Unter-FBs

E Umbruchverhalten enthaltener Objekte/Unter-FBs

F Layout-Vorschau (▶ *Seite 501*)

G Horizontale/vertikale Ausrichtung enthaltener Objekte/Unter-FBs

H Auffüllung

I Objekte gleichmäßig verteilen

J Fluid Box auf Optional stellen (▶ *Seite 530*)

K In statische Fluid Box umwandeln (▶ *Seite 529*)

Inhaltsfluss

Die Flussrichtung bestimmt, ob die Inhalte (Unter-FBs oder Objekte) einer Fluid Box in horizontaler oder vertikaler Richtung angeordnet sind.

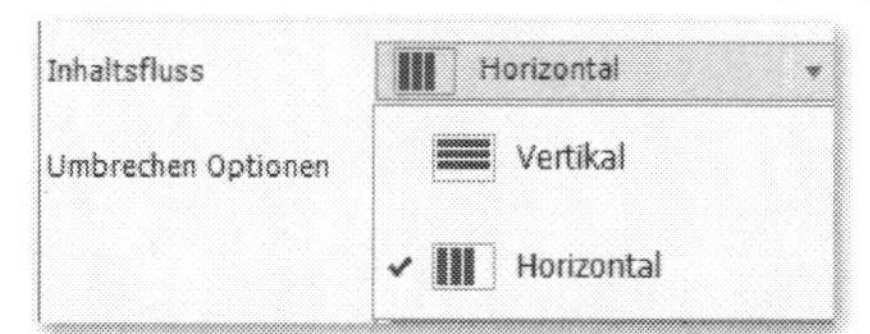

Umbrechen Optionen

Objekte und Unter-FBs, die sich innerhalb einer Fluid Box befinden, ordnen sich bei Veränderung des Layouts neu an, indem sie z. B. in eine neue Spalte oder Zeile umbrechen. Sie können einstellen, ab welchem Umbruchpunkt und in welcher Form – Captivate bietet vier Umbruchvarianten – dieses Umbrechen stattfinden soll. Dabei definiert der von 50–100 % einstellbare Wert den genauen Umbruchpunkt bezogen auf die maximale Breite des Projekts. Standardmäßig legen Sie den Umbruchpunkt für die gesamte Folie zentral über die Haupt-FB fest.

Umbruchpunkt individuell je Fluid Box definieren

Um den Umbruchpunkt je Fluid Box individuell einzustellen, wählen Sie **Bearbeiten > Voreinstellungen > Standardwerte** und aktivieren Sie **Textumbruchpunkt aktivieren**. Anschließend können Sie im Bedienfeld *Eigenschaften* aller Fluid Boxes im Bereich *Umbrechen* den Umbruchpunkt über die Auswahlliste in Prozent einstellen. Andernfalls wird das Verhalten der Objekte/Unter-FBs von den Einstellungen der Haupt-FB einer Folie gesteuert.

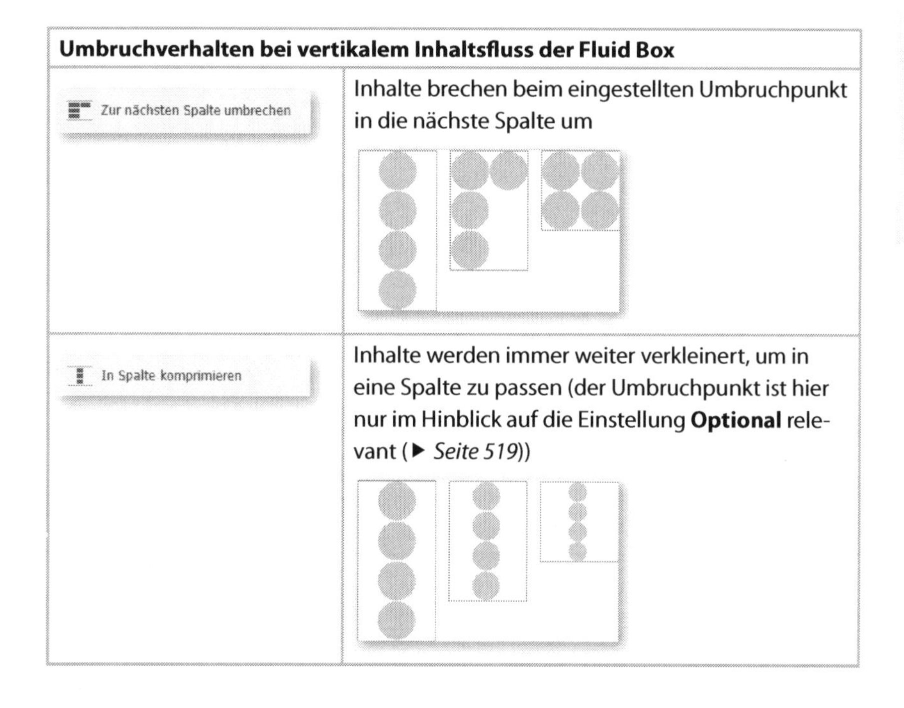

Umbruchverhalten bei vertikalem Inhaltsfluss der Fluid Box	
Zur nächsten Spalte umbrechen	Inhalte brechen beim eingestellten Umbruchpunkt in die nächste Spalte um
In Spalte komprimieren	Inhalte werden immer weiter verkleinert, um in eine Spalte zu passen (der Umbruchpunkt ist hier nur im Hinblick auf die Einstellung **Optional** relevant (▶ *Seite 519*))

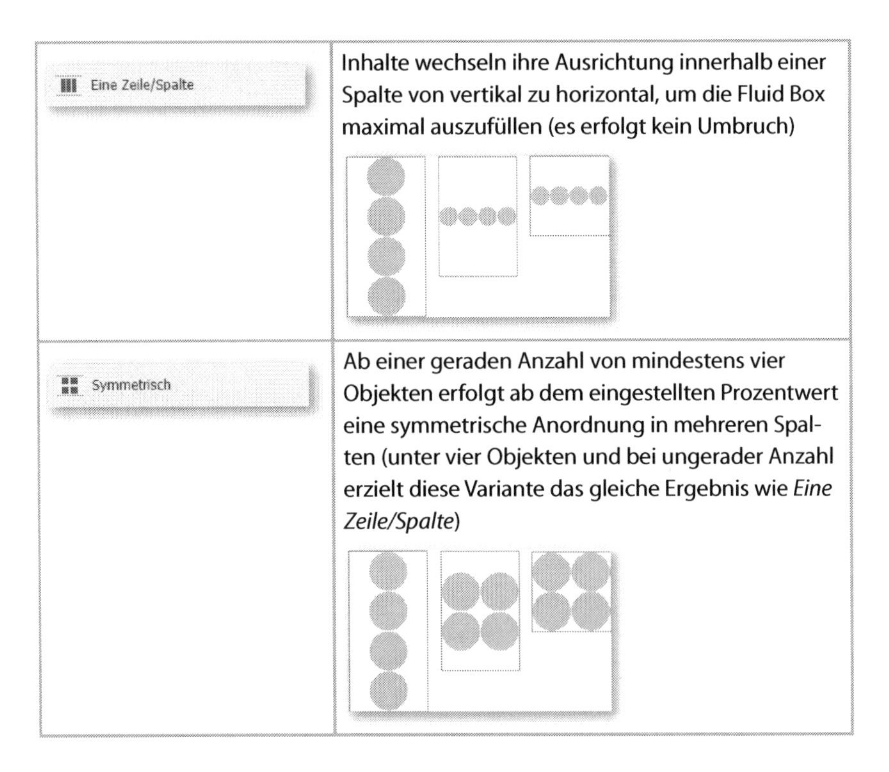

Eine Zeile/Spalte	Inhalte wechseln ihre Ausrichtung innerhalb einer Spalte von vertikal zu horizontal, um die Fluid Box maximal auszufüllen (es erfolgt kein Umbruch)
Symmetrisch	Ab einer geraden Anzahl von mindestens vier Objekten erfolgt ab dem eingestellten Prozentwert eine symmetrische Anordnung in mehreren Spalten (unter vier Objekten und bei ungerader Anzahl erzielt diese Variante das gleiche Ergebnis wie *Eine Zeile/Spalte*)

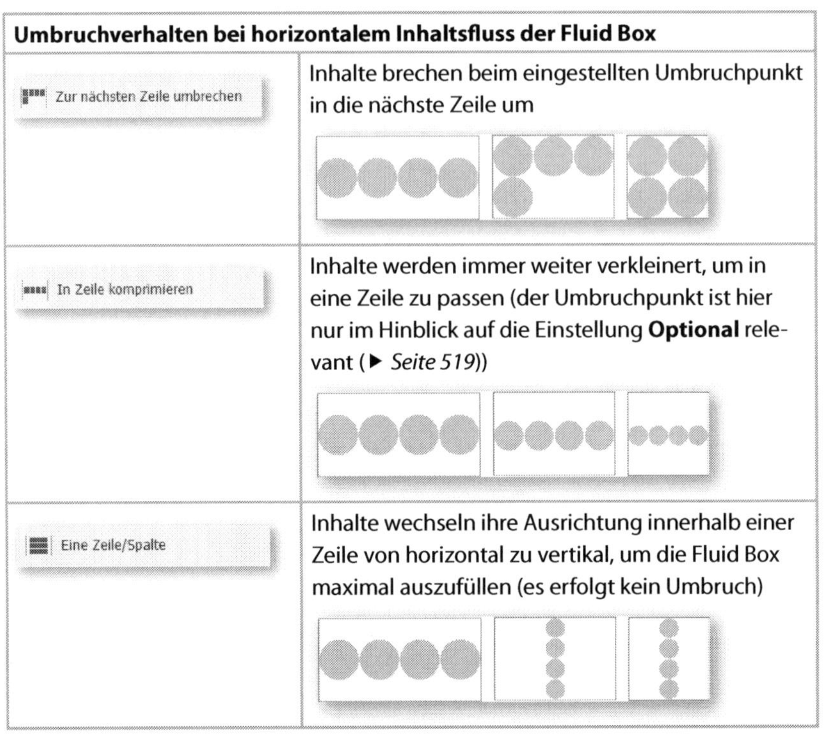

Umbruchverhalten bei horizontalem Inhaltsfluss der Fluid Box	
Zur nächsten Zeile umbrechen	Inhalte brechen beim eingestellten Umbruchpunkt in die nächste Zeile um
In Zeile komprimieren	Inhalte werden immer weiter verkleinert, um in eine Zeile zu passen (der Umbruchpunkt ist hier nur im Hinblick auf die Einstellung **Optional** relevant (▶ *Seite 519*))
Eine Zeile/Spalte	Inhalte wechseln ihre Ausrichtung innerhalb einer Zeile von horizontal zu vertikal, um die Fluid Box maximal auszufüllen (es erfolgt kein Umbruch)

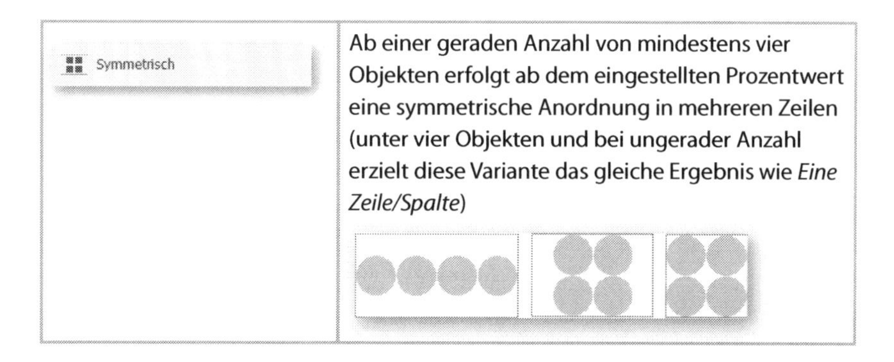

Symmetrisch	Ab einer geraden Anzahl von mindestens vier Objekten erfolgt ab dem eingestellten Prozentwert eine symmetrische Anordnung in mehreren Zeilen (unter vier Objekten und bei ungerader Anzahl erzielt diese Variante das gleiche Ergebnis wie *Eine Zeile/Spalte*)

Das Umbruchverhalten unter der Lupe

Generell gilt: Sobald der eingestellte Umbruchpunkt um 1 px unterschritten wird, erfolgt der Umbruch. Wenn Sie also **100 %** einstellen bei einer Projektbreite von 1024 px, erfolgt der Umbruch bei 1023 px.

Wenn Ihnen die Prozentangaben wie z. B. 80 % zu ungenau sind und Sie das Umbruchverhalten genau nachvollziehen möchten, können Sie alle Umbruchpunkte selbst berechnen. Sie können so z. B. genau berechnen, ab welcher Pixelgröße mit der Einstellung **Optional** (▶ *Seite 519*) bestimmte Objekte/Fluid Boxes auf bestimmten Endgeräten ausgeblendet werden. Beachten Sie dabei, dass Sie dies nicht zwingend berechnen müssen, da Sie das Verhalten ganz einfach über die Testlayouts (▶ *Seite 501*) bzw. die Vorschau/Veröffentlichung überprüfen können. Es kann jedoch hilfreich sein, sich mit der Kalkulation zu beschäftigen, um ein noch tieferes Verständnis zum Thema Fluid Boxes zu gewinnen.

Um die folgenden Zahlen nachzuvollziehen, empfehle ich Ihnen, vorab ein kleines Testprojekt anzulegen:

1. Erstellen Sie eine neue Folie mit einer Fluid Box mit horizontalem Inhaltsfluss.
2. Stellen Sie sicher, dass in den *Eigenschaften* unter *Umbrechen Optionen* **Zur nächsten Zeile umbrechen** und der Umbruchpunkt bei **80 %** eingestellt ist.

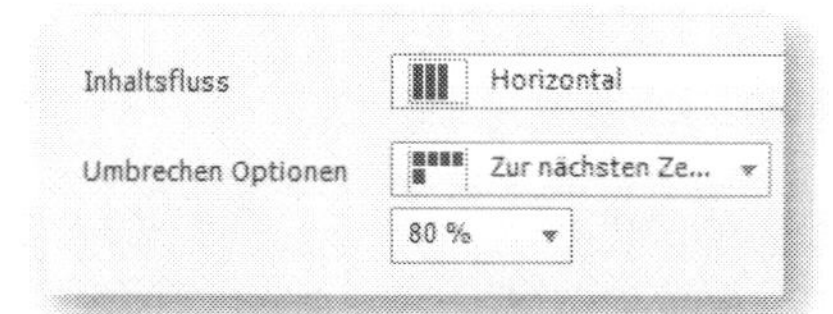

3. Fügen Sie 3 beliebige Objekte (z. B. Smartformen) ein.

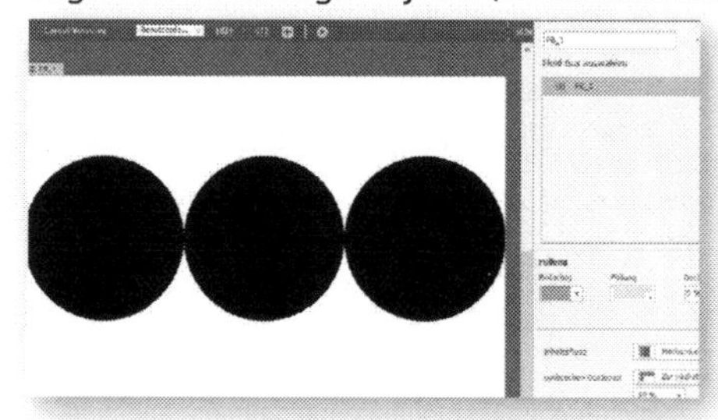

4 Ziehen Sie dann den Schieberegler oberhalb der Folie auf die entsprechenden Größen, um das Verhalten nachzuvollziehen.

Berechnung:

Ausgehend von einer Projektbreite von 1024 px und dem Umbruchpunkt von **80 %** erfolgt der erste Umbruch bei einer Breite von 818 px (Unterschreitung von 80 % der Projektbreite um 1 px):

1024 px (Projektbreite) x 0,8 (80 %) = 819 px

819 px – 1 px = 818 px

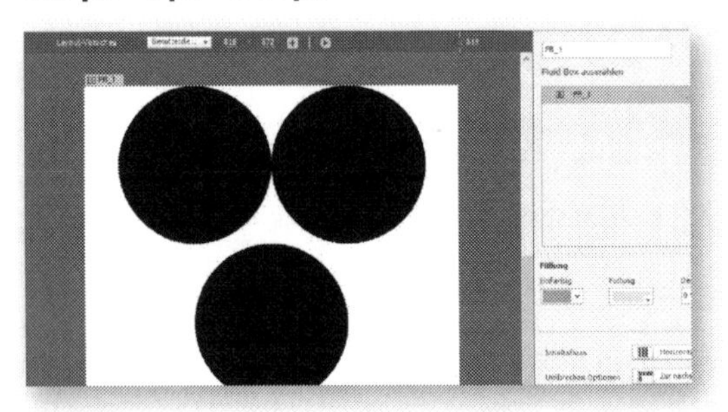

Ausgehend von der neuen Projektbreite von 819 px sowie den drei Objekten, die sich in der Fluid Box befinden (zwei in der ersten, eines in der zweiten Zeile), findet der zweite Umbruch bei einer Breite von 545 px (Unterschreitung der Breite von zwei Objekten um 1 px) statt:

819 px (Projektbreite) : 3 (Objekte) = 273 px (Breite je Objekt)

273 px x 2 (Objekte in der ersten Zeile) = 546 px

546 px – 1 px = 545 px

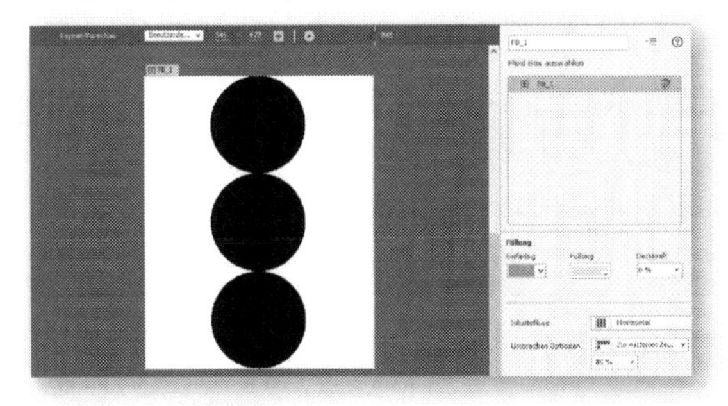

Ausrichtung

Über das Bedienfeld *Eigenschaften* können Sie festlegen, wie sich Objekte oder Unter-FBs innerhalb einer Fluid Box anordnen.

Beachten Sie: Wie die folgenden Bildschirmfotos zeigen, müssen Sie je nach Ausrichtungseinstellung sowie auch abhängig von den Objekten einer Fluid Box die Option **Bild strecken** deaktivieren, um das gewünschte Ergebnis zu erzielen.

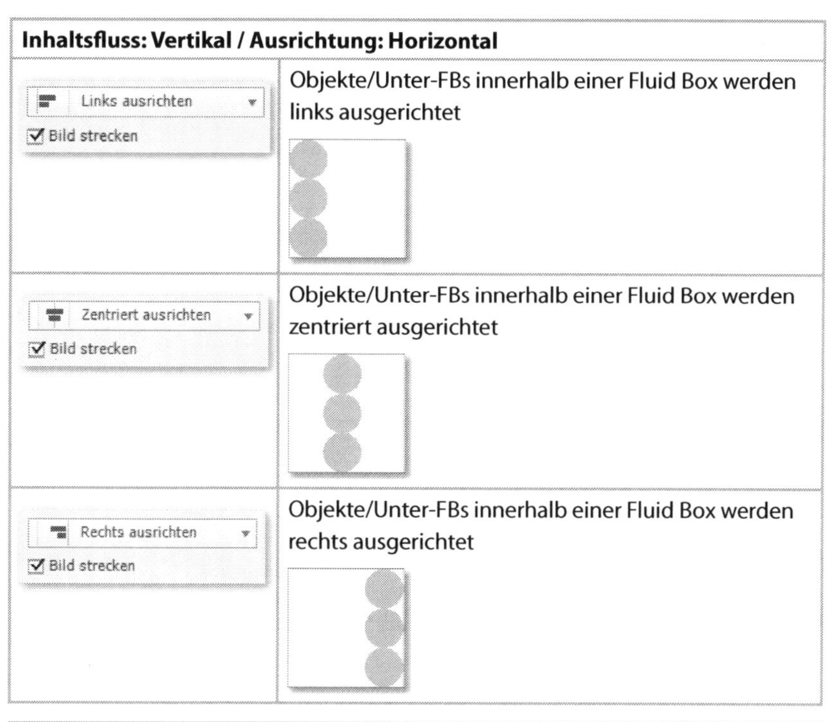

Inhaltsfluss: Vertikal / Ausrichtung: Horizontal	
Links ausrichten ☑ Bild strecken	Objekte/Unter-FBs innerhalb einer Fluid Box werden links ausgerichtet
Zentriert ausrichten ☑ Bild strecken	Objekte/Unter-FBs innerhalb einer Fluid Box werden zentriert ausgerichtet
Rechts ausrichten ☑ Bild strecken	Objekte/Unter-FBs innerhalb einer Fluid Box werden rechts ausgerichtet

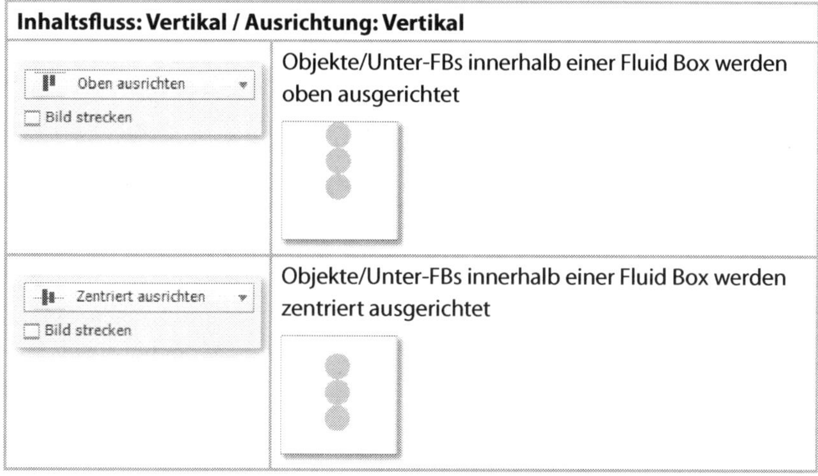

Inhaltsfluss: Vertikal / Ausrichtung: Vertikal	
Oben ausrichten ☐ Bild strecken	Objekte/Unter-FBs innerhalb einer Fluid Box werden oben ausgerichtet
Zentriert ausrichten ☐ Bild strecken	Objekte/Unter-FBs innerhalb einer Fluid Box werden zentriert ausgerichtet

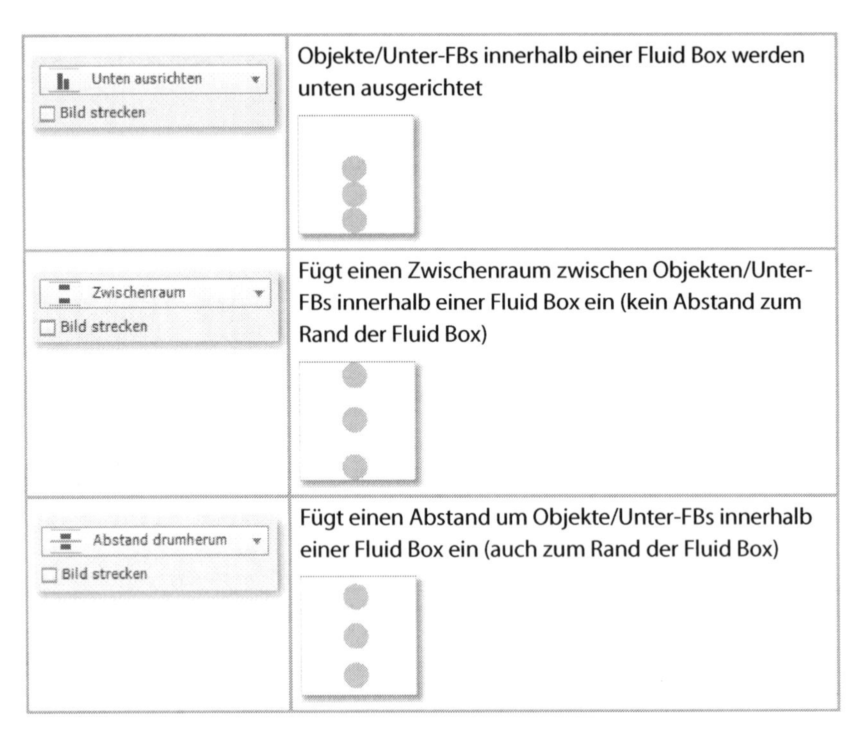

Unten ausrichten Bild strecken	Objekte/Unter-FBs innerhalb einer Fluid Box werden unten ausgerichtet
Zwischenraum Bild strecken	Fügt einen Zwischenraum zwischen Objekten/Unter-FBs innerhalb einer Fluid Box ein (kein Abstand zum Rand der Fluid Box)
Abstand drumherum Bild strecken	Fügt einen Abstand um Objekte/Unter-FBs innerhalb einer Fluid Box ein (auch zum Rand der Fluid Box)

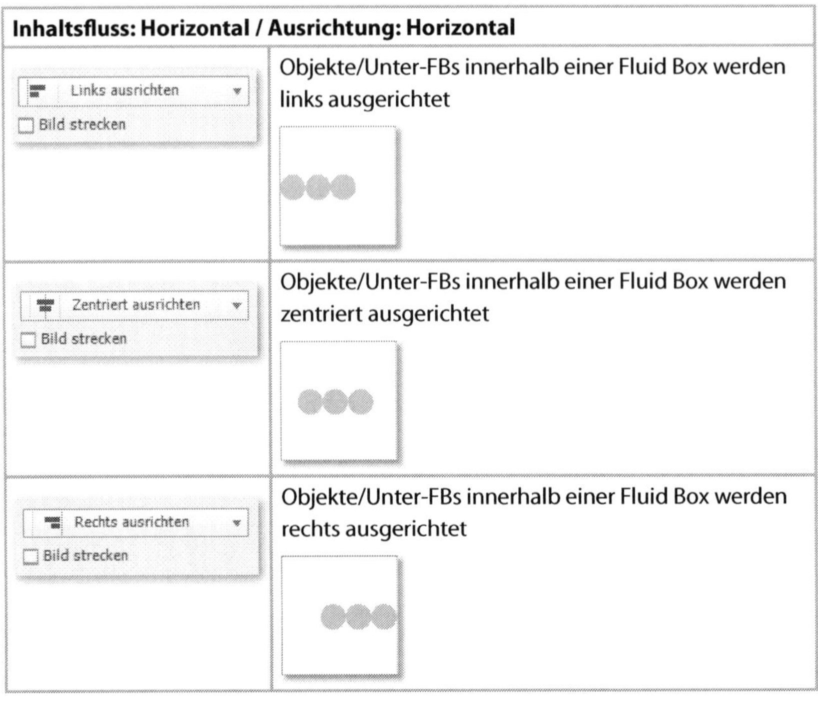

Inhaltsfluss: Horizontal / Ausrichtung: Horizontal	
Links ausrichten Bild strecken	Objekte/Unter-FBs innerhalb einer Fluid Box werden links ausgerichtet
Zentriert ausrichten Bild strecken	Objekte/Unter-FBs innerhalb einer Fluid Box werden zentriert ausgerichtet
Rechts ausrichten Bild strecken	Objekte/Unter-FBs innerhalb einer Fluid Box werden rechts ausgerichtet

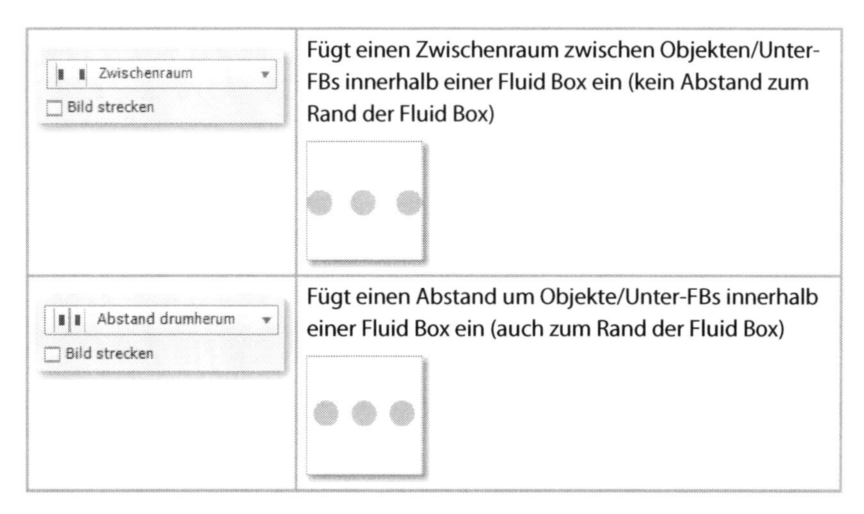

Zwischenraum Bild strecken	Fügt einen Zwischenraum zwischen Objekten/Unter-FBs innerhalb einer Fluid Box ein (kein Abstand zum Rand der Fluid Box)
Abstand drumherum Bild strecken	Fügt einen Abstand um Objekte/Unter-FBs innerhalb einer Fluid Box ein (auch zum Rand der Fluid Box)

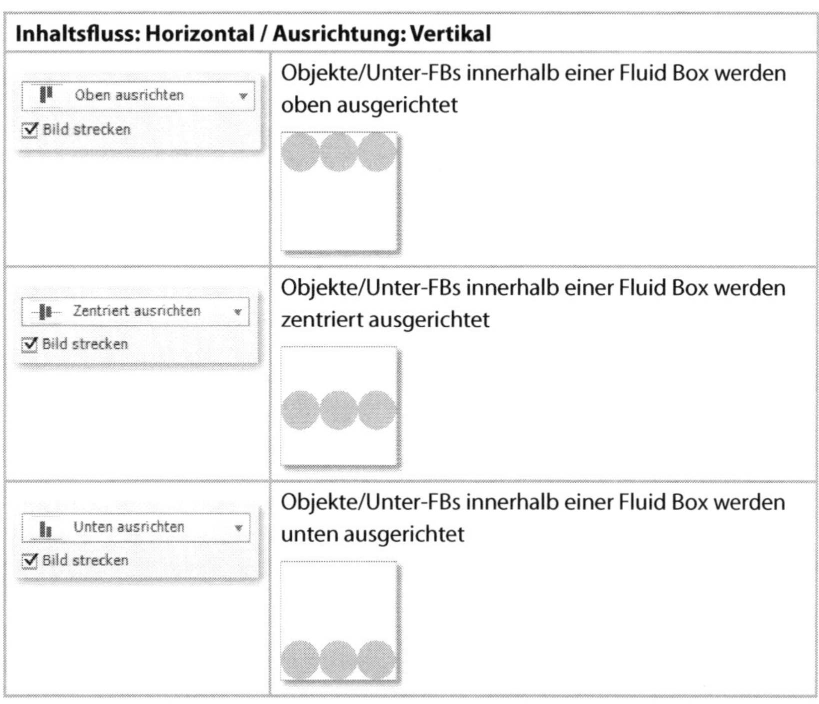

Inhaltsfluss: Horizontal / Ausrichtung: Vertikal	
Oben ausrichten Bild strecken	Objekte/Unter-FBs innerhalb einer Fluid Box werden oben ausgerichtet
Zentriert ausrichten Bild strecken	Objekte/Unter-FBs innerhalb einer Fluid Box werden zentriert ausgerichtet
Unten ausrichten Bild strecken	Objekte/Unter-FBs innerhalb einer Fluid Box werden unten ausgerichtet

Auffüllung

Mithilfe der horizontalen und vertikalen Auffüllung können Sie für eine Fluid Box Innenabstände definieren. Diese gelten dann für jede darunterliegende Fluid Box bzw. jedes Objekt.

Beispiel: Sie platzieren zwei Objekte in einer Fluid Box und möchten anschließend einen Abstand von 30 px zwischen den Objekten und dem Rand der Fluid Box einfügen. Markieren Sie dazu die Fluid Box und geben Sie unter *horizontaler und vertikaler Auffüllung* den Wert **30 px** ein. Zwischen beiden Objekten ergibt sich in der Mitte nun ein Abstand von 60 px, da sich die Abstände addieren.

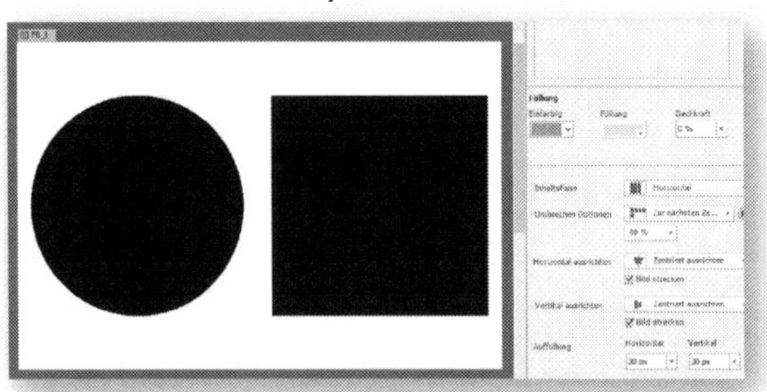

Wenn Sie keinen Abstand zwischen den beiden Objekten, aber zum Rand der Fluid Box wünschen, fügen Sie eine Unter-FB ein, in die Sie die beiden Objekte verschieben. Markieren Sie anschließend die Ober-FB und geben Sie unter *horizontaler und vertikaler Auffüllung* den Wert **30 px** ein.

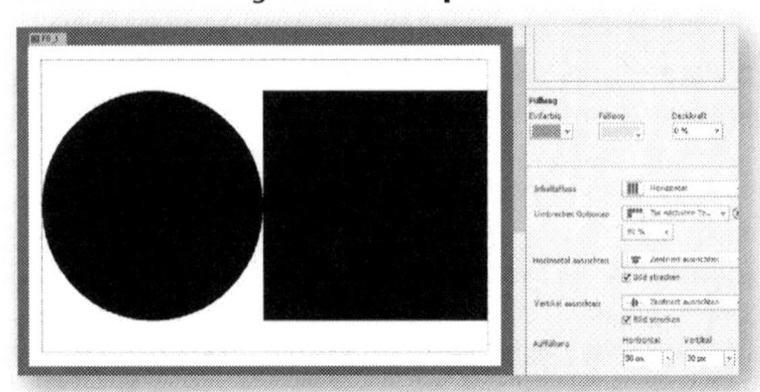

Objekte gleichmäßig verteilen

Wenn Sie möchten, dass Objekte innerhalb einer Fluid Box abstands- und größengleich angeordnet werden, klicken Sie in den *Eigenschaften* der Fluid Box auf **Objekte gleichmäßig verteilen**.

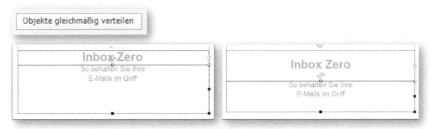

Die Fluid-Box-Einstellung Statisch

Über die Eigenschaften einer Fluid Box können Sie diese auf **Statisch** einstellen.

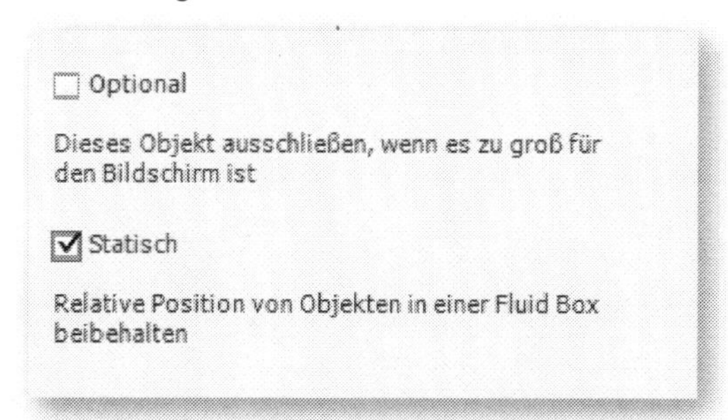

Statische Fluid Boxen eröffnen Ihnen eine Fülle weiterer Gestaltungsmöglichkeiten, die in normalen Fluid Boxes nicht möglich sind. Sobald Sie eine Fluid Box auf **Statisch** eingestellt haben, wird Ihnen auffallen: die meisten der zuvor genannten Eigenschaften (außer der vertikalen/horizontalen Ausrichtung sowie der Einstellung **Optional**) sind nicht verfügbar. Denn: Eine statische Fluid Box skaliert stets proportional und Sie können das Umbruchverhalten nicht beeinflussen.

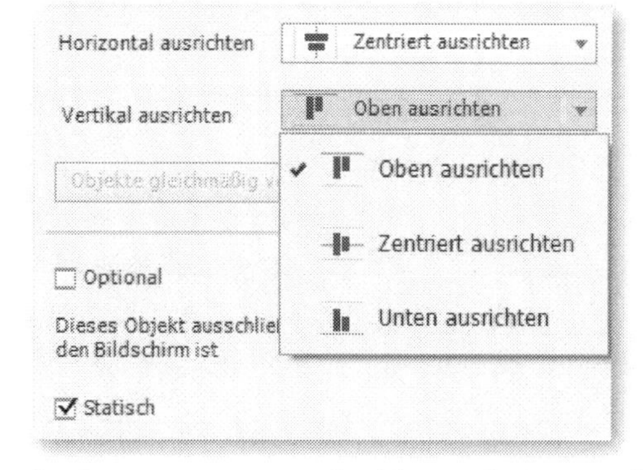

Im Gegensatz zu normalen können Sie in statischen Fluid Boxes:

1. Sich überlappende Objekte platzieren (z. B. Quiz-Feedbackmeldungen)
2. Und dadurch auch zusätzliche Objekte in einen Objektstatus einfügen

Weiterhin stehen Ihnen fast dieselben Positionseigenschaften zur Verfügung wie bei frei platzierten Objekten (▶ *Seite 510*). Die prozentuale Ausrichtung sowie die Größenverhältnisse der Objekte beziehen sich dabei auf die statische Fluid Box, nicht auf die gesamte Folie.

Im Gegensatz zur freien Objektpositionierung fehlen allerdings bei Objekten in statischen Fluid Boxes die Funktion **Smartposition** sowie die Möglichkeit der Objektpositionierung von unten und von rechts (Stand: Captivate 11.0.1.266).

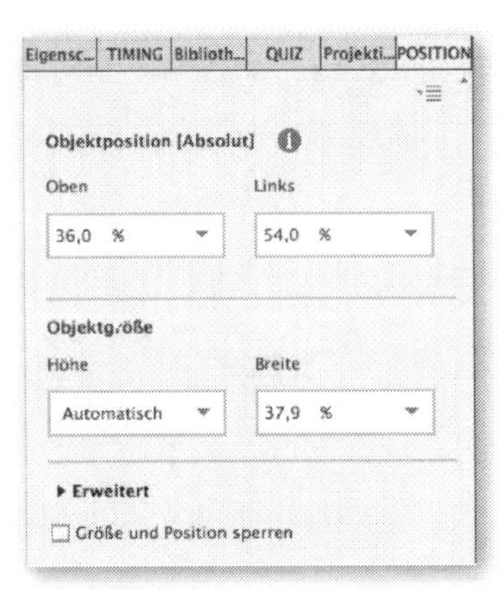

Beachten Sie: Die Haupt-FB einer Folie kann nie statisch sein, sondern nur darunterliegende Fluid Boxes.

Optionale Objekte und Fluid Boxes

Mittels der Einstellung **Optional** können Sie sowohl Objekte als auch ganze Fluid Boxes in kleineren Ansichten ausblenden. Dies ist z. B. ideal, um Schmuckelemente, die nur in der Desktop-Ansicht sichtbar sein sollen, in der mobilen Ansicht nicht anzuzeigen. Sie finden diese Einstellung in den *Eigenschaften* eines Objekts / einer Fluid Box.

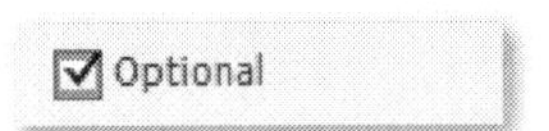

Beachten Sie: Damit die Einstellung **Optional** greift, muss in den *Eigenschaften* der übergeordneten Fluid Box (in der sich das Objekt bzw. die Fluid Box befindet) die Einstellung **In Zeile komprimieren** bzw. **In Spalte komprimieren** ausgewählt sein.

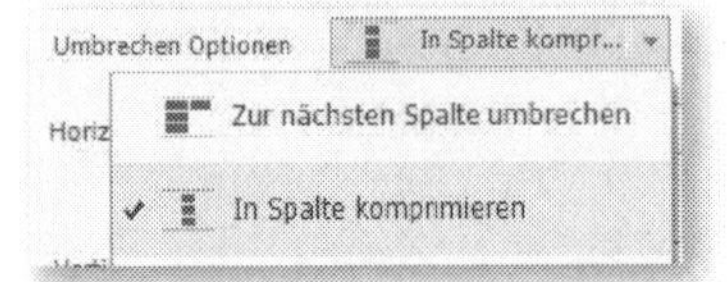

Sie können den Umbruchpunkt der übergeordneten Fluid Box berechnen (▶ *Seite 523*) und so genau ermitteln, auf welchen Geräten Objekte oder Fluid Boxes nicht mehr sichtbar sind.

Responsiver Text

Minimale Schriftgröße

Je Folie können Sie die Mindestschriftgröße einstellen, die nicht unterschritten werden soll, wenn sich responsiver Text einem Layout anpasst. Öffnen Sie dazu die *Eigenschaften* der Folie und tragen Sie im Tab *Stil* unter *Minimale Schriftgröße* die gewünschte Minimalgröße ein. Der mögliche Wertebereich liegt hier bei **8 - 20 pt**.

Tipp: Sie können mehrere Folien markieren und so den Wert einheitlich anpassen.

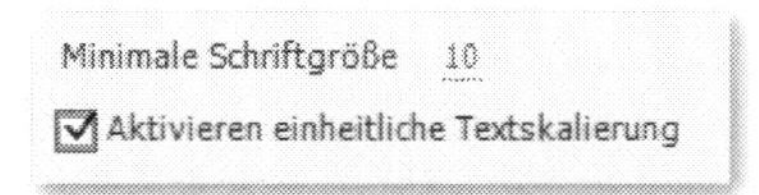

Durch die Funktion **Aktivieren einheitliche Textskalierung** können Sie definieren, dass sich sämtliche Texte einheitlich verkleinern bzw. vergrößern, um einen unschönen Mix aus Schriftgrößen zu vermeiden.

Lightbox-Funktion

Texte in einer Fluid Box, die je nach Displaygröße des Zielgeräts keinen Platz mehr finden, werden automatisch mit einer Lightbox-Funktion bestückt. So kann der Lerner den „versteckten" Text in einem Pop-up-Fenster öffnen. Bis auf die Textfarbe (Weiss) entspricht das Textformat der Lightbox dem ursprünglich eingestellten Format.

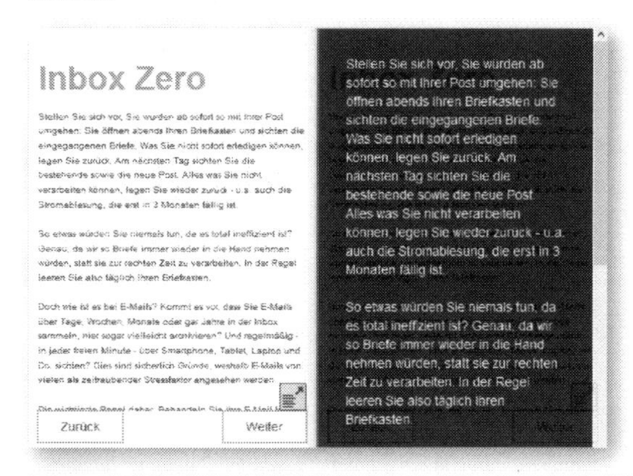

Standard-Symbol der Lightbox tauschen

Sie können das Standard-Symbol der Lightbox in der Veröffentlichung oder bereits in den Standard-Dateien von Captivate anpassen. Um die Standard-Dateien anzupassen (die für die Veröffentlichung verwendet werden): Ersetzen Sie im Programmverzeichnis von Captivate unter *html\assets\htmlimages* die Dateien *expand_icon.png* sowie *expand_icon@2x.png* durch ein eigenes Symbol (mit dem gleichen Dateinamen).

? Das Symbol zum Einblenden der Lightbox erscheint, obwohl noch viel Platz für den Text ist? Die Ursache ist sehr wahrscheinlich, dass sich noch leere Absätze im Text befinden. Das kann z. B. passieren, wenn Sie externe Inhalte nach Captivate kopieren. Um dies zu prüfen: Doppelklicken Sie in den Text und drücken Sie Strg+A - Sie sehen dann direkt, ob Bereiche über den Text hinaus markiert werden.

Übung: Umbruchoptionen eines Fluid-Box-Projekts einstellen

Im Rahmen dieser Übung legen Sie die Umbruchoptionen eines Fluid-Box-Layouts fest.

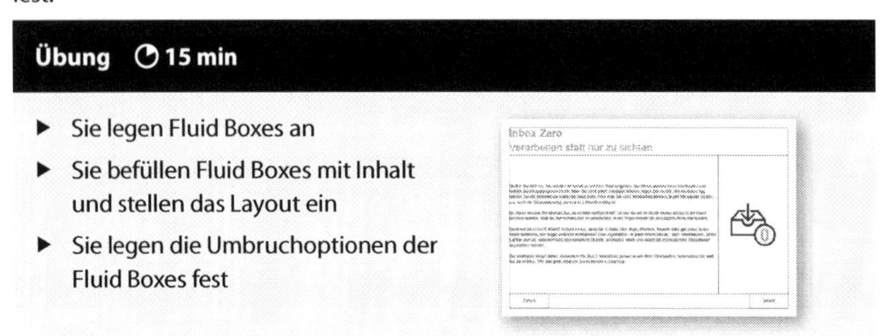

Übung 15 min
Sie legen Fluid Boxes an
Sie befüllen Fluid Boxes mit Inhalt und stellen das Layout ein
Sie legen die Umbruchoptionen der Fluid Boxes fest
Inbox Zero

1 Öffnen Sie aus dem Ordner *21_Responsive_Projekte* die Datei *Fluid_Boxes_Content-Folie_Ziel.cptx* (▶ *Seite 12*).
Sie sehen die Titelseite eines Projekts, das mithilfe von Fluid Boxes gelayoutet wurde. Veröffentlichen Sie das Projekt und skalieren Sie es im Browserfenster, um das responsive Verhalten des Projekts zu erkunden. In den folgenden Schritten möchten wir dieses Layout gemeinsam umsetzen, welches der im folgenden Bildschirmfoto gezeigten Fluid-Box-Struktur entspricht.

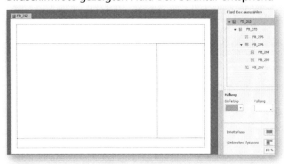

2 Öffnen Sie aus dem Ordner *21_Responsive_Projekte* die Datei *Fluid_Boxes_Content-Folie_Ausgang.cptx*.

3 Wählen Sie in der Werkzeugleiste **Fluid Box** und fügen Sie eine Haupt-FB mit 2 vertikalen Unter-FBs ein.

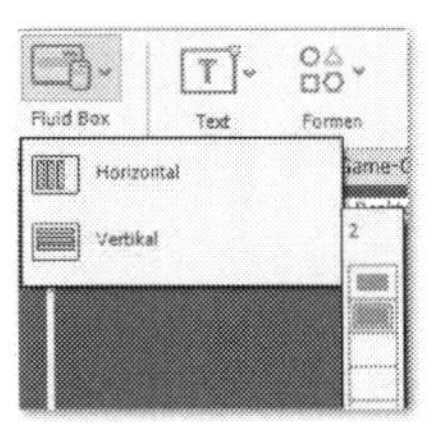

Da wir keine Fluid Box mit nur einer Unter-FB einfügen können, wählen wir den Umweg über 2 Unter-FBs, von denen wir eine wieder löschen.

4 Markieren Sie eine der beiden Unter-FBs und löschen Sie diese über das **Papierkorb-Symbol** im Bedienfeld *Eigenschaften* oder mit der Taste Entf.

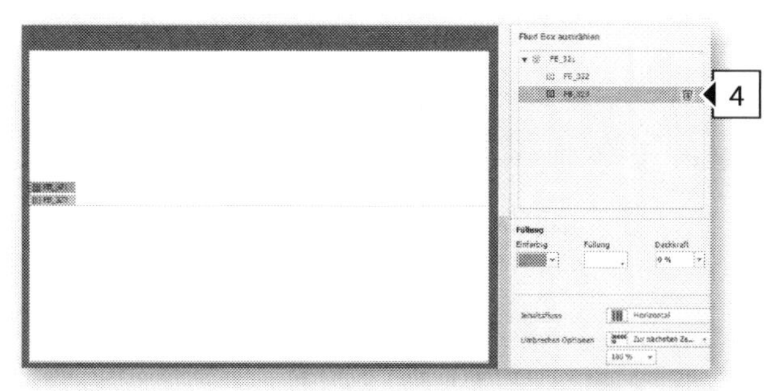

Ihr Layout besteht nun aus einer Haupt-FB mit einer Unter-FB, die beide die Maße der Folie haben. Die Haupt-FB verwenden wir, um den Rand des Layouts einzustellen, während wir die Unter-FB mit weiteren Fluid Boxes füllen.

5 Um einen Rand um die Unter-FB einzufügen, markieren Sie die Haupt-FB und wählen Sie in den *Eigenschaften* unter *Auffüllung* bei *Horizontal* und *Vertikal* jeweils den Wert **30 px**.

6 Markieren Sie die Unter-FB der Haupt-FB, wählen Sie in der Werkzeugleiste **Fluid Box** und fügen Sie 3 vertikale Unter-FBs ein.

7 Gestalten Sie das Layout wie in der Zieldatei vorgegeben, indem Sie die obere und untere der 3 neu erstellten Fluid Boxes über die *Positionseigenschaften* skalieren:

a Markieren Sie die obere Fluid Box und tragen Sie im Bedienfeld *Position* unter *Höhe* **90 px** ein.

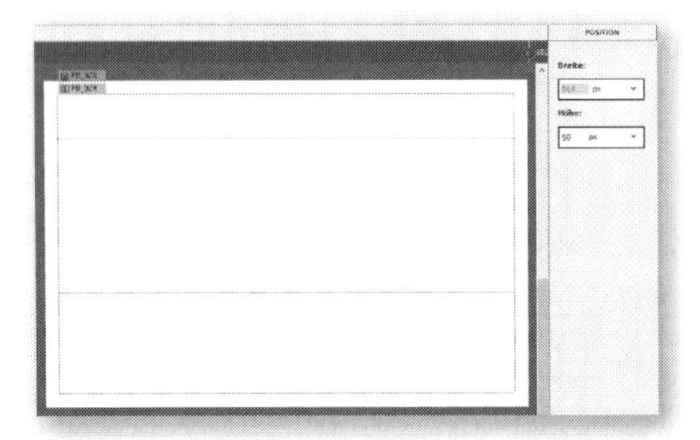

b Markieren Sie die untere Fluid Box und tragen Sie im Bedienfeld *Position* unter *Höhe* **50 px** ein.

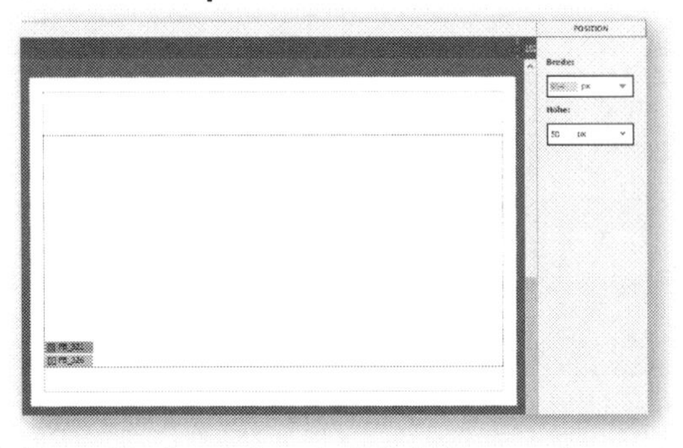

8 Markieren Sie die mittlere der 3 Fluid Boxes auf unterster Ebene und fügen Sie 2 horizontale Unter-FBs ein.

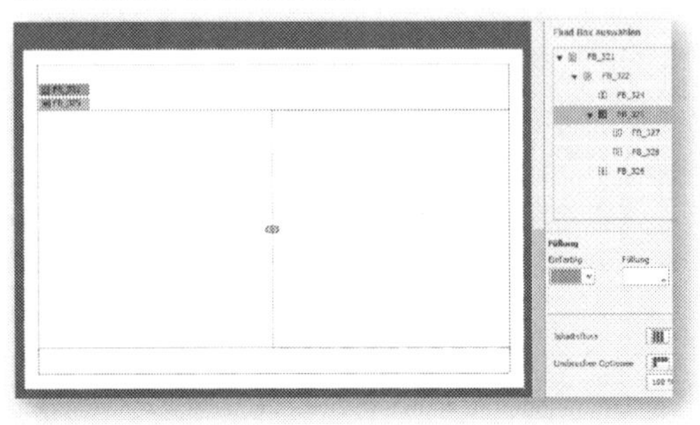

9 Vergrößern Sie anschließend die linke der beiden neu erstellten Fluid Boxes wie im Ziel-Layout vorgegeben mithilfe des Schiebereglers.

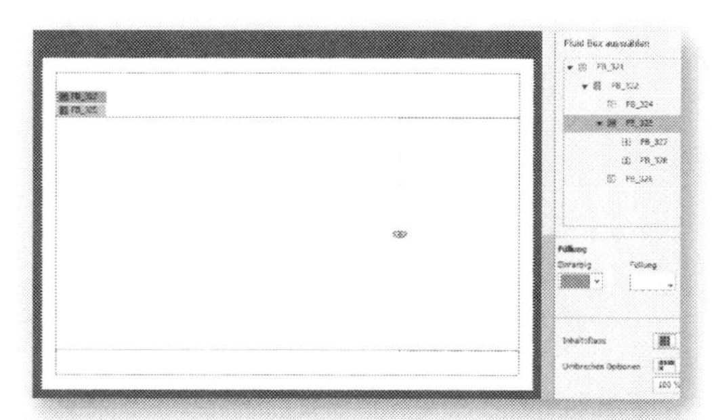

10 Befüllen Sie die Fluid Boxes per Drag-&-Drop mit den Inhalten, die sich im Bereich außerhalb der Folie befinden und stellen Sie das Fluid-Box-Layout ein:

a Fügen Sie die Textobjekte „Inbox Zero" und „Verarbeiten statt nur zu sichten" in die obere Fluid Box ein.

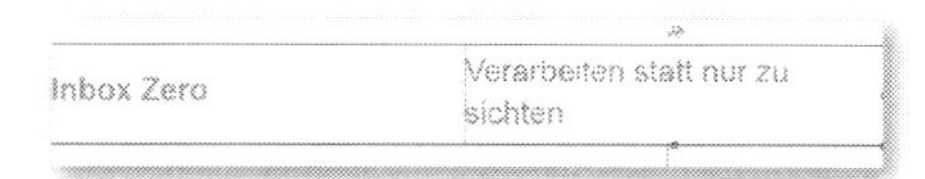

b Markieren Sie die mit den Textobjekten befüllte Fluid Box und wählen Sie im Bedienfeld *Eigenschaften* unter *Inhaltsfluss* die Option **Vertikal**.

Sie sehen, dass sich die Textobjekte nun wie im Ziel-Layout vorgegeben untereinander anordnen.

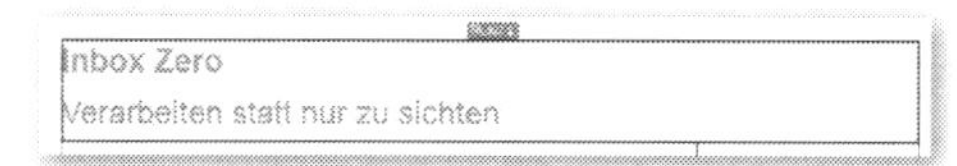

c Fügen Sie die SVG in die rechte mittlere Fluid Box ein.

d Fügen Sie das Textobjekt „Stellen Sie sich vor ..." in die linke mittlere Fluid Box ein.

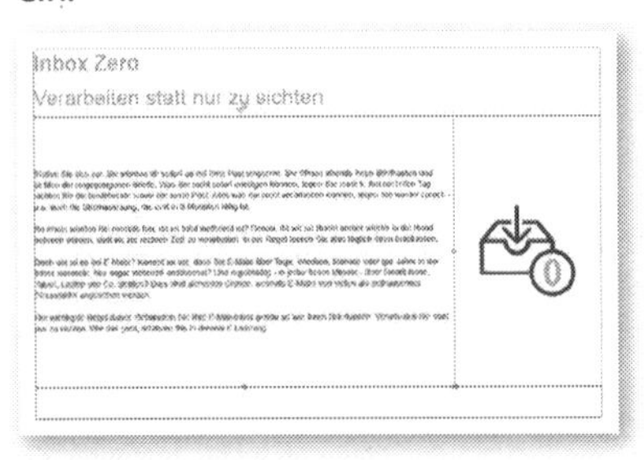

e Fügen Sie die Schaltflächen „Zurück" und „Weiter" in die untere Fluid Box ein. Sortieren Sie ggf. die Reihenfolge der Objekte per Drag-&-Drop, sodass sich „Weiter" rechts befindet.

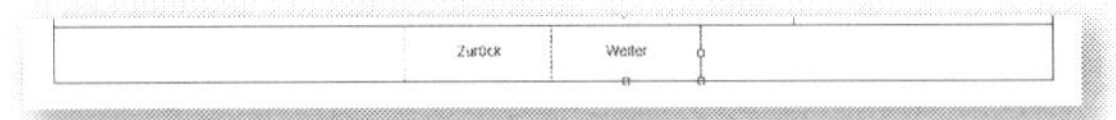

f Markieren Sie die mit den Schaltflächen befüllte Fluid Box und wählen Sie im Bedienfeld *Eigenschaften* unter *Horizontal ausrichten* die Option **Zwischenraum**.

Sie sehen, dass sich die Schaltflächen nun wie im Ziel-Layout vorgegeben an den linken bzw. rechten Rand der Fluid Box bewegen.

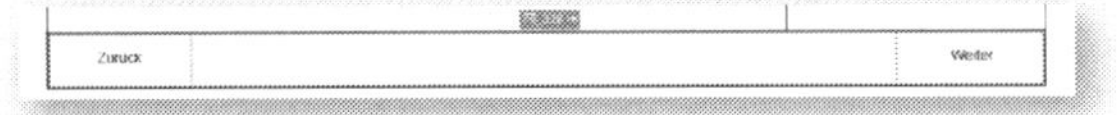

11 Wählen Sie in der Vorschauleiste eine kleinere Ansicht (z. B. „iPhone 6/7/8") und vergleichen Sie diese mit der gleichen Ansicht in der Zieldatei.

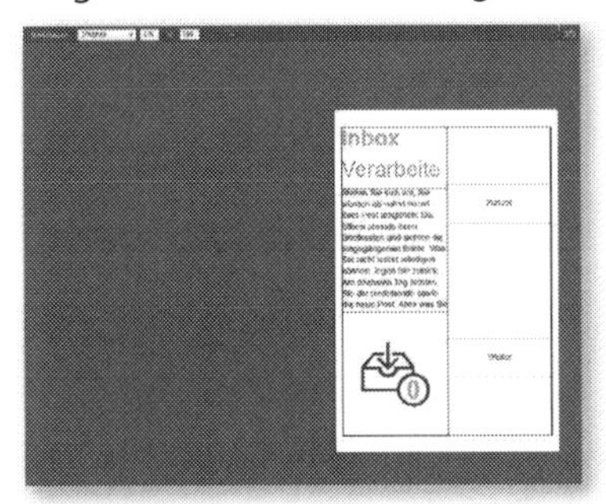

Wir stellen fest, dass sich das Layout noch nicht wie gewünscht verändert. Daher möchten wir die Umbruchoptionen des Projekts so einstellen, dass sich das Layout inhaltlich sinnvoll an kleinere Ansichten anpasst.

12 Stellen Sie die Umbruchoptionen des Layouts ein:

a Wählen Sie das Testlayout **Desktop**.

b Markieren Sie die Unter-FB der Haupt-FB und wählen Sie im Bedienfeld *Eigenschaften* unter *Umbruchsoptionen* die Option **In Spalte komprimieren**, um die darin enthaltenen Unter-FBs bei Verkleinerung des Layouts untereinander anzuordnen.

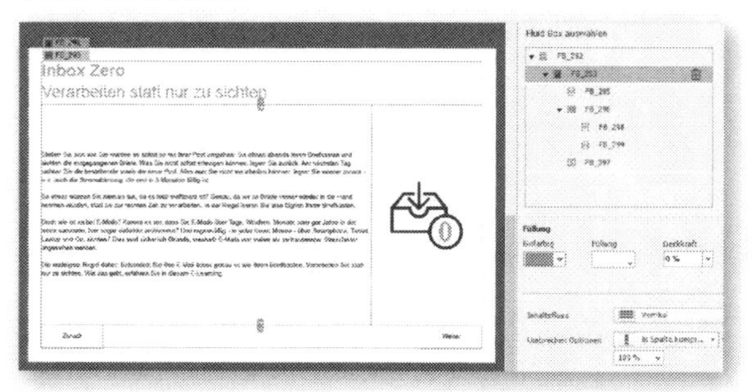

c Markieren Sie die obere der 3 vertikalen Fluid Boxes auf dritter Ebene und wählen Sie im Bedienfeld *Eigenschaften* unter *Umbruchsoptionen* die Option **In Spalte komprimieren**, um die darin enthaltenen Textobjekte bei Verkleinerung des Layouts untereinander anzuordnen.

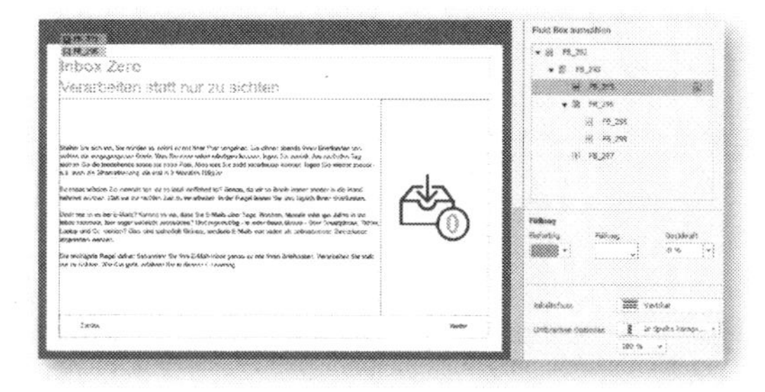

d Markieren Sie die untere der 3 vertikalen Fluid Boxes auf dritter Ebene und wählen Sie im Bedienfeld *Eigenschaften* unter *Umbruchsoptionen* die Option **In Zeile komprimieren**, um die darin enthaltenen Schaltflächen bei Verkleinerung des Layouts nebeneinander anzuordnen.

13 Stellen Sie die Objekte, die bei nicht ausreichendem Platz in kleineren Ansichten ausgeblendet werden sollen, auf **Optional**:

a Markieren Sie das Textobjekt „Verarbeiten statt nur zu sichten" und aktivieren Sie im Bedienfeld *Eigenschaften* **Optional**.

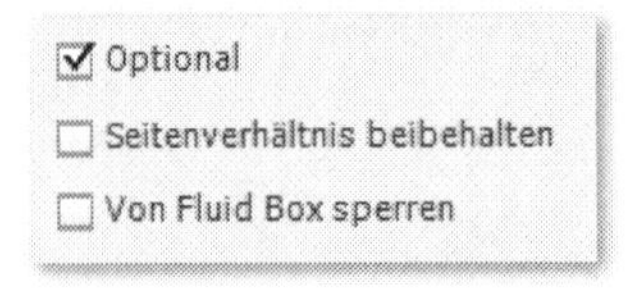

b Markieren Sie die Fluid Box auf vierter Ebene, die die SVG enthält, und aktivieren Sie im Bedienfeld *Eigenschaften* **Optional**.

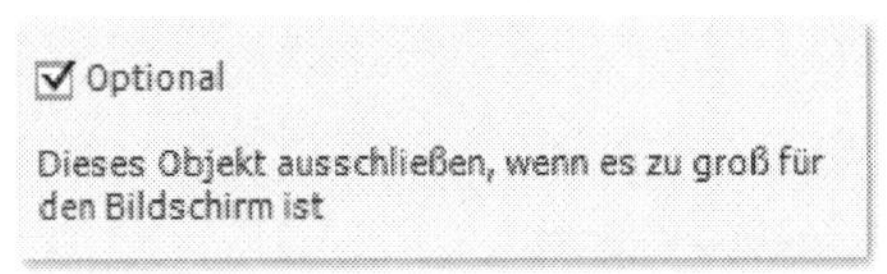

c Markieren Sie die übergeordnete Fluid Box auf dritter Ebene und wählen Sie im Bedienfeld *Eigenschaften* unter *Umbruchsoptionen* die Option **In Zeile komprimieren**.

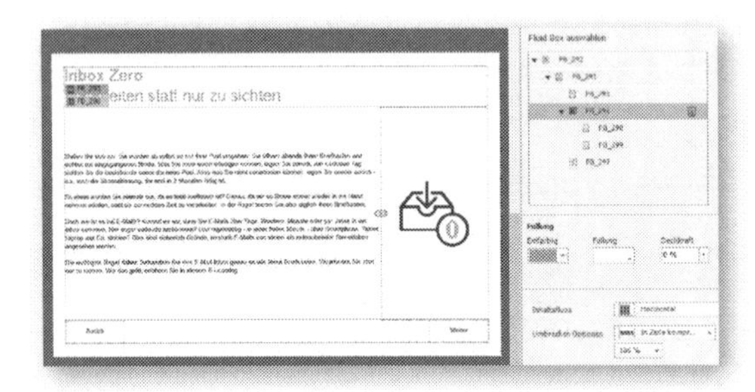

14 Stellen Sie eine minimale Schriftgröße ein, die auch in kleineren Ansichten nicht unterschritten wird:

a Öffnen Sie die *Eigenschaften* der Folie.

b Tragen Sie im Feld *Minimale Schriftgröße* den Wert **10** ein und bestätigen Sie mit der Taste [↵].

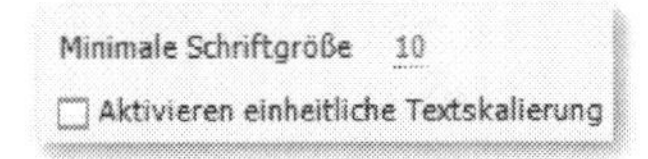

15 Veröffentlichen Sie Ihr Projekt und öffnen Sie es im Webbrowser, um das responsive Verhalten zu testen.
Wenn Sie das Browserfenster skalieren, stellen Sie fest, dass sich Ihr Projekt bei Verkleinerung der Ansicht nun wie in der Zieldatei vorgegeben verhält. So werden das optionale Text- und Grafikobjekt ab einem bestimmten Punkt ausgeblendet sowie die Lightbox-Funktion aktiviert, sobald der Fließtext die eingestellte minimale Schriftgröße erreicht hat und der vorhandene Platz nicht mehr ausreicht.

Sie wissen nun, wie Sie das Layout und die Umbruchsoptionen eines Fluid-Box-Projekts einstellen.

Praxistipps

Drehbucharbeit

Das Thema Storyboarding ist bereits bei klassischen Projekten sehr wichtig, bei responsiven Projekten noch wichtiger. Daher ist es ratsam, dass die Inhalte möglichst zu 100 % feststehen, bevor Sie Ihr responsives Projekt umsetzen – andernfalls könnte es sein, dass Sie unnötigerweise sehr viel Zeit aufbringen müssen, Fluid Boxes anzulegen, zu löschen, Objekte zu entkoppeln, die Fluid Boxes zu unterteilen und umzustrukturieren. Zeichnen Sie sich vor dem Anlegen von Fluid Boxen in Captivate ggf. auch die Struktur der Folie auf.

Folie auf Fluid-Boxes-Grid reduzieren

Um schnell und einfach den Fluid-Boxes-Aufbau einer Folie überschauen zu können, blenden Sie einfach in der Zeitleiste alle Objekte aus.

Layout im Browser testen

Über die Vorschauoptionen hinaus können Sie auch bspw. die in den Browsern Firefox oder Chrome mitgelieferten Entwicklertools nutzen, um Ihre responsiven Projekte zu testen.

Firefox: Wählen Sie in der *Menüleiste* **Extras > Web-Entwickler > Bildschirmgrößen testen**. Hier können Sie die verschiedenen Viewports pixelgenau in Breite und Höhe testen sowie Vorlagen für Ihre Zielgeräte anlegen.

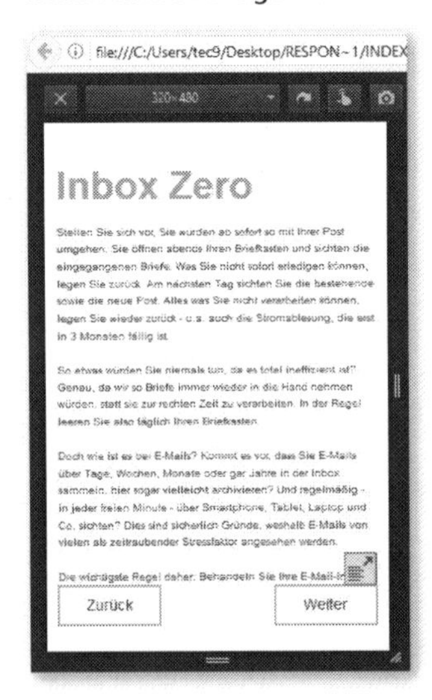

Chrome: Wählen Sie **Google Chrome anpassen und einstellen > Weitere Tools > Entwicklertools** und klicken Sie im darauf (unten) erscheinenden Entwicklertools-Bereich oben auf das **Smartphone-Symbol**.

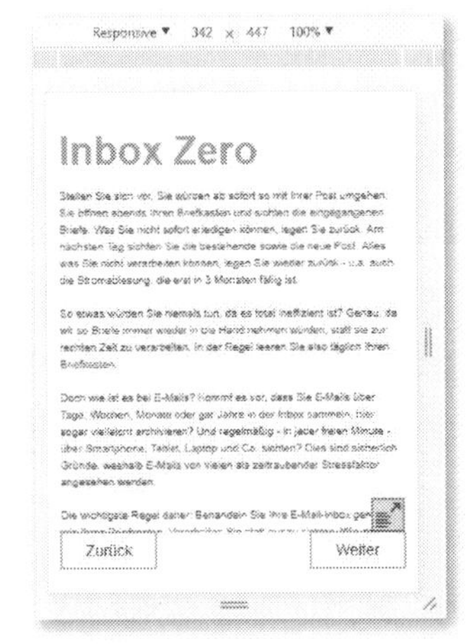

Virtual-Reality-Projekte (& Folien)

22

Mit Captivate 2019 können Sie nun Virtual-Reality-Folien und -Projekte erstellen. In diesem Kapitel lernen Sie, was genau Virtual-Reality-Projekte sind, welche Möglichkeiten Ihnen bei der Erstellung zur Verfügung stehen und wie Sie ein Virtual-Reality-Projekt veröffentlichen.

Themenübersicht

Einführung

360-Grad-Folien & -Projekte im Überblick

Mittels des Projekttyps „Virtual-Reality" können Ihre Lerner Inhalte auf eine völlig neue Weise erleben. Denn mit 360-Grad-Bildern und -Videos können Sie eine „virtuelle E-Learning-Welt" erschaffen, die Ihre Lerner mittels VR-Brille betreten oder auch per Smartphone/Tablet oder Desktop/Laptop betrachten können.

Das Bindeglied zwischen Inhalt und Interaktion in VR-Projekten stellen Hotspots dar, welche Sie in Form und Funktion (bzw. „Aktion") frei einstellen können.

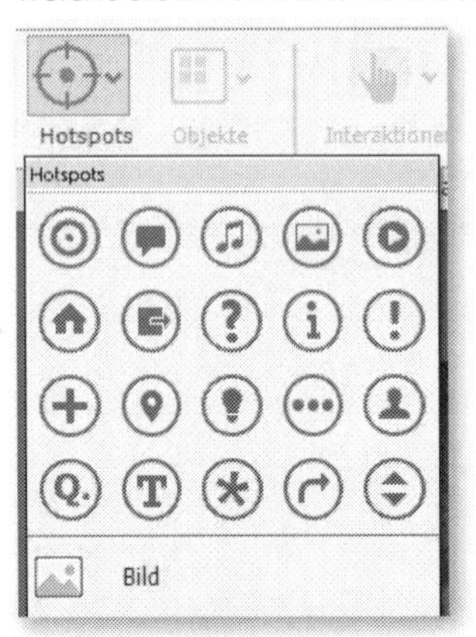

Sie müssen dabei keine kompletten VR-Projekte erstellen, sondern können auch einzelne 360-Grad-Folien in klassische sowie responsive Projekte einbinden – so lässt sich beispielsweise ein 360-Grad-Menü mit klassischen Folien verbinden.

Durch VR-Projekte können Sie z. B. Werksbegehungen, Brandschutzübungen oder Erste-Hilfe-Situationen erlebbar machen. Insbesondere wenn Ihre Lerner eine VR-Brille nutzen, entfaltet sich die Stärke dieses Projekttyps: Ihre Lerner können sich so durch Bewegung des Kopfs durch Ihre 360-Grad-Bilder und -Videos bewegen und mittels Fokussieren interaktive Objekte auswählen.

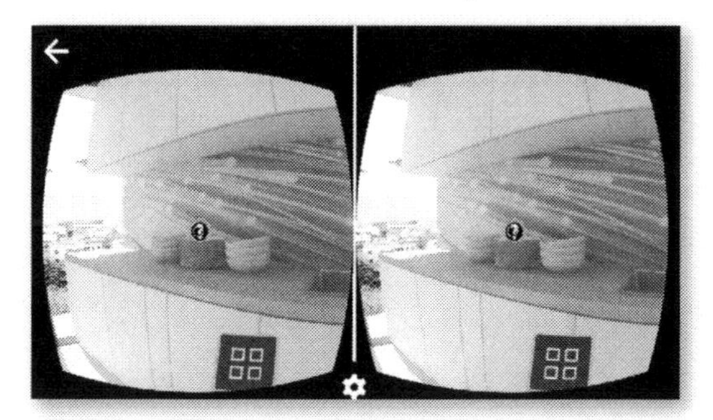

Beachten Sie trotz dieser interessanten Möglichkeiten: In VR-Folien und VR-Projekten werden einige aus klassischen Captivate-Projekten bekannte Funktionen (noch) nicht unterstützt, weshalb sich dieser Folien- und Projekttyp (aktuell) nur für einfache Projekte eignet.

Auflösung von 360-Grad-Projekten

Im Gegensatz zu klassischen und responsiven Projekten können Sie bei VR-Projekten in Captivate keine Auflösungseinstellungen vornehmen. Dies ist auch nicht notwendig, denn ein VR-Projekt wird stets fensterfüllend dargestellt. Das Seitenverhältnis bestimmt hierbei dann die Größe des Ausschnitts bzw. Blicks in die virtuelle Welt – je breiter es ausfällt, desto weiter auch die Sicht.

Bei einem klassischen Projekt mit einer Auflösung von 1024 x 672 px werden beispielsweise Bildinhalte stets in dieser Auflösung dargestellt – unabhängig davon, wie hochauflösend Sie diese importieren. Dagegen reguliert bei einem VR-Projekt nicht das Projekt die Auflösung, sondern Sie steuern anhand der Auflösung Ihrer

360-Grad-Bilder und -Videos den Detailgrad. Kurzum: Je höher auflösend Ihre 360-Grad-Inhalte sind, desto schärfer das virtuelle Erlebnis. Beachten Sie jedoch auch die Dateigröße der Bilder im Hinblick auf die Performance (insbesondere auch auf mobilen Endgeräten).

360-Grad-Folien

Sie können sich in Captivate entscheiden, entweder ein komplettes VR-Projekt zu erstellen oder klassische sowie responsive Projekte mit 360-Grad-Folien anzureichern.

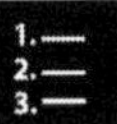

So erstellen Sie eine 360-Grad-Folie

1 *Optional:* Öffnen Sie ein bestehendes oder leeres VR-Projekt (**Datei > Neues Projekt > Virtual-Reality Projekt**).

2 Erstellen Sie eine neue leere 360-Grad-Folie (**Folien > 360 Folie**).

360-Grad-Beispielbilder

Im Programmverzeichnis von Captivate (▶ *Seite 435*) im Unterverzeichnis *Gallery\360BGAssets* finden Sie eine Auswahl an 360-Grad-Beispielbildern.

3 Klicken Sie auf die Schaltfläche **360 Grad-Bild/-Video hinzufügen** und öffnen Sie das gewünschte Bild oder Video. Beachten Sie hierbei, dass Sie ein 360-Grad-Bild oder -Video verwenden müssen.

Sie haben eine 360-Grad-Folie erstellt.

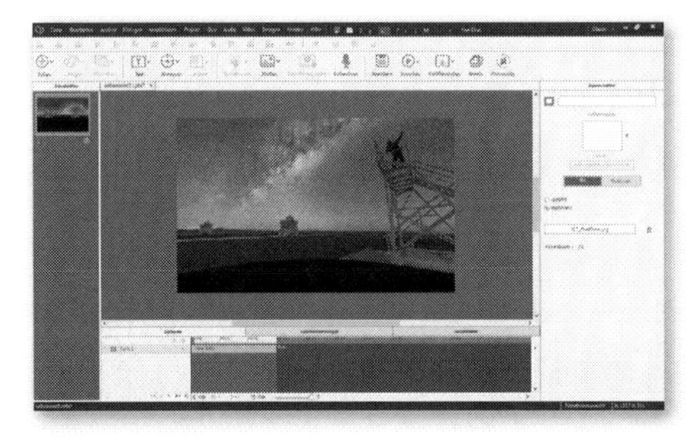

Geführte und explorative 360-Grad-Folien

Sie haben die Wahl, Ihre VR-Folien entweder geführt oder explorativ zu gestalten. Auf geführten Folien wird Ihr Lerner entsprechend der Ebenenreihenfolge der Hotspots in der Zeitleiste von Hotspot zu Hotspot geführt. Auf explorativen Folien hingegen kann der Lerner sich frei bewegen und selbst entscheiden, in welcher Reihenfolge er die Hotspots bearbeiten möchte.

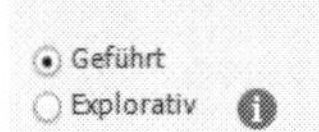

Hotspots

Hotspots ermöglichen Ihnen, Ihre 360-Grad-Folien um Medien (z. B. Videos oder Bilder), Quizfragen (bei VR-Projekten) und Interaktionen (z. B. Verzweigungen) zu erweitern.

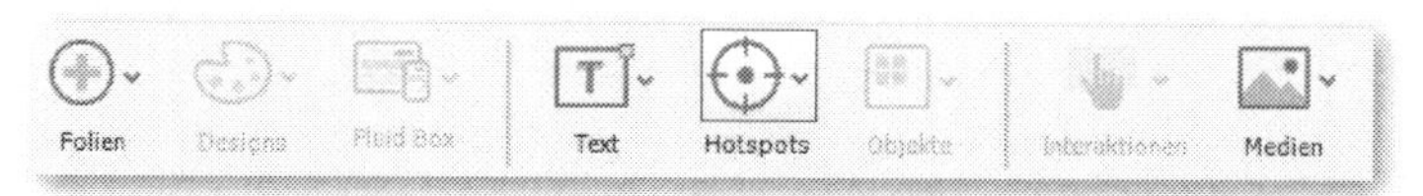

Der Tab Aktionen im Bedienfeld Eigenschaften bei Hotspots

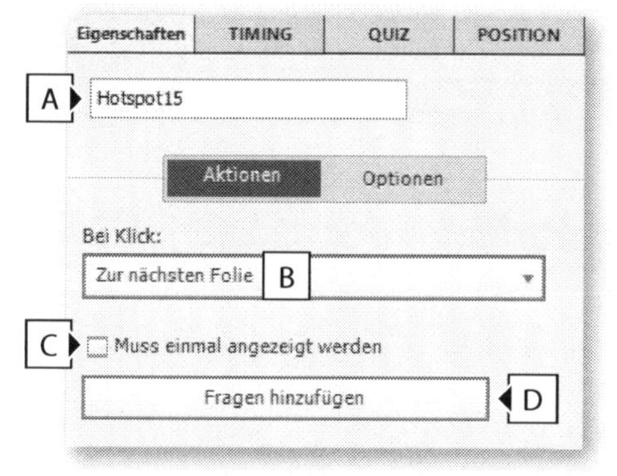

- **A** Name des Hotspots
- **B** Aktion, die bei einem Mausklick ausgeführt wird (▶ *Seite 546*)
- **C** Hotspot obligatorisch machen
- **D** Quizfrage(n) hinzufügen

Der Tab Optionen im Bedienfeld Eigenschaften bei Hotspots

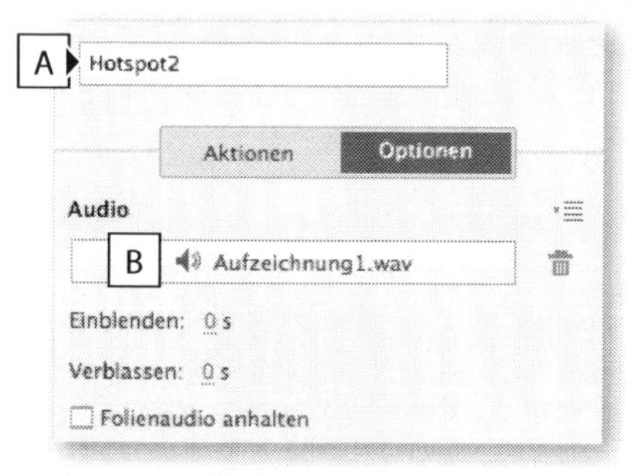

- **A** Name des Hotspots
- **B** Objektaudio (▶ *Seite 314*)

Hotspot erstellen und entfernen

Über die Werkzeugleiste können Sie **Hotspots** erstellen. Hier steht Ihnen standardmäßig eine Auswahl an runden Symbolen zur Verfügung.

Alternativ können Sie auch ein eigenes Bild als Hotspot-Symbol festlegen. Wählen Sie dazu in der Werkzeugleiste **Hotspots** > **Bild** und öffnen Sie die gewünschte Bilddatei. Wenn Sie einen Hotspot löschen möchten, markieren Sie den Hotspot und drücken Sie die Taste [Entf].

Hotspots in der Zeitleiste

In der Zeitleiste werden Hotspots durch orangefarbene Kreise gekennzeichnet. Über die Anordnung eines Hotspots in der Zeitleiste können Sie bestimmen, zu welchem Zeitpunkt der Hotspot sichtbar und aktiv ist.

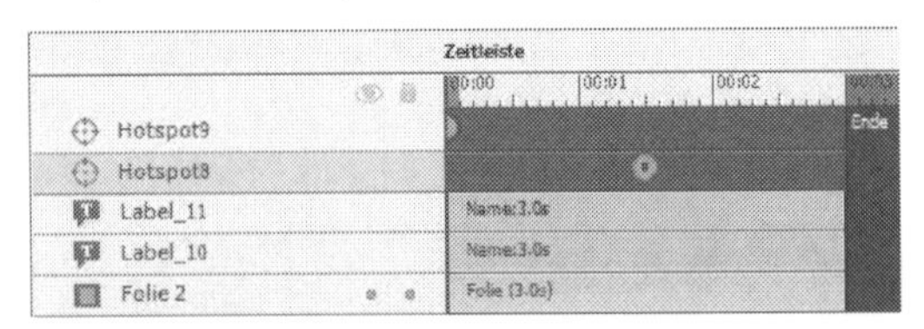

Diese Aktionsoptionen gibt es	
Text anzeigen	Zeigt einen frei wählbaren Text an
Audio abspielen	Spielt eine angegebene Audiodatei ab
Bild anzeigen	Zeigt ein angegebenes Bild an
Weiter	Fährt fort
Zur vorherigen Folie	Springt zur vorherigen Folie
Zur nächsten Folie	Springt zur nächsten Folie
Beenden	Schließt das Projekt (Funktion gleicht der Schließen-Schaltfläche, siehe Erläuterungen zur Wiedergabeleiste (▶ *Seite 341*))
Zur zuletzt geöffneten Folie gehen	Springt zur zuletzt angezeigten Folie
Wiedergabeleiste ausblenden	Blendet die Wiedergabeleiste aus
Zu Folie springen	Springt zu einer zuvor definierten Folie
Keine Aktion	Führt keine Aktion aus
Ausgelöstes Audio stoppen	Stoppt das aktuell abgespielte Audio
Wiedergabeleiste einblenden	Blendet die Wiedergabeleiste ein

Quizfragen in VR-Projekten

In VR-Projekten können Sie Hotspots anstelle von Aktionen auch eine oder mehrere Quizfragen zuweisen. Aktuell stehen Ihnen hier Multiple-Choice- sowie Wahr/Falsch-Fragen zur Verfügung, welche Sie wiederum als bewertete oder Wissensüberprüfungsfragen einfügen können (▶ *Seite 276*).

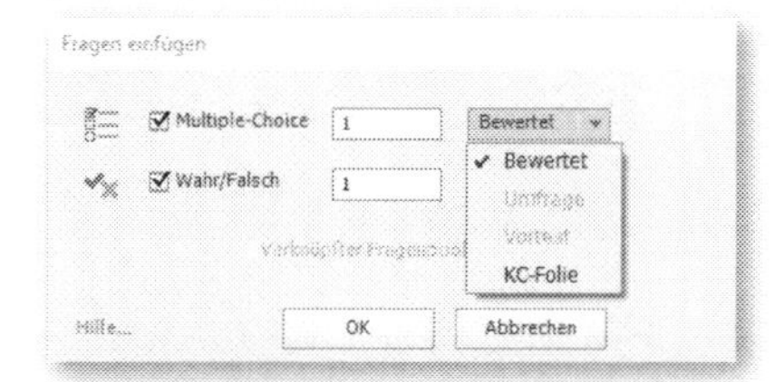

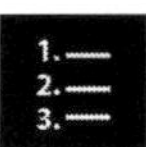

So erstellen Sie einen Hotspot mit einer Aktion

1 Wählen Sie im *Werkzeugleistenmenü* **Hotspots** ein beliebiges Hotspot-Symbol.

Welches Symbol Sie auswählen, spielt für die Aktion keine Rolle, da Sie diese im Bedienfeld *Eigenschaften* selbst wählen.

Der Hotspot wird auf der Folie eingefügt.

2 Legen Sie eine Aktion für den Hotspot fest: Markieren Sie den **Hotspot** und wählen Sie im Bedienfeld *Eigenschaften* im Tab *Aktionen* unter *Bei Klick* die gewünschten Einstellungen, z. B. **Zur nächsten Folie**.

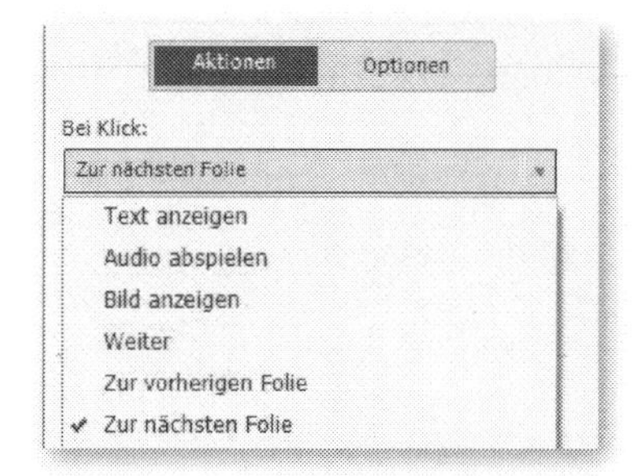

Sie haben einen Hotspot mit einer Aktion erstellt.

Übung: VR-Projekt erkunden, neu erstellen und testen

Im Rahmen dieser Übung erstellen Sie ein kleines VR-Projekt mit einer virtuellen Tour durch eine Sternwarte.

Übung Teil 1 – VR-Projekt erkunden und neu erstellen 15 min

- Sie importieren 360-Grad-Bilder
- Sie fügen Hotspots in das Projekt ein
- Sie bearbeiten die Hotspot-Optionen

1 Öffnen Sie aus dem Ordner *22_Virtual-Reality-Projekte* die Datei *Virtual_Reality_Projekt_Ziel.cptx* und spielen Sie das Projekt in der Vorschau ab (▶ *Seite 12*).

2 Erkunden Sie das Projekt, indem Sie auf den Folien die Ansicht drehen und über die Hotspots (Icons) navigieren.

Sie sehen ein fertiges VR-Projekt mit 360-Grad-Bildern und Hotspots mit verschiedenen Aktionen.

3 Erstellen Sie ein neues VR-Projekt: Wählen Sie **Datei > Neues Projekt > Virtual Reality-Projekt**.

4 Importieren Sie ein 360-Grad-Bild:

a Klicken Sie auf die Schaltfläche **360 Grad-Bild/-Video hinzufügen.**

b Öffnen Sie aus dem Ordner *22_Virtual-Reality-Projekte* die Datei *VLT_Plattform.jpeg*.

Das 360-Grad-Bild wird auf der Folie eingefügt.

5 Erstellen Sie eine weitere 360-Grad-Folie (**Folien > 360 Folie**) und importieren Sie das 360-Grad-Bild *Milchstraße.jpeg* aus dem Ordner *22_Virtual-Reality-Projekte.*

6 Benennen Sie die Folien:

a Wählen Sie **Folie 1.**

b Tragen Sie in den Eigenschaften oben den Text „VLT_Plattform" ein.

c Benennen Sie auf die gleiche Weise **Folie 2** mit dem Namen „Milchstraße".

7 Fügen Sie eine Textbeschriftung ein:

a Wählen Sie **Folie 1 VLT_Plattform.**

b Wählen Sie in der Werkzeugleiste **Text** > **Beschriftung**.

c Tragen Sie im Bedienfeld *Eigenschaften* unter *Beschriftung* den Text „Willkommen auf der VLT-Plattform der ESO in Chile**"** ein.

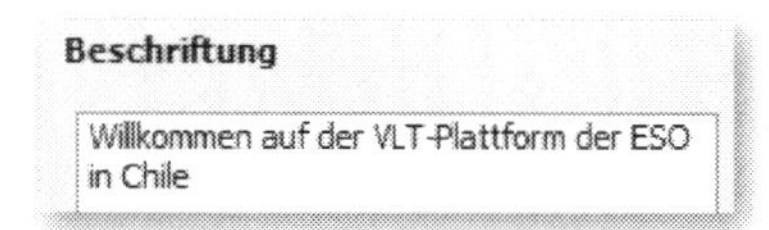

d Formatieren Sie die Textbeschriftung wie folgt:

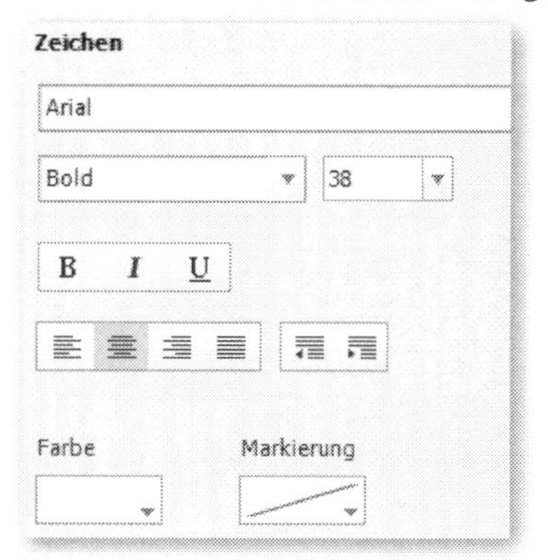

e Positionieren Sie die Textbeschriftung wie folgt (drehen Sie dazu u. U. das 360-Grad-Bild im Hintergrund):

8 Fügen Sie einen Hotspot ein und legen Sie eine Aktion fest:

a Wählen Sie in der Werkzeugleiste **Hotspots > Bild.**

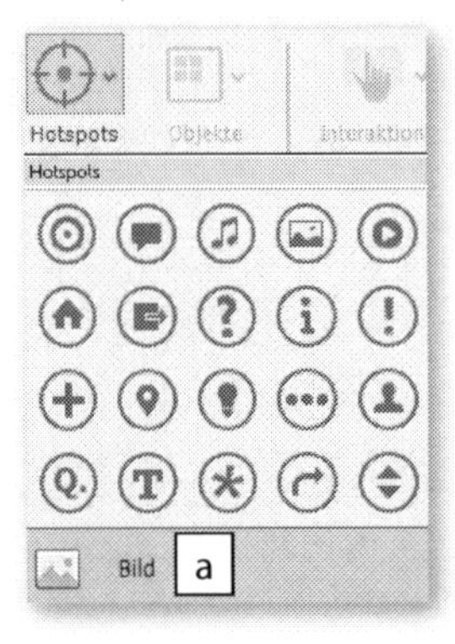

b Navigieren Sie in den Ordner *22_Virtual-Reality-Projekte.*

c Wählen Sie das Dateiformat **Png Files** und öffnen Sie die Datei *Navigation.png*.

Das Bild erscheint als Hotspot-Symbol auf der Folie.

d Platzieren Sie den Hotspot wie folgt:

e Wählen Sie im Bedienfeld *Eigenschaften* im Tab *Aktionen* unter *Bei Klick* die Option **Zu Folie springen** und stellen Sie sicher, dass unter *Folie* **2 Milchstraße** ausgewählt ist.

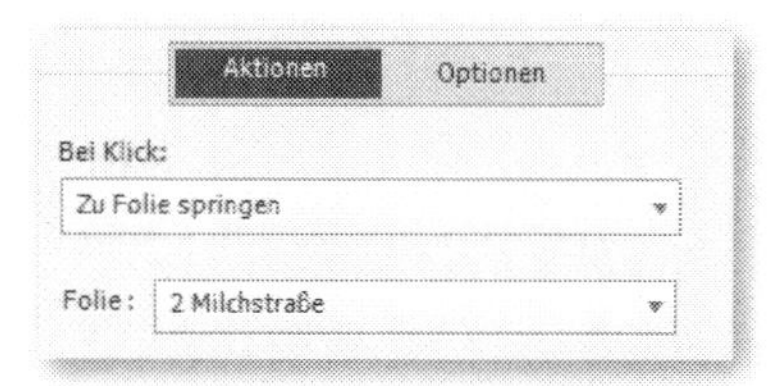

9 Fügen Sie eine Textbeschriftung unter dem Hotspot ein:

a Wählen Sie in der Werkzeugleiste **Text > Beschriftung**.

b Tragen Sie im Bedienfeld *Eigenschaften* im Bereich *Beschriftung* den Text „Vergrößern" ein.

c Formatieren Sie die Textbeschriftung wie folgt:

d Setzen Sie die Beschriftung unter den gerade von Ihnen erstellten Hotspot.

10 Fügen Sie einen weiteren Hotspot ein und legen Sie für diesen eine Aktion an:

a Wählen Sie **Folie 2 Milchstraße.**

b Wiederholen Sie die **Schritte 8a** bis **8c** und wählen Sie dabei die Bilddatei *Text.png*.

c Wählen Sie im Bedienfeld *Eigenschaften* im Tab *Aktionen* unter *Bei Klick* die Option **Text anzeigen**.

d Tragen Sie unter *Text* folgenden Text ein: „<font face="Arial" size="5">Die Milchstraße ist unsere Heimatgalaxie und besteht aus ca. 100 bis 300 Milliarden Sternen.</font>".

Texte über HTML-Tags formatieren

Captivate bietet in der aktuellsten Version (11.0.1.266) keine Formatierungsoptionen für die Hotspot-Aktion **Text anzeigen**. Dadurch werden die Texte standardmäßig in der Schriftart *Times New Roman* dargestellt.

Es gibt jedoch einen Trick: Sie können Texte mittels der Standard-HTML-Befehle formatieren und so z. B. die Schriftart und -größe anpassen. Ein Beispiel dazu finden Sie hier unter Schritt **10d**.

e Stellen Sie die Anzeigedauer auf **10 s**.

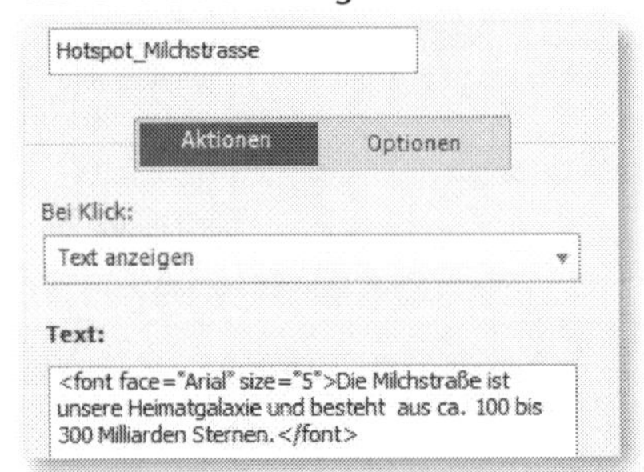

11 Fügen Sie wie in **Schritt 9a** eine Textbeschriftung ein, tragen Sie im Bedienfeld *Eigenschaften* unter *Beschriftung* „Die Milchstraße" ein und formatieren Sie die Textbeschriftung wie in **Schritt 9c**.

12 Platzieren Sie Hotspot und Textbeschriftung wie folgt:

13 Fügen Sie auf der gleichen Folie einen zweiten Hotspot mit Aktion ein:

a Wiederholen Sie die **Schritte 8a** bis **8c**.

b Wählen Sie im Bedienfeld *Eigenschaften* im Tab *Aktionen* unter *Bei Klick* die Option **Zu Folie springen** und stellen Sie sicher, dass unter *Folie* **1 VLT_Plattform** ausgewählt ist.

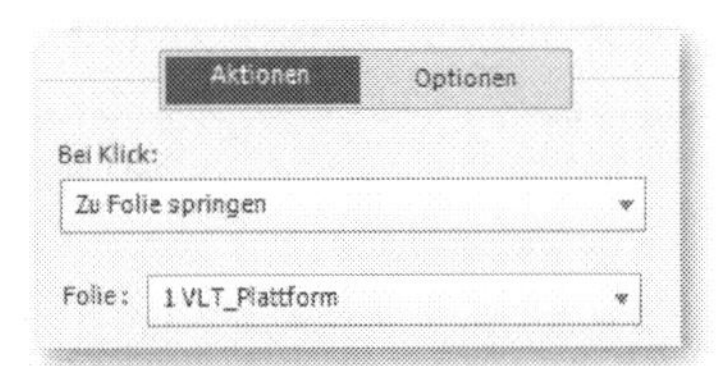

14 Fügen Sie eine Textbeschriftung ein, tragen Sie im Bedienfeld *Eigenschaften* unter *Beschriftung* „VLT-Plattform" ein und formatieren Sie die Textbeschriftung wie in **Schritt 9c**.

15 Platzieren Sie Hotspot und Textbeschriftung wie folgt:

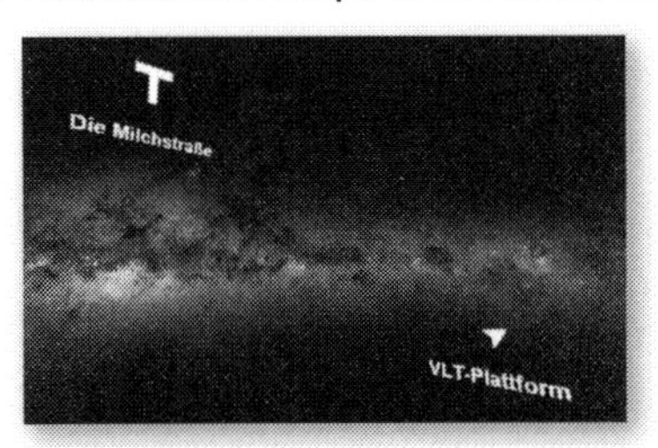

16 Testen Sie das Projekt in der Vorschau und speichern Sie den Zwischenstand ab.

Im nächsten Schritt werden wir eine Quizfrage als Hotspot hinzufügen.

Übung Teil 2 – Quizfrage erstellen 10 min

1 Fügen Sie einen Hotspot und eine Fragenfolie als Aktion ein:

a Wählen Sie **Folie 1 VLT_Plattform.**

b Fügen Sie die Bilddatei *Fragen.png* als Hotspot ein (**Hotspots > Bild**).

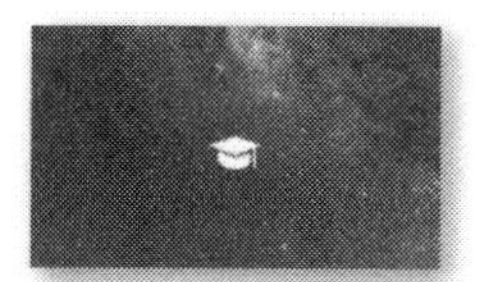

c Klicken Sie im Bedienfeld *Eigenschaften* im Tab *Aktionen* auf die Schaltfläche **Fragen hinzufügen**.

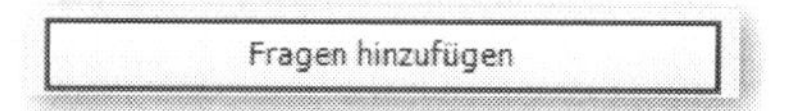

d Wählen Sie den Fragentyp **Multiple-Choice**.

e Stellen Sie sicher, dass die Anzahl mit **1** angegeben ist und die Frage als **KC-Folie** eingefügt wird.

f Klicken Sie auf **OK.**

Sie sehen, dass Ihrem Projekt eine Multiple-Choice-Frage hinzugefügt wird.

2 Nehmen Sie im Bedienfeld *Quiz* folgende Einstellungen vor:

a Erhöhen Sie die Anzahl der *Antworten* auf **3**.

b Aktivieren Sie die Option **Richtig**.

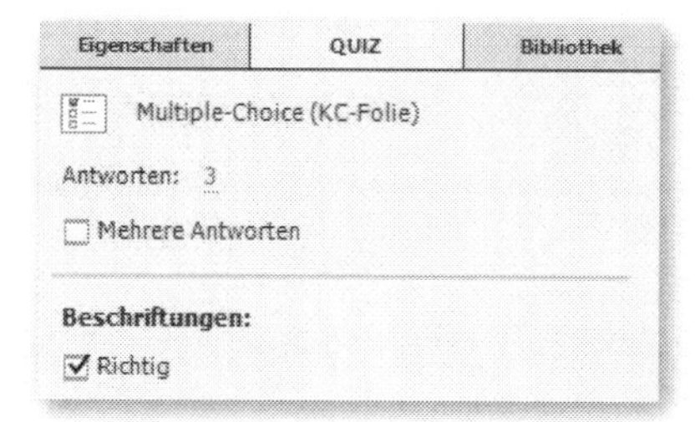

c Ersetzen Sie den Standardtext der Frage, legen Sie die richtige Antwort fest und formatieren Sie den Text optional wie im folgenden Bildschirmfoto gezeigt:

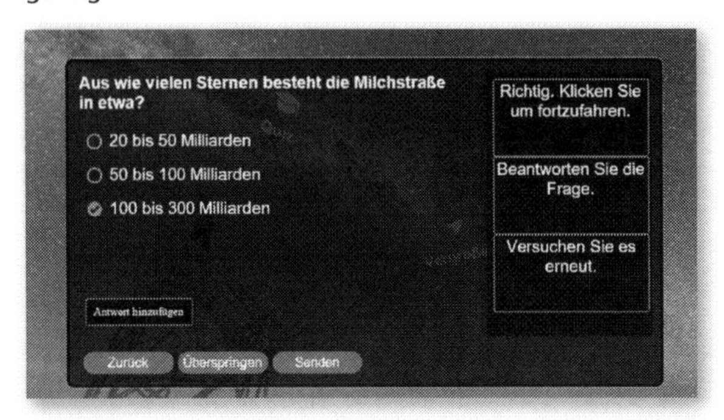

3 Fügen Sie eine Textbeschriftung ein:

a Wechseln Sie auf **Folie 1 VLT_Plattform**.

b Fügen Sie eine Textbeschriftung ein, tragen Sie im Bedienfeld *Eigenschaften* unter *Beschriftung* „Quiz" ein und formatieren Sie die Textbeschriftung wie folgt:

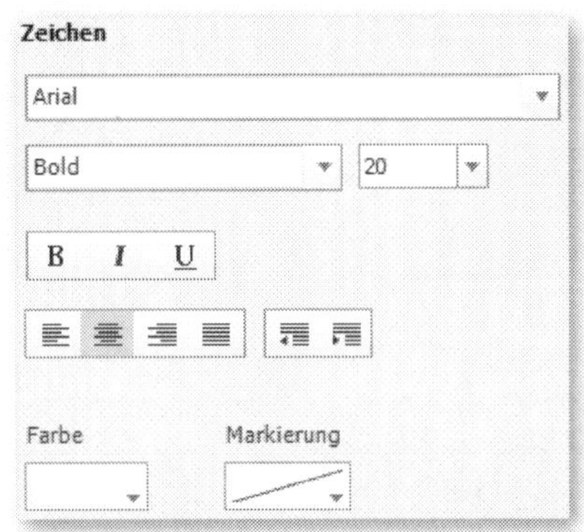

c Platzieren Sie den Hotspot und die Textbeschriftung wie folgt:

4 Testen Sie das Projekt in der Vorschau.

Sie wissen nun, wie Sie VR-Projekte erstellen können.

Standardausschnitt eines 360-Grad-Bilds in der Veröffentlichung

Mit dem in der Bearbeitungsansicht gewählten Ausschnitt eines 360-Grad-Bilds geben Sie automatisch auch den initial zu sehenden Ausschnitt eines 360-Grad-Bilds in der Veröffentlichung vor. Wenn Sie also möchten, dass zu Beginn ein bestimmter Ausschnitt angezeigt werden soll, dann bewegen Sie die Ansicht im Bearbeitungsmodus einfach direkt auf den gewünschten Ausschnitt.

Übung: VR-Projekt mit Smartphone-VR-Brille testen

Im Rahmen dieser Übung testen Sie ein VR-Projekt mit einer VR-Brille.

Übung 5 min

- Sie lernen die Live-Vorschau kennen
- Sie erkunden das VR-Projekt unter realen Bedingungen
- Sie lernen die Navigation in VR-Projekten kennen

Sie besitzen eine Smartphone-VR-Brille sowie ein VR-fähiges Smartphone.

1 Öffnen Sie das in der vorherigen Übung erstellte Projekt oder die Datei *Virtual_Reality_Projekt_Ziel.cptx* aus dem Ordner *22_Virtual-Reality-Projekte* (▶ *Seite 12*).

2 Wählen Sie in der Werkzeugleiste **Vorschau** > **Live-Vorschau auf Geräten**.

Ihr Internet-Browser öffnet sich.

3 Scannen Sie den QR-Code mit Ihrem Smartphone oder geben Sie die abgebildete URL in den Browser Ihres Smartphones ein.

4 Aktivieren Sie den VR-Modus, indem Sie auf **ENTER VR** tippen.

5 Setzen Sie Ihre VR-Brille auf und schauen Sie sich im Projekt um.

6 Fokussieren Sie den Hotspot **Vergrößern**, um ihn auszuwählen.

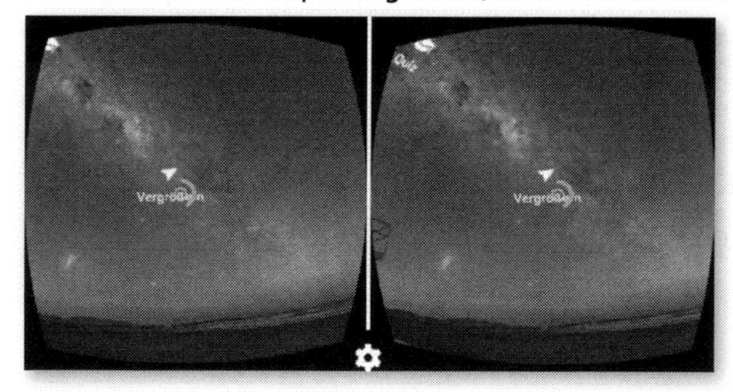

7 Der sich schließende Kreis signalisiert, dass Sie im Begriff sind, das Objekt auszuwählen. Schauen Sie sich in Ruhe auf der neuen Folie um.

8 Fokussieren Sie den Hotspot **VLT-Plattform** und kehren Sie wieder auf die Startfolie zurück.

Sie wissen nun, wie Sie sich in einem VR-Projekt mit einer VR-Brille bewegen.

Schlusswort und Weiterführendes

Schlusswort

Nun sind wir leider schon am Ende dieses Buchs angekommen. Sie haben Captivate aus den unterschiedlichsten Blickwinkeln kennen gelernt und ich hoffe, dieses Werk hat Ihre Erwartungen erfüllt. Wenn Ihnen dieses Buch gefallen hat, würde ich mich freuen, wenn Sie es weiterempfehlen.

Zugleich möchte ich mich bei meinem gesamten Team sowie unseren Betatestern bedanken, die mich bei der Erstellung dieses Werks sowie der Qualitätssicherung unterstützt haben. Ein besonderer Dank gilt hier Rebecca Neuberger.

Sie haben noch weitere Fragen, benötigen Unterstützung oder würden gerne ein Training in Captivate besuchen? Mein Unternehmen *tecwriter* ist voll auf Captivate spezialisiert und unterstützt Sie in allen Belangen rund um E-Learning und Screencasting mit diesem Werkzeug. Wir schulen nicht nur Sie / Ihre Kollegen / Mitarbeiter, sondern übernehmen auf Wunsch auch komplette Captivate-Projekte – von der Konzeption bis hin zur Veröffentlichung.

Sie können uns gerne jederzeit direkt unter *info@tecwriter.de* kontaktieren. Besuchen Sie doch auch unsere Webseite *www.tecwriter.de*. Dort finden Sie auch unseren Blog, der Sie regelmäßig mit neuen Artikeln zu Neuerungen sowie Tipps & Tricks zu Adobe Captivate versorgt.

Viel Spaß bei Ihren Projekten wünscht Ihnen Ihr Autor

Martin Uhrig

Über den Autor

Martin Uhrig, Dipl.-Technikredakteur (FH), hat sich bereits vor vielen Jahren vollständig auf das Thema E-Learning mit Adobe Captivate spezialisiert. Mit seinem Unternehmen *tecwriter* realisiert er gemeinsam mit seinem Team multimediale & interaktive E-Learning-Projekte für namhafte Firmen und Konzerne.

Sein umfassendes Wissen hat der Adobe Certified Expert & Instruktor nicht nur im vorliegenden Werk sowie den Vorgängern zusammengefasst, sondern gibt es über verschiedenste Kanäle weiter - ob als Berater, Trainer in Präsenz- oder Online-Kursen, mittels Video-Trainings, als Lehrbeauftragter oder Vortragsredner auf Tagungen und Konferenzen.

Unser Schulungsangebot

Sie möchten mit Screencasts, Simulationen oder Rapid-E-Learning-Projekten durchstarten und suchen einen erfahrenen Trainer für Adobe Captivate? Wir bieten Ihnen ein einzigartiges Trainingsprogramm. So viel Captivate erhalten Sie nur bei uns – vom eintägigen Basiskurs bis hin zum vollständigen Masterprogramm. Alle Schulungen können Sie sowohl in einem offenen Kurs besuchen, als auch als Einzelworkshop oder Firmenschulung buchen.

- **Adobe Captivate Master**: Dies ist der deutschlandweit einzigartige „Von-Null-auf-Hundert-Masterkurs". Im Rahmen dieses Trainings erhalten Sie die Möglichkeit, an 4 Tagen von der Projektplanung bis hin zu komplexen Logiken und Schnittstellen alles über Captivate zu erfahren, was Sie wissen möchten.
- **Erfolgreiche Screencasts und E-Learning-Einheiten konzipieren**: Wie werden ansprechende, motivierende, aufgaben- und zielgruppengerechte Screencasts und E-Learning-Einheiten geplant? Die Antwort erhalten Sie in diesem Training.
- **Adobe Captivate für Einsteiger**: Diese zweitägige Schulung macht Sie garantiert fit in Sachen Captivate. Sie werden anhand vieler Übungen in die Welt von Adobe Captivate geführt und nach kurzer Zeit in der Lage sein, ansprechende Screendemos, Simulationen und E-Learning-Anwendungen zu entwickeln und bereitzustellen.
- **Adobe Captivate für Fortgeschrittene**: Dieser eintägige Intensivkurs setzt dort an, wo andere Kurse aufhören und richtet sich gezielt an fortgeschrittene Nutzer. Kernthemen sind hier: Fortgeschrittene Interaktionen, Drag-&-Drop-Aufgaben, „Erweiterte Aktionen" sowie die Themen HTML5, responsive Projekte sowie VR-Projekte.

Weitere Informationen zu den einzelnen Schulungen erhalten Sie auf unserer Webseite *tecwriter.de* im Bereich **Schulungen**. Kontaktieren Sie uns gerne jederzeit per E-Mail an *info@tecwriter.de* oder rufen Sie uns an, um Ihre individuellen Anforderungen und Wünsche zu besprechen.

Anhang

Drehbuch (Windows 7 und Windows 8)

AUFNAHMEVORBEREITUNG

Schritt	Aktion
1	Öffnen Sie den *Explorer*: Drücken Sie Win+E.
2	Navigieren Sie zum *Desktop:* Wählen Sie im linken Bereich **Favoriten > Desktop**.
3	Blenden / Verschieben Sie alle Fensterteile / Ordner (aus), die persönliche Daten zeigen.

AUFZEICHNUNGSSCHRITTE

Folie	Aktion	Kommentar
		In diesem Video zeige ich Ihnen, wie Sie im Windows Explorer Ordner erstellen, benennen, verschieben und auch wieder finden.
1	Erstellen Sie einen neuen Ordner: Rechtsklicken und wählen Sie **Neu > Ordner**.	Um einen Ordner zu erstellen, rechtsklicken Sie in den Explorer und wählen Sie Neu Ordner.
2	Benennen Sie den Ordner mit „Mein Ordner".	Sie sehen, dass ein Ordner erstellt wird und Sie diesen nun direkt benennen können. Ich benenne ihn an dieser Stelle mit „Mein Ordner".
3	Erstellen Sie einen zweiten Ordner: Drücken Sie Strg+⇧+N.	Als nächstes erstellen wir einen weiteren Ordner, diesmal jedoch über eine Tastenkombination. Drücken Sie hierzu Strg+⇧+N.
4	Benennen Sie den Ordner mit „Mein Unterordner".	Ich benenne auch gleich den neuen Ordner mit „Mein Unterordner".
5	Verschieben Sie den Ordner *Mein Unterordner* per Drag-&-Drop in den Ordner *Mein Ordner*.	Sie können den Ordner anschließend einfach per Drag-&-Drop verschieben.
6	Durchsuchen Sie Ihr System nach dem Ordner *Mein Unterordner*: Klicken Sie im rechten oberen Bereich in das Suchfeld und geben Sie „Mein Unterordner" ein.	Ergänzend möchte ich Ihnen noch zeigen, wie Sie Ihr System gezielt nach einem Ordner durchsuchen können. Klicken Sie dazu in das Suchfeld im oberen rechten Bereich des Explorers und geben Sie den Namen des Ordners ein, nach dem Sie suchen möchten.

		Wir suchen nach unserem verschobenen Ordner „Mein Unterordner". Und sogleich wird er auch angezeigt. Sie wissen nun, wie Sie Ordner erstellen, benennen, verschieben sowie danach suchen können.

Drehbuch (Mac)

AUFNAHMEVORBEREITUNG	
Schritt	**Aktion**
1	Öffnen Sie den *Finder*: Drücken Sie [⌘]+[N].
2	Navigieren Sie zum *Desktop:* Wählen Sie im linken Bereich **Favoriten > Desktop**.
3	Blenden / Verschieben Sie alle Fensterteile / Ordner (aus), die persönliche Daten zeigen.

AUFZEICHNUNGSSCHRITTE		
Folie	**Aktion**	**Kommentar**
		In diesem Video zeige ich Ihnen, wie Sie im Windows Explorer Ordner erstellen, benennen, verschieben und auch wieder finden.
1	Erstellen Sie einen neuen Ordner: Rechtsklicken und wählen Sie **Neuer Ordner**.	Um einen Ordner zu erstellen, rechtsklicken Sie in den Finder und wählen Sie Neuer Ordner.
2	Benennen Sie den Ordner mit „Mein Ordner".	Sie sehen, dass ein Ordner erstellt wird und Sie diesen nun direkt benennen können. Ich benenne ihn an dieser Stelle mit „Mein Ordner".
3	Erstellen Sie einen zweiten Ordner: Drücken Sie [⌘]+[⇧]+[N].	Als nächstes erstellen wir einen weiteren Ordner, diesmal jedoch über eine Tastenkombination. Drücken Sie hierzu [⌘]+[⇧]+[N].
4	Benennen Sie den Ordner mit „Mein Unterordner".	Ich benenne auch gleich den neuen Ordner mit „Mein Unterordner".
5	Verschieben Sie den Ordner *Mein Unterordner* per Drag-&-Drop in den Ordner *Mein Ordner*.	Sie können den Ordner anschließend einfach per Drag-&-Drop verschieben.

6	Durchsuchen Sie Ihr System nach dem Ordner Mein Unterordner: Klicken Sie im rechten oberen Bereich in das Suchfeld und geben Sie in der sich darauf öffnenden Suchhilfe „Mein Unterordner" ein. Wählen Sie die Option **Name stimmt überein mit Mein Unterordner**.	Ergänzend möchte ich Ihnen noch zeigen, wie Sie Ihr System gezielt nach einem Ordner durchsuchen können. Klicken Sie dazu in das Suchfeld im oberen rechten Bereich des Finders und geben Sie den Namen des Ordners ein, nach dem Sie suchen möchten.
		Wir suchen nach unserem verschobenen Ordner „Mein Unterordner". Und sogleich wird er auch angezeigt. Sie wissen nun, wie Sie Ordner erstellen, benennen, verschieben sowie danach suchen können.

Stichwortverzeichnis

R

S

T

Printed in Poland
by Amazon Fulfillment
Poland Sp. z o.o., Wrocław